三蘇年譜

第三册

孔凡禮 撰

中華書局

三蘇年譜卷三十七

宋哲宗元祐元年(一〇八六)丙寅　蘇軾五十一歲　蘇轍四十八歲(上)

軾以七品服入侍延和,即改賜銀緋。

《軾墓誌銘》繫歲首,以下云「二月遷中書舍人」。《何譜》、《王譜》繫本年,未著月份。《紀年録》繫元豐八年十二月。

正月七日,轍至酇陽,跋《陳亞之詩帖》。

《式古堂書畫彙考》卷九《陳亞之詩帖》蘇轍跋:「轍頃在南都,傳道陳君以鹽鐵公詩草相示,轍甚愛公詩之精,且嘉君之孝恭不墜世德。後六年,自歙州還京師,見君於酇陽,復出此詩爲示,不可以再見而不之志也。丙寅正月七日,趙郡蘇轍題。」

按,亞之名洎,彭城人。慶曆六年爲度支副使,尋轉鹽鐵。皇祐元年,以副使行河還,卒。見同上書嘉定癸酉眉山李㚟跋。江西詩派作家陳師道乃洎孫。

轍之跋,《欒城集》與《後集》、《三集》均未收。參見《蘇轍佚著輯考》。

酇陽屬亳州酇縣,爲鎮。酇縣有汴河,酇陽或臨汴河。酇縣在亳州東八十里,亳之北自界首至南京八十里，西北至南京六十五里。鄺陽距南京甚近。

至南京，轍晤張方平及王廷老（伯敭）。題妙峯亭，晤發運路昌衡，有詩。

晤方平據《欒城三集》卷一《追和張公安道贈别絶句·引》。《龍川略志》卷四《議賣官麴與榷酒事》亦言今年過南都。《集》卷十四《送王廷老朝散知虢州》：「西還經舊游，相逢值新喜。」參本年以下「王伯敭知虢州作詩送行」條。

《欒城集》卷十四《題南都留守妙峯亭》云「春陽被原野」。《蘇軾詩集》卷二十六亦有《南都妙峯亭》詩，時王益柔（勝之）爲南都留守，妙峯亭新榜乃蘇軾所書。時在元豐八年二月間。轍詩末云及益柔，益柔或已離任。轍詩云及之德雲師，居海上妙高山。《集》卷十五《問蔡肇求李公麟畫觀音德雲》詩，有「清新二大士」之句。妙峯，即謂妙高峯。見《蘇軾詩集》卷二十五《南都妙峯亭》「亭亭妙高峯」趙次公注。妙高山即須彌山，佛經謂七寶合成，故名妙高。

《集》卷十四《次韻發運路昌衡淮南見山堂》云「回首淮山夢想間」，蓋昌衡嘗爲江淮發運。又云「終南太白皆公有」，其時昌衡已爲陜西轉運副使。參《宋史》卷三百八十五昌衡傳。

轍邀鐵龜道人問休咎。

《欒城遺言》：「公中歲歸自江南，過宋，聞鐵龜道人善術數，邀至舟中問休咎，云『此去十年如飛騰升進，前十年流落已過，然尚有十年流落也。』後皆如其言。」

軾次韻錢勰（穆父）、胡宗愈（完夫）。

《蘇軾詩集》卷二十六次韻勰、宗愈四首（一四〇四至一四〇六頁），皆爲起居舍人時作。《施譜》繫本年，今從。

軾始與黄庭堅相見。

《山谷全書·别集》卷六《題東坡像》云「元祐之初，吾見東坡於銀臺之東」。《山谷先生年譜》謂元豐八年四月丁丑，以祕書省校書郎召黄庭堅來京師；《竹坡老人詩話》引李之儀跋語，庭堅以九月入館。蘇、黄始見，當爲元豐八年之末。然上年末與今年初時間連續，文人回憶文字，往往不甚分明。《蘇軾文集》卷六十三《祭歐陽文忠公夫人文》云「元祐之初，起自南遷」，實則元豐八年已起。庭堅之文與此相類。今仍據其文，繫於此。

《山谷詩集注》卷三有《有惠江南帳中香者戲答六言二首》，《蘇軾詩集》卷二十八有次韻，題作《和黄魯直燒香二首》；黄詩，《詩集》題下「查注」已引。《詩集》卷二十八有《再和二首》，次黄韻，次《和黄魯直燒香二首》之後，小引云「來詩言飲酒、畫竹石、草書」；查《山谷詩集注》，未有以上内容之詩篇，已佚。《山谷詩集注·有惠江南帳中香者》之後，有《子瞻繼和復答二首》、《有聞帳中香以爲熬蝎者戲用前韻二首》。《山谷詩集注》元祐元年目録：「右六詩答東坡。篇中有『喜公新赴朝參』之句。」又云：「東坡自登州至京師，爲禮部郎中，而『迎燕』、『潤花』皆春時事。」《子瞻繼和復答二首》有「喜公新赴朝参」、「迎燕温風旎旎，潤花小雨斑斑」之句。《詩集》次次黄韻四詩於元祐二年，誤。《山谷詩集注》卷二《以小團龍及半挺贈無咎并詩用前韻爲戲》，次元豐八年。詩「曲几團蒲聽煮湯，煎成車聲繞羊腸」注引《王立之詩話》：「東坡見山谷此句云：黄九恁地怎得不窮。故晁無咎復和云：車聲出鼎繞九盤，如此佳句誰能識。」晁詩見《雞肋集》卷十二。蘇軾論庭堅句當爲至京師後事，兹附於此。

軾與滿中行（思復）倡酬。

《蘇軾詩集》卷二十六有《次韻答滿思復》。中行於蘇軾除起居舍人之日除起居郎，見《長編》卷三百六十三。「施注」謂中行東陽人。《長編》卷三百元豐二年九月癸酉以國子監直講著作佐郎滿中行爲館閣校勘，紀事謂爲金鄉人。《澠水燕談録》卷六云卒於元祐五年春蒲守任中。《宋詩紀事補遺》卷二十三有詩，餘見注文。

蘇軾與克文（雲庵）禪師簡。

簡乃《佚文彙編》卷四《與佛印禪師》第二簡。

《冷齋夜話》卷七《夢迎五祖戒禪師》叙元豐七年四月底（或五月初一、二日）蘇軾於建山寺晤弟轍、克文及聖壽聰禪師，以下云：「後，東坡復以書抵雲庵，其略曰：『戒和尚不識人嫌，强顔復出，真可笑矣。既是法契，可痛加磨勵，使還舊觀，不勝幸甚。』自是常衣衲衣。」此簡乃與克文者，謂與了元（佛印），誤。蘇軾此簡約作於元豐末、元祐初。今次於此。克文卒於崇寧元年十月，見《五燈會元》卷十七《寶峯克文禪師》。

蘇軾與王鞏（定國）簡。時患瘡。

簡乃《蘇軾文集》卷五十二《與王定國》第十九簡。簡云：「數日聞舟馭入城，適患瘡，未潰，坐起無聊，不克修問。」以下言：「既無由往見，而公又未朝覲，企渴不可言。」思鞏來。《與王定國》第二十簡云：「數日卧病在告。」緊次於第十九簡之後。又云：「知今日會兩壻，清虚陰森，正好劇飲，坐無狂客，冰玉相對，得無少澹否？」軾蓋欲與其會也。清虚，清虚堂。冰玉，翁壻。

轍至京師。與孫覺（莘老）共事。

回至京師，約爲正月中、下旬事。《欒城集》卷十五《試制舉人呈同舍諸公》自注：「僕頃與孫莘老同在諫垣。」卷三十七《乞責降韓縝第八狀》亦言及。參本年閏二月初六日紀事。

軾、轍賦詩送戴蒙歸蜀。轍呈詩抒懷。

《蘇軾詩集》卷二十六有《送戴蒙赴成都玉局觀將老焉》，《欒城集》卷十四有《送戴朝議歸蜀中》。《詩集》「王堯卿注」謂蒙本名莊，後改名蒙，吴興人，慶曆六年進士。《式古堂書畫彙考·書》卷九范仲淹《道服贊帖》有熙寧壬子十一月甲子「吴興戴蒙正仲題」跋，知蒙字正仲。《金石苑》謂蒙號無知子，杜陵人，元豐元年以尚書都官郎中知綿州，有詩。

《欒城集》卷十四有《後省初成直宿呈子瞻二首》，次《送戴朝議歸蜀中》後。轍詩首云：「岷山招我早歸來，劍閣横空未易回。」欲歸未能歸。詩又云：「西轅欲及海棠開。」謂四五月抵蜀。則自京師出發，當爲二三月。《集》次此詩《後省初成直宿呈子瞻》前，今從。

《式古堂書畫彙考·書》卷十《蘇潁濱詩帖》：「朝議戴公，游宦蜀中，愛其風物，遂卜居成都。方未能歸，因其西游，爲短篇送之。眉山蘇轍書。」以下録此詩。

《浄德集》卷三十六《送戴正仲大夫歸玉局》：「請得琳宫别未央，西行行色重增光。官曹冷淡如逋客，風物鮮明類故鄉。歸去林泉謀已定，閑中詩酒味偏長。市橋側畔鄰居日，應許過從亦道裝。」首句即謂得請提舉成都府玉局觀也。可參。

北使來，問蘇軾兄弟。

《蘇軾詩集》卷三十一次《次韻子由使契丹至涿州見寄》自注與轍入京時，「北使已問所在」。

軾與鄉人簡，叙鄉情。

《蘇軾文集》卷六十《與鄉人》云去鄉十八年，叙「乍入朝市」，弟轍爲諫官，知爲初到京師作。

軾與周尹（正孺）游。

《蘇軾文集》卷六十七《書諸公送周梓州詩後》：「予自元祐之初，備位從官，日與正孺游。」蘇軾上年末回京師時，尹爲主客郎中。見《長編》卷三百五十九元豐八年八月乙酉紀事。自是至元祐三年尹赴梓州前，二人皆在京師。尹，成都新繁人，神宗時爲侍御史。見《蘇軾詩集》卷二十八《和周正孺墜馬傷手》注文。

軾答李之儀（端叔）《簡》，致近評吴道玄（道子）畫文字。

《蘇軾文集》卷五十二答之儀第一《簡》：「有近評吴畫百十字，輒封呈。」考《文集》卷七十，此「近評」文字，當指《書吴道子畫後》。此文作於元豐八年十一月七日，則此《簡》約作於本年年初。

王鞏（定國）席上，軾賦《定風波》（常羡人間琢玉郎）贈其侍兒寓娘。

詞見《東坡樂府》卷上；《外集》調下原注：「元祐元年王定國席上，贈侍兒寓娘。」詞約作於自登至京師之初，今繫此。

《苕溪漁隱叢話》後集卷四十引《東皋雜録》：「王定國嶺外歸，出歌者勸東坡酒，坡作《定風波》，序云：『王定國歌兒曰柔奴，姓宇文氏，眉目娟麗，善應對，家世在京師。定國南遷歸，余問柔，廣南風土應是不好，柔對曰：此心安處，便是吾鄉。因爲綴此詞云。』」《緑窗新話》引《古今詞話》亦叙此事，意略同，不録。

常總（廣惠）來簡催作《東林寺碑》，軾答簡請少寬限。

《蘇軾文集》卷六十一《與東林廣惠禪師》第一簡：「東林寺碑，既獲結緣三寶，業障稍除，可得托名大士，皆所深願。但自别後，又無頃刻閑，不敢草草下筆。專在下懷，惟少寬限也。」據「别後」云云，此簡約作於至京師之初。今繫入本年。《文集》卷二十二有《東林第一代廣惠禪師真贊》，或即簡中所云之《東林寺碑》。此真贊，或作於元祐赴杭前在朝時。今并繫此。

王覿（明叟）賦喜雪詩，軾次其韵頌寬獄市。

次韻見《蘇軾詩集》卷二十七（一四二四頁）。云「我方執筆侍」，時爲起居舍人。又云：「聖人與天通，有詔寬獄市。」《宋史·哲宗紀》正月丙午（十七日），録在京囚，減死罪以下一等，杖罪者釋之。

覿，如皋人。《宋史》卷三百四十四有傳。《長編》卷三百六十三元豐八年十二月戊寅紀事：奉議郎太常丞王覿爲右正言。

軾與楊繪（元素）簡。

《蘇軾文集》卷五十五與繪第十三簡首云「奉别忽將二載」，自元豐七年四月别繪於興國，至是近二載。簡歎繪「獨在江湖」。

二月一日，陳師道撰《淮海居士字序》，謂秦觀易字少游，蘇軾以爲可。

據《淮海居士長短句》附録引宋乾道高郵軍學本《淮海文集》：其文乃《後山集》卷十一《秦少游字序》。文謂「元豐之末，余客東都，秦子從東來」，知觀、師道其時俱在京師。文引觀之語，謂少時强志盛氣，好大見奇，於是字以太虛以導志；「今吾年至而慮易，不待蹈險而悔及之，願還四方之事，歸老邑里，如馬少游，於是字以少游，以識吾過，常試以語公，又以爲可」。公，蘇軾。

同日，奏請行給田募役法。後有詔送役法所。

據《宋會要輯稿》第一百五十七册《食貨》六五之二七至二九。《輯稿》有奏文節文，其全文見《蘇軾文集》卷二十六，題作《論給田募役狀》，撰於元豐八年十二月，見該年「草論給田募役狀」條紀事。此時始上。

軾奏節文，又見《宋會要輯稿》第一百二十八册《食貨》三一之一至二。

六日，復差役法。

據《蘇軾文集》卷二十七《辯試館職策問劄子》第二首，從司馬光之請也。《東都事略》：二月乙丑，罷雇役。雇役即免役也。乙丑乃本日。

《施譜》：「二月，詔天下免役錢一切并罷，其諸色役人并依舊法定差，如有妨礙，限五日申。」

八日，朝退，獨在起居院讀《漢書·儒林傳》，感申公故事，作詩。

詩見《蘇軾詩集》卷二十七（一四二六頁）。

己巳（初十日），范鎮拜端明殿學士，致仕。軾有賀啓，復有簡。

己巳云云，據《長編》卷三百六十五。啓見《蘇軾文集》卷四十七（一三四九頁）；簡乃卷五十《答范蜀公》第八簡，叙歸政得請，抒慶慰之情。

轍有賀啓。

賀啓即《欒城集》卷五十《賀范端明啓》。

癸酉（十四日），轍始就任右司諫。同日，上《論臺諫封事留中不行狀》。

癸酉就任云云，據《續資治通鑒》卷七十九「元祐元年二月癸酉」條紀事：「右司諫蘇轍始供職。」

狀見《欒城集》卷三十六。狀謂：臺諫所上封事，除事干機密，人主所當獨聞，須至留中外，并須降出行遣。《長編》卷三百六十六載此狀。

甲戌（十五日），韓維侍讀，諫哲宗以仁術及百姓。軾記其事。

據《長編》卷三百六十六：是日，哲宗臨邇英閣，維讀《三朝寶訓》，至真宗好生惡殺之事，因諫之。軾文乃《蘇軾文集》卷七《書韓維讀三朝寶訓》。《長編》文字，略同《文集》。

同日，轍上《久旱乞放民間積欠狀》。

狀見《欒城集》卷三十六。狀謂應今日以前民間官本債負、出限役錢及酒坊原額罰錢，見今資産耗竭實不能出者，令州縣監司保明除放，乞朝廷痛加約束，如監司敢有違戾，許州縣官吏具事由實封聞奏。《長編》卷三百六十六載此狀。

乙亥（十六日），轍上《論罷免役錢行差役法狀》。

狀見《欒城集》卷三十六。旨在正差役大法，縱有小害，隋事更張，年歲之間，法度自備。《長編》卷三百六十六載此狀。

丙子（十七日），轍有《次韵子瞻送陳睦龍圖出守潭州》。

據《年表》。詩在《欒城集》卷十四。

辛巳（二十二日），李大臨卒。同日，程之邵罷提舉梓州路常平。之邵入京師，知祥符縣。

辛巳據《長編》卷三百六十六。《蘇軾詩集》卷三十二《送李陶通直赴清溪》自注盛贊熙寧中大臨與宋敏求、蘇頌封還李定詞頭，「天下謂之三舍人」。《宋史》卷三百三十一大臨傳亦及此事，當緣蘇軾之言。之邵罷據《宋會要輯稿》第九十八册《職官》六六之三二。《宋史》卷三百五十三之邵傳謂罷後知祥符。

錢勰（穆父）借蘇軾《送陳睦知潭州》韻見贈，以元韻答之，二十三日，醉書。

答詩乃《蘇軾詩集》卷二十七《用前韻答西掖諸公見和》，並據該卷第二十二條校記。《石渠寶笈》卷十三《宋蘇軾自書詩帖一卷》即此詩，卷末有元祐二年十二月晦舒城李寀跋。寀事詳《平園續稿》卷九《題鞠城銘》。

《蘇軾詩集》卷二十七有《送陳睦知潭州》。《長編》卷三百六十一元豐八年十一月丙午：陳睦爲直龍圖閣知潭州。至是始行。

癸未（二十四日），轍上《論蜀茶五害狀》。

狀見《欒城集》卷三十六。《長編》卷三百六十六載此狀。此狀要旨在乞罷（茶之）官榷法，令細民自作交易，但收税錢，不出長引。狀謂益、利、秦鳳、熙河等路茶場司，以買賣茶虐凌四路生靈，乞先罷茶官陸師閔職任。參閏二月庚寅紀事。

《欒城遺言》：「公在諫垣，論蜀茶。祖宗朝量收税，李杞、劉佑、蒲宗閔取息初輕，後益重，立法愈峻。李稷始議極力掊取，民間遂困。稷引陸宗閔共事，額至一百萬貫。陸師閔又乞額外以百萬貫爲獻，成都置都茶場。公條陳五害，乞放榷法，令民自作交易，但收税錢，不出長引，止令所在場務據數抽買博馬茶，勿失武備而已。言師閔百端凌虐細民，除茶遞官吏、養兵所費，所收錢七八十萬貫。蜀人泣血，無所控告。公講畫纖悉曲折，利害昭炳。時小吕申公當轍，嘆曰：『只謂蘇子由儒學，不知吏事精詳，至於如此。』公論役法尤爲詳盡，識者韙之。」

丙戌（二十七日），轍上《乞選用執政狀》。

狀見《欒城集》卷三十六。狀論：「左僕射蔡確險佞刻深，以獄吏進。右僕射韓縝識闇性暴，才疏行汙。樞密使章惇雖有應務之才，而其爲人難以獨任。門下侍郎司馬光、尚書左丞呂公著，雖有憂國之志，而才不逮心。至若張璪、李清臣、安燾皆斗筲之人，持祿固位，安能爲有，安能爲無。」狀蓋謂欲得如霍光、金日磾而後可。狀謂此數人未可一朝而去，「則願擇其任最重而罪最大者去之，臣以爲莫如蔡確、韓縝者也」，乞罷免二人。《長編》卷三百六十七載此狀。參本年以下閏二月己丑紀事。

丁亥（二十八日），轍上《乞更支役錢雇人一年候修完差役法狀》；狀謂開封府挾邪壞法。

狀見《欒城集》卷三十六。上狀日據《長編》卷三百六十七（《長編》此狀注文謂「舊鈔載閏二月二日」）。狀謂自罷差役至今已二十年，乍施行免役，吏民皆未習慣，「兼差役之法關涉衆事，根牙盤錯，行之徐緩，乃得詳審，若不窮究首尾，忽遽便行，但恐既行之後，別生諸弊」。狀又言：「新法已來減定役人，皆是的確數目。行之十餘年，并無缺事。則舊法人數決爲冗長，天下共知。况近降指揮，明使州縣相度有無妨礙。至於揭簿定差，亦無日限。今來開封府官吏更不相度申請，於數日之間，一依舊法人數差撥了絶。如壇子之類，近年以剩員充者，一例差撥役人，監勒開、祥兩縣迅若兵火，顯是故欲擾民，以害成法。尚賴百姓久苦役錢，乍獲復舊，更無詞說。不爾，必須争訟紛紜，爲害不小。乞下所司取問開封官吏，明知有上件妨礙，更不相度申請，及似此火急催督，是何情意！特賜行遣，以戒天下挾邪壞法之人。」狀中所謂「舊法」，乃謂王安石推行新法前之差役法。《宋史》轍本傳節録本狀。

《長編》本日紀事：「始，司馬光奏乞復行差役舊法，既得旨，依奏。知開封府蔡京即用五日，限令開封、祥符兩縣，如舊役人數，差一千餘人充役。亟詣東府白光。光喜曰：『使人人如待制，何患法之不行乎！』議者謂京但希望風旨，苟欲媚光，非事實也。故蘇轍首以爲言。」待制謂京。

《宋史》卷四七二《蔡京傳》：「司馬光秉政，復差役法，爲期五日，同列病太迫，京獨如約，悉改畿縣雇役，無違者。」

《宋史》卷一百七十七《食貨志》上五：「差法既復，知開封府蔡京如敕五日内盡用開封、祥符兩縣舊役人數，差一千餘人以足舊額。」以下節引轍此劄。

餘參本年閏二月初二日紀事。

二十八日，置詳定役法所。同日，軾送《論給田募役狀》於役法所。

二十八日云云，見《宋會要輯稿》第一百二十八册《食貨》一三之六。《長編》卷三百七十四本年四月癸巳：詔送蘇軾《論給田募役狀》於役法所；原注「據《上官均家傳》」。注又云：「按軾元祐二年二月一日繳進此議，云：元豐八年十二月草此，元未果上。然王巖叟駁軾議，則云復行差役方數日，軾有此議。按復行差役，乃元年二月六日。若軾元不上此議，巖叟何從而駁之。蓋軾八年十二月草此議，未即上。至元年二月六日後，固已出之，其送役法所，當是二月二十八日。」參本年四月六日紀事。

陳慥（季常）專使致簡，軾答之，望慥來京師。時僦居蒲池寺。

答簡乃《蘇軾文集》卷五十三與慥第十五簡。簡謂數日新事，有蹇授之廬簽。《宋會要輯稿》第九十八册《職官》六六之三二，蹇二月二十二日簽判廬州。簡作於二月下旬。簡云：「僦居在蒲池寺。」黄庭堅時居酺池寺，《山谷詩集注》卷五、卷九、卷十皆有詩及之；其卷十《次韻答曹子方雜言》任淵注：「《寰宇記》曰：酺池在開封府浚儀縣西北古大梁城内，梁孝王作。」酺池寺疑即蒲池寺。

呂陶（元鈞）擢殿中侍御史。軾答陶簡以爲此事少慰人望。

《宋史》卷三百四十六《呂陶傳》：「元祐初，擢殿中侍御史，首獻邪正之辨。」陶以蔡確、韓縝、張璪、章惇、安燾、李清臣爲小人，於是數人相繼罷。

《蘇軾文集》卷五十九答呂第二簡：「中間承進職，雖少慰人望，然公當在廟堂，此豈足賀也。」

簡末云：「非久，季常人行。」謂慥致簡專使也。參上條。

閏二月己丑（初一日），轍上《乞罷左右僕射蔡確韓縝狀》。次日罷確，用司馬光。

狀見《欒城集》卷三十六，載《長編》卷三百六十八。狀謂「確、縝受恩最深，任事最久，據位最尊，獲罪最重」，却仍被任用；「小臣任輕責輕」反而「罷黜」。「陛下何不正確、縝之罪，上以爲先帝分謗，下以慰天下之望」。又謂「大臣誠退，則小臣非建議造事之人，可一切不治，使得革面從君，竭力自效，以洗前惡」。按轍建議對新黨官吏首惡必懲而脅從小臣不治之舉措，可謂明智。

庚寅（初二日），轍上《乞罷蔡京開封府狀》。

狀見《欒城集》卷三十六，載《長編》卷三百六十八。狀謂蔡京挾邪壞法，已見本年二月二十八日紀事。狀謂蔡京乃「新進小生，學行無聞，徒以王安石姻戚，蔡確族從，因緣幸會，以至於此」。又謂段繼隆出於胥吏，贓汙顯露，兄弟數人布列三省，蔡京嘗爲檢正官，與此輩狎暱；大理寺官吏畏避觀望，數月不決。狀謂「王畿之政爲天下表儀」，不宜「使懷私之人竊據首善之地」。因乞「先罷京開封府，仍勅大理寺疾速結絶前件公事」。

同日，詔蘇轍所論蜀茶五害，劄付黄廉。

據《長編》卷三百六十八。參本月甲辰及四月壬子紀事。黄廉乃朝廷專派體量蜀茶利害者。

《宋史》卷一百八十四《食貨志》下六：「元祐元年，侍御史劉摯奏疏曰：『蜀茶之出，不過數十州，人賴以爲生，茶司盡榷而市之。園户有茶一本，而官市之，額至數十斤。官所給錢，靡耗於公者，名色不一，給借保任，輸入視驗，皆牙儈主之，故費於牙儈者又不知幾何。是官於園户名爲平市，而實奪之。園户有逃而免者，有投死以免者，而其害猶及鄰伍。欲伐茶則有禁，欲增植則加市，故其俗論謂地非生茶也，實生禍也。願選使者，考茶法之敝，以蘇蜀民。』右司諫蘇轍繼言：『吕陶嘗奏改茶法，止行長引，令民自販，每緡長引錢百，詔從其請，民方有息肩之望。孫迥、李稷入蜀商度，盡力掊取，息錢、長引并行，民間始不易矣。且盜賊贓及二貫，止徒一年，出賞五千，今民有以錢八百私買茶四十斤者，輒徒一年，賞三十千，立法苟以自便，不顧輕重之宜。蓋造立茶法，皆傾險小人，不識事體。』且備陳五害。」

《宋史》卷三百三十二《陸師閔傳》謂師閔乃詵之子，餘杭人，詵嘗知成都，師閔以父任爲官。以下云：「熙寧末，李稷提舉成都路茶場，辟幹當公事，不三年，提舉本路常平，遂居稷職。在蜀茶額三十萬，稷既增而五之，師閔又衍爲百萬。……元祐初遣黄廉入蜀訪察。右司諫蘇轍論其六害，謂：『李稷引師閔共事，增額置場，以金銀貨拘民間物折博，賤取而貴出之，其害過於市易。自法始行，至今四變，利益深，民益困。立法之虐，未有甚於此者。』廉奏至，如轍所陳，乃貶師閔主管東嶽廟。」「李稷」云云，在《論蜀茶五害狀》中。

同日，左僕射蔡確罷知陳州。同日，司馬光爲左僕射。

據《宋會要輯稿》第一百六册《職官》七八之二五：以「時司馬光、吕公著、蘇軾、蘇轍、吕大防、劉摯、王巖叟相繼進用，確遂連表乞解機務，故有是命」。同日云云，據《宋史·哲宗紀》；光並兼門下侍郎。

同日，侍御史劉摯奏改科復詩賦，詔集議聞奏。軾作《復改科賦》。

《長編》卷三百六十八本年閏二月庚寅紀事引侍御史劉摯言：「乞試法復詩賦，與經義兼用之。進士第一場試經義，第二場試詩賦，第三場試論，第四場試策。經義以觀其學，詩賦以觀其文，論以觀其識，策以觀其才。」以下云：「如賜開允，即乞今年降詔，并自元祐五年秋試爲始。詔禮部與兩省學士、待制、御史臺、國子司業集議聞奏。所有將來科場，且依舊法施行。」卷三百七十一三月壬戌（五日）司馬光就此上奏，首言「伏覩朝廷改科場制度」。然遲至元祐八年三月庚子始復，見《宋史·哲宗紀》。賦見《蘇軾文集》卷一，首云「新天子兮，繼體承乾，老相國兮，更張孰先」，作於此時。老相國謂司馬光。

壬辰（初四日），蘇轍乞令州縣監司除放民債負。

《年表》本日紀事：「轍言：『陛下以久旱，憂禱勤至，自冬歷春，天意未答，災害廣遠。又近歲民苦重斂，儲積空匱。應官本債負，有資産耗竭實不能出者，令州縣監司保明除放，使民心悦服。』詔户部勘會諸欠官本息罰錢，并免役、坊場净利錢數目，及民户見有無抵當物力，具保明以聞。」《年表》所云，當出實録，蓋爲面聖時所言，未有奏狀，賴史官記之得以傳。

甲午（初六日），轍與右諫議大夫孫覺同進對，覺、轍皆上劾韓縝疏，有旨俟簾下内臣盡出方得敷奏。

據《年表》及《長編》卷三百六十八。覺、轍之疏，皆載《長編》。轍奏見《欒城集》卷三十六，謂爲「六日上殿」奏。奏乞罷縝。

同日，軾書轍夢中詩。

《蘇軾文集》卷六十八《書子由夢中詩》：「元豐八年正月旦日，子由夢李士寧相過，草草爲具。夢中贈一絶句云（略）。明年閏二月六日爲予道之，書以遺遲云。」轍詩見《欒城集》卷十三。日本豐福健二《東坡詩話集》第三〇四頁引此文墨迹，「遲云」作「過子」；「子」後有「坡翁」二字。

李士寧，見此前有關紀事。

轍詩云「歸去蓬萊」，知士寧已卒。

八日，軾題弟轍《日本扇》後。

據《紀年録》，文佚。《欒城集》卷十三有《楊主簿日本扇》。

壬寅(十四日)轍上《乞招河北保甲充軍以消盜賊狀》。從請。

狀見《欒城集》卷三十六。載《長編》卷三百六十九。狀乞於元豐庫或内藏庫内得錢三十萬貫爲招軍例物，選文武臣僚有才幹者一二人分往河北，逐路於保甲中招其强勇精悍者爲禁軍，隋其人才以定軍分。其間武藝絶倫，即以補内六班之缺，或以補本貫及鄰近缺額軍員。《長編》本日紀事注：「三月十四日，從蘇轍請。」《集》卷三十八《乞招畿縣保甲充軍狀》：「臣近奏乞招河北保甲充禁軍，聞已有朝旨，令逐州軍長吏等優給例物，寄招在京禁軍去訖。」《宋史》卷一百九十三《兵志》七：「哲宗元祐元年三月，詔河北保甲願投軍人及得上四軍等杖事藝者，特許招填，合給例物外，更增錢五千，中軍以下三千。比等杖短一指，射保甲第一等弓弩，并許招刺。從右司諫蘇轍請也。」《宋史》卷一百七十九《食貨志》下一：「元祐元年，右司諫蘇轍論河北保甲之害，因言。」以下節引本日所上之劄，并謂「尋用其議」。

癸卯(十五日)，轍上《論差役五事狀》。詔送看詳役法所詳定，擇其要者先奏以行。

狀見《欒城集》卷三十七，載《長編》卷三百六十九。所論五事，皆行差役過程中所發生之疏略差誤，分條列出，乞降付看詳役法所詳酌施行。狀論新法多有可取之處，如謂：「新法以來減定諸色役人，皆是的確合用數目，行之十餘年，并無缺事。即熙寧以前舊法，人數顯是冗長，虛煩民力。今來……却令依舊人數定差，未爲允當。欲乞只依今役人數目差擬。」又謂：「熙寧以前散從弓手、手力等役人，常苦接送之勞。遠者至四五千里，極爲疲弊。自新法以來，官吏皆請雇錢，役人既以爲便，官吏亦不缺事。……欲乞依新法，官吏并請雇錢。」即接送者服役時能得到若干報酬。此狀大旨，即在汲取新法中便民之處，不一概否定。

《集》卷四十《論傅堯俞等奏狀謂司馬光爲司馬相公狀》：「右臣今年二月（按：實爲閏二月）曾上言朝廷，初行差役之法，其間衙前一役最爲重難，民間所苦。宜以賣坊場錢及坊郭、官户、寺觀、單丁、女户所出役錢量行裁減，雇募衙前，以免民間重役之害。」

詔送云云，據《宋史》卷一百七十七《食貨志》上五。

甲辰（十六日），轍上《乞黜降韓縝狀》。

狀見《欒城集》卷三十七，載《長編》卷三百六十九。狀謂「河東當日割地與（遼）虜，邊民數千家墳墓、田業皆入異域，驅迫内徙，哭聲震天，至今父老痛入骨髓。而沿邊險要，舉以資敵，此乃萬世之深患，縝以一死爲謝，猶未塞責」。義正詞嚴。

丙午（十八日）轍上《乞罷章惇知樞密院狀》。

狀見《欒城集》卷三十七，載《長編》卷三百六十九。狀謂惇行巧智欲破壞差役，以害國事。

同日，轍上《乞牽復英州别駕鄭俠狀》。俠旋放逐。

狀見《欒城集》卷三十七。謂俠昔以言事獲罪，逮今十年，屢經大赦，終不得牽復。《長編》卷三百六十九本月庚戌（二十二日）紀事：「詔英州編管人鄭俠特放逐，便仍除落罪名，尚書吏部先次注舊官，與合入差遣。從監察御史孫升、右司諫蘇轍所奏也。」上狀日爲丙午，亦據《年表》。

鄭俠嘗上蘇軾啓，歷叙遭遇乞歸。

《西塘先生文集》卷八《謝蘇子瞻端明啓》：「孤迹敢言，惟憤朋邪之罔上；大臣引類，不識面目而論心。枯朽暗華，寧知春力之大；漂流靡屆，忽踰星紀之周。偶因友益之多聞，知有恩閎之逾峻。是焉悦服，至於不眠。竊以物惑而來，道喪爲患。不知有君臣之義，不知有神民（按：疑應作『明』）之依。惟利之爲圖，惟身之爲進。故取於下，則庾廩殫竭饑窮相食而不以爲念；進於上，則忠義廢斥朝廷將空而不以爲憂。以致旱暵仍年，蝗螟蔽野。流離無可歸之室，兵革無不試之方。可爲痛心，無若是節。九重之邃，一言不通。偶守關征，實厭輿論。以人處世，欲生奚爲。況當雲漢側身，累聞避殿而徹膳，露臺請雨，至於披髮而叩天。是激愚衷，直欲大叫。猶慮耳聞之無實，不敢上瀆於所尊。乃以廳事之前，目所親覩。畫工初學，手指令圖。引以短書，證之古語。請罷諸割剥不惠之政，而黜去邪佞不直之臣。詔邊鄙以息兵，開倉廩而振之。如蒙聖聽，悉依愚言。天澤稍後於一旬，臣頭請梟於雙闕。囊封午達，御寢夜忘。清旦之朝，庶𢾺咸止。此則神宗皇帝聖慈明睿，從諫如流，雖堯舜復生，無此過者也。已而又降手詔，許中外實封言事。遠近如躍，霖雨應期，洎奏疏宣示之朝，乃微臣讒譖之始。或請逮繫，或議刑誅。則匭函應詔之書，乃姦臣蔽主之路。内外庶司之會問，報必詭辭；一二近臣之輸忠，旋皆就劾。如某草芥，何足齒牙。自古奸邪回天，忠嘉就戮。事不少濟，死尚如歸。未有如某之遇先帝，所請皆行。上台以是出金陵，諛佞側目。咸欲食其肉，醢其骨，而聖恩庇護，止於嶺表之遷者也。冕旒還天，神聖繼統。離明涣汗，睽鬼喪輿。然後明公鉅儒，相次萃聚。期以四方萬里，同此泰亨。事君以人，聚朝以類。是以愚懵之人，被兹薦舉。直欲召自遠方，置之近列而不知已也。此蓋伏遇端明先生，辨内外之境，究榮辱之歸。不以人滅天故誠，不以物累志故正。虛而生大，白以成明。繼古人之忠端，作當代之標準。以爲世本無事，由人妄而事生；人非本邪，以正消而邪熾。若正直之並進，即姦欺之自消。而况包荒不遐遺，大臣之能事；舉直錯諸枉，聖人之格言。如湯化冰，如雪見晛。故以作多士之氣，應一時之宜。此真古昔輔弼之臣知政之體，而能佑佐大有爲者之事者也。不幸奸孽暗藏，良遇中變。風波横起，紛擾更深。至於乃今，不異前日。下愚狷介，勢疕志衰；多病侵尋，目昏足痺。知難自退，不俟勞言。方兹聖德日升，群心景附，虛懷弼亮，側席俊良。深簡帝衷，莫如門下。伏願早膺綸綍，入正台槐。以平日所欲言而不得言者，傾竭於冕旒之前；

以平日所欲行而不得行者，抖擻於鈞軸之上。毋念舊惡，毋記往愆。釋群疑於蔀屋之豐，滌衆汙於雷雨之解。調諧政化，俾如琴瑟之和；協叙雨暘，必若桴鼓之應。若昆蟲草木，無不咸若；而山川鬼神，亦莫不寧。如此則受恩之人，如囚脱梏。扶持衰疾，乞丐東歸。守先人之屋廬，收諸弟之孤幼。時風節雨，追野老於其同；糗飯藜羹，與天民而皆足。使霜頤雪頷，長歌舜禹之年；而狼徇犬馳，或起夷齊之操。則不肖之於門下，不爲無補報者也。」啓稱蘇軾爲端明，蓋晚年定稿時所易。此在宋時，不乏其例。

茲以轍上乞牽復鄭俠事，附俠上蘇軾書於此。

十八日，轍上《乞責降成都提刑郭槩狀》。詔槩差替其賣鹽、市易之事。

狀見《欒城集》卷三十七，謂本月十四日上。《長編》卷三百六十九載此文，謂爲本日上，《年表》亦謂爲本日上，今從。狀首謂：「臣竊見朝廷近日察知蜀中賣鹽、榷茶及市易比較收息，爲遠人所苦，委成都提點刑獄郭槩體量事實。臣觀此三事，利害易見，甚於黑白，凡有耳目，莫不聞知。而郭槩觀望阿附，公行欺罔，其所奏報并不指言實弊。」狀所云「近日」乃謂二月二十四日上《論蜀茶五害狀》以後。狀末乞「先行罷黜郭槩所有賣鹽、榷茶、市易等事，乞别委官體量施行。」《長編》、《年表》均謂：「詔郭槩差替其賣鹽、市易之事，令黄廉先次體量，詣實以聞。」《宋史》卷一百八十三《食貨志》下三：「元祐元年，詔委成都提點刑獄郭槩體量鹽事。右司諫蘇轍劾槩觀望阿附，奏不以實，且言：『四川數州賣邛州蒲江井官鹽，斤爲錢百二十，近歲鹹泉減耗，多雜沙土，而梓、夔路客鹽及民間販小井白鹽，價止七八十，官府遂至抑配，槩不念民朝夕食此貴鹽。』詔遂罷槩，令黄廉體量以聞。」「四川」云云，見狀。

同日，轍上《再乞責降蔡京狀》。京出知成德軍。

狀見《欒城集》卷三十七，原無上狀日期，《長編》卷三百六十九載本狀，繫本日，今從。

《年表》本月庚戌（二十二日）紀事：「知開封府蔡京出知成德軍。」

轍上《乞擢任劉攽狀》。

狀見《欒城集》卷三十七。狀次《乞牽復英州別駕鄭俠狀》後，《再乞責降蔡京狀》前。二狀皆爲本月十八日上，《乞擢任劉攽狀》當亦上於十八日。狀謂攽「多聞直諒，文有師法，才力通敏，所至稱治」，乞擢置侍從。攽時知襄州。

己酉（二十一日），高麗國祐世僧統求法沙門義天已下十人朝見。僧統至京師，釋氏史籍謂蘇軾館伴。

己酉云云，據《長編》卷三百六十九。

《長編》同上卷本月庚戌（二十二日）紀事：「高麗國僧統進奉皇帝興龍節祝聖壽佛像并金器等，詔學士院降詔奬諭，朝辭日，賜衣著一千匹，銀器一千兩。」

《佛祖統紀》卷四十六：「元祐元年，高麗王子祐世僧統義天來朝，勑禮部蘇軾館伴。有司共張甚設，義天四上表乞傳華嚴教，乃勑主客楊傑送至錢唐，受法於慧因浄源法師。」《釋氏稽古略》卷四元豐八年紀事引《圓照禪師本傳》：「義天朝京師，禮部郎中蘇軾接伴，謁拜慧林圓照禪師宗本，有司館遇甚厚。」《宋史》卷四百八十七《高麗傳》叙高麗國王運於元豐八年，「遣其弟僧統來朝，求問佛法并獻經像」。僧統義天之來，道明州，朝廷命主客楊傑館伴，與義天遊錢唐。元豐八年秋，蘇軾晤傑於赴錢唐途中，賦詩送其行，詳該年「楊傑奉詔」條紀事。元豐八年末，蘇軾爲禮部郎中，旋改起居舍人。據《教苑遺事》，義天游錢唐後，尚至潤州拜了元（佛印），尚至淮南、京東諸路，計至京師，已及本年之初，而蘇軾已爲起居舍人矣。《佛祖統紀》及《釋氏稽古略》所載疑有誤處。又，蘇軾詩、文中，亦從未及館伴義天事。

辛亥（二十三日），轍上《乞廢官水磨狀》。

狀見《欒城集》卷三十七，載《長編》卷三百七十。狀謂「近歲京城外創置水磨，因此汴水淺澀，阻隔官私舟船，其東門外水磨下流，汗漫無歸，浸損民田一二百里，幾敗漢高祖墳。」又謂水磨所入一歲不過四十萬貫，乞廢罷官磨，令民間任便磨茶，其利甚溥。《宋史》卷九十四《河渠志》四節引此狀。

《宋史》卷一百八十四《食貨志》下六：「元豐中，宋用臣都提舉汴河堤岸，創奏修置水磨，凡在京茶户擅磨末茶者有禁，并許赴官請買，而茶鋪入米豆雜物揉和者募人告，一兩賞三千，及一斤十千，至五十千止。商賈販茶應往府界及在京，須令産茶山場州軍給引，并赴京場中賣，犯者依私販臘茶法。諸路末茶入府界者，復嚴爲之禁。訖元豐末，歲獲息不過二十萬，商旅病焉。元祐初，寬茶法，議者欲罷水磨。户部侍郎李定以失歲課，持不可廢，侍御史劉摯、右司諫蘇轍等相繼論奏，遂罷。紹聖初，章惇等用事，首議修復水磨。乃詔即京、索、天源等河爲之，以孫迥提舉，復命兼提舉汴河堤岸。四年，場官錢景逢獲息十六萬餘緡，吕安中二十一萬餘緡，以差議賞。元符元年，户部上凡獲私末茶并雜和者，即犯者未獲，估價給賞，并如私臘茶獲犯人法。雜和茶宜棄者，斤特給二十錢，至十緡止。初，元豐中修置水磨，止於在京及開封府界諸縣，未始行於外路。及紹聖復置，其後遂於京西鄭、滑、潁昌府，河北澶州皆行之，又將即濟州山口營置。崇寧二年，提舉京城茶場所奏：『紹聖初，興復水磨，歲收二十六萬餘緡。四年，於長葛等處京、索、溝水河增修磨二百六十餘所，自輔郡榷法罷，遂失其利，請復舉行。』從之。尋詔商販臘茶入京城者，本場盡買之，其翻引出外者，收堆垛錢。裁元豐制更立新額，歲買山場草茶以五百萬斤爲率。客茶至京者，許官場買十之三，即索價故高，驗元引買價量增。三年，詔罷之。」

同日，章惇罷知汝州。

據《年表》及《宋史·宰輔表》。

《宋史》卷四百七十一《章惇傳》：「哲宗即位，知樞密院事。宣仁后聽政，惇與蔡確矯唱定策功。確罷，惇不自安，乃駁司馬光所更役法，累數千言。其略曰：『如保甲、保馬一日不罷，有一日害。若役法則熙寧之初遽改免役，後遂有弊。今復爲差役，當議論盡善，然後行之，不宜遽改，以貽後悔。』呂公著曰：『惇所論固有可取，然專意求勝，不顧朝廷大體。』光議既行，惇憤恚争辨簾前，其語甚悖。宣仁后怒，劉摯、蘇轍、王覿、朱光庭、王巖叟、孫升交章擊之，黜知汝州。七八年間，數爲言者彈治。」

同日，轍上《乞葬埋城外白骨狀》。從奏。

狀見《欒城集》卷三十七，載《長編》卷三百七十。狀謂訪聞京城四門外，所在白骨如麻，多是昔日築城開濠死損人夫；東門外又爲茶磨棄水所浸，雖其間已埋瘞者，土薄水深，亦皆發露，狼藉臭腐，不忍聞見。乞相度於閑隙地上以塼作數大墳，如法掩藏。《長編》本日紀事注文：「從轍所奏。」

壬子（二十四日），轍上《乞賑救淮南饑民狀》。從奏。

狀見《欒城集》卷三十七，《長編》卷三百七十載於本月辛亥（二十三日）。狀乞指揮淮南官司先將所管義倉米隨處支與缺食人户，兼將常平米減價出賣。《長編》紀事注：「丙辰二十九日，詔諸路依二月四日指揮，即從轍奏也。」《長編》卷三百六十五元祐元年二月癸亥（初四日）紀事：「詔淮南東西路提舉常平司體量饑歉，以義倉及常平斛斗依條賑濟訖奏。」即注所云指揮。

同日，轍上《乞廢忻州馬城鹽池狀》。四月庚寅（初三日）行出，詔建議等官并虞部行遣留滯令大理寺根究以聞。

狀見《欒城集》卷三十七，謂元豐三年後來，前宰相蔡確兄礪始議創添忻州馬城池鹽，其鹽夾硝味苦，人不願買，元豐八年轉運司乞住收馬城池鹽，虞部李閎畏礪權勢，曲生問難。狀乞住收馬城池鹽，依舊只賣永利東西兩監鹽，乞取問蔡礪等建議害民及虞部官吏希合權要，故作拖延情罪，依法施行。《宋史》卷一百八十三《食貨志》下五節引此狀，並謂「詔從之」。《長編》卷三百七十六本年四月庚寅載此狀。「詔建議」云云見《長編》。《長編》紀事注：「二月二十四日轍上言，至今方行出。」按：此狀次《乞賑救淮南饑民狀》之後，後者上於閏二月二十四日，即本日。蓋《長編》注文此處偶脱一「閏」字，故繫此狀於此。

同日，轍上《再乞放積欠狀》。

狀見《欒城集》卷三十七，原無上狀日期，《長編》卷三百七十繫本日，今從。參二月甲戌（十五日）紀事。狀乞深念欠負人户（官本債負、拖欠坊場錢、拖欠役錢）枷錮已久，衣食不繼，父子離散，乞特與除放。《長編》本日紀事注：「（本月）二十九日行。」

甲寅（二十六日），轍上《乞罷蔡京知真定府狀》。

狀見《欒城集》卷三十七，謂真定（按：即成德軍）天下重鎮，京資任至淺，才力無聞，見有私狗公事，未經結絶，臺諫交章，至今未已，宰相授之名藩，意乃欲以此淩壓言事之官，乞追罷京新命。時宰相爲司馬光、韓縝。

《長編》卷三百六十九繫此狀於本月庚戌（二十二日），注謂：「（本年）六月十二日，京坐段繼隆事，特罰銅二十斤。」此即轍狀中所云「私狗公事」。參本月二十二日紀事。《集》卷三十八《言蔡京知開封府不公事第五狀》言此狀「朝廷并不省録」。

丙辰（二十八日），轍上《乞罷安燾知樞密院狀》。

狀見《欒城集》卷三十七。《長編》卷三百七十載此狀，繫乙卯（二十七日）。《集》未注上狀日期，今從《年表》。燾自同知樞密院爲知院，負天下兵革之重，是爲超擢。狀謂燾才氣凡近，學術空虛，不迨中人，乞令且守舊職。參二月二十七日紀事。

軾與陳慥（季常）簡，謂與弟轍同省甚樂。

《蘇軾文集》卷五十三與慥第十五簡：「子由同省，旦夕相對，此爲厚幸。」簡云「左揆已出陳州，君實代之」。左揆謂蔡確，確以本月庚寅出知陳州，君實謂司馬光。故繫之於此。

三月一日，軾書《佛心鑑偈》以立石。

文見《蘇軾文集》卷二十二（六四八頁）。

己未（初二日），轍上《再論安燾狀》。得請。

狀見《欒城集》卷三十七，乞令燾依舊供職。《長編》卷三百七十一載此狀。《長編》卷三百七十二本月壬申詔：「安燾堅辭知樞密院事，特依所乞，依舊同知樞密院事。」

乙丑（八日），轍上《論發運司以糴糴米代諸路上供狀》。

狀見《欒城集》卷三十七。狀謂發運司於淮南側近趁賤糴米，諸路轉運司上供米至發運司者違限不至，則發運司以所糴米代之，取直於轉運司，幾倍本路實價。轉運司米雖至，而出限一日，輒不得充數。諸路舊日官歲糴米，錢散於民，無錢荒之弊；今米無所售，而斂錢以償發運司，則錢日益荒，而農民最病。狀乞指揮發運司，諸道轉運司出限不到米，以所糴米代發上京，而不得於諸道責取米價，候諸道米到撥還，諸道得以及時收糴，錢有所洩，而農不甚病。

戊辰（十一日），轍上《乞責降韓縝第七狀》。

狀見《欒城集》卷三十七，《長編》卷三百七十一載。《年表》謂爲丁卯（初十日）上。狀論縝過惡，在昔奉使契丹定界，舉祖宗山河七百餘里以資敵國。狀謂前後六章論縝。按綜前所述，其見於《集》之論縝章有《乞選用執政狀》、《乞罷左右僕射蔡確韓縝狀》、《乞罷右僕射韓縝劄子》（以上三狀，即《乞黜降韓縝狀》所云之「近三上章」）、《乞黜降韓縝狀》，共四狀，另二狀已佚。

辛未（十四日），軾免試爲中書舍人；仍賜金紫。辭，不允。上謝表。

辛未云云，據《長編》卷三百七十一。

《長編》卷三百七十二本月乙亥（十八日）紀事：御史中丞劉摯、殿中侍御史吕陶對，因論及帥臣。太皇太后宣諭曰：「近除胡宗愈、蘇軾如何？」摯等對：「甚合公議。」又曰：「盡是此中自除。兼蘇軾天下知其有文，多年淹滯。」《施譜》略同。

《蘇軾文集》卷二十三有《辭免中書舍人狀》、《謝中書舍人表二首》。

《却掃編》卷中：「舊制，凡掌外制，必試而後命，非有盛名如楊文公、歐陽文忠、蘇端明，未嘗輒免，故世尤以不試爲重。」

《鶴山先生大全文集》卷六十《跋東坡辭免中書舍人稿真迹》：「元祐垂簾，凡熙、豐法令有不便于民者罷之，惟恐後。諸公但知目前事勢，不得不爾。然議之則曰是以子改父也，從而闢之，則又曰以母變子，此皆非真識事體者。惟坡公訓辭，獨能推本於神考欲爲而未能之意。文寬夫、范堯夫、韓子華、孫和甫、安厚卿之去，公所草詔，皆以先朝付托爲詞，而用楊元素、陳彦叔、李邦直、吕穆仲、唐義問之詞，亦卷卷於先帝之約束。温文正公以議新法不合去，終元豐不起，而臨奠之文，曰知之者神考，用之者聖母。吕惠卿被遇神考，致位宰席，其南遷之詞，亦曰此先皇帝之意。至于熙寧宰相之卒，不過曰『方觀功業之成，遽起山林之興』，亦未嘗深詆之也。今觀公辭官之奏，始歸美於神考，其詞氣和平而不懟也，其識慮深長而有托也。使時賢而皆知此意也，豈不足以章先志而彌後憂，矧神考固嘗流涕於二后之請，憤惋於安上門之圖，慟哭於永樂城之敗，凡關於元祐諸賢者，又未嘗不知之，特當時未有將順而正救之者耳。其曰受先朝之知，雖宣仁亦嘗言之，公非姑爲是詞也。」附此。

蘇轍代兄軾作《謝中書舍人啓》，軾改動三字。

《東坡文談録》：「子由代兄作《〔謝〕中書舍人啓》：『伏念某某草茅下士，蓬蓽書生。』子瞻以筆塗『伏念某』，用『但卑末』三字。」

《蘇軾文集》卷四十六《謝中書舍人啓》，無「草茅」云云。知另有一啓，已久佚。

時後省初成，軾、轍嘗同直宿，轍作詩呈軾。

《欒城集》卷十四《後省初成直宿呈子瞻》其一首云：「掖垣初罷斧斤響，棟宇猶聞松桂香。」掖垣即後省，屬中書省。以下云：「江海暫來俱野客，雲霄并直愧華堂。」《宋史》卷一百十四《職官志一·中書省》謂中書省設官十有一人，其中有中書舍人四人，右司諫一人。故兄弟得并直。末云「諫草未成眠未穩」，乃叙居此草諫章。

張耒上賀詩。

《柯山集》卷七《寄子瞻舍人二首》其一：「皎皎連城璧，實爲天地珍。足傷曾不售，寶氣終氤氲。山川媚餘秀，星斗攬奇氛。終然不可掩，三浴袚埃塵。天王齋戒受，嚴庭具九賓。貯之黄金臺，藉以九龍茵。事稱忘禮厚，人誰駭其新。車輪走四方，争覩快一陳。無瑕故易傷，斂輝志乃神。」其二：「紛紛名利場，向背不知醜。翟公書其門，客態自如舊。勢去競詆詛，有餘丐升斗。高賢少畦畛，小子多狀候。退之呼字生，房相肆琴叟。事奇出意表，欲辯不及口。神明勞忠孝，福禄日云厚。防微無早計，求福常恐後。」

軾與蘇頌簡，借金帶。贈王嵎古槐簡。

《竹溪鬳齋十一稿續集》卷十三《跋東坡與蘇丞相頌五帖》：「前一帖借金帶，乃初除從橐時。」從橐謂中書舍人。簡佚。

《西塘集耆舊續聞》卷二：「王嵎升之，少從東坡學，甚俊敏。東坡既除西掖，乃以古槐簡贈嵎曰：『此笏，曾奉制策入三等，曾召對議事不合而逐，曾對御史詔獄，曾不試除三字，毋輕吾笏。』」

嵎，鄆州鉅野人。政和二年卒，年四十一。《學易集》卷八有《王升之誄》。

十六日，軾題筠州所作别弟轍詩後贈名醫康師孟郎中，時康將歸洛。蘇軾嘗以藥方求教於康師孟。

十六日云云，見《蘇軾文集》卷六十八，題作《題别子由詩後》。别子由凡三首，此所録者爲第二首。

《文集》卷七十三《四神丹説》："「熟地黄、玄參、當歸、羌活，各等分。右擣爲末，蜜和丸，梧桐子大，空心酒服，丸數隨宜。……頃余以問名醫康師孟，大異之，云：『醫家用此多矣，然未有專用此四物如此方者。』師孟遂名之曰四神丹。洛下公卿士庶争餌之，百疾皆愈，藥性中和，可常服。」

康，東平人，見《蘇軾詩集》卷二十三《别子由三首兼别遲》題下「施注」。

同日，軾繳進吴荀廣東運判詞頭狀。

狀見《蘇軾文集》卷二十七（七七三頁）。《長編》卷三百八十七本年九月辛未（十六日）繫此事，注云：「吴荀除廣東運判，《實録》在九月十六日。據蘇軾奏議，乃稱三月十六日，必奏議誤以九月十六日爲三月十六日也。今依《實録》，附九月十六日。」按：狀不誤。狀謂吴荀舉主首爲吕惠卿，其時惠卿猶在位。惠卿於本年六月辛亥被貶，見本譜紀事。若蘇軾此狀作於九月十六日，惠卿被貶已數月，如何能爲舉主？《長編》蓋未詳考。知《實録》並不誤。荀字翼道。光緒《廣州府志》卷十有元祐二年三月十六日吴荀等九曜石題名，郭祥正《青山集》卷五有《九曜石奉呈同游蔣帥穎叔吴漕翼道》詩，作於元祐二年初，時經廣州。據此，知《實録》所云除，乃緻進後再除。

同日，轍上《乞責降韓縝第八狀》。縝旋罷。

狀見《欒城集》卷三十七，《長編》載卷三百七十二。《年表》謂爲壬申（十五日）上。狀首謂臺諫論縝章皆留中不出，以下謂：「臣頃與孫覺上殿奏事，面聞德音，以爲進退大臣當存國體；雖知縝不協人望，要須因其求去而後出之。臣即奏言，陛下以恩禮遇大臣，雖盛德之事，而臣等身有言責，言苟不效，義不可止。」狀乞舉行仁宗故事，凡臺諫封事，一一付外施行，如縝罪狀不誣，乞顯行誅責。

《年表》：「四月己丑（初二日），右僕射韓縝罷知潁昌府。」

《宋史》卷三百一十五《韓縝傳》謂縝字玉汝（億第六子），以下云：「元祐元年，御史中丞劉摯、諫官孫覺、蘇轍、王覿，論縝才鄙望輕，在先朝爲奉使，割地六百里以遺契丹，邊人怨之切骨，不可使居相位。章數十上，罷爲觀文殿大學士、知潁昌府。」紹聖四年卒，年七十九，謚莊敏。

甲戌（十七日），軾、轍赴實録院御筵。

《澗泉日記》卷上：「林文節公記：丙寅三月甲戌，經筵諸公退，乃赴實録院御筵，會者二十八人。以丞相未出，都知留後張茂則押宴，大資政韓維，尚書王存、韓忠彦，承旨鄧温伯，侍郎李常、趙彦若、陸佃、崔台符、楊汲，龍圖曾布，舍人錢勰、范百禄、胡宗愈，給事傅堯俞，待制蔡京、蔡卞、吴雍，左右司林希、曾肇，著作范祖禹，左右史滿中行、蘇軾，司諫王巖叟、蘇轍，正言朱光庭、王覿，中丞劉摯。惟孫永不至。」時蘇軾新除中書舍人，故猶以右史稱之也。文節，希謚。見《宋史·林希傳》。

乙亥（十八日）轍上《乞給還京西水櫃所占民田狀》。

狀見《欒城集》卷三十八。《年表》謂甲戌（十七日）上。狀謂頃年宋用臣於中牟、管城以西强占民田，潴蓄雨水（即水櫃），以備清、汴乏水。狀乞汴口以東州縣各具水櫃所占頃畝數目及每歲有無除放二稅；如水櫃決不可廢，即當考慮如何給還民田。

《宋史》卷九十四《河渠志》四節引此狀。

己卯（二十二日），軾繳進沈起叙朝散郎監嶽廟詞頭狀。詔罷之。

據《長編》卷三百七十三。《長編》原注：「《實録》：八月二十四日己酉，詔前降叙用指揮沈起，更不施行，以中書舍人論其不當叙用也。」繳進狀見《蘇軾文集》卷二十七（七七四頁）。

辛巳（二十四日），轍上《論三省事多留滯狀》。

狀見《欒城集》卷三十八，載《長編》卷三百七十三。狀謂留滯之表現凡四，其一謂「凡事皆中書取旨，門下覆奏，尚書施行，所以爲重慎也」，「至於日生小事及事之方議者，一切依此，則迂緩之弊所從出也」，惟國之大事及事之已成者然後經歷三省，則事之去者過半矣。其二謂三省文書許吏人互相點檢，差誤毫末皆理爲賞罰，致文書無由速了，乞今後不以差誤爲賞罰，惟有所欺弊及雖係差誤而害事者，方行賞罰。其三謂文書自尚書省經諸部至諸司，開拆呈覆用印，皆有日限；乞以事之緩急，減定日限。其四謂古者因事設官，事不可已，然後置官，今往往爲官生事，若能一切裁損，必大有所益。其主旨爲：爲治之要在事清吏簡。

蘇軾題文同(與可)墨竹詩。

詩見《蘇軾詩集》卷二十七(一四三九頁)。

詩之叙云：「故人文與可爲道師王執中作墨竹，且謂執中勿使他人書字，待蘇子瞻來，令作詩其側。與可既没八年，而軾始還朝，見之，乃賦一首。」據此，知蘇軾在京師與王執中相晤，執中示同墨竹，軾乃題詩。

詩首云：「斯人定何人，游戲得自在。詩鳴草聖餘，兼入竹三昧。時時出木石，荒怪軼象外。」蓋謂同之墨竹，已進入化境，不拘一格，不可以常情論之。

王執中，道流。《丹淵集》未見。

王鞏(定國)將離京師,蘇軾送行,鞏作詩,軾和之。

軾詩見《蘇軾詩集》卷四十八(二六二一頁)。鞏詩佚。詩首云「離歌」,點離别。詩云「鶯」,乃囀春鶯,點季候。詩云「瞢騰君上馬」。叙話既久,時間不容等待,故云「瞢騰」。此謂王鞏。詩云「東門」,知鞏出東門,似往南都。姑次此。

錢勰(穆父)病起,作詩,蘇軾次韵。

軾詩見《蘇軾詩集》卷二十七(一四四〇頁),勰詩佚。詩首云「杯中蛇去」,切病起。中四句似謂病起上朝。末二句云:「何妨一笑千痾散,絶勝倉公飲上池。」樂觀待人生,勝過祕方。有至理。

陳師道(履常)來京師。

《蘇軾文集》卷四十九《與李方叔書》:「陳履常居都下逾年。」以下叙薦師道。薦師道爲元祐二年四月事。師道來京師,當在本年春間。

次韵和王鞏。黄庭堅、晁補之亦有和。

《次韵和王鞏》見《蘇軾詩集》卷二十七。

《山谷詩集注》卷三有《次韵子瞻贈王定國》,首云:「遠志作小草,鼃衣生陵屯。但爲居移氣,其實何足言。」贊鞏以貴公子,坐蘇軾累賓州,頗能自處。晁詩在《雞肋集》卷五,題爲《次韵王宗正定國與蘇翰林先生黄校書魯直唱和》，中有「時清詩人喜，洗濯出佳言。淵源蘇夫子，河入莆萏瓢」之句。任淵注謂黄詩作於春晚。

補之時爲試太學正，參本年十二月初七日紀事。

送千之姪西歸，轍有詩。

詩見《欒城集》卷十四。首云「京洛東游歲月深」，知千之居京洛久。又云「相逢初喜解微吟」，知作於到京師後不久。又云「夢中助我生池草」，則千之亦善詩。千之，不欺次子，見《净德集》卷二十七《静安縣君蒲氏墓誌銘》。

軾次轍韻送行。千之之西歸，乃以得官。

軾詩見《蘇軾詩集》卷二十七（一四三八頁）。

詩首二句：「江上松楠深復深，滿山風雨作龍吟。」想像中之家鄉山水，思鄉。三四句：「年來老幹都生菌，下有孫枝欲出林。」雙關。老幹似有自詠之意，孫枝則謂千之輩之成長。第五句「白髮」、「青衫」，皆叙個人。

千之得官云云，參元祐二年「軾與李之純簡，以姪千之爲托」條。

王廷老（伯敭）自南都過京師赴虢守任，軾有詩送行。

詩見《蘇軾詩集》卷二十七（一四三五頁）。《欒城集》卷十四送詩次輓司馬光詩之後，今仍從

《詩集》編次。卷二十六祭廷老文：「西虢之行，過我都城。」

表弟程之元知楚州，轍作詩送行。

詩見《欒城集》卷十四。詩云：「淮南旱已久，疲民食田蔬。詔發上供米，仍疏古邗渠。要須賢使君，均此積歲儲。徑乘兩槳去，不待五馬車。」時淮南旱情頗重，楚州屬淮南，故催其急速赴任。故次此詩於此。原次《司馬温公挽詞》之後，今改。程之元，字德孺，乃轍母程夫人之侄，行六。

軾有送行詩。

詩見《蘇軾詩集》卷二十七（一四三二頁），云「我正含毫紫微閣」，時爲中書舍人。《欒城集》卷十四《送表弟程之元知楚州》，約作於春末夏初。之元於元豐二年五月己酉，以權夔州路轉運判官知嘉州，見《長編》卷二百九十八。

軾游道者院，作詩。轍次韵。

詩見《蘇軾詩集》卷二十七（一四三七頁），云「清風亂荷葉，細雨出魚兒」，乃春末夏初景象。《欒城集》卷十四、《雞肋集》卷十五有次韵。道者院即普安禪院，見注文，並參元祐八年「餞送范子奇歸」條紀事。《苕溪漁隱叢話·後集》卷三十三引《東皋雜録》：「予昔爲太學生，暇日遊西池，過道者院，池上壁間，見東坡題詩（略），後有諸公和。」知此詩有石刻。

《雞肋集》卷十五《同魯直和普安院壁上蘇公詩》：「畏暑聊尋寺，追涼故繞池。雨園鳩唤婦，風徑燕將兒。散篆縈簾額，留雲暗井眉。龍蛇動屋壁，知有長公詩。」長公謂蘇軾。轍次韻末云：「郊行不易得，拂壁看題詩。」據《汴京遺迹志》卷一：道者院在鄭州門外五里。故云郊行。據詩，兄弟當同行。

王震知蔡州，轍作詩送行。軾亦有詩送行。

詩見《欒城集》卷十四，乃用王鞏韵。軾亦有送行詩，亦用王鞏韵；軾詩見《蘇軾詩集》卷二十七（一四四三頁）。轍詩原次《司馬温公挽詞》後；軾詩次本年三月，今從。轍詩云：「旱歲獨多麥，時雨如傾盆。」點旱、點麥。本年閏月，轍詩之作，或已及三月末。震，鞏之姪。

孔平仲寄轍詩。

《清江三孔集》卷二十五《寄蘇子由》：「歷下攀游今幾年，相逢顔鬢覺蒼然。西齋美錦窺詩軸，北庫濃霞入酒船。别思忽隨春浩蕩，還期已過月團圓。君家早有爲霖望，莫學隆中但穩眠。」

據《長編》卷三百八十元祐元年六月壬寅紀事及注文，尚書左僕射司馬光舉奉議郎張舜民等，尚書右僕射吕公著舉朝奉郎孔平仲等，及中書侍郎張璪、同知樞密院安燾、尚書左丞李清臣、尚書右丞吕大防、同知樞密院范純仁等共舉二十一人，并堪館閣之選。閏二月十四日，朝廷詔候過明堂，令學士院試，其在外者召赴闕。平仲此詩作於赴闕途中，其前爲《雍丘驛作》，其後爲《入陳留界》。後者有「青青麥隴烏相呼」之句，時約在三四月。

張耒嘗有書與軾，軾答書論及轍。

《蘇軾文集》卷四十九《答張文潛縣丞書》中云：「甚矣，君之似子由也。子由之文實勝僕，而世俗不知，乃以爲不如。其爲人深不願人知之，其文如其爲人，故汪洋澹泊，有一唱三嘆之聲，而其秀傑之氣，終不可没。作《黄樓賦》，乃稍自振厲，若欲以警發憒憒者。而或者便謂僕代作，此尤可笑。是殆見吾善者機也。」

張耒本歲自咸平縣丞爲太學録。軾之書作於京師，而稱耒爲縣丞，知作於春間。

蘇軾與徐安中簡。

簡見《佚文彙編》卷三（二四八二頁）。

簡云：「寵禄過分，煩致人言，求去甚力，而聖主特發玉音，以信孤忠，故未敢遽去，然亦豈敢復作久計也。」知此簡作於元祐初在朝時。今次於此。

簡云：「宛丘春物頗盛，牡丹不減洛陽，時復一醉否？」知安中時在陳州（宛丘），作簡約在四月間。簡又云：「日勞賢者，當進而久留，不肖當去而不可得。」知安中時爲陳州守已有年。

四月庚寅（初三日），轍上《言科場事狀》。從請。

狀見《欒城集》卷三十八，載《長編》卷三百七十四。狀謂禮部會議科場欲復詩賦，而司馬光乞以九經取士，及令朝官以上保任舉人，爲經明行修之科。狀乞來年科場一切如舊，但所對經義，兼取注疏及諸家議論，或出己見，不專用王氏之學，仍罷律義。令天下舉人知有定論，一意爲學，以待選試。《長編》原注：「集議在閏二月二日，光奏在二月五日。據此月二十三日，司馬光乞先舉經明行修，則轍所言，蓋便得請也。」《宋史》轍本傳節載本狀，謂光不從。

初四日，鮮于侁自京東轉運使被召爲太常少卿。司馬光謂侁爲德星。

《長編》卷三百七十四本日紀事：「朝議大夫鮮于侁爲太常少卿。」

《宋史》卷三百四十四《鮮于侁傳》：「哲宗立，念東國困於役，吴居厚掊斂虐害，竄之，復以侁使京東。司馬光言於朝曰：『以侁之賢，不宜使居外，顧齊、魯之區，凋敝已甚，須侁往救之，安得如侁百輩，布列天下乎？』士民聞其重臨，如見慈父母。召爲太常少卿。」

《蘇軾詩集》卷三十四《二鮮于君以詩文見寄作詩爲謝》：「我懷元祐初，圭璋滿清班。維時南隆老，奉使獨未還。迂叟向我言，青齊歲方艱。斯人乃德星，遣出虛、危間。（自注：司馬温公謂軾曰：『子駿，福星也。京東人困甚，且令彼往。』）」南隆老謂侁，迂叟乃司馬光。以下歎召用之晚。

六日，王安石卒，軾作《王安石贈太傅制》。同日，蘇軾兼詳定役法。

安石卒據《宋史》，制收《蘇軾文集》卷三十八，軾兼據《宋會要輯稿》第一百五十七册《食貨》六五之四七。

同日，王巖叟論給田募役十弊。蘇軾之議尋格。

據《宋會要輯稿》第一百五十七册《食貨》六五之四七至五〇。巖叟之言曰：「無知之民，苟於得地，初或應募佃地，三五歲間，或以罪停，或以疾廢，或老且死，其家無强丁以代役，則當奪其田而别募，此乃是中路而陷其一家於溝壑，此一弊也。富民召客爲佃户，每歲未收穫間，借貸賙給。無所不至，一失撫存，明年必去而之他。今一兩頃之空地，佃户挺身應募，室廬之備，耕稼之資，芻糧之費，百無一有，於何仰給，誰其主當，此二弊也。近郭之田，人情所惜，非甚不得已不易也。今郡縣官吏，迫於行法，或倍益官錢，曲爲誘勸，或公恃事勢，直肆抑令，愚民之情，一生於貪利，一出於畏威，不復遠思，寧肯割賣，及官錢入門，隋手耗散，遂使兄弟啓交争之患，父子有相怨之家，舊章既隳，美俗亦壞，此三弊也。良農治田不盡地力，故所獲有常，所利無盡。今應募之人，知官田終非己業，耕耘種植，定不致功，務劫地力以苟所收，所收浸薄，其去益輕。此法果行，數年之後，不獨變民田爲官田，將見壞好土爲瘠土，此四弊也。前日以錢雇役，患在市井之小人，今日以田募役，又止得鄉村之浮浪，均之不可爲郡縣，此五弊也。弓箭手雖充應募，實不離家，有事則暫時應用，無事則終歲在田，雖或輪次上番，自亦不妨農事，非如其餘色役長在公門，猶聞未足者難招，已招者時去引之爲比，不切事情，此六弊也。第三等以上人户，皆能自足，必不肯佃官田願充永役。今既立法，須第二等以上人户許充弓手，第三等以上許充散從官以上色役，乃是以給田募役之名，行揭簿定差之實，既云百姓樂於應募，何故第四等以下即須要第一等第二等户委保，一有逃亡，便勒保人承佃充役，乃是知其不可，曲爲之防，既不能措下户於安業，又不能躋上户於樂生，此七弊也。民間典賣莊土，多是出於婚姻喪葬之急，往往哀求錢主，探先借錢，後方印契，略遭梗礙，猶必陳辭，今賣之入官，官司艱阻，事節必多，設法雖嚴，終難杜絶，或已申官欲賣，令佐未暇親行相驗，或已定價買到，未有投名人情願承佃，未敢支錢折留多日者。百姓欲罷則不能，欲訴則無路，此八弊也。應募之人，若盡納貧民，則水旱凶飢，何以禁其流徙，若皆收上户，則支移折變，却當併在何人，此九弊也。朝廷患不理去官赦降原減之法爲太重，方詔有司更定，而又立此條。蓋議者自度其難，而專欲以力制事，以法驅人，若緣久遠召募不行，官吏並科違制，又不以赦降去官原減，則凡歷三路郡縣之吏無全人矣。此十弊也。」《宋會要輯稿》又謂上官均亦陳五不可之説。王、上官之文，亦見《長編》卷三百九十七元祐二年三月辛巳紀事。今從《宋會要輯稿》。《長編》尚有王覿、孫升等之議。

王巖叟，字彦霖，大名清平人。《宋史》卷三百四十二有傳。時官左司諫。

甲午（七日）馬默爲司農少卿，范子淵知兖州。軾行默制。繳進子淵詞頭，乞行責詞，依。子淵尋知峽州，行制。

甲午云云，據《長編》卷三百七十四。默制見《蘇軾文集》卷三十八（一〇六五頁）。繳進狀見《文集》卷二十七（七七三頁），謂二月八日作，誤；校記第一條謂《七集·奏議集》「八日」作「二十八日」，亦誤；《總案》謂三月八日作，亦誤。上引《長編》注文：「三月二十八日乙酉，《實録》已書馬默司農少卿、范子淵知兖州，四月七日又書，不知何故？蘇軾集亦云二十八日，今依《實録》，止於四月七日見此。」今從《長編》。《文集》卷三十八有《司農少卿范子淵可知兖州》制，乃責詞；同卷有《范子淵知峽州制》。

丙申（九日），轍上《乞招畿縣保甲充軍狀》。

狀見《欒城集》卷三十八，載《長編》卷三百七十五。狀謂京畿缺額禁軍尚多，乞依河北已得指揮招募施行。狀又謂畿内非邊境比，保甲冬教，民情未安，乞特與放罷。《長編》原注：「蘇轍奏請從違當考。……王巖叟朝論奏乞罷教畿内保甲云：畿界舊來無義勇，今教之，人心不寧，不如罷之爲便。當與蘇轍所言并考。」

庚子（十三日），轍上《乞令户部役法所會議狀》。

狀見《欒城集》卷三十八，載《長編》卷三百七十五。狀乞留得坊場、河渡等錢雇募衙前，令民間無重役之患，以其剩數添助邊費。蓋其時苗役既罷，議者欲指坊場、河渡錢供邊費。

乙巳（十八日），宣德郎知安化軍諸城縣事劉錫永之父元年一百四歲，特與承奉郎致仕。軾撰制詞。

乙巳云云，據《長編》卷三百七十五。制詞見《蘇軾文集》卷三十八（一〇七三頁）。

己酉（二十二日），轍上《乞禁軍日一教狀》。詔從。

狀見《欒城集》卷三十八，載《長編》卷三百七十六。狀請禁軍除新募未習之人，其餘日止一教，使得以其餘力以治生事，使不致衣食殫盡，憔悴無聊。《長編》原注：「從違當考。」《宋史》卷一百九十五《兵志》九：「元祐元年四月，右司諫蘇轍上言：『諸道禁軍自置將以來，日夜按習武藝，將兵皆早晚兩教，新募之士或終日不得休息。今平居無事，朝夕虐之以教閱，使無遺力以治生事，衣食殫盡，窮悴無聊，緩急安得其死力，請使禁軍，除新募未習之人，其餘日止一教。』是月，朝請郎任公裕言：『軍中誦習新法，愚懵者頗以爲苦。夫射志於中，而擊刺格鬭期於勝，豈必能盡如法！』樞密院亦以爲元降教閱新法自合教者指授，不當令兵衆例誦。詔從之。」「諸道」云云，在轍狀中。據《宋史》此處所述，其時頒有軍事訓練新法。

壬子（二十五日），轍上《乞差官與黄廉同體量蜀茶狀》。

狀見《欒城集》卷三十八，載《長編》卷三百七十六。

狀謂：「右臣近曾奏言，益、利等路茶事司，以買賣茶虐害四路生靈。朝廷已差黄廉體量利害，乞先罷茶官陸師閔職任，使四路官吏不憂後患，敢以實害盡告黄廉。」據此，知閏二月庚寅（初二日）朝廷差黄廉後，陸師閔并未去任，蘇轍有一狀專乞罷師閔，其狀已佚。

狀謂：「今聞朝廷却差黄廉就領茶事。」蘇轍以爲，廉領茶事，有課利增損，邊計盈虚之責，則茶之爲害，四路官吏勢必不肯盡言。蘇轍乞選差清强官一人，與廉同共體量，於是茶弊可悉得。

《長編》本日紀事原注：「閏二月十四日差黄廉，五月四日差杜紘同黄廉按察。據茶馬司題名，黄以元祐元年八月十四日到任，不記初除時。蘇轍上言在四月二十五日，則是月固已有除命，不知何故八月乃到任，或是因轍言已除復罷，至八月乃申命乎！」《長編》原脱「閏」字，今補。

二十六日，軾繳進陳繹知建昌軍詞頭狀，詔罷之。

據《長編》卷三百七十六。狀見《蘇軾文集》卷二十七（七七五頁）。

乙卯（二十八日），轍上《乞以發運司米救淮南饑民狀》。

狀見《欒城集》卷三十八，載《長編》卷三百七十六。狀謂淮南旱勢益甚，夏麥無望，秋收期在百日外，雖有朝廷截留上供米三十萬石濟急，恐未能遍及饑民。

本月，軾跋歐陽修寄王素（仲儀）詩後，時與素子鞏等同游寶梵；京師法雲寺鐘成，作銘。

跋見《蘇軾文集》卷六十八（二一三五頁）。歐詩乃《歐陽文忠公集·居士外集》卷七《寄答王仲儀太尉》，熙寧三年作。銘見《文集》卷十九（五六一頁）。

魯有開（元翰）知洛州，軾有詩送行。轍亦有詩送行。

詩見《蘇軾詩集》卷二十七（一四四四頁）。送震詩前有《次韻和王鞏》、《用王鞏韻贈其姪震》，三詩同韻，然作時不同。

轍詩見《欒城集》卷十四，中云：「秋潦决河防，遺黎化驚魂。憂心念千里，何暇把一樽。」明點秋，且河防緊迫，不能停留。以下云：「西城叩門别，南風吹帽翻。嗟我限出謁，未敢逾短垣。新晴水尚壯，想見民驚奔。安得萬丈堤，止此百里渾。」益見有開此行緊迫。疑軾詩編次有誤。今仍從《蘇軾詩集》。

軾次韻朱光庭初夏。奉勅祭西太一，和韓川韻。

詩見《蘇軾詩集》卷二十七（一四四五、一四四七頁）。次光庭韻後有《次韻朱光庭喜雨》，《欒城集》卷十四次韻。光庭已見嘉祐二年，爲蘇軾同年。時爲左正言，據《長編》卷三百六十元豐八年十月丁丑紀事。《柯山集》卷二十有《和子瞻西太一宫祠》。川字元伯，陝人。《宋史》卷三百四十七有傳。川時爲監察御史，見《長編》卷三百七十三本年三月己卯紀事。

張耒至京師，爲太學録。耒嘗有書與蘇軾，蘇答書以振當時趨於衰陋之文字相勉。

《山谷詩集注》卷三《次韻答張文潛惠寄》題下注：「文潛有《初到都下供職寄黄九》詩，即此韻。」詩云：「學省得佳士。」《宋史》卷四百四十四《張耒傳》謂爲太學録。詩又云「忽復燕哺兒」，蓋夏初作。《蘇軾文集》卷四十九《答張文潛縣丞書》：「文字之衰，未有如今日者也。其源實出於王氏。王氏之文，未必不善也，而患在於好使人同己。自孔子不能使人同，顔淵之仁，子路之勇，不能以相移。而王氏欲以其學同天下！」又云：「使後生猶得見古人之大全者，正賴黄魯直、秦少游、晁無咎、陳履常與君等數人耳。」以此勉之。稱縣丞，爲此略前事。查《宋史》卷四百四十四《張耒傳》，耒爲咸平縣丞。耒原書不見。

軾與知鄆州滕元發（達道）簡，乞照管孟震。

《蘇軾文集》卷五十一與元發第十三簡乞照管孟震，時震致仕在鄆，震乃鄆人，見元豐三年「徐大受知黄州」條。元發本年閏二月壬辰知鄆，此簡或作於元發到鄆之初。

五月丁巳（初一日），韓維自資政殿大學士、正議大夫兼侍讀除守門下侍郎，崇贈三代。蘇軾草制。

五月云云據《宋史·宰輔表》。《韓維三代妻》制見《蘇軾文集》卷三十八。

壬戌（初六日），李琮知吉州。蘇軾草制。

壬戌云云，據《長編》卷三百七十七。制詞見《蘇軾文集》卷三十八(一〇八〇頁)。

同日，轍上《論明堂神位狀》。

狀見《欒城集》卷三十八，《長編》卷三百七十七載。狀乞今秋明堂用皇祐明堂典禮，兼饗天地，從祀百神，用圜丘禮樂神位。

《長編》卷三百八十本年六月壬寅紀事：「禮部……言：蘇轍奏請明堂用皇祐典禮，奉詔禮部、太常寺同議以聞。今詳皇祐明堂，雖嘗遍祀，然嘉祐末已經仁宗釐正。至元豐三年，神宗祀英宗於明堂以配上帝，專用《孝經》嚴配之文，最爲得禮之正。蓋宗祀大典，更累聖乃定，將來季秋大饗明堂，宜遵元豐三年定制。從之。」

甲子(初八日)轍上《乞借常平錢買上供及諸州軍糧狀》。

狀見《欒城集》卷三十八，《長編》卷三百七十七載乙丑(初九日)。狀言：「乞指揮東南諸路轉運司，各借本路常平見錢，遇年豐穀帛價賤，豫買三年上供米及本路州軍諸軍三年衣糧，限以三年節次收糴。重立禁約，不得别作支用，仍於五年内收簇錢物，撥還常平倉司。」「但令泉幣通行，足以鼓舞四民，流轉百貨；倉廪充實，足以贍養諸軍，備禦水旱。」

丁卯(十一日)，轍上《言蔡京知開封府不公事第五狀》。京旋罰銅二十斤。

狀見《欒城集》卷三十八，《長編》載卷三百七十七。狀謂「大理寺勘得李雍經開封府論段處約將父知濟州，段繼隆進奉空名狀，召人承買，要錢三千貫，奏邢州張家假作外甥事」。狀謂據雍之告，繼隆罪名不輕；非是則雍應坐誣告。狀謂今以繼隆爲無罪，又判放李雍，受情甚明。狀謂大理寺公然用情，不勘出蔡京情弊，不依公盡理根勘。乞重責蔡京，乞重行責降大理寺官吏。《長編》卷三百七十九本年六月戊戌紀事：「知濟州段繼隆特勒停，權知開封府蔡京特罰銅二十斤，坐妄冒奏薦恩澤，而京失根治也。」又：孫升、吕陶亦論京。

揚王子孝騫等二人、荆王子孝治等七人並遠州團練使，蘇軾草制。

制詞見《蘇軾文集》卷三十八（一〇八〇頁）。

《邵氏聞見録》卷三：「神宗友愛，二弟不聽出於外，至元祐初，宣仁太后始命築宅於天波門外，既就館，哲宗奉宣仁后臨幸。有旨：二王諸子各進官一等。舍人蘇軾行制辭曰：（略）次日，丞相吕大防、范純仁二夫人入見，宣仁后曰：『昨同皇帝幸二王府，二王侍立，尚食甚恭。皇帝待之亦盡禮。吾老矣，深以此爲喜。』又曰：『仁宗事燕王，盡子姪之禮。王頗自重，但以行第呼仁宗，雖禁中服用，王輒取之，仁宗不敢吝。吾二兒豈敢如此！』嗚呼，后之言，其旨深矣！」草制具體時日不詳。《文集》次此制於《李琮知吉州》後，姑次此。

揚王名顥，荆王名頵，見《宋史》卷二百四十六。《宋史》亦載軾制文。

甲戌（十八日），軾繳進張誠一依舊客省使、提舉江州太平觀發赴本任詞頭狀、繳進李定落龍

圖閣直學士、守本官分司南京許於揚州居住詞頭狀。二人皆責。

甲戌云云，據《長編》卷三百七十八；以二人不孝。誠一之責見本年六月十二日紀事。六月二十六日，定責授朝請大夫少府少監分司南京、滁州居住，見《長編》同上卷及卷三百八十一。狀見《蘇軾文集》卷二十七（七七六、七七七頁）。

《長編》卷三百八十一本年六月乙卯紀事引左司諫王巖叟奏：「陛下得誠一不孝之狀甚明，將深誅而顯黜之，以警厲四方，而（張）璪陰諷中書舍人蘇軾，使於告詞掩蓋誠一不孝之迹，賴軾執義不從，遂使陛下典刑明白。」卷三百八十五本年八月己亥紀事：「是日，王巖叟、朱光庭入對。」以下云：「上曰：『如教蘇軾改張誠一告詞事，誠一不孝，怎掩得，亦莫是衆家意？』巖叟曰：『不然，只是此人黨惡，諷諭中書舍人，令不顯不孝事耳，賴蘇軾不從，故得告命明白。不然，爲姦人曖昧，以失陛下懲惡本意，陛下以此觀其心於正道如何。』上曰：『會得。』」

乙亥（十九日），轍上《乞誅竄吕惠卿狀》。

狀見《欒城集》卷三十八，載《長編》卷三百七十八。狀謂吕惠卿用事於朝，首尾十餘年，操執威柄，凶焰所及，甚於王安石，引用邪黨，布在朝右。狀謂近日言事之官論奏不及惠卿，蓋以惠卿凶悍猜忍，萬一復用，睚眦必報。蘇轍蓋首發之。

《宋史》卷四百七十一《吕惠卿傳》謂字吉甫，泉州晉江人。起進士；哲宗即位時知太原。以下云：「惠卿見正人彙進，知不容於時，懇求散地。於是右司諫蘇轍條奏其姦曰：『惠卿懷張湯之辨詐，有盧杞之姦邪，詭變多端，敢行非度。王安石强佷傲誕，於吏事宜無所知，惠卿指擿教導，以濟其惡。又興起大獄，欲株連蔓引，塗污公卿。賴先帝仁聖，每事裁抑，不然，安常守道之士無噍類矣。安石於惠卿有卵翼之恩，父師之義。方其求進則膠固爲一，及勢力相軋，化爲敵讎，發其私書，不遺餘力。犬彘之所不爲，而惠卿爲之。昔吕布事丁原則殺丁原，事董卓則殺董卓；劉牢之事王恭則反王恭，事司馬元顯則反元顯：故曹操、桓玄終畏而誅之。如惠卿之惡，縱未正典刑，猶當投畀四裔，以禦魑魅。』中丞劉摯數其五罪，以爲大惡。乃貶爲光禄卿，分司南京。再責建寧軍節度副使，建州安置。中書舍人蘇軾當制，備載其罪於訓詞，天下傳誦稱快焉。」

「惠卿」云云在狀中。

丁丑（二十一日），轍上《再乞差官同黄廉體量茶法狀》。

狀見《欒城集》卷三十八。狀謂近差清强官與黄廉同體量蜀中茶法，朝廷差杜紘，紘爲詳定編敕所奏留，不能行，乞别選差一人。

杜紘見本年八月丙戌紀事。

二十五日，軾奏乞罷詳定役法。劉摯奏乞依舊。

《宋會要輯稿》第一百五十七册《食貨》六五之五一：「二十五日，中書舍人蘇軾言：『近奏爲論招差衙前利害，所見偏執，乞罷詳定役法，尋奉聖旨，依所乞。今來給事中胡宗愈却封還上件聖旨。臣議即不同，決難隨衆簽書，乞依前降指揮。』」奏文見《蘇軾文集》卷二十七（七七八頁）。本月此日以前，《文集》另有《申省乞罷詳定役法狀》，作於本月空日。

《忠肅集》卷五有《乞令蘇軾依舊詳定役法奏》，謂「議有異同，正宜反覆曲折，相足相備，以趨至當」。時摯爲御史中丞。

二十六日，詔蘇軾依舊詳定役法。

據《長編》卷三百七十八本年五月辛巳紀事引《御集》。

同日，轍上《再言役法劄子》。

劄子見《欒城集》卷三十八，載《長編》卷三百七十八。劄子言復行差役，差役之弊不可不知。狀謂耕稼之民，性如麋鹿，一入州縣應差役，已自懾怖，而况家有田業，自難免官吏侵漁，增役人困苦。狀乞明降詔書，丁寧戒敕監司長吏，使知朝廷愛惜鄉差役人，與神宗朝愛惜雇募役人無異。自前約束官吏侵擾役人條貫，使刑部録出，雕印頒下，令一切如舊。庶幾民被差役之利而無其害。

甲申（二十八日），轍上《乞責降呂和卿狀》。六月戊戌，和卿責台州。

狀見《欒城集》卷三十九。《年表》謂爲本月乙酉（二十九日）上。《集》卷三十九《乞兄子邁罷德興尉狀》亦謂爲五月二十九日上。狀謂和卿乃惠卿之弟，與惠卿共建手實簿法。「其法以根括民産，不遺毫髪爲本，以奬用憸險，許令告訐爲要。」「先帝知其不可，遽寢不行。」乞重行黜責。時和卿尚爲金部員外郎，見《乞兄子邁罷德興尉狀》。《長編》卷三百七十九附載於本年六月戊戌（十二日）。《年表》：「六月戊戌（十二日），呂和卿責知台州。」

哲宗駕幸親賢宅，轍作詩贈隨駕諸公。

詩見《欒城集》卷十四。詩云「日日南風夜氣煩」，又云「相看揮汗塵埃裏」，點季候。

孔平仲至京師，惠蕉布，轍作詩。

轍詩見《欒城集》卷十四。其一首云：「裘葛終年累已輕，薄蕉如霧氣尤清。」蕉布質地精。

朱光庭作喜雨詩，并作省中書事詩，轍次韻。

詩見《欒城集》卷十四。前者云「流膏侵地軸」，誠爲喜雨。後者中云：「二鄙兵銷真帝力，四方雨足自天功。」升平景象。光庭與轍爲同年，時爲左司諫。

六月三日，轍奏《乞兄子邁罷德興尉狀》。邁罷。

狀見《欒城集》卷三十九；云：知饒州吕温卿乃惠卿親弟，金部員外郎和卿親兄，「竊慮温卿挾恨，别有捃拾，勘會邁今任將及兩考，欲乞朝廷體察，特許令候兩考滿日放罷，赴吏部别受差遣」。

「邁罷」參本年「長子邁尉酸棗」條。同治《德興縣志》卷八《蘇邁傳》謂有政績，後人立「景蘇堂」仰之。

甲午（初八日），轍上《再乞罪吕惠卿狀》。時惠卿提舉西京嵩山崇福宫。惠卿分司南京，蘇州居住。

狀見《欒城集》卷三十九，載《長編》卷三百七十九。狀謂近歲姦邪，惠卿稱首，雖領宫觀，使之一旦復攝尺寸之柄，必致天下之患。

《年表》本月壬寅（十六日）：「資政殿大學士、正議大夫、提舉西京嵩山崇福宫吕惠卿落職降中散大夫、光禄卿，分司南京，蘇州居住。」

戊戌（十二日），衛尉少卿陳侗知陝州，軾行制。弟轍有送行詩，次韵。

戊戌云云，見《長編》卷三百七十九。蘇軾制詞，見《蘇軾文集》卷三十八（一〇九三頁）。弟轍詩見《欒城集》卷十五，蘇軾次韵見《蘇軾詩集》卷二十七（一四五〇頁）。

侗官至朝奉大夫。元祐三年四月卒，年六十五。見《永樂大典》卷三千一百四十五引劉攽《彭城集》侗墓銘。

同日，張誠一責左武衛將軍、分司南京。蘇軾撰責詞。

十二日云云，見《長編》卷三百七十八五月甲戌注文。參本年五月甲戌紀事。

責詞見《蘇軾文集》卷三十八(一〇九三頁)，責其不孝。

十三日，軾上《論椿管坊場役錢劄子》，朝廷從之。

劄子見《蘇軾文集》卷二十七。《文集》謂「六月空日」，今從《宋會要輯稿》第一百五十七册《食貨》六五之五二。《輯稿》乃節文，末云「從之」。《長編》卷三百七十九同。

十四日，軾上《論諸處色役輕重不同劄子》，朝廷從之。

劄子見《蘇軾文集》卷二十七。《文集》謂「六月空日」，今從《宋會要輯稿》第一百五十七册《食貨》六五之五二。《輯稿》乃節文，末云「從之」。《長編》卷三百七十九同。

同日，轍上《論青苗狀》。

狀見《欒城集》卷三十九，載《長編》卷三百七十九。狀謂朝廷申明青苗之法，使請者必以情願，而官無定額；然民急於得錢而忘後患，則雖情願之法有不能止也，侵漁之吏利在給納而惡無事，則雖無定額有不能禁也。青苗之散，較之熙寧以來有所不同，然其弊仍在。狀乞追寢近降青苗指揮，別下詔旨，天下青苗自今後不復支散。

《宋史》卷一百七十六《食貨志》上四：「元祐元年……四月，再立常平錢穀給斂出息之法，限二月或正月以散及一半爲額，民間絲麥豐熟，隨夏税先納所輸之半，願併納者止出息一分。左司諫王巖叟、監察御史上官均、右正言王覿、右司諫蘇轍、御史中丞劉摯交章論復行青苗之非。」

六月中，轍與王覿上殿論張璪、韓宗師。

《欒城集》卷四十《言張璪劄子》（本年八月八日上殿）：「臣六月中與王覿上殿，言張璪非次進用，又及韓宗師欲以深結文彦博、韓維爲自安之計。璪天資邪佞，列位丞弼，朝夕出入左右，易以爲姦。宜斷自聖心，以時除去。蒙聖明洞鑒，德音宣諭。但以璪久經任使，欲因其求退，去之以禮。」按：張璪於元豐四年三月甲辰，自翰林學士除太中大夫、參知政事；時爲中書侍郎。見《宋史·宰輔表》。蘇轍奏未見。參本年八月八日紀事。

覿字明叟，如皋人。《宋史》卷三百四十四有傳，時爲右正言。

甲辰（十六日），孫覺等與蘇軾上奏疏，不報。

據《長編》卷三百八十。《長編》云：「給事中孫覺、胡宗愈，中書舍人蘇軾、范百禄奏疏，留中不報。」未言具體内容。《宋史》卷三百四十四《孫覺傳》未言此事。

癸卯（十七日），轍上《三論差役事狀》。

狀見《欒城集》卷三十九，《年表》謂爲甲辰（十八日）上。狀謂差役推行以來出現之弊端：「小民被差充役，初參上下費錢有至一二十千者。州縣官吏亦有以舊雇役人慣熟，多方陵虐所差之人，必令出錢，作情願雇募。又有以新差役人拙野，退换别差，必得慣熟如意而後止者。」狀乞檢五月二十六日所上狀，早賜詔書，具言所聞差役官吏情弊，仍備録前後禁約，曉諭中外。

丙午（二十日），東西省同上《論吕惠卿第三狀》。吕惠卿再謫。

狀見《欒城集》卷三十九，載《長編》卷三百八十。狀謂朝旨責授惠卿分司南京，蘇州居住，乃「蓄虎豹於近郊，終貽後患，」乞投之四裔。《年表》本月辛亥（二十五日）紀事：「再責惠卿爲建武軍節度副使、建州安置，不得簽書公事。」

戊申（二十二日），同孫永、李常等二十七人，軾上《議富弼配享狀》，議以富弼配享神宗，詔從之。

狀見《蘇軾文集》卷二十七。除孫永、李常外，其他二十五人爲：韓忠彦、王存、鄧温伯、劉摯、陸佃、傅堯俞、趙瞻、趙彦若、崔台符、王克臣、謝景温、胡宗愈、孫覺、范百禄、鮮于侁、梁燾、顧臨、何洵直、孔文仲、范祖禹、辛公祐、吕希純、周秩、顔復、江公著。

《長編》卷三百八十本月戊申紀事：「吏部尚書孫永等議，按《商書》：『兹予大享於先王，爾祖其從與享之。』《周官》：『凡有功者，名書於王之太常，祭於大烝，司勳詔之。』國朝祖宗以來，皆以名臣侑食清廟，歷選勳德，實難其人。恭惟神宗皇帝以上聖之資，恢累聖之業，尊禮故老，共圖大治。輔相之臣，有若司徒贈太尉謚文忠富弼，秉心直亮，操術閎遠，歷事三世，計安宗社，熙寧初訪落，眷遇特隆，匪躬正色，進退以道，愛君之志，雖没不忘。以配享神宗皇帝廟庭，實爲宜稱。』詔從之。初議，或欲以王安石，或欲以吴充。太常少卿鮮于侁曰：『勳德第一，惟富弼耳。本朝舊制雖用二人，宜如唐朝止用郭子儀故事，只以弼一人配享。』議遂定。」《議富弼配享狀》但言「六月□日」，今從《長編》。孫永等議一段文字，見《狀》。

茲將此二十七人中首次出現者略叙於後。

趙瞻，《宋史》卷三百四十一有傳。

趙彦若，青州臨淄人。附見《宋史》卷二百九十四父師民傳。

崔台符，見元祐二年二月八日紀事。

何洵直，《曾鞏集》卷二十有《何洵直文及甫太常博士制》，《欒城集》卷二十九有何洵直司勳郎制。《宋史·藝文志》三著録洵直與蔡確合撰之《禮文》三十卷。

辛公祐，待考。

周秩，字重實，泰州人。熙寧九年進士。紹聖元年爲監察御史，累官京西轉運使，官終龍圖閣直學士。見《宋元學案》卷九十六、《宋元學案補遺》卷九十八。《蘇軾詩集》卷二十四《次韻周穜惠石銚》題下「施注」已及周秩;穜,秩弟。

江公著,見元祐六年正月初七日紀事。

辛亥(二十三日),吕惠卿責授建寧軍節度副使本州安置不得簽書公事。責詞,蘇軾撰。

辛亥云云,見《長編》卷三百八十。《長編》注云:惠卿之責乃從左司諫王巖叟、右司諫蘇轍、左正言朱掞、右正言王覿請;又:二十二日,蘇軾行告,二十三日進呈。責詞見《蘇軾文集》卷三十九(一一〇〇頁)。《東軒筆録》卷十四詳敘惠卿被貶事,並全録轍疏、軾責詞。《四六話》卷下敘惠卿爲王安石腹心,蘇軾外補,遂結仇。本年,轍論惠卿罪,比之吕布。軾作責詞,號爲元兇。以下敘惠卿至貶所,云:「謝表末曰:『龍鱗鳳翼,固絶望於攀援;蟲臂鼠肝,一冥心於造化。』以子瞻兄弟與我所争者,蟲臂鼠肝而已。子瞻見此表於邸報,笑曰:『福建子難容,終會作文字。』」惠卿字吉甫,泉州晉江人,《宋史》卷四百七十一有傳。《曲洧舊聞》卷七:「吕惠卿之謫也,詞頭始下,劉貢父當草制,東坡呼曰:『貢父平生作劊子,今日纔斬人也。』貢父急引疾而出。東坡一揮而就,不日傳都下,紙爲之貴。」《宋史·吕惠卿傳》亦言軾責詞備載惠卿之罪,「天下傳誦稱快」。

《揮塵録·後録》卷二:「元豐末,吕吉父以前兩地守延安,過闕,乞與樞密院同奏事,上親批云：『弼臣議政，自請造前。輕躁矯誣，深駭朕聽。免朝辭，疾速之任。』已而落職知單州。其後吉父貶建州安置，東坡先生行制辭云：『輕躁矯誣，德音猶在。』謂此也。」

《步里客談》卷上：「元祐中，東坡行吕吉甫責詞，叙神考初用而中棄之，曰：『先皇帝求賢如不及，從善若轉圜。始以帝堯之聰，姑試伯鯀；終焉孔子之聖，不信宰予。』又曰：『喜則摩足以相歡，怒則反目以相視。』既而語人曰：『三十年作劊子，今日方剮得一箇有肉漢。』」

二十五日，軾與鄧潤甫、胡宗愈、孫覺、范百禄等薦朱長文差充蘇州州學教授，朝廷從其請。長文嘗以所作《東都賦》求蘇軾跋。

《薦朱長文劄子》見《蘇軾文集》卷二十七。文稱長文「不以勢利動其心，不以窮約易其介，安貧樂道，闔門著書，孝友之誠，風動閭里，廉高之行，著於東南」。

范百禄，見元祐二年二月「嘗會飲范百禄宅」條紀事。

《樂圃餘稿》附編《樂圃先生墓誌銘》：「左丞鄧公先在翰林，與給事胡公、孫公，中書舍人范公、蘇公列薦先生于朝，先生不得已起典鄉校。」

長文字伯原，蘇州吴人。築室樂圃坊，人稱樂圃先生。事迹見《宋史》卷四百四十四本傳及《樂圃餘稿》附編張景修撰《樂圃先生墓誌銘》。著作甚富，除《樂圃餘稿》外，尚有《吴郡圖經續記》、《書斷》等。

求跋據《佚文彙編》卷三《與朱伯原》第一簡。簡盛贊《東都賦》，「諸公傳玩，幾至成誦」；并謂：「適苦冗迫，少暇當作致之。」今未見此跋。

《欒圃餘稿》附編《欒圃先生墓誌銘》：「曩歲作《東都賦》，自視不減班、張、太冲。前宰相蘇公嘗薦先生曰：『稱述歷代京邑之盛，莫如國家汴都之美，深有可觀焉。』客有使之獻者，先生曰：『此吾少時也。今老矣，尚何賦爲哉！』」蘇公乃蘇頌。《東都賦》未見。

《宋史·朱長文傳》謂長文「以病足不肯試吏」，不事干謁。其求蘇軾作跋，當爲薦舉後數年間事。今附著於此。

甲寅（二十六日），寶文閣待制知廬州楊仮落待制知黄州，刑部侍郎崔台符知相州，大理寺卿王孝先知濮州，仍各降一官。軾行敕。

甲寅云云，據《長編》卷三百八十一。敕詞見《蘇軾文集》卷三十九（一一〇三頁）。

劉士彦爲福建路轉運判官。蘇軾草制。

《山谷詩集注》卷首目録《送劉士彦赴福建轉運判官》注：「按《實録》，元祐元年六月，朝請郎劉士彦爲福建路轉運判官。」

制詞見《蘇軾文集》卷三十九。此制，原次《楊仮落待制知黄州（下略）》制前，今據此安排次第。

《山谷詩集注》卷三《送劉士彦赴福建轉運判官》:「秋葉雨墮來,冥鴻天資高。車馬氣成霧,九衢行滔滔。中有寂寞人,靈府扃鎖牢。西風持漢節,騎從嚴弓刀。維閩上聚落,嫭獨困吏饕。土弊禾黍惡,水煩鱗介勞。南驅將仁氣,百城共一陶。察人極涇渭,問俗及豚羔。官閒得勝日,杖屨之林皋。人間閱忠厚,物外訪英豪。」

劉士彦已見元豐七年十二月二十日紀事。士彦爲蘇軾舊友。

據黄庭堅送劉士彦詩,知士彦赴任爲本年秋季事。

甲寅(二十八日),轍上《論蘭州等地狀》。

狀見《欒城集》卷三十九,載《長編》卷三百八十一。狀謂神宗「因夏國内亂,用兵攻討,於熙河路增置蘭州,於鄜延路增置安疆、米脂等五寨」。狀謂蘭州及安疆、米脂等五寨可棄:方今皇帝富於春秋,太皇太后覽政簾幃之中,當此之時,安靖則有餘,舉動則不足,利在綏撫,不利征伐,此所謂時可棄而不可守,一也;西戎近歲無大罪,今乃割其土地,作爲城池,以自封殖,雖吾中國之人,猶知其爲利而不知其義也,曲在朝廷,此所謂理可棄而不可守,二也;棄守蘭州,有幸有不幸,棄蘭州專守熙河,倉庾有素,兵馬有備,戎人懷惠,不復作過,守則增築堡塞,招置士兵,歲費鉅大,飛輓不繼,民力不支,自算之多寡言,棄之爲幸。時夏使入界,恐必有講和請地之議,故上此狀。

湖守吕希道（景純）來簡。希道在湖刻蘇軾所作詩、畫、字，軾簡謝。

《蘇軾文集》卷五十七《答刁景純二首》，《七集·續集》「答」下有「湖守」二字。《嘉泰吴興志》湖守無姓刁者，有吕希道，元豐八年十二月初二日到任，元祐二年八月二十八日罷。希道亦字景純，見熙寧二年「送吕希道知解州」條。知「刁」爲「吕」之誤刊。答希道第一簡云「夏暄」，作於夏。第二簡：「舊詩過煩鐫刻，及墨竹橋字，併蒙寄惠，感愧兼集。」

軾與某禪師簡，議續於陽羨買田事。

簡見《佚文彙編》卷四（二五三二頁）。簡中所云得之，或爲徐大正；所言景純，或爲吕希道。兹附次此。

王琦（文玉）簡來，軾有答。

答簡乃《佚文彙編》卷三與琦第八簡，云「違去忽兩歲」，知作於今年；又云「尚滯江湖」，琦或猶在池州任或其他外任；又云「酷暑方熾」，點明季候。

楊繪（元素）知徐州，軾有賀緘與簡與繪。繪到任後，復簡繪以修成劉向祠堂爲望。

《蘇軾文集》卷三十八《楊繪知揚州》制，次《王安石贈太傅》制後，約作於六七月間。卷五十五與繪第十六簡：「向馳賀緘，及因李教授行附問，各已達否？」李教授疑爲翔，翔見元豐七年「至興國軍」條。又建議繪不若借此行遂遊廬阜。《咸淳臨安志》卷四十六謂繪於元祐二年十一月庚申自徐移杭。此賀緘乃賀繪知徐。自興國州赴徐，可沿大江下廬阜。賀緘佚。簡云微涼，約作於七八月間。《文集》卷五十五與繪第十二簡謂城北有劉向（子政）墓，昔欲爲起一祠堂，以水大未果，望繪成之。

蘇軾得曾布（子宣）簡，覆簡。

軾簡乃《蘇軾文集》卷五十《與曾子宣》第五簡。

簡云「遠賜手教」，知布有簡來。簡云「鎮撫多暇」，時布知太原，見元豐八年「曾布來簡」條。簡云「涉暑」、「伏暑尚熾」，點季候。

蘇軾與滕元發（達道）簡，候起居。

簡乃《蘇軾文集》卷五十一《與滕達道》第六十五簡。

簡云：「切想下車以來，静治多暇，有以自適。」謂元發知鄆州也。簡云「酷暑」，點季候。末云「以時倍加保嗇」，首云「稍疏上問」，此簡之意，即候起居。

蘇軾與王淮奇（慶源）簡，憶昔年瑞草橋游樂往事。

簡乃《蘇軾文集》卷五十九《與王慶源》第八簡。

簡云：「某罪廢流落，今復强顔周行，有愧而已。」以時計之，約作於自登州還朝之初，今繫本年。

簡云：「若聖主憐其老鈍，年歲間，乞與一鄉郡，歸陪杖屨，復講昔日江上攜壺藉草之樂（原

注：只是不得拽脚相送，先發遣酒壺歸瑞草橋，於義足矣。記得否？呵呵）何幸如之。」《與王慶源》第九簡：「知宅醞甚奇，日與蔡子華、楊君素聚會，每念此，即致仕之興愈濃也。」作於第八簡略後。知蘇軾昔日常與蔡、楊及淮奇盤桓。并次此。

三蘇年譜卷三十八

元祐元年（下）

七月丁巳（初二日），軾再乞罷詳定役法。朝廷從。嘗見司馬光，再陳差役弊，光不悦。乞補外，不許。

七月云云，據《長編》卷三百八十二。《長編》謂蘇軾乞罷詳定役法，未施行。乃狀申中書省，以下云：「從之。軾意以爲免役法弊當改，但不當於雇役實費之外，多取民錢，若量出爲入，無多取民錢，則亦足以利民。」以下删取《墓誌銘》，注文謂所言「恐有私意，難盡信」。《軾墓志銘》：「君實爲人，忠信有餘而才智不足，知免役之害而不知其利，欲一切以差役代之。方差官置局，公亦與其選，獨以實告，而君實始不悦矣。嘗見之政事堂，條陳不可。君實忿然。公曰：『昔韓魏公刺陝西義勇，公爲諫官，争之甚力，魏公不樂，公亦不顧，軾昔聞公道其詳，豈今日作相，不許軾盡言耶！』君實笑而止。」《長編》「有私意」云云，當以此處有司馬光「才智不足」之語，然光執掌全局之才不足，亦是事實。《龍川别志》卷下詳叙此事，云：「君實作相，議改役法，事多不便，予兄子瞻與其事，持論甚勁，君實不能堪。」以下引軾言「君實雖止，實不喜也」。

《長編》所云乞罷詳定役法，在《蘇軾文集》卷二十七《再乞罷詳定役法狀》中，本月二日上。所云申中書省狀，乃上文之後《申省乞不定奪役法議狀》，本月作，未署日期。考後者，蘇軾之請，雖於本月二日得從，然以給事中孫覺繳詞，未能施行。其施行在本月二日後若干日。

《蘇軾文集》卷三十二《杭州召還乞郡狀》：「始論衙前差雇利害，與孫永、傅堯俞、韓維争議，因亦與司馬光異論。光初不以此怒臣，而臺諫諸人，逆探光意，遂與臣爲仇。」

《孫公談圃》卷上：「温公大更法令，欽之、子瞻密言，宜慮後患。温公起立，拱手厲聲曰：『天若祚宋，必無此事。』二人語塞而去。」欽之，傅堯俞。

涵芬樓本《説郛》卷二十七《高齋漫録》：「東坡與温公論事。公之論與坡偶不合。坡曰：『相公此論，故爲鱉厮踢。』温公不解其義，曰：『鱉安能厮踢？』坡曰：『是之謂鱉厮踢。』」

《鐵圍山叢談》卷三：「東坡公元祐時既登禁林，以高才狎侮諸公卿，率有標目殆遍也，獨於司馬温公不敢有所重輕。一日，相與共論免役差役利害，偶不合同。及歸舍，方卸巾弛帶，乃連呼曰：『司馬牛！司馬牛！』」

《邵氏聞見録》卷十一：「役法新舊差募二議俱有弊。吴蜀之民以雇役爲便，秦、晉之民以差役爲便，荆公與司馬温公皆早貴，少歷州縣，不能周知四方風俗，故荆公主雇役，温公主差役，雖舊典亦有弊。蘇内翰、范忠宣，温公門下士，復以差役爲未便；章子厚，荆公門下士，復以雇役爲未便。内翰、忠宣、子厚雖賢否不同，皆聰明曉吏治，兼知南北風俗，其所論甚公，各不私於所主。」

《南軒先生文集》卷三十五《跋東坡帖》：「竊嘗觀公議論，不合於熙、豐固宜，至元祐初，諸老在朝，群賢彙征及論役法，與己意小異，亦未嘗一語苟同。可見公之心惟義之比，初無適莫也。」

曾布（子宣）請撰《塔記》，軾屢答書以事忙爲由辭之。

《蘇軾文集》卷五十《與曾子宣》第二簡：「日欲作《塔記》，未嘗忘也。而别後紛紛，實無少暇。……數日來，方免得詳定役法，自此庶有少閑，得應命也。」今據「方免得云云」，繫此事於此。第七簡：「《塔記》非敢慢，蓋供職數日，職事如麻，歸即爲詞頭所迫。」第八簡亦及《塔記》事，然不能定爲今年事。

壬戌（初七日），趙卨轉朝議大夫。軾行敕。

壬戌云云，據《長編》卷三百八十二。

敕見《蘇軾文集》卷三十九（一一〇四頁）。

同日，轍上《再論蘭州等地狀》。

狀見《欒城集》卷三十九，載《長編》卷三百八十二。時夏使已到。狀謂昔日取蘭州及五砦地，本非先帝意，棄之符先帝遺意。乞反覆深慮，早賜棄守裁斷。

《長編》同上卷癸亥（初八日）紀事：「夏國以疆事遣使春約訛囉聿，副使吕則、田懷榮見於延和殿。」

參本月甲戌紀事。

《宋史》卷四百八十六《夏國傳》下：「元祐元年二月，始遣使入貢。五月，遣鼎利、罔豫章來賀哲宗即位。六月，復遣訛囉聿來求所侵蘭州、米脂等五砦。使未至，蘇轍兩疏請因其請地而與之。司馬光言：『此邊鄙安危之機，不可不察。靈夏之役，本由我起，新開數砦，皆是彼田，今既許其内附，豈宜靳而不與？彼必曰：「新天子即位，我卑辭厚禮以事中國，庶幾歸我侵疆，今猶不許，則是恭順無益，不若以武力取之。」小則上書悖慢，大則攻陷新城。當此之時，不得已而與之，其爲國家之耻，無乃甚於今日乎？群臣猶有見小忘大，守近遺遠，惜此無用之地，使兵連不解，爲國家之憂。願决聖心，爲兆民計。』時異議者衆，唯文彦博與光合，遂從之。秋七月乙丑，秉常殂，……在位二十年，改元乾道二年，天賜禮盛國慶五年，大安十一年，天安禮定一年。謚曰康靖皇帝，廟號惠宗，墓號獻陵。子乾順立。」

甲子（初九日），轍上《論京畿保甲冬教等事狀》。

狀見《欒城集》卷三十九,《長編》載卷三百八十二。京畿與河北、河東、陝西三路,時每歲民皆冬教一月。狀乞念京畿根本之地,所宜寬恤,特與蠲免。狀又謂京畿及河北等三路,聞見今皆修蓋冬教場屋宇,如免畿内冬教,則其教場屋宇已自不修,如三路冬教,乞如目前權於係官屋宇及寺院等處安泊,如無不便,亦乞罷修。

甲戌(十九日),轍上《論西邊警備狀》。

狀見《欒城集》卷三十九,《長編》載卷三百八十二。狀謂:「臣近奏乞因夏國遣使入貢,歸其侵地,竊聞朝廷已降詔開許。」按:據《長編》癸亥(初八日)紀事,所歸者四寨,未云及四寨名稱;亦未云及蘭州,蘭州或未歸之。狀謂所賜城寨須候逐路帥臣處置般運器甲,抽那兵馬,凡百了當,然後令人交割,若未了之間,須常加設備。交割以後,不得因其通和稍有弛廢。

軾乞補外,不許。

《軾墓誌銘》謂蘇軾陳差役之不可行之言不用後,「乞補外,不許。君實始怒,有逐公意矣,會其病卒乃已」。

軾乞補外疏,已佚。

二十三日,軾與胡宗愈、孫覺、范百禄等上狀乞留劉攽,不從。時除攽知蔡州。

狀見《蘇軾文集》卷二十七(七八二頁),謂「如攽成材,反在外服」,有志之士爲朝廷惜。乞賜放數月之告以養病。不許，參「劉攽自蔡州專使送簡來」條紀事。攽除蔡，見《長編》卷三百八十本年六月甲辰紀事。

己卯（二十四日），轍上《再論青苗狀》。旋罷青苗錢。

狀見《欒城集》卷三十九，載《長編》卷三百八十三。狀乞盡將臣僚前後所上乞罷支青苗錢章疏付三省詳議施行，以恤細民。

壬午（二十七日），轍上《乞放市易欠錢狀》，乞除放見欠二百貫以下人户。從請。

狀見《欒城集》卷三十九，《長編》載卷三百八十三。狀據監在京市易務宋肇文字，以爲當行之事有五：一、見欠二百貫以下人户除放，所放錢數不多；二、見今欠人共二萬七千一百五十五户，共欠錢二百三十七萬餘貫，若將欠二百貫以下人户除放，共放二萬五千三百五十三户，放錢四十六萬六千二百餘貫；三、二百貫以下欠户錢數，於見欠錢都數中，止十分之二，即每歲催及三萬貫數中，不過催得六千貫，意爲放慢催理此等欠户速度；四、市易催索錢物共用一千餘人，日夜搔擾欠户二萬七千餘家，意爲除放見欠二百貫以下人户，可大量減少此等人；五、吏卒榜笞捽縛欠户，不別作擘劃，則日被其苦者，不知其數，意爲除放見欠二百貫以下人户，可免除此等人户之苦。以上五者，歸結爲一點，即截自欠二百貫以下人户一例除放。狀乞根究前後緣市易轉官請賞之人，重行竄謫市易創行者呂嘉問。

《長編》本日紀事注：「明堂赦書，應内外欠市易錢人户見欠二百貫以下，并特與除放，蓋從轍請也。」

癸未（二十八日），軾繳進楚建中户部侍郎詞頭狀，詔建中除命勿行。

癸未云云，據《長編》卷三百八十三。狀見《蘇軾文集》卷二十七（七八二頁）。

楚建中，字正叔，洛陽人。《宋史》卷三百三十一有傳。元祐五年卒（《長編》卷四百四十八），年八十一。元豐五年，與洛陽耆英會，有詩，見司馬光《洛中耆英會》。《文潞公文集》卷八有挽詞。

甲申（二十九日），轍上《言淮南水潦狀》。

狀見《欒城集》卷三十九，載《長編》卷三百八十三本月癸未（二十八日）。狀謂自六月大雨，淮水汎溢，泗、宿、亳三州大水，夏田既已不收，秋田亦復蕩盡，乞速行取問本路提轉發運司擘劃。

顧臨（子敦）爲河東轉運使。轍有送行詩。

《欒城集》卷十五《送顧子敦奉使河朔》：「去年送君使河東。」

《蘇軾文集》卷三十九有《顧臨直龍圖閣河東轉運使制》。此制之前四制，爲《趙卨磨勘轉朝議大夫制》。據《長編》卷三百八十二，制作於本月七日；詳考《蘇軾文集》外制文次第，顧臨此制約作於本月，故次此。

轍壻文務光（逸民）卒。軾簡慰文氏親家母，并擬遣長子邁回鄉一視。轍有祭務光文。

《欒城後集》卷二十一《王子立秀才文集引》云務光喪其親，「終喪五年而終」。務光之父同卒於元豐二年二月。終喪以後之五年爲今年。

《欒城後集》卷二十《祭亡壻文逸民文》：「我還南方，君旅成都。相望天涯，逾歲一書。我還京師，幸將見君。一病不復，發書酸辛。」務光卒於轍回京師後不久。

《佚文彙編》卷四《與親家母》：「舍弟婦自聞逸民之喪，憂惱殊甚，恐久成疾。」以下有「遣兒子邁歸鄉」之語，務光卒在邁尉酸棗前。邁未行。

軾長子邁尉酸棗。孔武仲（常父）有詩送邁。

《蘇軾文集》卷六十八《書邁詩》謂邁「嘗作酸棗尉」。元祐四年有「長子邁酸棗尉滿替」條。宋制，州倅及縣令以下官，一任三年，如蘇軾倅杭凡三年。邁尉酸棗乃本年。

《清江三孔集·宗伯集》卷三《送蘇邁尉酸棗》：「酷暑日逾退，涼風生早秋。翩翩蘇公子，一官不遠遊。仕養兩得意，人生復何求。駿馬如飛星，錦帶垂吴鈎。到邑囂訟少，官閑吏兵休。還當有佳吟，吟到黄河頭。」邁赴任爲秋季事。酸棗屬東京開封府，在京西北九十里。

《宗伯集》卷十三《丙寅赴闕詩稿序》：「丙寅春，余自湘潭令爲祕書省正字。」以下云「自三月至於八月」，乃抵京師東水門外。「八月」當爲「六月」之誤。武仲，文仲弟，平仲兄，《宋史》卷三百四十四有傳。

與王詵（晉卿）相見，詵作詩，軾和之。與某知縣簡，以兒子得托庇爲幸。知縣亦詵之友。

《蘇軾詩集》卷二十七《和王晉卿》引謂與詵「不相聞者七年」，乃相見殿門外。《文集》卷六十《與知縣第九簡云「晉卿相見殿門外」。知簡與詩約作於同時。簡云「兒子遂獲托庇知幸」，時邁尉酸棗，此知縣當是酸棗令。第八簡云「小兒蒙不鄙外」，亦爲此時事。《詩集》次《和王晉卿》於本年正月，今改次。

軾代吕大防撰《乞録用吕誨子孫劄子》。朝廷從其請。

劄子見《蘇軾文集》卷三十七。誨字獻可，熙寧四年卒，年五十八。事迹見《温國文正司馬公文集》卷七十七墓銘。朝廷録其長子由庚爲太常寺太祝，見劄子附注。《文集》卷三十九《吕由庚太常寺太祝》制，次《杜訢衛尉少卿》制前。大防字微仲，《宋史》卷三百四十有傳，時爲尚書右丞。

杜訢爲衛尉少卿。訢嘗以大圓硯贈軾。

杜訢云云制，見《蘇軾文集》卷三十九（一一一〇頁）。《雲林石譜》卷下《鞏石》：「鞏州舊名通遠軍，西門寨石，産深土中，一種色緑，一種緑而有紋，目爲水波，斲爲硯，頗温潤發墨，宜筆。

其穴歲久頹塞，無復可采。先子頃有大圓硯贈東坡，公目之爲天波。」

《雲林石譜》三卷，宋杜綰撰，卷首有紹興癸亥闕里孔傳之序，謂綰乃杜衍之孫，抑堂先生之裔。《歐陽文忠公集》卷三十一衍墓銘謂四子：詵、訢、訥、詒；嘉祐二年衍卒前惟訢在，知抑堂先生乃訢。皇祐二年十一月一日，訢以將作監丞賜同進士出身，見《宋會要輯稿》第一百十一册《選舉》九之一一。嘗官屯田員外郎、職方員外郎，《王臨川集》卷五十、《蘇魏公文集》分別有制，《蘇舜欽集》卷十五有訢妻張氏墓誌銘。《長編》卷四百六十五元祐六年閏八月己巳，有「左朝議大夫、光禄卿杜訢爲直祕閣、提舉鴻慶宫」之記載。

八月丙戌（初一日），轍上《乞罷杜紘右司郎中狀》。先是七月癸未（二十八日）紘除右司郎中。

狀見《欒城集》卷三十九，《長編》載卷三百八十三七月癸未。狀謂左右司郎中，自非清望正人，不與此選，而紘人品凡近，不知經術，止以誦習法律進身。

紘以刑部郎中除，見《年表》。紘字君章，濮州鄄城人。《宋史》卷三百三十有傳。

丁亥（初二日），轍上《論差除監司不當狀》。

狀見《欒城集》卷三十九，載《長編》卷三百八十四。狀謂天下之治寄守令，守令其要寄監司。狀謂近日所命監司，頗未得人，如李之紀、楚潛、王公儀皆碌碌凡才；孫路奴事李憲，貪冒無恥；程高諂附賈青，借名買珠；鍾浚天資邪嶮，累作過犯；張公庠爲事刻薄，不近人情；張璹久領市易，與牙儈雜進。狀乞執政更加審議，其尤不可者，當與改差。

八月三日，三省同上司馬光所撰《約束州縣抑配青苗錢白劄子》。蘇軾不肯簽，臺諫亦屢章乞盡罷。

劄子見《司馬光奏議》卷三十九，云：「檢會先朝初散青苗錢，本爲利民，故當時指揮并取人户情願，不得抑配。自後因提舉官速要見功，務求多散，諷脅州縣，廢格詔書，名爲情願，其實抑配。或舉縣勾集，或排門抄劄，亦有無賴子弟謾昧尊長，錢不入家，亦有它人冒名詐僞請去，莫知爲誰，及至追催，皆歸本户。朝廷深知其弊，故悉罷提舉官，不復立額考較，天下莫不欣戴。昨於四月二十六日，有敕令給常平錢穀，限二月或正月，只爲人户欲借請者及時得用。又令半留倉庫，半出給，不得輒過此數。至於取人户情願，不得抑配，一遵先朝本意。慮恐州縣不曉敕意，將謂朝廷復欲多散青苗錢，廣收利息，勾集抑配，督責嚴急，一如曏日置提舉官時。今欲續降指揮下諸路提點刑獄司，告示州縣，并須候人户自執狀結保，赴縣乞請常平錢穀之時，方得勘會，依條支給，不得依前勾集抄劄，强行抑配。仍仰提點刑獄常切覺察，如有官吏似此違法掻擾者，即時取勘施行，若提點刑獄不切覺察，委轉運安撫司覺察聞奏。」「蘇軾不肯簽」云云，見司馬光劄子下注文。

四日，蘇軾奏乞不給散青苗錢斛，盡罷青苗錢。

奏文見《蘇軾文集》卷二十七(七八三頁)。蘇軾此奏，乃繳進八月三日司馬光《約束州縣抑配青苗錢白劄子》。參以下本月辛卯(六日)紀事。

同日，轍上《三乞罷青苗狀》，與東省同上。

狀見《欒城集》卷四十，《長編》載卷三百八十四本月庚寅(初五日)。狀謂近日有以國用不足，欲將青苗補其缺乏者。狀謂自古爲國止於食租衣税，輔以茶鹽酒税，未聞用青苗放債取利以富國强兵。《宋史》卷一百七十八《食貨志》上四：「八月，司馬光奏：『先朝散青苗，本爲利民，并取情願。後提舉官速要見功，務求多散，或舉縣追呼，或排門抄劄，亦有無賴子弟謾昧尊長，錢不入家；亦有他人冒名詐請，莫知爲誰，及至追催，皆歸本户。今朝廷深知其弊，故悉罷提舉官，不復立額考校，訪聞人情安便。欲下諸路提點刑獄，申嚴州縣抑配之禁。』詔從之。中書舍人蘇軾不書録黄，奏曰：『熙寧之法，未嘗不禁抑配，而其害至此。民家量入爲出，雖貧亦足，若令分外得錢，則費用自廣。况子弟欺謾父兄，人户冒名詐請，似此本非抑配。臣請以散及一半爲額，與熙寧無異。今許人願請，未免設法罔民，使快一時非理之用，而不慮後日催納之患。二者皆非良法，相去無几。今已行常平糶糴之法，惠民之外，官亦稍利，何用二分之息，以買無窮之怨。』於是王巖叟、蘇轍、朱光庭、王覿等復言：『臣等屢有封事，乞罷青苗，皆不蒙付外，願盡付三省，公議得失。』」「臣等」云云，即在《三乞罷青苗狀》中。

同日，轍上《申三省請罷青苗狀》，與東省同入。

狀見《欒城集》卷四十，《長編》載卷三百八十四本月庚寅（初五日）。狀謂青苗除抑配外，爲害尚多，如小民錢一入手，費用横生，及至納官，賤賣米粟，浸及田宅等。乞盡取前後章疏看詳施行。

辛卯（初六日），罷青苗錢。

據《長編》卷三百八十四，從司馬光請。《長編》云：「初，同知樞密院范純仁以國用不足，建請復散青苗錢。」以下云：「蓋純仁議時，司馬光方以疾在告，不與也。已而臺諫共言其非，皆不報。光尋具劄子，乞約束州縣抑配者。蘇軾又繳奏，乞盡罷之。光始大悟，遂力疾入對於簾外，争曰：『不知是何奸邪勸陛下復行此事。』純仁失色却立，不敢言。青苗錢遂罷，不復散。」

軾奏即《乞不給散青苗錢斛狀》，見本月四日紀事。

光奏乃《司馬光奏議》卷三十九《乞罷散青苗白劄子》，注謂罷青苗錢爲本月四日事。

壬辰（初七日），轍上《再言杜紘狀》。不從。

狀見《欒城集》卷四十，載《長編》卷三百八十五。狀再乞罷紘右司郎中。《長編》本日紀事注：「轍……所言訖不行。」

癸巳(初八日),轍上殿上《言張璪劄子》。璪罷知鄭州。

劄子見《欒城集》卷四十,載《長編》卷三百八十五。狀首謂六月中嘗論璪,求以時去之。德音宣諭,欲因其求退,去之以禮。比經兩月,璪仍據位不復自請。狀謂璪性極巧佞,遇事圓轉,昔王安石、吕惠卿首加擢用,被以卵翼之恩,收其鷹犬之效,與章惇等并結死黨。狀謂聞璪意欲候過明堂禮求出補外,願早從其請。璪罷知鄭州,見本年九月己卯紀事。璪,全椒人。《宋史》卷三百二十八有傳。

同日,轍作《請罷右職縣尉劄子》。

劄子見《欒城集》卷四十,載《長編》卷三百八十五。狀謂近歲地分縣尉并用武夫,武夫貪暴不畏條法,侵漁弓手,搔擾鄉村。乞復令吏部依舊只差選人。《長編》謂:「詔除沿邊縣尉依舊外,餘并差選人。」注:「詔在二十四日己酉。」

同日,轍上《論張頡劄子》。

劄子見《欒城集》卷四十,載《長編》卷三百八十四己丑(初四日)。狀謂知廣州張頡自龍圖閣擢爲户部侍郎,除目一下,中外驚疑。狀謂頡猜、嶮、邪、佞、狡、愎、闇、刻,了無一長,乞追寢前命。《長編》:「詔付三省進呈,不行。」

九日,軾上疏論高强户所應色役,應視其家業錢數,相應展所應役期限。

疏見《佚文彙編》卷一（二四二五頁）。

丙申（十一日），轍上《再言張頡狀》。

狀見《欒城集》卷四十，乞罷頡前命。本卷《言張頡第四狀》謂本狀「留中不出」。《長編》卷三百八十四本月己丑紀事：「留中不出。」

轍上《論户部乞收諸路帳狀》。

狀見《欒城集》卷四十，未載上狀之日。此狀之前爲《再言張頡狀》，爲本月十一日上，之後爲《言張頡第三狀》，爲本月十二日上，據此，本狀當上於本月十一日。狀謂帳法一切如舊甚便，即府界諸路州軍錢穀文帳仍申三司，府界諸路州軍常平等錢穀文帳仍申司農寺。

丁酉（十二日），轍上《言張頡第三狀》。

狀見《欒城集》卷四十，乞罷頡差遣。本卷《言張頡第四狀》謂本狀「留中不出」。《長編》卷三百八十四本月己丑紀事：「留中不出。」

己亥（十四日），轍上《言責降官不當帶觀察團練狀》。

狀見《欒城集》卷四十，載《長編》卷三百八十五。狀謂「近日李憲以宣州觀察使提舉明道宫，王中正以嘉州團練使提舉太極觀，二人貪墨驕横，敗軍失律，罪惡山積，雖死有餘責。」而假以使名，享厚禄，乃首亂國憲。乞追還前命。《長編》注：「從違當考。」

己亥（十四日），以蘇軾爲皇帝賀遼國生辰使，辭。

據《長編》卷三百八十五。《長編》謂以高士敦爲蘇軾之副，原注「蘇辭行」。《蘇軾詩集》卷三十一《次韻子由使契丹至涿州見寄》自注：「余昔年辭免使北。」《蘇軾文集》卷五十二《與王定國》第三十七簡：「使事始欲辭免，又苦無説，然衰病極畏此。」叙使遼事。《施譜》言「辭不行」。《淮海集》卷八《客有傳朝議欲以子瞻使高麗大臣有惜其去者白罷之作詩以紀其事》：「學士風流異域傳，幾航雲海使南天。不因名動五千里，豈見文高二百年。貢外別題求妙札，錦中翻樣織新篇。淹留却恨鴛行舊，不得飛觴駐蹕前。」附孫覺詩：「文章異域有知音，鴨緑差池一醉吟。潁士聲名動倭國，樂天辭筆過鷄林。節髦零落氊吞雪，辯舌縱横印佩金。奉使風流家世事，幾隨浪拍海東岑。」

林旦（次中）爲皇帝賀遼國生辰使，代蘇軾。軾與旦簡及此事。

《蘇軾文集》卷五十五《與林子中》第三簡：「忽見報，當使高麗。」以下云「此本劣弟差遣，遂爲老兄所挽。」《淮海集》卷九有《林次中奉使契丹》詩。據此，此簡乃與旦者，《文集》偶誤。旦，希（子中）之弟，見嘉祐二年「同年以後有交往者」條紀事，并參元祐三年「林旦得李公麟……二圖」條紀事。

癸卯（十八日），轍上《言張頡第四狀》。

狀見《欒城集》卷四十，乞出前狀，付外施行。

《長編》卷三百八十四己丑紀事：「留中不出。」

甲辰（十九日），轍除起居郎。辭免，不許。

《欒城集》卷四十七《辭起居郎狀》其一首云「右臣今月十九日准閤門告報，已有告命，除臣起居郎者」。參見《年表》。

丙午（二十一日），轍上《論傅堯俞等奏狀謂司馬光爲司馬相公狀》。

狀見《欒城集》卷四十，載《長編》卷三百八十六。狀謂司馬光雖爲宰相，而君前臣名，禮有定分。今於奏狀中謂光爲司馬相公，苟申私敬，不顧上下之禮。恐此風一扇，臣主之分自此凌夷，不唯朝廷之害，亦非所以安光之道也。

丁未（二十二日），轍與軾、王鞏同觀黄庭堅詩。

據《蘇軾文集》卷六十八《書黄魯直詩後二首》其一。參劉尚榮《蘇轍佚著輯考》題跋《書黄魯直詩後》。

軾文謂庭堅詩語妙。本年五月十四日，鞏除宗正寺丞，見《長編》卷三百九十三十一月末注，時在任。

戊申（二十三日），轍上《言張頡第五狀》。

見《欒城集》卷四十。狀采衆論，得頡前後臨事乖方及朝廷曾以其褊躁猜忌罷頡差遣五事陳之。狀謂一二大臣薦頡可用，乞出己前後封事令保薦人看詳，仍乞降付三省依公施行。

同日，詔不許辭免起居郎。轍再上狀乞辭。

狀爲《欒城集》卷四十七《辭起居郎狀》其二。狀首謂：「右臣准今月二十三日尚書省劄子，以臣奏乞免起居郎恩命，奉聖旨不許辭免者。」參見《年表》。

己酉（二十四日），轍上《再論京西水櫃狀》。

狀見《欒城集》卷四十，《長編》載卷三百八十六，繫本日，今從。轍今年三月上《乞給還京西水櫃所占民田狀》。狀謂上狀後蒙朝旨，令都水監差官相度到中牟、管城等縣水櫃原舊浸壓頃畝，及見今積水所占及退出數目，應退出地皆撥還本主，應水占地皆以官地封還。如無田可還，即給還元估價直。狀謂興置水櫃以來，原未曾以此水注清、汴，清、汴自足，不廢漕運，乞盡廢水櫃。

《宋史》卷九十四《河渠志》四謂此狀本月辛亥（二十六日）上。并謂本年十月罷水櫃。《集》次此狀於二十六日《申三省論張頡狀》後。

同日，轍上《乞復選人選限狀》。

狀見《欒城集》卷四十，《長編》卷三百八十六繫本日，今從。狀謂祖宗舊法，蔭補子弟限二十五歲然後出官，進士諸科釋褐合守選人并州縣選人，除司理、司法、縣尉外，得替日皆合守選。逢恩放選乃得注官。狀又謂先朝蔭補子弟不復限二十五歲出官，應係選人皆不復守選；然須讀法習法令，并許令試法，通者注官。於是蔭補者例減五年，選人無復選限，吏部員外闕少，差注不行，狀冗之患極。狀乞追復祖宗守選之舊，而選滿之日兼行先朝試法之科。《宋史》卷一百五十八《選舉志》四：「哲宗時，御史上官均言：『今仕籍，合文武二萬八千餘員，吏部逆用兩任缺次，而仕者七年乃成一任。當清其源，宜加裁抑。』朝廷下其章議之。」以下言轍議，節引後，謂「事報聞」。

同日，轍上《論諸路役法候齊足施行狀》。

狀見《欒城集》卷四十，《長編》卷三百八十六繫本日，今從。狀謂諸路役法大體參差不齊。狀乞指揮詳定役法所候諸路所申文字稍稍齊集，見得諸處役法不至大段相遠，然後行下。

辛亥（二十六日），轍上《申三省論張頡狀》。

狀見《欒城集》卷四十。《長編》卷三百八十四八月丁亥紀事：「卒不行。」

《宋史》卷三百三十一《張頡傳》謂字仲舉，其先金陵人，徙鼎州桃源，第進士；神宗時累遷江淮制置發運副使，改知荆南，徙廣西轉運使，以直集賢院知齊、滄二州，進直龍圖閣，知桂州；哲宗立，知鳳翔、廣州，召爲户部侍郎。以下云：「頡所歷以嚴致理，而深文狡獪。右司諫蘇轍論其九罪，執政以頡雖無德而才可用，不報。」以下叙逾年爲河北都轉運使，知瀛州、荆南，卒。

劉攽（貢父）自蔡州專使送簡來，軾答之。

《蘇軾文集》卷五十與攽第五簡首云「久闊暫聚，復此違異」。《宋史》卷三百一十九攽傳云「哲宗初，起知襄州，入爲祕書少監，以疾求去，加直龍圖閣、知蔡州」，謂此。簡云「問來使，云尊貌比初下車時皙且澤」，下車即指知蔡。今次此。

張商英（天覺、無盡）致軾簡，求薦作言官，未薦。

《長編》卷四百三元祐二年七月甲寅注：「張商英在元祐初爲開封府推官，欲作言官，簡蘇内翰子瞻云：老僧欲住烏寺呵佛罵祖，一巡如何。」以下云：「偶館職孫樸過子瞻，竊得其簡，示吕申公之子希純，希純白申公，申公不悦，出商英爲河東提刑。」蘇軾未薦。申公乃公著。《宋史》卷三百五十一商英傳謂哲宗初，移書蘇軾求薦入臺，有「老僧欲住烏寺呵佛罵祖」之語。《曲洧舊聞》卷八：「元祐間，東坡在禁林，無盡以書自言曰：『覺老近來見解，與往時不同。若得一把茅蓋頭，必能爲公呵佛罵祖。』蓋欲坡薦爲臺諫也。温公頗有意用之，嘗以問坡。坡云：『犢子雖俊可喜，終敗人事，不如求負重有力而馴良服轅者，使安行於八達之衢，爲不誤人也。』温公遂止。」今次此於司馬光卒前。

《後村先生大全文集》卷一百四《題跋·張無盡》叙張商英爲佛學所誤，以下云：「觀『老僧欲往烏寺呵佛罵祖』之簡，蓋以謀國比之説禪，故曰佛學誤之也。若坡公其時果着力，吕申公果用之往烏寺，不知又打罵何人，必是回戈攻半山老子及其門下士矣。禪家所謂『呵佛罵祖』者，猶扶公子之背以出公子也。無盡呵罵吕申公者，豈亦扶之然後出之耶！」

九月初一日，司馬光卒。

此據《蘇軾文集》卷十六《司馬温公行狀》。

蘇軾作祭司馬光文。

文見《佚文彙編》卷五（二五三六頁）。

文云：「爲政一年，疾病半之。功則多矣，百年之思。知公於異，識公於微。匪公之思，神考是懷。」乃個人所作，作於光卒之當時。

蘇轍有輓詞；又有代三省祭光文。

挽詞四首見《欒城集》卷十四，輓詞其一云「白髮三朝舊，青山一布衾」，光清貧自如。其三云「區區非爲己」，贊其無私。其四云「欲廣忠言地，先收衆棄餘」，謝其薦舉。

朝廷命程頤主司馬光喪事，頤泥行古禮，蘇軾每戲之，結怨。與頤之弟子朱光庭（公掞）亦結怨。

《二程集·河南程氏外書》卷十一：「温公薨，朝廷命伊川先生主其喪事。是日也，祀明堂禮成，而二蘇往哭温公，道遇朱公掞，問之。公掞曰：『往哭温公，而程先生以爲慶弔不同日。』二蘇悵然而反，曰：『鏖糟陂裏叔孫通也。』（原注：言其山野）自是時時謔伊川。他日國忌，禱於相國寺，伊川令供素饌。子瞻詰之曰：『正叔不好佛，胡爲食素？』正叔曰：『禮，居喪不飲酒食肉。忌日，喪之餘也。』子瞻令具肉食，曰：『爲劉氏者左袒。』於是范淳夫輩食素，秦、黄輩食肉。吕申公爲相，凡事有疑，必質於伊川。進退人才，二蘇疑伊川有力，故極口詆之云。」

同上：「伊川主温公喪事，子瞻周視無闕禮，乃曰：『正叔喪禮何其熟也？』又曰：『軾聞居喪未葬讀喪禮，太中康寧，何爲讀喪禮乎？』伊川不答。鄒至完聞之，曰：『伊川之母先亡，獨不可以治喪禮乎？』」至完，浩字，晉陵人。《宋史》卷三百四十五有傳，有《道鄉文集》傳世。

《二程集》附録《伊川先生年譜》引侍御史吕陶言：「明堂降赦，臣僚稱賀訖，而兩省官欲往奠司馬光。是時，程頤言曰：『子於是日哭則不歌，豈可賀赦才了，却往弔喪？』坐客有難之曰：『子於是日哭則不歌，即不言歌則不哭。今已賀赦了，却往弔喪，於禮無害。』蘇軾遂以鄙語戲程頤，衆皆大笑。結怨之端，蓋自此始。」

同上引鮮于綽《傳信録》：「舊例，行香齋筵，兩制以上及臺諫官并設蔬饌，然以粗糲，遂輪爲食會，皆用肉食矣。元祐初，崇政殿説書程正叔以食肉爲非是，議爲素食，衆多不從。一日，門人范醇夫當排食，遂具蔬饌。内翰蘇子瞻因以鄙語戲正叔。正叔門人朱公掞輩銜之，遂立敵矣。是後蔬饌亦不行。」醇夫乃祖禹。

《孫公談圃》卷上、《邵氏聞見後録》亦叙頤主喪事，與以上所引略同，不録。

《寓簡》卷十：「司馬温公薨，時程頤以臆説斂如封角狀，東坡嫉其怪妄，因怒詆曰：此豈信物一角，附上閻羅大王者耶！人以東坡爲戲，不知《妖亂志》所載吴堯卿事，已有此語，東坡以比程之陋耳。坡每不假借程氏，誠不堪其迂僻也。」《貴耳集》卷上：「司馬公薨，東坡欲主喪，遂爲伊川所先。東坡不滿意伊川以古禮斂，用錦囊囊其尸。東坡見而指之曰：欠一件物事，當寫作信物一角，送上閻羅大王。東坡由是與伊川失歡。」

《朱子語類》卷一百三十：「東坡與伊川是争個甚麽。只看這處曲直，自顯然可見，何用別商量。只看東坡所説云：幾時得與他打破這『敬』字。看這説話，只要奮手捋臂，放意肆志，無所不爲便是。只看這處是非曲直，自易見論來。若説争，只争個是與非。若是，雖斬首穴胸，亦有所不顧，若不是，雖日食萬錢，日遷九官，亦只是不是。」打破『敬』字云云，出《二程集·河南程氏外書》卷十一：「朱公掞爲御史，端笏正立，嚴毅不可犯，班列肅然。蘇子瞻語人曰：何時打破這敬字？」

《鼠璞》卷下《程蘇争致齋》引：「《東坡年譜》載，程蘇當致齋，厨禀造食葷素，蘇令辦葷，程令辦素。蘇謂致齋在心，豈拘葷素。爲劉者左袒，時館中附蘇者令辦葷，附程者令辦素。予謂不然，齋之禁葷，見於法令，乃禁五辛，慮耗散人之氣，間其精誠，與禁飲酒聽樂嗜慾悲哀一同，欲其致一之妙，通於神明耳。二公未免以葷爲魚肉，徒有是非之辨。《莊子》載顔回不飲酒，不茹葷，謂祭祀之齋是也。」此《東坡年譜》，不知撰者。

追封司馬光温國公，軾作制詞。

制詞見《蘇軾文集》卷三十九（一一三〇頁）。《高齋漫録》：「東坡作温公制詞云：『執德不回，常用社稷爲悦；以死勤事，坐致股肱或虧。』或問坡曰：『温公豈曹操之徒耶！』坡愕然，問其所以，答曰：『社稷豈所可悦者！』坡笑改曰：『用安社稷爲悦。』」

衆僚祭司馬光，軾作祭文。轍亦作。

《蘇軾文集》卷六十三《祭司馬君實文》：「矧我衆僚，左右疇咨。」代衆僚作。文首稱「左僕射贈太師温公之靈」，知作於追封温國公之後。

《欒城集》卷二十六有《代三省祭司馬丞相文》，《豫章黄先生文集》卷二十一有《代尚書侍郎祭司馬温公文》。

辛酉（初六日），大享明堂，以神宗配，赦天下。軾撰《明堂赦文》。軾子迨以明堂恩授承務郎。

辛酉云云，據《宋史·哲宗紀》。文見《蘇軾文集》卷四十。《總案》謂此文乃「北扉麻制，非西掖告詞」以爲其時蘇軾已爲翰林學士。《蘇軾文集》卷六十一《與辯才》第二簡叙迨授承務郎。

轍作鮮于侁父金紫光禄大夫、母安德郡太夫人制詞。

《欒城後集》卷二十一《書鮮于子駿父母贈告後》：「是歲明堂赦書，贈其（按：謂侁）先人金紫光禄大夫，先妣安德郡太夫人。予適當制，實爲之詞。」制詞見《欒城集》卷三十二《西掖告詞·鮮于侁父母》之首。轍此制應作於本月十二日或略後，參本月十二日紀事。

八日，軾題王詵（晉卿）詩後。

文見《蘇軾文集》卷六十八（二一三七頁），贊詵經憂患，詩詞益工。

軾嘗過黄庭堅，用錢勰贈庭堅猩猩毛筆書寫，庭堅有詩。庭堅嘗贈洮河石硯，作銘。

《山谷詩集注》卷三《戲詠猩猩毛筆》注引庭堅跋：「錢穆父奉使高麗，得猩猩毛筆，甚珍之，惠予，要作詩。蘇子瞻愛其柔健可人意，每過予書案，下筆不能休。此時，二公俱直紫微閣，故予作二詩，前篇奉穆父，後篇奉子瞻。」詩約作於今年秋。錢、蘇此時俱爲中書舍人，《蘇軾詩集》卷三十六《次韻蔣穎叔錢穆父從賀景靈宮》其二首云「與君並直記初元」即叙此事。

《蘇軾文集》卷十九《魯直所惠洮河石硯銘》叙本年贈硯事。

秦觀答傅彬老簡，與彬老論蘇軾兄弟。

《淮海集》卷三十《答傅彬老簡》首云彬老「録示寄蘇登州書并題《眉山集》後」，以下云：「閣下謂蜀之錦綺妙絶天下，蘇氏蜀人，其於組麗也，獨得之如天，故其文章如錦綺焉，其説信美矣，然非所以稱蘇氏也。蘇氏之道，最深於性命自得之際，其次則器足以任重，識足以致遠，至於議論文章，乃其與世周旋，至粗者也。閣下論蘇氏而其説止於文章，意欲尊蘇氏，適卑之耳。閣下又謂三蘇之中，所願學者，登州爲最優，於此尤非也。老蘇先生，僕不及識其人，今中書、補闕二公，則僕嘗身事之矣。中書之道，如日月星辰，經緯天地，有生之類，皆知仰其高明。補闕則不然，其道如元氣行於混淪之中，萬物由之而不知也。故中書嘗自謂吾不及子由，僕竊以爲知言。閣下試贏數日之糧，謁二公於京師，不然，取其所著之書熟讀而精思之，以想見其人，然後知吾言之不謬也。」簡稱蘇軾爲中書，蓋作於本年，今繫此。彬老不詳其名，事迹不詳，爲蘇軾之友。觀時爲蔡州教授，見《淮海居士長短句》附年表。

軾舉周穜。穜差充鄆州州學教授。

《蘇軾文集》卷二十九《論周穜擅議配享自劾劄子》：「臣先任中書舍人日，勑舉學官，曾舉江寧府右司理參軍周穜，蒙朝廷差充鄆州州學教授。」舉狀佚。穜，已見元豐七年「次韻周穜惠石銚」條。

李詔知壽州，軾作制。

制見嘉靖《壽州志》卷五，云：「爾等嘗奉使督察官吏，公明之稱，達於朕聽。董制江淮，任亦重矣。益勉之，毋使風彩減於平昔。」

此制不見《蘇軾文集》。

下條紀事爲軾以中書舍人爲翰林學士，故次作李詔制事於此。

丁卯（十二日），軾以試中書舍人爲翰林學士、知制誥。

據《長編》卷三百八十七、《山谷詩集注》目録引《實録》、《宋史·哲宗紀》。

兩進辭免狀，不允。軾有謝表。

狀、表見《蘇軾文集》卷二十三（六六四至六六八頁）。

《月河所聞集》：「『傷弓之鳥，固已驚飛；漏網之魚，難於再餌。』蘇子瞻辭内翰表也。太后宣諭曰：『但勤職事，不要高飛。』」「傷弓」云云，辭内翰表未見。

林希（子中）有賀啓。蘇軾有《除翰林學士謝啓》。

《四六話》卷上：「蘇子瞻作翰林，林子中方以言者去國在外，以啓賀曰：『父子以文章名世，蓋淵、雲、司馬之才；兄弟以方正决科，邁晁、董、公孫之學。』」《清波雜志》卷六亦記此事。謝啓見《蘇軾文集》卷四十六，蓋爲答友人者。

李廌作《金鑾賦》以賀。

《濟南集》卷五《金鑾賦》：「蘇先生自中書舍人拜翰林學士，門人李廌以《金鑾賦》賀之，其詞曰：惟金鑾之閟宇兮，承明廬；天門九重兮，直帝居。青雲邈爲後塵兮，紫清絳虛。履泰階以布武兮，瓊闕玉除。侍上帝兮友真宰，贊造物兮俯璿樞。視下土以爲滓濁兮，徜徉乎河洛之圖書。代上帝以有言兮，作典謨。曷誰尸之兮，疇咨明世之真儒。惟令聞升聞於帝兮，有臣曰蘇。客曰：是超然之先生耶？惟超然之先生，冠百世而稱傑，操忠而秉哲，執義而全節。文章鮮儷於古今，德行争光於日月。昔下士之興讒，智相遼而欲軋。不量厥才，徒自黥刖。純精粹玉，久苦埋涅。濯之愈明，始圖羽雪。於穆皇王，登崇俊良。爰自謫逐，乃命作牧，乃命爲郎，乃寘紫微，乃居玉堂。佩服粲以有輝，輿衛儼以煌煌。潤色太平，黼黻玄黃。非先王之有榮，實吾道之有光。猗歟先生，處斯金鑾，爲龍爲光，莫匪具觀。饋天餉於寶床，下晝漏於花塼。錫尚衣之官錦，分御座之金蓮。縉紳具云，内相惟賢。嗚呼，官隨人以重輕，職因時而貴賤。爰置翰林，近在貞觀，伎卜雜進，名同實眩。吴筠、太白，久待詔兮，竟無官封；公輔、樂天，苦俸薄兮，求兼府掾。惟眷遇之無常，故榮滯之相半。若乃叔文、執誼，陰狠陽媚，潛妖伏禍，城狐山鬼。二吴争恩，甚於火水，恃爲巢社，公肆姦宄。惟兹金鑾兮，待太平而後重；惟兹金鑾兮，待賢者而後貴。猗歟先生，處斯金鑾，方江湖之放逐，望魏闕以如天，叫九閽兮靡訴，濱九死兮永歎。惟阨窮而處忌，雖忠憤兮奚言。今也侍帷幄兮，朝夕納誨；却視象魏兮，夐以在外。況舉天下之重兮自任，遘茲辰兮嘉會。無使目爲私人，無止習爲三昧。夙志可宣兮時不易得，時不易得兮蒼生跂踵而希澤。將錫圭兮錫衮。聊假道以茲職。」

同上《金鑾後賦·序》：「元祐元年冬，今餘杭龍圖先生初入玉堂，廌作《金鑾賦》。」

《蘇軾文集》卷五十三《與李方叔》第十一簡：「前日所貺高文，極爲奇麗。但過相粉飾，深非所望，殆是益其病爾。」疑指《金鑾賦》。

李廌復上賀詩。

《濟南集》卷四《上翰林眉山先生蘇公》：「佑聖生賢佐，天心在撫民。昌期膺治運，穀旦降元臣。四序功成晚，三台耀拱辰。嚴凝氣剛勁，謇諤性忠純。凜凜風霜操，優優雨露仁。高才映今古，妙學洞天人。黼黻文華國，淵源德潤身。四朝師令望，百辟仰清塵。射策明三道，觀光耀九賓。咸知帝賚説，復誦嶽生申。視草金鑾殿，登庸鳳詔春。夔龍名不隕，魯衛政相因。交蔭槐陰茂，聯華棣萼親。廟堂熙帝載，衮繡並天倫。政柄勞無憚，侯邦逸久均。偃藩心固樂，調鼎味宜新。上宰虚黄閣，除書下紫宸。百神懷景福，萬化入鴻鈞。陰德施黎庶，休功格昊旻。自當侔帶礪，詎止約松椿。賤士睎高躅，趨風愧下陳。願言千萬壽，獻頌敢辭頻。」

晁補之嘗上《白紵辭》。

《雞肋集》卷三《白紵辭上蘇翰林二首》其一：「白紵棼莫緝，紉蘭作衣袪。朝兮日所暴，暮兮雨所濡。木瓜諒微物，期報乃瓊琚。芳華辭甚妙，贈我不如無。」其二：「上山割白紵，山高葉摵摵。持歸當户績，爲君爲絺綌。不惜潔如霜，畏君莫我即。誰言菖蒲花，可聞不可識。」白紵蓋自況。

張重嘗上詩。

《直齋書録解題》卷二十：「《海門集》八卷。渤海張重撰。有《上蘇子瞻内翰》詩，又有《與張伯玉遊鑑湖晚歸》詩。伯玉知越州，當嘉祐末，而東坡爲翰苑在元祐間，重皆與同時，特未詳其人。」

《增廣事聯詩苑叢珠》卷十三有張重《紫竹》詩，云：「顏色耐雪霜，桃李不能妬。但取節操高，莫起奪朱惡。」重詩傳世者僅此。

《增廣事聯詩苑叢珠》，轉引自《全宋詩》。

軾薦黄庭堅自代。

《王譜》：「除内翰，又有舉魯直自代。」

《蘇軾文集》卷二十四有《舉黄庭堅自代狀》。《宋史》卷四百四十四《黄庭堅傳》亦叙此事。

軾與了元（佛印）簡，報翰林學士新除。

《蘇軾文集》卷六十一《與佛印》第十二簡：「某蒙恩擢置詞林，進陪經幄，是爲儒者之極榮，實出禪師之善禱也。」

丁卯（十二日），轍拜起居郎，權中書舍人。李廌有賀詩。

《年表》本月最後一則紀事爲：「轍權中書舍人。」

《長編》卷三百八十七九月丁卯（十二日）紀事：「右司諫蘇轍爲起居郎。」原注：「《吕氏家塾記》云：『元祐初，蘇轍爲直舍人院。有司檢舉，自官制行，舍人院廢，今舍人職事乃在中書後省，於是改權中書舍人，遂爲故事。』」

《濟南集》卷四《小蘇先生九三丈自司諫拜起居郎權中書舍人廌作詩以賀》：「孝治依文母，皇圖錫聖王。虚心思啓沃，妙選盡忠良。近侍崇儒術，先生被寵光。周邦柱下史，魏闕紫微郎。禁殿聯常棣，天池浴鳳凰。揮毫青瑣闥，簪筆御爐香。德鎮千鈞重，文輝萬丈長。昌時逢式穀，吾道喜彌彰。視草嚴宸暮，論思子夜央。槐邊星轉角，花底鷺分行。豈但居華省，行聞上玉堂。終期衮衣拜，慰此士夫望。」

轍自是時起至落權字爲中書舍人，嘗侍邇英閣，勸講祖宗故事。

《欒城集》卷十五詩題：「去年冬，轍以起居郎入侍邇英，講不逾時，遷中書舍人。雖忝冒愈深，而瞻望清光，與日俱遠，追記當時所見，作四絶句呈同省諸公。」此云「去年冬」，而《蘇軾詩集》卷二十八、《山谷詩集注》卷七次韵均云「去歲……秋冬」間，爲得其實，蓋以爲起居郎即入侍邇英也。

轍詩其一：「邇英肅肅曉霜清，玉宇時聞槁葉零。風過都城吹廣内，萬人笑語落中庭。」其二：「銅瓶灑遍不勝寒，雨點匀圓凍未乾。回首曈曨朝日上，槐龍對舞覆衣冠（自注：邇英前有雙槐甚高，而柯葉拂地，狀若龍蛇，講官進對其下）。」其三：「早歲西厢跪直言，起迎天步晚臨軒。何知老侍曾孫聖，欲泣龍髯吐復吞（按：自注叙舉制策見仁宗事，見嘉祐六年八月乙亥紀事，此略）。」其四：「講罷淵然似不勝，詩書默已契天心。高宗問答終垂世，未信諸儒測淺深。」

《山谷詩集注》卷七《子瞻去歲春侍立邇英子由秋冬間相繼入侍作詩各述所懷予亦次韵四首》題下任淵注：「仁宗乾興初日，御殿之西廡，詔孫奭、馮元等勸講祖宗故事，以雙日延見儒臣。至此，雖隻日亦令執經入侍。景祐二年正月癸丑，詔置邇英、延藝二閣，書《無逸篇》於屏。邇英在迎陽門之北，東向。事具《實録》。《東京記》曰：崇政殿西有邇英閣，東有延藝閣，講諷之所。又按：國朝春二月至端午，秋八月至冬至，遇隻日，邇英閣輪官講讀。」轍詩云及「詩書」，則講讀内容除祖宗故事外，尚有詩書。

軾詩詩題：「軾以去歲春夏，侍立邇英，而秋冬之交，子由相繼入侍，次韵絶句四首，各述所懷。」軾其時爲起居舍人，故亦入侍邇英也。

《墨莊漫録》卷七：「元祐中，哲宗旬日一召輔臣於邇英閣聽講讀，時曾肇子開、蘇轍子由自左右史并除中書舍人，入侍講筵。子由作詩呈同省，諸公悉和之。邇英、延藝皆祖宗所建講讀之所，記注官賜坐飲茶，將罷，賜湯，仍皆免拜，無復外廷之禮。故子開詩云：『二閣從容訪古今，諸儒葵藿但傾心。君臣相對疑賓主，誰識昭陵用意深。』邇英閣前槐後竹，雙槐極高，而柯葉拂地，狀如龍蛇，或謂之鳳尾槐。子開詩云：『鳳尾扶疏槐影寒，龍吟蕭瑟竹聲乾。漢皇恭默尊儒學，不似公孫見不冠。』（下略）」肇詩乃次轍韵。按：轍與肇講讀乃爲起居郎、起居舍人（即左史、右史）時事，轍并權中書舍人。至去「權」字爲中書舍人，則已罷起居郎、起居舍人矣。《墨莊漫録》偶誤；然此段記載仍有參考意義，故録此。

餘參元祐二年「轍憶去年爲起居郎時邇英講讀賦詩四絶」條紀事。

劉弇代人回賀蘇轍啓。

劉弇《龍雲先生文集》有《代回賀蘇舍人啓》云：「右某伏審黼扆尚文，綸闈焕寵，雖曰本朝之故事，實惟賢者之得君。伏惟慶慰。竊以侍從之班，一時盛選，文字之職，歷世難能。必有雄深雅健之才卓爾不羈，然後討論潤色之地處之無愧。旁驅巽號，上直星垣。追古盛典，揭諸光明，則倬乎雲漢之麗高天；諭上德意，歸之温厚，則熙如陽春之回品物。忠義之所加也，尚足以感零涕之悍卒；華藻之所振也，或至於悚閣筆之同僚。體古人風，有如傅昭；號大手筆，有如李嶠。王玕則立成五册，徐浩則兼掌兩宮。用方遠猷，尚有遺恨。恭惟某官英靈間氣，册府高流。夔、卨厚躬，農、黄許國。剛柔素志而無所吐茹，堅白一節而莫能磷緇。當世士大夫，久已慕其風流；在人賢不肖，皆能道其姓字。文章雄放，如造父駕騏驥而取道；辨議灑落，如神禹排淮泗而傾東。平日著書，蓋嘗弗論揚雄、班固而下；少年發策，不意復見晁錯、董生之徒。果然簪紱之通津，忽視均衡於頃步。敢圖謙挹，辱賜品題。憐晼晚於物外之餘齡，慰寂寞於天涯之孤宦。撫躬有奇，没齒知榮。應龍翔而雲霧從，方幸聖賢之相值；大厦成而燕雀賀，庶同民物之交欣。」

據「天涯」云云，蘇轍此友人，當爲宦於遠方。

據文中，「平日著書蓋嘗弗論揚雄、班固而下」，此文蓋賀轍者。轍撰《古史》、《詩集傳》、《春秋傳》諸書，所論者皆揚雄、班固以前事。

辛未（十六日），軾繳進吴荀廣東運判詞頭狀。

據《長編》卷三百八十七。《長編》原注云：「吴荀除廣東運判，《實録》在九月十六日。據蘇軾奏議，乃稱三月十六日，必奏議誤以九月十六日爲三月十六日也。今依《實録》，附九月十六日。然爲九月十六日，軾已除内翰矣。或已除内翰猶未罷西掖，故有此論列也。」

狀見《蘇軾文集》卷二十七（七七三頁）。

癸酉（十八日），林希以集賢殿修撰知蘇州。蘇轍撰制詞。

癸酉云云，據《長編》卷三百八十八。制詞見《欒城集》卷二十七。

丁丑（二十二日），右司郎中趙君錫爲太常少卿，新授京兆府教授劉絢除《春秋》博士。蘇轍撰制詞。

丁丑云云，據《長編》卷三百八十八及《年表》，制詞見《欒城集》卷二十七。

己卯（二十四日），正議大夫、中書侍郎張璪爲光禄大夫、資政殿學士、知鄭州。蘇轍撰制詞。

己卯云云，據《長編》卷三百八十八。制詞見《欒城集》卷二十七。

癸未（二十八日），監察御史孫升奏論任用蘇軾當以王安石爲戒，不可加進。

據《長編》卷三百八十八。《長編》謂孫升言：「蘇軾文章學問，中外所服，然德業器識有所不足，此所以不能自重，坐譏訕得罪於先朝也。今起自謫籍，曾未逾年，爲翰林學士。討論古今，潤色帝業，可謂極其任矣，不可以加矣。若或輔佐經綸，則願陛下以王安石爲戒。」《施譜》謂孫升論蘇軾「比之王安石」。

《孫公談圃》卷上：「子瞻以温公論薦，簾眷甚厚，議者且爲執政矣。公力言：『蘇軾爲翰林學士，其任已極，不可以加。如用文章爲執政，則國朝趙普、王旦、韓琦未嘗以文稱。』又言：『王安石在翰苑爲稱職，及居相位，天下多事，以安石止可以爲翰林，則軾不過如此而已，若欲以軾爲輔佐，願以安石爲戒。』」

本月，軾薦王鞏充節操方正可備獻納科。

據《太平治迹統類》卷十八。本年七月辛酉，設十科取士法，節操方正可備獻納乃十科之一。見《長編》卷三百八十二。《蘇軾文集》卷二十九有《辨舉王鞏劄子》。薦鞏文，佚。

本月，軾奏論每事降詔約束狀。

狀見《蘇軾文集》卷二十七（七八六頁），謂「若每行事立法之外，必以王言隨而丁寧之，則是朝廷自輕其法」。蓋以十科之舉，朝廷既已立法，自可不降詔。《長編》卷三百八十八本月末引軾文，注謂「十科訖不降詔，必是從軾所請也，又不知諫官誰欲降詔，當考」。

軾以賢良方正薦秦觀。

《宋史》卷四百四十四《秦觀傳》：「元祐初，（蘇）軾以賢良方正薦於朝。」今次此。《蘇軾文集》卷二十九《乞郡劄子》於舉「十科人王鞏」後，云舉「制科人秦觀」。鮮于侁亦薦觀，見元祐二年五月二十日紀事。侁與軾或同薦。

《蘇門六君子文粹》卷首《淮海集雜記》：「玉山汪氏曰：居仁品公云：秦少游應制科，問東坡文字樞紐。坡云：『但如公上呂申公書足矣。』故少游五十篇只用一格，前輩如黃魯直、陳無己皆極口稱道之，後來讀書初不知其爲奇也。吕文所取者，蓋以文章之工，固不待言，而尤可爲後人模楷者，蓋篇篇皆有首尾，無一字亂説，如人相見接引應對茶湯之類，自有次序，不可或先或後也。」

《朱子語類》卷一百三十：「東坡薦秦少游，後爲人所論。他書不載，只《丁未録》上有。嘗謂東坡見識如此，若作相，也弄得成蔡京了。李方叔如許，東坡也薦他。」

《宋會要輯稿》第九十九册《職官》六七之八紹聖元年閏四月十八日紀事引監察御史劉拯奏：「（秦）觀浮薄，影附於（蘇）軾，故《進策》謂秦二世不變始皇之法而至於亡，漢昭帝變孝武之法而存，軾遂考爲第一。」觀之語在《淮海集》卷十二《進策·國論》。按：拯語有誤。蘇軾乃薦秦觀應制科，並非考秦觀。蘇軾本年十一月二十九日於學士院策館職；十二月七日，擢畢仲游第一。見各該日紀事。拯蓋混應制科、策館職爲一談。且制科但分三等、四等，見本譜嘉祐六年「蘇軾入三等」條，不云第一、第二。益見拯語之妄。秦觀應制科試詳情，尚待考證。

軾邀黄庭堅（魯直）等至太乙宫，見王安石舊題六言，次韻。

《竹莊詩話》卷九引《詩事》：「蘇子瞻作翰林日，因休沐，邀門下士西至太乙宫，見王荆公舊題六言云：（略）。子瞻諷詠再三，謂魯直曰：『座間惟魯直筆力可及此爾。』對曰：『庭堅極力爲之，或可追及，但無荆公之自在耳。』」軾次韻見《蘇軾詩集》卷二十七（一四四九頁）；安石詩，注文引。庭堅次韻詩，見《山谷詩集注》卷三。

張恕爲南京簽判，轍作詩送行。

詩見《欒城集》卷十四。其一首云「楚蟹吴柑初著霜」，點季候。中云「詔書委曲如公意」，簽判南京，乃恕自請。其二云「朱紱還家罷倚門」、「决獄平反慰老人」，謂免其父方平倚門之望，方平時居南京。

黄庭堅戲詠猩猩毛筆，轍次韵。

庭堅詩見《山谷詩集注》卷三，注引庭堅跋謂筆乃錢勰（穆父）所贈，而軾甚愛之，庭堅乃作二詩，一奉勰，一奉軾。二人時并爲中書舍人。轍詩見《欒城集》卷十四，末云：「何人知有中書巧，縛送能書陳孟公。」陳孟公謂軾，蓋以戲庭堅。

轍作李師中（誠之）輓詞。

輓詞見《欒城集》卷十四，盛贊師中「直氣如雲」。軾有輓詞，見《蘇軾詩集》卷二十九，作於元祐二年，師中卒詳元豐元年四月七日紀事。

王伯敭（廷老）知虢州，轍作詩送行。

詩見《欒城集》卷十四。詩云：「西還經舊游，相逢值新喜。」上句謂今年正月南都之晤，下句謂此次見面。以下云：「詔催西州牧，門有朱幡柅。都城挽不住，山賊近方侈。提刀索崖谷，援桴動閭里。」王事所須，不能留。《蘇軾詩集》卷二十七亦有送行詩，云及「山棚盜」，可參。軾詩次今年三月間，與轍詩不同。

十月丙戌（初二日），殿中侍御史林旦爲淮南路轉運副使，監察御史孫升爲殿中侍御史、朝奉郎王古爲工部員外郎。蘇轍草制。

十月丙戌云云，據《長編》卷三百八十九。制詞見《欒城集》卷二十七；《集》「工部員外郎」作「工部郎中」。

同日，内侍押班梁惟簡可特與帶遥郡刺史不爲例。蘇轍上狀論惟簡，不撰告詞。

同日云云，據《長編》卷三百八十九。論惟簡狀見《欒城集》卷四十一，《集》謂爲三日事。《長編》同上卷本月庚寅（初六日）紀事：「内侍押班梁惟簡管勾景靈宫。」《年表》繫此事於本年十二月丁亥，不從。

庚寅（初六日），知汝州、正議大夫章惇知揚州，邢恕知汝州，王令圖爲都水使者。蘇轍撰制詞。

庚寅云云，據《長編》卷三百八十九（邢恕見注文）。制詞見《欒城集》卷三十七。

丙申（十二日），左屯衛大將軍、檢校司空郭逵落致仕守本官知潞州，朝奉郎孫覽爲右司員外郎。蘇轍撰制詞。

丙申云云，見《長編》卷三百八十九。制詞見《欒城集》卷二十七，後者題作「孫覽河北運副除右司郎官」。

同日，以進士吴師仁爲越州司户參軍，充杭州州學教授，尹材爲虢州司户參軍，田述古爲襄州司法參軍，蘇昞爲邠州司户參軍，并除教授。蘇轍撰制詞。

同日云云，據《長編》卷三百八十九。制詞見《欒城集》卷二十七；《集》「尹材」作「尹才」，「越州司户」作「越州司法」。

庚子（十六日），端明殿學士、光禄大夫范鎮落致仕，提舉中太一宫兼集禧觀公事兼侍讀。蘇轍撰制詞。

庚子云云，見《長編》卷三百九十。制詞見《欒城集》卷二十七。按：《集》此制詞列吴師仁等制詞前。

十月，上劄子，軾乞加張方平恩禮。

文見《蘇軾文集》卷二十七（七八六頁），在論冗官劄子前。時方平以太子太保致仕。

十月二十日，詔范鎮落致仕赴闕。鎮不赴。旋起鎮兼侍讀，亦不赴。

詔文見《蘇軾文集》卷四十（一一四四頁）。《文集》卷十四鎮墓銘謂起鎮兼侍讀提舉中太一宫，鎮辭，「天下甚高之」。卷五十與鎮（蜀公）第六、七簡及此事，云「堅卧莫致，有識悵惘」，「士大夫甚高此舉」。

丁未(二十三日),軾上論冗官劄子。未施行。

丁未云云,據《長編》卷三百九十。軾建議「年及二十五以上,方得出官」。《長編》注:「是時九品以上注籍左選者數千員。法,年二十,即任於州縣爲吏,謂之入仕。」軾以爲官冗由於此。又建議進士累舉,「若無所能,得虚名一官,免爲白丁,亦無所恨」,蓋謂予彼等以特奏名。《長編》注引歐陽棐言:「左選之冗,士人之病耳,朝廷憫而議之,欲利之耳。今加五年使守選,是反害之也。所謂特奏名者非他,儒人之老於場屋無成者也。憫其無成而老,故與微官,使之霑禄而後歸,今亟與之而不使仕,所謂官者,乃虚名耳,豈爲恩哉,是終窮也。」注於是曰「議者之言遂格」。劄子見《蘇軾文集》卷二十七(七八七頁)。《文集》卷二十九《轉對條上三事狀》謂此劄子「後來不蒙降出施行」。

同日,臨文同戲墨《篔簹圖》,并試李庭珪墨,題詩及跋。

詩乃《蘇軾詩集》卷四十八《臨文與可畫竹》,跋見《佚文彙編》卷六(二五七三頁)。

賈訥倅眉,程建用(彝仲)教授東川,軾、轍作送行詩。

詩見《蘇軾詩集》卷二十七(一四五二、一四五三頁)。前者云「父老得書知我在」,托訥便致書鄉老;又云「蒼髯白甲待歸來」,蓋謂父洵葬地老翁泉,訥許爲一往;詩自注贊眉守李琪爲賢守。《欒城集》卷十四有送訥詩。末云：「明年我欲修桑梓，爲賞庭前荔子丹。」欲回鄉。後者云：「今年聞起廢，《魯史》復光景。公子亦改官，三就繁馬頸。」《欒城集》卷十五送建用詩云：「月俸雖不多，足備甘與輕。今年復考課。得秩真代耕。」《詩集》注文謂「改官」、「得秩」乃指建用知中江縣，誤。按：建用知中江，乃元豐事，見元豐七年「中江令程建用書來」條。蓋建用中江任滿後，復來京師。吕陶《浄德集》卷三十一有《送程彝仲赴東川教授》詩，知建用所改者乃東川教授，與軾詩「魯史」、轍詩「代耕」合。陶詩有云：「君之一第得稍晚，更向小官勤檢柙。鄉閭執友在詞禁，奉詔親題薦賢札。美材猶未立朝廷，歸馭依然走川峽。」可參。

李曼（修孺）知果州，有詩留別，軾、轍次韻以贈。

詩見《蘇軾詩集》卷二十七（一四五六頁）。《欒城集》卷十五有《次韻李曼朝散得郡西歸留別二首》。《蘇軾文集》卷三十九有《李曼知果州制》作於本年，時間相合，知曼所知者爲果州。曼，遂寧人，一謂射洪人，嘉祐間進士。治平中爲洪雅令。熙寧六年知瀘州。元豐四年知遂州。元祐六年，爲人薦充獻納科。仕至利州路提點刑獄。范祖禹贊曼有吏才。文傳於今者，有同治《嘉定府志》卷四十三《移建孔子廟碑》一篇。《馮安岳集》卷十一及曼詩多首，其《寄賀李修孺移利憲》稱其「一生孤直」。《浄德集》卷三十六有《送修孺歸通泉用陳圖南韻》有「高懷無累能知止」之句。參《范太史集》卷五十五《手記》、《長編》卷三百一十三、雍正《四川通志》卷九。《宋詩紀事補遺》卷十六謂曼皇祐間知果州，誤。《詩集》注文不詳李曼其人，故綜述於上。

《蘇軾文集》卷三十九《李曼知果州制》：「敕具官李曼。蜀之人治蜀，知其好惡，察其情僞，宜若易然。又况於寬而明，和而毅，如汝曼者乎！乃者無實之訴，朕既察之矣。乘傳西歸，平賦役，省條教，以慰父老之望。可。」轍詩其一首云：「風波定後得西歸，烏鵲喧呼里巷知。」「風波」云者，制詞中「無實之訴」也。「西歸」、「里巷」，一一與制詞合。

雍正《山西通志》卷二百二十二李曼《題廣勝寺》：「寺隱藏山腹，山高絶杳冥。濃嵐春發黛，岑塔曉開屏。嶺上雲無著，松根茯有靈。訪求忠武迹，不復見丹青。」語言錘鍊，對仗工穩，蓋稱作者。曼詩傳於今者僅見此。

十一月戊午（初四日），朝請郎、試侍御史中丞劉摯爲中大夫、尚書右丞，中大夫、尚書左丞呂大防守中書侍郎，吏部侍郎兼侍讀傅堯俞爲御史中丞仍兼侍讀。蘇轍撰制詞。

十一月戊午云云，據《長編》卷三百九十一。制詞見《欒城集》卷二十七。

辛酉（初七日），張端落致仕依前朝散郎。蘇轍撰制詞。

辛酉云云，據《長編》卷三百九十一。制詞見《欒城集》卷二十七，《集》「散」作「奉」。

同日，冬至，皇弟普寧郡王似上賀冬表。表乃蘇軾代撰。

《蘇軾文集》卷二十四《代普寧王賀冬表四首》爲皇帝、太皇太后、皇太后、皇太妃。《宋史·哲宗紀》元豐八年三月己丑紀事：封弟和國公似爲普寧郡王。

戊辰（十四日），資政殿學士、知江寧府王安禮知揚州，龍圖閣待制、知宣州蔡卞知江寧府。蘇轍撰制詞。

戊辰云云，據《長編》卷三百九十一。制詞見《欒城集》卷二十七。

壬申（十八日），給事中胡宗愈爲吏部侍郎，直龍圖閣顧臨爲給事中，司農少卿馬默爲河東路轉運使。蘇轍撰制詞。

壬申云云，據《長編》卷三百九十一。制詞見《欒城集》卷二十八。《集》馬默制詞前爲《范子奇司農卿》制。按：范子奇乃替馬默之任者，其制詞實亦撰於本日。

同日，朝請郎、行鴻臚寺丞何琬爲江南西路轉運判官。蘇轍行制詞。

同日云云，據《長編》卷三百九十一。制詞見《欒城集》卷二十八，制詞題爲《岑象求利州運判何琬江西運判》，知岑象求之除實爲本日事。

十九日，黄庭堅、張耒、晁補之來訪軾，獲《黄泥坂詞》手稿。

據《蘇軾文集》卷六十八《書黄泥坂詞後》：稿乃庭堅等三人搜索篋笥得之。

二十一日，軾書《黄泥坂詞》贈王詵（晉卿）。

據《蘇軾文集》卷六十八《書黄泥坂詞後》。

丙子（二十二日），蘇轍召試中書舍人。上狀辭。

丙子云云，據《年表》。狀乃《欒城集》卷四十七《辭召試中書舍人狀二首》其一。狀首云：「今月二十二日奉聖旨召試中書舍人者。」不允，見戊寅（二十四日）紀事。

同日，左司郎中、權樞密都承旨劉奉世爲起居郎，禮部員外郎孔文仲爲起居舍人。蘇轍撰制詞。

同日云云，據《長編》卷三百九十一。制詞見《欒城集》卷二十八。

同日，新知大宗正丞事胡宗炎爲將作少監。蘇轍撰制詞。

同日云云，據《長編》卷三百九十一。制詞見《欒城集》卷二十八。

戊寅（二十四日），蘇轍爲中書舍人。上狀辭。不允，上表謝。李廌賀詩。

戊寅云云，據《長編》卷三百九十二。《長編》云：起居郎蘇轍爲中書舍人。按：轍乃以起居郎權中書舍人，參本年九月丁卯紀事。

《年表》載蘇轍除試中書舍人制詞，今録於下：「在昔典謨、訓誥、誓命之文，爲體不同，而其旨無二。學者宗之，以爲大訓。蓋當是時，豈特經紀法度，後世有不能及哉！至於左右言語之臣，皆聖人之徒，亦非後世之士所能彷彿也。斯道未墜，得人則興，庶幾先王，朕竊有志。具官某，學有家法，名重天下。高文大册，爲國之光。追懷古風，有望於汝。矧夫身備近侍，職在論思，位於西臺，實與政事。以爾器識，足以輔余不及；以爾諒直，足以行其所知。兼是數長，朕命惟允。任重於己，責難於君，在爾勉之，以永終譽。可中書舍人。」

《欒城集》卷四十七《辭召試中書舍人狀二首》其二：「右臣今月某日准閤門告報，蒙聖恩除臣試中書舍人者。頃蒙特旨，召試中堂。辭避不從，黽俛而就。（下略）。」

《集》卷四十八有《謝除中書舍人表二首》，皆云除「試中書舍人」。

《濟南集》卷四《賀小蘇先生》：「柱史承恩正紫微，玉皇優詔碧雲詞。欲知伯仲文章職，對掌絲綸内外司。雨露偏濃常棣萼，烟霞常駐鳳凰池。共扶吾道邪歸正，同振斯文盛不衰。白首并逢千載運，登庸皆是十年遲。靖共介福由神聽，告爾多方代帝咨。膴仕初逢賢者貴，德名當問國人宜。夷齋抗世清何早，元凱登庸事可期。貧賤久思楊得意，龍光今喜鄭當時。應憐不客塵埃甚，慚愧雷門獻此詩。」

同日，曾肇除中書舍人。蘇轍撰制詞。

戊寅云云，據《長編》卷三百九十二。制詞見《欒城集》卷二十八。

《續資治通鑑》元祐元年十一月戊寅紀事：「以起居郎蘇轍、起居舍人曾肇，并爲中書舍人。」

曾肇以啓來，軾答之。

答啓乃《蘇軾文集》卷四十七《答曾舍人啓》。肇，已見嘉祐二年紀事。

二十九日，學士院策館職。命題問仁宗、神宗之治。

二十九日云云，據《蘇軾詩集》卷二十七《武昌西山》叙。題見《蘇軾文集》卷七(二一〇頁)。參本年十二月庚寅(初七日)紀事。

本月，上《辨舉王鞏劄子》。

據《長編》卷三百九十二。《長編》注謂蘇軾奏議繫元祐三年十一月十五日爲誤，乃考《政目》及曾肇制集並斟酌軾奏語，附軾之奏於十一月末。軾劄子見《蘇軾文集》卷二十九，蓋因「臺諫官言鞏姦邪及離間宗室因諂事臣以獲薦舉」而發，有「司馬光死未數月」之語；時鞏爲西京通判。

與鄧潤甫(温伯、聖求)宿玉堂，話黄州舊事，軾賦《武昌西山》以贈。轍次韵，和者甚多。

與潤甫云云，見《蘇軾詩集》卷二十七《武昌西山》叙。叙云：嘉祐中，潤甫令武昌，常游西山；嘗作《元次山窪尊銘》刻之巖石，因爲此詩，請潤甫同賦。《詩集》同卷尚有《西山詩和者三十餘人再用前韵爲謝》。《欒城集》卷十五有次韵，次元祐二年春間。

次韵者尚有黄庭堅、晁補之、張耒、劉攽、孔武仲等，今録庭堅等詩於下，以見一時盛况。

《山谷内集詩注》卷五《次韵子瞻武昌西山》：「漫郎江南酒隱處，古木參天應手栽。石坳爲尊酌花鳥，自許作鼎調鹽梅。平生四海蘇太史，酒澆不下胸崔嵬。黄州副使坐閒散，諫疏無路通銀臺。鸚鵡洲前弄明月，江妃起舞襪生埃。次山醉魂招彷彿，步入寒溪金碧堆。洗湔塵痕飲嘉客，笑倚武昌江作罍。誰知文章照今古，野老争席漁争隈。鄧公勒銘留刻畫，刳剔銀鈎洗緑苔。琢磨十年煙雨晦，摸索一讀心眼開。謫去長沙憂鵩入，歸來杞國痛天摧。玉堂却對鄧公直，北門唤仗聽風雷。山川悠遠莫浪許，富貴峥嶸今鼎來。萬壑松聲如在耳，意不及此文生哀。」

《雞肋集》卷十二《次韵蘇公翰林贈同職鄧温伯懷舊作》：「雪堂蜜酒花作醅，教蜂使釀花自栽。堂前雪落蜂正蟄，恨蜂不采西山梅。漫浪飲處空有跡，無酒可沃胸崔嵬。不知幾唤樊口渡，五見新曆頒清臺。鄧公昔歎不可挽，素衣未化京雒埃。山中相邀阻筇杖，天上對直同金罍。只今江邊春更好，漁蓑不曬懸牆隈。百年變化誰得料，劍光自出豐城苔。老儒經濟國勢定，近臣獻納天顔開。蜀公亭上别公處，花柳未逐東風摧。尚容登堂譚落屑，不愧索米腸鳴雷。因知流落本天命，何必挽引須時來。九關沉沉虎豹静，無復極目江楓哀。」

《柯山集》卷十一《次韵蘇公武昌西山》：「靈均不醉楚人醅，秋蘭蘼蕪堂下栽。九江仙人棄家去，吴市不知身姓梅。東坡先生送二子，一丘便欲藏崔嵬。脱遺簪笏玩杖屨，招揖魚鳥營池臺。西山寂寥舊風月，百年石樽埋古埃。洗樽致酒招浪士，荒墳空餘黄土堆。但傳言語古味在，一勺玄酒藏山罍。鄧公歎息爲摩撫，重刻文字蒼崖隈。五年見盡江上客，兩屐踏遍空山苔。謝公富貴知不免，醉眼來爲蒼生開。長虹一吐誰得掩，六翮故在何人摧。横翔相與顧鴻雁，寶劍再合張與雷。山猿澗鳥汝勿怨，天遣兩公聊一來。豈如屈賈終不遇，詩賦長遺後人哀。」

《彭城集》卷八詩題：「鄧聖求往爲武昌令，刻石元次山窪尊。及蘇子瞻謫官黄州，遊武昌，見前刻，後同在翰林。因有詩示余，余爲次韻和之。」詩云：「側江小屋香酒醅，出林繚徑蘩花栽。溪風暫過響修竹，嶺雪未盡兼寒梅。往遊武昌值佳境，白雲漫漫縈崔嵬。孫家舊事頗可見，樊山杳靄臨釣臺。赤壁樓船不餘燼，屬車豹尾空塵埃。埋名腐骨彼誰子，正見丘墟黄土堆。三分割據亦徒話，今人尚爲羞瓶罍。謝公伏令首佳句，遊衍相與期江隈。次山孟宰繼有作，窪尊取飲摩蒼苔。兩公雄才又超拔，明珠照人眸瞼開。騰龍始知爪牙壯，掣鷹無復毛羽摧。腰金佩魚見官秩，不似遷客談象雷。朝廷一入不得出，丘壑何事煩公來。南人歌聲易慷慨，公詩感激成嘆哀。」

《清江三孔集》卷六孔武仲《次韻蘇翰林西山詩》（題下原注：詩中兼述鄧聖求窊尊事）：「黄

州水米宜新醅，東坡好花公自栽。折花倒酒送流景，不念春風飄落梅。醉投青山上九曲，吴王故宫壓崔嵬。寒潭已無昔光景，涼殿欻變今樓臺。南陽翰林當此日，力探奇險祛塵埃。西江雪浪接溪國，巨石森起繁如堆。手披荒榛得突兀，中有窊處成樽罍。漫疑踪迹塵埃暗，從此出躍樊山隈。大賢坎軻終必用，古劍雙蟄生莓苔。忽抛光芒萬丈去，星斗辟易青天開。欃槍枉矢莫妄動，以湯滴雪誰先摧。披奇振淹自明主，區區識寶非張雷。陽春一奏衆争和，咸韶蕩默羣仙來。雖然此亦外物爾，豈繫兩公樂與哀。」

轍與鮮于侁（子駿）過從甚密。

《欒城集》卷二十一《書鮮于子駿父母贈告後》：「元祐初，予爲中書舍人，子駿爲諫議大夫，出入東西省，無日不見。」以下云范純仁等皆在朝廷，與侁有平生之舊，方將大用之，而侁已病矣。

十二月丁亥（初三日），轍有《論梁惟簡除遥郡刺史不當狀》。

據《年表》狀見《欒城集》卷四十一。狀謂「梁惟簡旬月之間，三度超擢」，本人「無非常功效」，則超擢「非祖宗舊法」，故「所有告詞，臣未敢撰」。

戊子（初四日），遼賀興龍節使耶律永昌、劉霄至。軾爲館伴。使者誦軾父子三人之作。與遼使入朝，爲言文彦博盛德。

十二月云云，據《長編》卷三百九十三。《長編》「霄」作「宥」，今從《蘇軾文集》。《施譜》：「十二月，館伴遼國賀興龍節國信使，是月訖事。」誦軾父子之作，見《蘇軾詩集》卷三十一《次韻子由使契丹至涿州見寄》自注；劉霄誦軾詩，見《文集》卷六十八《記虜使誦詩》。《蘇軾文集》卷五十一《與滕達道》第六十四簡謂「館伴北使半月」。

《文集》卷十九《德威堂銘》叙與遼使入朝事。《春渚紀聞》卷六《馬蹶答問》叙遼使劉霄等入賀，蘇軾與狄詠館伴錫燕回，始行馬，而軾馬小蹶，「劉即前訊曰：『馬驚無苦否？』」軾應之曰：「銜勒在御，雖小失無傷也。」

傳軾嘗與遼使屬對，以氣奪使者。傳館伴時以詩難遼使。

《桯史》卷二《東坡屬對》：「承平時，國家與遼歡盟，文禁甚寬，輅客者往來，率以談謔詩文相娛樂。元祐間，東坡實膺是選。遼使素聞其名，思以奇困之，其國舊有一對，曰『三光日月星』，凡以數言者，必犯其上一字，於是偏國中無能屬者。首次請於坡，坡唯唯，謂其介曰：『我能而君不能，亦非所以全大國之體，「四詩風雅頌」，天生對也，盍先以此復之！』介如言，方共歎愕。坡徐曰：『某亦有一對，曰「四德元亨利」。』使睢盱，欲起辨，坡曰：『而謂我忘其一耶？謹閟而舌，兩朝兄弟邦，卿爲外臣，此固仁祖之廟諱也。』使出不意，大駭服。既又有所談，輒爲坡逆奪，使自愧弗及，迄白溝，往反齚舌，不敢復言他。」

《楊公筆録》：「世所謂獨脚令者，惟『三光日月星』，以拘於物數爲最不易躊答者。元祐三年夏，余待試興國西經藏院，夜夢一客舉此爲令，若欲相屈，余輒應聲答曰：『四詩風雅頌。』客遂慚服而去。」《楊公筆録》自述經歷，或是。

《東坡問答録·東坡疊字詩》：「北虜使至，每以能詩自矜，朝廷議以東坡館伴之。北使者索賦詩，坡曰：『賦詩，易事，觀詩稍難耳。』因出《長亭》詩以示之。」詩云：「長亭短景無人畫，老大横拖瘦竹笻。回首斷雲斜日暮，曲江倒蘸側山峯。」《東坡問答録》「亭」字長寫，「景」字短寫，「畫」字寫成「𦘕」（缺「土」，表示無人）。「老」字大寫，「拖」字横寫，「笻」字竹頭細寫。「首」字反寫，「雲」字上「雨」下「云」，略分開，「暮」字下「日」字斜寫。「江」字寫成「汇」，「蘸」字倒寫，「峯」字「山」旁側寫。此詩，《回文類聚》卷三收入，題作《晚眺》，謂爲「神智體」（《蘇軾詩集》未收）。據此，則實有其事。

同上則載蘇軾疊字詩，茲附於此。

暮已時醒微力

賞

飛如馬去歸花

酒

讀爲：「賞花歸去馬如飛，去馬如飛酒力微。酒力微醒時已暮，醒時已暮賞花歸。」

五日，軾與同館狄詠夜話其父狄青少時事，書之。

《蘇軾文集》卷六十六《書狄武襄事》，叙其事。《蘇軾詩集》卷二十七《狄詠石屏》及《文集》卷七十二《王伯庸知人》皆作於與狄詠同館北客時。《山谷全書·外集》卷八有《子瞻題狄引進石屏要同作》，即次《詩集》卷二十七《雪林硯屏率魯直同賦》韻，「查注」已引。黄庭堅此詩元祐二年祕書省作，見題注。詠字子雅，見注文。

應内侍劉有方之請，題《虢國夫人夜游圖》。

題詩見《蘇軾詩集》卷二十七。《姑溪居士後集》卷三詩題：「内侍劉有方蓄名畫，乃《虢國夫人夜游圖》，最爲絶筆。東坡館北客都亭驛，有方請跋其後。既作詩以相示，時欲和而偶未暇，今閲集得詩，遂次其韻，以申前志。」《欒城集》卷十五有《秦虢夫人走馬圖》二絶。《長編》卷三百七十八本年五月甲申紀事：「皇城使、嘉州刺史、内侍押班劉有方爲招宣使。」《蘇軾文集》卷三十八有《劉有方可昭宣使依舊嘉州刺史内侍省内侍押班》制，卷三十九有《劉有方内侍省右班副都知》制。

《祠部集》卷四《題劉有方御藥翠巖亭》：「購石黄金費，開軒翠玉叢。端居憐象魏，遠意自衡嵩。花弄疏簾日，禽呼静榻風，移山寧有術，未易笑愚公。」御藥，當爲内侍職事之一。

《姑溪居士後集》卷三詩云：「天街雨過花滿窗，萬人壁立驚游龍。飄飄衣袂欲仙去，寶鞭遥指蓬萊宫。真人睡起春纔柳，誰眷琵琶最先手。合懽堂裏謝使人，暗香猶帶天階塵。宛然相對若可語，筆墨頓失當時痕。開眼成今合眼古，回頭自有來時路。長風破浪真快哉，快處須防倒騎虎。」

庚寅（初六日），詔葉康直知秦州，蘇轍繳還詞頭，上狀。

庚寅云云，據《長編》卷三百九十三；先是十一月二十四日，權中書舍人曾肇已繳還詞頭，有詔送以次舍人撰詞，蘇轍當撰，乃再繳還。狀見《欒城集》卷四十一，題作《不撰葉康直知秦州告狀》。《長編》本日注：「明年二月二十八日，罷康直。」《宋史》卷四百二十六《葉康直傳》：「字景温，建州人。擢進士第。……元祐初，加直龍圖閣，知秦州。中書舍人曾肇、蘇轍劾康直諂事李憲，免官。究實無狀，改知河中府，復爲秦州。」傳入循吏。

庚寅（初七日），授畢仲游、趙挺之、孫樸、梅灝、張舜民、趙叡、李籲、盛次仲、張耒、晁補之、劉安世、李昭玘、陳察館職。

據《長編》卷三百九十三。《長編》云：「朝奉郎畢仲游、趙挺之並爲集賢校理，承議郎行軍器監孫樸、承議郎行太學博士梅灝、奉議郎張舜民、奉議郎禮部編修貢籍趙叡並爲祕閣校理，宣德郎詳定役法所管勾文字李籲、承議郎盛次仲並爲校書郎，試太學録張耒、試太學正晁補之、河南府左軍巡判官禮部編修貢籍劉安世、和州防禦推官知常州晉陵縣丞李昭玘、宣德郎陳察并爲正字。仍今後除校理以上職，並除告。仲游等十三人，並以學士院召試充選也。」』《宋會要輯稿》第一百十九册《選舉》三一之三七至三八謂爲十二月六日事。

《宋史》卷三百八十一《畢仲游傳》云召試學士院，「蘇軾異其文，擢爲第一」。

趙挺之、孫樸等七人首見，茲略述其貫，歷於下。

趙挺之，字正夫，密州諸城人。《宋史》卷三百五十一有傳。子明誠，見《李清照集校注》。

孫樸，字元忠。見李元綱《厚德録》。乃固之子，見《長編》卷三百八十元祐元年六月壬寅紀事注文。熙寧間爲陳州户曹。《欒城集》卷五有《次韻孫推官樸見寄》、《寄孫樸》。遊於張方平之門，見《曲洧舊聞》卷二。元祐間，范純仁拜相，判登聞鼓院。以祕書丞爲工部員外郎，旋爲司封員外郎。見《長編》卷四百十三元祐三年八月庚子、卷四百八十三元祐八年四月戊申、卷四百八十四元祐八年五月甲午紀事。樸與孔武仲、孔平仲、畢仲游交游，《宗伯集》卷七、《朝散集》卷八、《西臺集》卷十二有詩及之。

梅灝，詳元祐四年「梅灝來爲杭州通判」條紀事。

趙叡，字彦思，滎陽人。熙寧六年進士。授祕閣校理，遷太常博士，知登、隨、商三州，召爲郎，出提點京東刑獄，攝青州，年五十九奉祠就養，閑居二十五年。有《魚計亭賦》，引物連類，開闔古今，深得蘇軾兄弟筆勢。見《平園續稿》卷十《跋魚計亭賦》。

盛次仲，開封人，嘉祐進士。歷集賢、祕閣校理，遷太常少卿。《寶慶四明志》卷十六有傳。《冷齋夜話》卷十《詩當作不經人語》叙次仲在元祐中論詩事。

劉安世，字器之，魏人。《宋史》卷三百五十四有傳。以後屢及。

陳察，字晦叔，開封人，熙寧九年進士。歷官祕書省正字、校書郎，爲集賢校理，祕閣校理。累官成都府路轉運使，爲大理少卿。入黨籍。《元祐黨人傳》卷八有傳。《金石萃編》卷一百四十四《元祐黨籍碑姓名考》可參。

畢仲游《西臺集》卷六有《召試館職策》，其策題云：「問。《傳》曰：『秦失之强，周失之弱。』昔周公治魯，親親而尊尊，至其後世，有寖微之憂。太公治齊，舉賢而上功，而其末流，亦有争奪之禍。夫親親而尊尊，舉賢而上功，三代之所共也。而齊魯行之不免于衰亂，其故何哉？國家承平百年，六聖相授，爲治不同，同歸于仁。今朝廷欲師仁祖之忠厚，而患百官有司不舉其職，或至于媮。欲法神考之勵精，而恐監司守令不識其意，流入于刻。夫使忠厚而不媮，勵精而不刻，亦必有道矣。昔漢文寬大長者，至于朝廷之間，恥言人過，而不聞有怠廢不舉之病。宣帝綜核名實，至于文理之士，咸精其能，而不聞其有督察過甚之失。何修何營，可以及此？願深明其所以然之故，而條具所當行之事，悉著于篇，以備采擇。」

此策題，乃《蘇軾文集》卷三《試館職策問三首》其一。「寬大長者」之「大」，《文集》作「仁」；「文理之士」之「文理」，《文集》作「文學理法」。

仲游之答策云：「臣聞不循于理，不合于變，不適于用，而使之言，則行道之人皆自以爲晁、董。先循于理，次合于變，卒適于用，而使之言，則雖晁、董有所不能盡。故論無美惡，惟變之合，言無得失，惟用之適，言至于用而止矣。自嘉祐以來，天下之士，常患乎科舉之累，而尤以詩賦爲無用，故廢去偶儷破碎之辭，而進以通經義理之學，庶幾乎有用。而十數年之間，綴文之士，號爲通經者，偶儷破碎，反甚于詩賦，至合天下爲一體，如適莽蒼之野，而觀蓬藁之多，第見同色耳，孰能形小大美惡于其間哉？詩賦則曼詞以自售，經義則曲論而求通，取士之法雖分，而科舉之累如一，無他故也，上之人道之不善爾。今朝廷復修三館之制，使公卿大臣薦延天下之士，因試以言，既不取詩賦之曼詞，又不爲經義之曲論，而策之以仁祖、神考、齊魯、文宣之治者，似欲聞有用之言，則承學者詎敢以無用爲説，雖策之者未必真取其有用。要之非昔時之詩賦，今日之經義，則自常不爲無用之説爾。周公治魯，尊尊而親親，豈不知舉賢而上功；太公治齊，舉賢而上功，豈無尊親之道。使魯不舉賢而上功，齊無尊親之道，則齊、魯豈可以爲國。蓋尊尊而親親，近乎周之弱而道無弱也；舉賢而上功，近乎秦之强而道無强也。魯久而偏于弱，齊久而偏于强，後世從其偏而失之。如齊、魯之後，知其偏之所在，以齊之所偏者治魯，以魯之所偏者治齊，各舉其偏者救之，則魯不至于衰，齊不至于奪，非謂尊尊親親，舉賢上功，爲召衰奪之端也。昔仁宗皇帝之治天下也，優禮大臣，而聽用御史諫官之言，蓋大臣者，天子之輔也，不優爲之禮，則無以勵其節，盡其心，而聽用御史諫官之言，所以存天下之公議，而禁制大臣，使不得自放之術，故大臣起居進見，未嘗不恭己而待之，若將久于其位而不可動。及御史諫官，一有論列，則十言之中，行其七八，雖故老大臣，必正其罪，以是而去位者，蓋可數矣。故治平以前大臣，平日足以致君臣之歡，禮貌之隆，而私門奸利，則破膽而不敢爲。至于神宗皇帝，承久安之運，因累聖之業，欲興利除害，富國强兵，而服四夷，凡可以興利除害、富國强兵、服四夷之事者無不舉，凡人可以行其富貴者用之無不至。且孝宗廟仁九族，隆儒重道，常有以自勵也。老臣舊德，諫說雖切，而不忘尊獎嚴憚之心，終爲天下之用。則仁宗之道，本無心于使之媮，神考之世，未嘗欲其刻也。然師仁祖則有媮之防，法神考則有刻之慮者，以風俗出于觀望之致爾。故有言某事之利民者，上不知其利而使視之，視之者必爲觀望，曰，是欲我言利也，則言其利，不言其害，上不知其害而行之。故朝廷以爲利者，天下以爲害，有言某事之害民者，上不知其害而使視之，視之者必又爲觀望，曰：是欲我言害也，則言其害，不言其利，上不知其利而去之，故朝廷以爲害者，天下以爲利。推本而言，豈朝廷之所望于下哉。且天下之士，固有贊青苗，譽免役，歌市易，頌鹽法。至于今日，閨門之内，道路之間，皆以爲青苗爲可除，免役爲可罷，市易爲可改，鹽法爲可廢，至于其他新法，無不言可更者。是豈真知其不善而可更哉？亦出于觀望而已。蓋今日之言不善，有前日以爲善而欲奉行之人也，則朝廷明日欲復新法，彼又將言青苗可舉，免役可行，市易可置，鹽法可作，至于其他新法，無不言可爲者也。由觀望之心，成觀望之俗，故師仁祖則事或至于媮，法神考則慮或入于刻。蓋皆不在媮、刻之間，而觀望使之然也。今如取夫守道固窮，不爲觀望，衆人之所共知者尊用，而亦取夫背公向私，專事觀望，衆人所共知者退免，使天下曉然知觀望之無所用也，則師仁祖而不至于媮，法神考而不流于刻，而忠厚勵精，孝文、孝宣之治，可以兼舉矣。昔秦人之爲俗也，賤仁義，尚詐力，尊法令，禁儒學，勇者威怯，壯者凌弱，天下耗亂。而孝文之時，去秦未遠，元元之民，出于塗炭，故鎮之以厚，養之以寬，吴王不朝，則因賜几杖，張武受賂發覺，而賞以金錢，嗇夫喋喋利口，則以釋之諫而不用，其寬至矣，而終無怠廢不舉者，以秦在其前也。及孝昭之時，霍光爲政，雖承師旅衰耗之後，與民休息，而不學無術，因權用勢，居以不遜之道，在廷之臣，有忤意而誅者，便辟而生者。是以孝宣于閭里知民事之艱難，光薨之後，五日一聽政，拜刺史守相，必親見問，觀其所由，退而考察以質其言，有名實不相應，必知所以然，其勤至矣，而無督察過甚之失者，以乘霍光之後也。然則赦吴王，賞張武，棄嗇夫，似寬矣，而孝文之事，本不至于弛。拜刺史守相，必親見問，考其名實，似勤矣，而孝宣之事，本不至于察。則文無怠廢之風，宣無督察之失者，亦良有道。今國家上不承嬴政之苛，下無霍光之弊，則周公之所治魯，太公之所治齊，與夫仁祖之忠厚，神考之勵精，惟其所擇而當其行事，則去觀望之俗而已矣。夫前古之君，有難與爲治者，以任用親黨，女謁公行，遊宴弋獵，不恤國事，賦斂無藝，使民困窮，深嚴自居，下情隔塞，有一于此，則難與爲治矣。蓋親黨、女謁、遊獵、賦斂、隔塞者，人君之私也，小人探君之私而道之于邪，既以得趨于私邪，則公卿大臣，雖欲開正言，陳正道，如陳夢中之語，告天外之事，泊然不以經意，雖欲爲治，從何而入哉。所以難也。而國家自祖宗以來，宗室戚里，未嘗用事，而賜予有節，則無親黨之嫌，主上明聖，未親后妃之議，則無女謁之患，苑囿鷹犬，未有所幸，則無遊獵之虞，罷貢獻，蠲逋欠，則無賦斂之弊，聽政之始，即詔天下實封言事，惟恐下情之不通，則無隔塞之憂。凡前古之難者，顧皆易矣，而所難者，則在于觀望之俗未衰爾。蓋爲治而觀望，則流入于邪，苟無觀望，則齊魯、文宣、仁祖、神考之治，惟所行之皆可以成功。苟有觀望，則不失于婾，必失于刻，萬事之是非何可備言。謹對。」

仲游之論，其要害在去觀望之習。蘇軾此《試館職策問》一文，不久，即議論紛然。詳本譜紀事。故備録畢仲游之試策於此，以見與試者之見解之一斑。

畢仲游有《謝召試入館啓》。

啓見《西臺集》卷九，云：「材如命薄，初聯召旨之虛傳；名與論卑，敢意奏篇之誤中。蓋嘗辭而不復，顧以得而爲慙。及此叨榮，尤知踰分。國家以法理爲治民之具，而不失詩書之意；

謂文章非取士之實，而求兼行義之純。由本末之相維，故安寧而大定。矧是西崑之奥，上連東壁之精。圖籍具存，賢豪迭處。非止沈涵于簡策，固將際會于功名。其選既高，在今尤寵。而況二府之薦，綿歲月而未聞；三館之稱，隨典章而新復。宜搜雋乂，以應闊稀。而某質性本凡，智能非遠。徒以公卿之裔，得辭畎畝之勞。屈首授書，出于干禄，潔身爲吏，恩以及人。然而災疢連仍，風波顛頓。塗可前而自塞，策將獻而還收。枯槁爲常，邅迴益甚。尚欲臨楚水而弔湘纍之魄，躡稽山而探禹穴之奇。歸返故丘，更無餘願，敢期將老，而亦遭時。謝太倉之鼷，而接鴛鷺之游；捨下澤之駑，而奉和鑾之駕。姑慰母兄之平日，敢論門户于他年。顧薄技以何堪，見厚恩之曲被。此蓋伏遇某官，志潛方册，術富經綸。厚德鎮浮，純誠樂與。深究昔賢之事業，欲成天下之人材。故雖近于惷愚，而陰爲之引重。俾從中道，改即榮塗。蟠木何知，偶應輪輿之斲；汙潢甚淺，亦塵鼎俎之羞。某敢不内正所聞，勉行其志。詎以軒裳之可悦，遂云藜藿之難甘。寧信道以無成，戒養安而自棄。庶少禆于國事，乃圖報于己知。過此以還，未知所措。」

晁補之有《謝授館職啓》。

啓見《雞肋集》卷五十六，云：「誤緣公舉，既不能引分而終辭；濫俾試言，又不獲竭愚而小補。自宜汰斥，尚玷題評；秪有矜慙，安知榮觀。竊以校讐之設，始於漢氏之購書；員品之增，盛於唐室之好士。故二代禮樂聲明之爲備，亦一時衣冠人物之使然。惟麒麟延閣之華，近閶闔鉤陳之邃。至謂道家羣玉之府，蓋象天官東壁之藏。近稽有宋之隆，專號育材之地。故招來於閑暇之日，而官使於成就之時。職非要而地嚴，欲知其可貴；禄已優而責寡，使得以自修。恭惟治平之初，深有講求之意。詔四三輔，選二十人。當時彬彬，最號得士。厥後往往，奮爲名臣。逮神考之末年，起治官之廢典。是正蘭臺之秩，以延虎觀之儒。而龍胡莫攀，風御已遠。欽文母思齊之聖，當成王求助之初。咨謀大臣，修舉故事。緊詔書所以取之之意，則欲其有行義政事好學而能文；至策問所以攷之之方，又欲其知忠厚勵精扶衰而救溢。竊思在上詳延之若是，則覩異時施設之謂何。宜得譽髦，以副側席。如補之者，系出簪紱單平之後，才非丘園耿介之良。不意姓名之無聞，乃煩丞弼之過聽。昭回地近，英俊朋來。閱九奏於洞庭，徒知神駭；飛雙鳧於渤海，更覺身微。加以陟岵永悲，卧漳久薾。孤將五千之卒，空有壯心；立解十二之牛，曾無敏手。雖欲自勉，竟不能奇。攷古不究其本根，議政終成於迂闊。主父屢困，九事敢期於八收；公孫太疏，十策乃微於一得。正使焦頭而爛額，猶足爲功；真成毁瓦而畫墁，尚容見食。服訓辭之甚厚，預刊緝以爲榮。非止見黄香未見之書，以資雜博；亦欲正劉晏不正之字，固有愚衷。静言所遭，良出於幸。斯蓋伏遇某官，幾微謀國，忠藎致君。深明致治之原，要在得人之盛。（蘇公即云：傳百聖道，爲一世師。不待文王而興，自任伊尹之重。）大儒之効，吾道方興；多士以寧，斯文永賴。顧容淺陋，亦誤采收。昔班超以秉筆得令史而不慙，陽城以愛書從院吏而自給。彼皆慷慨有志之士，敦朴可用之才。苟得以文墨而効官，則雖爲卑賤而可喜。而况加以樂育，借之美名。方朝廷耆艾之具來，與巖穴幽奇之咸在。世逢有道之會，人望大平之期。屬當是時，乃在此選。雖復中才之難彊，猶將奮發於有爲。補之願治氣養心，修辭居業。粗希前輩，豈惟文字之末流；未負平生，儻以功名而自致。」

《謝授館職啓》，乃謝與授館職之有關官員，蘇軾爲其中之一。

李昭玘有《謝館職啓》

《樂静集》卷二十《謝館職》：「落筆玉堂之上，僅綴千言；振纓册府之游，濫陪羣後。論説無本，文辭不工。序當今可舉之政事，則未究大綱；考先王已行之法度，則不閑古訓。訖無可録，退有後憂。豈意江湖納汙，川流一貫。龍蛇啓蟄，蠖步同伸。雖幾去而復收，終以榮而爲懼。惟天禄石渠之故事，乃墳皇帝籍之所藏。或出於秦人煨燼之餘，稍見於没塚斷殘之後。書尤難於盡信，史已甚於闕文，寖潤諸子之異同，頗識古人之章句。詳延沉雅，分命訂讐。焕爛遺文，上占東壁，凌馮危觀，古謂蓬山。坐尤迫於帝居，人或夸於仙去。多士願聞其推轂，名臣輩出於此塗。由漢則子雲、劉向，以經術備員；在唐則九齡、房琯，以辭章入侍。故博洽名家之士，萃聚乎東西兩京；太平儒術之功，浸淫乎數百餘歲。得人甚盛，曠古所無。國家累聖紹休，生民底乂。囹圄空而俎豆布，干戈藏而鐘律修。百度可觀，皆博士儒生之論；四方求獻，多山嵓屋壁之書。永惟英皇，對越治古。謂取士必先於素養，詔大臣各舉其所知。一新東觀之討論，樂得英材而任使。遺風不講，幾數十世之相望；引類並興，以二十人而聞上。一時名德之盛，落落相高；于今侍從之華，班班可數。規模良遠，典故具存。天祚真人，日熙庶政。躋世於安寧之域，作人以忠厚之風。正臣進而羣枉之道消，德意符而不肖之心化。股肱一體，既丕式於老成，諒直多聞，將旁求於新進。丁寧細札，祖述舊章。使棲遲涵泳於圖書翰墨之林，以滋長成就其高大光明之器。蓋梗楠杞梓，須千尺之幹；珪璋琮璧，非累日而工。必與之以追琢其章，亦漸之以雨露之潤。然後薦丘壇以交神明之貺，壯宮室而除風雨之憂。豈徒然哉，豈用於此。若某者生而非敏，壯也無聞。學淺鮮而不根，氣萎薾而易涸。英華無幾，局韻大拘。既未能赫赫以動人，固不善盱盱而徇物。以牛捕鼠，鈍不適時；緣木求魚，勞非得計。碌碌衆人之後，遲遲行路之間。幸從庠序之外官，不廢弦歌之舊習。家有一鍾之石，篋無三上之書。乘雁雙凫，既不關於多少；大鵬斥鷃，亦各適於逍遥。何期近弼之誤知，過以不才而應詔。徬徨捧檄，踧踖振衣。爲逢極治之朝，庶達敢言之志。而舊文卑弱，空驚賈誼之《過秦》；素譽寂寥，良愧陸機之入洛。家幾索米，門寡曳裾。待漏赴朝，懷鉛就席。感歎紵袍之故態，顧瞻金馬之盛游。下筆不休，乏傅毅屬文之思；令人忘倦，非馬周論事之才。雖鈎攣綴拾以成編，終底滯迂疏而可笑。畫地作餅，何以療饑；曝日獻君，未爲知術。尚蒙采摘，不即棄捐。驅蹢躅於遼東，竟無他異；望騰驤於冀北，猶踵後陳。是何異綴魚目於夜光，補狐裘以羔袖。既乖准度，有誤題評。此蓋伏遇某官道德在躬，聞望超世。羿光華之盛旦，見事業於有爲。文章博洽而不以窮人，器質渾厚而樂於成物。致兹末品，亦預同升。所願讀書，陽城猶喜於從吏；未能成賦，左思亦幸於爲郎。而况大君深切之訓詞，近侍雍容之知遇。實英俊并游之會，方朝廷有道之時。戴白之老，畢世而再逢；窮巷之士，動心而竊歎。美意不輕於樂育，終身敢薄於自期。固當澡雪滯昏，鍥磨頑魯。黽勉平生之志，激昂君子之風。不獨丹鉛點勘之爲工，必使事業語言之可用。老將至矣，寧自廢於聖時；行或使之，冀少伸其素守。」

蘇軾有答啓。

答啓乃《蘇軾文集》卷四十七《答館職啓》。

戊戌（十四日），錢勰權知開封府。蘇軾嘗贊勰决獄，譽之爲霹靂手。

戊戌云云，見《長編》卷三百九十三。

《明道雜志》：「錢穆父内相，本以文翰風流著稱而尹京，爲近時第一。余嘗見其剖决甚閑暇，雜以談笑諢語，而胥吏每一顧問，皆股慄不能對。一日，因决一大滯獄，内外稱之。會朝處，蘇長公譽之曰：『此所謂霹靂手也。』錢曰：『安能霹靂手，僅免葫蘆蹄也。』『葫』音鶻。」《可書》第一百七則：「錢勰尹開封，有治聲，一日，語東坡曰：『勰尹天府，可方古今人誰？』東坡云：『若京兆趙廣漢。』勰問如何似之？東坡笑曰：『但公不姓趙，却姓茆耳。』勰爲之絶倒。」附此。

庚子（十六日），朝議大夫、直龍圖閣劉攽爲中書舍人，仍免試；引進使、康州刺史、樞密副都承旨曹誦除遥郡團練使、知保州。蘇轍撰制詞。

庚子云云，據《長編》卷三百九十三。制詞見《欒城集》卷二十八。

十八日，奏辯試館職策問劄子。先是朱光庭言軾館職策題語涉譏諷，乃辯之。

劄子見《蘇軾文集》卷二十七（七八八頁）。此《試館職策問》，乃《師仁祖之忠厚法神考之勵精》，見本年十一月二十九日紀事；該文首論周公治魯，太公治齊。以下云：「今朝廷欲師仁祖之忠厚，而患百官有司不舉其職，或至於媮。欲法神考之勵精，而恐監司守令不識其意，流入於刻。」以下復論漢文、宣治國。據此，劄子云：「臣之所謂『媮』與『刻』者，專指今之百官有司及監司守令不能奉行，恐致此病，於二帝何與焉。至於前論周公、太公，後論文帝、宣帝，皆是爲文引證之常，亦無比擬二帝之意。」

《長編》卷三百九十三本日紀事引朱光庭言，謂爲人臣者惟當頌揚仁宗、神宗，不當更置之議論也。以下謂：「今來學士院考試不識大體，以仁祖難名之盛德，神考有爲之善志，反以『媮』、『刻』爲議論，獨稱漢文、宣帝之全美，以謂仁祖、神考不足以師法，不忠莫大焉。」乞「正考試官之罪」。以下《長編》謂「詔特放罪」。而朱光庭言罪不當放，攻軾愈峻，且稱軾嘗罵司馬光及程頤。軾聞乃上劄子自辯。按：放罪後復收還，參元祐二年正月十七日紀事。《太平治迹統類》卷十八亦略叙此事。

《軾墓誌銘》：「時臺諫官多君實之人，皆希合以求進，惡公以直形己，争求公瑕疵，既不可得，則因緣熙寧謗訕之説以病公，公自是不安於朝矣。」《施譜》謂先是蘇軾與程頤以戲笑相失，頤門人朱光庭怨之，學士院策館職，軾命題問仁宗、神考之治，「光庭遂密疏指摘，以爲譏諷，中丞傅堯俞、侍御史王巖叟又從而和之，必欲論罪乃已」。

二十七日，軾與章惇（子厚）簡。時惇得宫祠。

《佚文彙編》卷三《與子厚》乃與惇者。簡云：「歸安丘園，早歲共有此意。公獨先獲其漸，豈勝企羡，但恐世緣已深，未知果脱否爾。」

《宋宰輔編年録校補》卷九：惇本年罷知樞密院事，自正議大夫除知汝州，九月知揚州，旋罷新除，依舊知汝州。十一月提舉杭州洞霄宫。

本月，軾跋鄧忠臣（慎思）石刻。

文見《蘇軾文集》卷六十六（二〇六八頁）。忠臣以孝稱，此石刻，當爲忠臣友人悼其母周氏詩之彙輯。

忠臣服除後爲祕書省正字。《欒城集》卷二十九有制文。通判瀛州，差注《晉書》校對黃本。爲考功郎中。後入黨籍。《范忠宣公集·補編》有傳，并參《長編》卷四百六十四元祐六年八月丙申紀事。卒，《柯山集》卷十九有輓詞。

滕元發（達道）妻李氏卒，軾有慰簡。

《蘇軾文集》卷五十一與元發第六十二、六十三、六十四各簡，皆慰簡。第六十四簡云「某以館伴北使半月」，知作於本月。元發妻姓李，見《文集》卷十五元發墓銘。

軾與王淮奇（慶源）簡，頗思鄉。

《蘇軾文集》卷五十九與淮奇第十簡云「進職北扉」，「歲晚苦寒」，作於今年歲末。

軾作《司馬温公行狀》。堅辭司馬光子康（公休）之餽。

文見《蘇軾文集》卷十六，謂「某從公遊二十年」。據本譜，從遊始治平三年，今二十年。《文集》卷五十《答范純夫》第二簡叙辭司馬康之餽；此餽即潤筆。參元祐二年「蘇軾在翰苑答范祖禹簡辭司馬康之餽」條。

范鎮作《司馬光墓誌銘》，銘詞直斥王安石，蘇軾以爲非《春秋》微婉之義，鎮遂令軾易詞，軾作詞并書。

《名臣碑傳琬琰之集·中集》卷十八附録范鎮初所作《司馬光墓誌銘》銘詞（又見《邵氏聞見後録》卷十五）：「天生斯民，乃作之君。君不獨治，爰畀之臣。有忠有邪，有正有傾。天意若曰，待時而生。皇皇我宋，神器之重。卜年萬億，海内一統。而熙寧初，姦小淫縱。以朋以比，以閉以壅。乃於黎民，誕爲愚弄。人不聊生，天下詾詾。險陂憸猾，唱和雷同。謂天不足畏，謂衆不足從，謂祖宗不足法，而敢爲誕慢不恭。赫赫神宗，洞察於中，乃竄乃斥，遠佞投凶。誅鋤蠹毒，方復任公。奄棄萬國，未克厥終。二聖繼承，謀謨輔佐。乃曰斯時，非公不可。召公洛京，虚心至誠。公至京師，朝訪夕諮。公既在位，中外咸喜。信在言前，拭目以觀。日親萬機，勤勞百爲。盡瘁憂國，夢寐以之。曾未期月，援溺振渴。事無巨細，悉究本末。利興害除，賞信罰必。曰賢不肖，若别白黑。耆哲俊乂，野迄無遺。元惡大憝，去之不疑。無有遠邇，風從響應。載考載稽，名實相稱。天胡不仁，喪吾良臣。天實不恕，喪吾良輔。嗚呼已乎，而不留乎？山嶽可拔也，公之意氣堅不可奪也；江漢可竭也，公之正論浚不可遏也。嗚呼公乎，時既得矣，道亦行矣，志亦伸矣，而壽止於斯，哀哉！哀哉！」

《揮麈録·後録》卷六節引鎮銘詞：「在昔熙寧，陽九數終，謂天不足畏，謂民不足從，謂祖宗不足法，乃哀頑鞠凶。」與此略不同。

《名臣碑傳琬琰之集·司馬光墓誌銘》定本銘詞：「於穆安平，有魏忠臣。更六百年，有其元孫。元孫温公，前人是似。率其誠心，以佐天子。天子聖明，四世一心。有從有違，咸卒用公。公之顯庸，自我神考。命於西樞，曰予耆老。公言如經，其或不然。帝獨賢公，欲使並存。公退如避，歸居洛師。帝徐思之，既克知之。知而不以，以遺聖子。惟我聖子，協德神母。人事盡矣，天命順矣。如川之迴，如冰之開。或蹈其機，豈人也哉！公亦不知，曰是惟天。二聖臨我，如山如淵。公惟相之，亦何所爲。惟天是因，惟民是師。事既粗定，公亦不留。龍衮蟬冠，歸於其丘。公之在朝，布衣脱粟。惟其爲善，惟日不足。生既不有，死亦何失。四方頌之，豈爲茲石。」

《邵氏聞見後録》卷十五：「司馬文正公薨，范蜀公取蘇翰林《行狀》作《誌》，繫之以銘，翰林當書石，以非《春秋》微婉之義，爲公休諫議云：『軾不辭書，恐非三家之福。』就易名銘。」然軾終書之，見《蘇軾文集》卷五十三《答李方叔》第八簡。公休，司馬光子康。

《朱子語類》卷一百三十：「范蜀公作温公墓誌，乃是全用東坡《行狀》，而後面所作銘，多記當時姦黨事，東坡令改之，蜀公因令東坡自作。因皆出蜀公名，其後却無事，若依范所作，恐不免被小人掘了。」

軾與李廌（方叔）簡，辭不爲廌祖上作誌銘、阡表。嘗戒廌循分。

《蘇軾文集》卷五十三與廌第八、九、十各簡皆叙作銘、表事。第八簡云：「某從來不獨不書不作銘誌，但緣子孫欲追述祖考而作者，皆未嘗措手也。」簡云近日爲司馬光作行狀，書光墓誌，乃以報光嘗爲母程氏作墓銘之故，不在此例。簡作於「雪寒」時。第十四簡云及館伴，爲本月作。

《濟南先生師友談記》：「廌少時有好名急進之弊，獻書公車者三，多觸聞罷，然其志不已，復多游巨公之門。自丙寅年，東坡嘗誨之曰：『如子之才，自當不没，要當循分，不可躁求。王公之門，何必時曳裾也。』爾後常以爲戒。」

軾與歐陽棐、辯兄弟游，謁修之夫人薛氏。其家以歐陽修之神道碑相托。

《蘇軾文集》卷六十三《祭歐陽文忠公夫人文》：「元祐之初，起自南遷。叔季在朝，如見公顔。入拜夫人，羅列諸孫。」托神道碑見《欒城後集》卷二十三《歐陽文忠公神道碑》，軾許之，然未撰，轍乃撰之。

軾子邁、迨、過及轍三子遲、适、遜從王適（子立）游。

據《蘇軾文集》卷十五適墓銘：，邁等學文有師法，人人自重，適實使然。

陳師道贈蘇軾、蘇轍詩。

《後山居士文集》卷一《贈二蘇公》：「岷峨之山中巴江，桂椒柟櫨楓柞樟。青金黄玉丹砂良，獸皮鳥羽不足當。異人間出駭四方，嚴王陳李司馬揚。一翁二季對相望，奇寶横道驥伏箱。誰其識者有歐陽，大科異等固其常。小却盛之白玉堂，典謨頌雅用所長。度越周漢登虞唐，千載之下有素王。平陳鄭毛視荒荒，後生不作諸老亡。文體變化未可量，萬口一律如吃羌。妖狐幻人犬陸梁，虎豹却走逢牛羊。上帝惠顧祓不祥，天門夜下龍虎章。前驅吴回後炎皇，絳旂丹轂朱冠裳。從以甲胄萬鬼行，乘風縱燎無留藏。天高地下日月光，授公以柄扶病傷。士如稻苗待公秧，臨流不渡公爲航。如大醫王治膏肓，外證已解中尚强。探囊一試黄昏湯，一洗十年新學腸。老生塞口不敢嘗，向來狂殺今尚狂，諸公别試囊中方。」素王謂王安石。

《四庫提要辨證》卷二十二：《後山詩注》謂此詩任淵年譜以爲本年作，并引任注：「新學，謂王介甫經學也。」以下，《辨證》云：「味其語意，確是元祐元年之作。蓋新學與新法不同。後山此詩，先言『文體變化』、『萬口一律』，乃詆其學，非詆其法也。新法雖不合人情，然後山方爲處士，非所宜言，且自宣仁訓政以來，已次第更張之矣，無取乎草澤私議。惟新學之行，始於熙寧八年之頒《三經新義》，至是已十年有餘，朝廷猶用以取士，一時文體，務爲剽竊穿鑿，後山之所甚惡也，故爲二蘇言之。」

軾上吕公著書，論醉中不省記殺人，其情可憫，可以原貸。

《蘇軾文集》卷五十《上吕相公》云及「近者西京奏秦課兒於大醉不省記中打殺南貴，就縛至醒，取衆證爲定，作可憫奏，已得旨貸命，而門下别取旨斷死」，望公著追改。卷二十九《乞郡劄子》叙及司馬光卒後，「刑部侍郎范百禄與門下侍郎韓維争議刑名，欲守祖宗故事，不敢以疑法殺人」，知上公著書中門下乃韓維。《宋史》卷三百三十七《范百禄傳》謂「元祐元年，爲刑部侍郎，諸郡以故鬭殺情可矜者請讞」，百禄以爲原情足憫者可貸，後從其請。上公著書約爲本年事。

濟南長清真相院僧法泰來，請作釋迦舍利塔銘。蘇軾施金銀以助成舍利棺槨。並有簡與法泰。

《蘇軾文集》卷十九《真相院釋迦舍利塔銘·叙》叙法泰今年來京師請作銘，乃「探篋中得金一兩、銀六兩，使歸求之衆人，以具棺槨」。作銘時間，參元祐二年八月二十五日紀事。

《濟南金石志》卷四《金石四·長清石·宋蘇東坡真相院施金帖刻》：「今正寄銀六兩，助成舍利槨也。卑意並是爲先人先妣追薦。告煩大師惠錫於佛前燒香祝願，過悚，忽忽。特煩以生日惠貺經數香華爲壽，感刻。人回，無以爲意。青絲禪段一枚，鹿茶芽五斤，深送土微鮮，至愧！至愧！軾白。」據此簡「人回」云云，是法泰去後，又有人來。簡中之「大師」當爲法泰。此簡之後，有金大定十八年六月晦日劉資跋文，跋謂此簡罹兵火而亡其本，既定，復得之。跋文之後，有「大定十八年七月六日真相院住持僧道逸等立石，賈順模刊」文字一行。「模刊」者，刊此簡也。

軾賦《如夢令》二首寄黄守楊宷，懷黄州。

《注坡詞》調下注文云：「寄黄州楊史君二首，公時在翰苑。」「史」即「使」，謂宷也。詞有「居士，居士，莫忘小橋流水」之句。元豐六年，宷已到黄，是二詞作於今年也。若在明年，宷已去職矣。

鮮于侁欲作新堂，名曰卓絶，蘇軾爲題其名。

《濟南集》卷一詩題：「故諫議大夫鮮于公欲作新堂以傳世譜，名曰卓絶（原注：唐人鮮于《世譜》有「卓絶」之語，故云）。内相先生題其名，曰蜀鮮于氏卓絶之堂。某以此八字爲韻作八詩。」《郡齋讀書志》卷二下著録有《鮮于氏卓絶譜》一卷。《淮海集》卷三十六《鮮于子駿行狀》：「元祐元年，明堂禮畢，拜右諫議大夫。」

蜀僧法震來，爲言遇趙姓丐者事。轍以後作《丐者趙生傳》。

《欒城集》卷二十五《丐者趙生傳》叙元豐七年從軾北歸至興國，知軍楊繪留之，生畜駿騾爲所傷而死，繪葬之。以下云：「元祐元年予與子瞻皆召還京師，蜀僧有法震者來見，曰：『震泝江將謁公黄州，至雲安逆旅，見一丐者，曰：「吾姓趙，頃於黄州識蘇公，爲我謝之。」』予驚問其狀，良是。時知興國軍朱彦博之子在坐，歸告其父，發其葬，空無所有，惟一杖及兩脛在。」此以後作《丐者趙生傳》。《傳》之文字，同《龍川略志》卷二《趙生挾術而又知道》。

知高郵軍毛漸（正仲）軍衙廳成，軾代毛漸作《慶土道場疏》，約爲是歲事。

疏見《蘇軾文集》卷六十二（一九〇八頁）。《總案》次此事於元祐六年，誤。

道光《高郵州志》卷八《宦蹟》：「毛漸，字正仲，衢州江山人。第進士。元祐元年詔復軍額。漸以司農丞來知軍事。郡有斗門石礎及運鹽河，洩水涵管皆漸所置者。又經始衆樂園爲遊宴之所，一時傳爲韻事。」同卷列元祐間知高郵軍姓名，首毛漸。

《宋史》卷三百四十八《毛漸傳》：「元祐初，知高郵軍。遷廣東轉運判官。」

識蘇象先，約爲本年事。

《丞相魏公譚訓》卷一蘇象先自序謂元祐元年丙寅，其祖父頌爲天官尚書，象先侍其側。該書記載蘇軾事頗多。

軾與李常、孫覺、范百禄、鮮于侁薦常安民（希古），擢安民大理鴻臚丞。

據《宋史》卷三百四十六安民傳，謂爲元祐初事。《淮海集》卷三十六侁行狀：元祐二年五月，侁卒。《長編》卷三百九十六元祐二年三月丙寅，侁知陳。薦安民約爲本年事。

軾薦陳師錫爲清要侍從。又嘗舉師錫自代。

薦師錫狀，見《佚文彙編》卷一（二四二六頁），謂爲元祐初事。同上卷有《舉陳師錫自代狀》，《直齋書録解題》卷二十二：「《閑樂奏議》一卷。殿中侍御史建陽陳師錫伯修撰。熙寧九年第進士。裕陵素知其文行，擢爲第三人。蘇軾知湖州，師錫掌書記。軾下御史獄，師錫篤賓友之義，安輯其家。軾入西掖，薦自代，明著其事。師錫在元豐已爲察官，坐論進士習律，罷去。建中靖國再入，未幾又罷。」

軾與錢勰（穆父）、黄庭堅（魯直）遊寶梵寺，論庭堅字。

《揮麈録·第三録》卷二引外祖曾紆《藏真草書千文略跋》：「崇寧初，在零陵，見黄九丈魯直云：元祐中，東坡先生、錢四丈飯京師寶梵僧舍，因作草書數紙，東坡賞之不已，穆父無一言，問其所以，但云恐公未見藏真真迹爾。庭堅心竊不平。紹聖中，貶黔中，始得藏真自叙於石揚休家，諦觀數日，恍然自得，落筆便覺超異，回視前日所作可笑，然後知穆父言之不誣也。」《獨醒雜志》卷二記此，謂爲「元祐初」事，今從。

秦觀賦《水龍吟》寄營妓婁婉（東玉），賦《南歌子》贈陶心兒，傳蘇軾嘗誚之。

《水龍吟》見《淮海居士長短句》卷上，《南歌子》見卷下；繫本年。

《苕溪漁隱叢話·前集》卷五十引《高齋詩話》：「少游在蔡州，與營妓婁婉字東玉者甚密，贈之詞云『小樓連苑横空』，又云『玉佩丁東别後』者是也。又贈陶心兒詞云：『天外一鉤，横月帶三星。』謂心字也。」《詞苑叢談》卷三此以下尚有「東坡誚其恐爲他妓厮賴」一句。「小樓」、「玉佩」云云，在《水龍吟》中。

《歷代詞話》卷五引《高齋詞話》：「少游自會稽入都見東坡」，東坡「問别作何詞，少游舉『小樓連苑横空，下窺繡轂雕鞍驟』，東坡曰：『十三個字，只説得一個人騎馬樓前過。』」此處所云「自會稽入都」，乃「自蔡州入都」之誤，時在元祐三年，見該年「秦觀來京師」條。《文學遺産》一九八三年第三期吴世昌《有關蘇詞的若干問題》謂此乃傳説，不足信。

李廌作齋，蘇軾名之曰月巖，廌作詩。

《濟南集》卷一《月巖齋詩》：「南山之北，北山之南。環岡繞嶺，紫翠相參。奔騰蹲蹴，萬里驛驂。丘衍沃若，靈秀所涵。平巒蔽虧，餞日西崦。月生大東，錯落夕嵐。凝輝萬壑，澄若淵潭。有窶人室，架楹維三。其名實佳，佳哉月巖。窶人者何，贊皇之黔。伊誰名之，宗伯子瞻。嗟嗟窶人，天民之淹。昔也方將，愚妄所漸。喜功好名，虎穴屢探。輪殷綏墮，却戰猶酣。老不及人，綿力弗堪。飲冰食蘗，處約已甘。天匪靳予，事有莫兼。俾予有知，錫福則廉。餘齡數奇，展也不占。異時著書，雖俟桓譚。心勞用寡，遠愧周聃。今師農圃，穮蓘崇芟。年登歲樂，糠稗求饜。褐寬緼敝，懷此不貪。門子之責，責我丁男。我居區中，如繭之蠶。身外餘地，烏用沉潛。逝將掃迹，於焉養恬。披風遡景，玩目嵌巉。彼無獻嘲，居之不慚。」

道潛寄詩軾、轍兄弟。

《參寥子詩集》卷六《寄東坡昆仲》：「江南十月天未霜，木梢冉冉猶青蒼。烟沙篁竹媚兩岸，亭午氣候如春陽。吴檣楚柁自紛擾，花鴨鸕鷀殊未忙。深灣野浦望不劇，葦間隱隱聞漁榎。黄昏無雲桂魄滿，一川秀色傾銀潢。何人隔岸弄長笛，吹風渡水聲悲涼。蘭臺故人天一方，美景樂事誰相將。船窗攲枕夜未央，杳杳孤雲空飛揚。」

蘇軾覓俞俊筆，作詩。

詩見《蘇軾詩集》卷四十八（二六二二頁）。

詩云：「雖是玉堂揮翰手，自憐白首尚抄書。」抄書成習，白首不忍棄之，故云「憐」也。所憐者書，於書有至情。此詩乃即興爲之。姑次此。

蘇軾作《琴枕》詩。

詩見《蘇軾詩集》卷四十八。

詩首云：「高情閑處任君彈，幽夢來時與子眠。」則琴枕者，既可爲琴，又可爲枕。以下云：「彭澤漫知琴上趣，邯鄲深得枕中仙。」上云「琴」，下云「枕」。琴枕一物二用。姑次此。

蘇軾作詩，題《龍馬圖》。

詩見《蘇軾詩集》卷四十八（二六二四頁）。

詩首云：「先皇御馬三千匹，仗下曾騎玉駱驄。」此玉駱驄即龍馬。末云：「金鼎丹成龍亦化，圉人空棧泣西風。」金鼎丹成乃謂先皇之辭世，先皇既逝，馬不忍獨生，亦隨之去。而圉人不忍馬之去，故涕泣不能自已。馬，圉人皆有至情。姑次此。

三蘇年譜卷三十九

元祐二年（一〇八七）丁卯　蘇軾五十二歲　蘇轍四十九歲（上）

新正，軾與周尹（正孺）倡酬。潘鯁母卒，作輓詞。玉堂栽花，乞花栽，與王詵（晉卿）簡。

《蘇軾詩集》卷二十八有《和周正孺墜馬傷手》等四詩。輓詞見《詩集》卷二十八（一四七四頁）。簡見《佚文彙編》卷二（二四五四頁）。

輓詞首四句追憶在黄州時，常登堂拜見。後四句云：「尚有升堂他日約，豈知負土一阡新。今年我欲江湖去，暮雨連山宰樹春。」知蘇軾别黄時，嘗來鯁之家，言他日登堂拜見。末二句云欲往黄州弔其墓，雖未果去，然懷念李母之意亦至矣。

正月六日，軾與范百嘉（子豐）簡，言方求郡。

簡見《佚文彙編》卷三（二四九二頁），言「堅請以息煩言」。

人日（七日），軾贈李清臣（邦直）探梅詩，并書。

《晚香堂蘇帖》：「《贈李邦直探梅》：『尋花不惜命，愛雪常忍凍。三爲郡太守，清似於陵仲。』元祐二年人日書。蘇軾。」三爲郡太守，蓋以自況，謂知密、徐、湖也。《宋史》卷三百二十八

《李清臣傳》謂清臣嘗知河陽、河南、永興、真定，乃本年四月戊申罷爲資政殿學士以後事。「尋花」四句，見《蘇軾詩集》卷十九《次韻李公擇梅花》，文字略不同。

正月八日，軾招王蘧（子高）飲，作詩。轍次韻。

軾詩乃《蘇軾詩集》卷二十七《正月八日招王子高飲》。《詩集》誤次元祐元年。參本月十二日紀事。

轍詩見《欒城集》卷十五，次本年，首云：「矯矯公孫才不貧，白駒銜雪喜新春。」轍詩題作《次韵子瞻招王蘧朝請晚飲》，轍與其飲。去年此時，轍尚在赴京師途中。

杜介來，送魚，軾作詩，轍次韵。

軾詩見《蘇軾詩集》卷二十八（一四七六頁），首云：「新年已賜黄封酒，舊友仍分頳尾魚。」點新年。轍詩見《欒城集》卷十五，中云：「十尾煩君穿細柳，一杯勸我芼青蔬。」

十二日，軾與李公麟（伯時）共畫《憩寂圖》。轍題詩，軾次韵。

《蘇軾文集》卷六十八《題憩寂圖》：「元祐元年正月十二日，蘇子瞻、李伯時爲柳仲遠作《松石圖》。仲遠取杜子美詩『松根胡僧憩寂寞，龐眉皓首無住着，偏袒右肩露雙脚，葉裏松子僧前落』之句，復求伯時畫此數句，爲《憩寂圖》。子由題云：『東坡自作蒼蒼石，留取長松待伯時。只有兩人嫌未足，兼收前世杜陵詩。』因次其韵云：『東坡雖是湖州派，竹石風流各一時。前世畫師今姓李，不妨題作輞川詩。』（下略）」

《欒城集》卷十五有《子瞻與李公麟宣德共畫翠石、古木、老僧，謂之憩寂圖，題其後》詩。據此，《憩寂圖》乃蘇、李二人共作，與蘇軾跋文謂爲公麟一人作者不同。今從《欒城集》。軾詩乃次轍之韻。轍詩次《送陳侗同年知陝府》、《次韻李曼朝散得郡西歸留别二首》、《送程建用宣德西歸》、《次韻子瞻杜介供奉送魚》等詩後，作於本年。味蘇軾跋文，蘇轍亦與其會。如作於元祐元年，轍其時尚在赴京途中，參元祐元年「弟轍回至京師」條紀事。軾跋文謂爲元祐元年事。按：「元年」當爲「二年」之誤刊。李公麟，字伯時。舒城人。《宣和畫譜》卷七，《畫繼》卷三、《圖繪寶鑑》卷三、《宋史》卷四百四十四有傳。《宋史》謂公麟爲舒州人，誤。

轍作王拱辰（君貺）輓詞三首。

輓詞見《欒城集》卷十五。

《忠肅集》拾遺《王開府（拱辰）行狀》謂拱辰卒於元豐八年七月二十三日，葬於是年十二月甲申。拱辰享年七十四歲。

參本譜治平二年、嘉祐元年有關紀事。

十七日，軾復奏《辯試館職策問劄子》。自辯館職策問劄子奏上以後，朱光庭、傅堯俞、王巖叟屢章論蘇軾，蘇軾四劄請外，不允。至是乃復辯。爲蘇軾辯者有呂陶。王覿之論較持平。

劄子見《蘇軾文集》卷二十七。文謂：「四上章，四不允。」謂請外也。又謂：「撰上件《策問》，實以譏諷今之朝廷及宰相臺諫之流，欲陛下覽之，有以感動聖意，庶幾兼行二帝忠厚、勵精之政也。」請外之章已佚。

據《長編》卷三百九十三、三百九十四，元祐元年十二月壬寅（十八日），傅堯俞、王巖叟相繼上疏，論蘇軾不當置祖宗於議論之間，不報。今年正月辛酉（八日），堯俞、巖叟又各上疏論之。巖叟言，蘇軾策題不當，初令放罪，後復收還，典刑不明，損國大體，乞賜辯正。乙丑（十二日）批出，令朱、傅、王三人不須彈奏。丙寅（十三日），三人赴都堂。丁卯（十四日），三人又各上疏。王巖叟疏言：「臣愚聞有與軾爲地曲爲之辭以釋其説上欺天聽者，願陛下察其出於私意，不以爲惑。」蓋指吕陶也。

《文集》卷五十五《與楊元素》第十七簡：「某近數章請郡，未允。數日來，杜門待命，期於必得耳。公必聞其略，蓋爲臺諫所不容也。」

《歷代名臣奏議》卷二百四吕陶《辨朱光庭彈蘇軾策題事疏》：「臣竊聞蘇軾《試館職策題》，朱光庭彈奏以爲譏議兩朝。奉聖旨，蘇軾放罪。軾遂乞補郡。蒙陛下降詔不允。光庭論列未已，臣既待罪言路，理當辯明，敢竭愚鄙，爲陛下極陳之。夫臺諫之地，爲天子耳目，要在維持綱紀，分别邪正，凡所彈擊，當徇至公，不可假借事權，以報私怨，萬一及此，是謂欺君。今蘇軾所撰策題，首言『齊、魯皆聖人之後，其政化之弊，至於衰亂』，其次乃曰『國家承平百年，六聖相授，爲治不同，同歸於仁』，詳味此言，固無譏議兩朝之意。其次又曰『今朝廷欲師仁祖之忠厚，而患百官有司不舉其職，或至於媮；欲法神考之勵精，而恐監司守令不識其意，或流於刻』。則所謂『媮』與『刻』者，明言百官、有司、監司、守令不能上體朝廷本意，而或至『媮』與『刻』，非指言二聖之失於『媮』、『刻』也。其終又曰『昔漢文寬大長者，至於朝廷之間，耻言人過，而不聞有怠廢不舉之病；宣帝總核名實，至於文理之士，咸精其能，而不聞有督察過甚之失』者，蓋言漢文、漢宣之時，其臣下能如此不怠廢、不過甚，今朝廷當以何術治之，使百官、有司、監司、守令不至於『媮』、『刻』乎！蓋作文者發此問端以觀其答，即非謂仁宗不如漢文、神考不如漢宣也。光庭指以爲非，亦太甚矣。假使光庭直徇己見，不爲愛憎而言，則雖不中理，義猶可恕；或爲愛憎而發，則於朝廷事體所損不細。今士大夫皆曰程頤與朱光庭有親，而蘇軾嘗戲薄程頤，所以光庭爲程頤報怨而屢攻蘇軾。審如所聞，則光庭固已失之，軾亦未爲得也。且軾薦王鞏爲不知人，戲程頤爲不慎言，舉此二者而罪之則當也，若指其《策問》爲譏議二聖而欲深中之，以報親友之私怨，誠亦過矣。臣又聞軾與鄧温伯同進策題三道，陛下點此一道而用，則陛下聖鑒，必謂切於時務，故遂用之，决知其不譏議兩朝也。又况御史上官均近嘗論奏爲政之道，有寬猛兩端，大槩與蘇軾之策題同意，陛下謂其言可取，著爲法令，頒於天下。夫上官均之奏、蘇軾之策題，二人之言皆是講明治道，一則頒以爲法，一則指以爲罪，何輕重取捨之異哉！此士大夫之意，不能無惑也。恭惟陛下聖慮高遠，從諫如流，然臣下之言，或至於激，則亦願加審察。昔富弼、韓琦，天下知其忠且賢。弼因除張茂實管軍，中丞韓絳乃言富弼欲謀不軌。韓琦不赴文德殿押班，中丞王陶乃言韓琦反狀已露。尚賴聖主深炤情僞，二人者始終安完，以富弼、韓琦之賢，而言者猶如此中傷之，則不迨於弼與琦者，又可知矣。今日光庭中傷蘇軾之心，頗類前事，欲使朝廷爲之報怨，不可不察也。臣與蘇軾皆蜀人，而不避鄉曲之嫌，極論本末，既備位臺職，而輒糾諫官之失，當二罪，皆不勝誅。然諜諜不敢自默者，非特爲一蘇軾，蓋爲朝廷救朋黨之弊也。孤忠危迹，敢以死請。」

《長編》卷三百九十四正月壬戌（初九日）紀事引右正言王覿言。覿首論「初有放罪指揮」、「既而指揮不下」之不當，繼謂大臣之言有異有同，「若悉考異同之因，深究嫌疑之迹，則兩歧遂分，朋黨之論起矣，夫學士命辭，有罪無罪小事也，使士大夫有朋黨之名大患也」。又謂：「朱光庭之論策題，言者既以謂因蘇軾與光庭之師程頤有隙而發矣；吕陶之言朱光庭，論者又謂陶與蘇軾同是蜀人，而遂言光庭也。」意謂不宜深究嫌疑之迹，以防朋黨之起。十一日，王覿復言：「原軾之意，不過設疑以發問；按軾之言，乃失輕重之體也。」

《施譜》：「正月，有旨令執政召逐人面諭，堯俞等至都堂辯論紛然，執政不能屈，至争於簾前，久而不決，先生亦抗章自明。」

辛未（十八日），傅堯俞、王巖叟入對，續論蘇軾。

《太平治迹統類》卷二十三本月辛未紀事：「傅堯俞、王巖叟入對，論蘇軾策題不當。堯俞既讀劄子竟，太皇太后曰：『此小事，不消得如此。』王巖叟因於袖〔中〕取軾所撰策題，就簾前指陳。未終，簾中忽厲聲曰：『更不須看文字也。』傅堯俞曰：『愛而知其惡，憎而知其善，今待軾如此，軾驕，將何以使之？』曰：『便總由臺諫官。』巖叟曰：『若臺諫所言，陛下能盡聽納，自足以成陛下之美也，臺諫何與焉，堯俞與巖叟家居待罪，伏俟譴斥。』」丙子，孫升言因此「陛下疑以爲黨附諫官」。

辛未（十八日），司封員外郎盛僑爲國子司業，校書郎黄庭堅爲著作佐郎，權知陝州陳侗爲直祕閣、知梓州。轍草制。

辛未云云，據《長編》卷三百九十四；云侗辭之。制文見《欒城集》卷二十八。

乙亥（二十二日）承議郎、祕閣校理張舜民爲監察御史，國子監丞張續爲祕書省正字，宣德郎陳烈落致仕充福州教授。轍草制。

乙亥云云，據《長編》卷三百九十四。制文見《欒城集》卷二十八。

張續，詳本譜元祐三年九月初八日紀事。

丙子(二十三日),令蘇軾、傅堯俞、王巖叟、朱光庭各疾速依舊供職。先是欲逐四人,執政以爲不可。范純仁奏蘇軾無罪。

丙子云云,據《長編》卷三百九十四。《長編》云:「詔:蘇軾所撰策題,本無譏諷祖宗之意。又緣自來官司試人,亦無將祖宗治體評議者。蓋學士院失於檢會。」蓋從僕射呂公著之意也。據《長編》,同日,同知樞密院范純仁言「蘇軾止是臨文偶失周慮,本非有罪」。殿中侍御史孫升言「若謂軾有意於譏諷,則軾非喪心病狂,何至於此」。范純仁《范忠宣公文集》附録《國史本傳》謂「學士蘇軾草策題被詰,……純仁奏軾無罪」。《宋史》純仁傳謂軾以發策問爲言者所攻,「奏軾無罪」。據《長編》卷三百九十四正月乙亥(二十二日)紀事,三省進呈傅堯俞、王巖叟論蘇軾劄子,執政有欲降旨明言軾非者,太皇太后不聽,因曰:「軾與堯俞、巖叟、光庭皆逐。」執政争以爲不可。

《施譜》:太皇太后察蘇軾實無譏諷意,卒兩存之。

二十七日,蘇軾、朱光庭、傅堯俞、王巖叟同見於紫宸殿門,供職;至此,館策問題方竟。然朋黨之禍則日興。

二十七日云云,據《長編》卷三百九十三元祐元年十二月壬寅紀事注文。

《蘇軾文集》卷五十《與張太保安道》：「某以不善俯仰，屢致紛紛，想已聞其詳。近者凡四請郡，杜門待命，幾二十日。文母英聖，深照情僞，德音琅然，中外聳服，幾至有所行譴，而諸公燮和之。數日有旨，與言者數君皆當促供職，明日皆當見。蓋不敢堅卧，嫌若復伸前請爾。」此簡作於本月二十六日。

《長編》卷四百一十一元祐三年五月甲戌紀事：右正言劉安世論胡宗愈勸止同列，不就蘇軾試館職策題上疏。則館策問題未過分擴大，宗愈實有力。

《施譜》：「元祐諸賢迭相攻軋，使姦人得指爲黨，迄於竄謫，靡有遺類，禍實始此。」

《邵氏聞見録》卷十三：「哲宗即位，宣仁后垂簾同聽政，羣賢畢集於朝，專以忠厚不擾爲治，和戎偃武，愛民重穀，庶幾嘉祐之風矣。然雖賢者不免以類相從，故當時有洛黨、川黨、朔黨之語。洛黨者，以程正叔侍講爲領袖，朱光庭、賈易等爲羽翼；川黨者，以蘇子瞻爲領袖，吕陶等爲羽翼；朔黨者，以劉摯、梁燾、王巖叟、劉安世爲領袖，羽翼尤衆。諸黨相攻擊不已。正叔多用古禮，子瞻謂其不近人情如王介甫，深疾之，或加抗侮。故朱光庭、賈易不平，皆以謗訕誣子瞻，執政兩平之。是時既退元豐大臣於散地，皆銜怨刺骨，陰伺間隙，而諸賢者不悟，自分黨相毀。至紹聖初，章惇爲相，同以爲元祐黨，盡竄嶺海之外，可哀也。」

《宋大事記講義》卷二十《哲宗皇帝·諸君子自分黨（原注：洛黨、蜀黨、朔黨）》：「詔蘇軾、傅堯俞等供職。初，軾與程頤同在經筵，軾喜諧謔而頤以禮法自守，軾每戲之。朱光庭、賈易積不能平，乃力攻軾所選策題譏仁宗，胡宗愈劾中丞堯俞。御史〔王〕巖叟右光庭，呂陶右軾，惟諫官王覿之論得其中。」參本月十七日紀事。

朱光庭自此以後，與蘇軾無交往記載。據《范太史集》卷四十三朱光庭墓銘，光庭紹聖元年三月卒，年五十八。

蘇軾與李廌(方叔)簡，言請外。

簡乃《蘇軾文集》卷五十三《答李方叔》第十二簡。

簡云：「近者雖獲屢見，迫於多故，不盡區區。」謂《辯試館職策問劄子》所引起之風波也。簡云：「章四上，未允。」知作於此時。

《答李方叔》第十三簡：「某以虛名過實，士大夫不察，責望逾涯，朽鈍不能副所求，復致紛紛，欲自致省靜寡過之地，以全餘年。」亦此時心緒。簡云：「故人見愛以德，不應更虛華粉飾以重其不幸。」知廌時有簡頌軾，頌簡已不傳。今并次此。

辛巳(二十八日)，詔中書舍人蘇轍、劉攽編次神宗皇帝御制集。

據《長編》卷三百九十四及《玉海》卷二十八。參元祐四年十月戊戌紀事。

杜介歸揚州，軾、轍作詩送行。

詩見《欒城集》卷十五，與見於《蘇軾詩集》之送介詩同韵，未知誰首倡。轍詩云：「東都甲第非嫌汝，北牖羲皇自屬翁。」介退居揚州，爲羲皇上人，故云。

二月一日，軾繳進給田募役議劄子。

劄子見《蘇軾文集》卷二十七（一七九三頁）；前連《論給田募役狀》。

八日，崔台符（平叔）借觀君厚《畫苑》，軾爲跋。

文見《蘇軾文集》卷七十（二二一五頁）。台符，《宋史》卷三百五十五有傳。君厚，待考。

辛卯（八日），朝廷命撰富弼神道碑。軾旋撰成。

辛卯云云，據《長編》卷三百九十五；謂「詔賜富弼神道碑，以顯忠尚德爲額」，乃從弼子紹庭之請。文見《蘇軾文集》卷十八（五二五頁）。《宋史·仁宗紀》：慶曆二年，富弼使遼。弼神道碑謂此後「北方無事，蓋又四十八年」。據是，碑文當成於元祐五年，然碑文叙事止於本年，「四十八年」之「八」有誤。

《石林燕語》卷五叙嘉祐間富弼不欲用蘇洵，以下云：「元祐間，富紹庭欲從子瞻求爲富公神道碑，久之不敢發。其後不得已而言，一請而諾，人亦以此多子瞻也。」《却掃篇》卷下：「東坡初欲爲富韓公神道碑，久之未有意思。一日晝寢，夢偉丈夫，稱是寇萊公來訪，已共語久之。既寤，下筆首叙景德澶淵之功，以及慶曆議和，頃刻而就。以示張文潛。文潛曰：有一字未甚妥，請試言之。蓋碑之末，初曰公之勳在史官，德在生民，天子虚己聽公，西戎、北狄視公進退以爲輕重，然一趙濟能摇之。竊謂『能』不若『敢』也。東坡大以爲然，即更定焉。」今本作「敢」。《朱子語類》卷一百三十：「富公在朝不甚喜坡公，其子弟求此文，恐未必得，而坡公鋭然許之。自今觀之，蓋坡公欲得此爲一題目，以發明己意耳。其首論富公使虜事，豈苟然哉。」弟子道夫以爲蘇軾「欲救當時之弊」。《文集》卷五十三《答陳傳道》第三簡謂作碑「欲使虜知通好用兵利害之所在」。《欒城遺言》：「坡撰富公碑，以擬寇公，公稍不甚然之。」

十七日，軾見王伯虎，伯虎爲言吕公弼招致高麗人事。

據《蘇軾文集》卷七十二《吕公弼招致高麗人》，謂招致高麗人乃公弼任樞密使時事。《宋史·宰輔表》：治平四年九月辛丑，公弼除樞密使。《長編》卷四百七本年十一月壬子：「朝散郎、監都進奏院王伯虎爲校書郎。」此時伯虎當在監都進奏院任。

據《長編》卷二百九十八、二百九十九、三百九、四百八、四百五十七，元豐二年五月，伯虎以太學博士館閣校勘罷檢詳樞密院吏房文字，六月落館閣校勘，三年閏九月放令侍養，元祐三年正月知饒州，六年四月爲刑部員外郎。《步里客談》卷上謂伯虎自編修官得貼職，《雲巢編》卷一有贈伯虎詩。王楙《野客叢書》卷九《髯奴事》謂伯虎乃其曾大父，仕至户部郎，有《過庭集》

三十卷行世,「舊有坡仙簡牘,王會之挾老秦取之去,今不知所在」。《過庭集》不見。《臨川先生文集》卷五《酬王伯虎》:「吾聞人之初,好惡尚無朕。帝與鑿耳目,賢愚遂殊品。爾來百千年,轉化薄愈甚。父翁相販賣,浮詐誰能審。睢盱猴纓冠,狼籍鼠穴寢。滄海恐值到,誰論魚鼈淰。鴟聲雖云惡,革去在食葚。嗟誰職教化,獨使此風稔。恬觀不知救,坐費太官廩。予生少而戇,好古乃天禀。念此俗衰壞,何嘗敢安枕。有時不能平,悲吒失食飲。唯子同我病,亦或涕沾衽。謂予可告語,密以詩來諗。爛然辭滿紙,秋水濯新錦。窮觀何拳拳,静念復凛凛。賤貧欲救世,無寧猶拾瀋。説窮且版築,尹屈唯烹飪。逢時豈遽廢,避俗聊須噤。徂年幸未暮,此意可勤恁。」可參。

二十一日夜,軾與黄庭堅、孫安(壽朋)、蔡肇會李公麟(伯時)齋舍,書鬼仙詩並跋。

詩、跋見《蘇軾文集》卷六十八(二一四〇頁)。《侯鯖録》卷二謂蘇軾嘗誦一詩「湘中老人讀黄老」云云即此處所云鬼仙詩之一。《侯鯖録》謂「此必太白、子建鬼」。

安,潁昌長社人,永弟。元祐七年卒,年三十七。《道鄉集》卷三十四有安墓銘。《范太史集》卷五十五《手記》有安。肇字天啓,潤州丹陽人。《宋史》卷四百四十四傳謂「從蘇軾遊」。《范太史集》卷五十五《手記》謂肇「元祐六年舉臺閣」。《京口耆舊傳》卷四傳謂宣和元年卒。

二十八日,軾應薛紹彭請,自書自作及弟轍所作《上清詞》將刻之石,並跋。

跋見《佚文彙編》卷五（二二五五三頁）。紹彭時以承事郎句當上清太平宫兼兵馬監押，見《金石萃編》卷一百三十九《薛紹彭書樓觀詩》。

同日，知瀛州、直龍圖閣直學士吕公孺知秦州，新除知亳州蔡確知安州。轍草制。

二月云云，據《長編》卷三百九十五。制文見《欒城集》卷二十八。

楊孟容西歸，作詩送之。軾亦有作。

轍詩見《欒城集》卷十五。首云：「三十始去家，四十初南遷。五十復還朝，白髮正紛然。」孟容長於轍。

軾詩乃《蘇軾詩集》卷二十八《送楊孟容》。《西樓帖》此詩題作《送楊禮先知廣安軍》。禮先爲名，抑爲字，待考。據《西樓帖》，知孟容西歸乃官鄉邦。軾詩首云：「我家峨眉陰，與子同一邦。」相望六十里，共飲玻璃江。」知孟容爲眉山人。

孔武仲（常父）贈轍詩，轍次韻。軾亦次韻。

庫本《清江三孔集》卷六《答蘇子由留贈》：「西垣有古人，磔磔氣貌古。落筆成文章，無可加損處。策蹇得過門，殷勤相勞苦。湛然神觀全，秀粹充眉宇。語我春已闌，斯民望時雨。宿麥正滿野，驕暘惡如虎。雲師未灑澤，赤子將誰乳。侍臣當憂國，密計應裨補。又云好著書，安得一州去。知公趣操異，不爲誇腰組。衣錦若還鄉，亦當從幕府。」據此詩，知轍此前有詩與武仲，其詩已佚。

轍詩見《欒城集》卷十五，中云：「偶來相就談，日落久未去。歸鞍得新詩，佳句爛如組。古風棄雕琢，遺味比樂府。」叙過往之迹。

《山谷詩集注》卷六《和答子瞻和子由常父憶館中故事》首云：「二蘇上連璧，三孔立分鼎。」

軾詩見《詩集》卷二十八（一四八〇頁），次本月二十九日所作詩前，今從。《清江三孔集·宗伯集》卷四《再用韵和子瞻》：「堂堂司寇公，族姓原自古。支流入漢唐，浩渺無尋處。子瞻得家法，自少不勤苦。戲劇入場屋，名聲振寰宇。凝思膚寸雲，落筆萬點雨。中間觸機穽，窘若帶箭虎。坎軻連交游，凍餧及穉乳。歸來直玉堂，得失亦相補。顧我縻一官，未即江海去。裳衣裹窮猿，繫以三尺組。知公心胸中，坦不置城府。漫刺猶可持，還當謁文舉。」

蘇軾題趙令宴藏崔白冬景圖。

軾詩見《蘇軾詩集》卷二十八（一四八二頁）。

《王魏公集》卷二有《皇姪皇城使令宴加食邑制》。《苕溪漁隱叢話》前集卷二十六引題詩謂蘇軾善造語，能形容。崔白，《永樂大典》卷二千七百四十一引《鳳陽府圖經志》有傳，餘參元祐三年七月一日紀事。

本月，軾嘗會飲范百禄（子功）宅，應岑象求請，爲書《武昌西山》詩。

詩見《蘇軾詩集》卷二十七。《式古堂書畫彙考·書》卷十《蘇子瞻書武昌西山贈鄧聖求詩迹》附象求跋：「子瞻内翰昔竄謫黄岡，同游武昌西山，觀聖求所遺墨迹。時聖求已貴處北扉，而子瞻方誤時遠放，流落窮困，不二年，遂與聖求對掌誥命，並驅朝門，同優游笑語於清切之禁，在常人固足感歎，有文而富於情者，宜何如哉！此前詩之所以作也。元祐丁卯二月，因會飲子功侍郎宅，子瞻爲予筆此，遂記而藏之。江陵岑象求巖起跋。」百禄，鎮兄鍇子，《宋史》卷三百三十七傳謂「元祐元年爲刑部侍郎」，改吏部侍郎。

三月甲寅（初二日），軾撰太皇太后於崇政殿受册手詔。詔改易詔詞。

據《長編》卷三百九十六；詔文已自《長編》輯入《佚文彙編》卷一。《石林燕語》卷一：「明肅太后上徽號初，欲御天安殿，即今大慶殿也。王沂公争之，乃改御文德殿。元祐初，宣仁太后受册，有司援文德故事爲請，宣仁不許，令學士院降詔。蘇子瞻當制。」《長編》本日紀事：「後三日，内批付三省：所進詔本，從『常慕』字下二十六字，旨意稍涉今是不免却有昔非之議，可叙述太皇太后顧德實不及章獻，不敢必依章獻御文德殿故事。宜令三省倣此意度進入。」

四日，軾書《般若波羅密多心經》。

《晚香堂蘇帖》有蘇軾書《佛説般若波羅密多心經》，自「觀自在菩薩行」至「呪曰」（録呪文），凡二遍。末云「元祐二年三月四日蘇軾」。

丁巳（初五日），蘇軾所撰太皇太后受册手詔詔詞有所改易。蘇軾援故事乞罷，朝廷不從所請。

丁巳云云，據《長編》卷三百九十六。

《長編》丁巳日載所改易之詔詞，乃曾肇撰。

《蘇軾文集》卷二十七有《論改定受册手詔乞罷劄子》，作於二月七日。按：「二」當爲「三」之誤。

《施譜》：「太皇太后不欲於文德殿受册，先生進詔草，内批付三省改定。先生援故事乞罷，不許。」

十日，與堂兄不危（子安）簡，致館伴北使時所得段子。

《佚文彙編》卷四《與子安》：「近兩捧來誨，伏承尊體佳勝，甚慰下情。」末云：「館伴北使，得蕃段子，分獻一疋。」

同日，次韻弟轍送家定國（退翁）知懷安軍，請定國致意舊山叟劉巨。

詩見《蘇軾詩集》卷二十八（一四九六頁），並參該卷校勘記第五十八條；據校勘記，此詩應次於該卷《送顧子敦奉使河朔》詩前。

詩末有「永愧舊山叟，憑君寄丁寧」之句。「誥案」謂舊山叟乃劉巨，是。巨乃軾兄弟、定國兄弟之師，見慶曆八年「父洵亦嘗命蘇軾兄弟學於劉巨」條。

懷安軍屬成都府路之梓州路。

轍詩乃《欒城集》卷十五《送家定國朝奉西歸》，謂「晚春首歸路」，明謂爲三月。詩云定國「仕宦守鄉國」。據《浄德集》卷二十三《朝請郎新知嘉州家府君墓誌銘》，定國嘗除雅州名山尉，知嘉州洪雅縣，通判瀘州，知渠州，「久之知懷安軍」。《墓誌銘》又云：「蘇公子由嘗送以詩曰：『鵠鷺性本静，芝蘭深自馨。』知者以爲紀實。」蓋定國「姿韵恭粹，務自修飭，燕處無惰容，縱談無詭語，慎於事，勉於政，論交接物，未嘗少忤。」「鵠鷺」二句即在轍此詩中。定國卒於紹聖元年五月，年六十四。

軾詩乃《蘇軾詩集》卷二十八《次韵子由送家退翁知懷安軍》。《西樓帖》謂爲「元祐二年三月十日」作。

十一日，軾簡家定國，以細簟等物贈行。

《佚文彙編》卷二《與家退翁》第二簡：「細簟一領，暑途恐須用。魚膠四片，鹿頂合子一枚，賜墨三丸，納上。」

三月戊辰（十六日），朝議大夫、直龍圖閣、試司農少卿范子奇爲河北路都轉運使。轍草制。

三月云云，據《長編》卷三百九十六。轍制文見《欒城集》卷二十九。

十七日，劉攽（貢父、叔貢）、曾肇（子開）與轍三中書舍人宴集西省，攽作詩貽坐客。蘇頌（子容）、胡宗愈（完夫）、陸佃（農師）亦與其會，并次韵。轍次韵。軾亦次韵。

《蘇魏公文集》卷十二《三月十七日三舍人宴集西省劉叔貢作詩貽坐客席上走筆和呈》：「簪纓曉入鳳池西，雨過重廊不踏泥。禁掖英僚初拜慶，儒林舊侶許攀攜。兩朝雲露陪嘉宴，二紀塵埃愧舊題。四户對開參國論，風流無復羡南齊。」

攽詩佚。

《陶山集》卷二《依韵和呈劉貢父舍人三首》其一：「鵷鷺朝來又集西，聯鑣初卸錦障泥。奪袍況有詩先捷，倒玉何妨酒屢攜。詔下競看花作判，賦成曾借柳爲題。衣冠異日傳圖畫，惟有三家盛事齊。」其二：「酒半詩成日轉西，驪珠纔抵一丸泥。未饒白雪無人和，不忝東山有妓攜。班綴定應連玉筍，姓名還得夢金題。飛騰便見新官上，傳語花開慎莫齊。」其三：「三家成佛本來西，共坐蓮胎出淤泥（自注：舊謂知制誥爲一佛出世）。歸侍玉除還似約，去腰金印定如攜。殷勤鳥勸花前醉，邂逅人逢葉上題。縱有鳳毛傳序遠，未應能似雁行齊。」以下尚有《用前韵呈蘇子容尚書》。

《蘇魏公文集》卷十二尚有《重次前韵奉酬子由子開叔貢三舍人二首》，其一云：「都堂直北正衙西，同日三賢拜紫泥。供張府泉批敕賜，刊碑朱墨典籤攜。姓名非夕金甌覆，手筆他年玉簡題。制詔温純詩什健，若非元白更誰齊。」其二云：「公宴將闌日欲西，酒酣揮汗浥如泥。重陪簪橐聯鑣出，仍得篇章滿篋携。直舍怳迷新户牖，賜書猶識舊籤題（自注：中宴憩於東廡，見舊院所賜監書盡在几案，歆動久之）。豈惟夢想鈞天路，更似聞韶在子齊。」本卷尚有《和胡完夫侍郎再次前韵見寄》、《和陸農師侍郎三和前韵》、《和農師四和前韵仍有推獎鄙薄之句再次韵》、《答胡完夫示及四和前篇》、《胡完夫再示西省唱和詩特記曩游過有謙屈率爾賡次》、《陸農師又示第五和篇褒借益勤輒復酬答》、《諸公唱和多記經歷之事因感昔游復用元韵凡三首》、《鄧聖求承旨叠貽佳句過有褒稱無言不酬雖復牽强以多爲貴固已數窮大雅旁通諒無誚斥》，皆用攽韵。

宗愈詩佚。

轍詩乃《欒城集》卷十五《次韵劉貢父省上示同會二首》。其一首云：「流落江湖東復西，歸來未洗足間泥。」既自謂，亦以詠攽。以下云：「偶隨鵬翼培風上，時得銜香滿袖携。」自謂。末云：「相望魯衛雖兄弟，終畏鄰封大國齊。」謂詩不及攽。

軾詩乃《蘇軾詩集》卷二十八《次韵劉貢父省上》。其一末云：「不用臨風苦揮淚，君家自與竹林齊。」自注：「貢父詩中，有不及與其兄原甫同時之嘆；然其兄子仲馮，今爲起居舍人。」因攽原作已佚，故於此拈出之。

筆詩佚。

癸酉（二十一日），奉安神宗神御於景靈宫宣光殿。軾作導引歌辭。

癸酉云云，據《宋史·哲宗紀》。導引歌辭見《蘇軾文集》卷四十四（一二九八頁）。

楊孟容（禮先）知廣安軍，軾有詩送之。自謂其詩效黄魯直體，庭堅（魯直）賦詩解之。

軾詩見《蘇軾詩集》卷二十八（一四七九頁）。題下趙次公注：「先生自謂效黄魯直體。」詩次本月二十九日所作詩前，今依其編次。《文集》卷五十九答孟容第二簡叙送别及作詩事，第三簡云及「寄示石刻，暴揚鄙拙，極爲悚怍」，知此詩已刻於廣安。《欒城集》卷十五亦有送孟容詩。

《山谷詩集注》卷五詩題：「子瞻詩句妙一世，乃云效庭堅體，蓋退之戲效孟郊、樊宗師之比，以文滑稽耳，恐後生不解，故次韻道之。」首云：「我詩如曹鄶，淺陋不成邦。公如大國楚，吞五湖三江。」

《蘇軾詩集》題下「合注」引《一統志》謂孟容爲眉山人。

戊寅（二十六日），駕部郎中黄好謙知濮州。轍草制。

戊寅云云，據《長編》卷三百九十六。轍制文見《欒城集》卷二十九。

孔武仲作《三舍人題名於後省皆賦詩因寄呈劉貢父》詩。三月二十九日，軾次韵，轍及曾肇

（子開）次韻。武仲復次韻。

《三舍人》詩見《清江三孔集》卷六，云：「西垣寂寞今已久，三賢文章鳳池手。朝來不復戀山中，後至儻誰居客右。華堂刻石映今古，秀句連章動星斗。鴒原棣萼俱相望，龍吟虎嘯生輝光。就中貢父我故鄉，況有小阮争翱翔，翩翩亦試中書堂。」小阮謂劉奉世（仲馮）。

軾詩乃《蘇軾詩集》卷二十八《次韻三舍人省上》。

轍詩乃《欒城集》卷十五《次韻孔武仲三舍人省上》，首云：「君不見西都校書宗室叟，東魯高談鼓瑟手。偶然同我西掖垣，并立曉班分左右。」西都校書謂劉攽，攽嘗佐司馬光修《資治通鑒》於西都洛陽，見《宋史·劉攽傳》。東魯句乃指曾肇，曾氏以孔子弟子曾參爲祖上，故如是云。則三舍人者，乃劉攽、曾肇及轍也。攽省上詩已佚，上條已云及。肇省上詩亦佚。

《清江三孔集》卷六孔武仲《曾子開示詩再用前韻》：「川滔海積歲月久，書禿十毫未停手。昔人四十誇專城，公佩黄金來帝右。當年逸足起江西，時輩共喜星之斗。榮華未滿衆所望，天啓叔季侍清光。莫言晝錦歸故鄉，莫對秋雁思南翔，且登金門上玉堂。」

同上《蘇子由示詩再用前韻》：「公家兩賢涉世久，六馬從容轡在手。驅馳有節心有常，進退不隨人左右。十年挫抑心不回，方知有膽大如斗。鸞坡鳳閣蔚相望，燦燦奎壁連晶光。我家辛勤出寒鄉，斥鷃未易追翱翔，莫將滄溟比坳堂。」

軾詩自注：「三月二十九日作，明日駕幸景靈宫。」詩云：「却見三賢起江右。」宋刊十行本《東坡集》及《景蘇園帖》此詩此句下自注：「曾子開、劉貢父、孔經父皆江西人。」此詩題下「誥案」謂三舍人乃曾、劉及孔武仲（常父），改自注「孔經父」爲「孔常父」，誤。

按：題所云三舍人，即三中書舍人，乃曾肇（子開）、劉攽（貢父）及弟轍。如武仲時爲中書舍人，則此詩實爲自我標榜，決無是理；如謂此句所云之三賢有其兄在内，亦無是理，以兄弟情親，亦不能妄以賢尊之也。劉爲中書舍人，見元祐元年十二月庚子紀事；弟轍及曾爲中書舍人，見同上年十一月戊寅紀事。「誥案」未詳考。孔武仲時任職館中，見本年「孔武仲來訪旋馳去」條。武仲《清江三孔集·宗伯集》卷九《仙韶副使胥氏可充樂使管勾仙韶公事》制，作於元祐六年十二月。同上卷《上哲宗乞轉侍從官進對》題下原注：「元祐七年八月上，時爲中書舍人。」蘇軾詩題所云三舍人，與武仲無涉。

《晚香堂蘇帖》有《次韵三舍人省上》，末句自注：「明日扈從景靈宫，故有此句。」詩末云：「元祐二年三月晦日。」是月晦日爲二十九日。

錢承制赴廣西路分都監任，蘇軾送行詩盛贊錢鎮邪。轍次韵。

詩見《蘇軾詩集》卷二十八（一四八六頁），緊次本月二十九日所作詩後，今依。詩首云「當年我作表忠碑」，承制蓋爲吴越王錢氏之裔。詩末曰：「知是丹霞燒佛手，先聲應已懾羣夷。」自

注：「廣西僧寺，頃有佛動之異，錢君碎而投之江中。」惜不得其詳。《欒城集》卷十五《送錢承制赴廣東都監》：「家聲遠繼河西守，遊宦多便嶺外官。南海無波閑鬭艒，北堂多暇得羞蘭。忽聞常棣歌離索，應寄寒梅報好安。它日扁舟定歸計，仍將犀玉付江湍。」與軾稱「廣西」不同。

本月，軾作《諸宮觀等處祈雨青詞》。

文見《蘇軾文集》卷六十二，題下原注：「元祐二年。」未著月份。查《宋史·哲宗紀》：本月辛卯詔，有「冬夏旱暵，海内被災者廣」之語；己亥，太皇太后以旱權罷受册禮。茲繫此文於本月。

本月，軾與孫覺、虞大寧等上疏，奏乞録用鄭俠、王斿。

奏疏見《蘇軾文集》卷二十七（七九四頁）。文中云及「臣等」，未及姓氏；孫、虞二人乃據《景定建康志》卷四十八《鄭俠傳》補。朝廷以俠爲泉州教授，見《宋史》卷三百二十一《鄭俠傳》；俠字介夫，福州福清人。《彭城集》卷十九有《承事郎王斿可太常寺太祝制》，知斿得用。《長編》卷四百九十九謂斿乃軾兄弟門下士，知咸平縣，有治狀，與曾布爲親戚，吴居厚薦爲榷貨務，元符元年六月十八日罷。九月，監江寧府糧料院，見《後山詩注》卷首年譜注文。虞大寧，廣信人。熙寧間知鄞縣，興修水利，民甚利之。《寶慶四明志》卷十二有傳。

本月，東平康師孟刻軾、轍所與九帖於洛陽。

是月云云，據《蘇軾詩集》卷二十三《別子由三首兼別遲》題下引宋施元之、顧禧注：「宿守都梁，得東平康師孟元祐二年三月刻二蘇公所與九帖於洛陽。坡書《別子由》第二詩，而題其後云：『元豐七年，余自黄遷汝，往別子由於筠，作數詩留別，此其一也。其後雖不過汝，而此意未忘，因康君郎中歸洛，書以贈之。元祐元年三月十日，軾書。』」宿，元之之子。《蘇軾文集》卷六十八《題別子由詩後》即此跋，「十日」作「十六日」。卷七十三《四神丹説》謂師孟爲名醫，軾嘗以藥方求教。

毛滂來京師，上書蘇軾。

《東堂集》卷六《上蘇内翰書》：「内翰先生閣下。飢者甘食，渴者甘飲，是未得飲食之正，飢渴害之也。今之學類於是，某請試爲先生言之。夫學亦不一也，蓋有樂其實者，有樂其名者，有學以爲道者，有學以爲利者。利而後學，則亦無所不至矣。人莫不飲食，鮮能知味，爲其以飢渴害之，則何以異乎利之害於學。故凡可以釣爵位而不失於利之所在者，雖之楊、之墨、之佛、之老，皆爲可學，是猶凡可以飽滿於飢渴者皆爲可以飲食。本朝以文章聳動搢紳之伍者，天下最知有歐陽文忠公，中間，先生父子兄弟懷才抱道，吐秀發奇，又相鳴於翰墨之囿，如長江大河，浩無畔岸，崇嵒峭壁，萬仞崛起，此天下所以目駭耳回，而披靡於下風也。爲兒童者，記誦先生之言;能論撰者,盜竊先生之意:視先生以爲規矩繩墨,未有以方圓曲直逃者也。熙寧間,作新斯文,而丞相以經術文章,爲一代之儒宗,天下始知有王氏學,灝灝乎其猶海也。其執經下座,摳衣受業者,如百川歸之海,於是,百家之言,陳弊腐爛,學士大夫見必嘔而吐之。嗚呼,一旦取覆醬瓿矣。當時歷金門,上玉堂,紆青拖紫朱丹其轂者,一出王氏之學而已,先生以爲彼真有知王氏乎?其心誠樂其所學而好之乎?不二十年,天子出丞相不用也,其議論益彫落,而文亦就弊矣。主上新即位,諸公以耆舊得召合於朝廷間,其老儒宿學,平日宛舌同聲而湮鬱不快者,一旦開其約結順風而疾呼應者,蓋已如響,而王氏之學,又將覆醬瓿矣。先生以爲學士大夫今日從先生游者爲誰何,是皆前日規矩繩墨於先生者也。然王氏之說,殆亦滿其腹中,蓋亦中間叛先生而去者耳。自先生兄弟入朝,某由二浙歷淮泗至於京師,有服儒衣冠者,某必問之,今公卿大夫以經術文章進者誰爲能,必曰不出先生兄弟。宜誰師,必曰宜師先生兄弟。先生以爲彼真有以知先生乎?其心誠樂先生之所學而好之乎?先生之名滿天下,雖漁樵之人,里巷之兒童,馬醫廝役之徒,深山窮谷之妾婦,莫不能道也,是天下所共知也。某以爲其人之所以真知先生者,非天下所共知也。王氏之學,固未必人人知而好之,蓋將以爲進取之階,宫室之奉,妻孥之養,餔啜之具耳,此某所以病今之學者,爲利蓋如此而已矣。某少知讀書,頑然樸魯,聞道甚淺,然其所學,則周公、仲尼之道,非進取之道也。古人今人，前輩後輩，某不知孰重孰輕，從其是者而已。伏惟内翰先生，道德根於心，華於文章，實於事業，其已著見者，四方之人所能共談，其深而未發者，純乎淵然某又安足識其一二而稱頌之。某行橐甚貧，特所載經史足用，幸不乏先生之文，每一發帙，其經於目如文繡，歷於耳如鐘鼓，誦於口如膏粱，知其如是之美也，終未足以知其所以爲美，故將學視於離婁，學聽於師曠，學味於易牙，然後可以盡知先生之言，如文繡，如鐘鼓，如膏粱之美。然三人者，不可得而見，則將何以盡知先生之言乎，先生亦將坐觀其聾瞽不靈，而蒙於衆人乎！又豈哀其心，勤志篤將提其耳，刮其目，礪其齒，使疏暢廓達其聰明，而昭然有得於先生者，大異於衆人，則先生亦何愧於孟子之三樂。謹獻雜詩文一編，惟先生哀其意而幸教之。」滂書約上於春間，見本年「五月答毛滂簡」條，滂來京師當爲候選。參本年此下「軾薦晁説之及毛滂」條。

四月，轍上《因旱乞許臣面對言事劄子》。

劄子見《欒城集》卷四十一。云時「旱勢未止，夏麥失望」。云：「宜因此時，明降詔書，許百官面奏公事。上以盡羣情之異同，下以閲人才之賢否。人心不壅，天道必從。則久旱之災，庶幾可息。」《宋史·哲宗本紀》元祐二年夏四月，「辛卯詔：冬夏旱暵，海内被災者廣，避殿减膳，責躬思過，以圖消復。」轍劄子稱「比聞詔書引咎自責，避正殿，損常膳」即上詔。則劄子應上於四月辛卯(十日)後。

《長編》卷三百九十八繫此劄子於三月之末，并注云：「轍本集乃以此奏爲户部侍郎時所上。按：奏稱久旱，詔書引咎自責，避殿减膳，實四月間事也。今附未得雨前。……考轍十一月二十六日，始遷户侍，是冬苦寒，無復旱矣。正月四日，朱光庭使河北賑饑民。」「詔書」云云，見劄子；劄子云及「河北流移」。今暫次此劄子於此。

此劄子以前，轍有《申本省論處置川茶未當狀》。

狀見《欒城集》卷四十一。狀之主旨爲：「朝廷但和買邊郡合用茶數，只於邊郡立榷法，其餘率皆通商。」狀次元祐元年十二月庚寅所上《不撰葉康直知秦州告狀》後，當作於元祐元年十二月庚寅後至《因旱乞許羣臣面對言事劄子》前。

四月一日、二日，曾肇(子開)扈從，作詩。轍次韵，軾亦次韵。轍、軾皆扈從。

肇詩原作佚，然宋陳巖肖《庚溪詩話》卷下尚記其扈從事并舉詩中句，兹録於下：「元祐間，東坡與曾子開肇同居兩省，扈從車駕，赴宣光殿，其略曰：『鼎湖弓劍仙遊遠，渭水衣冠輦路新。』又曰：『階除翠色迷宫草，殿閣清陰老禁槐。』詩語亦佳。」

轍詩乃《欒城集》卷十五《次韵曾子開舍人四月一二日扈從二首》、《再和》。前者其一首云：「萬人齊仗足聲匀，翠輦徐行不動塵。夾道歡呼通老稚，從官雜遝數徐陳。」

軾詩乃《蘇軾詩集》卷二十八《次韻曾子開從駕二首》、《再和二首》。《蘇魏公文集》卷十二《次韻諸公從駕景靈宫二首》、《范太史集》卷二《和子開從駕朝謁景靈宫二首》，皆次肇韵。

《佚文彙編》卷三與肇簡：「來日欲同穆父略到池上扈駕。」「穆父甚喜公來，可攜帽子涼傘行也。」或作於此時。

癸巳（十二日），給事中顧臨爲天章閣待制、河北路轉運使，軾與鄧温伯、李常、王存、孫覺、胡宗愈等上乞留狀。不報。

據《長編》卷三百九十八；時温伯爲翰林學士，常爲户部尚書，存爲兵部尚書，覺、宗愈爲吏部侍郎。狀見《蘇軾文集》卷二十七（七九六頁）。

乙巳（二十四日），陳師道爲亳州司户參軍、充徐州州學教授，以蘇軾等之薦也。

據《長編》卷三百九十九。《長編》云：「軾等言師道苟非其人，義不往見。謂章惇也。惇前知樞密院，欲師道一來見己，則將特薦於朝，師道終不往云。」薦狀見《蘇軾文集》卷二十七（七九五頁）。奏於本月十九日。《蘇軾文集》卷四十九《與李方叔書》亦及薦師道事。

送顧臨（子敦）赴河北，軾有詩，詩有戲語。轍亦有詩。

詩見《蘇軾詩集》卷二十八（一四九四頁）。撰送詩者尚有弟轍，詩見《欒城集》卷十五。

《雞肋編》卷中：「顧臨子敦内翰，姿狀雄偉，少未顯時，人以『顧屠』嘲之。元祐中，自給事中爲河北都運使，蘇子瞻送之詩云：（略）顧得之不樂。」蓋以詩中有「軀膽兩雄偉，便便十圍腹」之句。

《獨醒雜志》卷五謂蘇軾與敦嘗同舍，以下云：「子敦肥碩，當暑袒裼據案而寐，東坡書四大字於其側，曰『顧屠肉案』。」茲附此。

轍詩云「好勇真令腐儒服」，盛贊之。

戊申（二十七日），通議大夫、守尚書左丞李清臣以資政殿學士知河陽。轍行制。

戊申云云，據《長編》卷三百九十九。制文見《欒城集》卷二十九。

三十日，孔文仲（經父）、范祖禹（純父）等餞送顧臨（子敦）。轍有詩。

轍詩乃《欒城集》卷十五《席上再送》。首云「人言虎頭癡，勇作河朔游」。虎頭乃晉畫家顧愷之小字，以喻臨。再贊其勇。文仲詩爲游韵，轍詩亦爲游韵，然非次韵，知轍與其會。

《清江三孔集》卷一孔文仲《四月三十日慈孝寺山亭席上口占送子敦都運待制赴河北》：「送客城南寺，蕭然雲水秋。客意在萬里，聊作須臾游。昨夜過新雨，清風滿梁州。簪裳合俊彦，河圖并天球。古來功名人，未就不肯休。譬如鑿空使，尚致安石榴。矧今南畝民，往往東西流。君能安輯之，千倉與萬艘。」

《彭城集》卷五《慈孝寺送顧待制次韵和孔舍人》：「丈夫老益壯，鬢毛豈知秋。多君志慷慨，不避千里遊。躍馬過黄河，北視三四州。要官在東序，河圖間天球。古來功名人，未就不肯休。譬如鑿空使，尚致安石榴。况今南畝民，往往東西流。還定安輯之，千倉仍萬艘。」

《范太史集》卷二《四月三十日慈孝寺山亭席上次韵，經父舍人送子敦都運待制赴河北》：「去年使河東，飲餞天始秋。今年使河北，復作蕭寺遊。愧我燕居息，送公頻按州。雍容鵷鷺列，環珮鳴琅球。豈知勤徒御，與國揚王休。譬如果適口，安問梨與榴。此行功名會，肯使歲月流。載酒都門餞，行當迓歸艘。」

《山谷内集注》卷六《慈孝寺餞子敦席上奉同孔經父八韵》：「日永知槐夏，雲黄喜麥秋。同朝國士集，賜沐吏功休。祇園冠蓋地，清與耳目謀。晴雲浮茗椀，飛雹落文楸。一客衆主人，醉此顧虎頭。虎頭持龍節，排河使東流。厥田惟上上，桑麻十數州。計功不汗馬，可致萬户侯。」

蘇軾辭不往，作詩以自解。

詩見《蘇軾詩集》卷二十八（一四九七頁）。

《雞肋編》卷中：「（顧子敦）既行，羣公祖道郊外，子瞻辭疾不往，和前韵以送，因以自解焉。」

餞行者尚有劉攽，攽之詩云：「蘇公相知心，乃在湯湯水。」似爲蘇軾解釋。詩載《彭城集》卷五，題爲《次韵蘇子瞻》，云：「顧侯磊落人，稱是腰腹偉。不甘封侯相，蔡父誇小史。功名保唾掌，懷寶豈能已。鞅掌人所難，見之心獨喜。鄴中貴史公，秦諺推槜里。一蕢障九州，亦自其名美。金城上方略，萬里可寸紙。頂踵禹墨間，掛冠復遺履。蘇公相知心，乃在湯湯水。抑揚磕然笑，吾心嘲里耳。」

《范太史集》卷二《同子瞻送子敦赴河北都運次韵》：「顧公涉滄海，宇宙觀奇偉。十年守沈冥，應笑柱下史。動静雖有殊，要之蓋棺已。邇來拜東臺，巖穴彈冠喜。昂藏出風塵，壯志在千里。忽持膚使節，急病仁爲美。翰林出新詩，風霆奔落紙。朝廷日清明，君子慎所履。行當繼禹功，灑災澹洪水。過我伊洛間，松風醒俗耳。」

《山谷内集注》卷六《次韵子瞻送顧子敦河北都運二首》：「儒者給事中，顧公甚魁偉。經明往行河，商略頗應史。勞人又費乏，國計安能已。成功渠有命，得人斯可喜。似聞阻飢餘，惡少驚邑里。啓鑰探珠金，奪懷取姝美。部中十盗發，一二書奏紙。西連魏三河，東盡齊四履。此豈小事哉，何但行治水。使民皆農桑，乃是真儒耳。」以上其一。「今代顧虎頭，骨相自雄偉。不令長天官，亦合丞御史。能貧安四壁，無愠可三已。昨來立清班，國士相顧喜。何因將使節，風日按千里。汲黯不居中，似非朝廷美。太任録萬事，御坐留諫紙。發政恐傷民，天步薄冰履。蒼生憂其魚，南畝多被水。公行圖安集，信目勿信耳。」以上其二。

孔文仲作酴醿詩，轍次韵。

文仲詩佚。轍詩見《欒城集》卷十五。《山谷内集注》卷六有《見諸人唱和酴醿詩輒次韵戲詠》，云：「梅殘紅藥遲，此物共春歸。名字因壺酒，風流付枕幃。墜佃香徑草，飄雪浄垣衣。玉氣晴虹發，沉材鋸屑霏。直知多不厭，何忍摘令稀。常恨金沙學，顰時正可揮。」韵同轍詩。

本月，轍撰《黄好謙知潁州制》。

見《欒城集》卷二十九。

軾嘗令門人輩作《人不易物賦》。

《濟南先生師友談記》：「東坡先生近令門人輩作《人不易物賦》（原注：物爲一人重輕也）。或戲作一聯曰：『伏其几而襲其裳，豈爲孔子；學其書而戴其帽，未是蘇公（原注：士大夫近年倣東坡桶高簷短，名帽曰子瞻樣）。』廌因言之。公笑曰：近扈從燕醴泉觀，優人以相與自夸文章爲戲者，一優（原注：丁仙現）曰：『吾之文章，汝輩不可及也。』衆優曰：『何也？』曰：『汝不見吾頭上子瞻乎？』上爲解顔，顧公久之。」《苕溪漁隱叢話》前集卷四十引《王直方詩話》云元祐初「士大夫效東坡頂短簷高桶帽，謂之子瞻樣」。《王直方詩話》「襲其裳」作「升其堂」，「豈爲」作「曾非」，「學其書」作「襲其書。」《蘇軾詩集》卷四十一《次韻子由三首·椰子冠》：「更著短簷高屋帽，東坡何事不違時。」可參。

軾和張問（昌言）喜雨。

《蘇軾詩集》卷二十八有《和張昌言喜雨》、《次韻張昌言喜雨》，韻不同，略有先後。此略前，尚有《次韻張昌言給事省宿》。《彭城集》卷十三、《范太史集》卷二、《欒城集》卷十五、《山谷詩集注》卷六有和問喜雨。《孫公談圃》卷下：「元祐初，吕申公欲以張問爲給事中，張老甚，外議恟恟。公上言：朝廷欲用老成者，謂其有成人之德，豈特蒼頭白髮而已乎！」其詩和者多，當以其老成。問，《宋史》卷三百三十一有傳。卒於本年十月壬戌，見《長編》卷四百七。問本襄陽人，卒年七十五。种世衡遺以汝州田十頃，辭弗受。當是徙居於汝。蘇軾亦欲居汝，故云：「待向嵩陽求水竹，一犁烟雨伴公歸。」參見《蘇軾詩集》第一四八四頁注文。

五月乙卯（初四日），以交趾進奉使、朝散郎、户部員外郎黎鍾爲吏部員外郎，副使、宣節副校尉、西頭供奉官、閤門祇候杜英輩爲東頭供奉官、西京左藏庫副使。轍草制。

五月云云，據《長編》卷四百。制見《欒城集》卷二十九。

丙辰（初五日），宣議郎鄧忠臣爲祕書省正字。轍草制。

丙辰云云，見《長編》卷四百。

制見《欒城集》卷二十九。

十四日，軾自書《緑筠軒》一首。

《晚香堂蘇帖》自書「緑筠軒一首」，云「元祐二年五月十四日書」。按：詩在《蘇軾詩集》卷六，題作《緑筠亭》。

《參寥子詩集》卷九《慧覺孜師緑筠軒》：「緑筠蕭蕭含爽籟，幽姿泠落人難愛。壁間但有謫仙詞，聲名自到江湖外。當年創軒非壯觀，局促簾櫳日虧蔽。一朝經畫有底難，推倒牆頭了無礙。坐挹西南十里山，彩翠浮空屹相對。開池鑿圃增氣象，佳致直爲一方最。鳥聲鳴春春漸融，蘭芽蕙出初蒙茸。我來正值新雨定，弄日吹香聞座中。主人散策邀我步，池南池北聊從容。會待龍孫添夏蔭，借君此地眠清風。」謫仙謂蘇軾。據詩，當年建緑筠軒時，規模較狹。以後乃即其址擴建。

己巳（十八日），太師文彦博等請太皇太后高氏受册。轍有《請太皇太后受册表》。

據《年表》。《年表》本日紀事：「太師文彦博等言：『伏奉詔旨以時雨愆期，太皇太后陛下憂閔元元，側身修行，躬自貶薄，以奉天戒，權停受册之禮。今時雨溥注，二麥既登，秋稼有望，正名定位，義不可後。謹據太史局選定八月初四日崇上徽號。』」《長編》卷四百一亦載此事，文字較詳。末云：「詔不許，自是三請，乃從之。」

表見《欒城集》卷四十七。應作於初次「批答不許」受册後。

辛未（二十日），集賢殿修撰、知陳州鮮于侁（子駿）卒。轍有哀辭。上《乞推恩故知陳州鮮于侁子孫狀》。

辛未云云，據《年表》。《欒城集》卷十八有《鮮于子駿諫議哀辭》。文謂侁「晚節爲楚詞，得古之遺思」，乃作楚辭授其子頡，以爲侁之意。狀見《集》卷四十一，乞「依諫議大夫恩例，以慰忠賢之心」，以侁「身後獨不得與侍從亡歿恩例，子孫見有白身」也。

李廌（方叔）撰侁行狀，蘇軾簡廌贊其文。

《淮海集》卷三十六《鮮于子駿行狀》亦言侁卒於五月二十日。

《蘇軾文集》卷五十三《與李方叔》第五簡：「承示新文，如《子駿行狀》，丰容雋壯，甚可貴也。有文如此，何憂不達，相知之久，當與朋友共之。至於富貴，則有命矣，非綿力所能必致。姑務安貧守道，使志業益充，自當有獲。鄙言拙直，久乃信爾。」蘇軾與廌父惇爲同年，與廌交游已有時，嘗箴廌之失，如《文集》卷四十九《答李方叔書》。兹則於贊其文之同時，以「拙直」之言勉其充志業，意與《答李方叔書》同。此簡與廌，自無庸置疑。然《淮海集》爲秦觀撰，其《鮮于子駿行狀》末云，「某辱命最厚，嘗辱薦於朝」，實爲觀口吻，與觀行實亦符。竊意觀此文乃廌所代作。《行狀》未言侁葬事，當作於本年。又：《長編》卷三百六十一元豐八年十一月丁酉紀事注文引鮮于侁行狀，亦謂爲李廌作。

甲戌（二十三日），朝請大夫充龍圖閣待制、知洪州熊本降授朝散大夫。轍草制。

甲戌云云，據《長編》卷四百一；《長編》云：「以先知桂州分畫地界失當故也。」制見《欒城集》卷二十九。

二十五日，范百嘉（子豐）卒。軾簡慰其父鎮。

百嘉卒見《范太史集》卷三十九墓銘，時年三十九。慰鎮簡爲《蘇軾文集》卷五十答鎮（蜀公）第九、十、十一各簡。《欒城集》卷十六有輓百嘉詩。

龐安時（安常）遣人送《傷寒論》來。二十八日，軾答簡，盛贊安時之書，允爲作序。

《蘇軾文集》卷五十三答安時第一簡，載安時《傷寒總病論》卷首，謂「五月廿八日」書。該書無序，乃以蘇軾之簡代序。知軾未作序。《傷寒總病論》即《傷寒論》之全稱。簡云「方苦多事」，乃指館職策爲人所論。第二簡云「當爲作數百字，仍欲送杭州開板」，當爲第一簡附簡，「數百字」當指序。

《豫章黄先生文集》卷十六《龐安常傷寒論後序》末云：「前序，海上道人諸爲之，故虛右以待。」此海上道人即蘇軾。《直齋書録解題》卷十三《龐氏家藏祕寶方》謂安時所著書惟《傷寒論》傳於世。安時醫學著述，除《直齋書録解題》所云者外，尚有見於《宋史·藝文志》之《難經解義》、《難經解》各一卷。

蘇軾嘗簡龐安時（安常）論醫理。

簡乃《蘇軾文集》卷五十三《答龐安常》第三簡。簡云：「端居静念，思五臟皆止一，而腎獨有二，蓋萬物之所終始，生之所出，死之所入也。」自萬物生存看待人之軀體，看待腎之作用。以下云：「故《太玄》：『罔、直、蒙、酋、冥。』罔爲冬，直爲春，蒙爲夏，酋爲秋，冥復爲冬，則此理也。」季節循環，兩腎亦循環。約作於元祐間。今附次此。

五月，軾答毛滂（澤民）簡。滂復上書。

《蘇軾文集》卷五十三《答毛澤民》第一簡：「頃承示長箋及詩文一軸，日欲裁謝，因循至今，悚息。」滂之長箋，見本年以上「毛滂來京師上書」條，蘇軾此簡首云「酷暑」，則滂之書當上於春間。簡謂「文章如金玉，各有定價。……品目高下，蓋付之衆口，决非一夫所能抑揚」，勉滂不斷努力。

《東堂集》卷六《再答蘇子瞻書》：「仲夏毒熱，伏惟内翰先生臺候起居萬福。昨晚得所賜告翰，伏讀百過，輝光之密，温其儼然，如在眉睫，念假借過情，識者疑而不服。韓文公以文章自振一代，觀諸權門豪士，如僕隸馬，瞪然不顧，而頗能誘厲後進，先生豈所謂欲誘而致於是歟！孤衷佩服，厚賜，愧慚汗發。人過龍首之山，獲堅白温潤之石，碌碌然異於尋常之石也，自疑爲連城垂棘之寶，出之里巷之愚人，方且與惑焉，更求玉工相之，夫然後玉石辨矣。爲玉工而要必能知玉，顧豈易得哉！此楚王時非無當其名者，而卞和卒以兩足異處，泣盡繼之以血也。某向學孤陋，頗復荒落於憂患間，今儒宗文師，磊落相望，而某三千里懷其所得陳腐無味之言，徑獻先生之門者，不可謂之無意也。以故自比於龍首山得石之人，期先生爲深知玉者。今先生將掩口胡盧而笑之，則某以爲石將教以華篋十重緹巾十襲而珍藏之，得五城之都，而後許其一觀，則某以爲玉其信於先生者，坦然不疑。如此，亦將曉其無意以未辨難分之石，欲遽張皇於夜光之側也。先生教曰：品目高下，蓋付之衆口，某竊惑之。西漢時有揚子雲，聖人之徒，後世學孔子者，蓋嘗想見其人於千載，然當時深知子雲者，不過侯芭、桓譚輩二三子耳，則其道理純疵，品目高下，果不在衆口。伯牙失鍾子期，至於絶絃破琴，騏驥之馬，伯樂回目而顧，然後知其爲超遠之足，則琴之妙音，不在衆耳，馬之駿骨，不在衆目，爲甚明矣。某也不敏，其未已之學，他日之能否，請今日從先生而定。某又嘗讀傳記，見古人相汲引之事頗不一，於此亦不能無疑，欲終言之，則近於屑屑急人之知，以故不敢復一二數也。先生之居，燕息游閒之處，樹石茂密之間，當有鮒鯢蝦蛭，邂逅於泠然之池，先生策杖閒暇注目逍遥，遂小物之適，以起遠思，必擘粒引泉，覆以藴藻蒲荇，觀其浮沈，洋洋自足於杯勺之微而心悦之，尚宜知有横海之鱣，吞舟之鯨，跬步而絶於天池七澤之陸，幸而至於水，必能作飄風之溯湃，卷飛雲之蔚薈，鼓鬣奮鬐於浮天浴日之浪，變化一息，回復萬里也。今泥沙敗其鱗鬣，螻蟻集其背腹，其已涸之沫，又不足以自濡，有人力能行舟於陸者，偶當其前魚不能人言，猶頭掉尾頓，冀其人一出行舟之力而致於水，乃姑睥睨而過之，曰：非渤澥之濤，滄溟之波，無能活此，殊不知有行舟之力爲可以必致於滄溟渤澥間而活之也。當是時，欲要策杖注目之顧，希嚳粒引泉之惠，夷猶於蘊藻蒲荇間，曾不如池中物。區區此言，惟某之狂愚不知習人事者能發，惟天下士夫所責望如先生者，可聞此言。」書云「仲夏」，乃五月事。

滂此書稱蘇軾内翰，未及侍讀，知作於本年兼侍讀前。滂時在京師。

五月，劉攽（貢父）西省種竹。賦詩，蘇軾兄弟、鄧潤甫，曾肇（子開）、孔文仲兄弟賡和。

詩見《蘇軾詩集》卷二十八（一五〇〇頁）。劉原韻云及五月，因次此詩於此。此略前，攽省上賦詩，軾一再次韻，見《詩集》同上卷。

《彭城集》卷十五《西省種竹偶書呈同省諸公并寄鄧、蘇二翰林》：「五月十三竹迷日，今年仍自晏陰初。分將池籞千竿翠，孰得楓槐一雨餘。紅葉蒼苔相映帶，南榮北户頓蕭疏。欲爲林下諸君詠，便是濤、戎亦盡書。」鄧謂潤甫。

同上《種竹重寄子瞻》：「官曹何獨異吾廬，修竹成林手種初。未必七賢皆縱逸，因從三昧得無餘。風聲似水還成韻，日影填金尚覺疏。舊事喜君能記憶，興來當復掃牆書。」

《蘇軾詩集》次韵故西省種竹詩題下「查注」引孔文仲次故韻詩：「西垣種竹滿庭隅，正值天街小雨初。漸引涼風侵夢覺，已留清露滴吟餘。卜鄰近喜蒼苔滿，托迹方驚上苑疏。昨夜青藜光照席，緑陰相對草除書。」此詩，不見今《豫章叢書》本孔文仲之《舍人集》，而見《豫章叢書》本孔平仲之《朝散集》卷六，爲《和子瞻西掖種竹二首》之第一首。

「查注」尚引孔武仲次故韵詩：「此君安可一朝無，請看西園種竹初。嶰谷正當吹鳳後，葛陂猶是化龍餘。風摇夢枕秋聲碎，月漏吟窗夜影疏。他日如封管城子，莫緣老秃不中書。」此詩，不見今《豫章叢書》本孔武仲之《宗伯集》，而見《豫章叢書》本孔平仲之《朝散集》卷六，爲《和子瞻西掖種竹二首》之第二首。

虞集《道園學古録》卷十一《題劉貢父蘇子瞻兄弟鄧潤甫曾子開孔文仲兄弟賡和竹詩墨迹》：「元祐同朝諸賢，歷官行事，月日可考知者尚多。七君子偶以唱和，同在此卷，使人覽之有無窮之悲慨者，何也？當時君子之多，近古所未有，同爲君子，而爲道不同，亦古所未有。故賁然文明錯著，會見於一日，而天下尠福，卒莫睹夫久大之德業，胥爲摧敗淪喪，而終不可復，皆天也耶！《泰》之《初九》，以拔茅茹爲吉，而《九二》即以朋亡爲戒，誠有憂患者之所爲乎！昔者君子皆嘗學之矣，悲夫。」

時孔文仲、孔武仲、孔平仲皆在朝，不知虞集所云孔文仲之「兄弟」究爲誰。「查注」謂今本平仲二詩分别爲文仲、武仲所作，必有依據。豈查氏所見之孔文仲、武仲集及《清江三孔集》與今本不同。查氏爲《補注東坡先生編年詩》五十卷，據卷首例略代序，作於清康熙壬午（一七〇二），書當成於此時。時當清初，理或然也。然又不知如何誤入平仲詩中。

蘇轍詩，見《欒城集》卷十五。首云：「竹迷誰定知迷否，趁取滂沱好雨初。」

鄧潤甫、曾肇詩不見。

六月甲申（初四日），承議郎彭汝礪爲起居舍人，吏部郎中王陟臣爲右司郎中，工部員外郎王古爲吏部員外郎，户部員外郎張詢權發遣兩浙路刑獄。轍草制。

六月云云，據《長編》卷四百二。制文見《欒城集》卷二十九。

同日，從中書省請，神宗皇帝御製應干邊機嚴密文字更不纂集。

《長編》本日紀事：「中書省言，編排神宗皇帝御製所狀請，除應干邊機嚴密文字，更不纂集，自餘常行約束雖干邊事，并著於篇，别爲卷帙至成書，惟不以賜臣下。從之。」據本年正月辛巳紀事，轍與劉攽編次神宗御製，此略前應有奏請文字。《欒城集》與《彭城集》皆無此項文字；不知此文字出於二人中之誰。

劉攽（貢父）省中獨直，作詩。轍、軾次韻。

攽詩佚。轍詩見《欒城集》卷十五。軾詩見《蘇軾詩集》卷二十八，云「共喜早歸三伏近」，知爲六月。

入伏許早出，轍有《謝入伏早出狀》。

狀見《欒城集》卷四十七。軾亦有《謝三伏早出院表》、《謝三伏早休表》，見《蘇軾文集》卷二十三。

戊申（二十八日），朝散郎、大常博士丁騭爲右正言。轍嘗與劉攽等薦騭。

戊申云云，據《長編》卷四百二。《長編》本日注文引蔣之奇所撰丁騭墓銘：「從臣蘇轍、劉攽、張問、曾肇、孔文仲列薦於朝。」問於本年八月致仕，見此前「張問省中直宿作詩轍軾次韵」條紀事。騭右正言之除，當出轍等之薦，薦文不見。

騭字公默，毘陵人。嘉祐二年進士。嘗爲祁門令。此時薦騭者，除轍及劉攽外，尚有張問、曾肇、孔文仲、胡宗愈等。司馬光嘗曰：「士大夫無不登光門者，而騭不來，真自重之士。」三年二月爲右正言，十月知處州。七年七月，以左朝請郎爲司封員外郎，八年五月知宿州，紹聖元年卒。

得告家居，劉攽（貢父）作詩見寄。轍次韵。

攽詩佚。轍詩見《欒城集》卷十五，云「雨後中庭有緑苔」；云「腕脱知君有軼才」，自注「十八、二十二兩日，除目猥多」；云「待得晴乾追後乘，未應塵土熱如灰」。以時計之，約作於本月末。

孔武仲(常父)來訪，旋馳去，作詩。軾答之。

武仲詩乃《清江三孔集·宗伯集》卷三《謁蘇子瞻因寄》，云：「華嚴長者貌古奇，紫瞳燁燁雙秀眉。顔如桃李兩侍兒，問其姓名自不知。囁嚅欲吐新奇詞，豈亦有虎來護持。維摩高卧盡不應，蓬山藏史策馬馳。三毫兀坐渾如癡，錯認醍醐是酒巵，誰將此景付畫師。」華嚴長者、維摩皆謂蘇軾。

武仲時在史館，見《宋史》武仲傳。

軾答詩見《蘇軾詩集》卷二十八(一五〇一頁)。

軾與張耒(文潛)至王直方(立之)家，讀耒所作詩，深愛之。

《宋詩話輯佚》上册引《王直方詩話》：「文潛先與周翰、公擇輩來飲余家，作長句。後數十日，再同東坡來。讀其詩，歎息云：『此不是吃烟火食人道底言語。』蓋其間有『漱井消午醉，掃花坐晚涼』、『衆緑結夏帷，老紅駐春粧』之句也。山谷次韻云：『張侯筆端勢，三秀麗芝房。作詩盛推賞，月珠計斛量。掃花坐晚吹，妙語亦難忘。』」耒詩乃《張耒集》卷十一《文周翰邀至王才元園飲》。庭堅詩乃《山谷詩集注》卷六《次韵文潛同遊王舍人園》，次本年夏，注文謂舍人名棫，字才元。按：乃直方父。《雞肋集》卷七有《次韻張著作文潛飲王舍人才元家，時坐客李尚書公擇、光禄文少卿周翰、大理杜少卿君章、黄著作魯直》。《參寥子詩集》卷十一《賦王立之承奉園亭》，凡十首，其《頓有亭》云：「君家十亭觀，棋置宛相望。是中富墨妙，偉哉蘇與黄。」謂頓有亭中藏有蘇軾、黄庭堅之墨迹。其《大裘軒》云：「經綸志四海，齟齬不得申。大裘縱千丈，姑覆洛陽春。」「大裘」云云，蓋謂與衆賓客游也。餘八者爲《載酒堂》、《潄醉亭》、《介庵》、《亦愛亭》、《永日亭》、《求定齋》、《泠然齋》、《賦歸堂》。《郡齋讀書志》卷三下《歸叟詩話》：「六卷。右皇朝王直方立之撰。直方自號歸叟。元祐中，蘇子瞻及其門下士以盛名居北門東觀。直方世居浚儀，有别墅在城南，殊好事，以故諸公亟會其家，由是得聞緒言餘論，因輯成此書。」《歸叟詩話》當即《王直方詩話》。已佚。直方生熙寧二年，卒大觀三年。事迹詳《嵩山文集》卷十九墓銘，墓銘稱直方「無他嗜好，惟晝夜讀書，手自傳録」。棫，《山谷詩集注》卷九、《邵氏聞見後録》卷二及之。《後山詩注》卷十二《酬王立之》注謂其家有蘇、黄元祐中所題字。

轍憶去年爲起居郎時邇英講讀，賦詩四絶。軾次韻。時謂之經筵唱和。劉攽（貢父）、曾肇（子開）、黄庭堅（魯直）、晁補之（無咎）、張耒（文潛）次韻。

轍詩見《欒城集》卷十五，軾詩見《蘇軾詩集》卷二十八。參元祐元年「自是時起至落權字爲中書舍人嘗侍邇英閣」條紀事；肇詩見該條。

《彭城集》卷十八《次子由韵三首》其一：「流霞飲過已忘寒，和筆螭坳墨色乾。温室前頭問名木，此身知不誤儒冠。」其二：「四朝傳説直言臣，萬事多君與輊軒。重到彤墀揮翰處，想知雲夢一時吞。」其三：「華光勸講想天臨，白髮儒先遇主心。仍寄史臣揮直筆，聖謨文思與几深。」佚第一首。

《山谷詩集注》卷七《子瞻去歲春侍立邇英子由秋冬間相繼入侍作詩各述所懷予亦次韵四首》其一：「赤壁歸來入紫清，堂堂心在鬢凋零。江沙踏破青鞋底，却結絲絇侍禁庭。」其二：「胸蟠萬卷夜光寒，筆倒三江硯滴乾。大似不蒙稽古力，只今猶着侍臣冠。」其三：「對掌絲綸罷記言，職親黄屋傍堯軒。雁行飛上猶回首，不受青雲富貴吞。」其四：「樂天名位聊相似，却是初無富貴心。只欠小蠻樊素在，我知造物愛公深。」

《雞肋集》卷二十《次韵兩蘇公講筵唱和四首》其一：「白髮歸聯侍從榮，未應江海嘆飄零。禽魚不與鈞天觀，想見羣龍舞洞庭。」其二：「李公素譽壓朝端，曾泝龍門鬣未乾。雖愧彭宣惟賜食，未慚禹貢亦彈冠。」其三：「纘服憂勤未有言，諸儒經術侍彤軒。九疇咸叙今天錫，三畫何人昔夢吞。」其四：「金玉誰人詠德音，太平無象屬人心，日高初散露門講，天上五雲宫殿深。」

《張耒集》卷三十一《次韵子由舍人先生追讀邇英絶句四首》其一：「天寒書殿曉班清，氣爽仙盤瑞露零。講罷羣公佩聲散，一竿宫日轉槐庭。」其二：「聯翩右史直西垣，舊墨螭頭點未乾。自是退之平昔事，可須慚著進賢冠。」其三：「冠珮煌煌拱北辰，道人風骨自軒軒。茯苓松下龜黿老，願乞靈丹一粒吞。」其四：「恭默誰聆金玉音，陶甄萬物付無心。君王好學真天意，憂國論思不厭深。」

宋構知彭州，軾有詩送行。轍次韵。

詩見《蘇軾詩集》卷二十八（一五〇八頁）。《欒城集》卷十五亦有送行詩。

構字承之，成都雙流人，號二江先生。《成都文類》卷二十三馬涓所作《二江先生文集序》稱構：「天才絶人，結髮稱奇童，比游場屋，則雋譽日出逼人。」元豐七年十二月間，爲夔州路轉運判官。《馮安岳集》卷十一《送宋構成之運判赴闕》詩，當作於此後不久。元祐六年爲南省郎。有文集十六卷，曰《二江先生文集》。其卒，《眉山唐先生文集》卷二十九有祭文，叙其一生，今録於下：「嗚呼公乎，維公蜀人，起於遠方。角出特立，致身富貴，頭角軒昂。入握省闈，出持使斧，有煒其光。西極岷峨，東盡河湟，維公之疆。聖神嗣興，改易法度，登崇俊良。先帝舊臣，千載一時，森列廟堂。一日九遷，唾手可得，易如探囊。車在要津，舟在急流，遂爾淪亡。炙手之勢，乘陰未移，遽冷如霜。跪奠道左，感念疇昔，揮涕其傍。」餘見詩題題下「王堯卿注」、「施注」。并參《長編》卷三百五十。

《三蘇全書》第十六册蘇轍《次韻宋構朝請歸守彭城》引楊椿《跋二蘇先生送宋彭州詩》：「宋史君以奉親丐便郡，出守天彭，二蘇先生作詩祖送。一時人物與夫歌咏之美，逮今五十年矣，蓋所謂尚有典型也。世固有忘親循利，顛沛於名宦之途，老死而不知監（按：疑應作『鑒』）者，聞史君之風，誦先生之詩，亦可以稍愧矣。」

同上引王灼《跋蘇子送宋使君書詩》：「元祐丁卯，宋使君爲尚書郎，以便親丐鄉郡，得彭州。二蘇先生爲作送行詩，非榮其歸也，喜其獲奉親之樂耳。然竟以内艱不之官，而二詩以爲好事者刻於守居之西湖。後六十年，使君之孫泰發將通守益昌，出先生筆迹相示。灼讀數過，竊歎曰：『使君之孝，傳子若孫，宋氏家聲不墜也。』」

《鶴山集》卷五十九《跋二蘇送宋彭州迎視二親詩》：「開禧二年秋，余以侍養不便，自館職丐漢嘉以歸。明年春，僅至蜀口，聞逆曦之變，倉卒議還荆州，盡違始願。會新安慶守趙景魯亦歸自西和，即約與俱，見其二子焉，其一巖叟也。自蜀中得二蘇公送宋彭州詩真迹及諸賢題識，袖以相示。（下略）。」

《成都文類》卷二十三馬涓《二江先生文集序》：「二江先生者，宋公承之也。宋氏簪笏蟬聯，爲蜀著姓，成都屬邑曰雙流者，先生所居也。左思賦曰：『帶二江之雙流兮。』故時人以二江先生呼之。先生天才絶人，結髮稱奇童。」謂其集凡十六卷。

轍詩見《欒城集》卷十五。中云：「馬馳未覺西南遠，烏哺何辭日夜飛。」軾詩乃《蘇軾詩集》卷二十八《送宋構朝散知彭州迎侍二親》。彭州在西南，而又迎親，故轍詩如是云。

《金石萃編》卷一百四十一隴州大佛寺刻石有宋構詩二首，總題云：「成都宋構承之，紹聖丙子歲按部過隴山，偶題以補樂府之缺。」一爲《關山月》，一爲《關山雪》。前者云：「關山月，關山月，千里寒光射冰雪。一聲羌管裂青雲，隴上行人腸斷絶。腸斷絶兮稱奈何，爲君把酒問嫦娥。冰輪桂魄圓時少，應似人間離别多。」云「千里寒光」，蓋得之實際生活。悲壯宛轉，得古樂府之遺。惜其集不傳。

郭熙畫秋山平遠，軾題詩。嘗應黄庭堅之約，觀熙所畫山水。

詩見《蘇軾詩集》卷二十八（一五〇九頁），言文彦博「爲君紙尾作行草」，當是熙持彦博之跋求題。《欒城集》卷十五有《書郭熙横卷》詩。

《圖畫見聞志》卷四《郭熙傳》：「河陽温人，今爲御書院藝學，工畫山水寒林，施爲巧贍，位置淵深，雖復學慕營丘，亦能自放胸臆，巨障高壁，多多益壯，今之世爲獨絶矣。」《宣和畫譜》卷十一、《圖繪寶鑑》卷三、《宋史翼》卷二十八有傳。

《山谷全書·别集》卷七《跋郭熙畫山水》：「郭熙元豐末，爲顯聖寺悟道者，作十二幅大屏，高二丈餘，山重水複，不以雲物映帶，筆意不乏，余嘗招子瞻兄弟共觀之。子由歎息終日，以爲郭熙因爲蘇才翁家摹六幅李成《驟雨》，從此筆墨大進。觀此圖，乃是老年所作，可貴也，元符三年九月丁亥，觀於青神蘇漢侯所。」應招觀畫，當爲此前後在朝時事。

轍題郭熙横卷。

轍詩見《欒城集》卷十五。詩首云：「鳳閣鸞臺十二屏，屏上郭熙題姓名。」此所云者熙之宫廷畫。然熙猶工山水寒林。以下云：「崩崖斷壑人不到，枯松野葛相欹傾。」則此横卷乃熙之山水寒林。上條蘇軾所題，當即轍所云横卷。

《山谷内集詩注》卷七《次韵子瞻題郭熙畫秋山》：「黄州逐客未賜環，江南江北飽看山。玉堂卧對郭熙畫，發興已在青林間。郭熙官畫但荒遠，短紙曲折開秋晚。江村烟外雨脚明，歸雁行邊餘疊巘。坐思黄柑洞庭霜，恨身不如雁隨陽。熙今頭白有眼力，尚能弄筆映窗光。畫取江南好風日，慰此將老鏡中髮。但熙肯畫寬作程，十日五日一水石。」

張問（昌言）省中直宿，作詩。轍、軾次韵。問旋作喜雨詩，轍、軾亦次韵。

轍詩皆見《欒城集》卷十五，軾詩皆見《蘇軾詩集》卷二十八。問本襄陽人，後徙汝。本年二月爲給事中，八月致仕，十一月卒，年七十五。見《蘇軾詩集》第一四八四頁所引「施注」。轍詩後者云「已收蠶麥無多日」、「禾黍趁時青覆壠」，作於五月。問字昌言。《宋史》卷三百三十一有傳。

劉攽(貢父)、曾肇(子開)直宿,作詩。轍次韵。

攽、肇詩均佚。轍詩見《欒城集》卷十五,云:「擲簡摇毫氣吐虹,興餘庭藥詠殘紅。今宵文字知無幾,鼾睡簾中笑二公。」乃直宿生活寫照,備見情趣。

六月,薛紹彭刻《上清詞》於上清太平宫。紹彭寄石刻,軾覆簡。

六月云云,見《金石萃編》卷一百三十九。簡見《佚文彙編》卷四(二五〇二頁),云「寄示石刻,仰佩至意」;又云「秋冷」,蓋道途往返,覆書已及秋。

軾寄王齊愈(文甫)《武昌西山》倡和詩。

《蘇軾詩集》卷二十七《武昌西山·叙》叙作此詩,請鄧潤甫同賦,當以遺邑人,使刻之。邑人謂王齊愈。

《蘇軾文集》卷五十三與齊愈第二簡叙寄詩事。簡云「酷暑」,作於夏。

毛滂出都,作詩寄二蘇兄弟。

《東堂集》卷二有《出都寄二蘇》。其序云:「滂去年冬去田里而西,歷春度夏,出關已秋,逆旅酸苦,節物感人。此詩書一時所遇之事以自見,寄獻内翰、舍人蘇公,伏惟一覽,幸甚。」其詩云:「近年好語開蹙額,廊廟主人還稷契。諸公彙進民所懷,左必提之右乃挈。善隋類舉皆可觀,野無遺賢静巖穴。石梁有客少讀書,神接前人望風烈。志與時違可奈何,居賤好高謀已拙。此身悠悠日江海，弔影行吟事酸噎。揣摩胸臆作西游，不成興起慚豪傑。賈生慟哭初亦疑，十年自覺流清血。三書不用即山林，將前復却何從決。無因名姓累吴公，咫尺天光阻羅列。志士惜日誠可憐，每恨平津當老節。子雲年少行所爲，今出秦關獨疲苶。郭門嚙臂良感人，仲卿蓄縮翻傷別。叩關自鬻雖矜張，掃門願見猶摧折。炙手門前車馬多，排肩屢進不得徹。近來索米却求田，結綬彈冠非所觖。更令胸臆從誰開，一刺懷歸定漫滅。檻虎饑饞尾漫搖，水盡海鯨當蟻垤。誰能忍恥寄我顔，妻笑嫂欺安用舌。北山記憶破臘來，遠水扁舟兩愁絶。雲重山寒暝不開，孤帆夜落嚴陵雪。雷山老桐凍弦斷，不作南風相暖熱。一劍星昏共形影，每恐龍寒呵古鐵。孟嘗無炭暖置身，杜雖有指不得結。可憐危肩聳及耳，浩歌能復彌清冽。吴山忽見梅花謝，天助陽春生筆下。近檐呵欠面發紅，故絮賣錢不須借。賣錢買船更欲西，牆頭立燕留新泥。新開湖南接淮水，楚山翠入天低迷。細風平日兩媚好，嫩黄梢轉隋楊堤。河名已清色未改，減盡狂湍濁猶在。東風正和水面穩，恃賴夷猶百無殆。鬱鬱葱葱見帝臺，祥烟瑞霧真佳哉。玄都道士種桃手，露浥風吹今總開。山翠柔紅亦得色，鬬妍意不相低佪。游蜂上下逐蝴蝶，蜜脾未飽争喧豗。幽谷黄鸝出晴昊，喬木几遷枝葉老。避寒何處過雪霜，依舊飛來語音好。少年走馬紅塵道，繡勒錦緣金絡腦。窈窕花隨寶碗飛，瞑旋風吹玉山倒。可憐窮巷無芳菲，良辰不得開懷抱。門閉曝背借餘暄，猶得爬搔驅虱蚤。逡巡迷目風沙顛，已報新花去如掃。乘離執衡又一時，萬物從新炎帝造。柳綫漸長成畏日，苦菜秀時蚯蚓出。烟綃霧縠自直錢，故葛綻聯遮肘膝。凌人頒冰下霄漢，誰信朱門自無汗。蔗漿酪粉瑪瑙盤，牙牀角簟光凌亂。石梁孤客賃屋居，坐恐炊中忽糜爛。蚊虻嚼膚俛聽爾，何苦羣鳴恣喧玩。生嫌蒿艾昏淚眥，寧强摑搭酸吟腕。牆陰壁隙又出蝎，潛致小毒猶錐鑽。巫師祝痛已復遭，術非驅除真亦漫。聽雞起坐難飽眠，庶寬煩促須清旦。進不知名仍退却，既來亦好歸不惡。羲和鞭御向西行，出門感此梧桐落。淡月孤烟侵曉昏，小雨凄風動冥寞。且欣編簡堪卷舒，那知羞澀憂垂橐。鐘鼓聲沉北斗高，白日漸遠傾葵藿。楚歌忽斷隔黄蘆，已見金山高磊落。須臾崩車天上行，長幡亂舞喧檐鐸。蒼穹白浪兩低昂，黑蛟黄虬森噴薄。開帆插櫓六鼇驚，男兒信命方自若。吴音嘲哳來船近，共憐遠客逃溝壑。烏倦知還羽翮垂，修竹茂林欣有托。故山茅屋良幽深，清泉瀏瀏石鑿鑿。蕨薇雖老芋栗甜，拾穗行歌亦云樂。買竿釣魚誰更哀，貰酒滌器人應詎。士通五經取青紫，請謝夏侯烏有此。捷徑須知自有塗，枉誦陳編腐牙齒。潼關坐息感二鳥，耿耿此心聊復爾。敢嗟與兄共槽櫪，但苦酸鹹異便美。擬希鋸利效細黠，天與鈍頑難力砥。五斗充饑未有時，却藏手板投耘耔。囊聞下惠恬小官，頗怪少游日掾史。曼倩俄驚備大臣，李渤諫官呼不起。古人去就良不同，剛成亦足稱男子。嗚呼乘時正阨窮，悵望臨食空投匕。豐山蒲牢鏗有聲，霜氣感發非繫榧。昌黎誘勵方循循，廣文薰炙皆名士。宋之善鳴挺有公，願助下風脣口哆。當時一到匠石前，至今人或疑杞梓。大厦未完公勿忘，可惜空山終朽死。燒桐願獻太古音，處囊請試從今始。燭光有餘真可待，無損公明公勿愛。」

《蘇軾文集》卷五十三答滂第一簡，云及「不久出都」，作於此略前。

錢勰（穆父）賦《新涼》詩，蘇軾次韻。

軾詩見《蘇軾詩集》卷二十九（一五二一頁）。

詩首云：「家居妻兒號，出仕猿鶴怨。未能逐什一，安敢摶九萬。」無最低等級之物質生活作保障，任何遠大理想皆無從談起。此在今日，盡人皆知，然九百餘年蘇軾能深揭其祕，令人歎服。以下十句中有「受知如負債」之語，言黽勉從事所事。末四句言錢勰行將入朝輔政，先以一語爲獻：「幸推江湖心，適我魚鳥願。」蓋乞補外也。

蘇軾爲皇親所畫之扇題詩。

詩見《蘇軾詩集》卷二十九（一五二四頁）。

詩首二句云：「十年江海寄浮沉，夢繞江南黄葦林。」蓋以江南黄葦林繪之扇面，於是而有「五湖心」之語。謂此貴戚處京都車轂之地不忘江湖，有懷黎庶，其言甚爲得體。

軾書李世南所畫秋景，書鄢陵王主簿所畫折枝。

詩見《蘇軾詩集》卷二十九（一五二四、一五二五頁）。世南，《畫繼》卷四有傳。《長編》卷四百八元祐三年二月乙未：宣德郎李世南減磨勘一年，遷一官，以詳定《元祐敕令式》成書推恩之故。王主簿，《畫繼》卷四小傳謂「未審其名，長於花鳥」。

《姑溪居士後集》卷十三《故人李世南畫秋山林木平遠三首和韵》其一：「晚煙拂拂聚無痕，瘦骨稜稜見徹根。細路縈紆飢馬疾，舉頭新月是前村。」其二：「曾經歲月幾華夷，雨貌風顔茂晚姿。自是雪霜心共老，筆頭聊復戲孫枝。」其三：「霜清木落見沙洲，洲上人家半在舟。射雁歸來魚滿笱，甕中先見問扶頭。」

秋暑，軾與李廌（方叔）書，以積學不倦爲勉。

書見《蘇軾文集》卷四十九（一四二〇頁），云：「私意猶冀足下積學不倦，落其華而成其實。深願足下爲禮義君子，不願足下豐於才而廉於德也。」書及本年四月薦陳師道事；又及本年五月鮮于侁卒，廌寄來侁行狀而不及元祐三年知貢舉事，知作於本年。

三蘇年譜卷四十

元祐二年(下)

七月辛亥(初二日),承議郎豐稷爲工部員外郎,朝奉郎沈季長爲少府少監。轍草制。

七月云云,據《長編》卷四百三。轍制見《欒城集》卷二十九。

甲寅(初五日),張商英(天覺)爲提點河東路刑獄。軾有送行詩。

甲寅云云,見《長編》卷四百三。送行詩見《蘇軾詩集》卷二十九(一五三〇、一五三二頁)。《柯山集》卷十一《送張天覺使河東席上分題得將字》:「張侯蜀都秀,玉立身堂堂。手持明光節,六月登太行。三晉雄中夏,朔方臨大荒。傳聲賢使者,父老相扶將。控弦百萬户,十年廢耕桑。但使把鋤犁,自然息桁楊。主人延閣老,别酒泛蘭觴。寄聲梁諫議,欲試紫參方。(自注:梁欲寄上黨參,久未至也。)」《范太史集》卷二《席上分韵送天覺使河東以登山臨水送將歸爲韻分得臨字》:「唐堯茹藜藿,民俗猶憂深。晉國壯山川,羌虜皆外禽。宸心敬折獄,使節慎所臨。夫君臺閣舊,空老翰墨林。松柏飽歲寒,鵰鶚候秋陰。攬轡上太行,北風爽煩襟。當令桑棗地,愁嘆爲謳吟。二江帶雙流，三峨聳危岑。何時早歸耕，杖屨日相尋。」《山谷詩集注》卷八《送張天覺得登字》：「張侯起巴渝，翼若垂天鵬。歷詆漢諸公，霜風拂觚稜。去國行萬里，淡如雲水僧。歸來頭亦白，小試不盡能。湖海尚豪氣，有人議陳登。持節三晉邦，典刑寄哀矜。公家有閒日，禪窟問香燈。因來寄行李，斬寄老崖藤。」《清江三孔集》卷十孔武仲《送天覺使河東》：「張郎肥馬衣輕裘，俊氣軒軒不解愁。曾立玉墀聯近侍，新持全節領諸侯。屠龍伎倆終須用，探虎功名未肯休。去矣范滂聊緩轡，太行雲路戒摧舟。」

蘇軾嘗次錢勰（穆父）還張商英（天覺）行縣詩卷韻。

軾詩見《蘇軾詩集·增補》。

勰詩佚。商英詩亦佚。

軾此詩當作於本年或下年，姑次此。

《清江三孔集》卷十孔武仲《次韵天覺行縣》：「餘涼凜凜認乘驄，分走郊圻督事功。照路官儀驚衆目，快襟詩思有清風。隋河楊柳縈天上，魏闕觚棱在夢中。朝會相逢勞行色，滑稽酬對興無窮。」武仲此詩之韻，即蘇軾所次者。今附於此，以爲了解軾詩之助。

丁巳（初八日），通直郎姚勔落致仕，爲宗正寺丞。轍草制。

丁巳云云，據《長編》卷四百三。轍制見《欒城集》卷三十。

甲子（十五日），詔韓維除知鄧州，曾肇封還詞頭，命蘇轍草制。

《續資治通鑒》卷八十元祐二年七月甲子紀事：「詔（韓）維除資政殿學士知鄧州。中書舍人曾肇封還詞頭，具狀曰：『古者坐而論道，謂之三公，豈必具案牘爲事？今陛下責維徒口奏而已，遂以爲有無君之意。臣恐命下之日，人心眩惑，謂陛下以疑似之罪而逐大臣。』不報。已而，（吕）公著復於便殿乞改詞頭，乃召中書省以均勞逸意，命舍人蘇轍爲之。」參本月辛未紀事。

同日，軾進《坤成節集英殿宴教坊詞致語口號》。

詞及致語口號，見《蘇軾詩集》卷四十六。十六日爲坤成節。十五日云云據自注。

乙丑（十六日），左司諫吕陶爲京西轉運副使，殿中侍御史上官均爲比部員外郎。轍草制。

乙丑云云，據《長編》卷四百三。轍制見《欒城集》卷三十。

十六日，坤成節。轍有《謝坤成齋筵狀》。

十六日云云，據《宋史·哲宗紀》，乃太皇太后高氏生日。狀見《欒城集》卷四十七。

辛未（二十二日），正議大夫守門下侍郎韓維爲資政殿大學士、知鄧州。轍草制。此前，轍有《代三省祭門下韓侍郎曾孫文》。

辛未云云，據《長編》卷四百三。《年表》亦云。轍制見《欒城集》卷三十。文見《集》卷二十六。韓維曾孫之殤，實在知鄧州除命下達前維爲門下侍郎時。

軾有詩及維。嘗勸維遠聲色。

哲宗初，論衙前差雇，軾與維有争議。見《文集》卷三十二《杭州召還乞郡狀》。韓黨目軾與吕陶爲川黨，見《蘇軾文集》卷二十九《乞郡劄子》。然二人私交頗厚。《蘇軾詩集》卷二十九有《次韻劉貢父和韓康公憶持國二首》、《上韓持國》。軾嘗代維作《劉夫人墓誌銘》，見《文集》卷十五。

《濟南先生師友談記》：「東坡公云：日者，王寔、王寧見訪。寔，韓持國少傅之壻也。因問持國安否。寔、寧皆曰：『自致政，尤好歡，嘗自謂人曰：吾已癃老，且將聲樂酒色以娱年，不爾無以度日。』東坡曰：『惟其殘年，正不當爾。君兄弟至親且舊，願爲某傳一語於持國，可乎？』寔、寧曰：『諾。』坡曰：『頃有一老人，未嘗參禪而雅合禪理，死生之際，極爲了然。一日，置酒大會親友，酒闌，語衆曰：「老人即今且去。」因攝衣正坐，將奄奄焉。諸子乃遑遽呼號曰：「大人今日乃與世訣乎？願留一言爲教。」老人曰：「本欲無言，今爲汝懇，只且第一五更起。」諸子未諭，曰：「何也？」老人曰：「惟五更可以勾當自家事，日出之後，欲勾當則不可矣。」諸子曰：「家中幸豐，何用早起，舉家諸事，皆是自家事也，豈有分别？」老人曰：「不然，所謂自家事者，是死時將得去者。吾平生治生，今日就化，可將何者去。」諸子頗悟。今持國果自以謂殘年，請二君言與持國，但言某請持國勾當自家事，與其勞心聲酒，不若爲可以死時將去者計也。』」寔，見元祐八年「辟王寔爲屬」條；寧，見建中靖國元年「王寧許於潁昌假大第居住」條。寔、寧，《范太史集》卷五十五《手記》有其名。維卒元符元年，年八十三，見《南陽集》附行狀。

《苕溪漁隱叢話》後集卷二十二引《東皋雜録》：「子華、玉汝相繼命相，未几持國拜門下侍郎，甚有爰立之望，其家建堂榜曰三相。俄持國罷，遂請老，東坡聞之，曰：『既不成三相堂，可且名爲二相公廟。』」附此。

二十六日，軾除兼侍讀，上辭免狀。未允。

表見《蘇軾文集》卷二十三（六六八頁），謂二十六日除兼侍讀，未著月份。《總案》謂爲七月，是。未允，見八月一日紀事。

丁丑（二十八日），范鎮再致仕。軾賀簡。

丁丑云云，據《長編》卷四百三。《蘇軾文集》卷十四鎮墓銘叙之，簡乃卷五十答鎮第八簡。

軾贈道士李德柔詩。轍亦有贈詩。

詩見《蘇軾詩集》卷二十九（一五三三頁）。《欒城集》卷十五有贈詩。德柔字勝之，《鐵圍山叢談》卷五略叙其事：「能詩善畫，酷肖於傳神寫照，出入公卿門。」以下云：「魯公亦喜得其戒徐王好色句，數爲大筆書之。其後天子方嚮道家流事，尊禮方士，都邑宮觀，因寖增崇侈。於是人人争窮土木，飾臺榭，爲游觀，露臺曲檻，華僭宮掖，入者迷人。獨德柔漠然，益示爲樸魯。羣黄冠多揶揄之，遂聞於上。上曰：『德柔貧耶？』命賚錢五百萬，俾新作其齋房。德柔不得已拜受，乃爲一軒，而名之曰『鼠壤』。上笑，亦爲之御書金字榜之。」以下言宣和甲辰坐誚神霄事被逐。魯公蔡京。

《陶山集》卷一《贈李得柔道士》：「傳得真人性，長安久卜居。嘿成西蜀雨，换得右軍書（原校：一作『桂林無雜樹，鼠壤有餘蔬』）。酒散顛狂極，香消寂寞餘。更能盤礴畫，傳寫十分如。」附此。

《灊水集》卷十六《道士李得柔行太乙法曾傳御容》：「處世能求出世心，石壇深夜禮星辰。遍游五岳求真訣，獨向三清有主人。妙筆曾開天日曉，懸壺常鎖洞山春。不知何事飛符動，又見荒林聚鬼神。」亦附此。

張舜民倅虢，作詩留别，軾次韵。

次韵見《蘇軾詩集》卷二十九（一五三四頁）。

倅虢見《長編》卷四百二本年六月甲午紀事。參本年八月二日紀事。

八月一日，兼侍讀，軾上表。

表見《蘇軾文集》卷二十三(六六九頁)。《墓誌銘》云元祐二年，復除侍讀。以下云：「每進讀至治亂興衰、邪正得失之際，未嘗不反覆開導，覬上有所覺悟。上雖恭默不言，聞公所論説，輒首肯，喜之。」《蘇東坡軼事彙編》引《朱子文集》：「文潞公嘗與吕、范諸公入侍經筵，聞先生講説，退，相與嘆曰：『真侍講也。』一時人士，歸其門者甚盛。而先生亦以天下自任，論議褒貶，無所顧避。由是同朝之士，有以文章名世者，疾之如仇，與其黨類，巧爲謗詆。」先生謂程頤。此非公論。

辛巳(初二日)，右司諫賈易知懷州，以語侵大臣文彦博等，涉蘇軾兄弟。軾、轍乞外任。

據《長編》卷四百四。《長編》謂：「自蘇軾以策題事爲臺諫官所言，而言者多與程頤善，軾、頤既交惡，其黨迭相攻，易獨建言，請併逐二人。又言吕陶黨助軾兄弟，而文彦博實主之，語侵彦博及范純仁。太皇太后怒，欲峻責易。吕公著言：『易所言頗切直，惟詆大臣爲太甚，第不可復處諫列耳。』太皇太后曰：『不責易，此亦難作，公等自與皇帝議之。』公著曰：『不先責臣，易責命亦不可行。』争久之，乃止罷諫職。」易字明叔，無爲人。《宋史》卷三百五十五有傳。

軾乞補外，見本譜本月以下紀事。

《欒城集》卷四十一《乞外任劄子》：「臣竊聞右司諫賈易言文彦博、吕陶黨助臣及臣兄軾，雖陛下察知臣兄弟孤忠，無比周之實，罷易言職，而臣自循省，蓋由行不素著，未能取信於人，致令煩言上瀆天聽。」乃乞外任。軾、轍所乞俱未允。

同日，程頤罷經筵，權同管勾西京國子監。先是諫議大夫孔文仲屢言頤，至是罷；或謂孔文仲之言用蘇軾意。

同日云云，據《宋史·哲宗紀》。

《二程集》附録《伊川先生年譜》本年紀事：諫議大夫孔文仲「奏先生汙下憸巧，素無鄉行，經筵陳説，僭横忘分，遍謁貴臣，歷造台諫，騰口閒亂，以償恩讐，致市井目爲五鬼之魁，請放還田里，以示典刑」。其詳見《二程集·河南程氏外書》卷十二引《傳聞雜記》。

《長編》卷四百九元祐三年三月戊辰紀事原注：「《孔文仲舊傳》新録辯誣，今附此。」以下引《舊傳》云：「其後宰相吕公著，謂(文仲)爲蘇軾所誘脅，論事皆用軾意，則文仲之爲人可知矣。」以下云：「臣等辯曰：『吕公著之言，恐未必有此。且文仲所論青苗、免役、保甲、保馬、茶鹽之法，當時廷臣論者非一，一時公議如出一口，豈皆爲蘇軾所誘脅而盡用軾意乎？非吕公著之言明矣。以上二十九字(按：指「其後宰相」至「可知矣」二十九字)，今删去。』」文仲卒於元祐三年三月二十一日，見該年紀事。《長編》注出自《哲宗實録》。據注，有舊、新《孔文仲傳》。查《宋史·徽宗紀》、《高宗紀》，徽宗時修《哲宗實録》，乃蔡京提舉；高宗時重修《哲宗實録》，乃趙鼎所上。「臣等」云云，乃高宗時重修《哲宗實録》史館臣自謂。《吹劍録全編·吹劍録》：「伊川出於吕申公，公多質疑焉。」申公，公著。以下言蘇軾導諫議孔文仲奏程頤爲吕門五鬼之魁，並云：「蘇子容語坡曰：『公不可如此。頌見過其門者，無不肅容。』會范太史亦爲之辨。文仲始悟爲人所紿，憤愧嘔血死。」范太史，祖禹。《宋大事記講義》卷二十《哲宗皇帝·諸君子自分黨（原注：洛黨、蜀黨、朔黨）》：「（元祐）二年，解張順民等言職，以（文）彦博惡其有用兵之意也。梁燾、（王）巖叟、（傅）堯俞等累數争之，相繼罷。七月，韓維自門下侍郎出知鄧州，吕陶劾之，曾肇不草制，公著言維有人望。八月，賈易罷左司諫。易言吕陶黨軾兄弟，而文彦博主之。太皇怒。程頤罷爲西京國子監，孔文仲言頤乃五鬼之魁故也。」《長編》卷三百九十九元祐二年四月甲辰紀事：「詔張舜民特罷監察御史，依前祕閣校理，權判登聞鼓院，仍令赴館供職。」以下叙舜民言夏人専横滋甚，宜即加兵問罪。據此，《宋大事記講義》「順民」乃「舜民」之誤。附此。

上章，軾乞補外，留中不出。

參本年九月十一日紀事。乞補外，乃緣程頤之罷而發。并參本年十月六日紀事。所上章，已佚。

四日，軾與弟轍祭黄好謙（幾道），作祭文。嘗贊美好謙父子思，讀其詩集，爲之書後。

《晚香堂蘇帖》收有《祭黄幾道文》，首云：「維元祐二年，歲次丁卯，八月庚辰朔，越四日癸未，翰林學士、朝奉郎、知制誥蘇軾，朝奉郎、試中書舍人蘇轍，謹以清酌庶羞之奠，昭告於故潁州使君同年黄兄幾道之靈。（下略）」《蘇軾文集》卷六十三《祭黄幾道文》無「維元祐」至「之奠」四十九字，「昭告於」云云十六字，作「幾道大夫年兄之靈」。據《文集》此文第二條校記，南宋樓鑰所見之墨迹，即《晚香堂蘇帖》所云之書迹。文中「我遷淮南」應據書帖作「軾遷於南」；南，黄州。

《欒城集》卷二十九有《黄好謙知潁州制》，次《范子奇河北都轉運使制》後，《李清臣資政殿學士知河陽制》前。《長編》卷三百九十八本年四月丙戌（六日）紀事：右司諫王覿論范子奇不當爲河北都轉運使；癸巳（十三日），新河北路都轉運使爲陝西路轉運使。《長編》卷三百九十九謂李清臣知河陽爲四月戊申（二十七日）事。知好謙知潁州制撰於四月。《欒城集》卷十五有《黄幾道郎中同年輓詞》次《次韻張問給事喜雨》、《次韻劉貢父省中獨直》、《次韻劉貢父西掖種竹》後。參照《蘇軾詩集》卷二十八有關次韻，轍輓詩約作於本年五六月間。

好謙，熙寧三年六月丙寅，以著作佐郎登對。神宗謂王安石曰：「好謙守本分。」遂除編修中書條例。五年五月，以太常丞權監察御史裏行通判潁州。元豐三年九月在福建轉運判官任，展磨勘二年。六年九月，自司勳郎中除知揚州，未行，改蔡州。八年八月，以朝散郎爲駕部郎中。又嘗爲户部員外郎，《元豐類稿》卷二十一有制。又嘗官御史。除知潁州前，《欒城集》卷二十九尚有《知濮州制》，亦作於本年四月，知濮州之命未行。其卒，贈通議大夫。《柯山集》卷十九輓詞首云「風流正始久無聲，頗復因公到後生」，知好謙善詩。《清江三孔集·宗伯集》卷八輓詞贊好謙孝友。《山谷詩集注》卷十一亦有輓詞。子寔。以上敘述，並參《長編》卷二百十二、二百三十三、三百八、三百三十九、三百五十八及《攻媿集》卷一百三《承議郎黄君墓誌銘》。

《蘇軾文集》卷六十七《書黄子思詩集後》謂子思「慶曆、皇祐間號能文者」。子思字孝先，自閩徙家宛丘，卒贈銀青大夫。見《攻媿集》卷一百三《奉議郎黄君墓誌銘》、卷七十三《跋黄氏所藏東坡山谷二張帖》。軾文或應好謙及其子寔之請而作；作文時，好謙尚在。今因好謙卒事附於此。

祭文云：「納幣請昏，義均股肱。」謂好謙子寔（師是）之女與轍之子結爲婚姻。

祭文稱好謙爲「潁州使君」。制云好謙「出入勤勞，久於郎省，自求外服，以養高年」，則祭文中所云「别我而東，衣袂僅勝」，乃此前不久離京師别軾、轍時事。轍輓詞其一末云：「不到汝陰遺恨遠，坐令湖水減清光。」知好謙未到潁州（汝陰）任。祭文云「一卧永已，吾將安憑」。由京師赴潁州，必經好謙居地陳州，好謙至陳州後，遂一病不起，故祭文如是云。好謙之卒，約在五六月間。輓詞其二末云：「遥聞葬日車千兩，漬酒緜中寄一悲。」或作於祭文之後。

辛丑（二十二日），朝奉郎、集賢校理孔平仲爲太常博士。轍草制。

辛丑云云，據《長編》卷四百四。轍制見《欒城集》卷三十。

同日，軾爲實録院修撰。

據《長編》卷四百四，同爲實録院修撰者，尚有吏部尚書蘇頌、兵部侍郎趙彦若。

實録院修撰罷於何時，《長編》無記載。

二十五日，軾書《真相院釋迦舍利塔銘》。

銘見《蘇軾文集》卷十九。

《山左金石志》卷十八《真相院舍利塔銘》：「宣和三年十月刻，正書。石高一尺七寸五分，廣一尺八寸，在長清縣真相寺。」塔銘題爲《齊州長清縣真相院釋迦舍利塔銘》。繫銜爲：「翰林學士、朝奉郎、知制誥、上騎都尉、武功縣開國男食邑三百户、賜紫金魚袋。」碑書於本日，立石者爲住持真教大師文海。塔銘作於此略前。

《文物》一九八三年第六期韓明祥《蘇軾撰書齊州長清縣真相院釋迦舍利塔銘并引刻石》謂碑今存。《長清縣志》（道光刊本）卷十《寺觀·真相寺》：「在縣治西，有磚塔八盤。」

同日，翰林學士承旨鄧潤甫以母喪去位。轍有祭潤甫母文。

甲辰云云，據《長編》卷四百四。祭文見《欒城集》卷二十六。

乙巳(二十六日)，朝請大夫、祕閣校理許懋爲右司郎中。轍草制。

乙巳云云，據《長編》卷四百四。轍制文見《欒城集》卷三十。

二十七日，軾撰《賜太師文彦博辭免不拜恩命許批答二首》。

文見《蘇軾文集》卷四十三。

《石林燕語》卷五：「元祐初，文潞公爲太師，吕申公爲左僕射，皆以高年特賜免拜。二公力辭。蘇子瞻爲翰林學士，因論(略)。仍降允詔，當時以爲得體。」所云論乃指見於《文集》卷三十七《乞允文彦博等辭免拜劄子》。潞公，彦博。申公，公著。

《文集》卷四十三有《賜宰相吕公著辭免不拜恩命允批答二首》，作於本年九月一日。

同日，軾奏《論擒獲鬼章稱賀太速劄子》。

文見《蘇軾文集》卷二十八。文謂：「願朝廷鎮之以静，示之以不可測。」意爲不宜過速稱賀。

《宋史·哲宗紀》本月丁未(二十八日)紀事：「岷州行營將种誼復洮州，執蕃酋鬼章青宜結。」此乃正式宣布，以示慶賀也。據此，蘇軾之奏，朝廷未從。

丁未(二十八日),得報种誼執鬼章。轍有《賀擒鬼章表》。

《年表》本日紀事:「熙河蘭會路經略司言:『今月十九日,岷州行營將官种誼收復洮州,禽西番大首領鬼章。』有賀表。」《宋史·哲宗紀》本日紀事:「种誼執鬼章。」表見《欒城集》卷四十七。

戊申(二十九日),宰相率百官賀於延和殿。轍有賀表。

據《年表》,參見《續資治通鑒》卷八十元祐本年八月紀事。此賀表,《欒城集》未見,疑即丁未日所云之表。

本月,轍上《論西事狀》。

狀見《欒城集》卷四十一,大旨謂:「當今之務,以爲必先知致寇之端由,審行事之得失,然後料虜情之所在,定制敵之長算。」

《長編》卷四百四繫狀於本月末,并注:「轍本集自注云『元祐二年八月』,乃繫之爲户部侍郎時,誤也。鬼章捷奏以二十七日到,此蓋二十七日已前。……今附月末。」今中華書局本《蘇轍集》有「元祐二年八月」自注,通行本缺。

王鞏(定國)作詩寄劉攽(貢父),轍和。

鞏詩佚。轍詩見《欒城集》卷十五。《集》卷二十八有《王鞏通判揚州制》,作於元祐元年十一月。轍詩中云：「留連秋思江侵海，摇蕩春心花滿城。」謂鞏在揚州。

本月，軾與聖用弟簡。賀其姪小十得解。

《蘇軾文集》卷六十《與聖用弟》第一簡云及「小十捷解」，知作於本月。簡又云「子由爲朝陵去，未及奉書」，弟轍於本年九月祭告永裕陵，見《欒城集》卷十五《滎陽唐高祖太宗石刻像》自叙。小十乃十郎，聖用之姪，見第二簡。聖用之父爲誰，待考。

揚州倅王鞏（定國）寄詩來，軾次韻以著書自勉。爲鞏作真贊。

次韻見《蘇軾詩集》卷二十九（一五三五頁）。原題《次韻王定國倅揚州》，當從宋刊十行本《東坡集》及施本作《次韻王定國揚州倅》。《長編》卷四百五十九元祐六年六月丙申注引劉摯奏：鞏倅揚，及王安禮、謝景温二守。安禮知揚爲元祐元年十一月戊辰事，本年六月己酉遷。見《長編》卷三百九十一、四百二。知鞏倅揚爲本年六月前。次韻云「又驚白酒催黄菊」，約作於八九月間，時鞏在揚已有數月。若作今題，則是鞏倅揚爲此時事，不合。鞏原爲西京通判，不知何時罷。次韻有「火急著書千古事」之句。《蘇軾文集》卷五十二與鞏第三十三簡言及張方平文集之序尚未作，作於本年。簡云「真贊輒作得數句」，謂《文集》卷二十一《王定國真贊》。《文集》卷七十一《書王定國贈吴説帖》附鞏帖，謂以吴硯爲真贊潤筆；吴硯乃吴汪少微硯；同卷《書汪少微硯》可參。爲方平集作序，本年以下有專條。《詩集》卷二十九《昨見韓丞相言王定國今日玉堂獨坐有懷其人》作於此略後。

軾次韻米黻二王書跋尾二首。

此乃題，詩見《蘇軾詩集》卷二十九。原韻注文已引。《詩話總龜》前集卷九引《王直方詩話》：「東坡跋米元章所收書（畫）云：『畫地爲餅未必似，要令癡兒出饞水。』又云：『錦囊玉軸來無趾。』山谷和之云：『百家傳本略相似，如月行天見諸水。』又云：『拙者竊鉤輒斬趾。』皆謂元章患凈病及好奪取人書畫也（「書畫也」原作「話」，今從《宋詩話輯佚》）。」軾詩在次韻其二，庭堅詩，題下注文已引。

軾爲文及甫（周翰）題《郭熙秋山平遠二首》。

詩見《蘇軾詩集》卷二十九（一五四〇頁）。

《欒城集》卷十五有次韻。

《西臺集》卷二十《和子瞻題文周翰郭熙平遠圖二首》其一：「窗間咫尺似天邊，不識應言小輞川。聞説平居心目倦，暫開黄卷即醒然。」其二：「木落山空九月秋，畫時應欲遣人愁。因思夢澤經由處，二十年間若轉頭。」

《雞肋集》卷二十《題工部文侍郎周翰郭熙平遠二首》其一：「漁村半落楚江邊，林外秋原雨外天。誰倚竹樓邀大艑，天涯暮色已蒼然。」其二：「洞庭木落萬波秋，説與南人亦自愁。欲指吴松何處是，一行征雁海山頭。」

據畢仲游、晁補之詩，《郭熙秋山平遠二首》蓋爲文周翰而作。《宋史》卷三百一十三《文彦博傳》稱彦博第六子及甫，嘗權工部侍郎，是周翰乃及甫之字。

四庫全書本《類説》引《王直方詩話》：「東坡見文周翰詩，云：『不易吟得到這箇田地，此詩可作兩用。』」茲附誌於此。

《柯山集》卷二十三《題文周翰郭熙山水二首》其一：「魚村橘市楚江邊，人外秋原雨外川。遣騎竹邊邀短艇，天涯暮色已蒼然。」其二：「洞庭葉落萬波秋，説與南人亦自愁。指點吴江何處是，一行鴻雁海山頭。」

歐陽辯監澶州酒，軾有送行詩。

詩見《蘇軾詩集》卷二十九（一五四〇頁）。《欒城集》卷十五亦有送行詩。

九月辛亥（初二日），工部員外郎豐稷爲殿中侍御史。轍草制。

九月云云，據《長編》卷四百五。轍制文見《欒城集》卷三十。

五日，以鬼章被擒，奏告神宗陵，軾作祝文。

文見《蘇軾文集》卷四十四（一二九一頁）。《鶴山先生大全文集》卷六十有《跋東坡獲鬼章告裕陵文真迹》。

八日，因擒鬼章軾論西羌、夏人事宜。

文見《蘇軾文集》卷二十八（七九八頁）。《經進東坡文集事略》卷三十二有此文，注：「初，夏人之入寇也，行半道，聞鬼章被擒，遽還，謀掠鎮戎，無所得，數日，即遁去。公意其且必請和修貢，上疏請難之。」文先陳前後致寇之由，在於當事執政以省事爲安；次論當今待敵之要，「若夏人款塞，當受其詞而却其使」，防其姦謀。

庚申（十一日），侍御史王覿論勿大用蘇軾。

據《長編》卷四百五。覿言：「蘇軾、程頤向緣小怨，浸結仇怨，於是頤、軾素相親善之人，亦爲之更相詆訐以求勝，勢若決不兩立者。乃至台諫官一年之内，章疏紛紜，多緣頤、軾之故也。前者頤敗而言者及軾，故軾乞補外，既降詔不允，尋復進職經筵，而又適當執政大臣有缺，士大夫豈得不憂，雖臣亦爲朝廷憂也。軾自立朝以來，咎愆不少，臣不復言，但廟堂之上，若使量狹識暗喜怒任情如軾者預聞政事，則豈不爲聖政之累耶！然軾之文采，後進少及，陛下若欲保全軾，則且勿大用之，庶幾使軾不遽及於大悔吝。」貼黄言：「軾乞補外，所上章留中不出，臣料之，彼雖以補外爲請，其章中必有自安之謀以拒公議，果爾，則陛下益當深察其邪正真僞而審處之。」又貼黄言：「頤、軾自擢用以來，皆累有台諫官論列，若使二人者言行全無玷缺，亦安得致人言如此之多也。近日既察頤而逐之，惟軾尚存，公議未允。臣今日所論，但欲且更無進用軾，徐察其爲人。」

癸亥（十四日），知泉州林顔知濠州。轍草制。

癸亥云云，據《長編》卷四百五。轍制文見《欒城集》卷三十。

甲子（十五日），以講《論語》終篇，賜宰臣、執政、經筵官宴於東宫。轍有謝表。

據《年表》，表乃《欒城集》卷四十七《謝講徹論語賜宴狀二首》。

十六日，軾進詩一篇及謝賜表。

詩見《蘇軾詩集》卷二十九（一五四一頁），表見《蘇軾文集》卷二十三（六七〇頁）。

《捫虱新話》卷二《山谷作詩》：「山谷嘗言：作詩正如作雜劇，初如布置，臨了須打諢，方是出場。予謂雜劇出場，誰不打諢，只難得切題可笑耳。山谷蓋是讀秦少章詩，恐其終篇無所歸，故有此語。然東坡嘗有對賜御書詩，詩曰：『小臣願對紫微花，試草尺書招贊普。』秦少章一見，便曰：『如何便説到這裏。』蓋謂東坡不當合鬧，然亦是不會講雜劇也。」以下引蘇軾自注並節引詩句，謂「意自有在」。「小臣」二句，即所進詩中語。

《道山清話》：「蘇子瞻詩有『似聞指麾築上郡，已覺談笑無西戎』之句。嘗問子瞻，當是用少陵『談笑無西河』之語。子瞻笑曰：故是，但少陵亦自用左太冲『長嘯激清風，志若無東吴』也。」「似聞」二句，在所進詩中。「查注」引此事，謂出《續前定録》。按《續前定録》乃唐鍾輅撰，在《百川學海》中，「查注」偶失考。

《詩話總龜》前集卷九引《王直方詩話》：「秦少章云：世上事絶有理會不得者，余前日見孫莘老大笑東坡《謝御賜書詩》，云：『有甚道理，後面更直説至陜西奏捷。』」

丁卯（十八日），大宴集英殿。軾作教坊詞致語。

丁卯云云，見《長編》卷四百五。致語見《蘇軾詩集》卷四十六（二四九六頁）。

十九日，軾作文祭親家翁王正路（宜甫）。

文見《蘇軾文集》卷六十三（一九四九頁），云「昭告於故比部郎中贈光禄大夫王公宜甫親家翁之靈」。《欒城集》卷十五有輓詞。《文集》卷十五王適（子立）墓銘：「考諱正路，比部郎中，知濮州，贈光禄大夫。」適乃轍次女之壻。正路父罽，《宋史》卷二百九十一有傳，官至參知政事、知樞密院事，故祭文云「三公之子」。《文集》卷五十一《與滕達道》第七簡云「示諭宜甫夢遇於傳有無」，此宜甫當即正路。

轍作輓詞。

轍輓詞乃《欒城集》卷十五《故濮陽太守贈光禄大夫王君正路輓詞》。

己巳（二十日），太子右監門令羉以率府率講書授通直郎。轍草制。

己巳云云，據《長編》卷四百五。轍制文見《欒城集》卷三十。

二十七日，軾上《乞詔邊吏無進取及論鬼章事宜劄子》。朝廷部分從所請。

奏見《蘇軾文集》卷二十八，請可詔邊臣與鬼章約，若能使其部族討阿里骨，可放其生還。《宋史·哲宗紀》十一月庚申：「獻鬼章於崇政殿，以罪當死，聽招其子及部屬歸以自贖。」部分從軾請。《宋史紀事本末》卷四十一謂遣鬼章居秦州聽令。

轍題李公麟（伯時）所藏韓幹馬。軾及蘇頌（子容）、劉攽（貢父）、王欽臣（仲至）、黄庭堅（魯直）、張耒（文潛）次韻。

轍詩乃《欒城集》卷十五《韓幹三馬》，末云：「畫師韓幹豈知道，畫馬不獨畫馬皮。畫出三馬腹中事，似欲譏世人莫知。伯時一見笑不語，告我韓幹非畫師。」軾詩乃《蘇軾詩集》卷二十八《次韵子由書李伯時所藏韓幹馬》。軾詩次本年夏，今仍依《欒城集》所次。

《蘇魏公文集》卷五《次韵蘇子瞻題李公麟畫馬圖》：「霜紈横卷書縚垂，軸以瑇瑁囊青絲。披圖二妙駭人目，筆畫勁利如刀錐。龍媒迥出丹青手，勢若飛動將奔馳。轔銜如在赤墀立，僕御猶縱紅纓羈。子虔六轡銜沃若，長康駿骨稱天奇。雖傳畫譜入神品，未有墨客評黄雌。六詩形似到作者，三馬意象能言之。奇踪莫辨霸或幹，高韵壓倒陸與皮。從來神物不常有，未遇真賞何人知。君不見開元廄馬四十萬，作頌要須張帝師。」

《彭城集》卷七《次韵蘇子瞻韓幹馬贈李伯時》：「韓幹畫馬名獨垂，冰紈數幅横素絲。諸公賦詩邀我和，我如鈍椎逢利錐。區中纔容三萬里，正可驟裹一日馳。朝燕暮吴亦其亞，幸得夷路無縶羈。此間三馬皆國馬，瑰資逸態成崛奇。有如秋空見霜鶻，下睨衆禽俱伏雌。良工苦心爲遠到，天機要眇潛得之。區區駑駘浪自負，豈可醜骨包妍皮。李侯洒筆定超詣，尚有天驥君未知。宛王母寡今授首，汗血不敢藏貳師。」

宋孫紹遠《聲畫集》有王欽臣《次韻蘇子由詠李伯時所藏韓幹馬》：「天閑不遇頭亦垂，真姓本不求青絲。由來奇骨類奇士，立見俱似囊中錐。鳳頭初踏蔥嶺至，繡膊東由青海馳。春風宛轉白玉鐙，晚日照耀黄金羈。李侯對此意匠發，造物真比毫端奇。方歕之相豈可擬，顛倒未免雄稱雌。翰林相繼寫高韵，何止羊何共和之。玉花照夜古稱美，顔色乃是論其皮。固知神駿不易寫，心與道合方能知。文章書畫固一理，不見摩詰前身應畫師。」

欽臣，宋城人。《宋史》卷二百九十四有傳。洙子。

《山谷内集詩注》卷七《詠李伯時摹韓幹三馬次子由韵簡伯時兼寄李德素》：「太史瑣窗雲雨垂，試開三馬拂蛛絲。李侯寫影韓幹墨，自有筆如沙畫錐。絶塵超日精爽緊，若失其一望路馳。馬官不語臂指揮，乃知仗下非新羈。吾嘗覽觀在坰馬，駑駘成列無權奇。緬懷胡沙英妙質，一雄可將千萬雌。决非皂櫪所成就，天驥生駒人得之。千金市骨今何有，士或不價五羖皮。李侯畫隱百僚底，初不自期人誤知。戲弄丹青聊卒歲，身如閲世老禪師。」

同上卷《次韵子瞻和子由觀韓幹馬因論伯時畫天馬》：「于闐花驄龍八尺，看雲不受絡頭絲。西河驄作蒲萄錦，雙瞳夾鏡耳卓錐。長楸落日試天步，知有四極無由馳。電行山立氣深穩，可耐珠韉白玉羈。李侯一顧歎絶足，領略古法生新奇。一日真龍入圖畫，在坰羣雄望風雌。曹霸弟子沙苑丞，喜作肥馬人笑之。李侯論幹獨不爾，妙畫骨相遺毛皮。翰林評書乃如此，賤肥貴瘦渠未知。況我平生賞神駿，僧中云是道林師。」

《柯山集》卷十二《讀蘇子瞻韓幹馬圖詩》：「我雖不見韓幹馬，一讀公詩如見者。韓生畫馬常苦肥，肉中藏骨以爲奇。開元有臣善司牧，四十萬匹屯山谷。養之罕用食之豐，力不曾施空長肉。韓生圖像無乃然，我謂韓生巧未全。君不見昔時騏驥人未得，飢守鹽車惟有骨。昂藏不受塵土侵，伯樂未來空佇立。騏驥乏食肉常臞，韓生不寫瘦馬駒。誰能爲驥傳之圖，不如凡馬飽青芻。」

轍題王生畫三蠶蜻蜓。

詩見《欒城集》卷十五。其一云：「饑蠶未得食，宛轉不自持。食蠶聲如雨，但食無復知。老蠶不復食，矯首有所思。君畫三蠶意，還知使者誰。」三蠶神態如生，王生精於技，惜不得其名。

錢勰（穆父）賦秋懷。轍次韵。

緦詩佚。轍詩見《欒城集》卷十五，中云：「近聞洮東將，間出邊馬健。禆王坐受縛，右衽行將獻。」謂擒鬼章也。

本月下旬，轍往鞏縣，先祭告永裕陵，以十月奉安神御於西京故也。宿滎陽寧氏園，觀滎陽唐高祖、太宗石刻像，并題詩。

詩見《欒城集》卷十五。前者云：「喧卑背城市，曠蕩臨溪水。」滎陽在鄭州之西。後者《叙》云：「滎陽大海院高齊石像二，高不數寸而姿製甚妙，唐高祖爲鄭州刺史，太宗方幼而病甚，禱之即愈。因各爲一碑，刻彌勒佛，且記其事，至今皆在。元祐二年九月，祭告永裕陵，過而觀焉，作小詩以授院僧。」

《集》卷十八《御風辭·附記》：「元祐二年十月奉安神御於西京，轍先告裕陵。」參本年以下「十月奉安神御於西京先告裕陵」條紀事。

北宋各帝之陵在滎陽之西鞏縣，見《宋史》卷一百二十二《志》第七十五《禮》二十五《凶禮》一《山陵》。抵鞏縣祭告永裕陵，約爲本月末、下月初。

蘇軾與李廌（方叔）簡，辭所惠物。

簡乃《蘇軾文集》卷五十三《答李方叔》第七簡。

簡云：「惠示猯皮等物，皆所不敢當。……信篭元不發，却付來人。蓋近日親知所寄惠，一切辭之，非獨於左右也。」約作於秋日。簡云「禮曹之傳，蓋妄也」。其時有蘇軾任禮部郎曹之傳。

《答李方叔》第五簡作於本年，第八簡亦作於本年。今次此簡於此。

秋，邵伯温（子文）以經行薦。

據《邵氏聞見録》卷二十。伯温，洛陽人，雍子。《宋史》卷四百三十三有傳。嘉祐元年生，卒於紹興四年。《邵氏聞見録》記蘇軾事頗多。

軾奉命撰趙抃神道碑。

碑見《蘇軾文集》卷十七（五一六頁），謂抃卒三年，其子屼請碑於朝，哲宗命蘇軾爲文。抃卒於元豐七年八月，越三年而爲今年秋。

十月三日，軾撰《西京會聖宫應天禪院奉安神宗皇帝御容前一日奏告永裕陵祝文》。

文見《蘇軾文集》卷四十四。《宋史·哲宗紀》本月壬午（四日）紀事：「奉安神宗御容於會聖宫及應天院。」知祝文作於三日。

十月，轍奉安神御於西京，先告裕陵。初四日還，過列子觀，賦《御風》一篇。

據《欒城集》卷十八《御風辭》附記；題下原注：「題鄭州列子祠。」

《宋史·哲宗紀》本年十月壬午（初四日）紀事：「奉安神宗御容於會聖宫及應天院。」會聖宫及應天院在西京，即奉安神御也。

《蘇軾文集》卷六十《與聖用弟》第一簡：「子由爲朝陵去，未及奉書。」聖用乃軾、轍族弟，據簡，聖用與轍亦有交往。「未及」云云，知軾乃受轍之托而書。

十月甲申（六日），軾奏請補外，不許。

據《長編》卷四百零六。《長編》云：「知懷州賈易責知廣德軍。易既罷諫職，翰林學士蘇軾、中書舍人蘇轍，皆乞補外，詔不許。」《太平治迹統類》卷二十三亦記此事。

《蘇軾文集》卷二十八《乞罷學士除閑慢差遣劄子》：「臣近因宣召，面奉聖旨：『何故屢入文字乞郡？』臣具以疾病之狀對。又蒙宣諭：『豈以臺諫有言故耶？兄弟孤立，自來進用，皆是皇帝與太皇太后主張，不因他人。今來但安心，勿恤人言，不用更入文字求去。』」當爲此時事。《彭城集》卷二十二《賜翰林學士蘇軾詔》：「省所上劄子奏乞外郡事，具悉。昔之賢臣，嘗曰雅意本朝而以出入禁闥爲樂，故雖多病，亦不願其得郡也。卿以詞學論議，朕所虛佇，遽請補外，將異於古乎！約己就退，自爲謀者可矣，而朝（按：「朝」後疑脱一「廷」字）有輕内之嫌，重非所宜。勉恭職業，毋忘朕意。所請宜不允。故茲詔示，想宜知悉。」

七日，軾上劄子，乞約鬼章討阿里骨。

劄子見《蘇軾文集》卷二十八（八〇三頁），蓋以阿里骨凶狡反覆也。《宋史·哲宗紀》：元祐三年正月壬申，阿里骨上表謝罪；四月丁酉、八月戊寅皆入貢。未用兵。

同日，軾奉旨撰《賜奉安神宗御容禮儀使呂大防銀合茶藥詔》。並撰導引歌辭。

賜詔見《文集》卷四十。《文集》卷四十四有《迎奉神宗御容赴西京會聖宫導引歌辭》。《揮麈録·餘話》卷一叙元祐二年暇日蘇軾會黄庭堅、張耒、晁補之等於私第，以下云：「忽有旨，令撰賜奉安神宗御容禮儀使吕大防口宣茶藥詔，東坡就牘書云：『於赫神考，如日在天。』顧羣公曰：『能代一轉語否？』各辭之，坡隨筆後書云：『雖光明無所不臨，而躔次必有所舍。』羣公大以聳服。導引歌辭，蓋亦是時作，真迹今藏明清處。」《誠齋詩話》亦有此記載，文字略不同。

轍還京師。丙戌（初八日），朝請郎何琬爲工部郎中，奉議郎、通判宜州黄裪换授莊宅副使充廣南西路都監兼知賓州。轍草制。

丙戌云云，據《長編》卷四百六。《長編》「裪」作「陶」。轍制文見《欒城集》卷三十；後者題作《黄裪知賓州錢師孟知横州》，疑《長編》有脱文。

十六日，轍上《乞驗實賈易謝上表所言劄子》。

據《長編》卷四百六本月甲申紀事注文引《元祐邸報》。劄子見《欒城集》卷四十一，謂易到知懷州謝表自謂以忠直獲罪，指言羣臣讒邪罔極，朋黨滔天；并云「蘇轍持密命以告人，志在朋邪而害正」，理當辨明，乞朝廷取問實狀。易責知廣德軍（據《長編》甲申日紀事）。

二十一日，軾與蘇轍、劉攽等上《參定葉祖洽廷試策狀》。

狀見《蘇軾文集》卷二十八，謂趙君錫言熙寧間葉祖洽廷試對策，有訕及宗廟之語。狀謂：看詳對策，「顯是祖洽學術淺暗，議論乖謬，若謂之譏訕宗廟，則亦不可」。《長編》卷四百六己亥（本日）紀事謂御史趙挺之、方蒙相繼言君錫所駮極爲未允，祖洽亦上章自辯，詔翰林學士、中書舍人、諫議大夫同共參定，於是「軾等別具奏章，言祖洽希合時政，躐取科級，據其用心，不得爲無罪，挺之、蒙等議遂寢」。軾等奏狀有「別狀奏聞去訖」語。「祖洽希合時政」云云，當出自別狀。別狀早佚。

二十二日，軾復奏《參定葉祖洽廷試策狀》。

奏見《蘇軾文集》卷二十八，軾獨上。謂試策中議論乖繆語，當時曾聞奏；軾聞奏時爲編排官（乃熙寧三年）事。

二十三日，轍書《御風辭》贈鄭州太守觀文孫公。

《欒城集》卷十八《御風辭》附記叙本月初四日撰《御風辭》，以下云：「欲書之屋壁而未暇也。既還京師，録呈太守觀文孫公。二十三日，朝奉郎、中書舍人蘇轍書。」詳味此處文字，鄭州太守孫公蓋欲轍書之，以便刻石。轍寄孫公，乃應其請也。

丙午（二十八日），承議郎、直龍圖閣張汝賢爲右司郎中，右司郎中韓宗道爲太府少卿，左司員外郎朱光庭爲太常少卿，寶文閣待制李之純爲寶文閣直學士、知成都府，前華州司户參軍廖正一爲祕書省正字，熙河蘭會路勾當公事、宣德郎、軍器監丞游師雄爲奉議郎充陝西轉運判官，賜緋章服，龍神衛四厢都指揮使、高州刺史、知熙州劉舜卿爲團練使、充馬軍都虞候。轍草制。

丙午云云，據《長編》卷四百六。轍制文見《欒城集》卷三十。《長編》「張汝賢爲右司郎中」之「右」作「左」，「太府少卿」無「少」字；「廖正一」之「一」《集》原作「乙」，「都虞候」之「候」《集》原作「侯」，今從《長編》。

蘇軾有答李之純簡。

據《長編》卷四百六。《蘇軾文集》卷四十七《答李知府啓》首云「遠臨全蜀」，又稱「知府寶文」，蓋答之純者。之純字端伯，滄州無棣人。《宋史》卷三百四十四有傳。之儀從兄。《欒城集》卷三十有之純知成都制文。馮山《馮安岳集》卷二有《送李之純寶文二首》。

廖正一除祕書省正字後來謝蘇軾。先是上考試館職策，問兩漢所以亡者。試，得正一。至是除。正一來謝，爲賦《行香子·茶詞》。

軾策乃《蘇軾文集》卷七《試館職策問》第二首《西漢之政治》。《文集》卷六十五《西漢風俗諂媚》：「吾嘗發策學士院，問兩漢所以亡者，難易相反，意在此也。而答者不能盡，吾亦嘗於上前論之。」蓋謂西漢亡在風俗諂媚。

正一，元豐二年進士。見本譜該年三月癸巳紀事。《東都事略》卷一百十六有傳，謂字明略，安州人。謂蘇軾「得正一對策，奇之」。

《昭德先生郡齋讀書志》卷四下《廖明略竹林集三卷》謂廖正一除正字時：「黄、秦、晁、張皆子瞻門下士，號四學士，子瞻待之厚。每來，必命侍妾朝雲取密雲龍，家人以此知之。一日，子瞻又取密雲龍，家人謂是四學士，窺之，乃明略來謝也。」此處所述，本《古今詞話》，《歷代詞話》卷五《蘇軾有二韻事》條轉引。「知之」句後，《歷代詞話》有「廖明略晚登東坡之門，公大奇之」云云，「來謝也」後，有「坡爲賦《行香子》一闋」語。

詞見《東坡樂府》卷下。

十一月庚申（十二日），獻鬼章於崇政殿。軾有詩。

十一月云云，據《宋史·哲宗紀》。《蘇軾詩集》卷四十七有《獲鬼章》二十韻。

丁卯（十九日），冬至，詔賜御筵於吕公著私第，令公著與輔臣近侍宴樂。轍與其會，有謝表。

《長編》卷四百七本日紀事：「冬至，詔賜御筵於吕公著私第。初，有司以故事賜冬至節會既獲免矣，至是以嘉雪應期，朝廷無事，中旨特令公著與輔臣近侍宴樂。其日又賜坊樂七十人，又遣中使賜上罇酒及禁中果實，鏤金花，皆瓌奇珍異，十倍常數。又遣近侍賜香藥，以御飲器勸在席酒甚苦，惟於公著頗寬。又出御前錢賜教坊樂人百緡、開封衙前樂人五十緡及管勾使臣等四十緡，至晡，復賜椽燭二十秉，且傳令繼燭坐，皆異恩也。」謝表乃《欒城集》卷四十七《賀雪御筵狀二首》。其一首云「微陽將復」，扣冬至節。末云「錫之備禮，重叨曲燕之私」，乃家宴、私宴，與《長編》紀事合。

甲戌（二十六日），天章閣待制顧臨爲給事中，左諫議大夫孔文仲爲中書舍人，户部侍郎張頡爲寶文閣待制、河北路都轉運使。轍草制。

甲戌云云，據《長編》卷四百七。轍制文見《欒城集》卷三十。

同日，以轍依前朝奉郎試户部侍郎。

據《年表》。《長編》本日紀事：「中書舍人蘇轍爲户部侍郎。」《蘇軾文集》卷五十一《與滕達道》第六十七簡：「子由除户侍，方欲辭免也。」《蘇軾文集》卷五十七《與程懿叔》第三簡：「子由省中試人鎖宿，初一日方出，户侍之命，必辭免也。」查本譜明年三月戊午紀事，轍爲集英殿武舉考官，非省中。此云「省中試人」，已不能得其詳。

轍上劄子辭免，不許。上謝表及謝賜對衣金帶表。

《欒城集》卷四十七《辭户部侍郎劄子》：「臣准尚書省劄子，已降誥命，除臣依前朝奉郎、試户部侍郎奉聖旨管勾右曹者。待罪西掖，雖已期年，齷齪文墨之間，愧負寵辱之厚。豈期過聽，特有甄升。竊以户部右曹，兼領昔日金倉司農之政；侍郎職事，專治天下差繇市易之餘。」以下言此職宜得强明練達之人，乞别選能吏。

二謝表見《集》卷四十八，前者其一首云：「臣轍言：今月初四日，伏奉誥除臣依前朝奉郎、試尚書户部侍郎者。」

轍在任中書舍人期間，嘗與吕公著（晦叔）論回河。

《龍川略志》卷七《議脩河決》：「元豐中，河決大吴。先帝知不可復還故道，因導之北流。水性已順，惟河道未深，堤防未立，歲有決溢之患，本非深患也。元祐初，朝廷未能究悉河事。文潞公爲太師平章事，欲以河爲重事，中書侍郎吕微仲、樞密副使安厚卿從而和之。始謂河北流入泊，泛久必淤淺，異日或從北界北入海，則河朔無以禦狄。故三人力主回河之計，諸公皆莫能奪。吕晦叔時爲中書相。予爲舍人，謂晦叔曰：『聞方欲回河，公自視勇智孰與先帝？勢力隆重能鼓舞天下孰與先帝？』晦叔曰：『何敢擬也。』曰：『河決而北，自先帝不能回，而諸公欲回之，是自謂勇智勢力過先帝也。且河決自元豐，導之北流亦自元豐，是非得失，今日無所預。諸公不因其舊而修其未完，乃欲取而回之，其爲力也難，而爲責也重矣。』晦叔唯唯，曰：『當與諸公籌之。』然自是回河之議紛然而起。（下略）」《後集》卷十二《潁濱遺老傳》上亦叙此事，文字間有不同，今取其善者不注出。《長編》卷四百八元祐三年己丑紀事節引轍此文，注謂倡回河之議者首爲安燾（厚卿）。

本月，軾與程之邵（懿叔）簡。

《蘇軾文集》卷五十七與之邵第三簡：「子由省中試人鎖宿，初一日方出，户部之命，必辭免也。」知作於十一月。時之邵當已自知祥符縣官比部，參元祐三年「程之邵知泗州」條紀事。

滕元發（達道）惠地黄煎，軾簡謝。

簡乃《蘇軾文集》卷五十一與元發第六十七簡，云「子由除户侍」，知作於十一月。

軾與王澤州簡與詩，謝其寄長松。並請王澤州督張商英（天覺），爲寄長松。

《蘇軾文集》卷六十《與人三首》第二簡：「疊蒙惠長松以扶老病，感佩不可言。天覺臨别時，亦許寄來，因到彼，可爲督之。」《蘇軾詩集》卷二十九《謝王澤州寄長松兼簡張天覺》其一謝王，其二督張「速寄長松作解嘲」，與簡合，知此第二簡乃與王澤州者。

蘇州通長老餽蘇軾茶，軾餽通長老長松、人參、御香等，并簡。

簡乃《蘇軾文集》卷六十一與通長老第九簡。

本年，蘇軾嘗與王澤州簡與詩，謝其寄長松，又督張商英爲寄長松。以上已言及。知蘇軾所餽通長老之長松，乃得之王澤州等，以此轉餽。簡爲本年作次此。

韓絳（子華、康公）賦詩憶其弟維（持國），劉攽和之，蘇軾兄弟次攽韻。

軾次韻見《蘇軾詩集》卷二十九（一五四五頁），其一云「相君脱屣自參寥」，時絳已致仕，其二云「燎鬚誰識英公意」，時維請汝。轍詩見《欒城集》卷十五。《蘇軾詩集》卷二十九尚有《上韓持國》、《次韻韓康公置酒見留》。攽詩在《彭城集》卷十三。

攽詩其一云：「疊石疏篁淺蘂苗，淡雲清雨意寥寥。鄭侯僻地規摹别，荀令西濠步武遥。繞砌芝蘭歡内集，滿蹊桃李慰佳招。原情獨恨飛鴻遠，悵望三秋咏采蕭。」其二：「清汝泱泱紫邏深，緑車紅旆付重臨。聖朝不逆原鴒意，達士俱存塞馬心。日赤報衙容晏枕，夜闌留宴縱清斟。鳳池何必全勝此，薄暮歸休客萬簪。」題作《次韻韓康公二首》。

劉攽（貢父）與姪奉世（仲馮）扈駕，作詩，轍次韻。

轍詩見《欒城集》卷十五，題作《次韻劉貢父從駕》。攽原韻佚。

曾布（子宣）寄長松等物，軾簡謝。嘗因張損致簡於布。

《蘇軾文集》卷五十與布第三簡求長松；第六簡謝布寄惠長松等物，并云與肇（子開）「同省」，約作於本年。布知太原，見《長編》卷三百六十五元祐元年二月丁未、卷四百二十四元祐四年三月辛酉紀事。第四簡云張倅損，損當倅太原；云損父應之名谷，乃歐陽修之友。《歐陽文忠公集·居士集》卷四有二詩及谷。《長編》卷三百二十二元豐五年正月乙巳：「提舉河北東西路保甲司言：奉議郎、簽書恩州觀察判官公事張損措置編排保甲場地率先辦集。詔賜損緋章服，令本司責以盡心職事，任滿保明別與差使。」

同上書《居士外集》卷六有《題張應之縣齋》詩，首云「小官歎簿領，夫子卧高齋。五斗未能去，一丘真所懷」，則谷仕不顯，亦貧困。詩作於明道元年。

軾與李之純簡，以姪千之爲托。時千之在之純屬下。

《蘇軾文集》卷五十八《與李端伯端文》第三簡：「小姪千之初官，得在麾下，想蒙教誨成就也。」以千之托之純（端伯）。

十二月五日，軾進《元祐三年春帖子詞》。

據《三希堂石刻》。詞見《蘇軾詩集》卷四十六。

八日，興龍節，集英殿宴。其《教坊詞致語口號》爲蘇軾所進。

文見《蘇軾詩集》卷四十六（二四九八頁）。

九日，軾書所進《元祐三年春帖子詞》示裴維甫。

據《三希堂石刻》。

二十一日，王詵（都尉）致墨十餘品，欲擣和爲一品，軾以雪堂義墨名之，作跋。

文見《蘇軾文集》卷七十（二二二五頁）。《蘇軾詩集》卷二十九《次韵王都尉偶得耳疾》，《文集》卷七十《跋南唐挑耳圖》叙得耳疾，爲此時事。

壬寅（二十四日），監察御史楊康國論蘇軾試廖正一策題。

據《長編》卷四百七。《長編》引康國奏：「臣昨於朝堂見百官聚首共議學士院撰到召試廖正一館職策題，問王莽、曹操所以攘奪天下難易，莫不驚駭相視。」「問王莽」云云，即在《文集》卷七策題《西漢之政治》中，參十月二十八日紀事。

康國，魏人，登進士第。本年，以胡宗愈薦，除監察御史。終京東轉運副使。《宋史翼》卷六、《元祐黨人傳》卷三有傳。

乙巳（二十八日），監察御史趙挺之論蘇軾試廖正一策題，并論薦黄庭堅自代事。

據《長編》卷四百七。《長編》引挺之奏：「蘇軾專務引納輕薄虚誕有如市井俳優之人以在門下，取其浮薄之甚者力加論薦。前日十科乃薦王鞏，其舉自代乃薦黄庭堅。二人輕薄無行，少有其比。王鞏雖已斥逐補外，庭堅罪惡尤大，尚列史局。按軾學術，本出《戰國策》蘇秦、張儀縱横揣摩之説。近日學士院策試廖正一館職，乃以王莽、袁紹、董卓、曹操篡漢之術爲問。王莽於元后臨朝時，陰移漢祚；曹操欺孤寡，謀取天下；二袁、董卓，凶燄熱天。自生民以來，奸臣毒虐未有過於此數人者，忠臣烈士之所切齒而不忍言，學士大夫之所諱忌而未嘗道。

今二聖在上，軾代王言，專引莽、卓、袁、曹之事及求所以篡國遲速之術，此何義也！公然欺罔二聖之聰明而無所畏憚，考其設心，罪不可赦。軾設心不忠不正，辜負聖恩，使軾得志，將無所不爲矣。」

戊申（三十日），轍宿齋於户部右曹。

據《年表》。《欒城集》卷十五詩題：「除日，宿齋户部右曹。」詩其一末云：「冬來誤入文昌省，連日齋居未許還。」

本月，喬仝來，旋去，軾作詩送之，並寄賀亢。

詩見《蘇軾詩集》卷二十九（一五五一頁），叙云本月「仝來京師十許日」；並云「舊聞靖長官、賀水部，皆唐末五代人，得道不死」，真宗東封，亢謁於道左，其謁云「晉水部員外郎賀亢」；又云仝少得大風疾，幾死，亢使學道，遂壯盛。

《後山集》卷十七《賀水部傳》叙亢事較蘇軾所云詳，然大體相同。《詩話總龜》前集卷十九引《王直方詩話》謂賀天聖中爲郎，「元祐初，其二弟踰、喬者來京師」，與軾所云不同。《避暑録話》卷上則云喬仝自言與晉賀水部遊，「仝時客京師，貧甚，子瞻探囊得二十縑，即以贈之，作五詩使仝寄賀，子由亦同作，仝去，訖不復見，或傳妄人也」。元于欽《齊乘》卷六謂賀爲瑯琊人，乃仙人。

《朱子語類》卷一百三十：「東坡記賀水部事，或云無此事，蓋喬仝紿東坡以求詩爾。」《彭城集》卷七《次韵子瞻贈喬道人》：「昔有仙公項曼都，去家十年若斯須。還歸壯語驚妻孥，月邊朝拜雖勞軀。流霞一杯真味腴，世人但怪醫多盧。不知列仙山澤臞，陰陽變化隋指呼。日新無窮非故吾，喬公築居近濰都。交遊洞賓儕爾朱，又言其師奇丈夫。璞玉粹美名不沽，郎官仕晉更五胡。我今老病須人扶，衰顏白鬢日已渝。捐書絶學休守儒，去不爲少猶雙鳧，公能濟我良藥無。」

《聲畫集》卷二汪藻《題賀水部書畫五首·序》：「水部，唐末五代人，得道不死，東坡以五詩紀其事。毗陵汪達道家有其書畫，畫爲佛像，而書則世傳。『有客來相問，何如是治生。』蓋其所作詩也。達道求詩，效東坡賦此。」達道，藻之友人。

轍因賀郎中之徒作詩寄賀郎中。

詩乃《欒城集》卷十五《聞京東有道人號賀郎中者唐人也其徒有識之者作詩寄之》。《蘇軾詩集》卷二十九有《送喬仝寄賀君六首》；據詩之叙，轍所云賀郎中乃軾所云賀君，轍所云徒即喬仝。轍詩首云：「賀老稽山去不還，鏡湖獨棹釣魚船。南來太白尋無處，却作郎官又幾年。」似此賀郎中，時人已傳爲賀知章，軾之詩叙未及此。據軾詩叙，軾信有賀君其人，而轍云「聞」，則在疑似之間。轍云「其徒」而不及喬仝之姓名，則於喬仝之所言，似亦在疑信之間，則轍此詩，不過游戲文字。軾謂仝來爲十二月，則轍此詩亦作於其時。

家安國（復禮）赴成都教授，轍作詩送行。軾亦有詩。

詩見《欒城集》卷十五。其二首云：「垂白相逢四十年。」安國來京師，或爲候選，而教授即候選所得。其二有「論兵頓似前賢語」之句，據《蘇軾詩集》卷二十九送安國詩注文，安國嘗爲武官，軾詩有「夜談空説劍」之句。轍詩其三云「新書」，乃謂王安石新學，此詩之意以振興文律爲望。

《山谷詩集注》卷十三《戲贈家安國》：「家侯口吃善著書，常願執戈王前驅。朱紱蹉跎晚監郡，吟弄風月思天衢。二蘇平生親且舊，少年筆硯老杯酒。但使一氣轉洪鈞，此老矍鑠還冠軍。」約作於元符三年，可參。

軾詩首云「別君二十載」。自熙寧元年離蜀，首尾計適爲二十載。《蘇軾文集》卷五十九與安國簡叙送別，簡云「陰寒」，蓋屬冬季。

安國，元豐間爲都官員外郎，見《石林燕語》卷一。元符元年爲瀘南倅，見同治《嘉定府志》卷四十六引《鵷園偶談》。餘見詩「趙次公注」。安國有《通義記》，《蜀中廣記》卷九十六著録。《成都文類》卷三十四有安國撰《范文正公祠堂記》。《欒城集》卷十五送行詩云「論兵頓似前賢語」，知安國喜論兵。《山谷詩集注》卷十三有戲贈。

歐陽辯(季默)監澶州酒,轍、軾有詩送行。

轍詩乃《欒城集》卷十五《送歐陽辯》,軾詩乃《蘇軾詩集》卷二十九《送歐陽辯監澶州酒》。轍詩云「今年季作澶淵吏」,辯乃修之第四子。軾詩次於本年秋。

轍爲户部侍郎,税居張士遜(退傅)之西偏。

《龍川略志》卷一《慎勿以刑加道人》叙在大名幕府時,王拱辰(君貺)嘗爲言士遜事;謂士遜少爲射洪令,有道人贈以藥,云當復來。以下云:「後二十餘年,予爲户部侍郎,税居張公舊第之西偏。見公諸孫,道公將薨之歲,有道人叩門,公見之,曰:『此射洪故人也。』與之飲終日,退如逆旅,蟬蜕而去。服其藥,則射洪所服藥皆下,命埋之第中三清堂後。沐浴,盛服,卧帳中,使妓奏琵琶,移時不止。發帳視之,公則蜕矣。」

是歲,王伯敭(庭老)卒,有祭文。

文見《欒城集》卷二十六,以兄、弟二人名義作。文云:「西虢之行,過我都城。慨然憂世,不憂死生。訃來自西,驚怛不信。車過城東,往奠不辰。追懷平生,哭於寢門。漬酒束脯,以寄酸辛。」既云「驚怛不信」,是到任不久即卒,計時在今年。

是歲,軾次孫符(仲虎)生。

《蘇符行狀》謂符卒於紹興二十六年,年七十。符乃邁之子。

軾爲張方平文集作序，並寄方平，方平有書與軾。

《蘇軾文集》卷十《樂全先生文集叙》有「公今年八十一」之語，知作於本年。

《樂全集》卷三十四《謝蘇子瞻寄〈樂全集序〉》：「某白。承寄示荒文序引，讀之汗顔内怵，雖君子樂道人之善，且以雅好愛忘其陋，然虚飾已甚，愧不自遑。老夫性資疏曠，不堪拘束，幼知爲學，而不能勤。于時山東士人若劉潛、吴顥、石延年、韋不伐、陳靖、田度、馬武十數人，皆負豪傑之氣，不得騁，相與縱酒爲高。僕年少好奇論，與諸酒徒游，故不得篤志於學也。讀書每抽三兩策，换易讀之，未嘗依卷帙徹一部，故涉獵荒疏，藝文謬悠，僅成舉業得科名，遂以仕宦。其所以自處，亦與爲學畧同。凡所經述，或率意，或應用，每有稿草，投之篋中，未嘗再閲。若再閲輒不如意，自鄙惡之，故積兩篋，不曾有所改竄。熙寧中，得南京留臺，無事，有一吏頗敏利，亦稍知文章體式，因付兩篋令編次之，便依篇目，各成倫類，亦不曾親閲。有書吏三數人抄録成卷帙，其間差錯脱漏，悉不曾校對改證。前年，子瞻覯止見索，鄙拙欣然呈納，因而面告爲删除其繁冗，芟夷其蕪穢，十存三四，聊以付子孫而已。今承盛製，而乃刻畫嫫母，必欲使爲姝麗，或鬻珷玞於市，妄自譽售，市中莫顧，有名識玉者，爲求善價，盛稱爲奇寶，衆或信或否。既遇卞和二人，皆以妄謬見誚，鬻珷玞者誚當其分矣。爲求善價人，亦虚受其累，今公得無亦取虚僞之誚也。孔文舉、諸葛孔明，前世之高賢，今以老夫爲之儗倫，賜也何敢望回。唯有一節，自束髮至終其身，不爲世屈，此有似孔文舉，然若遇曹孟德，亦必不若文舉之憨，去而違之爾。所示序引，幸公深裁損之，使有以自得於心。又『門生』二字，尤是過言，早以一日之稱，遂托忘年之契，何門生之有！必請削除，各正其分。其高文今復納上，唯加亮察，不勝愧悚愧悚。眼病不能親札，口占，殊不盡意。」方平文中「文舉之憨」云云，《文集》卷七十二《張安道比孔北海》亦及之，惟「憨」作「惷」。蘇軾不以方平之言爲然。方平書中謂蘇軾稱「門生」，「尤是過言」，「必請削除，各正其分」。今叙無「門生」字：以意度之，「門生」字當在篇末署撰寫年月處，今叙不見此句，無由知其詳。

元耆寧（台壽）以館閣校勘換校書郎。軾嘗爲耆寧姪紹京命字曰齊老。

《欒城集》卷二十九耆寧換校書郎制，作於今年。《清江三孔集·宗伯集》卷十五文題：「蘇子瞻爲元紹京命字曰齊老，其叔父台壽屬余跋尾。」耆寧乃絳子。《王魏公集》卷八元絳墓銘謂耆寧「有至行，好學能文」。《東都事略》卷八十一有耆寧傳。

軾撰《李太師墓誌》。太師名士明，李清臣之祖父。

《墓誌》在《文集》卷十五，云：「李氏之先，世有德人。」「允文太師，發迹于經。」「始葬於魏，物不稱德。河流墓改，襚以冕服。公之令聞，追配太丘。子孫公卿，有進無羞。」文作於遷葬時。魏乃魏縣，漢置，故址在今河北省大名縣西南。

嘉靖《彰德府志》卷一《地理志》一《安陽》：「李太傅墓，在蔡村。名士明，元城人。元祐二年，河西徙，犯大名，孫清臣遷葬焉。」元城即今河北省大名縣。除「太師」稱「太傅」外，餘皆與《墓誌》合。

《雞肋集》卷六十二《資政殿大學士李公行狀》：公諱清臣，字邦直。贈太傅宗壽，曾祖也。贈太師曹國公士明，祖也。以下云：「世爲魏人。至公始以河患，徙家洛師，而卜安陽吉。」以下叙清臣「葬於相州安陽縣蔡村之原」。據此，知《彰德府志》「太傅」實爲「太師」之誤。

《墓誌》當爲應清臣之請而作，《蘇文繫年考略》之説是。

是歲，軾與黄庭堅、張耒、晁補之倡酬頗多。庭堅撰《詠雪奉呈廣平公》，蘇軾賛之；庭堅餽雙井茶並賦詩，軾次韵，庭堅再和答；庭堅赤目，軾以詩爲戲，庭堅答；省中烹茶，庭堅懷軾賦詩；庭堅題軾自書詩，賛爲金聲玉振；與庭堅和趙叔盎（伯充）詩。

《山谷先生年譜》卷八本年紀事：「《詠雪奉呈廣平公》：按吴曾《漫録》云：歐陽季默嘗問東坡，山谷詩何處是好，東坡不答，但劇口稱重黄詩。季默云：如『夜聽疏疏還密密，曉看整整復斜斜』，豈是佳耶！東坡云：政是佳處。廣平公即宋盈祖。」庭堅詩見《山谷詩集注》卷六。《漫録》乃《能改齋漫録》。《山谷别集詩注》卷上《和王明之雪》注文云：《詠雪奉呈廣平公》乃賦元祐丁卯春雪，時在館中；《和王明之雪》乃次前韵。

《山谷詩集注》卷六有《雙井茶送子瞻》，《詩集》卷二十八有《黄魯直以詩饋雙井茶次韻爲謝》，《山谷詩集注》有《和答子瞻》。《蘇軾詩集》卷二十七有《次韻黄魯直赤目》，乃次《雙井茶送子瞻》之韻，首四句云：「誦詩得非子夏學，紬史正作丘明書。天公戲人亦薄相，略遣幻翳生明珠。」《山谷詩集注》卷六有《子瞻以子夏丘明見戲聊復戲答》；卷首目録注云：元祐元年十月，庭堅遷實録院檢討官，今歲又爲著作，故有「願載軒轅訖鼎湖」之句。鼎湖謂神宗之逝，願載云者，謂修神宗實録也。《詩集》次此詩於元祐元年冬，誤。《山谷詩集注》卷六尚有《省中烹茶懷子瞻用前韻》詩卷首目録注謂此詩及以上所云及之庭堅三詩，均作於本年春。

《山谷先生年譜》卷九本年紀事：「《題子瞻書詩後》六言。先生有此詩真迹，題云：『題東坡先生自書詩卷尾。』」《山谷外集詩注》卷十六此詩入元祐三年，今從《年譜》，繫於此。詩云：

「詩就金聲玉振，書成蠆尾銀鉤。已作青雲直上，何時散髮滄洲。」

《詩集》卷二十九有《書晁補之所藏與可畫竹三首》、《戲用晁補之韻》、《和張耒高麗松扇》等詩。《山谷詩集注》卷八《同子瞻韻和趙伯充團練》：「金玉堂中寂寞人，仙班時得共朝真。兩宫無事安磐石，萬國歸心有老臣。家釀可供開口笑，侍兒工作捧心顰。醉鄉乃是安身處，付與升平作幸民。」編本年。軾詩佚。《山谷全書·别集》卷十五與叔盎帖謂叔盎詩「頗有才思，有婆娑水邊林下之氣」，館中作。叔盎，宗室，《畫繼》卷二有傳。叔盎爲右武衛大將軍、康州團練使。見《長編》卷三百八十元祐元年六月壬子紀事。

文彦博病，以唐憲宗薑茶湯傳而治愈之；執政作露籬禁同省往來，作文慨歎；與元净（辯才）簡，求爲追剃度：皆軾本年事。

《蘇軾文集》卷七十三《憲宗薑茶湯》、卷六十八《記樂天西掖通東省詩》、卷六十一與元净第二簡分别叙之。

王淮奇（慶源）喪其親人，蘇軾簡慰之。

簡乃《蘇軾文集》卷五十九《與王慶源》第十一簡。

簡云：「近奉慰疏，必達。」以情度之，蓋慰淮奇之喪其親人也。其慰疏已佚。

簡云：「人生悲樂，過眼如夢幻，不足追，惟以時自娱爲上策也。」此乃排遣痛苦良法。

蘇軾在翰苑，答范祖禹（純夫）簡，辭司馬康（公休）爲其父司馬光所作行狀及神道碑之餽。

簡乃《蘇軾文集》卷五十《答范純夫》之第二簡。

簡云：「三辱示諭，鄙意不移。公休之餽，人子之心也。不肖之辭，夙昔之分也。某已領其意而辭其物，物有齊量，意豈有窮哉。昔人已聘還圭璋，庶幾此義。」公休，司馬康之字。祖禹三來簡而三却之，其義至高。蘇軾母程夫人之墓誌銘，乃司馬光所撰，軾爲行狀及神道碑，乃所以報之也，豈能領司馬康之物哉！

元祐三年正月十三日，司馬光葬於夏縣。見該年紀事。神道碑作於此前。

蘇軾元祐初在京師，與弟轍簡，箴轍之失。

簡乃《蘇軾文集》卷六十《與子由弟》第四簡。

簡云：「昨旦偶見子華。」韓絳（子華）卒於元祐三年三月，見該年紀事。知此簡作於此前在朝時。以時考之，約爲本年。

簡云：「近者舉劉太守一事，體面極生，不免有議論。吾弟大節過人，而小事或不經意，正如作詩高處可以追配古人，而失處或受嗤於拙目。薄俗正好點檢人。小疵，不可不留意也。」據此，知蘇轍嘗薦劉某，其詳已不可得知。所云「體面極生」，當指蘇轍於劉某之了解，似有不周處，致爲人所乘，此轍不經意之過也。

弟兄之間，有得相勉，有過相箴，斯乃真兄弟。

軾嘗與李之儀論李廌文。

《永樂大典》卷二萬二千五百三十七引廌《濟南月巖集》轉引之儀《濟南月巖集序》：「吾宗方叔，初未相識，得其文於東坡老人之座。讀之如泛長江，遡秋月，直欲拏雲上漢，不知其千萬里之遠也。爲之愕眙久之，而不能釋目。東坡笑相謂曰：『子何諦觀之不捨耶？斯文足以使人如是。謝安蹈海，至於風濤蕩潏而不知返，徐問舟人曰：「去將何之？」子豈涉是境界以追謝公乎？』又曰：『吾嘗評斯文如大川湍注，晝夜不息，不至於海不止。』余曰：『不腆所得亦幾然。』東坡曰：『聞之歐陽文忠公曰：文章如金玉，固有定價，不能異人之目也。』已而曰：『或者患其多，子頗覺乎？』余曰：『覺則殆矣，惟其不覺其殆，所以爲斯文也。』（下略）」《大觀録》卷五《蘇長公與李方叔詩卷》吴泳跋文：「昔李端（按：原作『方』，誤）叔見月巖之文於東坡坐上，諦觀不捨，公笑謂曰：『謝安蹈海，至風濤蕩覆而不知返，子豈涉是境界而欲追謝公也。』公於方叔，固雅所推重也。既典禮部，乃失之。（下略）」泳蓋讀李之儀《濟南月巖集序》。

吴泳，南宋人，有《鶴林集》，《四庫全書》著録。據泳之文，知蘇軾與李之儀論李廌之文，乃廌落第前事。今繫於本年。

《竹坡老人詩話》卷二：「李端叔嘗爲余言：東坡云，街談市語皆可入詩，但要人鎔化耳。」以下，以《詩集》卷二十二《劉監倉家煎米粉作餅子》詩爲例，謂：「此詩雖一時戲言，觀此亦可以知其鎔化之功也。」類附此。

《東坡文談録》：「李端叔評東坡文云：『長江秋霽，千里一道，滔滔滚滚，到海無盡，其如風雷雨雹之驟作，崩騰洶湧之掀擊，暫行忽止，出入先後，聳日時之壯觀，極天地之變化。』」乃第十四則。亦類附此。

軾與劉安世（器之）有交往，安世嘗箴蘇軾之過。

《邵氏聞見後録》卷二十：「劉器之與東坡元祐初同朝，東坡勇於爲義，或失之過，則器之必約以典故。東坡至發怒曰：『何處把上（原注：把，去聲。農人乘以事田之具）曳得一「劉正言」來，知得許多典故。』或以告器之，則曰：『子瞻固所畏也，若恃其才，欲變亂典常，則不可。』又朝中有語云：『閩蜀同風，腹中有虫。』以二字各從虫也。東坡在廣坐作色曰：『《書》稱「立賢無方」，何得乃爾！』器之曰：『某初不聞其語，然「立賢無方」，須是賢者乃可，若中人以下，多繫土地風俗，安得不爲土習風移。』東坡默然。」安世蓋謂蘇軾有「浮華豪習」。

軾舉畢仲游自代，爲本歲前後事。

舉狀見《佚文彙編》卷一（二四二七頁）。《永樂大典》卷二萬二百五引陳恬所撰仲游墓銘叙元祐元年學士院試擢仲游爲第一之後，謂「由是天下想聞公之風采，蘇公則表公自代」，「主上由是知公」。《西臺集》卷十《上蘇内翰》第三簡：「向在京師，嘗蒙借重，舉以自代。」《長編》卷三百九十九本年四月癸卯紀事：朝奉郎、集賢校理畢仲游權發遣河北路提點刑獄，尋留爲開封府推官。卷四百八元祐三年正月庚申紀事：權發遣開封府推官畢仲游罰金。《西臺集》卷三十有《次韻蘇子瞻内翰入直鎖院賜宫燭法酒》，作於元祐三年十一月，時仍在京師。今繫自代事於本年。《蘇軾文集》卷七十三《荔枝似江瑶柱説》叙嘗言荔枝似江瑶柱，人不解，以下云：「昨日見畢仲游，僕問：『杜甫似何人？』仲游云：『似司馬遷。』僕喜而不答，蓋與曩言會也。」蓋謂仲游深得其旨也。蘇軾與仲游論杜甫當亦爲本歲前後事。

軾薦晁説之及毛滂充文章典麗可備著述科，約爲今年事。

《永樂大典》卷二千四百一引晁説之《蘇叔黨墓誌銘》：説之辱在蘇軾「薦賢中」。《嵩山文集》附録晁公祖《題嵩陽景迂生文集後》謂説之受知蘇軾，軾「又以文章典麗可備著述科薦」。景迂生，説之之號。

《昭德先生郡齋讀書志》卷四下著録説之《晁氏景迂集》十二卷，謂説之「未三十，蘇子瞻以著述薦之」。據《嵩山文集》卷末附録《晁氏世譜節録》，説之今年爲二十九歲。今繫此事於本年。

《邵氏聞見後録》卷二十四：「晁説之以道，其姓名早列東坡先生薦賢中。」薦説之文已佚。薦滂文見《佚文彙編》卷一（二四二五頁）。文之首繫銜：翰林學士、朝奉郎、知制誥兼侍讀。作於兼侍讀時。文謂滂時新授饒州司法參軍。新授當爲候選所得。

王欽臣約於今年除太僕少卿，啓來，蘇軾有答。

答啓乃《蘇軾文集》卷四十七《答王太僕啓》。《宋史》卷二百九十四《王欽臣傳》：「元祐初，爲工部員外郎。奉使高麗，還，進太僕少卿。」以下言遷祕書少監，代錢勰領開封。按：《宋會要輯稿》第九十八册《職官》六六之三八：元祐三年九月七日，緦自開封改越州。知欽臣爲太僕少卿，約爲本年事。《泊宅編》三卷本卷上引答啓中「萬事不理」四句，謂爲賀欽臣作。

與姪千之簡，以讀史書相勉。約爲軾本年事。

《蘇軾文集》卷六十《與千之》第二簡：「去歲作試官，問史傳中事，無一兩人詳者。可讀史書，爲益不少也。」時千之在蜀中。《文集》卷七《試館職策問》三首其二《兩漢之政治》，涉及西漢史實。

孔武仲賦蘇軾所畫怪石、枯木，約作於本年。

《清江三孔集·宗伯集》卷一《東坡居士畫怪石賦》：「東坡居士壯長多難，而處乎江湖之濱，或夕休於巖，或朝餉於野，或釣於水之濱，或耕於山之下，頎然八尺，皆知其爲異人。觀於萬物，無所不適，而尤得意於怪石之嶙峋。或凌烟而孤起，或絶渚而羅陳。端莊醜怪，不可以悉狀也。蒼蒼黮黮，硍硍礧礧，森森以鱗鱗，彼造物者何簡也，此賦形者何多也。蓋合之爲一氣，散之爲萬物，非尺度所裁量，斧鑿所增損。乃知夫黜聰明、捐智巧，則其動作，固將有凝於神也。乃濡禿毫，闡幽思，以心虛爲無象，以感觸爲大始。混沌黔婁，左右爲之相；浮立洪崖，唯諸爲之使。移瞬息於千年，托方寸於萬里。其醉墨淋漓，藏於人家、散於塔廟者，蓋有年矣。一日，至前騶，款荆關，解金龜，置紫綬，而蒼顔瘦骨，傑焉如長松之臨歲寒。舉酒而屢醻，仰屋而獨言，曰：『吾之胸中，若有嵬峩突兀，欲出而未肆，又若嵩高、太華，乍隱乍顯，在乎窗户之下，几案之前。』乘興命童奴，展紙萬幅，澆歙溪之石，磨隃麋之丸，睥睨八荒，運移雲煙，不知泰山之覆於左，麋鹿之興於前，亦不知我之在此而人之旁觀。一揮而皴蒼菌蠢之體具，再撫而幽深杳遠之意足，如在武昌之麓、二别之間。是時朔風號怒，寒氣充斥，日臨西雲，倒射東壁。居士既得其象，又感其聲，寫修纖與森蔚，横斜出乎峥嶸。悄乎如鳥雀之將下，泠然若幽泉之可聽。乃有霜顋鐵面，百歲之翁，瞪若有覩，卷之懷中。居士無吝色，無矜容，淡若亡也，豈以爲彼取之有限我應之不窮。嘗聞之曰：文者無形之畫，畫者有形之文。二者異迹而同趨，以其皆能傳生寫似，爲世之所貴珍。居士之文俊偉閎博，紆餘姣好矣，而又欲窮丹青之妙，憂以此娱情，歡以此寓笑，蓋將以賈誼、陸贄之辭，愷之、摩詰之筆兼之乎一身。故其動之爲風，散之爲雲，斂之爲秋，舒之爲春。是何其視聽食息與我略均，而多才與多藝如此，此余之所以心醉爲斯人也。」

同上《子瞻畫枯木》：「寒雲行空亂春華，西風凛凛空吹沙。夫子抱膝若喪魄，誰知巧思中萌芽。敗毫淡墨信揮染，蒼莽菌蠢移龍蛇。略增點綴已成就，正見枯木成槎枒。更無丹青相掩翳，惟有口鼻隋穿呀。往年江湖飽覘眺，或在山隈溪水涯。腹中空洞夜藏魅，巔頂突兀春無花。徑深最宜繫畫舸，日落時復停歸鴉。蘇公早與俗子偶，避世欲種東陵瓜。窺觀盡得物外趣，移向紙上無毫差。醉中遺落不祕惜，往往流落藏人家。趙昌丹青最匀膩，直與春色争豪華。公今好尚何太僻，曾載木車出岷巴。得非欲與世爲戒，未許木葉盛枯槎。萬物流形若泫露，百歲俄驚眼如車。樹猶如此不長久，人世何者堪矜誇。悠悠坐見死生境，但隋天機無損加。却笑金城對官柳，泫然流涕空咨嗟。」此一賦一詩，乃實際真實生活寫照，得之直接盤桓之中。二作云及「江湖」，爲元祐在朝時作。元祐元年武仲來京師，二作約作於相晤之初，今次本年。

軾與袁彦方簡，告以治足疾方。或爲本年事。嘗有詩題彦方來鶴亭。

簡見《蘇軾文集》卷六十（一八五〇頁）。簡末云：「元素書已作。」楊繪（元素）卒於元祐三年六月，見《咸淳臨安志》。簡中云「累日欲上謁」，又云「稍暇詣見」，是作簡時或同居京師。今姑繫於此。

《楓窗小牘》卷上：「余汴城故居，近陳州門内，蔡河東畔。居後有圃，喬林深竹，映帶城隅，中有來鶴亭。王大父時，有野鶴來棲，遂馴狎不去。蘇子瞻有詩云：（略）每誦此詩，未嘗不淚滿青衫也。」詩見《蘇軾詩集》卷四十八（二六五五頁）。王大父乃彦方。

本年，傳徐俯作《紅梅》詩。蘇軾稱賞。

《艇齋詩話》：「東湖年十三，有《紅梅》詩云：『紫府與丹來换骨，東風吹酒上凝脂。』東坡見之極稱賞，自此有詩名。」

東湖乃徐俯。俯字師川，《宋史》卷三百七十二有傳。洪州分寧人，黄庭堅之甥。詩入江西詩派。《全宋詞》第七四二頁徐俯小傳謂生於熙寧八年。

《中吴紀聞》卷五謂《紅梅》爲方惟深（子通）作。《瀛奎律髓》卷二十《和周楚望紅梅用韻》即《紅梅》，繫之方惟深；詩下注評謂《艇齋詩話》妄，慶元中陳剛刊板方惟深詩，已收入此詩。

傳嘗與劉攽（貢父）、錢勰（穆父）食皛飯。

《曲洧舊聞》卷六：「東坡嘗與劉貢父言：「某與舍弟習制科時，日享三白，食之甚美，不復信世間有八珍也。」貢父問三白。答曰：『一撮鹽，一楪生蘿蔔，一盌飯，乃三白也。』貢父大笑，久之，以簡招坡過其家吃皛飯。坡不省憶嘗對貢父三白之説也。謂人云：『貢父讀書多，必有出處。』比至赴食，見案上所設惟鹽、蘿蔔、飯而已，乃始悟貢父以三白相戲笑，投匕筯，食之幾盡。將上馬，云：『明日可見過，當具毳飯奉待。』貢父雖恐其爲戲，但不知毳飯所設何物，如期而往。談論過食時，貢父飢甚索食，坡云少待。如此者再三，坡答如初。貢父曰：『飢不可忍矣。』坡徐曰：『鹽也毛，蘿蔔也毛，飯也毛，非毳而何！』貢父捧腹曰：『固知君必報東門之役，然慮不及此也。』坡乃命進食，抵暮而去。世俗呼『無』爲『模』，又語譌『模』爲『毛』，常同音，故坡以此報之，宜乎貢父思慮不到也。」

涵芬樓鉛印本《説郛》卷二十七引《高齋漫録》：「東坡嘗謂錢穆父曰：『尋常往來，止可稱家有無，草草相聚，不必過爲供具。』穆父一日折簡召坡食皛飯，坡至，乃設飯一盂，蘿蔔一楪，白湯一盞而已。蓋以三白爲皛也。後數日，坡復召穆父食毳飯，穆父意坡必有毛物相苦。比至日晏，並不設食。穆父饑餒甚，坡笑曰：『飯也毛，蘿蔔也毛，湯也毛（原注：毛音模，京師俗呼謀、無爲模）。』穆父笑曰：『子瞻可謂善戲謔者也。』」庫本單行本《高齋漫録》有此則，文字略遜。

食皛飯、毳飯，約爲元祐一、二年事。至明年，勰知越州。姑次此。

三蘇年譜卷四十一

元祐三年（一〇八八）戊辰　蘇軾五十三歲　蘇轍五十歲

正月乙酉朔，轍有三絶句寄軾。軾有和。

轍詩見《欒城集》卷十五。軾詩見《蘇軾詩集》卷三十，其二末云：「朝回兩袖天香滿，頭上銀幡笑阿咸。」阿咸謂轍諸子。軾詩詩題作《和子由除夜元日省宿致齋》，則轍今日亦宿齋。《新唐書》卷十一《禮樂志》：「齋戒，其别有三，曰散齋、曰致齋、曰清齋。大祀，散齋四日，致齋三日；中祀，散齋三日，致齋二日；小祀，散齋二日，致齋一日。」

辛亥（初三日），轍祈穀。

《欒城集》卷十五詩題：「三日上辛祈穀。」祈穀乃祀典。

轍詩云：「今歲初辛日正三。」

辛酉（十三日），司馬光葬於夏縣，軾作安葬祭文。作光之神道碑，黄庭堅盛贊其文。

《蘇軾文集》卷十七有《司馬温公神道碑》，卷四十四有安葬祭文。

《山谷老人刀筆》卷二《與潘邠老》第七簡：「公往所作道人詩長句一紙二篇者，持與子瞻，遂爲子瞻所取，至今思之。因來，幸手録一本見惠。如此作在向來諸人亦難得也。子瞻所作《温公神道碑》，文極雄壯，後可付去。」又有「頃鎖試城南」之語。查《山谷外集詩注》，庭堅鎖試城南，乃元祐二年八月間事。碑文之作，約在元祐二年秋冬之間。《與潘邠老》第九簡：「《温公神道碑》，市中有板本，十千可置，適令買，尚未來。子瞻論作文法，須熟讀《檀弓》，大爲妙論，請試詳讀之，始可，却示諭。」次此。

十六日，韓絳坐上，侍兒求軾書扇上，作詩。

詩見《蘇軾詩集》卷三十（一五六五頁）。同上卷《韓康公輓詞》其三：「西第開東閤，初筵點後塵。笙歌邀白髮，燈火樂青春。」或爲此時事。

《侯鯖録》卷四：「韓康公絳子華謝事後，自潁昌入京看上元。至十六日，私第會從官九人，皆門生故吏，盡一時名德，如傅欽之、胡完夫、錢穆父、東坡、劉貢父、顧子敦皆在坐。錢穆父知府至晚，子華不悦，坡云：『今日爲本殿燒香，人多留住。』坐客大笑（原注：錢形肖九子母丈夫也）。方坐，出家妓十餘人。中燕後，子華新寵魯生，舞罷爲游蜂所螫，子華意不甚懌，久之，呼出，持白圓扇從東坡乞詩。坡書云：『窗摇細浪魚吹日，舞罷花枝蜂繞衣。不覺南風吹酒醒，空教明月照人歸。』上句記姓，下句書蜂事。康公大喜。坡曰：『惟恐他姬厮賴，故云耳。』客皆大笑。」蘇軾所書之詩，即見於《詩集》之詩。

乙丑（十七日），朝廷命蘇軾權知貢舉，孫覺、孔文仲同知貢舉。陳軒（元輿）等五人參詳，單錫（君貺）等十五人點檢試卷。

乙丑云云，據《長編》卷四百八。《長編》云：「天下進士凡四千七百三十二人，並即太學試焉。」孫爲吏部侍郎，孔爲中書舍人。

《長編》本日原注：「三月戊申，奏名進士五百人，宗室二人。子瞻、莘老、經父知舉，熙叔、元輿、彦衡、魯直、子明參詳，君貺、希古、履中、器之、成季、明略、無咎、堯文、正臣、元忠、遐叔、子發、君成、天啟、志完點檢試卷。此黄庭堅爲孫敏行行書石刻，今在敏行家。凡命官知貢舉，合書，舊録獨缺此。今依庭堅石刻修入。」又：《文集》卷六十八《書試院中詩》謂辟李公麟爲考校官，《揮麈録·後録》卷七謂張耒爲參詳官，石刻未及。

《山谷先生年譜》引黄庭堅《題太學試院》即上述石刻。「點檢試卷」之後，尚有「是日侍御史日晏不來，爲子發書」十三字。《年譜》無「正臣」；「堯文」作「堯民」；「君成」作「君時」，待考。

按：莘老乃孫覺，經父乃孔文仲，本譜已及。元輿乃陳軒，《總案》謂爲鄭君乘，誤。彦衡乃上官均，熙寧三年登進士第，該年三月壬子紀事已及；均，邵武人，《宋史》卷三百五十五有傳。魯直乃黄庭堅。子明乃梅灝，已見元祐元年十二月六日紀事，《總案》未考及。君貺乃單錫。希古乃常安民，已見元祐元年「與李常孫覺等連章薦常安民」條；履中乃宋匪躬：二人，《總案》均未考及。器之乃劉安世，已見元祐元年十二月六日紀事。成季乃李昭玘。明略乃廖正一。無咎乃晁補之。堯文乃舒焕（堯民乃晁端仁，見元豐二年「晁端仁其時嘗問蘇軾詩於黄庭堅」條）。正臣乃孫諤。元忠乃孫樸，已見元祐元年十二月六日紀事。遐叔乃宋景年，《總案》未考及。子發乃孫敏行。君成，待考。天啓乃蔡肇。志完乃鄒浩，元祐元年九月初一日已及。

以上各人，陳軒、宋匪躬、孫諤、宋景年，孫敏行，初次出現，略考於下：

陳軒，建州建陽人。《宋史》卷三百四十六有傳。《雞肋集》卷十二《復用前韻呈祠部陳元輿》：「五十天南把一麾。」考軒生平，乃謂知汀州。《永樂大典》卷七千九百八十三引《開慶臨汀志》謂元豐六年軒知汀。據是推，軒長蘇軾二歲。

宋匪躬，敏求子。元祐二年十二月庚子，爲祕書省正字，以文彦博薦。七年正月庚午，爲祕閣校理。八年十二月甲辰，祕書省置局，爲檢討官。紹聖間卒。《范太史集》卷五十五《手記》有匪躬。《淮海集》卷九、十有詩及之，并參《長編》卷四百七、四百六十九、《長編拾補》卷八。《清江三孔集》卷九孔武仲《宋履中學士輓詞》其一：「朝論方知子，哀哉疾不瘳。歌聞湘浦些，魂返岱宗游。文雅承三世，淵源見九流。音容如可接，圖像在瀛洲。」其二：「迹忝詞場舊，官俱瀛府仙。過從常永日，推予更忘年。素業期三友，幽途隔九泉。春明書史富，貴與弟兄賢。」履中乃匪躬之字。附此。

孫諤，邵武人。登進士第。官至權發遣江淮荆浙等路制置發運副使。大觀三年卒，年五十九。《龜山集》卷三十四有墓銘。

宋景年。見《范太史集》卷五十五《手記》。詳本年「是歲嘗與宋景年張耒同觀晁補之所藏畫野馬」條紀事。

孫敏行。眉州人。參元祐八年「辟孫敏行入幕」條紀事。嘉慶《眉州屬志》引《宋鴈塔題名碑》，敏行爲熙寧最後一人，蓋爲熙寧九年進士。元豐四年間，爲戎州録事參軍，與董鉞厚。見《長編》卷三百十四元豐四年七月壬寅紀事。《容齋隨筆》卷四《張浮休書》引張舜民答其論《資治通鑑》書。

單錫、李昭玘以後無直接交往文字記載，兹分述於下：

《摛文堂集》卷十五《單季隱墓誌銘》稱單錫「儒術吏方有過人者，乃卒於州縣」，未云卒於何時，知此後嘗仕州縣。季隱，錫弟鍔。《文集》卷六十三祭錫文：「念我孤甥，生逢百艱。既嬪於君，謂永百年。云何不弔，銜痛重泉。」錫享年不大。又云「何以慰君，千里一樽」，祭文作於朝中。《平園續稿》卷三十《李邴神道碑》謂昭玘仕至起居舍人。邴，昭玘姪，高宗初位政府。

《詩集》卷三十《和子由除夜元日省宿致齋》其三抒領貢舉心情。

丁卯(十九日),侍御史王覿奏,蘇軾不宜久在朝,宜與一郡。

據《長編》卷四百八。《太平治迹統類》卷二十三有覿奏節文:「蘇軾去冬學士院館職策題,自謂借漢以喻今也。其借漢而喻今者,乃是王莽、曹操等簒國之難易,縉紳見者莫不驚駭,習爲輕薄,貪好利權,不通先王性命道德之意,專務戰國縱横捭闔之術,非偶然過失也。若使久在朝廷,則必立異妄作,以爲進取之資,巧謀害物,以快喜怒之意。朝廷或未欲深罪軾,即宜與一郡,稍爲輕浮躁競之戒。」

《蘇軾文集》卷二十八《乞罷學士除閑慢差遣劄子》言未入試院,有人「先言任意取人」,可參。

二十一日,軾領貢舉事,入試院。

《蘇軾文集》卷六十八《書試院中詩》謂領貢舉爲二月二十一日。按:《文集》卷二十八本年二月所上《貢院劄子》已云「貢院今月三日」。「二月」乃「正月」之誤。《文集》卷七《省試策問三首》、《省試宗室策問》乃此次省試試題。

《豫章黄先生文集》卷二十九《題東坡字後》謂試禮部,蘇軾每來見過,「案上紙不擇精粗,書遍乃已」。《山谷老人刀筆》卷十五《答王觀復》第二簡謂禮部試,蘇軾「所極口稱許新進諸生,往往面從而背非。某告之曰:其他在間伎倆,諸君或勝東坡,至於評論文章,東坡鼻端一嗅,可定優劣。其後諸生亦多以爲然」。《誠齋集》卷九十九《跋蘇黄滑稽録》：「此東坡、山谷禮闈中試筆滑稽也。蓋莊周、惠子不幸再相遭者。或問二先生語何經見，子曰：『坡、谷聞之憑虚公子，憑虚公子聞之亡是公，亡是公聞之非有先生。』」此録已早佚。

《朱子語類》卷一百三十：「草堂劉先生曾見元城云：『舊嘗與子瞻同在貢院，早起洗面了，繞諸房去，胡説亂説，被他撓得不成模樣，人皆不得看卷子。及夜乃歸，張燭一看數百副。』」

本月，軾奏《大雪乞省試展限兼乞御試不分初覆考劄子》。

文見《蘇軾文集》卷二十八，乞更展限半月；不分初覆考，率衆考官爲一處，共定其等第，不惟精詳寡失，御試放榜，亦可以速了。

轍親家翁曹九章(演父)卒，作祭文。

文見《欒城集》卷二十六，云：「哭公寢門，兄在禮闈。」禮闈，即謂領貢舉。轍此文約作於元二月間；九章之卒在此略前。

二月己卯(初二日)，監察御史趙挺之奏蘇軾主文禁引《三經新義》。

據《長編》卷四百八。《長編》引挺之言：「貢舉用《三經新義》取人近二十年。今聞外議以爲蘇軾主文，意在矯革，若見引有《新義》，决欲黜落。請禮部貢院將舉人引用《新經》與注疏文理，通行考校。詔送貢院照會。」原注謂「軾初無此意，挺之因浮議以獻言，用情誣實」，存之以見是非。《嬾真子》卷一：「元祐中，東坡知貢舉日，並行詩賦經義，《書》題中出『而難任人，蠻夷率服』，注云：任，佞也；難者，拒之使不得進也。難任人則忠信昭而四夷服。東坡習大科目，曾作《忠信昭而四夷服論》，而《新經》與注意同。當時舉子謂東坡故與金陵異説，以爲難於任人則得賢者，故四夷服。及東坡見説，怒曰：『舉子至不識字，輒以難（原注：去聲）爲難（原注：平聲）。』盡黜之。惟作難（原注：去聲）字者皆得。蓋東坡元不曾見《新經》，而舉子未嘗讀注故也。聞之於柴慎微。」據此，知挺之之論未爲無因。「而難」云云，出《舜典》。

乙酉（初九日），軾奏《大雪論差役不便劄子》，詔監司戒厲以聞。

據《長編》卷四百八。奏見《蘇軾文集》卷二十八。

《太平治迹統類》卷二十一：「學士兼侍讀蘇軾言：『差役之法，天下以爲未便，獨臺官數人主其議，必爲不可改，磨礪四顧以待言者，故人畏之而不敢發耳。近聞疏遠小臣張行者力言其弊，諫官韓川深詆之，至欲重加編竄。』詔差役法内有未便事，令王巖叟、韓川與劉安世同看詳，具利害以聞。先，安世言，今差役深詔執政固守初議，毋徇浮言，妄有變易。」「差役之法」云云，即見《大雪論差役不便劄子》中。」

同上原注：「張行者，述之從孫也。言神宗議納役，蓋嘗謂之助役矣。以爲若止於助，則未能盡免，將使後世役亦差，錢亦納，於是更爲免役，其慮深矣。今仍廢而復差，上違先帝燕翼之謀，下拂元元安業之願，豈曰述事乎？又言：差役下户，一年所費有用數年役錢者，有用數十年役錢者。其等漸降，其害愈深，殆非聖人裒多益寡天道弛張之義。又言：臣恐行者以爲有心於改法，無心於便民，昨日改之，爲天下之民，今日復之，爲天下之民，無容心於其間可也。章疏十上，詔監司取戒勵以聞。行乃止。」行爲梓州路職官，見同卷紹聖間紀事。述，《宋史》卷三百二有傳。

軾上劄子，論試院中職事人員非理之事。

劄子見《蘇軾文集》卷二十八（八〇八頁），二月上。其一，奏巡鋪鄭永崇舉覺不當，如試卷只有十九字偶同，别無違礙，即欲扶出等，乞差曉事使臣交替。其二，奏劾巡鋪内臣陳慥，於捉到懷挾舉人時，令兵士高聲唱叫，以立威勢，傷動士心。其三，奏「若將問字便作傳義，未爲允當」，問字者不得扶出。旨在維護舉人考試權益。據此略後《省試放榜後劄子》，鄭、陳「尋蒙朝廷取問行遣訖」。

《軾墓誌銘》：「權知禮部貢舉。會大雪苦寒，士坐庭中，噤不能言，公寬其禁約，使得盡其技。而巡鋪内臣伺其坐起，過爲凌辱，公以其傷動士心，虧損國體，奏之。有旨送内侍省撻而逐之，士皆悦服。」「士坐庭中」云云，不見奏劄，當另有一劄子，已佚。

二十九日，軾奏論特奏名恩澤太濫。旨在嚴出官之制，革官冗之弊。

奏見《蘇軾文集》卷二十八（八一〇頁），謂：「伏乞斷自聖意，明勅大臣，特奏名舉人，只依近日聖旨指揮，仍詔殿試考官精加考校，量取一二十人，委有學問，詞理優長者，即許出官，其餘皆補文學、長史之類，不理選限，免使積弊之極，增重不已。」積弊，蓋爲官冗。以特奏名恩榜得官之人，貪冒不職，十人而九。

同上《御試劄子二首》其二謂近在貢院，「論特奏名人恩澤太濫，未蒙施行」。

二月，轍上《論陰雪劄子》。

《宋史》卷六十二《五行志》下：「元祐二年冬，京師大雪連月，至春不止，久陰恒寒。」劄子見《欒城集》卷四十一。《長編》卷四百八本年二月乙酉（初九日）紀事，載軾所上《大雪論差役不便劄子》，而以轍此奏附其後，并加注：「轍言不得其時，附蘇軾後。」今各種通行版本轍《集》，均未言上奏之日，唯宋刊大字本題下原注：「元祐三年春。」今姑次本月。

轍此劄首謂：「臣伏見自去冬至今，陰雪繼作。罷民凍餒，困斃道路。聖心憂勞，何所不至。蓋嘗命有司發内庫之錢，出司農之粟，竭太府之炭，以濟其急矣。猶以爲未也，則釋犴獄，罷夫役，凡可以惠民之事，無不爲矣。而天意不順，雨雪如故，臣竊惑之。」轍以爲近者常半歲苦旱，半歲苦陰，陰陽過差，乃天地之變。欲消復此變，轍謂朝廷「宜訓敕大臣，使之守法度，立綱紀，信賞必罰，使羣下凛然知有所畏」，苟朝廷無偏甚不舉之政，則陰陽過差宜可得而止。

韓絳（子華、康公）歸許州（潁昌），轍作詩送行。絳未行。

詩乃《欒城集》卷十五《送韓康公歸許州》。詩點「春雷」，云「茲行迫寒食」，參以本年三月七日紀事，約作於二月。不知《集》何以次於元祐二年之末。

《蘇軾詩集》卷三十《韓康公輓詞》題下宋施元之、顧禧注：「韓康公名絳，字子華。……元祐二年，以司空檢校太尉致仕。既謝事，是冬，自潁昌入京觀燈。……正月十六日，會從官九人，皆門生故吏，多一時名德，……出家妓佐酒。……欲還潁昌，未行而薨。」《侯鯖録》卷四謂絳謝事後「自潁入京」，「潁」後脱「昌」字，正月十六日條已補。

轍詩云「功成不願居，身退有餘勇」，謂元祐二年謝事。云「心安里閭適」，謂樂居潁昌，潁昌，絳之里閭也。云「千兩春雷動」、「萬人擁道看」，皆想像之詞。云「一子腰金從」，據《宋史》卷三百一十五《韓絳傳》，謂爲宗師字傳道者。

軾爲池州葉氏題贊《四皓圖》。

《平園續稿》卷六《題孫氏四皓圖》：謂嘉泰癸亥，池州故人子葉之真，寄《漢四皓像》，絹僅盈尺，「上有蘇文忠贊，元祐三年二月，楊次公書，東坡諸集皆無之」，題贊今不傳。

軾次韻答張商英（天覺）詩，督其寄長松。

詩見《蘇軾詩集》卷三十（一五六六頁）。其二云：「馭風騎氣我何勞，且要長松作土毛。」參元祐二年「與王澤州簡與詩」條。時商英在河東提刑任，見「查注」引《清涼志》。

三月三日，軾爲李樂道跋《寒熱偈》。時樂道來訪。

跋見《蘇軾文集》卷二十二（六四七頁）。

六日，軾書試院中詩，叙考校既畢與黄庭堅、晁補之等唱酬事。

《蘇軾文集》卷六十八《書試院中詩》叙其事。《山谷詩集注》卷九有《觀伯時畫馬》，《詩集》卷三十有《次韻黄魯直畫馬試院中作》，《雞肋集》卷十二有《次韻魯直試院贈奉議李伯時畫馬》；《詩集》卷四十八尚有《試院觀伯時畫馬絶句》。

甲寅（初七日），韓絳卒。軾有輓詞及祭文。轍有輓詞。

甲寅云云，據《長編》卷四百九。《宋會要輯稿》第一百十三册《禮》四一之五謂本月九日，哲宗親臨絳喪。《宋史·哲宗紀》謂卒於丙辰（初九日），今不從。《琬琰集删存》卷一李清臣所撰絳神道碑，謂絳享年七十七。《蘇軾詩集》卷三十有《韓康公輓詞》，祭文見《蘇軾文集》卷六十三（一九四五頁）。《欒城集》卷十五有輓詞。

丁未（十日）哲宗御集英殿，策試禮部奏名進士。

據《宋史·哲宗紀》。

戊午（十一日），策試武舉於集英殿，以轍及王欽臣（仲至）等爲考官。轍有《廷試武舉策問》

一首，有《次韻王欽臣祕監集英殿井》。

據《年表》。《策問》，見《欒城集》卷二十，首云：「王者之兵，不貴詐謀奇計，至於臨敵制勝，良將豈可少哉！」策試之意，蓋在爲國求良將也。次韻詩見《集》卷十五。

《長編》本日紀事：「試特奏名及武舉進士。」

省試放榜後軾奏劄子，論省試革興事宜。

文見《蘇軾文集》卷二十八（八一一頁），謂三月上。一乞裁減巡鋪兵士重賞，二乞不分經取士，三乞不分差經義詩賦試官。《長編》卷四百十一五月甲戌紀事：「五月二十九日，奉聖旨，依，仍先次施行。」

十四日，游金明池，宋肇（懋宗）有詩，軾次韻。

次韻乃《蘇軾詩集》卷三十《和宋肇游西池次韻》，西池即金明池。《山谷詩集注》卷九有《次韻宋懋宗三月十四日到西池都人盛觀翰林公出遨》。

元祐二年，肇嘗贈蘇軾澄心堂紙，《詩集》卷二十九（一五三八頁）有詩。同年，《山谷詩集注》卷六有《次韻宋懋宗僦居甘泉坊雪後書懷》。肇乃祁孫。《錢唐韋先生文集》卷九有詩及肇。

二十日，軾與錢勰（穆父）復游金明池，答勰雪中見及詩。

答詩見《蘇軾詩集》卷三十（一五七一頁）。《紀年録》謂爲本月三十日事。

二十一日，孔文仲卒。軾撫柩贊其勁直。

《蘇魏公文集》卷五十九文仲墓銘謂本日卒，年五十一；並謂卒之日「士大夫識與不識，聞之皆失聲嗟悼，以爲朝廷喪一直臣；而翰林蘇公子瞻往撫其柩曰：『世方嘉軟熟而惡峥嶸，相師成俗，求勁直如吾經父者，今無有也。』」

己巳（二十二日），賜李常寧等四百八十八人及第、出身、同出身。

據《長編》卷四百零九。《長編》謂：賜進士李常寧等二十四人及第，賜出身者二百九十六人，賜同出身者一百八十八人。内宗室子湜爲承務郎，令緋爲承奉郎。諸科明經七十三人，各賜本科及第、出身、同出身。

《宋會要輯稿》第一百一十册《職官》七之二五謂「得李常寧以下五百二十三人，并賜及第、出身、同出身」。《宋史》哲宗紀則謂「賜禮部奏名進士、諸科及第出身一千一百二十二人」。

李常寧，字安邦，開封廩延人。本年六月卒，年五十二。《淮海集》卷三十三有《李常寧墓誌銘》。《長編》卷四百一十本年五月丙辰紀事：以李常寧爲宣議郎簽書鎮海軍節度判官廳公事。

除李常寧外，尚有孫勰；

《獨醒雜志》卷四：「東坡知貢舉時，得章貢孫勰之文，於黜籍中見而異之，擢寘第五。榜帖既傳，誹議藉藉，以勰嘗遊公之門也。會廷試，勰復中第五，輿論始服文章之定價。勰即坡公所贈《剛説》孫介夫之子也。」

章援：

《雲麓漫鈔》卷九：「元祐三年先生知舉時，〔章〕致平爲舉子。初，致平之文法荆公，既見先生知舉，爲文皆法坡，遂爲第一。逮揭榜，方知子厚子。」致平乃援字。

王靚：

《省齋文稿》卷二十《葛敏修聖功文集後序》：「昔我外祖給事中王公，亦以古文論周秦强弱，見知東坡。〔元祐三年，東坡知貢舉〕，置在前列，而廷試唱名第五。政和中入掌書命，專用西漢文體。……未幾，竟坐元祐學術斥去。」《周益國文忠公集》附録李壁所撰《周必大行狀》謂必大外祖名靚。靚字天粹，嘗守東平，見《鐵圍山叢談》卷三。

葛敏修：

《楙溪居士集》卷十《跋葛聖功詩》：「某聞之耆舊，元祐中，聖功試南宫，論周秦强弱不變之弊，如太倉公言病，洞見根穴所起。東坡奇其文，置之高列。山谷曰：『此某爲太和令時所與唱酬進士也。』因相慶得人，聖功由是名聞諸公間。」

《省齋文稿》卷二十《葛敏修聖功文集後序》謂元祐三年，蘇軾知貢舉，「奉議郎葛公奏名第七」。又謂：「予嘗觀太史氏。按，崇寧元年九月乙未詔書，定元符末黨籍五百四十有一人，而公姓名在焉。由此罷確山宰，廢於家。越三年，六月丁巳，始出黨籍，人謂公久困當少折，其詩乃云：『從今益勉爲忠義，一噎如何便廢餐。』味公此言，夫豈以利禄得喪二其心者，使天不奪之年，得進爲於世，不負東坡審矣，況肯負國乎！」《平園續稿》卷三十二《葛先生滎墓誌銘》：「叔祖導岷先生敏修，擢元祐三年甲科，受知蘇文忠公、黄太史先生，上書入黨籍。」

劉燾：

《揮麈録·後録》卷七：「東坡先生爲韓魏公作《醉白堂記》。……元祐中，東坡知貢舉，以光武何如高帝爲題，張文潛作參詳官，以一卷子攜呈東坡，云：『此文甚佳。蓋以先生《醉白堂記》爲法。』東坡一覽，喜曰：『誠哉是言。』置魁等。後拆封，乃劉燾無言也。」《嘉泰吴興志》卷十七《賢貴事實下·長興縣》：「劉燾，字無言，宜翁次子。未冠遊太學，與陳亨伯俱以八俊稱。會試史官策，或戲之曰：『子平時好論，將教授以破題乎？』燾即下筆曰：『秉史筆乎，權猶將也，君命有所不受焉。』衆嘆服。東坡知元祐三年舉，讀其文，曰：『必巖谷間苦學者。』中第三人。廷對又中甲科。東坡薦燾文章典麗可備著述科。……嘗歸朝，趙民彦嘗云在虜中飽覽君文。尤善書，筆勢遒邁。山谷謂江左復生羊欣、薄紹之矣。在館中時，被旨修閣帖十卷，所謂續法帖是也。嘗注《聖濟經》，編修道史，有選文五十卷，號《南山集》。」宜翁，誼字。

鄭少微：

《蜀中廣記》卷四十二、卷九十八：鄭少微，華陽人，字明舉。少孤力學。蘇軾知貢舉，得少微。與古郫楊天惠、隆州李新，號爲三雋。少微宣和間論時政，坐廢。貧無田宅，寓居成都金繩院十五年，不屈其志。學益古，文益工。後徙居臨邛，自號木雁居士。官至朝請郎。有《木雁居士集》。天惠字祐甫，有《三國人物論》三卷，《蜀中廣記》卷九十二著録。少微尚有《唐史發揮》十二卷，《蜀中廣記》著録。《木雁居士集》、《唐史發揮》不傳。

周燾(次元)：

詳元祐四年「與劉季孫……周燾……有倡酬」條紀事。

龔夬：

《長編》卷四百一十本年五月丙辰紀事：以進士及第龔夬爲承事郎簽書河陽節度判官廳公事。

光緒《邵武府志》卷十九《龔夬傳》：「龔夬字道亨。……考官翰林學士范祖禹奇之。嘗對蘇軾言：『夬文可以經世。』軾薦於上，詔爲著作郎。參知政事韓忠彥力言夬忠直可補彈糾之職，召爲殿中侍御史。即抗疏明元祐黨人之冤，上納之，爲徙黨人於内地。又劾蔡卞、章惇奮緣爲奸，在君側則蔽主德，在州郡則害蒼黎。蔡京銜之，謫監揚州酒税，後以其名入元祐黨籍。」《邵武府志》謂夬登元祐六年進士第，今從《長編》。

馬存；

同治《饒州府志》卷二十二《人物志》五《文苑》：「馬存，字子才，樂平人。遵從孫。元祐省試論以揚雄、劉向爲題，存論曰：『方王莽以險怪愚弄天下，學士大夫高節尚潔者，非引去則繼以死，龔勝以清死，鮑宣以悍死，其憤甚矣。雄斯時方著《劇秦美新論》以發揚其盛，讀之令人氣拂膺不懌者累日。嗚呼，雄乎！寧死爾，其忍爲此文哉！』典舉蘇軾奇之，置高等，京師競傳，因呼爲拂膺公。公廷試策言：『臣之深思，常略於東南而獨在北方。』詳定官……喜其遠慮，欲以冠多士，同列間之，抑居第四。授鎮南節度推官，再調越州觀察推官，天下方以兩制期之。紹聖三年，卒於官。存早游太學，研經以考道，觀史以究治亂之變，賦事揺毫，頃刻數千言。文學錡一時，文集二十卷行於世。」同上書卷二十六著録其《馬節推集》二十卷，當爲其文集；不傳。《節孝集》卷四、卷五有詩及存。

以上各人，皆爲蘇軾所知。

高述亦登是科。

述字季明，鎮江人。官臨海令。學蘇軾書及竹石，皆逼真。見《至順鎮江志》卷十八、《圖繪寶鑑·補遺》。《宋詩紀事補遺》卷二十九有述詩。《山谷外集詩注》卷十六有《戲贈高述六言》，作於本年。

《豫章先生遺文》卷十一《跋東坡思舊賦》：「丹陽高述、齊安潘岐其人皆文藝，故其風聲氣格，見於筆墨間，造作語言，想象其人，時作東坡簡筆，或能亂真，遇至鑒則亦敗矣。」《豫章黄先生文集》卷二十九《跋僞作東坡畫簡》：「此帖安陸張夢得簡，似是丹陽高述僞作。……高述潘岐皆能贋作東坡書。」

《宋黄文節公全集·刀筆》卷八《答檀敦禮》第八簡：「東坡畫竹多成棘，是其所短，無一點俗氣，是其所長。此畫柔媚而俗惟枯木，是丹陽高述筆也。」

李冲元亦登是科。

《平園續稿》卷九《題鞠城銘》：「李公麟，字伯時。堂弟楶，字德素。南唐李先主昪四世孫，並登科，隱舒城龍眠山。里人李冲元，字元中。少年邁往，善論人物、書畫。共爲山澤之游，號龍眠三友。元祐三年亦登第。典獄宜春，作《鞠城》等十一銘，其賢可知。（下略）」作於嘉泰辛酉四月丙午。

公麟與楶，皆蘇軾之友，前者誼尤親。今因二人繫冲元於此。

晁載之（伯宇）或於今年登進士第。黄庭堅嘗薦載之於蘇軾，軾答書謂載之涉奇似差早，欲庭堅以己意微箴之。載之自是大進。

《郡齋讀書志》卷四下謂載之：「鎖廳中進士第，黄魯直嘗薦之於蘇子瞻，云：『晁伯宇謹厚，守文元家法，從遊多長者。其文已能如此，年蓋未二十也。願子瞻一語教戒之。』……坎壈終身，卒。官封丘丞。」有《封丘集》二十卷，已佚。其登第或爲今年。蘇軾答書乃《蘇軾文集》卷五十二與庭堅第二簡。《曲洧舊聞》卷八謂黄庭堅以載之少作《閔吾盧賦》示蘇軾，曰：「此晁家十郎作，年未二十也。」以下引軾答簡，謂載之自是文章大進，贊軾語「委曲如此，可謂善成就人物者」。《風月堂詩話》亦紀此事。

洪炎應試，未中。

《山谷先生年譜》附炎撰《豫章黄先生退聽堂録序》謂本年及元祐六年兩試禮部，寓舅氏黄庭堅廨中，庭堅時「與翰林蘇公子瞻游，賦詩無或輟」。

李廌落第，蘇軾賦詩自責。軾謀與范祖禹同薦廌於朝，未果。

《宋史》卷四百四十四《李廌傳》：「鄉舉試禮部，軾典貢舉，遺之，賦詩以自責。吕大防歎曰：『有司試藝，乃失此奇才耶！』軾與范祖禹謀曰：『廌雖在山林，其文有錦衣玉食氣，棄奇寶於路隅，昔人所歎，我曹得無意哉！』將同薦諸朝，未幾，相繼去國，不果。」參元祐元年「以賢良方正薦秦觀」條引《朱子語類》。

詩見《蘇軾詩集》卷三十（一五六八頁）。《山谷詩集注》卷九次韵，注云：「東坡知貢舉，得程文異之，謂必方叔，擢置第一，既開榜，非是。東坡悵然，作詩送方叔。」《石林詩話》卷中有此記載，謂蘇軾所得程文乃章援作。

《風月堂詩話》卷上：「東坡知貢舉，李豸方叔久爲東坡所知，其年到省諸路舉子，人人欲識其面，考試官莫不欲得方叔也。坡亦自言有司以第一拔方叔耳。既拆號，十名前不見方叔，衆已失色，逮寫盡榜，無不駭歎。」

《老學庵筆記》卷十謂蘇軾得一卷子，大喜，手批數十字，且語黄庭堅曰：是必吾李廌也。拆號，則章持。以下云：「廌試罷，歸語人，曰：『蘇公知舉，吾之文，必不在三名後。』及被黜，廌有乳母年七十，大哭曰：『吾兒遇蘇内翰知舉，不及第，他日尚奚望！』遂閉門睡，至夕不出。發壁視之，自縊死矣。廌果終身不第以死，亦可哀也。趙溍《養疴漫筆》有類似記載。《老學庵筆記》在前，或爲所本。

《鶴林玉露·甲編》卷五《李方叔》：「元祐中，東坡知貢舉，李方叔就試。將鎖院，坡緘封一簡，令叔黨持與方叔，值方叔出，其僕受簡置几上。有頃，章子厚二子曰持、曰援者來，取簡竊觀，乃『揚雄優於劉向論』一篇，二章驚喜，攜之以去。方叔歸，求簡不得，知爲二章所竊，悵惋不敢言。已而果出此題，二章皆模倣坡作，方叔幾於閣筆。及拆號，坡意魁必方叔也，乃章援。第十名文意與魁相似，乃章持。坡失色。二十名間，一卷頗奇，坡謂同列曰：『此必李方叔。』視之，乃葛敏修。時山谷亦預校文，曰：『可謂内翰得人，此乃僕宰太和時，一舉子相從者也。』而方叔竟下第。坡出院，聞其故，大歎恨，作詩送其歸，所謂『平生漫説古戰場，過眼空迷日五色』者是也。其母歎曰：『蘇學士知貢舉，而汝不成名，復何望哉！』抑鬱而卒。」

《石林詩話》卷中謂廌落第後，「學亦不進，家貧，不甚自愛，嘗以書責子瞻不薦己，子瞻後稍薄之，竟不第而死」。此處所述，與諸家記載有不符處，疑傳聞有誤。仍附於此以備考。

《柯山集》卷十九《題李方叔文卷末》：「他日東坡譽子文，瀾翻健筆欲凌雲。決科正爾真餘事，射策如何但報聞。詭御獲禽猶可鄙，挽弓射葉亦徒勤。莫辭更擬相如作，寂寞思玄未放君。」言下第乃餘事，以古代名家名作之創作相勉。

庚午（二十三日），賜特奏名及武舉進士等凡五百三十三人。兩日後轍作《集賢殿考試罷二首》。

《長編》本日紀事：「賜特奏名進士、武舉諸科舉人進士、經明行修王鄰臣等同五經三禮學究出身、假承務郎、京府助教、諸州文學助教、右班殿直、三班奉職借職差使凡五百三十有三人。」詩見《欒城集》卷十五，據轍之詩題，策試特奏名及武舉進士當於集賢殿舉行，《年表》謂集英殿，疑誤。

轍詩其二云及「殿廬困極唯思睡」，亦勞累甚矣。該詩其二中云：「前日鼓旗聞苦戰。」則應作於考試後兩日矣。

《范太史集》卷二《殿試覆考和子由侍郎》：「十五年前宿殿廬，伊川一紀卧巖居。雕蟲尚憶長楊賦，汗簡猶殘太史書。日月當天瞻法座，煙霞落紙看華裾。品題幸預諸公末，更許追隋侍玉除。」疑范祖禹亦與集賢殿考試，詩作於此時。

《蘇軾文集》卷五十八與李之純（端伯）第一簡：「舍弟鎖宿殿廬，未及奉狀。」時之純知成都。之純，《宋史》卷三百四十四有傳。味軾簡，知之純亦有簡與轍。

轍問蔡肇求李公麟（伯時）畫《觀音》、《德雲》，作詩。

詩見《欒城集》卷十五，末云：「久聚要當散，能分慰所望。清新二大士，畀我夜燒香。」蓋戲言之。

本月，軾奏御試劄子，論御試革、興事宜。

文見《蘇軾文集》卷二十八（八一三頁）。一奏乞御試放榜館職皆侍殿上，意謂復此「祖宗舊法」，乃彰王國多士之美。一奏放榜後貢舉合行事件。其一，乞立法：將來殿試，除放合格人外，其餘並皆黜落，或乞以分數立額取人，所貴上無姑息之政，下絶僥倖之心。其二，今後殿試唱名，除南省逐場第一人臨時取旨外，其餘更不升甲。其三，乞檢前所上《論特奏名奏》，降付有司，詳議裁減。其四，凡差試官，務在選擇能文之士，不分詩賦、經義。

本月，軾奏《乞罷學士除閑慢差遣劄子》。

文見《蘇軾文集》卷二十八。文末謂閑慢差遣，乃祕書監、國子祭酒之類，或只經筵供職。旨在免衆人側目。

軾與李之純（端伯）簡，婉言勿擾民。

《蘇軾文集》卷五十八與之純第一簡：「蜀中本易治，而或者擾之。」又云「切想下車以來，談笑無事，行春之樂，無由托後乘陪賓客之末」，知作於之純知成都任，其時約在本年春。

蘇軾與滕元發（達道）簡，薦董復溱、董遷。時元發知成德。

簡乃《蘇軾文集》卷五十一《與滕達道》第六十八簡。

《與滕達道》第六十七簡：「瀛州之命，既以先諱爲辭，想當易地耶！」《長編》卷四百七元祐二年十一月壬子紀事：「知鄆州、龍圖閣直學士滕元發知瀛州。」《蘇軾文集》卷十五《故龍圖閣學士滕公墓誌銘》未及知瀛州事，逕以知真定接知鄆州，知朝廷改命元發知成德（真定），元發未赴瀛州任。

簡云：「部民董遷，篤學能文，下筆不凡，非復世俗氣韻。如請見，願加獎勵，遂成就之。其兄復溱，學道屏居，不與俗交，其文亦秀邁可觀。」所云「部民」，知二董爲成德人。簡云：「近因親情王承議行，托附書信，必達。」《欒城後集》卷二十祭王適文稱適爲知縣奉議。知適出仕，此承議或爲適。適兄適爲轍女之夫，故以親情稱之。今次此簡於本年春。

軾書艾宣畫。

詩見《蘇軾詩集》卷三十（一五七四頁）。

《蘇軾文集》卷七十《跋艾宣畫》：「金陵艾宣畫翎毛花竹，爲近歲之冠。既老，筆迹尤奇，雖不復精匀，而氣格不凡。今尚在，然眼昏不能復運筆矣。嘗見此物，各爲賦一首云。」是跋作於詩之後，當不出元祐。

宣，《圖畫見聞志》卷四、《宣和畫譜》卷十八、《圖繪寶鑑》卷三有小傳；宣嘗應神宗之詔，與崔白等畫《垂拱御扆圖》。

《梁谿先生全集》卷十九有次蘇軾韻詩。

四月戊寅（初二日），高士敦爲成都府利州路兵馬鈐轄。軾、轍有送行詩。

四月戊寅云云，據《年表》；士敦乃以文思副使兼閤門通事舍人外任。士敦乃太皇太后高氏從弟，真宗朝名將瓊之諸孫。見《蘇軾詩集》卷三十軾送行詩宋施元之、顧禧注文。轍詩見《欒城集》卷十五，有「德厚不妨三世將」之句，則士敦之父亦將也。軾送詩有「高才本不緣勛閥」之句，盛贊之。

軾詩次翰林學士許將（沖元）韵。

《山谷外集詩注》卷十六《送高士敦赴成都鈐轄二首》其一：「玉鈐金印臨參井，控蜀通秦四十州。日下書來望鴻雁，江頭花發醉貔貅。巴滇有馬駒空老，林箐無人葉自秋。能爲將軍歌此曲，鳴機割錦與纏頭。」其二：「捧日高宣事，東京四姓侯。軍中聞俎豆，廟勝脱兜鍪。燒燭海棠夜，香衣藥市秋。君平識行李，河漢接天流。」附此。將，《宋史》卷三百四十三有傳。

《獨醒雜志》卷五謂軾嘗與將同舍，「一日，沖元自窗外往來，東坡問『何爲』？沖元曰『綏來』。東坡曰「可謂奉大福以來綏』，蓋沖元登科時賦句也。沖元曰『敲門瓦礫，公尚記憶耶』。」附此。

辛巳（四日）鎖院，中使宣召入内，撰吕公著同平章軍國事及吕大防、范純仁左右僕射麻制。太皇太后高氏叙神宗之知遇，蘇軾感泣。撤御前金蓮燭送歸院。

據《長編》卷四百九。麻制見《蘇軾文集》卷三十八（一〇九四至一〇九六頁）。《石林燕語》卷十：「吕丞相微仲，性沉厚剛果，遇事無所回屈，身幹長大而方，望之偉然。初相，蘇子瞻草麻云：『果藝而達，兼孔門三子之風；直大以方，得坤爻六二之動。』蓋以戲之。微仲終身以爲恨，言固不可不慎也。」《石林燕語考異》：「直方，大美之至矣，何必他疑而至終身爲恨乎！」

《石林燕語辨》意略同。

《隨手雜録》：「子瞻爲學士。一日鎖院，召至内東門小殿。時子瞻半酣，命以新水漱口解酒。已而入對，授以除目：吕公著司空平章軍國事，吕大防、范純仁左右僕射。承旨畢，宣仁忽謂：『官家在此乎？』子瞻曰：『適已起居矣。』宣仁曰：『有一事要問内翰，前年任何官職？』子瞻曰：『汝州團練副使。』曰：『今爲何官？』子瞻曰：『備員翰林，充學士。』曰：『何以至此？』子瞻曰：『遭遇陛下。』曰：『不關老身事。』子瞻曰：『必是出自官家。』曰：『亦不關官家事。』子瞻曰：『豈大臣薦論耶？』曰：『亦不關大臣事。』子瞻驚曰：『臣雖無狀，必不别有干請。』曰：『久待要學士知此是神宗皇帝之意。當其飲食而停筯看文字，則内人必曰：此蘇軾文字也。神宗每時而稱之曰奇才！奇才！但未及用學士而上仙耳。』子瞻哭失聲。宣仁與左右皆泣。已而賜坐喫茶，曰：『内翰！内翰！直須盡心事官家，以報先帝知遇。』子瞻拜而出，撤金蓮燭送歸院。子瞻親語余知此。」《長編》亦引此段文字。《宋史》本傳亦節引此事，然誤次元祐二年。《蘇軾詩集》卷三十五《送陳伯修察院赴闕》：「文字乃見知」。乃叙此事。

《三朝名臣言行録》卷八《丞相申國吕正獻公》引《神道碑》：「宋興以來，大臣以三公平章軍國者四人，二人出公家。草制之夕，上御閣殿，見學士蘇軾曰：『吕僕射以疾求去，不欲煩以事，故以三公留之。』」

《愛日齋叢鈔》卷一謂賜御前金蓮炬送歸院，乃詞臣殊榮；謂始於唐宣宗時，受其寵者爲令狐綯，至宋，治平末則有鄭獬，熙寧間則有王珪。

然麻制之詞則爲臺諫所論。

《蘇軾文集》卷二十九《乞郡劄子》：「今臣草麻詞，有云『民亦勞止』，而趙挺之以爲誹謗先帝，則是以白爲黑，以西爲東。」「民亦勞止」在吕大防麻制中。

五日，軾題宋子房（漢傑）之畫。子房嘗贈李承宴墨，蘇軾有詩。

文見《蘇軾文集》卷七十（二二一五頁）；此下尚有《跋漢傑畫山二首》，贊其畫真士人畫，非畫工之畫，蓋其叔迪（復古）善畫山水，子房受其薰陶也。詩見《蘇軾詩集》卷三十（一五七九頁），作於題跋稍後。

軾約李廌（方叔）夜訪話别。

《蘇軾文集》卷五十三答廌第十五簡：「來日行香罷，又須一弔康公，晚乃歸。方叔能枉訪夜話爲别，甚幸。」康公乃絳，絳逝時，蘇軾適知貢舉，今往弔，乃出試院後，計當爲四月事。廌落第出京師，故約其話别。廌或歸陽翟。

劉攽（貢父）宿致齋中太一宫，寄詩軾、轍等。

《彭城集》卷十六《致齋中太一宫見屏風有唐賢和常舍人詩因次韻寄子瞻内翰子由侍郎子開

舍人穆父待制數公皆嘗祠太一也》：「禁掖下祠宫，青槐輦道通。薄雲收霽雨，初夏接薰風。將旦羣陰伏，齋居百慮空。夢游如有遇，反聽更能聰。祕祝寧神外，多儀拜貺中。佐靈猶五帝，執事本三宫。象海鰲山峻，翻階藥秀紅。守儒嚴講幄，起草麗談叢。夙昔嬉游并，神仙步武同。吹藜驚熘火，抱法想江楓。已老仍書癖，懷賢愧《易》東。君王問無斁，留意屬谿工。」云「初夏」，詩作於四月。據此詩，知致齋在中太一宫中。

五月丙午朔，文德殿轉對，有詩。軾同轉對，次轍韵。

《欒城集》卷四十一《轉對狀》：「準御史臺牒，五月一日文德殿視朝，臣次當轉對。」狀論三事。一謂財用不足，財賦不治，諸道監司，自近歲以來，觀望上下，無厲精之實；兩税、征商、榷酤無故虧欠，狀乞降指揮，令户部左曹具諸路去歲三事增虧之數，其非因水旱災傷，特以寬弛不職而致虧欠者，擇其最甚，黜免轉運使副判官，罰一以勸百，庶幾財賦漸可治，二願明詔有司，減去寺監不急之官，以寬不資之費。三願舉近歲朝廷無名封樁之物，歸之轉運司；轉運司利柄稍復，上供有期，户部亦有賴。狀之主旨，在整頓財賦，加强户部、轉運司等權力機構，以改變財用不足之現實。

轍詩乃《集》卷十五《五月一日同子瞻轉對》，末云：「一封同上憐狂直，詔許昌言賴有堯。」軾轉對狀見《蘇軾文集》卷二十九，詩見《蘇軾詩集》卷三十。

軾所論之三事爲：開兼聽廣覽之路，而避專斷壅塞之嫌；愛惜名器，慎重刑罰；重申元祐元年十月年及二十五以上方得出官之議，以救官冗之弊。

丁未（初二日），朝奉大夫、倉部郎中王宗望爲河東路轉運副使。轍有送行詩。

丁未云云，據《長編》卷四百十。

詩見《欒城集》卷十五，中云「年高轉覺精神勝」。宗望字磻叟，光州固始人。《宋史》卷三百三十有傳，卒年七十七。《長編》卷五百五元符二年正月乙丑紀事注：「二月五日卒。」知宗望生於仁宗天聖元年（一〇二三），長轍十六歲，其時已五十六歲矣。詩末云「擁裘應慣雁門寒」，謂河東也。

三日，聞蘇頌言張士遜中傷孔道輔事，軾記之。

《蘇軾文集》卷七十二《張士遜中孔道輔》軾記其事。

軾進《端午帖子詞》。

詞見《蘇軾詩集》卷四十六。

八日，軾作墨竹。

《石渠寶笈續編》第十七養心殿藏二：「蘇軾墨竹一軸。素箋本，縱三尺七寸，横一尺三寸五分。水墨畫石，旁倒枝竹。款：『元祐三年五月八日，武昌朱君善招飲於雲麓寺，宿無塵閣中，作此。東坡居士。』」

丁巳（十二日），歐陽棐（叔弼）以朝奉郎、考功員外郎爲集賢校理、權判登聞鼓院。蘇軾嘗舉自代，不行。軾嘗以内表章屬棐代之。軾嘗與棐論詩。

丁巳云云，據《長編》卷四百十一。

《蘇軾文集》卷二十九《乞郡劄子》云「臣所舉自代人黄庭堅、歐陽棐」等，臺諫皆誣以過惡。作於本年十月十七日。蘇軾舉棐自代，約爲上劄子前不久事；不行。舉棐狀已佚。棐，修第三子，慶曆七年生。見《歐陽文忠公集》卷首年譜。

《西臺集》卷六《歐陽叔弼傳》謂叔弼以文學登第，能世其家。以下云：「文忠公之文，須人代者，多出叔弼甫之手。而東坡蘇子瞻在翰林，亦多以内表章屬叔弼甫代之，人莫能辨。嘗稱曰：文不可以不學古而後爲也，要能以古人語而道己意，則可與言文矣。」

論詩見《蘇軾文集》卷六十七《録陶淵明詩》。或爲元祐在朝時事。

親家柳子良赴潞幕，軾簡曾布（子宣）求庇。

《長編》卷三百六十九：元祐元年閏二月庚戌，布知太原；卷四百二十四：元祐四年三月丁酉，布知成德軍。

《蘇軾文集》卷五十與布第十二簡云「親家柳子良宣德赴潞幕」，潞爲太原屬城；云「自公之西，有識日望詔還」，布去已久；云布所托撰《塔記》「秋涼下筆」，簡約作於夏。考以《長編》，簡作於本年。

《佚文彙編》卷二《與錢穆父》第二十簡：「親情柳子立秀才，寓居屬部，或去相見，略望與進，幸甚。」此簡作於元祐六年，時勰（穆父）知瀛州。柳子文（仲遠）紹聖二年爲定州簽判，見該年紀事。疑子良、子立皆子文之兄弟輩，與曾簡中之「親家」疑即與錢簡中「親情」之意。太原、瀛州、定州皆在北方，約知子良等相互聯繫之迹，亦可爲子良等乃兄弟輩之旁證。

托孫敏行（子發）寄贈王淮奇（慶源）紅鞓帶，並托寄楊宗文（君素）簡，軾作詩贊淮奇爲官愛民。

《蘇軾文集》卷五十九與淮奇第十三簡叙托寄事，卷五十六答宗文第二簡叙托簡事；簡云「奉別忽二十年」，乃今年。詩見《蘇軾詩集》卷三十（一五八〇頁），云黄庭堅，秦觀有詩贈淮奇；分別見《山谷詩集注》卷九、《淮海集》卷五。《山谷全書·外集》卷二十二《題子瞻與王宣義書後》謂淮奇爲洪雅主簿，洪雅人皆號稱王五三伯，其馭吏威愛如家人。

黄詩題作《次韵子瞻以紅帶寄王宣義》：「參軍但有四立壁，初無臨江千木奴。白頭不是折腰具，桐帽棕鞵稱老夫。滄江鷗鷺野心性，陰壑虎豹雄牙須。鸘鷞作裘初服在，猩血染歸鄰翁無。昨來杜鵑觀歸去，更待把酒聽提壺。當今人材不乏使，天上二老須人扶。兒無飽飯尚勤書，婦無複襌且着襦。社甕可漉溪可漁，更問黄雞肥與癯。林間醉着人伐木，猶夢官下聞追呼。萬釘圍腰莫愛渠，富貴安能潤黄壚。」

秦詩題作《和東坡紅鞓帶》：「君不見相如容貌窮不枯，卓氏恥之分有奴。一朝奉指使笮筰，駟馬赤車從萬夫。仲元君平更高妙，寄食耕卜霜眉鬚。兩川人物苦不乏，數子風流今可無。參軍少年飽經術，期作侍中司御壺。老披青衫更矍鑠，上馬不須兒孫扶。一朝忽解印綬去，恥將詩禮攘裙襦。懸知百年事已定，却笑列仙形其癯。東阡北陌西風人，瑞草橋邊人叫呼。想見紅圍照白髮，頹然醉卧文君壚。」

劉攽（貢父）題文彦博（潞公）草書，轍次韵。

攽詩佚。轍詩見《欒城集》卷十五，首云：「鷹揚不減少年時，墨作龍蛇紙上飛。」盛贊之。

六月一日，軾與臣僚等上疏，乞今後差試官選擇有詞學人充。朝廷從之。

據《宋會要輯稿》第一百十五册《選舉》一九之一九。《輯稿》云：「蘇軾等言：將來科場既復詩賦，今來禮部新立條，將來經義一員，詩賦兩員者，各差一員。今欲乞後差試官，不拘曾應差經義舉者，專務選擇有詞學人充，更不指定員數。從之。」

癸卯（二十八日），程之元移江南西路轉運判官。之元自知楚州移，軾有詩送之。轍亦有詩送之。

癸卯云云，據《年表》。詩見《蘇軾詩集》卷三十（一五八三頁）。軾此詩及《詩集》卷三十六《表弟程德孺生日》贊其治楚政績，《柯山集》卷四十三《送程德孺赴江西》亦贊之。《長編》卷四百一元祐二年五月己巳紀事：「詔令學士院降敕書獎諭知楚州程之元，以淮南賑濟所言之元究心存撫請褒擢故也。」又見《太平治迹統類》卷十八。

轍詩乃《欒城集》卷十六《程之元表弟奉使江西次前年送赴楚州韻戲别》，之元蓋自知楚州移也。詩云：「送君守山陽，羡君食淮魚。送君使鍾陵，羡君江上居。」山陽，楚州；鍾陵，江西。

本月，蘇軾奉詔撰《德音赦文》。

文見《蘇軾文集》卷四十。

文云：「自去冬連月，降雪異常。今春已來，久陰不霽。農夫失職，商旅不通。比屋之間，凍餒彌甚。常寒之罰，咎在朕躬。惟日兢兢，以圖消復。」又云：「遇災祗戒，聿修信順之誠；正事布和，庶獲天人之助。咨爾中外，咸體朕懷。」其時有災，然尚未構成大災，故發此德音，望下民體諒朝廷。《長編》及《宋史·哲宗紀》均未載此事，此可補史之遺。

三伏，詔早出院，軾上謝表。

表見《蘇軾文集》卷二十三（六七〇頁）。

七月一日，軾題崔白所作《布袋真儀》。熙寧間，白嘗以此相示。

題跋見《佚文彙編》卷六(二五七三頁)。《山左金石志》卷十七謂題跋石刻在濰縣石佛寺。乾隆《濰縣志》卷一《古迹》:「布袋和尚像,在石佛寺殿牆下。」以下引蘇軾題跋,並云軾「手書石刻至今猶存」。卷二《壇廟》謂石佛寺在縣治東南,宋咸平二年僧元德建。白字子西,濠梁人。善畫花鳥、道釋人物、山林飛走之類,尤工於寫生。仁宗朝爲圖畫院藝學。《圖繪寶鑑》卷三有傳。蘇軾題跋贊白「筆清而尤古,妙乃過吴」。吴乃元瑜,《圖繪寶鑑》亦有傳。

癸丑(初九日),遼使來賀坤成節,軾館伴於都亭驛。爲内侍都知劉元方賦唐盧鴻《草堂圖》。

《長編》卷四百十二本月癸丑紀事:「遼主遣使長寧軍節度使蕭學恭,副使中大夫、守太常少卿、充乾文閣待制劉慶孫來賀坤成節。」

《蘇軾文集》卷七十《跋盧鴻學士草堂圖》:「此唐盧丞相、段文昌本,今在内侍都知劉君元方家。元祐三年七月,予館伴北使於都亭驛,劉以示予,爲賦此篇。」

蘇軾題詩已佚。《蘇軾詩集》卷四十九《題盧鴻學士草堂圖》,乃蘇轍作。

同日,太皇太后高氏手詔門下討論皇太妃褒崇事宜。詔詞乃蘇軾撰。

《長編》卷四百十二本日紀事:「太皇太后手詔:皇帝嗣位,於兹四年。華夷來同,天地並應。而皇太妃以恭儉之德,鞠育之恩,雖典册以時奉行,而情文疑有未稱。皇帝以祖考之奉,尊無二上；而吾惟《春秋》之義，母以子貴。其推天下之養，以慰人子之心。宜下禮部太常寺討論。如於典故有褒崇未盡事，令開具以聞。」

詔詞見《蘇軾文集》卷四十，爲《太皇太后賜門下手詔》第一詔。自注謂「元祐三年七月八日」作，與《長編》略不同。

丙辰（十二日），周尹（正孺）知梓州。有詩送之。

丙辰云云，據《長編》卷四百一十二；《長編》謂尹以考功郎中知。《蘇潁濱年表》謂尹知梓爲六月丙辰，疑有誤（六月無丙辰）。

詩見《蘇軾詩集》卷三十（一五八四頁）、《蘇魏公文集》卷十一、《范太史集》卷二、《清江三孔集·宗伯集》卷八。

尹在梓，有善政。元祐五年十月十六日加直祕閣。見《宋會要輯稿》第一百二十册《選舉》三三之一八。

《蘇軾文集》卷六十七《書諸公送周梓州詩後》：「元祐……三年，予既有江海之思，而正孺亦慨然有歸歟之歎，遂請梓州，得之。予時以詩送行，有『掃棠陰』、『躡畫像』之語。」

《清江三孔集》卷十孔武仲《送周正孺知梓州》：「東蜀國巨屏，梓州天一方。涪川照城郭，劍閣護池隍。鎮撫須賢守，吁俞輟省郎。不應嗟遠别，垂組正誇鄉。」文字從《豫章叢書》本。

《范太史集》卷二《送周正孺知梓州》：「先朝直節貫秋霜，殿壁於今有諫囊。汲黯猶煩卧居郡，馮唐何事老爲郎。山川壯麗開戎幕，草木榮華過故鄉。青蓋從來宜白髮，行看高步入明光。」

《蘇魏公文集》卷十一《送周尹郎中守梓潼》：「曾携佳句使淮隅，離合差池二紀餘。旋見豸冠三院貴，晚陪丹地一臺居。涪城又領銅魚契，錦里先馳駟馬車。况是論年俱老矣，送君因復動歸與。」

轍有送周尹兼簡吕陶（元鈞）詩。

轍詩乃《欒城集》卷十六《送周正孺自考功郎中歸守梓潼兼簡吕元鈞三絶》。其三云：「東道如聞近稍安，乘驄按部凛生寒。忽逢太守能相下，俱是從來言事官。」查《宋史》卷三百四十六《吕陶傳》，時陶以左司諫出爲梓州路轉運副使。此首爲陶作。

蘇軾與公儀大夫簡，謝公儀借示《易解》。

簡乃《蘇軾佚文彙編》卷三《與公儀大夫》第一首。

簡首云：「前日邂逅正孺坐中，殊慰久闊思仰之意。」正孺名尹，元祐在朝時與蘇軾交往頗多。知此簡作於周尹元祐在朝時，公儀大夫乃蘇軾老友。

簡云：「借示《易解》，略讀數篇，已深歎服。」知此《易解》乃公儀大夫所爲。又云：「此書常患不能盡通，得此全編，爲賜甚重，且乞暫借，反覆詳味，庶幾有所自入。」則此《易解》乃彙諸家之説，而公儀大夫乃編者。

《蘇軾文集》卷五十七《與徐得之》第二簡叙及原黄州守徐大受（君猷）葬事，云「公儀必來會葬」，作於元豐六年。不知是否爲此所云「公儀大夫」。

《與公儀大夫》第二簡云「向者玷累知識，則有之矣，安能爲公輕重，臨書太息。」又有「蔽善真流俗之公患」之語。又云：「何日進發，尚冀復一見爾。」知公儀大夫爲人所論，離京師赴外地，有新差遣。蘇軾心不平，但無能爲力。

今以周尹（正孺）事繫此簡於此。

黄庭堅賦《虚飄飄》，蘇軾亦作。

軾詩見《蘇軾詩集》卷三十。

詩云：「虚飄飄，畫檐蛛結網，銀漢鵲成橋。塵漬雨桐葉，霜飛風柳條。露凝殘點見紅日，星曳餘光横碧霄。」「畫檐」以下六者，皆爲虚飄飄之物。以下云：「虚飄飄，比浮名利猶堅牢。」極言浮名利之不堅牢。旨在勸誡世人有所悟。

《太倉稊米集》卷三十《虚飄飄·序》：「元祐間，山谷作《虚飄飄》，蓋樂府之餘，當時諸公皆有和篇。戊辰臘月二十有八日，夜讀《淮海集》見之，亦用其韻。（下略）」

黄庭堅《虚飄飄》，附秦觀《淮海集》卷三，云：「虚飄飄，虚飄飄。花飛不到地，虹起漫成橋。入夢雲千疊，游空絲萬條。蜃樓百尺聳滄海，雁字一行書絳霄。虚飄飄。比人生命猶堅牢。」《淮海集》卷三秦觀《和虚飄飄》：「虚飄飄，虚飄飄。風寒飄絮浪，春暖履冰橋。勢緩霜垂霰，聲乾葉下條。雨中漚點没流水，風裏彩雲鋪遠霄。虚飄飄，比時光影猶堅牢。」

丙寅（二十二日），承議郎、祠部員外郎翟思爲殿中侍御史，從蘇軾等所請也。

據《長編》卷四百十二；《長編》謂此乃「從翰林學士蘇軾、許將，給事中顧臨、趙君錫，中書舍人曾肇、劉攽、彭汝礪等所舉也」。舉文不見《蘇軾文集》，《長編》亦未節録，不知爲誰作。思字子久，本開封人，熙寧三年進士。見《曲阿詩綜》卷六。元豐六年爲監察御史，七年三月守殿中侍御史，至是爲殿中侍御史，屢言事。卒於崇寧元年。子汝文，有《忠惠集》。參《長編》卷三百三十四、三百三十六至七、三百四十四、三百四十九至五十、四百十五及《忠惠集》附翟汝文埋銘。

轍題盧鴻《草堂圖》。軾有跋。

詩見《欒城集》卷十五。末云：「嗟予縛世累，歸來有茅屋。江干百畝田，清泉映修竹。」有歸鄉意。

《舊唐書》卷一百九十二《隱逸傳》作盧鴻一，云：隱於嵩山。開元六年，徵至東都。謁見不拜，授諫議大夫。固辭，放還山，賜草堂一所。《新唐書》作盧鴻。《蘇軾文集》卷七十《跋盧鴻學士草堂圖》：「此唐盧丞相、段文昌本，今在内侍都知劉君元方家。元祐三年七月，予館伴北使於都亭驛，劉以示予，爲賦此篇。迨、過遠來省，書令同作。」轍見《草堂圖》并作詩，當在此時。《蘇軾詩集》卷四十九有《題盧鴻一〈學士堂圖〉》，采自明刊本《東坡續集》，即蘇轍《盧鴻草堂圖》詩。清人查慎行據該詩起句「昔爲太室游」，定爲蘇轍作，是，今從查注。

軾題秦虢夫人走馬圖、韓幹二馬。

詩見《欒城集》卷十五。前者其二首云：「朱幘玉勒控飛龍，笑語喧嘩步驟同。」二騎緊相隨，神采飛揚。後者首云：「玉帶胡奴騎且牽，銀鬃白鼻兩争先。」乃胡馬。

八月五日，軾撰《樂苦説》，究樂、苦變化之理。

文見《蘇軾文集》卷七十三。文謂：樂事可慕，苦事可畏，「及苦樂既至，以身履之，求畏、慕者初不可得」。

同日，軾與弟轍、孫敏行(子發)、秦觀游相國寺，觀王詵墨竹，題名。時觀被召來京師，觀旋歸蔡州。嘗有詩贈相國寺僧湛菴主。

題名見《佚文彙編》卷六(二五八二頁)，詩見《蘇軾詩集》卷三十(一五八七頁)。

《癸辛雜識·别集》卷上《汴梁雜事》條羅志仁《再遊汴梁記》，謂此題名石刻在相國寺佛殿外。羅志仁，宋末元初人，同治《清江縣志》卷八有傳。

《淮海集》卷十一詩題：「元祐三年，余被召至京師，從翰林蘇先生過興國浴室院。（下略）」《淮海居士長短句》附《年表》本年紀事：「在京爲忌者所中，復引疾歸蔡州。」

《艇齋詩話》：「東坡詩云『喝石巖前自過春』，又言『喝石巖前後欲冰』者，俱胝道人嘗咒冰，故有喝石巖。坡詩又云『精誠貫山山爲裂』者，正謂此也。」《詩集》「後欲」作「夏飲」。

《晚香堂蘇帖》：「入夜，病目不成字，不罪！不罪！字已寫在少游處。文丈蒙傳誨，感！感！軾再拜。」此乃與某友人簡。文丈當爲彦博，時尚在位。簡中及秦觀，附次此。

十八日，軾與治平史院主、徐大師簡，致思念之意，並托其照管祖塋。或作於本年此時。

簡見《佚文彙編》卷四（二五二九頁）。簡云：「石頭橋、堋頭兩處墳塋，必煩照管。程六小心否？惟頻與提舉，是要。」程六當爲照管墳塋之人。郭印《雲溪集》卷二有《治平院三蘇像》詩，云：「人言筦庫卑，我自得疏散。……禪堂儼真容，光炯破真眼。」印爲北宋末人，及南宋初，蜀人。據詩，似印爲眉山筦庫官，此治平院似在眉山。

此簡收入《故宫博物院藏歷代法書選集》第二集中，題作《宋蘇軾治平帖》，帖後有元趙孟頫跋，謂凡二帖。今僅見此一帖，失其一。

帖後尚有明文徵明跋，謂：「此書八月十六日（按：「六」，筆誤）發，有『非久請郡』之語，當是熙寧居京師時。蓋公治平中雖嘗居京，然乙巳冬還朝，而老泉以明年丙午四月卒，中間即無八月，又其時資淺，不應爲郡，故定爲熙寧時書，無疑，於是公年三十有四年矣。」按：文説非是。宋制，京官外任，例由倅至州。檢熙寧初蘇軾諸簡，只云「乞外補」，不可如簡中所云「求蜀中一郡」。此簡作於元祐二年或三年，今姑定爲元祐三年。又，簡中云「久別」，如依文説，定此簡作於熙寧二年，則軾别史院主等，不過一年有餘，亦不合。

二十一日，軾奏魏王在殯乞罷秋宴劄子。詔罷秋宴。

文見《蘇軾文集》卷二十九（八二二頁）。詔罷見《長編》卷四百十三本月乙未紀事。《經進東坡文集事略》卷三十六此劄子注文謂魏王名頵，皇叔。《宋史·哲宗紀》謂頵本年七月戊申卒。

二十九日，軾跋《石恪畫維摩頌》及《魚枕冠頌》。

跋見《佚文彙編》卷五（二五四七頁），頌見《蘇軾文集》卷二十。《圖繪寶鑑》卷三《石恪傳》：「字子專，成都人。性滑稽，有口辨，工畫佛道人物。始師張南本。技進，益縱逸不守繩墨。多作戲筆，人物詭形殊狀，惟面部手足用畫法，衣紋皆粗筆成之。」南本，唐中和間人。《式古堂書畫彙考·畫》卷十一著録《石子專維摩圖》，收軾頌。《文集》卷二十一有《石恪三笑圖贊》。《三笑圖》乃戲筆，軾盛贊之。附此。

同日，軾書《九歌》。

《式古堂書畫彙考・書》卷十：「《書畫舫》云：檇李項氏，藏蘇長公行書，《九歌》一卷，止録《文選》中所載六章，蓋宋人無不精熟《文選》者，末題元祐三年八月廿九日録。軾筆意清峭，紙墨如新，希世之寶也。」按：在《清和書畫舫》卷八下。

九月初一日，軾跋父洵嘉祐元年送石揚休（昌言）北使引。

跋見《蘇軾文集》卷六十六（二〇六八頁）。《紀年録》謂跋於元祐二年九月一日。

五日，軾邇英進讀《寶訓》，奏述災沴論賞罰及修河事劄子。直言時事，爲當軸所恨。

文見《蘇軾文集》卷二十九（八二五頁），所進《寶訓》爲太宗每見雨雪應時，輒喜不自勝。文論災沴頻見，在朝廷賞罰不明，舉措不當：前者如童政賊殺平民數千，止降一差遣；後者如强黄河水使之東流，所費不貲。《文集》卷三十二《杭州召還乞郡狀》：「經筵極論黄河不可回奪利害，且上疏争之，遂大失執政意。」《墓誌銘》：「嘗侍上讀《祖宗寶訓》，因及時事，公歷言今賞罰不明，善惡無所勸沮；又黄河勢方西流，而强之使東。」以是爲當軸者所恨。《欒城集》卷四十二《論黄河必非東决劄子》謂「軾前在經筵，因論黄河等事，爲衆人所疾，迹不自安，遂求引避」。

蘇軾邇英進讀時，嘗爲言英宗愛惜臣子欲曲全其名節事。

《蘇軾文集》卷七十二《英宗惜臣子》叙英宗郊祀賜百官酒食，郎官王易知醉飽嘔吐失儀，故事不以赦，英宗以爲以酒食得過，難施面目，卒赦之。末云：「臣軾聞之歐陽文忠公修云。」云「臣軾」，是進讀時語。

同卷緊次上條爲《神宗惡告訐》叙元豐初，白馬縣民有被劫者，畏賊不敢告，投匿名信於縣，蘇頌（子容）尹開封，論匿名者可免罪，神宗謂告訐之風不可長，乃杖而撫之。蘇軾以爲神宗恐長告訐之風，可爲忠厚之至。似亦爲邇英進讀時語，并次此。

七日，錢勰除知越州。簡勰致欣羡之意，有意乞江湖一郡。

七日云云，據《宋會要輯稿》第九十八册《職官》六六之三八。

《佚文彙編》卷二與勰第三簡：「承已拜命，正得所欲，想愜雅懷。」又云：「似聞明主知照極深，其他想不復計較也。」據《輯稿》，勰自權知開封府知越州，乃「以奏獄空不實」，罰銅二十斤，展三年磨勘，簡或就此言。

同上第四簡：「會稽平日欲乞，豈易得哉。小生奉羨之意，殆不可言，然亦行當繼公也。」又云：「旦夕入文字乞郡，江湖之東，行亦得之。」第五簡：「某意在沿流揚、楚，不可得，潭、洪亦可樂也。」

辛亥（初八日），以御史中丞孫覺、户部侍郎蘇轍、中書舍人彭汝礪、祕書省正字張續考試應賢良方正能直言極諫科舉人。轍有呈同舍諸公詩。績作院中感懷，轍次韻。九月云云，據《長編》卷四百十四。「績」原作「續」，今從《年表》及《長編》卷三百九十四元祐二年正月乙亥文字。

詩見《欒城集》卷十五。前者其一中云：「同直舊曾連月久，暫來還喜二公兼。」自注：「僕頃與孫莘老同在諫垣，與彭器資同在西掖。」莘老，覺字；器資，汝礪字。其二中云：「骯髒別都遺老驥，沉埋秘府愧潛鱗。」自注：「制科前輩，今獨張公安道一人。後來未用，惟張去華而已。」則去華乃績，績爲制科出身。《集》卷二十八《張績祕書省正字制》謂：「爾昔以直言進，流落不用，十有餘年。安於潛默，不慍不求。」則績所中者亦賢良方正直言極諫科。績之仕不顯（據轍之制文，績嘗爲國子監丞）。

後者首云：「登朝已老似王陽，脱葉何堪霧雨涼。」績之年或長於轍，其登制科時，年已較高，詩以「青松」贊績。

《清江三孔集》卷二十三孔平仲《和經父寄張績》：「蕭蕭木落洞庭湖，一葉扁舟盡室居。吾道已衰投直筆，人情難合卷長裾。重輕自繫朝廷勢，褒貶猶存史策書。所遇于天皆有分，未將鯢鮒羨鯨魚。」

同上《和經父寄張績》其一：「解縱梟鴟啄鳳凰，天心似此亦難詳。但知斬馬憑孤劍，豈爲摧車避太行。得者折腰猶下列，失之垂翅合南翔。不如長揖塵埃去，同老逍遥物外鄉。」其二：「半通官職萬人才，卷蓄經綸未得開。鸞鳳托巢雖枳棘，神仙定籍已蓬萊。但存漆室葵心在，莫學荆山玉淚哀。倚伏萬端寧有定，塞翁失馬尚歸來。」可參。

己未（十六日）李常（公擇）爲御史中丞。軾與黄庭堅簡，以此爲喜。時卧病，張耒、晁補之來。

己未云云，據《長編》卷四百十四；自户部尚書除。《蘇軾文集》卷五十二與庭堅第三簡：「前日文潛、無咎見臨，卧病久之，聞欲牽公見過，所深願也。」「公擇舅作憲，甚可喜，因見，爲道區區。」

十七日，軾書贈柳仲矩。

文見《蘇軾文集》卷七十一（二二六三頁）。仲矩，或爲子文（仲遠）之兄弟輩。

十八日，軾書論三國人物桓範、陳宫。

據《蘇軾文集》卷六十五《桓範奔曹爽》。

同日，軾作《文驥字説》。

據《紀年録》。文見《蘇軾文集》卷十。

驥乃務光之子，於弟轍爲外孫。故文末蘇軾以「外伯翁」自稱。文後有跋，首云：「東坡居士言：驥孫才五歲，入吾家，見先府君畫像曰：我嘗見於大慈寺中和院。試呼出相之，骨法已奇，神氣沉穩。此兒一日千里，吾輩猶及見之。」末謂「元祐三年十月癸酉門下後省書」，不似弟轍口吻，不知爲何人所作。

弟轍嘗教驥作詩，《欒城後集》卷四《外孫文驥》詩及之，末云：「文章猶細事，風節記高堅。」《欒城第三集》卷一、卷二、卷四多詩及之。驥又字德稱，見張元幹《蘆川歸來集》卷九《跋蘇黄門帖》，稱政和間與驥遇於澶淵。

錢勰（穆父）離京師赴知越州任，軾有送行詩並有贈勰物。

《佚文彙編》卷二與勰第七簡：「子由試院來日出，或能一見子容諸公，欲二十日出餞，公已出城，莫須少留否？」據《嘉泰會稽志》卷二，勰以十一月到官。則此簡所云之二十日，當屬九月。勰離京師爲九月。子容，蘇頌字。據《年表》，時弟轍考試制科舉人。

《蘇軾詩集》卷三十有《送錢穆父出守越州絶句》，贈物見《佚文彙編》與勰第六簡。

《山谷全書·别集》卷六《題徐浩遺經》：「頃見蘇子瞻、錢穆父論書不取張友正、米芾，余殊不謂然。及見郭忠恕叙字源後，乃知當代二公極爲别書者。」此乃元祐初至勰赴杭前事，兹附此。友正，字義祖，士遜幼子。神宗評其草書爲本朝第一，附《宋史》卷三百十一士遜傳。

《朱子語類》卷一百四十：「子瞻單勾把筆，錢穆父見之，曰：『尚未能把筆耶？』」此乃戲言，以有關論書，附此。

轍試制舉人。軾致緦簡，以轍未能奉賀啓爲歉。

《佚文彙編》卷二與緦第四簡：「會稽平日欲乞，豈易得哉。小生奉羨之意，殆不可言，然亦行當繼公也。舍弟差闕下試官，不及奉啓，計其出，公未行也。」奉啓乃謂奉賀啓。

同上第七簡云「二十日出餞」。二十日餞行未知轍參加與否。

周表臣（思道）知漢州，轍作詩送行。軾亦有送詩。

轍詩見《欒城集》卷十五。其一首云：「早緣民事失茶官，解印重來十二年。」表臣乞罷官榷茶之法，許通商買賣，以有益於蜀民。表臣熙寧末知漢州，故《范太史集》卷二送行詩詩題即作《送周思道再知漢州》。

軾詩見《蘇軾詩集》卷三十，盛贊表臣與姪尹（正孺）爲罷官榷茶而「出力」，以致「流落」。

表弟程之邵（懿叔）自比部知泗州，轍有詩送行。軾亦有詩。

轍詩見《欒城集》卷十六，云：「二年坐比部，萬口傳佳聲。」

軾詩乃《蘇軾詩集》卷三十《送程七表弟知泗州》。程氏兄弟，之才（正輔）第二，之元第六，之邵第七。見《蘇軾詩集》第一四三三頁宋施元之、顧禧注。

比部屬刑部，《宋史》卷三百五十三《程之邵傳》失載官比部。之邵知泗，當自比部除。

送曹輔（子方）赴閩漕，軾有詩。輔初得詩名於蘇軾兄弟。

詩見《蘇軾詩集》卷三十（一五九二頁）：「施注」謂輔漕閩爲本年九月事，《山谷詩集注》目録引《實録》同，輔自太僕丞除。

輔有時名，其赴閩，《彭城集》卷十四、《清江三孔集·宗伯集》卷八、《柯山集》卷十九、《雞肋集》卷十六、《山谷外集詩注》有送行詩。

輔號静常先生，登嘉祐八年進士乙科。見《祖龍學集》卷十一附《曹輔傳》。王庭珪《盧溪文集》卷十四《題曹子方詩集後》謂輔「初以詩得名於兩蘇公」。楊萬里《誠齋集》卷八十《盧溪先生文集序》謂庭珪少嘗見輔，「得詩法」。輔乃飽學之士，《吕氏雜記》卷上謂輔嘗言「《列子》，僞書也」。

軾應王讜（正夫）之請，爲其父彭（大年）作哀詞，寄之。

《蘇軾文集》卷五十九《與王正夫》第二簡：「大年哀詞，恨拙訥不盡盛德，聊塞孝心萬一。何日西行，傾想之極。曹子方因會，致區區。」

同上卷六十三《王大年哀詞》：「其子讜，以文學議論有聞於世，亦從予游。」

簡中所云曹子方乃曹輔。《與王正夫》第三簡亦有「子方見過」之語。本年九月，輔自太僕丞爲福建轉運判官，《詩集》卷三十有送曹赴任詩。已見上條。故繫此事於此。

《蘇軾詩集》送曹詩「施注」：輔嘗爲鄜延路經略司勾當公事。彭爲將，或亦官於鄜延。讜或亦官於鄜延，故簡中有「何日西行」之語也。據「施注」：輔後嘗爲廣西提刑，《清江三孔集·宗伯集》卷八有送讜赴官八桂詩，當以輔之故。

蹇道士拱辰（翊之、葆光）將歸廬山，軾書《黄庭内景經》一卷以贈。二十二日，軾作跋。又有詩。其歸，又有詩送之；轍次韵。轍另有詩送蹇。

跋見《佚文彙編》卷六（二五七一頁）。詩乃《蘇軾詩集》卷三十《書黄庭内景經尾》。送詩見《詩集》卷三十（一五九七頁）。

《欒城集》卷十六有《次韵子瞻書黄庭内景經卷後贈蹇道士拱辰》、《送葆光蹇師遊廬山》。

《慶湖遺老詩集》卷一《贈道士蹇拱辰》贊其「爽氣飄飄」，作於元祐五年十二月。《欒城後集》卷一有《蹇師嵩山圖》詩，謂紹聖元年春蹇欲游嵩山。

《蘇軾文集》卷二十二有《葆光法師真贊》，作時待考，兹附此。

《龍川略志》卷第十《費長房以符制服百鬼其後鬼竊其符》云：「成都道士蹇拱辰，善持戒，行天心正法，符水多驗，居京城爲人治病，所獲不貲。」下述元祐間交往之事，生發出「道士之行法者，必始於廉終於貪」之感慨。

《山谷外集詩注》卷十七《次韵子瞻書〈黄庭經〉尾付蹇道士》:「琅函絳簡蘂珠篇,寸田尺宅可蕲仙。高真接手玉宸前,女丁來謁粲六妍。金鑰閉欲形完堅,萬物蕩盡正秋天。使形如是何塵緣,蘇、李筆墨妙自然,萬靈拱手書已傳。傳非其人恐飛騫,當付驪龍藏九淵。蹇侯奉告請周旋,緯蕭探手我不眠。」詩作於十月四日,見黄詩題下注文。

《淮海集》卷五《贈蹇法師翊之》:「天都九經緯,人物如紡績。豈無儷聖游,但未見哀識。蹇師蜀方士,鬼物充服役。朅來長安城,摩挲金銅狄。大蛇死已論,葛陂囚且釋。是事何足云,聊爾恤艱厄。方從馬明生,西去鍊金液。丹成得度世,造化爲莫逆。予亦江海人,名宦偶牽迫。投劾去未能,見師三歎息。」

丁卯(二十四日),哲宗御集英殿,試賢良方正能直言極諫科謝悰。

據《長編》卷四百十四。

己巳(二十六日),賜謝悰進士出身,除初等職官。

據《長編》卷四百十四。

劉安世《元城先生盡言集》卷五《論謝悰賜進士出身不當事》其一謂悰「不應格」、「不入等」。

據安世此奏,悰所除者,乃輔郡幕職。

王適(子立)賦詩感歎風雨敗書屋,蘇軾次韵。

軾詩見《蘇軾詩集》卷三十(一五九四頁)。

詩首八句云及「不煩計榮辱,此喪彼有獲」,蓋言世間萬事盈虚消長之理。以下四句言後生「呻吟空挾策」,斥其不學。以下十句贊王適静退,於饑寒中不喪其志,於是方能「朝來賦雲夢,筆落風雨疾」,以其有厚積也。自此處所叙得知王適在詩中當感歎爲風雨所侵,不能自釋,蘇軾因以勉之。最後二句「爲君裁春衫,高會開桂籍」,祝其早日登第。蘇軾此意固佳,然似不免於俗。

蘇軾作《次韻黄魯直嘲小德》。

詩見《蘇軾詩集》卷三十;詩題「嘲小德」以下尚有如下文字:「小德,魯直子,其母微,故其詩曰:解著《潛夫論》,不妨無外家。」題下注文謂後漢王符,無外家,并全引黄庭堅(魯直)原作。庭堅之意蓋勉小德勤奮自立,有所作爲;能如此,世俗將另眼相待,不以母氏之出身卑微而輕之。庭堅嘲之,而實深愛之也。

軾詩緊扣其母之身世,具見博學。末云:「但使伯仁長,還興絡秀家。」晉周顗(伯仁)之母出身卑微,爲顗父之妾而生顗等,光大其母族。軾亦此望小德,其實亦庭堅之意,其立言可謂得體。

蘇軾嘗與黄庭堅至錢伯瞻家,錢出侍兒度曲,庭堅與軾同作《清人怨》。

《觀林詩話》：「錢伯瞻有侍兒，妙麗爲一時衣冠家桃李之冠，故時人號花王，即東坡、涪翁賡和蓬字韻詩所謂『安得春筍手，爲我剥蓮蓬』者也。名倩奴。坡與涪翁詩，皆曰《青人詠》云。」

《山谷詩集注》卷十《清人怨效徐庾慢體三首》，編本年。其一云及「春筍手」、「剥蓮蓬」，今録全詩於下：「秋水無言度，荷花稱意紅。主人敬愛客，催喚出房籠。一斛明珠曲，何時落塞鴻。莫藏春筍手，且爲剥蓮蓬。」其二：「翡翠釵梁碧，石榴裙褶紅。隙光斜斗帳，香字冷薰籠。聞道西飛燕，將隨北固鴻。鴛鴦會獨宿，風雨打船篷。」其三：「障羞羅袂薄，承汗領巾紅。曉風斜蕙髮，逸艷照窗籠。胡琴抱明月，寶瑟陣歸鴻。倚壁生蛛網，年光如轉蓬。」《清人怨》當即《清人詠》。

錢伯瞻，待考。

《山谷詩集注》次《清人怨》於本年。

軾詩乃《蘇軾詩集》卷三十《次韻黄魯直戲贈》。

黄庭堅（魯直）時爲人所論，蘇軾次庭堅韵《清人怨》有解之之意。

詩注引《長編》元祐三年五月詔新除著作郎黄庭堅仍舊著作佐郎紀事，謂趙挺之、劉安世論庭堅操行邪穢等。

軾詩首四句：「昨夜試微涼，汗衾初退紅。我願偕秋風，隨身入房櫳。」「昨夜」云云乃楊貴妃故事。貴妃夏月汗出紅膩而多香，今已微涼，汗衾已退紅。「我」謂趙挺之輩。蓋謂挺之輩欲以此怙寵於君王。第五六句：「君王不好事，只作好驚鴻。」謂挺之輩所言不能投君王所好，君王自有睿斷。以上六句揭示挺之輩心態，甚爲深刻。戲者，諷刺、挖苦之謂也。

二十八日，軾書《大還丹訣》。

文見《蘇軾文集》卷七十三（二三二八頁）。

李公麟（伯時）爲蘇軾及自身畫像，復爲弟轍及黄庭堅畫像，軾爲跋。

跋見《佚文彙編》卷六（二五七五頁），云「李伯時畫予真，且自畫其像，故贊云『殿以二士』」。《蘇軾詩集》卷三十《書黄庭内景經尾·叙》：「余既書《黄庭内景經》以贈蓧光道師。而龍眠居士復爲作經相其前，而畫余二人像其後。」有「殿以二士蒼鵠騫」之句，二士謂公麟與蘇軾。跋續云「黄魯直與家弟子由皆署語其後，故伯時復寫二人」。庭堅署語乃以上《蹇道士拱辰將歸廬山》條下所提十月四日所作詩，轍署語乃《次韻子瞻書黄庭内景經卷後》。蘇軾之跋作於十月四日略後。

《豫章黄先生文集》卷二十九《跋東坡書帖後》：「廬州李伯時近作子瞻按藤杖，坐盤石，極似其醉時意態。此紙妙天下。」當爲此前後事。

彭汝礪（器之）爲中書舍人，軾有啓來，答啓爲賀。

答啓見《蘇軾文集》卷四十七（一三六二頁），云「進直掖垣」，乃中書舍人。

《宋史》卷三百四十六汝礪傳云「元祐二年，召爲起居舍人」，踰年，遷中書舍人。《長編》卷四百十四本年九月辛亥有中書舍人彭汝礪等考試應賢良方正能直言極諫科舉人記載。

嘗往興國寺浴室院，見彭汝礪，共觀六祖畫像，軾應其請作贊。

據《蘇軾文集》卷二十一《興國寺浴室院六祖畫贊》；距嘉祐元年舉進士時館此，三十一年。

文稱汝礪爲中書舍人。汝礪卒於紹聖元年，年五十四。見《琬琰集删存》卷二曾肇撰墓銘。

十月十七日，軾堅乞一郡，上劄子。不允。

劄子見《蘇軾文集》卷二十九（八二七頁）。劄子首云：「臣近以左臂不仁，兩目昏暗，有失儀曠職之憂，堅乞一郡。伏蒙聖慈降詔不允，遣使存問，賜告養疾。」是在此以前已乞郡，其劄子未見。

此劄子歷叙「二年之中，四遭口語」，乞「措之不争之地」。

《文集》卷二十九《論邊將隱匿敗亡憲司體量不實劄子》：「臣近以目昏臂痛，堅乞一郡。……伏蒙聖慈降詔不許，兩遣使者存問慰安。……故復起就職。」

二十三日，軾書《出局》詩。

詩見《蘇軾詩集》卷四十八（二六二二頁），文見《文集》卷六十八（二一四二頁）。蓋蘇軾局中早出，弟轍晚出，作此以念之耳。

林旦（次中）得李公麟（伯時）《歸去來》、《陽關》二圖，蘇軾題詩，并有簡與旦。

詩乃《蘇軾詩集》卷三十《書林次中所得李伯時歸去來陽關二圖後》。《欒城集》卷十六亦有詩。《蘇軾文集》卷五十五《與林子中》第二簡云「二圖奇妙絶世，戲作二絶句其後」，知此簡乃與旦者，非與希（子中）。旦，《宋史》卷三百四十三傳甚略，茲略補於下。治平元年爲象山令，熙寧三年八月，以著作佐郎同管勾淮南常平事權監察御史裹行。九月判司農寺，崇政殿説書。四年正月，知黄縣。七年十一月授光禄寺丞。八年四月，勾當進奏院。元豐四年十二月，簽書淮東判官。元祐元年，爲殿中侍御史，旋爲淮南運副。四年七月，以右司郎中爲祕書少監，十一月知明州。《乾道四明志》卷八有詩，《宋名臣奏議》卷二有文。《清江三孔集·宗伯集》卷二、卷五，《朝散集》卷六及《淮海集》卷九有詩及之。參《長編》卷二百十四至五、二百十九、二百五十八、二百六十二、三百二十一、四百三十、四百三十五及《文集》卷二十九淮南運副制文。

軾戲題李公麟（伯時）御馬好頭赤，轍次韵。黄庭堅、晁補之、張耒亦次韵。

軾詩見《蘇軾詩集》卷三十。轍詩見《欒城集》卷十六。周密《雲烟過眼録》引李公麟《天馬跋》：「右一匹，元祐二年十二月二十三日，於左天駟監，揀中秦馬好頭赤。」故轍詩有「未慣中原暖風日」之句。

庭堅詩見《山谷詩集注》卷九，補之詩見《雞肋集》卷十三，耒詩見《張耒集》卷十六。

姪千乘、千能自蜀中來。千乘得木山五峯，軾、轍次梅堯臣（聖俞）舊題父洵所藏木山原韵。

《蘇軾詩集》卷三十《木山·叙》：「吾先君子嘗蓄木山三峯，且爲之記與詩。詩人梅二丈聖俞，見而賦之。今三十年矣，而猶子千乘，又得五峯，益奇。因次聖俞韵，使并刻之其側。」堯臣詩，《詩集》附録。

《欒城集》卷十六《同子瞻次梅聖俞舊韵題鄉舍木山》：「江槎出没浮犀牛，波濤掀天谷爲洲。江寒水落驚霜秋，危根瘦節鳴寒流。脆朽吹去誰鎸鎪，連峯叠嶂立酋酋。（下略）」木山蓋因枯槎而巧爲之，得根雕藝術之雅趣也。

千乘乃堂兄不欺長子，千能爲第三子。見《净德集》卷二十七《静安縣君蒲氏墓誌銘》。

千乘、千能還鄉，軾作詩送之，轍次韵。時轍長婿文務光（逸民）已卒。

軾詩見《蘇軾詩集》卷三十，云：「西來四千里，敝袍不言寒。」其來或爲秋末冬初，以其時大地已有寒意。

轍詩見《欒城集》卷十六。云：「長女聞孀居，將食淚滴槃。老妻飽憂患，悲吒摧心肝。」長女近况，當由千乘、千能二姪傳來。詩末勸千乘、千能孝友。

《後集》卷二十《祭亡婿文逸民文》叙務光之逝，以下云：「女有烈志，留鞠諸孤。賦詩《柏舟》，之死不渝。」參元祐七年八月紀事。

《豫章黄先生文集》卷二十六《跋子瞻送二姪歸眉詩》謂觀此詩可想見蘇軾「風骨巉巖而接人仁氣粹温」。

《蘇軾文集》卷六十《與蒲傳正》云「千乘姪屢言大舅全不作活計」，約爲此時事。大舅，即宗孟（傳正）。

務光卒參本譜元祐元年「轍婿文務光卒」條。

轍題王詵（晉卿）畫山水横卷三首。

詩見《欒城集》卷十六。其一云：「青山長江豈君事，一揮水墨光淋漓。」《蘇軾詩集》卷三十詩題：「王晉卿作《烟江疊嶂圖》，僕賦詩十四韵，晉卿和之，語特奇麗，因復次韵。」「青山長江」云云，當謂《烟江疊嶂圖》。其二云「多君智慧初無師」，又云「丹青妙絶當誰知」，盛贊詵之才。轍詩其一别見《蘇軾詩集》卷四十八，題作《題王維畫》，原載宋孫紹遠《聲畫集》卷八。按：謂軾作，誤。詩首云：「摩詰本詞客，亦自名畫師。平生出入輞川上，鳥飛魚泳嫌人知。山光盎盎著眉睫，水聲活活流肝脾。行吟坐詠皆自見，飄然不作世俗詞。」盛贊王維。就此數句而論，題以《題王維畫》，未爲不可。然作者盛贊王維，實爲突出王詵，以下「人言摩詰是前世」句可見。

軾與王鞏(定國)簡,嘗及轍。

《蘇軾文集》卷五十二《與王定國》第二十簡:「數日卧病在告。……扶病暫起,見與子由簡大駡,書尺往還,正是擾人可憎之物,公乃以此爲喜怒乎!」

本譜本年十月十七日有「軾賜告養疾」記載,今姑次此事於此。

十一月一日,鎖院,賜宫燭法酒,有詩呈同院。

詩見《蘇軾詩集》卷三十(一六〇〇頁)。《范太史集》卷二有次韵。《范太史集》自注:「是日早,邇英講讀退,以風寒,賜執政、講筵官御酒。是夜,翰林又被燭酒之賜。」《詩集》卷三十有《范景仁和賜酒燭詩復次韻謝之》,鎮(景仁)詩佚。

《蘇魏公文集》卷十一《次韵子瞻鎖院賜酒燭》:「暮召從容對浴堂,歸來院吏寫宣忙。郢醪獨賜尊常滿,龍燭初然淚有香。起草才多封卷速,把麻人衆引聲長。百官班裏聽恩制,争論雄文出未央。」

《西臺集》卷二十《次韵蘇子瞻内翰入直鑠院賜宫燭法酒》:「兼金作帶玉爲堂,夜步花塼拜賜忙。絳蠟持來元未點,黄封纔破已聞香。星隋燼落花猶在,霜送杯深味更長。乞曉却穿丹鳳入,白麻宣對殿中央。」

《欒城集》卷十六《次韵子瞻十一月旦日鎖院賜酒及燭》:「銅鐶玉鎖閉空堂,腕脱初驚筆札忙。紅燭遥憐風雪暗，黄封微瀉桂椒香。光明坐覺幽陰破，温暖深知覆育長。明日白麻傳好語，曼聲微繞殿中央。」范詩云：「晨入金華暮浴堂，聲容不動筆奔忙。星間忽降龍銜耀，天上重分玉醴香。欲炧寒宵宫漏永，半酣歸夢蜀山長。起看絳闕銀河曉，山立千官拱未央。」《永樂大典》卷一二〇四三「浴堂」作「玉堂」。

甲辰（初二日），轍上《論開孫村河劄子》、《再論回河劄子》、《三論回河劄子》。

據《長編》卷四百十六。此三劄子，《集》卷四十二連載，未云所上日期。今從《長編》，繫此。《欒城集》卷四十二《論黄河必非東决劄子》（元祐四年八月初十日上）：「臣去歲領户部右曹，以財賦不足，而開河之議不决，河北費用不資，曾三上章論河流西行已成河道，而孫村以東故道高仰，勢决難行。」「論河流西行」云云，乃本歲所上三章要旨。《論黄河必非東决劄子》以下云：「是時大臣之議，多謂故道可開，西流可塞。朝廷因遣范百禄、趙君錫親行相度。以人情論之，符合大臣則易爲言，違背大臣則難爲説。而百禄等既還，皆謂故道不可開，而西流不可塞。何者？地形高下，可指而知，水性避高趨下，可以一言而决。」可參。

七日，中使臨賜御膳問疾，軾有謝表。旋復起就職。

表乃《蘇軾文集》卷二十四《謝御膳表》。卷二十九《論邊將隱匿敗亡憲司體量不實劄子》歷叙「兩遣使者存問慰安」，故復起就職。此前有《論周穜擅自配享自劾劄子》，其一作於本年十二月二十一日，復起爲此以前事。

周表臣（思道）知漢州，軾送行詩贊表臣及姪尹、張宗諤（永徽）、吴師孟（醇翁）、吕陶、宋大章（文輔）爲六君子。蓋表臣等乞罷官榷茶之法，許通商買賣，有益於蜀民也。

詩見《蘇軾詩集》卷三十（一六〇一頁），題下「施注」詳叙其事。

表臣以進士登科，成都人，歷官於朝。熙寧末，以都官郎中知漢州。《丹淵集》卷十四有《周思道如詔亭》詩。蓋表臣教子以義方，其事入制詞，故作如詔亭以彰之。《成都文類》卷四十三《如詔亭記》，作於熙寧十年八月。此次知漢州乃再知。《范太史集》卷二有《送周思道再知漢州》，云「使君昔奏撫疲羸，曾奏囊封有直詞」，蓋指乞罷官榷茶。《欒城集》卷十五有送行詩。《净德集》卷三十二、三十四多詩及之。

師孟，成都人。《成都文類》有和章楶（質夫）《成都運司園亭詩》。楶元豐間爲成都路轉運使，見《宋史·章楶傳》。有《和王公覿賞海雲山茶合江梅花》詩，覿以紹聖元、二年間知成都，參本譜紹聖二年「與成都寶月大師惟簡簡」條紀事。

宋大章，見《范太史集》卷五十五《手記》。張宗諤，字永徽，蜀人。見《文集》卷七十二《張永徽老健》。

李公麟（伯時）爲趙叽（景仁）作《琴鶴圖》，軾爲題詩。

詩見《蘇軾詩集》卷三十（一六〇六頁）。《畫繼》卷三公麟傳著録此圖。本歲，題公麟畫詩，除已叙者外，尚有《和王晉卿題李伯時畫馬》、《戲書李伯時畫御馬好頭赤》，次此略前。

本月，轍上《請户部復三司諸案劄子》。

劄子見《欒城集》卷四十一，首云「待罪户部右曹，俛仰幾歲」。乞都水、軍器、將作三監兼隸户部；此三監現隸工部，爲户部之害。乞罷外水監丞，而舉河北河事及諸路都作院皆歸之轉運司。

十二月初一日，轍作《伯父墓表》。伯父，蘇涣也。

《墓表》見《欒城集》卷二十五，末云：「元祐三年，歲次戊辰，十二月朔日癸酉，從子朝奉郎、試尚書户部侍郎、上騎都尉、賜紫金魚袋轍撰。」據此，此文有刻石。

五日，冬至前一日，黄庭堅跋净照禪師真贊。蘇軾嘗爲净照作偈。

《山谷全書·别集》卷八《跋净照禪師真贊》：「净照禪師，净因寺臻道人也。東坡則翰林蘇子瞻，往歲謫官黄州，嘗居江上之東坡。龍眠蓋廬江李伯時，頃與其弟德素、同郡李元中求志於龍眠山，淮南號爲龍眠三李者也。净照老人恬淡，少爲作寺舍，僻在西南，人罕知之者。予嘗作《真贊》云：『猛虎無齒，卧龍不吟。風林莫過，六合雲陰。遠山作眉紅杏腮，嫁與春風不用媒。阿婆三五少年日，也解東塗西抹來。』人以其近俳也，笑其俳不即其實。今既龍眠寫照，東坡作偈，此話乃大行。跋尾八公，是日不約而集。元祐三年冬至前一日，南昌黄某書。」蘇軾偈不見，已佚。

六日，冬至，軾過曾肇（子開）賀節；時肇將往河北視河，爲書數紙贈之。

《蘇軾文集》卷七十二《書别子開》叙之。《長編》卷四百十七本年十一月戊辰（二十六日）載中書舍人曾肇言河事，求朝廷特賜前往「省察」。據蘇軾文，知朝廷從請。

同日，軾與子過論詩人寫物。

《蘇軾文集》卷六十八《評詩人寫物》叙之。

軾和吴安持迎駕詩。

詩見《蘇軾詩集》卷三十（一六一一頁）。安持，充子，安詩弟。《宋史》卷三百十二《吴充傳》謂「安持爲都水使者，遷工部侍郎，終天章閣待制」。《汴京遺迹志》有安持《駕幸太學》詩。軾詩次七日所作詩前，姑次此。

初七日，轍與兄軾同訪王鞏（定國），小飲清虚堂；夜歸，軾與轍各賦一篇。

《蘇軾詩集》卷三十詩題：「與龍節侍宴前一日，微雪，與子由同訪王定國，小飲清虚堂。定國出數詩，皆佳，而五言尤奇。子由又言昔與孫巨源同過定國，感念存没，悲嘆久之，夜歸，稍醒，各賦一篇，明日朝中以示定國也。」時洙（巨源）已卒。

轍詩乃《欒城集》卷十六《雪中訪王定國感舊》；此下有《次韵王定國見贈》，知鞏亦作詩。興龍節，十二月八日，哲宗生日。時鞏已自揚州倅回京師。參《長編》卷四百五十九元祐六年六月丙申紀事。

《式古堂書畫彙考·書》卷十《蘇氏一門諸帖册·蘇潁濱雪甚帖》：「轍啓。雪甚可喜。宴居應有獨酌之樂。區區書不能盡。轍頓首定國承議使君。廿三日。」

同上《潁濱惠教帖》：「承惠教，兒子相次上謁。轍上定國閣下。」

同上《潁濱曉寒帖》：「轍啓。曉寒，履况清安。今晚有暇一臨，甚幸。不一。轍頓首定國使君仁弟。廿七日。」

同上《潁濱文字帖》：「安君文字，今日已晚，來日督之。次海即催之，改中無復義理，可爲太息。」前三簡皆與王鞏（定國）。第一簡言雪，與詩作時略同；後二簡附次。第四簡收簡人不詳，姑依《式古堂書畫彙考》，並次此。四簡，《集》未收。

《蘇軾詩集》此詩前，有《次韻王定國會飲清虚堂》，云「卜築君方淮上郡」。「施注」謂鞏是時知宿州，宿隸淮東，然未到任。《彭城集》卷二十一有《承議郎王鞏可權知宿州制》。

黄庭堅（魯直）效進士作《歲寒知松柏》詩，蘇軾次韵。

軾詩見《蘇軾詩集》卷三十（一六一四頁）。

詩云：「炎涼徒自變，茂悦兩相知。」一年之中有寒暑變化，而松茂柏悦不變。詩云：「已負棟梁質，肯爲兒女姿。」言松柏雖不能爲棟梁，然亦不肯取悦於兒女。詩云：「那憂霜貿貿，未喜日遲遲。」松柏不憂霜摧，不過分依賴太陽光拂煦，其生命力堅强。詩云：「難與夏蟲語，永無秋實悲。」松柏難與夏蟲語冰，以其不懼冰；松柏四時皆施惠於人，自無其他植物秋日未能獲如意之實之懊惱。詩末盛贊松柏「解秉天彝」，得天所賦予之懿德而善持之，是爲此詩之旨。庭堅詩見《山谷詩集注》卷十，云：「羣陰彫品物，松柏尚桓桓。老去惟心在，相依到歲寒。霜嚴御史府，雨立大夫官。犧象溝中斷，徽弦爨下殘。光陰一鳥過，剪伐萬牛難。春日輝桃李，蒼顔亦豫觀。」

八日興龍節，尚書省賜宴上，軾與蘇頌論李沆。同日，與王鞏論陳執中。節日致語口號乃蘇軾撰。

據《蘇軾文集》卷七十二《真宗信李沆》。與頌論真宗所以信李沆，在沆以才識濟之以無心；與鞏論執中雖俗吏，以其舉人以才，亦有可賢處。致語口號見《蘇軾詩集》卷四十六（二五〇〇頁）。

十五日，軾書王鞏（定國）所藏王詵（晉卿）所畫《烟江疊嶂圖》一首，詵有和。

詩見《蘇軾詩集》卷三十（一六〇七頁）。《式古堂書畫彙考·畫》卷十二有此詩墨迹，末云：「元祐三年十二月十五日，子瞻書。」同卷收有王詵和詩，《詩集》題下「查注」已引。蘇軾詩作於此略前。

本歲，及詵之詩，尚有《王晉卿所藏著色山二道》、《次韻王定國得晉卿酒相留夜飲》詩，均見《詩集》卷三十。

《曲阿詩綜》卷六蔡肇《烟江疊嶂圖》：「瓜州東望西津山，山平水闊生寒烟。海門日出江霧破，沿江山色寒蒼然。五州京峴穹隆隱轔尚不見，况乃鹿跑馬迹點滴之微泉。中泠之南古浮玉，鐘鼓下震蛟龍川。樓臺明滅彩翠合，海市仙山當目前。興來赤脚踏鰲背，揮弄白日摩青天。原松芊芊雪欲盡，野氣鬱鬱春逾妍。三更潮生月西落，寒金萬斛流瓊田。江山佳處心自省，畫圖忽見猶當年。有如遠作美人别，耿耿獨記長眉娟。雙瓶買魚晚渡立，孤篷聽雨春灘眠。翰林東坡知此樂，至今舟上漁子談蘇仙。玉堂椽蠟照清夜，葦間幽夢來延緣。山川信美歸未得，送行看盡且作公子思歸篇。」據詩，此《烟江疊嶂圖》乃以瓜州、京口及其以東大江江面爲廣闊背景。詩云「舟子談蘇仙」，知蘇軾嘗多次出没於此烟江疊嶂之中。詩云「玉堂椽燭」，時蘇軾爲翰林學士。附此。

同日，軾跋黄庭堅（魯直）浴室題名。時陳慥（季常）來，寓棋簟於浴室院，蘇軾與范百禄（子功）數來從，觀蜀僧令宗所畫達磨以來六祖師，庭堅爲題名。

據《蘇軾文集》卷七十一《書魯直浴室題名後》（并庭堅題名）。蘇軾文原謂「是月十五日戊子」，《總案》考證爲十二月，今從。

蘇軾本歲此前，嘗爲慥家藏柏石圖作詩，詩見《蘇軾詩集》卷三十。

二十一日，講筵，軾上《論周穜擅議配享自劾劄子》。放罪。

劄子見《蘇軾文集》卷二十九，凡二首。蓋緣周穜上疏言朝廷當以王安石配享神宗而發。《文集》卷三十二《杭州召還乞郡狀》謂穜建此議，必有陰主其事者，是以上書逆折其姦鋒，乞重賜行遣，以破小人之謀。因此，黨人尤加忿疾。

《文集》卷七十二《盛度責錢惟演誥詞》：「元祐三年十二月二十一日，講筵，上未出，立延和殿廷中。時軾方論周穜擅議宗廟事。」

本月二十二日，穜以江寧府司理參軍、鄆州州學教授罷歸吏部，見《宋會要輯稿》第九十八册《職官》六六之三八。

蘇軾第二劄中謂「穜蟣蝨小臣，而敢爲大姦，愚弄朝廷，若無人然」，以穜乃己所薦，不能不過甚其詞。然穜自是有識之士，其爲官亦清廉。《輿地紀勝》卷八十九《廣南東路·廣州·官吏》：「周穜：徽宗朝知廣州，蕃帕以象犀、香珠呈樣，穜一無所受，終任不至舶務。及歸，部人賦詩送行，有『三年清似鏡』之句，見《泰州圖經》。」紹聖四年七月戊辰，穜以著作佐郎、國史院編修官充崇政殿説書。見《長編》卷四百八十九。《北海集》卷三十四《鄭雍行狀》謂蘇軾特放罪；明年，雍上疏請更正穜罪，從之。

二十八日，哲宗御延和殿，奏范鎮所進新樂，時西夏方遣使款延州塞，進士作《延和殿奏新樂賦》、《款塞來享》詩。蘇軾亦作。先是鎮新樂成，有書來，答啓以賀。

二十八日云云，見《蘇軾文集》卷六十六《跋進士題目後》。軾撰賦見《文集》卷一，詩見《蘇軾詩集》卷三十。軾另有《范景仁和賜酒燭詩復次韵謝之》，自注：「時公方進新樂。」見同上卷。啓乃《文集》卷四十七《答范端明啓》。《彭城集》卷十五《次韵蘇子瞻觀范景仁新樂》：「大儒高論本升堂，物外光陰更不忙。樂預請觀同季子，書雖未見屬黄香。正聲仍許三人和，古尺應無一黍長。鶴舞鳳儀時莫識，勾陳武帳省中央。」

軾夜直玉堂，讀李之儀（端叔）詩，作詩書其後。

詩見《蘇軾詩集》卷三十（一六一六頁）。《蘇軾文集》卷五十二《答李端叔》第二簡：「近讀近稿，諷味達晨，輒附小詩。」即叙此事。《文集》原編者謂此簡乃定州作，誤。

軾爲《李觀墓道碑》書石，約爲范鎮卒前事。

民國《夾江縣志》卷十一：「《李觀神道碑》，縣南十里古賢鄉。碑文爲資政殿大學士鄱陽郡開國公張燾撰，時人稱燾言謂『直氣吐而星斗寒』，其見重有如此。又，《李觀墓道碑》，范鎮撰，蘇子瞻書石。」同上書卷十一有明弘治間夾江人張鳳翃所撰《平川書院記》，稱觀爲少師，「應詔定禦邊之策，效忠勤王，文武兼濟，判成都，有一言活萬人之功」。同治《嘉定府志》卷三十四引宋開禧榮州題名，謂觀乃榮州人。

閏十二月一日，范鎮致仕，賜詔獎諭。同日，鎮卒，軾有祭文。

詔見《蘇軾文集》卷四十（一一七一頁）。鎮卒日見《文集》卷十四鎮墓銘，祭文見卷六十三（一九五〇頁）。《朝野類要》卷五：官員不禄，可先乞守本官致仕，續奏身故。

三日，邇英進讀《寶訓》，軾因太宗愛馬事以及愛民。

見《蘇軾文集》卷二十九《論邊將隱匿敗亡憲司體量不實劄子》。

同日，宜興田客以築室發大塚。命掩之，軾作《祭古塚文》。

文見《蘇軾文集》卷六十三。

四日，軾奏《論邊將隱匿敗亡憲司體量不實劄子》。

文見《蘇軾文集》卷二十九。《軾墓誌銘》謂因進讀《寶訓》，因奏：「夏人寇鎮戎，殺掠幾萬人，帥臣掩蔽不以聞，朝廷亦不問，事每如此，恐寖成衰亂之漸。」乃此劄子中語。以下《墓誌銘》

謂「當軸者恨之」。《長編》卷四百十九本月丙午紀事：「御史中丞兼侍讀李常言：臣伏見今月二日，蘇軾講筵進讀間奏，昨鎮戎軍西人入寇，殺萬餘人，有司止奏二千。竊緣邊附奏報，苟容失實，則朝廷賞罰，何所據憑？賞罰苟差，何以懲勸功罪？軾既已面奏，臣職在伺察姦罔，仍復預聞，理當糾正。」望降指揮密切根究，以正典刑。

甲寅（十二日），太皇太后高氏宣諭輔臣裁減本家所得恩澤。

據《長編》卷四百十九。《長編》云：「太皇太后宣輔臣曰：『近已降指揮，裁減入流本家所得恩澤，亦宜減四分之一。』呂公著等言：『陛下臨朝聽政，本殿恩澤自不當限數。向來止有皇太后例，豈可更有裁損。』再宣諭曰：『今來官冗，自宰執已下，恩澤皆有減損，本家亦須裁定，要自上始，則均一矣。』公著曰：『此盛德之事，當計究本末以聞。』」

十四日，軾撰《太皇太后賜門下手詔》。

《長編》上條紀事「本末以聞」以下又云「已而詔曰」。此詔即見於《蘇軾文集》卷四十《太皇太后賜門下手詔》第二，作於本月十四日。詔末云：「今後每遇聖節大禮生辰合得親屬恩澤，並四分減一。皇太后、皇太妃準此。」

《晁氏客語》：「邵成章云：元祐中，太母下詔，東坡視草云：『苟有利於社稷，予何愛於髮膚。』純夫云：『此太母聖語也，子瞻直書之。』」成章，欽宗朝内侍，《宋史》卷四百六十九有傳。

「苟有」二句，在詔詞中。

十九日，軾上薦何宗元《十議》狀。

狀見《蘇軾文集》卷二十九（八三六頁）。狀謂《十議》文詞雅健，議論審當，乞朝廷隨才録用，非獨以廣育材之道，亦以慰答遠方多士求用之意。宗元，蜀人，時以朝奉郎、新差通判延州事。

《長編》卷四百二十二元祐四年二月癸卯：御史中丞李常等言，朝奉郎何宗元學問通洽，乞隨才録用。詔以宗元爲國子監丞。

立春日（二十一日），賜幡勝，劉攽賦詩。軾與孔武仲、葉均（公秉）、王欽臣（仲至）反覆次韻。

蘇軾次韻詩，見《蘇軾詩集》卷三十（一六一九至一六二二頁）。攽詩及武仲次韻，《詩集》注文引。均，長洲人。《宋史》卷二百九十五《葉清臣傳》附及。均，清臣子。均，元祐二年閏二月丙午，以朝請大夫、太常卿爲直龍圖閣、知荆南，四年七月辛巳，以祕書少監奉祠。見《長編》卷三百六十九、四百三十。

三十日，軾書次自撰王鞏所藏王詵《烟江疊嶂圖》一首韻。詵再和。

次韻見《蘇軾詩集》卷三十（一六〇九頁）。《式古堂書畫彙考·畫》卷二十有此詩墨迹，末云：「閏十二十月晦日醉後寫此。」詵詩亦見《書畫彙考》，末云：「元祐己巳正月初吉，晉卿書。」詵詩,《詩集》題下「查注」已引。

家定國(退翁)及興國院浴室法用來簡,以正信和尚所作偈、頌及塔記求跋,軾跋之,簡法用。

跋見《蘇軾文集》卷六十六(二〇八四頁)。跋謂正信和尚卒於熙寧六年,又十五年而爲此跋,知作於今年。簡見《文集》卷六十一(一八九六頁),作於大雪後。簡云「寄示正信偈頌塔銘」,輒題數句塔銘後,知跋略作於簡前。正信已見熙寧元年。

冬,黄庭堅賦《戲答俞清老道人寒夜三首》,蘇軾屢哦以爲妙。

庭堅詩見《山谷詩集注》卷十。其一:「索索葉自雨,月寒遥夜闌。馬嘶車鐸鳴,羣動不遑安。有人夢超俗,去髮脱儒冠。平明視清鏡,政爾良獨難。」其二:「聞道一稊米,出身縛簪纓。懷我伐木友,寒衾夢丁丁。富貴但如此,百年半曲肱。早晚相隨去,松根有伏苓。」其三:「牧羊金華山,早通玉帝籍。至今風低草,䌙䌙見白石。金華風烟下,亦有君履迹。何爲紅塵裏,頷鬢欲雪白。」清老僧名紫琳,時住金華,見注文引《王立之詩話》。《侯鯖録》卷八謂清老字子忠,庭堅少時同學。

《山谷詩集注》目録:「趙彦清家有山谷跋此詩,其末云:『東坡屢哦此詩,以爲妙也。元祐四年,歸自門下省,書於酺池寺南退聽堂上。』此跋四年所書,而詩則三年冬所作。」跋文全文乃《豫章黄先生文集》卷二十五《書贈俞清老》。《侯鯖録》引此三首之第一首,謂「東坡常哦此詩以爲戲」。

眉州通判賈訥往祭父洵之塋。歲末，軾有謝啓。

啓見《蘇軾文集》卷四十六（一三四〇頁），云「攜孥去國，蓋二十年」，又云「宦游歲晚」，歲末作。

是歲，軾作詩付過，又有《論樂》等説。

據《王譜》。《蘇軾文集》卷六十五《陳隋好樂》，或即《王譜》所云之《論樂》。詩佚。

是歲，軾嘗與宜興友人簡，囑托有關田租事宜。

簡見《佚文彙編》卷四（二五〇六頁），起句爲「曹潛夫得三舟」。

此簡着重二事，一爲都下缺米，望發米來；一爲「丁卯年租米數，且便一報」。知簡作於京師；亦作於本年，若在明年，則已知杭矣。簡云「單家兄弟」，當指單錫、單鍔，知簡所書爲宜興事。

簡云「兼托曹潛夫買少漆器，仍於公裕處支錢」。公裕姓蔣，元豐七年「至常州復自常州至宜興」條已及。《佚文彙編》卷二與公裕簡云「田事想煩經畫」、「買牛車」。蔣、曹實爲田莊經紀人。《兩浙金石志》卷六有蘇頌等熙寧十年六月《靈隱題名》，中有曹潛夫，不知是否即此曹潛夫。

是歲，軾與李之純(端伯)簡，薦張君房。又嘗薦程遵誨。

薦君房乃《蘇軾文集》卷五十八與之純第二簡。簡云「但恐政成，促召在旦暮爾」。蓋謂之純成都任期將滿。簡作於今年。簡謂君房蜀中陵井人。《文集》卷五十六有與張元明四簡，其第四簡問元明何時還蜀中，作於南遷後，疑元明即君房。

《文集》與之純第三簡薦遵誨，作於之純成都任中。《文集》卷五十二《與黄魯直》第五簡謂遵誨眉人，「亦奇士，文益老，王郎蓋師之」。王郎乃庠。簡作於紹聖二年。

楊久中扶父繪之喪過京師，軾以其父所藏熙寧手詔相示，爲作記。

《蘇軾文集》卷十二《熙寧手詔記》叙熙寧元年神宗手詔賜楊繪，以下云其後二十年久中出手詔請記，乃記之。繪卒於本年六月丁丑，見《范太史集》卷三十九墓銘，久中乃繪長子，爲太廟室長。

是歲，黄庭堅作《蘇李畫枯木道士賦》、《東坡居士墨戲賦》。軾嘗與庭堅論文。

《豫章黄先生文集》卷一《蘇李畫枯木道士賦》：「東坡先生佩玉而心若槁木，立朝而意在東山。其商略終古，蓋流俗不得而言。其於文事，補衮則華蟲黼黻，醫國則雷扁和秦，虎豹之有美，不彫而常自然。至於恢詭譎怪，滑稽於秋兔之穎，尤以酒而能神。故其觴次滴瀝，醉餘顰申。取諸造物之鑪錘，盡用文章之斧斤。寒烟淡墨，權奇輪囷。挾風霜而不栗，聽萬物之皆春。龍眠有隱君子見之，曰：商宇宙者，朝徹於一指。計楮中者，心醉於九九。言其不同識也。蔵鵬背而不蔕芥，烹鼠肝而腹果然。言其不同量也。彼此睢睢盱盱，我以踽踽涼涼。則懼夫子之獨立而矢來無鄉。乃作女蘿施於木末，婆娑成陰，與世宴息。於其槃根，作黄冠師，納息於踵，若新沐而晞。促阮咸以赴節，按萬籟之同歸。昔阮仲容深識清濁，酒沈於陸，無一物可欲。右琴瑟而左琵琶，陶冶此族。不溷不濁，是謂竹林之曲。彼道人者養蒼竹之節，以玩四時，鳴槁梧之風，以召衆竅。其鼻間栩栩然，蓋必有不可傳之妙。若予也，寄櫟社以神其拙，顧白鷗之樂人深，一行作吏，此事便廢。懷稻粱以飴老，就簪紱而成禽。莊生曰：去國期年，見似之者而喜矣，况予塵土之渴心。」《山谷先生年譜》卷九元祐三年紀事：「《蘇李畫枯木道士賦》。先生有跋自書《枯木道士賦》後云：比來子由作《御風詞》，以王事過列子祠下作，猶未見本。問子瞻文作何體，子瞻云：『非詩非騷，直是屬韻莊周一篇耳。』晁無咎作《求志》一章，子瞻以爲幽通，當北面也。此二文，他日當奉寄。閑居當熟讀《左傳》、《國語》、楚詞、莊周、韓非，欲下筆略體古人致意曲折處，久久乃能自鑄偉詞，雖屈、宋亦不能超此步驟也。」「此二文」以下，皆蘇軾語。庭堅此賦，實非詩非騷。《山谷全書·正集》卷十二收此賦，謂爲今年祕書省作。「龍眠隱君子」謂李公麟（伯時）。

《豫章黄先生文集》卷一《東坡居士墨戲賦》：「東坡先生遊戲於管城子、楮先生之間，作枯槎壽木，叢篠斷山，筆力跌宕於風烟無人之境，蓋道人之所易，而畫工之所難。如印印泥，霜枝風葉，先成於胸次者歟？顰申奮迅，六反震動，草書三昧之苗裔者歟？金石之友，質已死而心在斲，泥郢人之鼻、運斤成風之手者歟？夫惟天才逸羣，心法無軌，筆與心機，釋冰爲水，立之南榮，視其胸中無有畦畛，八窗玲瓏者也。吾聞斯人深入理窟，櫝研囊筆，枯禪縛律，恐此物輩不可復得。公其緹衣十襲，拂除蛛塵，明窗棐几，如見其人。」《山谷先生年譜》卷九謂此賦爲本年作，次《蘇李畫枯木道士賦》後。

轍與兄軾飲酒。

《蘇軾文集》卷五十八《與孫正孺》第二簡：「偶與子由飲半盞酒，便大醉，不成字。」按，此二簡之第一簡云：「爲公作得送行詩跋尾。」詳考當時情況，此送行詩跋尾，乃《蘇軾文集》卷六十七《書諸公送周梓州詩後》。此周梓州，名尹字正孺，「孫正孺」之「孫」乃「周」之誤刊。周尹到梓州任後，有簡與兄軾，第二簡乃答簡。簡中云及「入石」，知尹到梓州後，欲將同朝諸友送行詩刻之，尹簡當爲到任後不久作，故次此答簡於今年。若在明年，軾自六月即赴杭矣（四月即有除命）。故繫之於本年，以見其兄弟生活之迹。此第二簡約作於歲末。

是歲，轍上《乞裁損浮費劄子》。

劄子見《欒城集》卷四十二，首言「臣等」，蓋與户部尚書韓忠彦、另一户部侍郎韓宗道同上，而由轍起草。詳以下所引《宋史》。

《宋史》卷一百七十九《食貨志》下一：「（元祐）三年，户部尚書韓忠彦、侍郎蘇轍、韓宗道言：『文武百官、宗室之蕃，一倍皇祐，四倍景德，班行、選人、胥吏率皆增益，而兩税、征榷、山澤之利，與舊無以相過。治平、熙寧之間，因時立政，凡改官者自三歲而爲四歲，任子者自一歲一人而爲三歲一人，自三歲一人而爲六歲一人。宗室自祖免以上漸殺恩禮，此則今日之成法。乞檢會寶元、慶曆、嘉祐故事，置司選官共議。』詔户部取應干財用，除諸班諸軍料錢、衣賜、賞給、特支如舊外，餘費并裁省。」「文武百官」云云，即在《乞裁損浮費劄子》中。

是歲，張耒嘗畫馬，蘇軾贊爲妙墨。

《山谷詩集注》卷七《次韻文潛休沐不出二首》其一末云：「牆東作瘦馬，萬里氣騣騣。」任淵注引庭堅自注：「文潛喜畫馬。」其二末云：「蘇公嘆妙墨，逼人太騣騣。」詩次本年。

是歲，李公麟（伯時）作《西園雅集圖》，繪蘇軾等有姓名者十七人雅集西園之狀，米黻爲之記。

《寶晉英光集》補遺《西園雅集圖記》：「李伯時效唐小李將軍，爲著色泉石雲物，草木花竹，皆絶妙動人，而人物秀發，各肖其形，自有林下風味，無一點塵埃氣，不爲凡筆也。其烏帽黄道服，捉筆而書者，爲東坡先生。仙桃巾紫裘而坐觀者，爲王晉卿。幅巾青衣，據方几而凝竚者，爲丹陽蔡天啓。捉椅而視者，爲李端叔。後有女奴，雲鬟翠飾，倚立自然，富貴風韻，乃晉卿之家姬也。孤松盤鬱，上有凌霄纏絡，紅緑相間，下有大石案，陳設古器、瑶琴，芭蕉圍繞，坐於石盤旁，道帽紫衣，右手倚石，左手執卷而觀書者，爲蘇子由。團巾繭衣，手秉蕉箑而熟視者，爲黄魯直。幅巾野褐，據横卷畫淵明《歸去來》者，爲李伯時。披巾青服，撫肩而立者，爲晁無咎。跪而捉石觀畫者，爲張文潛。道巾素衣，按膝而俯視者，爲鄭靖老。後有童子執靈壽杖而立，二人坐於盤根古檜下，幅巾青衣，袖手側聽者，爲秦少游；琴尾冠紫道服摘阮者，爲陳碧虚。唐巾深衣，昂首而題石者，爲米元章。幅巾袖手而仰觀者，爲王仲至。前有鬅頭頑童，捧古硯而立，後有錦石橋竹逕繚繞於清溪深處，翠陰茂密中，有袈裟坐蒲團而説無生論者，爲圓通大師。旁有幅巾褐衣而諦聽者，爲劉巨濟。二人並坐於怪石之上。下有激湍潨流於大溪之中，水石潺湲，風竹相吞，爐烟方裊，草木自馨，人間清曠之樂，不過於此。嗟乎，洶湧於名利之域而不知退者，豈易得此耶！自東坡而下，凡十有六人，以文章議論，博學辨識，英辭妙墨，好古多聞，雄豪絶俗之資，高僧羽流之傑，卓然高致，名動四夷。後之攬者，不獨圖畫之可觀，亦足彷彿其人耳。」實爲十七人。

按：有姓名者中有秦觀，觀自蔡州嘗於今年被召至京師，見本年八月五日紀事。此圖乃繪本年事。此十七人中之鄭靖老，名嘉會，參元符元年紀事；圓通乃法雲法秀禪師，見元豐七年紀事。《故宫周刊》第十三期元趙孟頫摹李公麟所繪《西園雅集圖》，有元虞集跋：「西園者，宋駙馬都尉王詵晉卿延東坡諸名士燕遊之所也。……即圖而觀，雲林泉石，儵然勝處也。」謂園莫究所在。《淮海居士長短句》卷上《望海潮》：「西園夜飲鳴笳，有華燈礙月，飛蓋妨花。」乃寫遊西園情景。李公麟之圖，當據實繪出。

賦《蝶戀花·代人贈别》。

詞見《東坡樂府》卷下。

詞云「撲蝶西園隋伴走」。既云「西園」，肯定爲元祐時事。今因西園雅集事，附次此詞於此。

本詞所云「代人贈别」之人，似爲佳人。上闋第一句寫佳人之口，由口可想見佳人之美。第二、三句叙佳人所望於情人者在情人愛己之心不變。此乃一篇主旨。第四、五句叙佳人年齡不大，但在愛情上似已經歷不少挫折。下闋第一句叙佳人生活、似覺輕快。第二、三句叙隨歲月更迭，輕快之中凭添若干惆悵。第四、五句拈出破鏡重圓、章臺柳，意恐情人不能專一於情，筆調苦澀。

此詞實爲蘇軾言情詞中之上乘之作。

是歲，嘗與宋景年（遐叔）、張耒同觀晁補之所藏畫野馬，有題。

文見《佚文彙編》卷六（二一五七三頁）。

景年嘗官太學正，《雞肋集》卷十一有次韻詩，稱「結交齊東李文叔，自倚筆力窺班、揚」。文叔乃格非。景年嘗官太學博士。《聖宋名賢五百家播芳大全文粹》卷八十蘇轍《與劉原之大夫》第二帖贊景年爲「佳士，鋭意撰述」。元祐七年郊祀博議中，景年主分祭，見《愧郯録》卷三《南北郊》條，又見《長編》卷四百七十七元祐七年九月戊子紀事，時即爲博士也。《山谷老人刀筆》卷七《與宇文少卿伯修》第二簡亦及景年，《天台續集》有景年《題萬年妙蓮閣》詩。

是歲，嘗爲黄庭堅酺池寺書齋之旁畫小山枯木；嘗爲畫叢竹怪石；嘗爲書字；庭堅避暑李氏園，嘗欲邀蘇軾來；庭堅嘗欲求軾和其伯父祖善詩；庭堅嘗在祕書省題軾所畫竹石。

《山谷詩集注》卷九《題子瞻寺壁小山枯木》題下注文：「張方回家本云：題子瞻酺池寺予書齋旁畫木石壁兩首。」其一：「爛腸五斗對獄吏，白髮千丈濯滄浪。却來獻納雲臺表，小山桂枝不相忘。」其二：「海内文章非畫師，能回筆力作枯枝。豫章從小有梁棟，也似鄭公雙鬢絲。」此詩，與以下所引《題竹石牧牛》，《山谷詩集注》皆謂爲今年作。

同上卷九《題竹石牧牛》，序云：「子瞻畫叢竹怪石，伯時增前坡牧兒騎牛，甚有意態，戲詠。」詩云：「野次小峥嶸，幽篁相倚緑。阿童三尺箠，御此老觳觫。石吾甚愛之，勿遣牛礪角。牛礪角尚可，牛鬬殘我竹。」

《山谷外集詩注》卷十六《避暑李氏園》，次今年。其詩其二云：「荷氣竹風宜永日，冰壺涼簟不能回。題詩未有驚人句，喚取謫仙蘇二來。」注引《王立之詩話》轉引以上詩後二句，以下云：「秦少游言於東坡曰：以先生爲蘇二，大似相薄。少章爲予言。」《詩林廣記》卷三引《王直方詩話》、《韻語陽秋》卷十八亦載，不録。

同上卷十七詩題：「伯父祖善，耆老好學，於所居紫陽溪後小馬鞍山爲放隱齋，遠寄詩句，意欲庭堅和之，幸師友同賦，率爾上呈。」注：「時山谷所求朝士，和篇甚多。今張文潛集中有和篇。」又云：「今言『師友同賦』，當是求東坡。明年，東坡已在杭矣。」《詩集》無和詩，未知蘇軾作與否。

《山谷全書·別集》卷一《題東坡竹石》（原注：元祐三年，祕書省作）：「怪石岑崟當路，幽篁深不見天。此路若逢醉客，應在萬仞峯前。」

軾欲見晏幾道（叔原），幾道辭之，或爲本年事。

《研北雜志》卷上引邵澤民云：「元祐中，叔原以長短句行，蘇子瞻因魯直欲見之，則謝曰：『今日政事堂中半吾家舊客，亦未暇見也。』」澤民，伯温子溥字，博兄，《宋史翼》卷十有傳。

夏承燾《唐宋詞人年譜·二晏年譜》繫此事於本年，謂「蘇欲因黃見叔原，或在此時」。今姑從。

《豫章黃先生文集》卷十六《小山集序》云「仕宦之連蹇而不能一傍貴人之門」，幾道之不欲見，或以蘇軾爲貴人。《碧雞漫志》卷二：「叔原年未至乞身，退居京城賜第，不踐諸貴之門。」時已退居。

軾欲請廣陵，或爲今年事。

《蘇軾文集》卷七十一《書請郡》叙之，云「暫與子由相别」。以下抒最終歸眉山之意。

是歲，軾或識洪炎。

《重刻山谷先生年譜》附録洪炎撰《豫章黄先生退聽堂録序》：「炎元祐戊辰、辛未兩試禮部，皆寓舅氏魯直廨中。魯直……時……與翰林學士蘇公子瞻游最密，賦詩無或輟。」

本歲前後，舒焕（堯文）嘗以詩乞盟，蘇軾推黄庭堅爲盟主。

《蘇軾文集》卷五十六《答舒堯文》第二簡贊焕之作，嗣云：「晉師一勝城濮，則屹然而霸，雖齊、陳大國，莫不服焉。今日魯直之於詩是已。」以庭堅爲盟主。以下云「公自於彼乞盟可也」。《文集》編者謂此簡作於黄，誤。焕於本年禮部試，爲點檢試卷，見本年正月乙丑紀事，故繫其事於此。

此以後，舒焕與蘇軾無交往文字記載，兹略述焕以後經歷於下：《長編》卷四百八十二元祐八年三月庚寅有「左朝散郎舒焕校對祕書省黄本書」之記載，注文謂「明年六月十三日出」。《老學庵筆記》卷九謂焕建炎中猶在，年九十矣。參紹聖四年七月十三日紀事。

元祐元年至三年間，晁補之嘗代蘇軾作賀冬至表、賀元日表。

《雞肋集》卷五十四有《代蘇翰林爲皇弟諸王賀冬至表》、《代蘇翰林爲皇弟諸王冬至賀太皇太后表》、《代蘇翰林爲皇弟諸王冬至賀皇太后表》、《代蘇翰林爲皇弟諸王冬至賀皇太妃牋》（以下有四文，題分別同上，非作於一時）、《代蘇翰林爲皇弟諸王賀元日表》、《代蘇翰林爲皇弟諸王元日賀太皇太后表》、《代蘇翰林爲皇弟諸王元日賀皇太后表》、《代蘇翰林爲皇弟諸王元日賀皇太妃牋》共十二文。《宋史》卷四百四十四《晁補之傳》叙補之除祕書省正字（見本譜元祐元年十二月六日紀事）後，「遷校書郎，以祕閣校理通判揚州」。其通判揚州，爲元祐五年十二月事，詳元祐七年「晁補之聞蘇軾知揚州」條紀事。是蘇軾守杭前補之皆在朝。又，賀元日表，例作於上年之末。故繫之於此。

軾與元浄（辯才）簡，求爲父洵、母程氏造地藏菩薩一尊等，以供養京師寺中。或爲今年事。此以前，洵累贈中大夫，程氏贈武昌郡太君。

《文集》卷六十一《與辯才禪師》第三簡：「某與舍弟某捨絹一百疋，奉爲先君霸州文安縣主簿累贈中大夫、先妣武昌郡太君程氏，造地藏菩薩一尊，并座及侍者二人。」末云：「乞爲指揮選匠便造，造成示及，專求便船迎取，欲京師寺中供養也。」《與辯才》第二簡，作於元祐二年。此簡或作於今年。洵此前累贈都官員外郎，見熙寧十年十一月甲戌紀事。中大夫之贈當以軾、轍兄弟元祐初入朝。

王得君上書，謂蘇軾詔告誣詆朝廷，或爲本年前後事。得君被斥。

《宋會要輯稿》第九十九册《職官》六七之八紹聖元年閏四月十八日紀事引監察御史劉拯奏云蘇軾「怨忿形於詔告，王得君憤其誣詆，上書言之，被斥以死」。《長編拾補》卷十有類似記載，參紹聖元年閏四月丙戌紀事。

王得君，大名成安人，賜進士出身，廣淵子。《宋史》卷三百二十九附父廣淵傳。

《宋大詔令集》卷二百二十一《王得君贈官與一子恩澤制》：「勅。故奉議郎王得君。朕嗣位之初，思欲奉揚先帝遺烈，在言職者，亡靖共之心，懷觖望之意。謂方諒闇，可肆欺蔽；每托論議，巧爲詆斥。且朝廷政事，容或指陳；而先帝神靈，敢形訕黷。悖德背義，咈於衆聽。惟時中外，痛心駭目，畏避權倖，噤敢出言。得君小臣，獨能抗論，朋邪共惡，遽黜死所。忠懷夭閼，久未顯白，諍臣有請，謂宜褒録。比覽舊奏，爲之畫然，贈官諫省，以旌諒直。命續世禄，併示異恩，無言不酬，庶知朕意。可特贈右正言，仍與一子恩澤。」

按：此制作於哲宗當政期間，約在紹聖時或元符時，或即在劉拯上奏時。今附此。

蘇軾與友人簡。

簡乃《蘇軾文集》卷五十《與劉貢父》第七簡。

簡云：「某江湖之人，久留輦下，如在樊籠，豈復有佳思也。」知作於元豐末至元祐四年赴杭州前在朝時。劉攽(貢父)自元祐元年十二月庚子爲中書舍人至元祐四年三月乙亥卒,皆在京師。以此知此簡非與攽者。

簡稱收簡者爲故人。簡云「後會未可期」似其人嘗來京師。

蘇軾與興國軍友人簡。

《雪山集》卷七《東坡先生祠堂記》:「先生至京師,入禁林,猶不忘此士。見書『都下全無佳思,坐念公家水軒蒲蓮,豈可復見』,今藏下雉李氏。」此士謂興國軍。此乃叙元豐七年過興國軍事。今繫此。

此友人,或爲李翔(仲覽)。翔乃興國軍人。

蘇軾與蒲氏簡。

《鶴山集》卷六十《跋蘇文忠墨迹》:「歐陽公之司貢也,疑蘇公爲曾南豐,置之第二,然南豐時在得中,公初不知也。及蘇公司貢,則不惟遺其門人;雖故人之子,亦例在所遺。觀其與李方叔詩及今蒲氏所藏之帖,若將愧之者。然終不以一時之愧,易萬世之所甚愧,此先正行己之大方也。使士大夫常懷歐公之疑,而負蘇公之愧,古道其庶幾乎!」

蘇軾今年知貢舉,失李廌(方叔)。軾與蒲氏之簡,當及廌下第事,并因其下第而内疚。故繫之於此。蒲氏,當爲宗孟之族,惜不詳其名。

三蘇年譜卷四十二

元祐四年（一〇八九）己巳　蘇軾五十四歲　蘇轍五十一歲

正月一日，紫宸殿慶正旦，軾進《教坊詞致語口號》。

文見《蘇軾詩集》卷四十六。

十五日，軾侍宴端門，和王詵（晉卿）韵。

詩見《蘇軾詩集》卷三十一（一六三六頁）。《長編》卷四百二十一：正月乙酉（十四日），御宣德門，召從臣觀燈。宣德門即端門，詩中「光動」二句寫觀燈。

《式古堂書畫彙考》卷四十二王詵《奉和子瞻内翰見贈長韵》：「帝子相從玉斗邊，洞簫忽斷散非烟。平生未省山水窟，一朝身到心茫然。長安日遠那復見，掘地寧知能及泉。幾年漂泊漢江上，東流不舍悲長川。山重水遠景無盡，翠幕金屏開目前。晴雲羃羃曉籠岫，碧嶂溶溶春接天。四時爲我供畫本，巧自增損媸與妍。心匠構盡遠江意，筆鋒耕徧西山田。蒼顔華髮何所遣，聊將戲墨忘餘年。將軍色山自金碧，蕭郎翠竹夸嬋娟。風流千載無虎頭，於今妙絶推龍眠。豈圖俗筆挂高詠，從此得名因謫仙。愛詩好畫本天性，輞口先生疑宿緣。會當别寫一匹烟霞境，更應消得玉堂醉筆揮長篇。」

同上王詵《子瞻再和前篇，非惟格韵高絶，而語意鄭重，相與甚厚，因復用韵答謝之》（題下原注：元祐己巳正月）：「憶從南澗北山邊，慣見嶺雲和野烟。山深路僻空弔影，夢驚松竹風蕭然。杖藜芒屩謝塵境，已甘老去棲林泉。春籃采朮問康伯，夜竈養丹陪稚川。漁樵每笑坐争席，鷗鷺無機馴我前。一朝忽作長安夢，此生猶欲更問天。歸來未央拜天子，枯荄敢自期春妍。造物潛移真幻影，感時未用驚桑田。醉來却畫山中景，水墨想像追當年。玉堂故人相與厚，意使嫫母齊聯娟。豈知憂患耗心力，讀書懶去但欲眠。屠龍學就本無用，只堪投老依金仙。更得新詩寫珠玉，勸我不作區中緣。佩服忠言匪論報，短章重次木瓜篇。」

史彦明寄贈秋石，新春，軾答簡叙及憶龍鶴菜根。

《蘇軾文集》卷五十九《答史彦明主簿》第二簡：「程懿叔去後，旅思牢落，聞已到郡矣。寄惠秋石，極感留意。新春，龍鶴菜根有味，舉箸想復見憶耶？」「程懿叔去」，見元祐三年，「表弟程之邵（懿叔）知泗州」條。

《劍南詩稿》卷四《題龍鶴菜帖》，乃題此簡；題下陸游自注謂彦明乃蘇軾里人。詩云：「先生直玉堂，日羞太官羊。如何夢故山，曉枕春蔬香。春蔬尚云爾，况我舊朋友。萬里一紙書，殷勤問安否。先生高世人，獨恨不早歸。坐令龍鶴菜，猶愧首陽薇。」

程之邵(懿叔)來簡,軾答簡贊其爲政。

《蘇軾文集》卷五十七《與程懿叔》第四簡:「郡政清暇,稍有樂事,處以無心,强梗自服,甚善!甚善!所望於吾弟也。」簡末有「新春保練」之語,點明節候。時之邵知泗州,見元祐三年「軾、轍表弟程之邵知泗州」條。

癸巳(二十二日),王克臣(子難)卒。軾有輓詞。

癸巳云云,據《長編》卷四百二十一。輓詞見《蘇軾詩集》卷三十一(一六三七頁)。克臣,治平三年爲屯田員外郎。其年五月,子孝莊尚德寧公主。熙寧四年六月,以同知提舉在京諸司庫務度支郎中兼同知審官告院。五年八月,爲遼國正旦使,辭行。八年正月,以薦鄭俠追一官。九年四月,爲遼國國母祭奠使。十年正月,知鄆州。元豐元年五月,知瀛州。知太原府,五年正月罷。五月,知單州。十月,試工部侍郎。六年四月間,權禮部侍郎。八年十二月,知陳州。元祐二年正月,奉祠。知鄭州,《彭城集》卷二十一有制詞。三年二月,特遷大中大夫。至是卒。參《長編》卷二百八、二百二十四、二百三十七、二百八十九、三百二十二、三百二十六、三百三十、三百三十四、三百六十二、三百九十四、四百九。《蘇軾文集》卷三十八有《王克臣可工部侍郎依前龍圖閣直學士制》。

轍作輓詞。

《長編》本日紀事云：「龍圖閣直學士、大中大夫、知鄭州王克臣卒。」轍詩乃《欒城集》卷十六《王子難龍圖挽詞》；首云「帝子乘鸞已列仙」，乃謂子師約尚英宗之女。

蘇軾作詩呈王鞏（定國）。

詩見《蘇軾詩集》卷三十一（一六三九頁）。此詩抒偶感。首句「舊病應逢醫口藥」。舊病者何？口病。思得醫口藥而治之，亦以爲應得其藥，而未能相逢，故其病終不愈。此言自身。次句「新粧漸畫入時眉」言世人。世人投世之好尚，其言自不能中時之病。三、四句：「信知詩是窮人物，近覺王郎不作詩。」王鞏以作詩而窮，故無詩可作，其所以窮者，以詩不諧於世也。蘇軾元豐初，以詩得罪，故其言含蓄。

本月，軾舉何去非换文資狀。去非得授承事郎。

舉狀見《蘇軾文集》卷二十九（八三六頁）。《浦城遺書》卷首引《邑志·何博士傳》：「何去非，字正通。」以下云：「累舉進士不第。元豐五年，神宗臨軒策士，曾鞏奏得累舉之士一人，所論用兵之要，非通儒碩學不能及。上覽而異之，後數日，上御集英殿賜第，乃得去非名。引見殿陛，問曰：『昔嘗遊邊乎？』對曰：『臣生長閩粤，每憾未識邊防制度。』又問：『何以知兵？』對曰：『臣聞文武一道，古之儒者，未嘗不知兵。』上喜，顧大臣，優與之官。或奏宜授武職，使效所言。因擬右班殿直、武學教授。遷左侍禁、武學教諭，使校兵法七書。尋擢博士。元祐四年，蘇軾得其所爲文，驚曰：『此班、馬也。』乃力薦於朝，乞换文資，别加擢用。詔加承奉郎，博士如故。同上書收去非所撰《何博士備論》。其卷首引蘇軾薦狀，末稱：「奉聖旨，特授承事郎，依舊武學博士。」

書王鞏（定國）所藏王詵（晉卿）畫著色山，軾作詩。

詩見《蘇軾詩集》卷三十一（一六三八頁）。詩云：「我亦江南五見春。」

吕昌朝知嘉州，軾有送行詩。

詩見《蘇軾詩集》卷三十一（一六四〇頁）。

昌朝，宋刊十行大字本《東坡集》作「昌明」。《輿地紀勝》卷一百八十六《利州路·隆慶府·詩》有昌明詩：「豈惟藏兩蜀，亦自限三巴。」《郡齋讀書志》卷二下亦作昌明，謂著《嘉州志》二卷。同治《嘉定府志》卷三十二：「吕昌朝，字潛叔。元祐中守嘉州。涖官清雅，有操行。」同上卷四十六引《憩園偶談》有昌朝題名，首稱「元祐己巳歲三月八日，郡將朝散大夫吕昌朝潛叔」，以下云與倅僚「同觀稼北郊，因遊白巖、洞溪二院，置酒而還」。此題名當作於到任之初。蘇軾送行詩約作於歲初，或爲寄送。

《蜀中名勝記》卷十一謂昌朝以「宋復古所畫《八景圖》，懸於州治」，故蘇軾有「八詠繼東吴」之贈。參《詩集》宋人趙次公注。

山東省五蓮縣境内九仙山大石棚有「治平乙巳九月吕昌明潛叔」題名。

二月甲辰(初三日),司空同平章軍國軍事吕公著(晦叔)卒。轍作輓詞。公著卒前,轍嘗與論河事。

輓詞見《欒城集》卷十六。二月甲辰云云,據《長編》卷四百二十二;《年表》謂卒日爲「甲申」,不從。《龍川略志》卷七《議修河决》:「予自爲户部而論之,至於中司,章凡十餘上。中間晦叔爲司空,病愈,予間見之,不復言河事。晦叔自言曰:『河事終當與諸公講之,尚可上(按:一作止)也。』未幾,公病不起,竟莫之救。」

丙辰(十五日),監察御史王彭年論蘇軾講讀時所進漢、唐事迹,非道德仁厚之術,乞行誅竄。不報。

據《長編》卷四百二十二。《長編》云:「王彭年奏:臣伏覩皇帝陛下好學不倦,聖敬日躋,左右講讀,必擇天下端亮忠信之臣,務以道德輔成聖性,若使邪僞險薄之人妄進姦言,以惑天聽,臣恐爲害不細。臣聞翰林學士兼侍讀蘇軾每當進讀,未嘗平易開釋,必因所讀文字,密藏意旨以進姦説。聞軾言者,無不震悚。所進漢、唐事迹,多以人君殺戮臣下及大臣不禀詔令欲以擅行誅斬小臣等事爲獻。若此言者,殊非道德仁厚之術,豈可以上瀆聖聽。軾之性識險薄以至如是，軾之姦謀則有所在。竊恐欲漸進邪説，大則離間陛下骨肉，小則疑貳陛下君臣，姦人在朝，爲國大患，不即遠逐，悔無及矣。原軾之心，自以素來詆謗先朝語言文字至多，今日乃欲謀爲自完之謀，是以百端姦譎，欲惑天聽，若此人者，豈宜久在朝廷。伏願二聖深垂鑒照，特行誅竄以謝天下。」以下：「貼黄稱：軾爲翰林學士，職在侍從，凡論政事，宜明上章疏，指陳是非，其在講讀，即非議論政事之所，今軾於體當上章疏而不上，於不當奏事之處而論奏，動違故常，必挾姦罔。伏願詳察，早賜罷斥，以杜微漸。先是軾於講筵進事迹云：『成帝時，張禹位特進，甚尊重。朱雲上書求見，欲斬佞臣一人以厲其餘。上問：「誰也？」對曰：「安昌侯張禹。」上大怒，曰：「小臣居下訕上，廷辱師傅，罪死不赦。」御史將雲下，雲攀折殿檻，呼曰：「臣得下從龍逢、比干游於地下足矣，未知聖朝何如耳。」』『文帝時，申屠嘉爲丞相，鄧通方愛幸。嘉入朝而通居上旁，有怠慢之禮。嘉奏事畢，因言朝廷之禮不可以不肅。罷朝，坐府中，爲檄詔通曰：「不來，且斬通。」』『唐太宗時，河内人李好德得心疾，妄爲妖言，詔按其事。大理寺丞張藴古奏好德被心疾，法不當坐。治書侍御史權萬紀劾奏藴古本貫在相州，好德之兄厚德爲其刺史，情在阿縱，案事不實。上怒，命斬之於市。』彭年累奏俱不報，崇寧末乃檢會施行。」

王彭年事迹，雜見《長編》。《長編》卷三百十一元豐四年正月庚子，提及「岷州通判王彭年」。

卷四百八元祐三年二月乙未，詔朝散郎王彭年，减磨勘一年，以詳定《元祐敕令式》成書推恩。卷四百十五元祐三年十月，王彭年以御史言事。卷四百二十三本年三月壬申朔，王彭年以監察御史言事。卷四百四十二元祐五年七月乙酉，通判廬州王彭年知滁州。

三月乙亥(初四日)，劉攽(貢父)卒。元祐同朝期間，蘇軾與攽過從甚密，嘗互謔爲樂。

三月云云，據《長編》卷四百二十三。時攽爲中書舍人。《蘇軾文集》卷六十八《書黄州詩記劉原父語》叙攽兄敞(原父)卒久，「尚有貢父在，每與語，强人意，今復死矣」，約作於此時。

《後山先生集》卷二十一《談叢》：「世以癩疾鼻陷爲死證。劉貢父晚有此疾，又嘗坐和蘇子瞻詩罰金。元祐中，同爲從官。貢父曰：『前於曹州，有盗夜入人家室，室無物，但有書數卷爾。盗忌空還，取一卷而去，乃舉子所著五七言也。就庫家質之。主人喜事，好其詩不舍手。明日盗敗，吏取其書，主人賂吏而私録之，吏督之急，且問其故，曰：「吾愛其語，將和之也。」吏曰：「賊詩不中和也。」』子瞻亦曰：『少壯讀書，頗知故事。孔子嘗出，顔、仲二子行而過市，而卒遇其師。子路趫捷躍而升木，顔淵懦緩，顧無所之，就市中刑人所經幢避之所謂石幢子者。既去，市人以賢者所至，不可復以故名，遂共謂避孔塔。』坐者絶倒。」

《畫墁録》：「元豐中，詩獄興，凡館舍諸人與子瞻和詩罔不及。其後，劉貢父於僧寺閑話子瞻，乃造語：有一舉子與同里子弟相得甚歡，一日，同里不出，詢其家，云近出外縣。久之，復歸，詰其端，乃曰：某不幸典着賊贓，暫出回避。一日，舉子不出，同里者詢其家，乃曰：『昨日爲府中追去，未幾復出。』詰其由，曰：『某不幸和着賊詩。』子瞻亦不能喜愠。」

《春渚紀聞》卷六《蘇劉互謔》：「劉貢父舍人，滑稽辨捷，爲近世之冠。晚年雖得大風惡疾，而乘機決發，亦不能忍也。一日，與先生擁爐於慧林僧寮，謂坡曰：『吾之鄰人，有一子稍長，因使之代掌小解。不逾歲，偶誤質盜物，資本耗折殆盡，其子愧之，乃引罪而請其父曰：「某拙於運財，以敗成業，今請從師讀書，勉赴科舉，庶幾可成，以雪前耻也。」其父大喜，即擇日具酒肴以遺之。既别且囑之，曰：「吾老矣，所恃以爲窮年之養者，子也。今子去我而遊學，倘或僥倖改門换户，吾之大幸也。然切有一事，不可不記，或有交友與汝唱和，須子細看，莫更和却賊詩，狼狽而歸也。」』蓋譏先生前逮詔獄，如王晉卿、周開祖之徒，皆以和詩爲累也。貢父語始絶口，先生即謂之曰：『某聞昔夫子自衛反魯，會有召夫子食者，既出，而羣弟子相與語曰：「魯，吾父母之邦也。我曹久從夫子轍環四方，今幸俱還鄉里，能乘夫子之出，相從尋訪親舊，因之閲市否？」衆忻然許之，始過闤闠，未及縱觀，而稠人中望見夫子巍然而來，於是惶懼相告，由、夏之徒奔踔越逸，無一留者。獨顔子拘謹，不能遽爲闊步，顧市中石塔似可隱蔽，即屏伏其旁，以俟夫子之過。已而羣弟子因目之爲避夫子塔。』蓋譏貢父風疾之劇，以報之也。」

涵芬樓《説郛》卷二十九《朝野遺記·劉蘇善謔》：「劉貢父觴客，子瞻有事欲先起。劉調之曰：『幸早裹且從容。』子瞻曰：『奈這事須當歸。』各以三果一藥爲對。」附此。

攽及蘇頌（子容）嘗贊轍兄弟强記。

《欒城遺言》：「元祐間，公及蘇子容、劉貢父同在省中。二人各云某等少年所讀書，老而遺忘，公云亦然。貢父云，觀公爲文，强記甚敏，公辭焉。二人皆云某等自少記憶書籍，不免抄節，而後稍不忘，觀君家昆仲，未嘗抄節，而下筆引據精切，乃真記得者也。」

初四日，軾戲撰《記奪魯直墨》。

文見《蘇軾文集》卷七十。叙黄庭堅見過，戲奪其所藏李承宴墨。

十日，軾復書上年所作《王定國所藏烟江疊嶂圖》。

據《太玉烟堂帖》卷二十二。

同日，軾書《和王晉卿送梅花次韵》寄王齊愈（文甫）兄弟並李樂道，有跋。

跋見《佚文彙編》卷五（二五五二頁），致思念並擬乞郡之意。

太皇太后高氏齋日，軾作致語口號。

致語口號見《蘇軾詩集》卷四十六（二五〇六頁），中云「甲子會逢三朔旦」。高氏生於仁宗明道元年壬申，是年正月壬申朔；嘉祐三年，又逢壬申朔；至是元祐四年正月，三逢。

齋日，乃令在京及天下州軍在城僧尼道士女冠開建道場。參《長編》卷四百六十八十一月辛亥紀事。齋日不詳爲何日，姑繫於此。

丁亥（十六日），軾以龍圖閣學士除知杭州；上謝表並謝賜對衣金帶馬表；黄庭堅以爲蘇軾知杭爲得其所。

丁亥云云，據《長編》卷四百二十四。《長編》云：「從軾請也。」《長編》原注：「曾肇行軾杭州制云：『方冀納忠於朝夕，遽祈養疾於東南。章却復來，告滿輒賜。力固難强，義所重違。』」《蘇軾文集》卷二十三《謝除龍圖閣學士表二首》首云「特除臣龍圖閣學士知杭州者」。同上卷《謝賜對衣金帶馬表二首》：「方祈冗散之安，更忝便蕃之錫。」

《山谷老人刀筆》卷二《與王立之承奉直方》第二十四簡：「翰林出牧餘杭，湖山清絶處，蓋將解其天弢，於斯人爲得其所。士大夫以爲國家事體，不當聽其去。雖然，又有義命矣。承欲往見，當俟道達，即奉聞。」

《欒城集》卷四十七《辭翰林學士劄子》：「臣兄軾舊以文學見稱流輩，猶復畏避，不敢久居，得請江湖，如釋重負。」乃此時事。

同日，罷春宴。

據《宋史·哲宗紀》。《蘇軾文集》卷四十六《集英殿春宴教坊詞致語口號》因是不用。

十八日，中大夫守尚書右丞胡宗愈罷資政殿學士除知陳州。與蘇軾有涉。

據《宋會要輯稿》第一百六册《職官》七八之二六。《輯稿》謂：「以言者論宗愈自爲御史中丞，論事建言，多出私意，與蘇軾、孔文仲各以親書相爲比周，力排不附己者，操心頗僻，豈可以爲執政。宗愈亦力求罷免，故有是命。」

本月，軾作《端硯銘》。

銘見《蘇軾文集》卷十九。《蘇文繫年考略》引湖北《書法報》一九八五年五月八日唐艷玉《商城發現一方蘇軾的端硯》：「河南省商城縣最近在文物普查中，發現鄢崗鄉周寨村農民周大宇家藏的一方端硯。」以下謂：「長二十二釐米，寬十三釐米，厚四點七釐米。硯面上方刻一龍形圖案，圖案邊有一蛾眉形水凼，下方是凸形的研墨處。硯左側陰刻行書：『千夫挽綆，百夫運斤。篝火下垂，以致斯珍。元祐四年三月，眉山蘇軾。』左（疑爲右之誤）側陰刻正書：『端溪之精，紫雲之英。紀年南宋，以錫陶泓。天圓地方，四遠不悖。心苗種之，嘉禾生瑞。道光八年，文物館主人楊星曜收藏并銘。背面是盛墨池，内陰刻『建炎元年』和『夏静甫珍』。」「千夫」云云乃銘前四句；《文集》「垂」作「縋」。

李公麟（伯時）作《龍眠山莊圖》，軾爲題其後。弟轍賦詩。

題後乃《蘇軾文集》卷七十《書李伯時山莊圖後》。轍詩乃《欒城集》卷十六《題李公麟山莊圖二十首》，其叙云「子瞻既爲之記」，又屬轍賦詩；其記即題後。轍詩次本年，今據此繫入。《宋史》卷四百四十四公麟傳云「自作《山莊圖》，爲世寶」。《宣和畫譜》卷七、《畫繼》卷三均著録《山莊圖》。

四月癸卯（初三日），給事中趙君錫上疏乞收還蘇軾知杭州新除。不報。

四月癸卯云云，據《長編》卷四百二十五。《長編》引君錫疏：「蘇軾乞外任，遂除杭州，雖聖恩優渥，待軾不替，而中外之望，缺然解體。何者？軾之文追攀六經，蹈藉班、馬，自成一家之言，國家以來，惟楊億、歐陽修及軾數人而已。中間因李定、舒亶輩挾私媢嫉，中傷以事，幾陷不測，賴先帝聖明，卒得保全，及二聖臨朝，首被拔用，軾亦感激非常之遇，知無不言，言之可行，所補非一，故壬人畏憚，爲之消縮，公論倚重，隱如長城，誠國家雄俊之寶臣也。今軾飄然去國，則憸邪之黨，必謂朝廷稍厭直臣，姦臣且將乘隙侵尋復進，實繫消長之機。軾領遠藩，承流牧民，亦足發其所存，但設施有限，所利未廣，豈若使之在朝，用其善言，則天下蒙福，聽其讜論，則聖心開益，行其詔令，則四方風動，姦邪寢謀，善類益進。伏望收還軾所除新命，復留禁林，仍侍經幄，以成就太平之基。」《施譜》云「不報」。《太平治迹統類》卷十八亦節引趙君錫疏文。

君錫字無愧，《宋史》卷二百八十七有傳。

五日，李廌言范鎮卒前數日鬚眉黑事。

據《蘇軾文集》卷七十二《蜀公不與物同盡》。趙刻《志林》謂「元符四年四月五日」書。「符」乃「祐」之誤，時距鎮卒不久。

十一日，軾奏論行遣蔡確劄子。不報。

劄子見《蘇軾文集》卷二十九（八三七頁）。《長編》卷四百二十五繫此事於本月壬子（十三日），云「不報」。《宋史》本傳：「知杭州。未行，諫官言：前相蔡確知安州，作詩借郝處俊事，以譏太皇太后。太后議遷之嶺南。軾密疏：朝廷若薄確之罪，則於皇帝孝治爲不足；若深罪確，則於太皇太后仁政爲小累。謂宜皇帝敕置獄逮治，太皇太后出手詔赦之，則於仁孝兩得矣。宣仁后心善軾言，而不能用。」《墓誌銘》「譏太皇太后」作「譏刺時事」；「太后」作「大臣」；「遷之」作「逐之」。

《蓼花洲閑録》（宛委山堂本《説郛》卷四十一）：「蔡確之子懋，宣和末爲同知樞密院事，因奏事言及確南遷時事，云：『蘇軾有章救先臣確，臣家嘗傳録。』因袖出章進上。上皇云：『蘇軾無此章。軾在哲宗朝所上章，哲宗一一旋封册子，手自録次，今在宫中，並無此章。』懋悵然而退。」懋所言之章，或即此奏論行遣劄子。懋同知樞密院，爲宣和六年九月乙亥事。見《宋史·宰輔表》。

十三日，軾簡家定國（退翁），以得杭爲喜。

《佚文彙編》卷二與定國第三簡：「軾連歲乞補外，請越得杭，恩出望外，不獨少便衰疾，亦遂安蠢拙矣。」簡末有闕月份之字不清。簡云「乍熱」、「治行」，乃即將赴杭時，爲四月。

十五日，軾書贈李廌（方叔）賜馬券。蓋朝廷以蘇軾守杭，賜以玉鼻騂，軾以此贈廌，故出此券也。轍有詩。

《金石萃編》卷一百三十九著録《贈李方叔賜馬券》，謂：「券存二紙，各高四尺七寸，廣二尺，作三截書，八行六行不等，行五字六字，亦不等，行書，在嘉興縣學。」文已見《佚文彙編》卷五（二二五三九頁）。

《萃編》於券文後，録蘇轍詩，黄庭堅題跋。轍詩題：「方叔來別子瞻，館於東齋。將行，子瞻以賜馬贈之，方叔作詩，次韵奉和。」詩云：「小牀卧客笑元龍，彈鋏無輿下舍中。五馬不辭分後乘，輕裘初許弊諸公。隨人射虎氣終在，徒步白頭心頗同。遥想據鞍横槊處，新詩一一建安風。」詩見《欒城集》卷十六，題小異。黄跋云：「翰林蘇子瞻，所得天厩馬，其所從來甚寵，加以妙墨作券，此馬價應十倍。方叔豆羹常不繼，將不能有此馬，御以如富貴之家，輒曰：非良馬也，故不售。夫天厩雖饒馬，其知名絶足，亦時有之爾，豈可求賜馬盡良也。或又責方叔受翰林公之惠，當乘之往來田間，安用汲汲索錢。此又不識蝆痛者從旁論砭疽爾，甚窮亦難忍哉！使有義士能捐廿萬并券與馬取之，不惟解方叔之倒懸，亦足以豪矣。衆不可。蓋遇人中磊磊者，試以余書示之。元祐四年十月甲寅，黄庭堅書贈李方叔。」《姑溪居士後集》卷四《賀李方叔得眉山玉堂賜馬，公自書券云》：「帝閑萬馬皆天寵，一一盡是真龍種。欲知志氣吞萬里，駿意向人耳雙竦。翰林下直出玉堂，狨鞍寶轡聲琅琅。傳呼一聲驚里閈，新向庭中賜驌驦。明年乞得東南守，晝舸西流卧載酒。免令此馬老江山，故用贈君良獨厚。憐君從來家苦貧，坐令儒士喜意新。自書券字甚雄偉，作書遠報江河人。翰林好士裴丞相，知君亦負玉堂望。願君寶此（原注下缺）」。

《晚香堂蘇帖》有蘇軾《賜馬券》、轍詩及庭堅跋文。此後有文一篇，云：「丈夫功名在晚節者甚多，如國手棋，不須大段用意，終局便須勝也。東坡。」或爲勉廌而作。兹次此。此文，《佚文彙編》未收。

《晚香堂蘇帖》：「元祐元年，予初入玉堂，蒙恩賜玉鼻騂。今年出守杭州，復沾此賜。東南例乘肩輿，得一馬足矣，而李方叔未有馬，故以贈之。又恐方叔别獲嘉馬，不免賣此，故爲出公據。四年四月十五日，軾書。」此及《賜馬券》。

廌詩佚。轍詩末有「子由」印。

十六日，軾跋邢居實（敦夫）《南征賦》。

文見《蘇軾文集》卷六十六(二〇六九頁),喪其早逝。《詩話總龜》前集卷九引《王直方詩話》:「邢敦夫云:『掃地焚香閉閣眠,簟紋如水帳如烟。客來夢覺知何處,掛起西窗浪接天。』東坡詩。嘗題於余扇,山谷初讀以爲是劉夢得所作也。」《郡齋讀書志》卷四下著録邢居實《呻吟集》一卷,謂居實「年十四,賦《明妃引》,蘇子瞻見而稱之,由是知名」。集已佚。

《浮溪集》卷十七《呻吟集序》:「元祐初,異人輩出,蓋本朝文物全盛之時也。邢敦夫於是時以童子游諸公間,爲蘇東坡之客,黄魯直、張文潛、秦少游、晁無咎之友,鮮于大受、陳無己、李文叔皆屈輩行與之交,雖不幸短年,而東坡以爲足以藉手見古人,魯直以爲足以不朽,無咎以爲足以追逐古人,今《呻吟集》是也。」大受,綽字;綽乃侁之子。見《元祐黨人傳》卷四。《後山居士文集》卷一《次韻得邢居實二首》其一:「漢庭用少公何在,不使羣飛接羽翰。今代貴人須白髮,掛冠高處未宜彈。」其二:「秋來爲客意何如,千里山河信不疏。昔日老人今則少,不妨紅葉閉門書。」似言邢居實未能得所用。附此。

十七日,軾乞將臺諫官所論罪狀章疏,降付有司根治,上劄子。不報。

劄子見《蘇軾文集》卷二十九(八三八頁)。謂差知杭州後,班列中「言近日臺官論奏臣罪狀甚多」,伏望降付有司,盡理根治,依法施行,所貴天下曉然,皆知有罪無罪。《長編》卷四百二十四本年三月丁亥云「從之」,《經進東坡文集事略》卷三十五有此文,注云「不報」。今從後者。

二十一日,應范仲淹子純仁兄弟三人請,軾作《范文正公文集叙》。

叙見《蘇軾文集》卷十。「二十一」原作「十一」,今從宋刊十行本。

《續墨客揮犀》卷四《韓范二公客》:「范文正鎮鄱陽,有書生獻詩甚工,文正延禮之。書生自言平生未嘗飽,天下之寒餓,無出其右者。時盛習歐陽率更字,《薦福寺碑》墨本,直錢千。文正爲具紙、墨,打千本,使售於京師。紙、墨已具,一夕,雷擊碎其碑,故時人爲之語曰:『有客打碑來薦福,無人騎鶴上揚州。』東坡作《窮措大》詩云:『一夕雷轟薦福碑。』(下略)」《冷齋夜話》卷二《雷轟薦福碑》條亦載此事。《窮措大》原詩已佚,不知作於何時,兹以爲范仲淹集作序事,并叙於此。

按:《玉照新志》卷三謂「有客」一聯爲蘇軾作,未必然。

壬戌(二十二日),《長編》載轍《論侯偁少欠酒課以抵當子利充填劄子》。

據《長編》卷四百二十五。轍此劄子原未載所上月日,見《欒城集》卷四十二。

《長編》轍劄前,載中書舍人曾肇劄。肇劄稱:「臣伏睹内降指揮,皇太妃親屬滑州韋城縣百姓侯偁,昨因斷撲酒務,少欠官中課利并本息錢等,認納前界少欠錢可與均作七年送納。所有已拘收抵當契書子利等,并特先次給與本人,餘人不得援例,仍與免差人監催。」肇謂:「詔旨既下，臣恐州縣以皇太妃親屬之故，豈敢有所詰問，况又有免監催指揮，則雖有七年之限，亦恐未必及時送納。伏望聖明更加詳酌。」《長編》載明廷得肇奏後，「乃詔侯偁所少欠課利，特許將子利充數，已拘收抵當契書，依舊在官，許納錢抽取，所欠少錢，與均作七年，仍免差人監催，餘人不得援例」。《長編》謂，於是「轍言」。即上劄子，然劄子所引「今月二十二日敕」文字與《長編》小有異也。

轍劄謂：「臣竊以民間欠負，合催合放，皆有條法，上下共守。凡有寬貸，皆先經户部勘會，於法無礙，然後施行。未有如侯偁之比，直自朝廷批下聖旨，更不問條法可否，一面行下，仍令衆人不得援例者。」轍乞追還前命，使天下明知朝廷不以私愛害公義。

轍此劄貼黄稱：「契勘人户承買場務，如有拖欠官錢，已拘收抵當在官，其所收子利自合納官，兼拘收抵當亦合依條出賣。今所降指揮，有此違礙。」《長編》注文謂：「其從違當考。五年二月四日，侯偁借補借職，皇太妃舅也。」

壬戌略前，轍有《乞裁損浮費劄子》；壬戌略後，有《再論裁損浮費劄子》。時《元祐會計録》編成。

二劄皆見《欒城集》卷四十二。前者云：「臣等竊見本部近編成《元祐會計録》，大抵一歲天下所收錢穀金銀幣帛等物未足以支一歲之出。今左藏庫見錢，費用已盡，去年借朝廷封樁米鹽錢一百萬貫，以助月給。舉此一事，則其餘可以類推矣。」又云：「臣等願及今日明敕本部，取見今朝廷政事應干費用錢物者，隨事看詳，量加裁損，使多不至於傷財，少不至於害事。」後者云：「臣等近奉敕裁減冗費，上自宗室貴近，下至官曹胥吏，旁及宫室械器，凡無益過多之物，皆得量事裁減。唯獨宫掖浮費，名件不少，有司不得盡見，未敢輒議。」「奉敕」云云，當爲朝廷得《乞裁損浮費劄子》後所采取之措施。後者乞裁損宫掖浮費，「使天下明知陛下節用裕民，自宫禁始」。二劄未載所上時日，姑依《集》編次。

《元祐會計録》有叙，叙見《後集》卷十五。首云：「臣以不佞，待罪地官，上承元豐之餘業，親睹二聖之新政，時事之變易，財賦之登耗，可得而言也。」地官謂户部，此録乃轍官户部侍郎時所作，其要旨在理國家之財賦。姑次此。

叙之末云：「凡計會之實，取元豐之八年，而其爲别有五：一曰收支，二曰民賦，三曰課入，四曰儲運，五曰經費。五者既具，然後著之以見在，列之以通表，而天下之大計可以畫地而談也。若夫内藏右曹之積與天下封椿之實，非昔三司所領，則不入會計，將著之他書，以備觀覽焉。」《會計録》之内涵、體例、作法，大略可見。既總結過去，又叙述現在；既有文字，又有圖表：實爲治國興邦所必不可少之重要著述。

叙之下，作者自注：「此本有六篇，時與人分撰，後又不果用。」見於《後集》卷十五者，尚有《收支叙》、《民賦叙》。其餘三叙，不知何人撰。其書，據以下記載，南宋時尚存。《遂初堂書目》尚著録。不知佚於何時。《建炎以來繫年要録》卷八十六紹興五年閏二月乙酉紀事：「詔户部措置撰集《紹興會計録》，用殿中侍御史張絢奏也。絢言：『國朝有《景德會計録》，又有《皇祐會計録》，至治平、熙寧間，皆有此書。其後蘇轍又仿其法作《元祐會計録》，雖書未及上，其大略亦有可觀。皆所以總括巨細，綱羅出納，凡天下賦役之數，官吏之數，養兵之數，條章各立，支費有限，謹視其書，上下遵守，此《會計録》之本意也。』（下略）」同上書卷八十二紹興四年十一月辛未紀事：「右司諫趙霈請命有司條具一歲錢穀出入之數，裁節浮費。上曰：『此事極關治體，過防秋便可施行。』（下略）」注引《中興聖政》留正等曰：『唐李吉甫始部録元和國計，著爲成書，本朝因之。丁謂著《景德會計録》，田況著《皇祐會計録》，蔡襄著《治平會計録》，蘇轍著《元祐會計録》，皆所以總括國計，杜失諆，制豐耗，量入爲出也。』（下略）」按，霈之疏請，高宗時未推行。

軾寄題潁州郭明父西齋。

詩見《蘇軾詩集》卷三十一（一六四一頁）。乃次黄庭堅《山谷外集詩注》卷二《郭明甫作西齋於潁尾請予賦詩》韻；庭堅詩原次熙寧四年，疑誤。以軾詩考之，當爲本年作。據庭堅詩，明父乃潁人，年長於庭堅。强至《祠部集》卷四《寄題郭明府寺丞潁上西齋》：「退築謀何早，閑居興頗濃。渠流通潁派，窗列隔淮峯。玉麈談賓盛，牙籤載籍重。雨巾時墊角，一代慕林宗。」據清强汝詢《祠部公年譜》，至熙寧九年卒，此詩乃他人之作誤入。然有裨考證，故録之。

軾自與黄庭堅相晤至赴杭守前，二人過從甚密，共論文、詩、書法，共聯句、行酒令，共論放生。

《蘇軾文集》卷六十九《跋黄魯直草書》、《跋魯直爲王晉卿小書爾雅》，卷七十《書黄魯直惠郎奇筆》、《書黄魯直所藏徐偃筆》，所叙約爲此一時期事。

《豫章黄先生文集》卷十九《與王觀復》第一書：「往年嘗請問東坡先生作文章之法。東坡云：但熟讀《禮記·檀弓》當得之。既而取《檀弓》二篇，讀數百過，然後知後世作文不及古人之病，如觀日月也。」參元祐三年正月辛酉紀事。卷二十六《跋子瞻木山詩》：「往嘗觀明允《木假山記》，以爲文章氣旨似莊周、韓非，恨不得趨拜其履舄間，請問作文關紐。及元祐中，乃拜子瞻於都下，實聞所未聞也。」同上卷二十九《題東坡字後》：「性喜酒，然不能四五龠，已爛醉，不辭謝而就卧，鼻鼾如雷，少焉蘇醒，落筆如風雨，雖謔弄皆有義味，真神仙中人。」同上《跋東坡叙英皇事帖》：「往嘗於東坡，見手澤二囊中，有似柳公權、褚遂良者數紙，絶勝平時所作徐浩體字。又嘗爲余臨一卷魯公帖，凡二十許紙，皆得六七，殆非學所能到。手澤袋蓋二十餘，皆平生作字語，意類小人不欲聞者，輒付諸郎入袋中，死而後可出示人者也。」同上《跋李康年篆》：「晚識子瞻，評子瞻行書當在顔、楊鴻雁行，子瞻極辭謝，不敢。」《山谷詩集注》卷九《題子瞻枯木》：「折衝儒墨陣堂堂，書入顔楊鴻雁行。胸中元自有丘壑，故作老木蟠風霜。」《山谷老人刀筆》卷二《與王立之承奉直方》第三簡云「《范蜀公墓銘》納上」。第六簡：「筆十五、墨一，皆自用佳物，以公留意翰墨，故以相奉。硯偶留局中不攜來，他日送上。來日恐子瞻來，可備少紙於清涼處，設几案陳之，如張武筆，其所好也。來日午後亦一到館下。某頓首上。」第十八簡：「今日以所示書送蘇翰林，即得報如此。今遣呈。銷梅二詩遣上，不知園中更當詠到何物也？」卷十三《答王周彦》第一首：「往在元祐初，與秦少游、張文潛論詩，二公初謂不然。久之，東坡先生以爲一代之詩當推魯直，而二公遂捨其舊而圖新。」

戎州作。

《詩話總龜》前集卷三十九引《王直方詩話》：「劉諷參軍宿山驛，月明，有女子數自屋後來，命酌庭中，歌曰：『明月清風，良宵會同。星河易翻，歡娱不終。緑樽翠杓，爲君斟酌。今夕不飲，何時歡樂。』此《廣記》所載詩也。山谷曰：『當是鬼中曹子建所作。』東坡亦以爲然。又有一篇云：『玉户金缸，願侍君王。邯鄲宫中，金石絲簧。鄭女衛姬，左右成行。紈綺繽紛，翠眉紅粧。王歡轉眄，爲王歌舞。願得君歡，長無災苦。』蘇公以爲『邯鄲宫中，金石絲簧』此兩句不唯人少能作，而知之者亦極難得耳。皆醉中爲余書。張文潛見坡、谷論説鬼詩，忽曰：『舊時鬼作人語，如今人作鬼語。』二公大笑。」

《雞肋編》卷下：「黄魯直在衆會作一酒令云：『虱去乁爲虱，添八却是風，風煖鳥聲碎，月高花影重。』坐客莫能答。他日，人以告東坡，坡應聲曰：『江去水爲工，添系即是紅，紅旗開向日，白馬驟迎風。』雖創意爲妙，而敏捷過之。」

《獨醒雜志》卷二：「坡谷同遊鳳池寺。坡公舉對云：『張丞相之佳篇，昔曾三到。』山谷即答云：『柳屯田之妙句，那更重來。』時稱名對。張丞相詩云：『八十老翁無品秩，昔曾三到鳳池來。』坡公蓋取此也。」卷三：「東坡嘗與山谷論書。東坡曰：『魯直近字雖清勁，而筆勢有時太瘦，幾如樹梢挂蛇。』山谷曰：『公之字，固不敢輕議，然間覺褊淺，亦甚似石壓蝦蟆。』二公大笑，以爲深中其病。」

宛委山堂本《説郛》卷七十三《善誘文·黄魯直謂子瞻語》：「黄魯直謂子瞻曰：『烏之將死，其鳴也哀。某適到市橋，見生鵝繫足在地。鳴叫不已，得非哀祈於我耶？』子瞻曰：『某昨日買十鳩，中有四活，即放之，餘者幸作一杯羹。今日吾家常膳，買魚數斤，以水養之，活者放而救渠命，殪者烹而悦我口。雖腥羶之慾，未能盡斷，且一時從權耳。』魯直曰：『吾兄從權之説善哉！』魯直因作頌曰：『我肉衆生肉，名殊體不殊。元同一種性，只是别形軀。苦惱從他受，肥甘爲我須。莫教閻老到，自揣看何如。』子瞻聞斯語，愀然歎曰：『我猶未免食肉，安知不逃閻老之責乎？』」

軾嘗與黄庭堅互論《漁父詞》。嘗書庭堅《西江月》詞。

《詩話總龜》前集卷九引《冷齋夜話》：「山谷謂余言：吾少年時作《漁父詞》曰：『新婦磯頭眉黛愁，小姑堤畔眼波秋，魚兒錯認月沉鉤。　青箬笠前無限事，緑蓑衣底一時休，斜風細雨轉船頭。』以示坡。坡笑曰：『山谷境界乃於青箬笠前而已耶！』獨謝師直一讀，知吾用意，謂曰：此即能於水容山光，玉肌花貌無異。見是，真解脱遊戲耳。」

《能改齋漫録》卷十六《水光山色漁父家風》：「徐師川云：『張志和《漁父》詞云：「西塞山邊白鷺飛，桃花流水鱖魚肥。　青箬笠，緑蓑衣，斜風細雨不須歸。」顧況《漁父》詞：「新婦磯邊月明，女兒浦口潮平，沙頭鷺宿魚驚。」東坡云：「玄真語極清麗，恨其曲度不傳。」加數語以《浣溪沙》歌之云：「西塞山邊白鷺飛，散花洲外片帆微，桃花流水鱖魚肥。　自芘一身青箬笠，相隨到處緑蓑衣，斜風細雨不須歸。」山谷見之，擊節稱賞，且云：「惜乎散花與桃花字重疊，又漁舟少有使帆者。」乃取張、顧二詞合爲《浣溪沙》云（《詩話總龜》「小姑堤畔」，此作「女兒浦口」，餘同，略）。東坡云：「魯直此詞，清新婉麗。問其最得意處，以水光山色替却玉肌花貌，真得漁父家風也。然才出新婦磯，便入女兒浦，此漁父無乃太瀾浪乎？」」山谷晚年，亦悔前作之未工。因表弟李如篪言：「《漁父》詞，以《鷓鴣天》歌之，甚協律，恨語少聲多耳。」因以憲宗畫像求玄真子文章，及玄真之兄松齡勸歸之意，足前後數句云：「西塞山前白鷺飛，桃花流水鱖魚肥。朝廷尚覓玄真子，何處而今更有詩？青篛笠，緑蓑衣，斜風細雨不須歸。人間欲避風波險，一日風波十二時。」東坡笑曰：「魯直乃欲平地起風波耶！」』」《野客叢書》卷二十一《魯直漁父詞》節引此段文字，不録。蘇軾《浣溪沙》「西塞山邊」云云，見《東坡樂府》卷下；「魯直此詞」云云，見《文集》卷六十八《跋黔安居士漁父詞》，文字略有異。黄庭堅紹聖間遷黔，號黔安居士，據蘇軾跋文之題，軾跋當作於南遷後。疑此題爲以後所加，其跋實作於元祐元年至四年同朝時，徵以《能改齋漫録》所言，益信。又：庭堅《鷓鴣天》，誤入《東坡樂府》卷上。

《滹南遺老集》卷三十九《詩話》中：「山谷詞云：新婦磯邊眉黛愁，女兒浦口眼波秋。自謂以山色水光替却玉肌花貌，真得漁父家風。東坡謂其『太瀾浪』，可謂善謔。蓋漁父身上自不宜及此事也。」同上：「山谷詞云：杯行到手莫留殘，不道月明人散。嘗疑『莫』字不安。昨見王德卿所收東坡書此詞墨迹，乃是『更』字也。」按：詞見《全宋詞》第四百頁，調《西江月》，有序云：「老夫既戒不飲，遇宴集，獨醒其旁。」當爲元祐同朝時事。

軾嘗與王直方對句，嘗爲直方書王安石詩。

《苕溪漁隱叢話》前集卷五十三引《王直方詩話》：「東坡云：『爲我周旋寧作我』，真一好句，只是難對。時直方在坐，應聲曰：只消道『因郎憔悴却羞郎』。」《詩話總龜》前集卷九引《王直方詩話》「直方」作「王平甫」。《侯鯖録》卷一謂蘇軾謂「爲我」、「因郎」爲「的」對。《苕溪漁隱叢話》同上卷引同上書：「東坡有一諺云：富因校些子，貧爲不争多。此極有理。」附此。

《詩話總龜》前集卷九引《王直方詩話》：「東坡嘗謂（按：當作爲）余書荆公詩云：『徑暖草如積，山晴花更繁。縱横一川水，高下數家村。倦憩雞鳴午，荒尋犬吠昏。歸來向人説，恐是武陵源。』坡云：『武陵源不甚好。』又云：『也是此韻中别無韻也。』」《能改齋漫録》卷三《静憩雞鳴午》謂「余嘗見東坡手寫此詩」。安石詩乃《王臨川集》卷十四《即事》。

軾嘗與黄庭堅、張耒等會，飲龍團茶，作律賦。

《春渚紀聞》卷六《龍團稱屈賦》：「先生一日與魯直、文潛諸人會飯。既食骨䭔兒血羹，客有須薄茶者，因就取所碾龍團，遍啜坐人。或曰：『使龍茶能言，當須稱屈。』先生撫掌久之，曰：『是亦可爲一題。』因援筆戲作律賦一首，以『俾薦血羹龍團稱屈』爲韻。山谷擊節稱詠，不能已已。無藏本，聞關子開能誦，今亡矣，惜哉！」《欒城遺言》亦叙此事。子開，名景仁（與字彦長者非一人），錢唐人，弟兄三人皆能詩。見《春渚紀聞》卷七《關氏伯仲詩深妙》、《夷堅志·甲志》卷十二《汪彦章跋啓》、《詩集》卷五十（二七五八頁）。

元豐末至離京師赴杭前，軾與宗室令穰（大年）有交往。令穰嘗學蘇軾之畫。

《山谷别集詩注》卷下《題宗室大年畫》注引黄庭堅跋：「大年學東坡先生，作小山叢竹，殊有思致。但竹石皆覺筆意柔嫩，蓋年少喜奇故耳。」并引《年譜》，謂詩「元祐間館中作」。《六硯齋二筆》卷三：「趙大年與蘇、米狎交，東坡每見其畫，則以朝陵回嘲之。蓋宋宗法嚴，不令宗子出城故耳。」此《年譜》即《山谷先生年譜》。

令穰，《畫繼》卷二、《宣和畫譜》卷二十、《圖繪寶鑑》卷三均有傳。其傳世作品，有《湖莊清夏圖》、《秋塘圖》，存日本大和文華館，定爲重要文化財。見《宋遼金畫家史料》。

軾在翰苑日，韓宗儒嘗日作數簡，求報書，戲不答。

《侯鯖録》卷一：「魯直戲東坡曰：昔王右軍字，爲換鵝書，韓宗儒性饕餮，每得公一帖，於殿帥姚麟許换羊肉十數斤，可名二丈書爲换羊書矣。坡大笑。一日，公在翰苑，以聖節製撰紛冗，宗儒日作數簡，以圖報書，使人立庭下，督索甚急，公笑謂曰：『傳語本官，今日斷屠。』」

《太平治迹統類》卷二十三元祐二年正月引吕陶有關朋黨疏文，中云：「韓鎮誤神宗之政事，韓宗師忝祕閣之除命，韓宗儒穢惡之迹，郭茂恂贓貪之罪，臣累嘗彈劾，則（韓）維之恨臣亦深也。」宗儒乃韓維之黨。《長編》卷三百七十元祐元年閏二月紀事引吕陶疏，謂宗儒乃縝姪；時陶爲殿中侍御史。《長編》卷三百七元豐三年八月丙申紀事謂刑部言：「大理寺丞鍾正甫、韓宗儒書增飾執政語，并報上，不以實。詔追一官勒停。」亦可參。

在翰苑，軾作竹石，爲全璧所得。

《山谷詩集注》卷十五《題子瞻畫竹石》任淵注：「趙子湜家本云：題全天粹東坡竹。」該書目録詩題下任注：「舊題云，題全天粹所收云云。璧字天粹，山谷在荆州時有與天粹帖。又有《字説》云：全璧，長林人。長林屬荆門軍。」按：《字説》在《豫章黄先生文集》卷二十。其詩云：「風枝雨葉瘠土竹，龍蹲虎踞蒼蘚石。東坡老人翰林公，醉時吐出胸中墨。」詩附建中靖國元年庭堅荆州詩中。據庭堅詩，蘇軾此竹石乃作於翰苑。

蘇軾題李公麟（伯時）《淵明東籬圖》。

詩見《蘇軾詩集》卷四十七（二五四二頁）。

詩叙陶潛（淵明）於東籬賞菊飲酒作詩。此於蘇軾詩中，似平淡不經意之作。此爲翰苑時作。

黄庭堅（魯直）作詩題李公麟（伯時）畫王維（摩詰），蘇軾次韵。

軾詩見《蘇軾詩集》卷四十七（二五四三頁）。庭堅詩不見。

詩首云：「前身陶彭澤，後身韋蘇州。」謂維之前身爲陶潛，後身謂韋應物。次云：「欲覓王右丞，還向五字求。」維長五言詩。再次云：「詩人與畫手，蘭菊芳春秋。」謂黄之詩，李之畫如蘭與菊，各臻其妙。末云：「又恐兩皆是，分身來入流。」蓋謂李畫中有詩，黄詩中有畫。此爲翰苑詩作。

蘇軾與廬山東林寺常總（廣惠）禪師論書、刻。

《蘇軾文集》卷六十一《與東林廣惠禪師》第二簡：「古人字體，殘缺處多。美惡真僞，全在模刻之妙，根尋氣脈之通，形勢之所宜，然後運筆，虧者補之，餘者削之，隱者明之，斷者引之。秋毫之地，失其所體，遂無可觀者。」論習古人之字，乃經驗總結，有理論意義。又云：「昔王朗文采，梁鵠書，鍾繇鐫，謂之三絶。要必能書然後刻，況復摹哉！三者常相爲利害，則吾文猶有望焉爾。」能書者然後刻，方能得其神情。

《文集》編者謂此簡作於「翰林」時，今姑從之。

蜀僧幾演惠蘇軾《蟠龍集》，軾贊其所作筆力奇健。

《蘇軾文集》卷六十一《答蜀僧幾演》云：「僕嘗觀貫休、齊己詩，尤多凡陋，而遇知得名，赫奕如此。蓋時文凋弊，故使此二僧爲雄强。」貫休、齊己逢時，得機遇。又云：「今吾師老於吟詠，精敏豪放，而汩没流俗，豈亦有幸不幸耶！」蓋謂幾演不得機遇。末以鳴一代之風雅勉之。

《文集》原編者謂作於「翰林」時，今姑從之。

在翰苑時，軾嘗畫蟹。

《雞肋集》卷三十三《跋翰林東坡公畫》：「翰林東坡公畫蟹，蘭陵胡世將得於開封夏大韶，以示補之。補之曰：本朝初以辭律謀議參取人。東坡公之始中禮部第一也，其啓事有『博觀策論』、『精取詩賦』之言，言有所縱者、有所拘也。其謝主司而譽其能如此，曰：『奇文高論，大或出於繩檢；比聲協句，小亦合於方圓。』蓋公平居胸中閎放，所謂吞若雲夢曾不芥蔕者。而此畫水蟲瑣屑，毛介曲隈，芒縷具備，殊不類其胸中，豈公之才固若是，大或出於繩檢，小亦合於方圓耶！抑孔子之教，人退者進之，兼人者退之，君之治氣養心，亦固若是耶！嘗試折衷於孟子之言，曰：觀水有術，必觀其瀾；日月有明，容光必照焉。歸墟瀊沃，不見水端，此觀其大者也。牆隙散射，無非大明，此觀其小者也。而後可以言成全。或曰：夜光之劍，切玉如泥，以之挑菜，不如兩錢之錐。此不善用大者也。余於公知之。」「博觀」二句、「奇文」二句，見《蘇軾文集》卷四十六《謝王内翰啓》。

《石門文字禪》卷六《和景醇從周廷秀乞東坡草蟲》：「周髯迂闊亦自笑，安樂饑寒耐嘲誚。東坡墨戲偶得之，保藏更作千金調。自言吾富可埒國，癡病已深那可療。坡初畫此適然耳，髯以誇人無乃剿。（下略）」今附此。

在翰苑時，軾嘗書陶潛詩。

《道山清話》：「蘇子瞻一日在學士院閑座，忽命左右取紙筆，寫『平疇交遠風，良苗亦懷新』兩句大書、小楷、行草書。凡寫七八紙，擲筆太息曰：好！好！散其紙於左右給事者。」《蘇軾文集》卷六十七《題淵明詩》其一論陶潛「平疇」二句爲妙句。

在翰苑中，軾嘗與人議己所作詞與柳永詞。

《吹劍録全編·吹劍續録》：「東坡在玉堂，有幕士善謳，因問：『我詞比柳詞何如？』對曰：『柳郎中詞，只好十七八女孩兒，執紅牙拍板，唱楊柳外曉風殘月；學士詞，須關西大漢，執鐵板，唱大江東去。』公爲之絶倒。」

《佚文彙編》卷五《書柳耆卿八聲甘州》盛贊永「霜風凄緊，關河冷落，殘照當樓」句不減唐人高處。

朝廷賜薛向謚，軾致其子紹彭（道祖）簡；題李宗晟《水簾圖》；程因嘗欲以百詩爲贄求教：約爲元祐初至赴杭前事。

《宋史》卷三百二十八向傳云元祐中賜謚恭敏。《佚文彙編》卷四與紹彭簡叙及賜謚。

題詩見《蘇軾詩集》卷四十八（二六二四頁）。《畫繼》卷六引此詩。《圖繪寶鑑》卷三有宗晟傳。

《濟南集》卷六《程因百詩序》引友人河内從事程因之言：吾將見子之先生翰林眉山公，「非慕其勢也，乃慕其德也，非欲求援也，將以求教也」。不知見與否。

蘇軾在元豐末赴朝至知杭前，嘗有簡與徐大正（得之）。

簡見《蘇軾文集》卷六十，題作「與黄州故人一首」。簡云：「某寵禄過分，憂責至重，顔衰鬢禿，不復江上形容也。」作於中書舍人、翰林學士時。「江上」謂黄州。蘇軾此時，甚眷戀黄州時放浪生活。

簡云十二、十三兩先輩，乃徐大正之兄大受（君猷）之子。十二、十三此前已見本譜。故知此簡乃與大正者。

簡謝大正寄洗眼、揩牙藥。揩牙藥之記載不多，惜不得其詳。又望其寄覆盆子，蘇軾平居甚留意中草藥。

蘇軾元祐赴杭守前，與潘丙（彦明）多簡。

《蘇軾文集》卷五十三《與潘彦明》第三簡：「少事奉聞，吴待制謫居於彼，想不免牢落，望諸君一往見之，諸事與照管。」此吴待制不知爲何人。此實士大夫之風義。

第四簡：「某老病還朝，不爲久計，已乞郡矣。何時扁舟還鄉，一過舊棲，溷亂故人，旬日而去，言之悵然。」思念黄州。

第五簡：「忽領手字，方知丈丈傾逝，聞之，悲怛不可言。」此簡乃慰簡。

第七簡：「千萬節哀自重。」時丙尚在守父喪。

軾簡何去非（正通）辭行。

簡乃《蘇軾文集》卷五十三與去非第三簡：，云「乍熱」，點明季候。

軾别文彦博（潞公），彦博戒少作詩。

《明道雜志》：「蘇惠州嘗以作詩下獄。自黄州再起，遂遍歷侍從，而作詩每爲不知者咀味，以爲有譏訕，而實不然也。出守錢唐，來别潞公。公曰：『願君至杭少作詩，恐爲不相喜者誣謗。』再三言之。臨别上馬，笑曰：『若還興也，但有箋云。』時有吴處厚者，取蔡安州詩作注，蔡安州遂遇禍。故有『箋云』之戲。『興也』蓋取毛鄭詩分六義者。又云：『願君不忘鄙言。某言老悖，然所謂者希之歲，不忘也善之言。』」

軾别歐陽修夫人薛氏，薛氏以病未能見。

《蘇軾文集》卷六十三《祭歐陽文忠公夫人文》云「出守東南，往違其顔，病不能見」。

軾出郊未發，朝廷遣内侍慰勞。

《軾墓誌銘》：「公出郊未發，遣内侍賜龍茶、銀合，用前執政恩例，所以慰勞甚厚。」

軾出京。同行者有子迨、過及夫人王氏，尚有秦觀（少章）。載麥百斛至錢塘作酒。

《施譜》謂出京爲四月事。出京謂出汴京城。出城後，在城郊尚有停留。

《佚文彙編》卷二《與錢穆父》第九簡：「兩小兒迨、過在此。」作於到杭之初。

《濟南集》卷四《送蘇伯達之官西安》其四自注：「秦覯從先生行。」

《蘇軾文集》卷七十三《黍麥説》：「吾嘗在京師，載麥百斛至錢塘以踏麴，是歲官酒比京醖。」蓋因「北方之稻不足於陰，南方之麥不足於陽」，「南方無嘉酒者，以麴麥雜陰氣也」。

五月辛未（初二日），范祖禹（純夫、純父、夢得）以著作郎爲右諫議大夫依前兼侍讀充實録院修撰，賜三品服。軾與轍有簡與祖禹。時軾將赴知杭州新任。

五月云云，據《長編》卷四百二十六。

《蘇軾文集》卷五十《答范純夫》第八簡：「前日見報，知新拜，即欲奉書爲賀。又恐草草，念行役間倉猝，未能便如禮，故不免發數字，想不深訝。不寐之喜，豈獨以樂正好善之故耶？更不必盡談。公議所屬，想公有以處之矣。私意但望公不力辭，若又力辭，乃似辭難矣。餘亦見子由書中。乍熱，起居如何？乍遠，千萬爲道自愛。」

乍熱點季候，乍遠及行役謂已將赴杭。《孟子》卷十四《盡心》謂孟子稱樂正子爲「善人」、「信人」。樂正子名克，魯人。嘗薦孟子於魯侯，魯侯欲來見，爲嬖人臧倉者所沮。

軾之簡不見。自軾簡觀之，轍之意與軾略同，欲祖禹就新命。據《長編》所載，祖禹就新命。

軾草此簡後即出城至郊外，又有簡與祖禹，見本月以下紀事。

王鞏（定國）來簡，軾答簡謂與胡宗愈（完夫）同行。

《蘇軾文集》卷五十二與鞏第三十九簡：「辱教，承起居佳勝。昨夕黄昏徑睡，五更馬上賞嘉月爾。事已，一笑。出疆已有旨，完夫同行也。」宗愈知陳州，見本年三月十八日紀事。《長編》卷四百三十八謂元祐五年二月丁巳宗愈知成都府，時蘇軾在杭州。知同行爲此時事。據「出疆」云云，知此簡作於離京師赴杭前夕。「同行」者，與宗愈同道赴陳州也。

與范祖禹（夢得、純夫）簡，軾辭其再送行。

《蘇軾文集》卷五十六與祖禹第三簡：「郊外路遠，不當更煩臨屈。」知時已至郊外，與以上「出郊未發」條合。簡謝祖禹惠貺鳳團。簡末云熱甚，約已及五月。離汴京之郊，爲五月事。

軾至陳州，晤州守傅堯俞（欽之），言及趙令時。

《侯鯖録》卷四引蘇軾轉引軾妻王氏語：「子昨過陳，見傅欽之言簽判在陳賑濟有功。」《慶湖遺老詩集》卷六有《送趙令時之官陳州》詩，元祐元年十二月作。《宋史》卷三百四十一堯俞傳謂堯俞元祐初知陳州；《長編》卷四百二謂堯俞除命爲元祐二年六月戊子。軾過陳時，堯俞猶在陳，胡宗愈乃代堯俞者；令時爲簽判。

陳師仲（傳道）來簡相慰，軾答簡。

《蘇軾文集》卷五十三答師仲第一簡謂師仲「來書乃有遇不遇之説，甚非所以安全不肖也，某凡百無取，入爲侍從，出爲方面，此而不遇，復以何者爲遇乎」，慰師仲。簡云「舟中倦暑」，作於赴南都途中。

軾至南都。謁張方平。陳師道自徐州告疾來南都相晤，作詩；留守李承之宴，師道與會。

《蘇軾文集》卷六十三《祭張文定公文》第三首：「十五年間，六過南都，而五見公。」此乃第四次。

《元城先生盡言集》卷六《論陳師道不合擅去官守游宴事》：「臣聞蘇軾出守錢塘，經由南都，師道以誠告徐守孫覽，願往見軾，而覽不之許，乃托疾在告，私出州界，與軾游從凡累數日。」時師道爲徐州教授。又云師道與蘇軾「同赴留守李承之宴會，不憚衆目」。承之字奉世，濮人。《宋史》卷三百十有傳。

《文集》卷五十三《答陳傳道》第二簡：「數日前，履常謁告，自徐來宋相别。」

《後山集》卷四《從蘇公登後樓》：「倏作三年别，才堪一解顔。樓孤帶清洛，林缺見巴山。五月池無水，千年鶴自還。白鷗没浩蕩，愛惜鬢毛斑。」任淵注師道詩及山谷詩注目録均謂師道見蘇軾乃五月事，所據乃此詩。

離南都，陳師道及王子安送之，至宿州而歸。

《元城先生盡言集》卷六《論陳師道不合擅去官守游宴事》謂蘇軾離南都南下，師道「送之經宿而後歸」。爲劉安世論罷。《蘇軾文集》卷五十三《答陳傳道》第二簡叙師道偕王八子安來，「方同舟東下，至宿而歸」。《後山集》卷五有《和王子安至日》、卷八有《寄都下故人示王子安》詩。

陳師道送蘇軾、贈秦觀並簡蘇迨詩。

《後山集》卷一《送蘇公知杭州》：「平生羊荆州，追送不作遠。豈不畏簡書，放麑誠不忍。一代不數人，百年能幾見。昔如馬口銜，今爲禁門鍵。一雨五月涼，中宵大江滿。風帆目力短，江空歲年晚。」

《後山集》卷八《贈秦觀兼簡蘇迨二首》其一：「兩秦並立難爲下，萬里長驅在此初。别後未忘三日語，人來肯作數行書。」其二：「文章從古不同時，詩語驚人筆益奇。過與阿平應絶倒，世間能有幾人知。」「兼簡蘇迨二首」六字，據另一本加。

過宿州，晤晁説之（以道）。

《宋稗類鈔》卷四《志尚》：「晁以道嘗爲宿州教授，會公出守錢塘，夜過之。入其書室，見壁間多張古畫，愛其鍾隱《雪雁》，欲爲題字，而挂適高，因重二卓以上，忽失脚墜地大笑。」

《宋稗類鈔》編纂者潘永因謂：「南唐李後主善畫，尤工翎毛，所畫親筆題『鍾隱筆』三字。後主嘗自號鍾山隱士，故晦其名，謂之鍾隱，非姓鍾人也。今世傳鍾畫凡無後主題筆者，皆非也（原注：一云畫家實有鍾隱其人）。」

至泗上，軾與滕元發（達道）簡。時元發知太原府。

《蘇軾文集》卷五十一與滕第一簡：「比日想惟軒旆已達太原。……某此月出都，今已達泗上。」《長編》卷四百二十四本年三月辛酉紀事：滕元發知太原。簡有「方暑」之語，點明季節。《文集》編者謂作於杭倅時，誤。

陳師仲（傳道）來簡，叙收録錢唐詩事，軾答簡編集去取應從嚴。

《蘇軾文集》卷五十三答師仲第二簡謂錢唐詩「一一煩收録」，據此，師仲當有繼《超然》、《黄樓》二集之後，編《錢唐集》之意。又謂「錢唐詩皆率然信筆」，「當俟稍暇，盡取舊詩文，存其不甚惡者爲一集」。此錢唐詩當指熙寧倅杭時所作。其時，《元豐續添蘇子瞻錢唐集》或已毁板，師仲欲重編《錢唐集》，參元豐二年七月二十八日紀事。

《文集》題下注「以下俱揚州」誤。此簡作於赴杭途中，簡中「數日前履常謁告自徐來宋相别」可證。

過楚州，軾晤徐積（仲車），並晤楚州守。六月三日，與積簡告别。

《蘇軾詩集》卷三十五《次韻徐仲車》自注元祐四年赴杭州，「見仲車」。

簡見《蘇軾文集》卷五十七，爲與積第三簡。《節孝集》附録《蘇東坡帖》有此簡，篇首多「軾啓」二字，篇末多「軾再拜仲車先生六月三日」十一字。

丁未（初八日），轍除吏部侍郎。上《辭吏部侍郎劄子》。

丁未云云，據《長編》卷四百二十九。劄子見《欒城集》卷四十七，首云：「臣准尚書省劄子，已降誥命，除臣試尚書吏部侍郎，奉聖旨令管勾右選者。」《年表》謂本月辛丑朔，誤，今從《長編》。

同日，王鞏知密州。

據《長編》卷四百二十九。《佚文彙編》卷四《與友人》「東武小邦」云云，或爲與鞏者。

過高郵，軾爲趙昶（晦之）作《四達齋銘》。

銘見《蘇軾文集》卷十九。道光《高郵州志》卷一謂「四達齋在州治後，宋郡守趙晦之建」；卷八謂元祐間知高郵者七人，昶次四，乃據宋志所載。

軾過揚州。十二日，與章援（致平）同過米黻（元章），黻出二王、張長史、懷素等帖，爲跋。黻以詩賀得杭。爲黻撰《山硯銘》。其行，黻追餞舟中。

跋乃《佚文彙編》卷六《書米元章藏帖》；《王譜》本年有《書米元章》，當即此跋。《蘇軾文集》卷五十八與黻第九簡叙黻賀詩，詩不見。《佚文彙編》卷二《與錢穆父》第十八簡云及「前日作《米元章山硯銘》」，又云「過揚且伸意元章，求此硯一觀也」。作於元祐六年正月間，時錢勰（穆父）將赴瀛州新任過揚，參該年「錢勰赴瀛州」紀事。《文集》與黻第十一簡叙追餞事，并云：「山硯奇甚，便當割新得之好爲潤筆也。呵呵。」此乃戲語，而黻亦未予，然細味以上文字，《山硯銘》實作於此時，而黻其時在揚。《山硯銘》乃《文集》卷十九《米黻石鐘山硯銘》。《寶晉英光集》卷五有《元祐己巳歲維揚後齋爲亳州使君蔣公仲永寫》詩，時黻在揚。

十四日，除轍翰林學士、知制誥。上《辭翰林學士劄子》。不允。

《蘇魏公文集》卷二《賜新除翰林學士朝奉郎知制誥蘇轍免恩命不允詔》：「敕蘇轍：省所劄子，奏辭免恩命事具悉。論恩侍從之臣，翰林乃朕之極選；文章議論之美，當時則爾有重名。已歷職於詞垣，後試能於省部。良嘉敏譽，擢在禁嚴。况伯仲之代選，亦朝廷之榮觀。辭之以義，雖諒乃誠；用值其才，固無所避。所請宜不允。故兹詔示，想宜知悉。」

《欒城集》卷四十七《辭翰林學士劄子》：「臣今月十四日，准閤門告報，已降誥命，除臣翰林學士、知制誥者。」《年表》謂爲辛未除。按：本月無辛未，《年表》誤。《長編》卷四百二十九六月丁未紀事：「户部侍郎蘇轍爲吏部侍郎，後三日改翰林學士。」《續資治通鑒》卷八十一所載同《長編》。後三日當本月十一日，不從。今從本人所述。

《蘇軾佚文彙編》卷二《與錢穆父》第九簡：「子由遂作北扉，甚不皇，方辭免也。」第十一簡：「子由本欲請外覲得公處，今又北扉，此殆謬悠矣。」

軾過潤州，沈括迎見。括嘗以鄜延所得石墨爲贈。

《長編》卷三百一元豐二年十二月庚申引《元祐補録》：「元祐中，軾知杭州，括閑廢在潤，往來迎謁恭甚。」《蘇軾文集》卷七十《書沈存中石墨》叙贈石墨事。

二十一日，軾與兩浙提刑楊傑(次公)簡，報旦夕將晤面。時已至常州(毗陵)。

《蕚輝堂法帖》第一册：「軾啓。京師附遞，急於通問，不暇作四六，亦忝雅□，不敢自外也。過蒙來示，感悚兼極。比來起居佳勝。軾已到毗陵，旦夕瞻□，實深欣慰。未間，更望順時自重，不宣。軾再拜次公提刑主客執事。六月廿一日。」

癸亥(二十四日)，翰林學士蘇轍爲吏部尚書。

據《長編》卷四百二十九。

按，吏部尚書乃兼權，見元祐五年五月壬辰紀事。

《潁濱遺老傳上》：「時子瞻自翰林學士出知餘杭，朝廷即命轍代爲學士，尋又兼權吏部尚書。」

二十五日，詔轍入院充學士。轍上謝狀。

《蘇魏公文集》卷二十五《宣詔新除内翰蘇轍入院口宣》：「有勑。卿儒學名家，賢科特起。試之左户，已彰周敏之才；擢在内庭，更竚論思之益。亟趨嚴直，用副虚懷。」

《欒城集》卷四十八《謝翰林學士宣詔狀》：「右臣今月二十五日，西頭供奉官充待詔盛倚至臣所居，奉宣聖旨，召臣入院充學士者。」

上《賜對衣金帶鞍馬狀》。

狀見《欒城集》卷四十八，云：「右臣伏蒙聖恩，以臣入院，特賜衣一對、金腰帶一條，并魚袋、金鍍銀鞍轡馬一疋者。」

二十六日，入院，特賜敕設。上謝狀，上《笏記》。

皆見《欒城集》卷四十八。前者云：「右臣伏蒙聖慈，以臣今月二十六日入院，特賜敕設者。」

過常州之洛社，見孫覿（仲益），命覿應對，覿應之，蘇軾盛贊之。

《玉照新志》卷五：「明清前志紀孫仲益童子之年對東坡先生之句，始得之仲益之從子長文云。其家世居毗陵之洛社，蓋仲益之先人，教村童於市中，東坡元祐四年，自禁林出牧杭州時也。案仲益以辛酉生，是年八歲矣。近觀周益公仲益之集序云，得之於葛常之立方所著《韻語陽秋》，且辨之云：東坡自南海歸時，仲益已年二十一矣。當是元豐乙丑自便過常州時。東坡自黄州内徙，未始至洛社，而海南歸終於毗陵。由是而知葛、周二説皆非。」周説見《平園續稿》卷十三孫覿《鴻慶集序》。

《韻語陽秋》卷三：「坡歸宜興，道由無錫洛社，嘗至孫仲益家。仲益年在齠齔，坡曰：『孺子習何藝？』孫曰：『學對屬。』坡曰：『試對看。』徐曰：『衡門稚子璠璵器。』孫應聲曰：『翰苑神仙錦繡腸。』坡撫其背曰：『真璠璵器也。異日不凡！』二事皆吾鄉人士所知，輒記於此。」

茲附於此。

過蘇州，軾或見仲殊題姑蘇臺詩。

《輿地紀勝》卷五《平江府·詩》引《鄖城志》：「僧仲殊初至吴，姑蘇臺柱倒書一絶云：『天長地久太悠悠，爾既無心我亦休。浪迹姑蘇人不管，春風吹笛酒家樓。』東坡見之。疑神仙所作。是後與坡爲莫逆交。」

過秀州，軾晤州守章衡（子平）。

《蘇軾文集》卷五十五與衡第二簡云：「久闊，幸經過一見。」第五簡薦本州柳豫「管秀學」，作於杭守任中。《宋史》卷三百四十七《章衡傳》謂元祐中嘗知秀，其知秀在此時。

軾途中，晤弓允（明夫）、錢勰（穆父）之子三郎，與范祖禹（純夫）簡，辭爲范鎮撰神道碑。

《佚文彙編》卷三答允簡云「去歲途中暫聚遽别」，參元祐五年六月十六日紀事。晤三郎見《佚文彙編》卷二與勰第九簡。《蘇軾文集》卷五十答祖禹第七簡：「《忠文公碑》，固所願托附，但平生本不爲此，中間數公蓋不得已，不欲卒負初心。自出都後，更不作不寫，已辭數家矣。」忠文，鎮謚。出都謂赴杭。

七月三日，到杭州任。軾上謝表。有謝執政啓。

謝表見《蘇軾文集》卷二十三（六七四頁），謝啓見卷四十六（一三三二頁）。

任職全稱見元祐六年正月三日紀事。

前知州熊本（伯通）爲交代，移守金陵。

據《咸淳臨安志》卷四十六。志謂元祐三年六月，熊本以龍圖閣待制知杭州；今年五月，移守金陵。其離任當在此時。本，番陽人。進士上第。《蘇軾詩集》卷三十二《送程之邵簽判赴闕》稱之爲賢守。《宋史》卷三百三十四有傳。

軾有《杭州到狀》。此狀或爲與監司者。

狀見《蘇軾文集》卷四十七，云：「得請支郡，備員屬城。幸兹衰病之餘，托在庇庥之末。即諧瞻奉，預切欣愉。」《文集》此文之前，有《湖州上監司先狀》。此狀，或爲與監司者。

莫君陳爲兩浙提刑。莫有賀啓來，軾答之。

莫任提刑，見《宋會要輯稿》第九十九册《職官》六七之四。《蘇軾文集》卷四十七有《答莫提刑啓》，莫啓不見。《寶慶會稽續志》卷二《提刑題名》：「提點刑獄置使，始於淳化三年，兩浙皆隸所部。熙寧九年分兩浙爲東、西路，明年復合。」君陳字和中，吴興人。見《蘇軾詩集》卷三十一《與莫同年雨中飲湖上》題下「施注」。

楊傑（次公）亦爲兩浙提刑。傑有賀啓。

《無爲集》卷十一《賀杭州蘇内翰》:「伏審抗章中禁,得請名都。竊惟慶慰。恭以知府内翰,識究幾微,學深原本。忠義聳本朝之望,文章爲多士之宗。四近未陪,輿情修鬱。顧東南之會府,益茂棠陰;采中外之公言,願陞槐位。五月而報,豈俟政成;一節以趨,竚膺君召。某荷知惟舊,瞻德有期。跂望旌旄,卑情無任欣抃之至。」據賀啓「跂望旌旄」、「卑情」云云,是其時楊傑在杭。據《長編》,元祐五年七月,傑罷兩浙提刑爲禮部員外郎(詳該年九月紀事),是傑亦爲兩浙提刑。蓋杭爲大都督府,所屬十四州,七十九縣(見《元豐九域志》卷五),故有提刑二員。

羅適(正之)爲杭州通判,有賀啓來。

《攻媿集》卷七十七《跋袁光禄轂與東坡同官事迹》:「羅公適……試於丹丘,……在魁選。……爲杭之貳車,與坡同時,有啓云:『談笑風雲,咳唾珠玉。弟兄射策,有機、雲慷慨之風;父子談經,無歆、向異同之論。是故名動四海,號稱三蘇。』亦爲坡所深知。」又謂適與袁轂「相先後」爲倅。適學於樓郁,郁乃鑰之高祖,在四明教授三十餘年。商務印書館影印本《浙江通志》卷一百六十九《人物》三《循吏》三《台州府·宋》:「羅適,字正之,寧海人,治平二年進士。凡民有訟,曲直徑決於前,不以屬吏。黎明視事,入夜猶不已。政化大行,訟者益少。乃出行郊野,所過召其耆老,問以疾苦及所願欲而不得者爲罷行之。

嘗有書論水利，凡興復者五十有五，溉田六十餘頃，歲或乾溢，禱雩祠輒應如響。官至提點兩浙，京西刑獄。」《通志》乃引自《赤城新志》。《攻媿集》卷八十五《高祖先生事略》謂適爲浙東提刑。《通志》卷一百十四謂適爲哲宗時任。又：《台州金石録》卷四有舒亶所撰《羅適墓誌銘》，謂適卒於建中靖國元年，年七十三。

《直齋書録解題》卷十七著録羅適所撰《赤城集》十卷，并謂：「爲吏健敏，頗爲蘇子瞻、劉貢父諸公所知，台士有聞於世自適始。」杭州有通判二員，《蘇軾詩集》卷三十二詩題有「和前篇呈公濟、子侔二通守」之語，可證。軾到任時，任通判者除羅適外，尚有一人。

周壽（次元）爲兩浙轉運判官。

據《蘇軾詩集》卷三十一《故周茂叔先生濂溪》題下「誥案」。

劉季孫（景文）以左藏副使權兩浙西路兵馬都監。

據《蘇軾文集》卷三十一《乞擢用劉季孫狀》。餘參本年「與劉季孫唱酬」條。

《柯山集》卷十一《送劉季孫赴浙東》：「將軍好書如却穀，文史隋船三萬軸。吟詩坐嘯士賈勇，不學虎頭飛食肉。念昔先君得佳句，歸見兒童詫珠玉。乖離存没偶不死，十年遇公拜還哭。堂堂山西忠勇後，凛凛典刑在眉目。總戎南下聊復爾，健虜黠羌要頗牧。戈船水犀士扼虎，三江太湖浪翻屋。丈夫爲將亦不惡，寂寞揚雄老天禄。」

程遵彦(之邵)簽書杭州節度判官廳公事。

據《蘇軾詩集》卷三十二《送程之邵簽判赴闕》題下「施注」。《范太史集》卷五十五《手記》有遵彦,謂「杭簽,子瞻極稱其才,温公亦稱之而口未嘗言」。

毛滂(澤民)爲法曹。

據《蘇軾詩集》卷三十一詩題(一六五二頁)。

蘇堅以臨濮縣主簿監杭州在城商税。

堅據《蘇軾詩集》卷三十二《次韻蘇伯固主簿重九》注文:,堅字伯固,丹陽人。其先泉人,頌之族,有詩名。《京口耆舊傳》卷四附子庠傳。《吴興備志》卷二十八有傳,《范太史集·手記》有堅,云蘇軾「極稱其才」。

歐陽某爲察判。

見以下「蘇軾游西湖歐陽察判作詩」條。

察判名不詳。

乙亥(初七日),安燾(厚卿)之母王氏卒,轍作輓詞。

乙亥云云,據《宋史·宰輔表》。輓詞見《欒城集》卷十六。

《欒城集》卷三十一有《安燾三代妻》制詞。《宋史·宰輔表》元祐二年六月辛丑紀事:「安燾自正議大夫、同知樞密院事，進知樞密院事。」《集》卷三十二有《安燾知樞院贈三代》制，此《安燾三代妻》在此前。《安燾三代妻》凡制文九篇。一爲《母張氏》，云「寵加異數，以慰終天，爵無異於生榮，地莫加於韓樂」，知作制時已卒。一爲《母王氏》，云「壽考且寧」，知作制時尚在。則轍所挽者，乃王氏也。

軾謁孔子廟及諸廟，有祝文。

祝文見《蘇軾文集》卷六十二（一九二〇頁）。

庚寅（二十二日），葉温叟權兩浙路轉運副使。温叟有啓與蘇軾，軾答之。軾又有賀温叟啓。

庚寅云云，據《長編》卷四百三十；《長編》謂温叟以朝散大夫、度支郎中知。

《佚文彙編》卷一《回葉運使啓》：「不圖謙光，遽錫褒寵。」是温叟到任後先有啓與蘇軾。温叟啓不見。兩浙路轉運司通管浙西杭、蘇、湖、常、秀、睦、潤七州，浙東越、明、台、婺、温、衢、處七州。見《輿地紀勝》卷二。

温叟，參元祐五年二月十八日紀事。

《蘇軾文集》卷四十七《賀新運使張大夫啓》，題下原校：一本作《賀葉運使》（一三五三頁）。今從後者。賀啓云：「伏承抗旌入境，揆日臨民。」又云：「自聞新命，實慰輿情。」與《長編》合。

二十五日，至法惠寺，軾有題。

文見《佚文彙編》卷六（二五六九頁）。

仲天貺、王箴自眉山來錢唐。

《蘇軾詩集》卷三十二詩題謂二人自眉山來杭，「留半歲」。參下年正月紀事，其來以七月。《斜川集》卷五《王元直墓碑》叙生二十年不見外家，舅氏自蜀來杭「見吾先君子」。

軾次韻秦觀（少章）和錢蒙仲。二人皆從學。蒙仲乃勰子。

詩見《蘇軾詩集》卷三十一（一六四三頁）。《詩集》卷三十二《次韻劉景文送錢蒙仲》「王堯卿注」引劉季孫（景文）詩謂覯出蘇軾門下；并謂勰守越，遣蒙仲從軾學。《施譜》謂覯及仲天貺「從先生學於杭」。蒙仲有兄伸仲，《佚文彙編》卷二與勰第四簡及之。《丹陽集》卷十有《跋錢伸仲東坡詩卷》，卷二十一詩題謂伸仲名伸，伸或爲蒙仲兄弟輩。附此。

長子邁酸棗尉滿替，爲西安縣丞，李廌有送行詩。

《佚文彙編》卷二《與錢穆父》第九簡：「邁此月當替，非久亦來此。」到杭初作。《濟南集》卷四《送蘇伯達之官西安七首》其一：「好去西安蘇縣丞，千年求友近嚴陵。江山如彼君如此，正似玉壺寒露冰。」其二：「湖山主人玉堂客，爾來華髮故應多。安石雖云江海士，元元蒼生將奈何。」其三：「苦憶君家兩惠連，樓居應作水中仙。静看河畔青青草，應有池塘春夢篇。」其四：「問訊東海秦釣客（自注：秦觀從先生行），爾來聞已霸風騷。緡明餌香我知愧，愧爾一鈎連六鰲。」其五：「寄語松陵與太湖，烟波風月爾何如。故時景物應如昔，復有當年張翰無。」其六：「横江一葦聽潮來，江月飛霜落酒杯。寄語錢唐江上月，可憐寂寞照潮迴。」其七：「千里隋堤榆柳風，輕花薄莢正冥濛。離情解逐仙舟去，欲過三江震澤東。」

西安屬兩浙路衢州，爲州治。

錢勰（穆父）來詩賀開府浙西，次其韵。本年此之後與勰書簡往還頗多，詩篇倡酬亦多，時以比元、白，并及勰弟龢。

《古今合璧事類備要》後集卷七十三引錢祈父《謝子瞻内翰浙西開府》：「雋庭鴛鴦集珍羣，病翮摧頹下九門。罪戾我慚非畫錦，回翔公亦暫朱旛。襲黄政化知應爾，夔契謀謨當自存。」又見《古今事文類聚外集》卷十。次韵詩乃《詩集》卷三十一《次韵錢越州》及《次韵錢越州見寄》，錢勰（穆父）以得罪於元祐三年九月初七日知越，見本譜該日紀事；詩所云「罪戾」，謂此，次韵詩乃七律八句，此詩佚去二句。據此，原題作者「祈父」乃穆父之誤；味此詩與次韵詩，「謝」實爲「賀」之誤。

《蘇軾文集》卷五十一與勰第二、六、八簡，《佚文彙編》卷二與勰第八至十一各簡皆屬本歲守杭後作。後者第十一簡云：「時登中和東廡望西興，屋瓦可數，相思何窮。」備見情誼。西興在越州，見《嘉泰會稽志》。《梁溪先生全集》卷一百六十七《錢勰墓誌銘》謂勰守越，軾守杭：「唱和往來無虚日，當時以比元、白。」《蘇軾詩集》卷三十一有《次韵錢越州》、《次韵錢越州見寄》、《和錢四寄其弟穌》。卷四十八亦有《和錢四寄其弟穌》。穌詳下年二月十五日紀事。勰有《會稽公集》百卷，已佚。

八月六日，軾自書《歸去來兮辭》，并跋。

跋見《佚文彙編》卷六（二五七一頁）。

丁未（初十日），轍上《論黄河必非東決劄子》。

劄子見《欒城集》卷四十二。同上卷《乞罷修河司劄子》（元祐五年二月十三日上）首云：「臣於去年嘗再具劄子，論黄河漲水，於孫村出岸東流，本非東決。」此處所云「再具劄子」，即《論黄河必非東決劄子》；「論黄河漲水」云云，即《論黄河必非東決劄子》要旨。

《宋史》卷九十二《河渠志》二節引此劄子，并云：「是時，吴安持與李偉力主東流，而謝卿材謂『近歲河流稍行地中，無可回之理』，上《河議》一編。召赴政事堂會議，大臣不以爲然。癸丑，三省、樞密院言：『繼日霖雨，河上之役，恐煩聖慮。』太后曰：『訪之外議，河水已東復故道矣。』」

同日，轍作祭范鎮(蜀公、景仁)文。

文見《欒城集》卷二十六，以兄弟二人名義。參本月己未紀事。

庚戌(十三日)，轍作《福寧殿開啓預告道場青詞》。

文見《欒城集》卷三十四，首云嗣天子「請女道士二七人，於福寧殿開啓明堂道場，一月罷散，日設醮一座，一百二十分位，謹上啓元始天尊、太上道君、太上老君混元上德皇帝」。

蘇軾游西湖，歐陽察判作詩，軾次其韵。

軾詩見《蘇軾詩集》卷三十一(一六四六頁)。

詩首云：「我識南屏金鯽魚，重來拊檻散齋餘。」蓋游南屏山興教寺。三、四句叙舊事。第五、六句：「葑合平湖久蕪漫，人經豐歲尚凋疏。」爲守者需做之事甚多。末云：「誰憐寂寞高常侍，老去狂歌憶孟諸。」蓋謂歐陽察判寂寞思歸也。

歐陽當爲杭州察判。察判謂觀察判官。

十四日，莫君陳罷兩浙提刑。繼任者爲王瑜(忠玉)。

十四日云云，見《宋會要輯稿》第九十九册《職官》六七之四。《輯稿》謂君陳「與知州差遣」。

瑜繼任參《蘇軾詩集》卷三十一《次韵王忠玉遊虎丘絶句》；瑜乃誨姪，見詩自注。《道鄉集》卷七有詩及瑜。《輿地紀勝》卷四十八《和州·詩》有瑜詩。《淮海集》卷五《和王忠玉提刑》:「嵩峯何其高,峯高氣猶清。念昔秋欲老,從公峯下行。古木上參天,哀禽報新晴。修塗雲外轉,槁葉風中零。曛黑度伊水,眇然古今情。黎明出龍門,山川莽難名。信矣非吾土,顧瞻懷楚萍。美人天一方,傷哉誰目成。黄綬我聊爾,白鷗公勿驚。糟醨可餔啜,古人忌偏醒。」《跨鼇集》卷四《王中玉生辰》:「瑶礒桂楹香霧濃,貴人罷直承明宫。高樓内集慶生子,酒面油膏紅復紅。嵩雲入洛秋容晚,水冷青洲蘭蕙小。露瀫仙掌生寒光,翡幄華帳飄晚涼。虬電婉婉護飈駕,吹笙子晉從天下。泬寥緱氏空月明,世間唯識王司稼。野人薦公千百壽,大椿骨健龍腰瘦。紫芝老艾副椒漿,請公倒盡長生酒。天廟明堂遲飛棟,杜宇數驚銅輦夢。錦城雖好不如歸,中散年來憶雙鳳。」附此。

癸丑(十六日),刑部侍郎趙君錫、翰林學士蘇轍爲賀遼國生辰使。

據《長編》卷四百三十一。《長編》并謂閤門通事舍人高遵固、朱伯材副之。《年表》謂爲辛丑事,不從;《年表》謂「以轍及刑部侍郎趙君錫爲賀遼國生辰國信使」。

同日,轍作《北京南開二股河祭河瀆星辰祝文》、《景靈宫安鐵水窗祝文》。

文見《欒城集》卷三十四。前者云嗣天子臣「謹遣承議郎行太常博士充秘閣校理、武騎尉劉唐老敢昭告於尾宿星」。後者云「皇帝遣昭宣使、和州刺史、内侍押班管勾景靈宫趙世長致祭於裏域真官。」

戊午（二十一日），歐陽修夫人薛氏卒。轍作輓詞。

戊午云云，據《欒城集》卷二十五《歐陽文忠公夫人薛氏墓誌銘》。輓詞見《欒城集》卷十六。

己未（二十二日），轍作《中太一宫祈晴青詞》。

文見《欒城集》卷三十四，首云嗣天子臣「謹遣入内内侍省内侍高品臣楊偁，請道士三七人，於太一宫真室殿，開啓祈晴道場，謹上啓元始天尊、太上道君、太上老君混元上德皇帝」。

同日，范鎮（景仁）葬汝州襄城，子百嘉、百歲附。轍有《蜀公輓詞》三首、《百嘉百歲輓詞》二首。

據《年表》。《蘇軾文集》卷十四《范景仁墓誌銘》云：「公晚家於許，許人愛而敬之。……以元祐四年八月己未，葬於汝之襄城縣汝安鄉推賢里。」又云：「子男五人。長曰燕孫；……次百揆；……次百嘉，承務郎，先公一年卒；次百歲，太康主簿，先公六年卒；次百慮……。」輓詞見《欒城集》卷十六。後者其一輓百嘉，末云：「誰謂從夫子，同開鬱鬱城。」謂附葬也。其二輓百歲，贊其「高爽」。

同日，轍作《後苑祈晴祝文》。

文見《欒城集》卷三十四，文云「皇帝遣入内内侍省内東頭供奉官句當後苑譚扆等，請僧三七人，於後苑華景亭開啓祈晴道場」。

辛酉（二十四日），轍撰《太皇太后將來明堂禮成罷賀賜門下手詔》。

《長編》卷四百三十二本日紀事：「三省言太常寺狀，將來明堂禮畢稱賀，按天聖五年南郊故事，從開寶郊禮籍田禮畢，行勞酒之禮，如元會之儀參詳比附禮例，南郊禮畢日，太皇太后御會慶殿，皇帝於簾内行恭謝之禮，百僚稱賀訖，宣羣官外殿賜酒。太皇太后宣諭曰：『其日皇帝謝於宫中，百官皆已勞，勿用賀，止於内東門進表。』宰臣吕大防等奏曰：『聖心每懷謙抑，此盛德之事，請降詔付外施行。』乃降詔曰（略）。」詔即轍《欒城集》卷三十三之文。

《龍川略志》卷六《享祀明堂禮畢更不受賀》：「元祐四年，上再享明堂，三省以章獻皇后故事，將俟禮畢，百官班賀於會慶殿。其儀注取旨，太皇太后宣諭曰：『天聖中誠有此儀，然以吾菲薄，何敢事依先后之舊。況祀事既成，皇帝賀於禁中，百官皆賀於内東門足矣，復安用此爲！』羣臣稱嘆，以爲不可及，請降手詔，明示中外。轍時在翰林，請至都堂宣聖旨，撰詔曰（略）。」

二十六日，軾與秦觀（少章）、仲天貺雨中遊寶山，賦詩。

詩見《蘇軾詩集》卷三十一(一六四五頁),參題下「施注」。

本月,軾奏乞以市易務書板賜與州學。

奏見《蘇軾文集》卷二十九(八三九頁)。所貴稍服士心,以全國體。

本月,軾奏乞法外刺配豪户顔益、顔章待罪狀。放罪,有謝表。

奏見《蘇軾文集》卷二十九(八四〇頁):謂顔氏兄弟倡衆脅制官吏,不納好絹,必欲今後常納惡絹;以其「蠹害之深,難從常法」,故刺配本州牢城;又以此乃法外行事,故待罪「乞重行朝典」。卷三十二《杭州召還乞郡狀》謂法外刺配二顔,「蓋攻積弊」。卷二十三有《杭州謝放罪表》二首。參元祐六年七月二十八日紀事。

《節孝集》卷三《贈子瞻》其二稱顔氏兄弟爲二凶,贊蘇軾爲民除害。參元祐七年「晤徐積」條。《老學庵筆記》卷四:「東坡守杭,法外刺配顔巽父子,御史論爲不法,累章不已。蘇公雖放罪,而顔巽者竟以朝旨放自便。自是豪猾益甚,以藥塗鹽鈔而用,既毁抹,賂主者浸洗之,藥盡而鈔不傷,雖老於事者不能辨。他不法尤衆。有司稍按治,輒劫持之曰:『某官乃元祐姦黨蘇某親舊,故觀望害我。』公形狀牒。時治黨籍方苛峻,雖監司郡守得其牒,輒畏縮解縱乃已。大觀中,胡奕修爲提舉鹽事,會計已毁抹鹽鈔,得其姦,奏之。黥竄化州,籍没資産,一方稱快。」此稱「顔巽父子」,與《文集》不同。

軾與莫君陳飲西湖跳珠軒，有詩。嘗與君陳論養生。

詩見《蘇軾詩集》卷三十一（一六四七頁）。末云：「還來一醉西湖雨，不見跳珠十五年。」據《嘉泰吴興志》卷十七《賢貴事實》下《莫君陳傳》，此「跳珠」乃軒名。《西湖遊覽志》卷十一《北山勝迹》謂軒在下天竺寺客寮中，有泉出石罅，飛灑如珠。

君陳撰有《月河所聞集》，此書記蘇軾語：「無病服藥，病從藥生。」

軾與友人簡。

《鬱孤臺法帖》卷六《去國十五年帖》：「軾啓。去國十五年，復歸見朋舊，以爲大慶。束於憲令，曾不幾見，而公之出使，遂爾輕别，此懷不佳，殆未易言。數日起居佳勝，聞今日當行，果爾，遂不獲面違。千萬善愛，早還禁近，慰中外之望。微疾乏力，不盡區區。軾頓首再拜。」此簡，不見《蘇軾文集》、《蘇軾佚文彙編》、《蘇軾佚文彙編拾遺》。

「去國十五年」之「國」謂杭州。軾熙寧七年離杭，越十五年而爲今年。簡作於到杭之初。收簡者爲軾之舊友，然不詳其人。轉運使、提舉常平皆可云出使。云及「早還禁近」，知此友乃原官京中，後外任。此簡乃爲送行而作。原有親臨友人所居以送别之意，然有所不能，或亦以「束於憲令」也。據此，知宋代官府，有紀律約束。蘇軾致友人簡中，皆未叙及此。此簡於考察宋代吏治，有參考意義。

《鬱孤臺法帖》有蘇軾殘簡「子敦龍圖兄閣下八月廿日」十一字，或者以此十二字屬《去國十五年帖》，與《去國十五年帖》爲一帖。

按，非是。蘇軾友人中，字子敦者有顧臨。查《嘉泰會稽志》卷十五、《宋史》卷三百四十四《顧臨傳》，元祐二年，臨擢給事中。朝廷方事回河，拜臨天章閣待制、河北都轉運使。翰林學士蘇軾等請留置左右，不報。臨至部，請因河勢回使東流。復以給事中召還。歷刑、兵、吏三部侍郎兼侍讀，爲翰林學士。以下叙紹聖初，臨以龍圖閣學士知定州。《彭城集》卷二十有《給事中顧臨可刑部侍郎制》，可以肯定爲元祐三年事。軾赴杭守任時，顧臨在京師。細味此帖，似軾此友人十五年前亦在杭州，與軾有交往，細考《宋史·顧臨傳》，與臨之經歷亦不合。

有美堂宴集，劉季孫（景文）作詩，蘇軾次韵并借季孫韵，送旹嵐軍通判葉朝奉。

送葉詩見《蘇軾詩集》卷三十一（一六四九頁）。此詩之上，爲《次韵答劉景文左藏》詩；宋人注文云：「有美堂宴集，景文詩云：『雲間獵獵立旌旗，公在胥山把酒時。笑語幾番留湛輩，風流千載與吴兒。湖山日落丹青焕，樓閣風收雨露滋。誰使管簫江上住，胸中事業九門知。』自注云：是日大霈。」

據季孫詩，葉朝奉亦與有美堂宴集。軾詩云及「夢裏吴山」，似葉朝奉爲杭人，以吴山即在杭城内。詩末云「書來粗遣故人知」，知葉朝奉與蘇軾爲老友，然不得其名與字。

賦《行香子·茶詞》（綺席纔終）。

詞見《東坡樂府》卷下。詞云：「共誇君賜，初拆臣封。看分香餅，黄金縷，密雲龍。」《注坡詞》：「供御茶品曰龍茶，爲雲龍之象，以金縷之。」

本年以上「出郊未發」條，已言「遣内侍賜龍茶、銀合」。此詞所云之「君賜」，當即出都時御賜之龍茶。《東坡詞編年箋證》謂此詞應寫於初到杭州時，約在八九月間。今從其説。

李公麟（伯時）作《龍眠山莊圖》，應軾之囑，轍作詩。

詩乃《欒城集》卷十六《題李公麟山莊圖二十首》。其叙云：「子瞻既爲之記，又囑轍賦小詩，凡二十章。」軾之記乃《蘇軾文集》卷七十《書李伯時山莊圖後》，云：「居士之在山也，不留於一物，故其神與萬物交，其智與百工通。」公麟乃舒城人，舒城與鄰縣桐城境内有龍眠山，公麟號龍眠居士。則所云「山」、「山莊」者，皆龍眠山也。

九月癸酉（初六日），轍作《太廟整漏奏告宣祖皇帝祝文》。

文見《欒城集》卷三十四，首云孝曾孫嗣皇帝臣「謹遣朝請大夫、守太常少卿、直龍圖閣、柱國、賜紫金魚袋臣李周敢昭告於宣祖昭武睿聖皇帝」。

將使遼，轍九日作詩懷軾。

詩見《欒城集》卷十六，中云：「萸少一枝心自覺，春同斗粟味終長。」末云「千里使胡須百日」。

九月九日，蘇堅賦《點絳唇》，蘇軾有和。

和詞（我輩情鍾）見《東坡樂府》卷下。

《外集》謂此詞爲徐州重陽作，誤。《全宋詞》第三九六頁黄庭堅《點絳唇》調下自注：「用東坡餘杭九日《點絳唇》舊韵。」即此詞之韵。

同日，軾賦《浣溪沙》二首，錢勰（穆父）有和。

詞見《東坡樂府》卷下。詞云：「且餐山色飲湖光。」又云：「强揉青蘂作重陽。」《蘇軾文集》卷五十一與勰第二簡云及勰和揉菊詞，當指《浣溪沙》。勰時有疾，簡中及之。參本年「錢勰來詩賀開府浙西」條。勰詞已佚。

戊寅（十一日），哲宗齋於垂拱殿，百官齋於明堂。己卯（十二日），薦饗景靈宫。庚辰（十三日），齋於垂拱殿，轍有《皇帝宿齋明堂問太皇太后皇太后皇太妃聖體答書六首》；作《罷散青詞》。

據《年表》。文乃《皇帝明堂宿齋第一次問太皇太后聖體答書》、《皇太后答書》、《皇太妃答書》、《第二次太皇太后答書》、《皇太后答書》、《皇太妃答書》。青詞見《欒城集》卷三十四，首云嗣天子臣「請女道士二七人，於福寧殿罷散明堂道場，設醮一座，一百二十分位，謹上啓元始天尊、太上道君、太上老君混元皇帝」。

辛巳（十四日），大享明堂禮畢，御宣德門，肆赦。轍有《皇帝謝禮畢太皇太后皇太后皇太妃答書》，有宰相吕大防、皇伯祖、叔祖、皇弟并馮京、劉昌祚加恩制。

據《年表》。「辛巳」原作「辛未」，據《長編》改。答書乃《皇帝謝禮畢太皇太后答書》、《皇太后答書》、《皇太妃答書》，在《集》卷三十四。加恩制見《欒城集》卷三十三，皇伯祖爲宗暉，叔祖爲宗祐、宗楚，皇弟爲佶、似、偲。

同日，轍作《明堂禮畢福寧殿道場青詞》。

青詞見《欒城集》卷三十四，首云嗣天子臣「請女道士二七人於福寧殿開啓明堂禮畢道場，一七日罷散，日設醮一座，一百二十分位，謹上啓元始天尊、太上道君、太上老君混元上德皇帝」。

同日，以大饗明堂，赦天下。軾上賀表。

辛巳云云，據《宋史·哲宗紀》。《蘇軾文集》卷二十三有《賀明堂赦書表》。

望日，再過南屏，軾復録十六年前所作《激水偈》，示雲玩上座。

據《佚文彙編》卷五《自跋南屏激水偈》。雲玩上座，待考。

甲申（十七日），轍作《景靈宮預告雅飾聖祖青詞》。

青詞見《欒城集》卷三十四，首云嗣皇帝臣「謹遣昭宣使、和州刺史、内侍省内侍押班、管句景靈宮臣趙世長，請道士二七人，於景靈宮天興殿開啓雅飾預告道場，三晝夜罷散，日設醮一座，二百四十分位，謹上啓聖祖上靈道高九天司命保生天尊大帝。」

十九日，軾跋劉季孫（景文）所藏歐陽修帖。

跋見《蘇軾文集》卷六十九，題作《跋劉景文歐公帖》；所云之帖即《試筆》。《省齋文稿》卷十五《家塾所刻六一先生墨迹跋十首·試筆》：「世傳文忠公《試筆》，自説硯而下，凡數十紙，有元祐四年九月東坡蘇公跋，此最後數紙也。初藏劉氏，後歸王晉卿，今復還歐陽氏，餘不知何之矣。」

丁亥（二十日），轍作《裝飾聖祖御容青詞》。

青詞見《欒城集》卷三十四，首云嗣皇帝臣「謹遣昭宣使、和州刺史、内侍省内侍押班臣趙世長謹上啓聖祖上靈道高九天司命保生天尊大帝」。

二十一日，軾與楊傑（次公）聽賢師琴，書歐陽修贈李師琴詩以贈。

據《蘇軾文集》卷七十一《書文忠贈李師琴詩》。

己丑（二十二日），王鞏罷密州。軾有簡慰之。

己丑云云，據《長編》卷四百三十三。《蘇軾文集》卷五十二與鞏第二十五簡：「公失郡去國，士友所歎。」

甲午（二十七日），轍作《雅飾了畢開啓奉安聖祖真容道場青詞》。

青詞見《欒城集》卷三十四，首云嗣皇帝臣「謹遣昭宣使、和州刺史、内侍省内侍押班、管句景靈宫臣趙世長，請道士二七人，於景靈宫天興殿開啓奉安道場，三晝夜罷散，日設醮一座，二百四十分位，謹上啓聖祖上靈高道九天司命保生天尊大帝」。

轍題王詵（晉卿）設色山卷後。

詩見《欒城集》卷十六，有「萬里還朝徑歸去」之句，知即將赴遼。《蘇軾詩集》卷三十有《王晉卿所藏著色山二首》，次元祐三年末；卷三十一有《書王定國所藏王晉卿畫著色山二首》，次本年年初。

軾在杭作詩送轍使契丹，轍次韵。

軾詩見《蘇軾詩集》卷三十一。中云：「沙漠回看清禁月，湖山應夢武林春。」上句謂轍赴遼，下句謂己在杭。轍詩見《欒城集》卷十六，首云：「朔雪胡沙試此身，青羅便面紫狐巾。」任重而道遠。

軾詩末云：「單于若問君家世，莫道中朝第一人。」頗自負。

本月，軾乞賜度牒二百道修廨宇。不許。

奏文見《蘇軾文集》卷二十九（八四二頁）。《文集》卷三十《乞降度牒召人入中斛斗出糶濟饑等狀》言「未蒙施行」。

十月戊戌（初二日），轍進呈《神宗皇帝御集》。

據《年表》。《年表》云：「命宰執觀讀，吕大防讀詩數篇，太皇太后泣下。」《長編》卷四百三十四同。《玉海》卷二十八亦載此，文略簡。

七日，軾題損之故居。

文見《蘇軾文集》卷七十一（二二六四頁）。蘇軾同時人，以損之爲名或字者頗多。《歐陽文忠公集·居士外集》卷五有《題張損之學士蘭皋亭》詩；《關中金石記》卷六有熙寧四年六月《范育等題名》，育字損之；《楊公筆録》有楊損之，蜀人，博學善稱説；《青山集》卷十有《仲春櫻桃下同許損之小飲因以贈之》詩；《西臺集》卷十九有《留别損之大士》詩：未詳孰是，抑或另有其人？

十二日，軾答某知郡簡。

《鬱孤臺法帖·忽復歲晚帖》：「軾啓。忽復歲晚，馳仰增深。專人示問，存撫備至。仍審比來起居佳安，感慰兼極。軾過秋與賤累皆健，蓋出餘庇。寒律清爽，日有佳思，無緣陪接，寤寐爲勞。尚冀若時爲國自重，不宣。軾再拜知郡朝散執事。十月十二日。」

簡所云「賤累」，乃軾夫人王閏之，閏之卒於元祐八年八月初一日，簡作於此前。簡云「無緣陪接」，知忙於公務，非作於黄州謫貶時。簡云及「存撫」，知作於在外任州郡事時；如在朝中，何「存撫」之有。全簡語氣平和，知作於元祐時，如任密州、徐州，胸中總有若干不平在，欲抑之而不能。簡中「寒律清爽，日有佳思」，蓋轉述友人之語，其時友人陶醉於初冬清爽之中，其地當在杭州。友人官知郡，來杭州，情致正濃，而蘇軾以公務在身，未遑接待，書此簡以致歉意。簡當作於本年或下年元祐五年。今繫本年。

此簡，《蘇軾文集》、《蘇軾佚文彙編》、《蘇軾佚文彙編拾遺》未收。

戊申（十二日），翰林學士奏上《神宗皇帝御製集》。轍有《進御集表》。

戊申云云，據《長編》卷四百三十四、《宋史·哲宗紀》。《玉海》同。

進表見《欒城集》卷四十七，云：「凡著録九百三十五篇，爲九十卷，目録五卷。内四十卷皆賜二府及邊臣手札，言攻守祕計，先被旨録爲别集，不許頒行。仍御製集序一篇，以紀盛德，發明大訓。臣竊見祖宗御集，皆於西清建重屋，號龍圖、天章、寶文閣以藏其書，爲不朽計。又刻板模印，遍賜貴近。臣今已繕寫，分爲五幞，隨表上進。欲乞降付三省，依故事施行。所有御集即付本所修寫鏤板。」《長編》引此段文字，「二府」作「中書樞密院」；并謂：「詔御集於寶文閣收藏」。

《昭德先生郡齋讀書志·後志》卷二：「《神宗皇帝御集》二百卷。右本朝神宗皇帝撰，章惇等纂。紹聖初，以元祐中所集止九百四十三道，有旨命惇再加編次。至元符中，書成。比元祐所編，增多八千七百三十道，分文詞、政事、邊機三門。言者仍以元祐之臣托以邊機不宜泄漏，掩没先帝盛美，於是遍以賜羣臣云。」

《中興館閣書目輯考》卷五：「《神宗御集》一百六十卷（原注：《玉海》二八）。」

《玉海》卷二十八：「紹聖中再加編次，至元符三年六月書成，比元祐所集，凡增八千八百七十二篇，總爲二百卷，更闢文辭、政事、邊防三門爲目。靖國元年詔以文辭四卷、政事一百五十卷，鏤板頒賜（原注：總九千八百餘篇）。」附此。

是歲此前北門書詔，轍子遲嘗代書。

《省齋文稿》卷十五《題蘇文定公批答二稿》：「右元祐四年，蘇文定公撰丞相以下批章二稿，首尾以『省覽』、『允許』爲兩宫之别，蓋定制也。家藏久矣。比貳夏官，適公曾孫謂爲同舍郎，出以示之，乃謂公子遲代書，熟視信然。蓋字畫太真謹爾。淳熙庚子三月乙丑，講筵退，置酒學士院，與侍讀史少傅、侍講王尚書、説書崔著作同觀。某題。」

十七日，軾與曹晦之、晁子莊、徐大正（得之）、王箴（元直）、秦覯（少章）出遊。

據《蘇軾文集》卷七十一《杭州題名二首》。晦之、子莊不詳。

十八日，軾奏乞詩賦、經義各以分數取人將來只許詩賦兼經狀，緣本州進士汪溉等之請也。不從。

文見《蘇軾文集》卷二十九（八四四頁）。汪溉等言，時詩賦、經義各五分取人，比來專習經義者少，若平分解名，有虧詩賦進士。蘇軾以此「乞朝廷參詳衆意，特許將來一舉隋詩賦、經義人數多少，各紐分數發解」。《文集》卷十二《與錢穆父》第十二簡：「近本州舉子數百人來陳狀，以習賦者多，乞發解各立分數，已爲削去矣。」《施譜》言朝廷「不行」。

是日夜，軾與王箴飲，頗思蜀。

據《蘇軾文集》卷七十一《書贈王元直三首》其一。

二十五日，王適（子立）卒。

據《蘇軾文集》卷十五《王子立墓誌銘》，時年三十五。《文集》卷五十一《與錢穆父》第五簡：「王郎子立暴卒於奉符，爲之數日悲慟，在告亦緣此也。」

《蘇軾詩集》卷三十一有《哭王子立次兒子迨韻三首》。

同日，軾跋某帖。

《景蘇園帖》：「章子厚有唐人石刻本，與此無異，而字畫加豐腴，骨相稱，乃知石刻常患瘦耳。元祐四年十月二十五日，子瞻。」原帖無題，故以「跋某帖」繫之。

本月，興工浚治運河。

《蘇軾文集》卷三十《申三省起請開湖六條狀》：「自去年七月到任，首見運河乾淺，使客出入艱苦萬狀，穀米薪芻，亦緣此暴貴，尋刬刷捍江兵士及諸色廂軍得千餘人，自十月興工。」文又謂：「至明年四月終，「開浚茅山、鹽橋二河，各十餘里，皆有水八尺以上」。二河屬於運河。參元祐五年五月五日紀事。

轍離京師赴遼，賀遼道宗（耶律洪基）生辰。至滑州，晤魯有開（元翰）。

轍離京師，爲十月事。

《欒城後集》卷一《魯元翰中大輓詞二首》其二中云：「南遷却返逢北渡，遠聘相過適近藩。」自注：「南還，元翰出守洛州。及奉使契丹，元翰復守滑臺。皆接從容者久之。」滑臺乃滑州，距東京二百一十里。滑州屬京西北路，原隸開封府，治白馬縣，故以近藩稱之。

《宋史·藝文志》著録有開《三禮通義》五卷、《春秋指微》十卷、《國語音義》一卷。

轍過相州。

《欒城集》卷二十六《祭忠獻韓公文》謂使遼「駟車往來」過相州。

軾至莫州，晤州通判劉涇。涇作詩，轍次韻。

莫州治任丘縣，距東京一千二百里。

涇詩佚。轍詩見《欒城集》卷十六。其一云「綬帶臨邊出好詩」，實爲警句。又云：「約我一樽迎嗣歲，待君三館已多時。」上句謂時已近歲暮，下句謂涇有才、有時名。其二云「南還欲向春風飲」，約再晤。

梅灝（子明）有詩謝遺其父文登石，軾次韻。時灝爲杭州通判。

次韻見《蘇軾詩集》卷三十一（一六五〇頁）。《彭城集》卷二十二有《承議郎充祕閣校理梅灝可通判杭州制》，知本年三月初四日劉攽卒前已有除命，時蘇軾知杭之告尚未下。《柯山集拾遺》卷一《送梅子明通判餘杭》云「借問太守誰？子雲蜀名儒」，知灝來杭在蘇軾得知杭除命之後，或略晚於軾。灝登熙寧六年進士，見《吴郡志》卷二十八。爲杭州州學教授，元豐二年十二月，爲國子監直講，見《長編》卷三百一。紹聖間知太平州，見康熙《太平府志》卷十四。女適蔣彝，見《北山小集》卷三十彝墓銘。《輿地紀勝》卷五《平江府》有詩。父，不詳。

黄裳《演山先生文集》卷二《酬子明冬後出思正夏中見招之什》：「大學閒官閉門坐，漬墨磨丹滿文藁。霜風門外潮頭過，馬首長鬚欲吹倒。雙眸厭爲塵沙昏，出外遽止後予好。不復見君今幾時，相憶還驚歲華老。恨得新詩何太晚，瓜李爲期閒夢斷（自注：思正詩有沈李浮瓜之句）。餘酒喜見忘機翁，聲色嘗與心相同（自注：思正不事機數，語笑開懷，與人爲忘形交）。小沼荷花未云昨，君來且負爐中紅（自注：思正云高標遠韵果何處，宜在小沼浮荷花）。東鄰交友亦愛客，烹鮮盤饌工于儂。青蝸烏賊欠此可，蟹蛤已有吴閒風（自注：思正云中吴家風情所欲，但欠烏賊并蝦蟆）。勞生多故豈足念，莫不有分勞冲冲（自注：思正云勞生多故今老矣，覽照飄然雙鬢華）。有錢取醉亦足矣，滿腹以外吾何容。漫漫雪意稍含蓄，瑶池將見涵春空。兩騎翩翩踏瓊玖，州北主人相望久（自注：思正云歸來聯騎踏明月，南去眇然神思遐）。解顔一笑如君難，區區論報非吾友（自注：論報，蓋戲思正所喻）。」附此。《柯山集拾遺》卷一《送梅子明通判餘杭》：「東南山水窟，錢塘吴越都。吾人神仙後，厭直承明廬。一舸去莫挽，落帆風月湖。蹁躚青衿子，能誦先生書。借問太守誰，子雲蜀名儒。家有王陽金，清商奏簫竽。相逢不妨飲，坐嘯治有餘。遥知子還日，未厭浙江魚。」云「厭直」，謂蘇軾以翰林學士知杭州。云「蹁躚」，知當時青年學子，皆能誦蘇軾之詩、文。

贈千頃廣化院僧了性海石，并作詩。了性嘗作六觀堂，爲作贊。

詩見《蘇軾詩集》卷三十一（一六五一頁）。《蘇軾文集》卷二十一有《六觀堂贊》，作於守杭時，具體時間不詳，今附叙於此。

了性又稱垂慈堂老人、六觀堂老人。《詩集》卷三十四《六觀堂老人草書》自注：「老人僧了性，精於醫而善草書，下筆有遠韻，而人莫知貴，故作此詩。」此詩作於元祐六年，時在潁州。

響應山禱雨，毛滂賦詩，軾次韻。

滂詩乃《兩宋名賢小集》卷五十毛滂《東堂小集·響應山禱雨寄東坡》，四庫本《東堂集》未收。次韻見《蘇軾詩集》卷三十一（一六五二頁）。

滂詩云：「雪意不肯休，垂垂閣雲端。餘煖蒸衣裘，勢作墮指寒。曛黄陰雨來，俄忽急雨霰。空階答簷語，跳珠上闌干。世尊儼無説，凍坐誰爲歡。蕭條僧舍影，癡兀依蒲團。相照憐短檠，坐恐膏油乾。勞生竟何如，歲月如走丸。七星在長劍，細事何足彈。尚想丘園人，慚頰時一丹。徘徊經屠門，飽意只自謾。顧惟淬牛刀，庶足厭一餐。不然學農圃，趁此筋力完。年豐得飽飯，日晏眠茅莞。咄嗟萬里空，俯仰百歲殫。行止信流坎，所遇隨足安。勳名片紙薄，天地如瓢箄。離騷幸相逢，濁酒聊自寬。誰與談此心，夜氣方漫漫。絶牆過饑鼠，翻倒争餘殘。」

鄧宗古還鄉，軾有詩寄贈。

詩見《蘇軾詩集》卷三十一（一六五五頁），中云：「凜凜忠文公，搜士及樵漁。」忠文公乃范鎮，鎮或舉之也。

《輿地紀勝》卷一百四十五《成都府路·簡州·人物》：「鄧宗古：陽安人。父没，既葬，廬墓終制，有白兔珍禽甘露之祥，部使者上其事，賜號孝廉，遊京師，范蜀公、蘇文忠公各以詩贈行。」蜀公即鎮，鎮卒於上年之末。鎮有贈詩，是宗古來京師已有時日。軾詩次杭州，乃寄贈。

道潛初入智果院，蘇軾率賓客十六人相送，各賦詩一章，道潛亦賦。

軾詩見《蘇軾詩集》卷三十一（一六五六頁）。

《參寥子詩集》卷六《余初入智果院蘇翰林率賓客相送者十六人各賦詩一章》：「泰山屹天下，四海同仰止。我公命世英，突兀等於是。胸中廓秋漢，皎絶微雲滓。當年事危言，軒冕如脱屣。正貴知我希，寧慚不吾以。風雲果再符，六翮排空起。一昨厭承明，抗章求迤邐。餘杭古雄蕃，此屋富生齒。立談政即成，興不負山水。雍容敦末契，訪我頑且鄙。大旆輝松門，禽猿亦驚喜。森森門下士，左右粲珠履。使君道德姿，圭角非所恃。軟語如春風，薰然著桃李。今朝真勝事，千載足遺美，安得筆如椽，磨崖爲公紀。」參元祐五年二月二十五日紀事。

軾上賀冬表。

《蘇軾文集》卷二十四《杭州賀冬表》云：「臣祗膺詔命，恪守郡符。」初到任年作。

賦《異鵲》詩，軾贊柯述（仲常）爲循吏。

詩見《蘇軾詩集》卷三十一（一六五九頁）。

同治《泉州府志》卷四十一《柯述傳》：「柯述，字仲常，南安人。父慶文，第進士，終屯田員外郎。述與弟逑、迪嘗贄文見蔡襄，襄異之。未幾，相繼登第。述，皇祐中嘗爲泉州教授。嘉祐四年進士。初尉贛縣，獲劫盜，皆重辟，乃損贓以就次賞。知歸安，修水田蓄洩之利。移知襄邑，盜悉奔他境。神宗聞之，召對便殿。盜意述代去，復竊發，下吏治，得所以乘間之狀。上益嘉歎，書其姓名于屏。擢知懷州。元祐、元符中，兩知福州。州學久爲試院生員邸宿，釋奠亦至他移。述擇地爲院，構室百二十區，士人便之。歷福建提刑、湖南轉運使。奉祠，終朝議大夫、直龍圖閣。……述通貫百家詩史，尤粹於《易》，著《否》、《泰》十有八卦，以明進退君子小人之義，自名一家。晚徇邦人之志，還州庠於舊址，士類德之，祠於學。子暘，福建漕使，從孫知彰。」

軾寄魯有開（元翰）東川清絲。

《蘇軾詩集》卷三十一有詩（一六六一頁）。二人文字聯繫止此。《宋史》卷四百二十六《魯有開傳》謂此後有開「復守冀，官至中大夫，卒」。其卒，《欒城後集》卷一有輓詩；詩次輓滕元發詩後，輓張方平詩前。

張敦禮（君予、君俞）來簡，軾答之。

《蘇軾文集》卷五十五《與張君子》「子」乃「予」之誤。第一簡云及「杭之煩劇」，知作於守杭時。簡首云「別後公私紛冗，有闕上問」，知此爲到杭後與君予第一簡。簡云「寒凝」，知作於冬。

君予爲駙馬都尉，見《文集》卷六十二《請浄慈法涌禪師入都疏》。與君予第五簡云及晉卿，晉卿乃王詵之字，詵亦爲駙馬都尉，可爲「君子」作「君予」之旁證。

君予一作君俞。《淮海集》卷九《慶張君俞都尉留後得子》詩，有「兩家報喜車凌曉」之句。《宋史》卷二百四十八《公主》：「英宗四女。韓、魏國大長公主，帝第三女，下嫁張敦禮。」知君予乃敦禮之字。敦禮，《宋史》卷四百六十四有傳。熙寧元年尚主。敦禮乃浮梁人。畫人物，師六朝筆意，見《古今畫鑒》。

釋清順(怡然)以垂雲新茶餽蘇軾，軾報以大龍團，并作詩。

詩見《蘇軾詩集》卷三十一(一六六二頁)。

詩末云：「曉日雲菴暖，春風浴殿寒。聊將試道眼，莫作兩般看。」曉日謂新茶，春風謂龍團，二茶俱佳，不欲清順以龍團爲厚賜也，亦尊重清順之意。

轍過雄州，贈知雄州王崇拯詩。

雄州在莫州之北，治歸信、容城二縣。以今之《中國歷史地圖集》視之，約爲百里。轍詩見《欒城集》卷十六。

《長編》卷三百七十三元祐元年三月己卯紀事：「東上閤門使權高陽關路兵馬鈐轄兼知恩州

王崇拯知雄州。」卷四百二十三本年三月壬申朔紀事：「東上閤門使、嘉州刺史、知雄州王崇拯爲威州團練使，俟任滿日令再任。」崇拯字拯之。《詩話總龜》前集卷四十一有拯詩。《蘇軾詩集》卷三十七有《中山松醪寄雄州守王引進》詩，作於元祐八年。時崇拯爲引進使。

轍過白溝驛，至遼境。過桑乾河。抵燕京。

《遼史》卷四十《地理志》四《南京道》：「宋王曾《上契丹事》曰：自雄州白溝驛渡河，四十里至新城縣，古督亢亭之地。又七十里至涿州。北渡范水、劉李河，六十里至良鄉縣。渡盧溝河，六十里至幽州，號燕京。」《蘇軾文集》卷四十一《白溝驛傳宣撫問大遼賀興龍人使及賜御筵口宣》：「念此修塗，喜於入境。」宋遼以白溝驛爲界。轍當沿王曾所述路綫。

《欒城集》卷十六《渡桑乾》：「北渡桑乾冰欲結，心畏穹廬三尺雪。」

《集》卷四十二《北使還論北邊事劄子五道·一論北朝所見於朝廷不便事》：「臣等初至燕京，副留守邢希古相接送，令引接殿侍元辛傳語臣轍云：『令兄内翰（原注：謂臣兄軾）《眉山集》已到此多時，内翰何不印行文集，亦使流傳至此！』」《二論北朝政事大略》言「過界後，見其臣僚年高曉事，如接伴耶律恭、燕京三司使王經、副留守邢希古」等。《集》卷十六《神水館寄子瞻兄四絶》其三云「誰將家集過幽都，逢見胡人問大蘇」，其四云「虜廷一意向中原，言語綢繆禮亦虔」，亦叙此，似兼燕京言之。

《集》卷十六《趙君偶以微恙乘駝車而行戲贈二絶句》其二：「高屋寛箱虎豹裀，相逢燕市不相親。忽聞中有京華語，驚喜開簾笑殺人。」此乃叙燕京見聞。

轍離燕京，過西山。

《欒城集》卷十六《燕山》首云：「燕山如長蛇，千里限夷漢。首銜西山麓，尾掛東海岸。」同上《會仙館二絶句》其一：「北障南屏恰四周，西山微缺放溪流。胡人置酒留連客，頗識峯巒是勝游。」知過西山時，遼接伴嘗在此以酒相待。范成大《石湖居士詩集》卷十二《龍津橋》題下自注：「在燕山宣陽門外，以玉石爲之，引西山水灌其下。」詩云：「西山剩放龍津水，留待官軍飲馬來。」此西山之水，即轍詩所云溪流也。

明蔣一葵《長安客話》卷三《郊坰雜記》：「西山，神京右臂，太行山第八陘。」

轍古北口道中，作詩呈同事趙君錫、高遵固、朱伯材。

《遼史》卷三十九《地理志》三《中京道》引宋王曾《上契丹事》曰：「出燕京北門，至望京館。五十里至順州。七十里至檀州漸入山。五十里至金溝館。將至館，川原平曠，謂之金溝淀。自此入山，詰曲登陟，無復里堠，但以馬行記日，約其里數。九十里至古北口，兩傍峻崖，僅容車軌。」

詩見《欒城集》卷十六。前者呈趙君錫，云「身在中原山盡邊」；後者云：「明朝對飲思鄉嶺，夷漢封疆自此分。」蓋以遼南京道所屬地，本應屬宋，以五代後晉石敬瑭「以遼有援立之勞」，乃「割幽州十六州以獻」（《遼史》同上卷）。北宋士大夫心目中，幽州十六州（即燕雲十六州）仍屬漢。轍過楊業（繼業）廟，作詩。

詩乃《欒城集》卷十六《過楊無敵廟》。《宋史》卷三百七十二《楊業傳》：并州太原人，弱冠事劉崇，屢立戰功，所向克捷，號曰「無敵」。入宋後，屢敗遼軍。雍熙三年，以羣帥敗約，援兵不前，戰歿朔州。宋太宗下詔旌其遺忠，贊其盡力死敵，立節邁倫，誠堅金石，氣激風雲。轍詩首云「行祠寂寞寄關門」，不知爲何關。中云「馳驅本爲中原用，嘗享能令異域尊」，盡之。《宋朝事實類苑》卷七十七引路振《乘軺録》：「虎北口東三十餘里又有奚關，奚兵多由此關而南入，山路險隘，止通單騎。」或即此關。虎北口即古北口。《蘇魏公文集》卷十三《和仲巽過古北口楊無敵廟》：「漢家飛將領熊羆，死戰燕山護我師。威信仇方名不滅，至今奚虜奉遺祠。」蘇頌兩次使遼，此乃治平元年（一〇六四）前次使遼所作。仲巽，張宗益之字，與頌同使遼。

行燕山之中，趙君錫以小疾乘駝車而行，過會仙館，出燕山。轍均有詩。

《欒城集》卷十六《燕山》云：「上論召公奭，禮樂比姬旦。次稱望諸君，術略亞狐管。子丹號無策，亦數游俠冠。」意爲燕山自古乃漢地，文明禮樂之邦。又云：「割棄何人斯，腥臊久不瀞。」聲討後晉石敬瑭之流。末云：「中原但常治，敵勢要自變。會當挽天河，洗此生齒萬。」燕地屬中原，終當歸漢，此念堅定不移，而且充滿信心。

同上《趙君偶以微恙乘駝車而行戲贈二絶句》叙及車乃雙駝，乃遼所借與。其二云「高屋寬箱虎豹裀」，乃叙駝車之箱。

同上《會仙館二絶句》其二首云：「嶺上西行雙石人，臨溪照水久逡巡。」《蘇魏公文集》卷十三《和題會仙石》：「雙石層稜倚翠巔，相傳嘗此會羣仙。繫風捕影誰能問，空見遺蹤尚巋然。」則會仙館即在會仙石。以今之《中國歷史地圖集》視之，會仙石在河北省承德市東北，不及一百里。

同上《出山》記燕人語：「石瑭竊位不傳子，遺患燕薊逾百年。仰頭呼天問何罪，自恨遠祖從禄山。」出山，謂出燕山。禄山，謂安禄山。契丹統治區内漢人强烈思漢，於此可見。此等素材，得自親身調查訪問，彌可珍貴。

轍至中京之南，訪奚人所居。

以上《出山》已云：「燕疆不過古北闕，連山漸少多平田。奚人自作草屋住，契丹駢車依水泉。」又云：「漢奚單弱契丹横，目視漢使心凄然。」又云：「自恨遠祖從禄山。」蓋自責也。

《欒城集》卷十六《奚君》：「奚君五畝宅，封户一成田。故壘開都邑，遺民雜漢編。不知臣僕賤，漫喜殺生權。燕俗嗟猶在，婚姻未許連。」奚漢雜居，不通婚。「不知」句言外之意實爲奚人地位在遼較漢人爲高，故不知其賤。「漫喜」句乃云奚人好鬭，乃其本民族習性。奚乃我國古代北方少數民族之一，或稱匈奴别種。北魏時，東北即與契丹爲鄰。隋、唐間，背附不常。唐天祐三年（九〇六），終爲契丹征服。遼太祖仍保持奚王名號，在朝中置奚王府。聖宗建中京，即在奚王牙帳故地。奚族與契丹言語相通。王曾《行程録》謂奚人「草庵板屋，亦務耕種」，「畜牧牛羊橐駝，尤多青羊、黄豕」，亦「挈車帳逐水草射獵」。深受漢民族影響，但未脱游牧民族習性。可爲了解轍詩之助。然轍詩所叙，有他人所未及者，有重要史料價值。范成大《石湖居士詩集》卷十二奉使詩中尚云及奚。其後，與女真、漢逐步融合。

十一月三日，軾奏《論高麗進奉狀》，論裁損高麗貢使館待賜予之費；時高麗僧壽介等至，并論州郡以理却之之道；令僧思義館壽介等。

狀見《蘇軾文集》卷三十。狀謂：「臣伏見熙寧以來，高麗人屢入朝貢，至元豐之末，十六七年間，館待賜予之費，不可勝數。兩浙、淮南、京東三路築城造船，建立亭館，調發農工，侵漁商賈，所在騷然，公私告病。朝廷無絲毫之益，而夷虜獲不貲之利。」參元祐五年十二月乙未紀事。

《軾墓誌銘》：「杭僧有净源者，舊居海濱，與舶客交通牟利，舶至高麗，交譽之。元豐末，其王子義天來朝，因往拜焉。至是源死，其徒竊持其畫像附舶往告，義天亦使其徒附舶來祭。祭訖，乃言國母使以金塔二祝皇帝、太皇太后壽。公不納而奏之曰：『高麗久不入貢，失賜予厚利，意欲來朝，以未測朝廷所以待之薄厚，故因祭亡僧而行祝壽之禮，禮意尠薄，蓋可見矣。若受而不答，則遠夷或以怨怒，因而厚賜之，正墮其計。臣謂朝廷宜勿與知，而使州郡以理却之。然庸僧猾商，敢擅招誘外夷，邀求厚利，爲國生事，其漸不可長，宜痛加懲創。』朝廷皆從之。」

《文集》卷七十二《思義》：「下天竺净慧禪師思義，學行甚高，綜練世事。高麗非時遣僧來。予方請其事於朝，使義館之。義日與講佛法，詞辯鋒起，夷僧莫能測。又具得其情以告。蓋其才有過人者。」

初四日，軾奏乞賑濟浙西七州狀。

文見《蘇軾文集》卷三十（八四九頁）。文謂：「勘會浙西七州軍，冬春積水，不種早稻，及五六月水退，方插晚秧，又遭乾旱，早晚俱損，高下並傷，民之艱食，無甚今歲。」「乞出自宸斷，來年本路上解錢斛，且起一半或三分之二，其餘候豐熟日，分作二年，隨年額上供錢物起發。」

《軾墓誌銘》：「歲適大旱，饑疫並作，公請於朝，免本路上供米三之一，故米不翔貴。」

王箴（元直）贈拍板，四日夜，軾記以贈之。

文見《蘇軾文集》卷七十一，爲《書贈王元直三首》之第二首。

十日，軾論役法差、雇利害起請畫一狀，自考問吏民得之也。不行。

狀見《蘇軾文集》卷三十（八五二頁）。

狀論雇役之法害上户、下户，差役之法害中等户。狀謂：「臣愚以謂朝廷既取六色錢，許用雇役，以代中等人户，頗除一害，以全二利。此最良法，可久行者。」按：六色錢乃行免役法時，向當役户、坊郭户、官户、女户、單丁户與寺觀等六類户分别徵收之免役、助役錢，總稱六色錢。見《宋史·食貨志》。蓋如此，雇役之法貽害於上户、下户者，皆可避免，故謂之「全二利」也。

狀謂：「臣到杭州，點檢諸縣雇役，皆不應法。」故乞請：「今後六色錢，常樁留一年准備（原注：如元祐四年，只得用元祐二年錢，其二年錢樁，留准備用）。及約度諸般合用錢（原注：謂如官吏請雇人錢之類）外，其餘委自提刑、轉運與守令商議，將逐州逐縣人户貧富，色役多少，預行品配，以一路六色錢通融分給，令州縣盡用雇人，以本處色役輕重爲先後，如此則事簡而易行，錢均而無弊，雇人稍廣，中外漸蘇，則差役良法，可以久行而不變矣。」按：此乃給田募役法之發展。《施譜》言「不行」。

十三日，軾奏《論高麗進奉第二狀》。

狀見《蘇軾文集》卷三十。

轍至惠州。二十六日，在神水館，作詩寄軾。經木葉山，至中京，賀遼主生辰。軾次韻。

《欒城集》卷十六《惠州》首云：「孤城千室閉重闉，蒼莽平川絶四鄰。漢使塵來空極目，沙場雪重欲無春。」

《遼史》卷三十九《地理志》三《中京道》：「惠州，惠和軍，中，刺史。本唐歸義州地。太祖俘漢民數百户兔麛山下，創城居之，置州。屬中京。統縣一：惠和縣。」在中京東北。轍自燕京至中京，可不經惠州。經惠州後，必折回。

《欒城集》卷十六有《神水館寄子瞻兄四絶》（自注：十一月二十六日，是日大風）。軾次韻乃《蘇軾詩集》卷三十一《次韵子由使契丹至涿州見寄四首》。據此，似神水館即在涿州。然事實殊非是。《蘇魏公文集》卷十三有《和神水館逢齊葉二國信》時，緊次此詩爲《使回蹉榆林侵夜至宿館》詩，知神水館離中京不遠。《遼史》載中京道有神水縣，神水館當在神水縣境。以今之《中國歷史地圖集》視之，其地在惠州之南略向東。轍至惠州後折回，然後西北至中京。轍詩云神水館，軾詩云涿州，或以轍詩成之時，適有至涿州，因托此人携詩至涿州，由涿州送入宋境，其始寄之地，遂爲涿州。轍詩其三、其四，叙及燕京，涿州密邇燕京，軾或以涿州概括燕京，遂云涿州。以上云云，不過推臆之語，真實情況究竟如何，尚不可得而詳。轍詩其一云及道途艱辛，云馬上作李若芝守一法。《蘇軾文集》卷七十三有《李若之布氣》謂若之乃都下道士，能以氣與人。若芝當即若之。

《遼史》卷十聖宗統和元年五月乙卯：「祠木葉山。」卷二十五道宗大安七年十一月庚子：「望，祀木葉山。」卷二十六壽隆元年九月甲寅：「祠木葉山。」卷四十九《禮志·吉儀》：「祭山儀：設天神、地祇位於木葉山，東鄉；中立君樹，前植羣樹，以像朝班；又偶植二樹，以爲神門。」又：「太宗幸幽州大悲閣，遷白衣觀音像，建廟木葉山，尊爲家神。於拜山儀過樹之後，增『詣菩薩堂儀』一節，然後拜神，非胡剌可汗之故也。興宗先有事於菩薩堂及木葉山遼河神，然後行拜山儀，冠服、節文多所變更，後因以爲常。」

《集》卷十六《木葉山》云：「奚田可耕鑿，遼土直沙漠。蓬棘不復生，條幹何由作。茲山亦沙阜，短短見叢薄。冰霜葉墮盡，鳥獸紛無托。」祭祀之地，應有崇祠長松，莊嚴肅穆，而乃淒涼若此。與遼地「窮陋」比，漢地則「麥秋載萬箱，蠶老簇千箔。餘粱及狗彘，衣被遍城郭」。其故在於遼統治者「不施禮樂」，不積極借鑒與吸收漢民族先進文化。見識甚高。

《遼史·中京道》：「中京大定府，虞爲營州，夏屬冀州，周在幽州之分。秦郡天下，是爲遼西。」遼聖宗建，是爲遼帝駐蹕之所。又云：「皇城中有祖廟。……大同驛以待宋使。」

《宋朝事實類苑》卷七十七引路振《乘軺録》云：「虜名其國曰中京，府曰大定府。」又云：「中京至幽州九百里，至雄州白溝河界一千一百四十五里。」中京故址在今内蒙古寧城西大名城。

《集》卷四十二《北使還論北邊劄子五道·一論北朝所見於朝廷不便事》：「臣等初至燕京，副留守邢希古相接送，令引接殿侍元辛傳語臣轍云：『令兄内翰（謂臣兄軾）《眉山集》已到此多時，内翰何不印行文集，亦使流傳至此？』及至中京，度支使鄭顓押宴，爲臣轍言先臣洵所爲文字中事迹，頗能盡其委曲。及至帳前，館伴王師儒謂臣轍：『聞常服伏苓。』欲乞其方。蓋臣轍嘗作《服伏苓賦》，必此賦亦已到北界故也。」《二論北朝政事大略》：「北朝皇帝年顏見今六十以來，然舉止輕健，飲啗不衰。在位既久，頗知利害。與朝廷和好年深，蕃漢人户休養生息，人人安居，不樂戰鬬。……臣等過界後，見其臣僚年高曉事，如接伴耶律恭、燕京三司使王經、副留守邢希古、中京度支鄭顓之流，皆言及和好，咨嗟嘆息，以爲自古所未有。又稱道北朝皇帝所以館待南使之意極厚。有接伴臣等都管一人，未到帳下，除翰林副使，送伴副使王可離帳下不數日，除三司副使。皆言緣接伴南使之勞。」

《集》卷十六《虜帳》叙中京。云「聯翩歲旦有來使」，知詩作於本年。「聯翩」句以下云：「屈指已復過奚封。禮成即日卷廬帳，釣魚射鵝滄海東。秋山既罷復來此，往返歲歲如旋蓬。」蓋遼人一歲之中，惟冬季全在中京，秋或過半，春則不及一半。詩又云：「虜帳冬住沙陀中，索羊織葦稱行宫。從官星散依冢阜，氈廬窟室欺霜風。」簡陋近原始，頗有鄙夷之意。陸游引其祖父佃言：「遼人雖外窺中國禮文，然實安於夷狄之俗。」（《家世舊聞》一九六頁）。據《遼史·道宗紀》，道宗卒於壽隆七年（一一〇一）正月甲戌，年七十。則生於興宗景福二年（一〇三二），不知生於何月何日；以「屈指」句度之，或在十二月。

本年當遼大安五年。《遼史》卷二十五《道宗紀》大安十年十二月甲戌紀事：以樞密副使王師儒參知政事兼同知樞密院事。卷二十六《道宗紀》壽隆元年十月癸未紀事：「以參知政事王師儒爲樞密副使。」

二十八日，寒疾在告，軾與王箴（元直）夜飲，記以贈箴。

文見《蘇軾文集》卷七十一（二二六五頁）。《山谷全書·别集》卷七《跋東坡與王元直夜坐帖》：「王元直游東坡雲霧中，風氣殊勝，由此觀之，豈可不擇交游親戚耶！」帖當指此文。《蘇軾詩集》卷四十八有《燈花一首贈王十六》，乃此前後作。

二十九日，軾與仲天貺、王箴（元直）、秦覯（少章）會食，親作煮魚羹，爲記。

記見《佚文彙編》卷六，題作《書煮魚羹》。

十二月三日，軾奏《乞令高麗僧從泉州歸國狀》。

狀見《蘇軾文集》卷三十。原准朝旨，高麗僧由明州歸國；以明州近日少有因便客商入高麗者，而泉州則多有。

四日，軾復題燕文貴山水卷。

文見《佚文彙編》卷六（二五七三頁）。

八日，興龍節，軾上賀表。

《蘇軾文集》卷二十三《賀興龍節表》：「臣久塵法從，出領郡符。」

二十四日，軾題蘇鈞所遺歙硯。

見《佚文彙編》卷六（二五七六頁）。

同日，軾題自製墨。

《晚香堂蘇帖》：「此墨予所制，蓋用高麗煤、契丹膠也。元祐四年十二月廿四日，東坡居士書。」

二十七日，軾上書執政，復乞度牒二百道賑濟。

書見《蘇軾文集》卷四十八（一四〇六頁），意欲以此度牒於諸縣納米，然後減價出賣，以此錢修廨宇。

同日，遊落星，南屏謙師遠來設茶，軾作詩贈之。

詩見《蘇軾詩集》卷三十一（一六六八頁）。謙師與沈遼善。《沈氏三先生集·雲巢編》卷一《寄南屏師》：「庭柳日衰落，已聽莫蟬吟。吾州西郭外，誰感故人心。卧病觀元化，悠悠信難諶。不爲物所遷，固知幽趣深。情來念不淺，道喪理亦沉。相望五千里，江漢水涔涔。神游不可到，短夢安能尋。不如東歸翼，華髮滿瑶簪。」云「五千里」，時沈遼在湘中。南屏師在杭，故如是云。云「吾州」謂杭州，遼乃杭人。遼詩作於元豐間官湘時。

沈遼尚有《過揚子望金山懷南屏師》詩。

上賀正表。詔賜曆日詔書，上謝表。

賀表、謝表分别見《蘇軾文集》卷二十四（七一二頁）、卷二十三（六七七頁）。前者云：「臣久塵從橐，出領藩符。」後者首云「特賜臣詔書并元祐五年曆日一卷者」。

新明州守王子淵有啓來，軾答之。

《蘇軾文集》卷四十七《答王明州》首云「奉詔牧民，涓辰莅事」，知乃新任。又云「風聲所暨，鄰境爲先」，杭、明爲鄰。

《長編》卷四百三十五：本年十一月壬辰，知明州王汾爲祕書少監，權京西轉運使王子淵知明州。子淵至明，當已及歲末。

子淵，濮陽人；父逵，事迹具《曾鞏集》卷四十二《刑部郎中致仕王公墓誌銘》；子淵歷官鄆州壽張主簿。《彭城集》卷十九有《太府少卿王子淵可權京西轉運使制》，《長編》卷四百七元祐二年十二月庚辰：太府少卿王子淵爲京西轉運使。

軾長子邁至杭途中經江陰，晤知縣王逈（子高、蘧）。邁旋至杭州。

《蘇軾文集》卷五十七與逈第一簡：「兒子自北還，辱手書，且審起居佳安，爲慰。游刃一邑，風謡之美，即自聞上，翹俟殊擢，以塞衆望。」逈嘗知江陰縣，見《長編》卷四百七十一元祐七年三月丁酉紀事。江陰屬常州，密邇宜興。簡中所言兒子，乃邁。邁酸棗尉滿替，至杭州，經江陰也。邁至杭，乃爲赴西安縣丞任。查現存資料，無記載此事者，是或未就也。

王蘧（子高）之子卒，蘇軾慰簡。

簡乃《蘇軾文集》卷五十七《與王子高》第二簡。簡云：「驚聞大郎監簿，遽棄左右，伏惟悲悼痛裂，酸苦難堪，奈何，奈何。逝者已矣，空復追念，痛苦何益，但有損爾。」此大郎監簿，乃蘧之子。簡又云，親人之逝去，「縱不能無念，隨念隨拂，勿使久留胸中」，誠爲排遣悲思之良法。

《與王子高》第三簡：「率爾亂道，何足上石。」惜不知亂道者何。又云：「若更刻却二紅飯，遂傳作一世界笑矣。」《二紅飯》，見《蘇軾文集》卷七十三，叙夫婦怡怡之情。

軾與劉季孫（景文）、王瑜（忠玉）、詹適、周燾（次元）有唱酬。應燾請，題其父敦頤濂溪。

《蘇軾詩集》卷三十一《次韵劉景文左藏》注文有季孫原唱。次韻瑜等詩，見同上卷，原唱已佚。

《豫章黄先生文集》卷二十六《書劉景文詩後》謂季孫乃盛度之壻，並謂：「余嘗評景文胸中有萬卷書，筆下無一點俗氣。往歲，東坡先生守餘杭，而景文以文思副使爲東南第三將。東坡嘗云：『老來可與晤語者，凋落殆盡，唯景文可慰目前耳。』」《柯山集》、《雞肋集》、《山谷外集詩注》、《參寥子詩集》、《清江三孔集·宗伯集》皆有詩及季孫。《捫虱新話》卷四《東坡劉景文帖》：「東坡嘗與劉景文語：『一則仲父，二則仲父』，當以何對？景文答：俗諺『千不如人，萬不如人』。坡首肯之。」《游宧紀聞》卷九亦載此。

王瑜已見本年八月十四日紀事。

蘇軾自注謂適爲御史臺主簿。《名賢氏族言行類稿》卷三十三：「唐有詹篆者，自福州移家建陽，乃適之祖。」《長編》卷四百六十七元祐六年十月癸酉引御史中丞鄭雍言：「（劉）摯善牢籠士人，不問善惡，雖贓汙久廢之人，亦以甘言誘致，如龔原、王沇之、詹適、孫諤、悉與除落罪名。」可參。

燾，敦頤次子，見《山谷外集詩注》卷九《奉送周元翁鎖吉州司法廳赴禮部試》注文：元翁乃壽兄。詩作於元豐四年。題濂溪詩，見《詩集》卷三十一（一六六六頁）。《永樂大典》卷六千六百九十七引《江州志·碑碣·德化縣·濂溪書院》：「東坡詩（原注：蘇軾賦呈次元仁弟）。」知此詩後刻石濂溪書院。《輿地紀勝》卷三十《江州》謂書院在州南五里。《宋會要輯稿》第九十九册《職官》六八之二二：政和元年十二月十五日，權發遣廬州周燾降一官。

是歲，軾嘗跋《閻右相洪崖仙圖卷》。

跋見《佚文彙編》卷六。右相乃立本。

《范景仁墓誌銘》軾撰成。

銘見《蘇軾文集》卷十四，叙及本年八月葬事，撰成爲此後不久。今次本年。撰此乃以鎮（景仁）係世契，不得辭。見《文集》卷五十三《答陳傳道》第三簡、卷五十五《與張君予》第三簡。

是歲，傳軾嘗爲佛日净慧禪院庫堂上輪藏書「天宫寶藏」四字。

據周必大《南歸録》乾道壬辰二月戊午紀事，其書後刻石。

轍本次出使，知契丹盛傳三蘇文，甚喜三蘇文。

《欒城集》卷十六《神水館寄子瞻兄四絶》其三首云：「誰將家集過幽都，逢見胡人問大蘇。」蓋問軾也。《蘇軾詩集》卷三十一《次韵子由使契丹至涿州見寄四首》其三首云：「氈毳年來亦甚都，時時鴂舌問三蘇。」自注：「余與子由入京時，北使已問所在。後余館伴，北使屢誦三蘇文。」

《潁濱遺老傳上》：「奉使契丹，虜以其侍讀學士王師儒館伴。師儒稍讀書，能道先君及子瞻所爲文，曰『恨未見公全集』，然亦能誦《服伏苓賦》等，虜中類相愛敬者。」

又《集》卷四十二《北使還論北邊劄子五道·一論北朝所見於朝廷不便事》亦述及此類事，已見前引。由此可知契丹人頗喜三蘇文也。

蘇軾跋李公麟（伯時）《卜居圖》。公麟乃應王鞏（定國）之請而作。

跋見《蘇軾文集》卷七十（二二一六頁）。跋云：「欲歸者蓋十年，勤請不已，僅乃得郡。」自謫黃州起計，至得請守杭州，適爲十年。此跋當作於本年。

跋云：「定國求余爲寫杜子美《寄贊上人詩》，且令李伯時圖其事，蓋有歸田意也。」公麟既爲圖，知軾亦爲王鞏寫杜甫（子美）之詩。跋云：「士大夫逢時遇合，至卿相如反掌，惟歸田古今難事也。」由有歸田之意而實踐歸田，有一段不小距離。蓋謂王鞏未必能真歸田也。跋又云：「吾若歸田，不亂鳥獸，當如陶淵明。」所謂「不亂鳥獸」，以今日之熟語言之，有回歸大自然之意。此其所以難也。

蘇軾與懷璉（大覺）禪師簡，請勿以他畫雜物見示。

簡見《蘇軾佚文彙編》卷四（二五三二頁）。

簡云：「近不復如往日愛書畫閑物，蓋衰老事事寡悰，公猶以往日之意見期也。」知懷璉以書畫見示。云「衰老」，知此簡約作於知杭時。

三蘇年譜卷四十三

元祐五年(一〇九〇)庚午　蘇軾五十五歲　蘇轍五十二歲

軾與潘丙(彦明)簡。

簡乃《蘇軾文集》卷五十三與丙第八簡,云「出守舊治」,知作於杭,云「新春」,點明季候。

正月初,李公麟(伯時)作洗玉池。軾其後爲作銘。

《籀史》卷上《李伯時考古圖五卷》謂公麟:「晚作洗玉池,東坡銘之,又刻所得拱寶琥瑞等,自作鐘鼎篆窾於池,云:元祐惟五年庚午正月初吉,李伯時公麟父曰:『友善陳散侯,惠我泗濱樂石沼,敬懷義德不敢辭。乃用琱古寶十有六,玉環四周,受泉其中,命曰洗玉池。永嘉明德,恭祈壽康,子子孫孫無疆,惟休其寶,用之無已。』」銘見《蘇軾文集》卷十九(五六四頁)。卷五十一與公麟簡敘寫此銘大、小二本,並云:「請用陳伯修之説,更刻於石柱上爲佳。」伯修名師錫。元祐八年,師錫在京師,見該年「陳師錫餞送於惠濟」條,銘或作於是年。

《能改齋漫録》卷十四《東坡銘李伯時洗玉池》:「東坡有李伯時《洗玉池銘》。始予讀之,皆不得其説。其後得伯時石刻序跋,乃能明其意。蓋元祐八年,伯時仕京師,居虹橋,子弟得陳峽州馬臺石，愛而致之齋中。一日，東坡過而謂之曰：『斲石爲沼，當以所藏玉時出而浴之，且刻其形於四旁，予爲子銘其唇，而號曰洗玉池。』而所謂玉者凡一十六：雙琥璩、三鹿盧、帶鉤、琫、璊瑑、柸水、蒼佩、螳螂、鉤佩柄、珈瑱、珙璧、琱玤榼、璩瓃等是也。」以下叙公麟卒後，池遂湮晦。末云：「陳峽州即陳彦點，字子真，自號懶散云。」「元祐八年」云云，與《籀史》不同。今從前者，定公麟爲洗玉池爲本年事。彦點乃彦默之誤，彦默世家洛陽，事迹詳《永樂大典》卷三千一百四十七引《宋陳了齋集·陳子真墓誌銘》。

轍南歸。正月十日，馬上口占呈同事。

詩見《欒城集》卷十六。中云：「漢馬亦知歸意速。」時在遼境。

轍途中傷足，行燕山，渡桑乾。

《欒城集》卷十六《傷足》中云：「前日使胡罷，晝夜心南馳。中途冰塞川，滉漾無津涯。僕夫執轡前，我亦忘止之。馬眩足不禁，拉然臥中坻。」

同上《春日寄内》首云：「春到燕山冰亦消，歸驂迎日喜嫖姚。」

同上《渡桑乾》中云：「南渡桑乾風始和，冰開易水應生波。」又云：「胡人送客不忍去，久安和好依中原。年年相送桑乾上，欲話白溝一惆悵。」遼伴者送至白溝。

《鬱孤臺法帖》載本年正月十九日，蘇軾應王伯敭之請，爲伯敭書《麻田吴道人供養普照王像贊》。

載《法帖》卷六，云：「『盲人有眼不自知，忽然見日喜而舞。非謂日月有在亡，實自慶我眼根在。泗濱□□誰不見，而有熟視不見者。彼豈無眼業鄣故，以知見者皆希有。若能便作希有見，從此成佛如反掌。傳摹世間千萬億，皆自大士法身出。麻田供養東坡贊，見者無數悉成佛。』《麻田吴道人供養普照王像贊》。元祐五年正月十九日，王伯敭求此，故爲書之。東坡居士蘇軾子瞻。」

此贊，《蘇軾文集》卷二十一收入，題作《僧伽贊》。此文，《七集·續集》卷十題作《普照王贊》。《蘇軾文集》及《七集·續集》均無自「麻田吴道人」以下三十八字。《法帖》空格，以上二書爲「大士」二字。蘇軾、蘇轍兄弟有友人王伯敭，名廷老。卒於元祐二年間。已屢見本譜。竊疑《法帖》中之王伯敭即名廷老者。因是疑《法帖》中「元祐五年」之「五」爲「元」之誤。嘗以是詢之上海友人蘇永祁，蘇君以《法帖》影印件見示，確爲「五」字。余之疑仍不能解，姑以此王伯敭爲另一人，暫繫於此。

十九日，范祖禹上劄子，乞早召還蘇軾。

據《范太史集》卷十九《薦士劄子·三》。《劄子》云：「臣伏見知杭州蘇軾，文章爲時所宗，名重海内，陛下所自拔擢，不待臣言而可知。臣竊觀軾忠義許國，遇事敢言，一心不回，無所顧望。

然其立朝多得謗毀，蓋以剛正疾惡，力排奸邪，尤爲王安石、吕惠卿之黨所憎，騰口於臺諫之門，未必非此輩也。陛下舉直錯枉，别白邪正，以致今日之治，如軾者豈宜使之久去朝廷。況軾在經筵進讀，最爲有補。臣愚伏望聖慈早賜召還，今尚書缺官，陛下如欲用軾，何所不可。朝廷選授常患乏才，每一官缺，久之不補。今有一蘇軾而不能用，不知更求何者爲才也。臣竊爲陛下惜之，取進止。」《長編》卷四百三十七本月乙酉亦載。

轍過瀛州、深州、洺州。二十三日，過相州，祭韓琦（忠獻）之墓。

過瀛州、深州、洺州，見《欒城集》卷四十二《乞罷修河司劄子》。祭文見《集》卷二十六。中云：「自公云亡，日月遄邁。蒼然墓木，過者垂涕。轍與君錫，偕使於遼。驅車往來，實出其郊。顧瞻西山，與公俱高。使事有期，當復於朝。觴豆甚微，懷想則勞。」《年表》系此祭文於元祐四年末，不從；今以祭文自標年月日爲準。

二十五日，秦覯（少章）歸省其親，軾作《太息》餞行，贊覯之兄觀及張耒之才識。

文見《蘇軾文集》卷六十四，謂張、秦乃士之超逸絶塵者，謂「士如良金美玉，市有定價，豈可以愛憎口舌貴賤之」，出以至公，不必顧忌世俗「紛紛」之論，以此勉覯。據此，則所謂太息者，乃太息世俗於新進有才華之士之偏見也。蘇軾實以獎勵、鼓舞新進爲己責，以歐陽修爲法。《平園續稿》卷十《跋秦少章雜文》引蘇軾此文覯「復從吾遊不及期年，而議論日新，若將施於用者」云云，謂今觀靚文，「豈溢美之言耶」。蓋軾之意乃出於奬掖。

仲天貺、王箴（元直）將歸蜀，與秦觀同行。軾有詩送行。劉季孫（景文）有和。

詩見《蘇軾詩集》卷三十二（一六七八頁）。詩題謂留半歲。詩云「三人一旦同行」，自注謂天貺、箴、觀；又云「白醪光泛新春」，知此詩作於正月，三人原定正月離杭。

《山谷別集詩注》卷下《和東坡送仲天貺王元直六言韻五首》宋史季温原注云：「劉景文和東坡詩，序云：『季孫惶恐。伏蒙判府内翰寵示送仲天貺、王元直詩五首，仰同嚴韻，不勝狂妄之罪。』」以下注文引劉季孫和作，其一云：「誰懷二子千里，公賦五篇六言。月底飛雲西去，山頭歸雁雙鶱。」其二云：「小艇辭公晚發，高齋記客初來。耿耿不忘歸路，阻脩萬折千回。」其三云：「府下莫非羣雋，坐中不見三明（原注：秦少章秀才同行）。遠意關河馬首，静吟筆硯泉聲。」其四云：「雖到蜀都有日，却逢謝傅何年。歷歷林溪勝處，想君把酒依然。」其五云：「樂事莫如飲酒，休官自是高人。紅帶鼇頭寄與，是翁矍鑠尋春（史季温注：紅帶謂王慶源老人也）。」

黄庭堅作《和東坡送仲天貺王元直六言韻》。

庭堅詩見《山谷別集詩注》卷下。

宋史季温注此詩云：「山谷《自序》云：『王元直惠示東坡先生與景文老將唱和六言十篇，感今懷昔，似聞東坡已渡瘴海來歸，而景文墓木已拱，仲天貺之壟亦有宿草。猶喜元直尚健，能道錢塘舊事，故追韻作此五篇。只今眼前無景文輩人，故詩及之尤多。』此詩，山谷留青神時所作，墨迹今藏祕撰楊公家。」

庭堅詩其一云：「仲子賈霜殺草，風流無地寄言。王君攀鱗附翼，禮義端能不騫。」仲子謂天貺，王君謂箴（元直）。其三云：「兩公六字語妙，獨我一雙眼明。筆似出林鳥翼，詩如落澗泉聲。」兩公謂蘇軾、劉季孫（景文）。詩盛贊蘇、劉之詩。其三：「老憶夷門老將，當年許我忘年。博學似劉子政，清詩如孟浩然。」贊劉季孫。餘二首略。

蘇軾與陳師錫（伯修）簡，慰其親之逝。

簡乃《蘇軾文集》卷五十三《與陳伯修》第一簡。

簡云：「承孝履如宜。日月如昨，奄换新歲，追慕摧怛，愈遠無及，奈何。未緣面慰，伏冀節哀自重。」時師錫官於杭州所屬邑，參本年以下「陳師錫來簡」條。細味此簡，知師錫之父或母卒於新、舊歲交替之際，是時服雖已滿，師錫尚在悲痛之中，故以爲慰也。

蘇軾春來時謁告，與張敦禮（君予）簡，言欲乞閑散。

簡乃《蘇軾文集》卷五十五《與張君予》第二簡。

簡云：「某春來多病，時復謁告，乞宣城，或一宫觀差遣。蓋拙者雖在遠外，尚忝劇郡，故不爲用事者所容。近者言陳師道，因復見及。又去年黥二凶人，一路爲之肅然。今乃爲其所訟，蓋必有使之者。不然，頑民不知爲此也。以此，不得不爲求閑散以避其鋒。素荷知照，聊復及之。」約作於正月、二月初。此云所云乞宣城，實不過心中擬議，並未正式向朝廷陳請。「近者言陳師道」，當指劉安世《元城先生盡言集》卷六《論陳師道不合擅去官守游宴事》，見本譜元祐四年五月紀事。二顔乃顔益、顔章，參上年八月紀事。

轍月末回至京師。知次女之婿王適（子立）已卒，哭之失聲。其後，爲適文集作引。

相州距京師三百五十里，轍回至京師，爲正月末。

適卒於元祐四年十月二十五日，享年三十五。見《蘇軾文集》卷十五《王子立墓誌銘》。前已及。

《欒城後集》卷二十一《王子立秀才文集引》：「元祐四年秋，予奉詔使契丹。九月，君以女弟將適人，將鬻濟南之田以遣之，告予爲一月之行。明年春，還自契丹，及境而君書不至，予固疑之。及家，問之。曰：『噫嘻，君未至濟南，病没於奉高。』予哭之失聲。」適集不傳。

《欒城集》卷四十二《乞罷修河司劄子》：「今年正月，還自虜中。」

轍呈《語録》。上《論北邊事劄子》五道。

《欒城集》卷四十二《北使還論北邊事劄子·二論北朝政事大略》："臣等近奉敕差充北朝皇帝生辰國信使，尋已具《語録》進呈訖。"顧名思義，《語録》當爲與北朝君臣交往紀録，實爲研究宋、遼關係第一手資料，惜不傳。奉使回進呈《語録》，當爲奉使時一項規定。

此五道劄子，一爲《論北朝所見於朝廷不便事》。一言禁民間不得擅開板印行文字，令民間每欲開板，先具本申所屬。以免泄漏機密。二言禁錢出外界。河北、河東、陝西三路并鑄鐵，而行使之地止於極邊諸州。極邊見在銅錢，并以鐵錢兑换，般入近裹州軍。

二爲《論北朝政事大略》。一言北朝皇帝若且無恙，北邊可保無事。其孫燕王骨氣凡弱，瞻視不正，不逮其祖。雖心似向漢，未知得志之後，能彈壓蕃漢，保其禄位否耳。按：此燕王乃嗣道宗之位者天祚帝耶律延禧，保大五年（一一二五），爲金所滅。足見轍之觀察準確。二言北朝之政，上下維持，未有離析之勢。三言北朝皇帝好佛法，所在修蓋寺院，度僧甚衆，僧徒縱恣，放債營利，民甚苦之。此乃北界之巨蠹。

三爲《乞罷人從内親從官》。緣親從官多係市井小人，入界之後，恣情妄作。

四爲《乞隨行差常用大車》。免使沿路修車，煩擾州縣。

五爲《乞立差馬及駝日限》。乞今後所差入國駝馬，并於起發半月以前差定，仍即時關報使副，令看驗揀擇。以免馬、駝經涉苦寒險遠，多致倒死，有誤使事。

按：此五劄原未注明寫作時間。以情度之，當爲此時事。

二月丁酉（初二日），轍作《中太一宫祈雨青詞》。

青詞見《欒城集》卷三十四。首云嗣天子臣「謹遣入内内侍省内東頭供奉官臣李永言，請道士三七人，於中太一宫真室殿開啓祈雨道場，謹上啓元始天尊、太上道君、太上老君混元上德皇帝」。

同日，李常卒。三日，孫覺卒。

《老學庵筆記》卷四：「李公擇、孫莘老平時至相親厚，皆終於御史中丞。元祐五年二月二日，公擇卒；三日，莘老卒。先後纔一日。」據《蘇魏公文集》卷五十五《李常墓誌銘》、《宋史》卷三百四十四《孫覺傳》，李享年六十四，孫享年六十三。

《蘇軾詩集》卷三十二《次韵林子中王彦祖唱酬》首云：「早知身寄一漚中，晚節尤驚落木風。」自注：「近聞莘老、公擇皆逝，故有此句。」

七日，軾作詩懷念鄉老蔡褒（子華）、楊君素、王淮奇等，並致簡淮奇，托王箴攜歸。王箴歸。

七日云云，據《蘇軾詩集》卷三十一《寄蔡子華》及題下「王堯卿注」。《詩集》次《寄蔡子華》於元祐四年冬間，誤。詩有「江南春盡水如天，腸斷西湖春水船」句，可證。

《永樂大典》卷九〇七引黄庭堅《書東坡與蔡子華詩後》：「余來青衣，當東坡詩後十一年，三老人悉已下世，或見其兒孫甥姪耳。此邦人士恂恂，猶有忠厚之氣，蓋以前輩多老成耶。子華之孫汝礪持此詩來，時東坡猶在零陵，使人撫卷太息。元符三年九月庚辰，涪翁書。」零陵，永州治。參本譜元符三年紀事。

十三日，轍上《乞罷修河司劄子》。

劄子見《欒城集》卷四十二：以黄河不可復回，故應罷修河司。劄子貼黄言：「修河司妄舉大役，略無所益，而費用錢糧物料，萬數不少。河北災傷之後，極不易應副。縱是封樁錢物，亦出自民力，深可痛惜。」

《宋史》卷九十二《河渠志》二節引此劄。

十四日，軾奏乞降度牒召人入中斛斗出糶濟饑等狀。

狀見《蘇軾文集》卷三十（八五九頁）。狀申前請，乞降度牒二百道。

十五日，軾爲錢龢（邑仲）題焦千之帖後。嘗爲錢龢題書室。

文見《蘇軾文集》卷六十九（二一九七頁）。《咸淳臨安志》卷六十五：「錢龢，字邑甫（原注：一作邑仲），以孝義知名，居於錢塘門外九里松之間。嘗建傑閣，藏書甚富，蘇軾榜曰『錢氏書藏』。仕至直秘閣知荆南府。墳墓在靈隱、天竺兩山之間。」龢乃勰弟，勰次四，龢次七。見《蘇軾詩集》卷三十一《和錢四寄其弟龢》注文。

《道鄉先生鄒忠公文集》卷六《次韵錢毘雪中》：「六出飛瓊玖，雲愁正臘天。寒聲生密竹，爽氣徹純綿。故苑風初静，重樓月向圓。何當酬此景，蘸甲引金船。」附此。

錢勰（穆父）寄其弟龢（毘仲）詩，蘇軾和其韵。

軾詩乃《蘇軾詩集》卷三十一《和錢四寄其弟龢》。

勰原韵見《集注分類東坡詩》卷十一和勰詩題下注文，云：「東方千騎擁朱輪，衣錦歸逢故國春。莫向西湖戀風月，鴒原知有望歸人。」

同上引龢詩：「烏衣巷裏走雙輪，正是家山二月春。明日湖平定歸去，蓬萊還見謫仙人。」龢一字毘甫，行七。勰行四。俱見《集注分類東坡詩》注文。

今以錢龢故，次勰、軾詩於此。

庚戌（十五日），文彦博自太師、平章軍國重事以守太師、儀同三司、河中興元尹、護國軍山南西道節度使致仕。壬子（十七日），彦博乞免册禮，從之。彦博乞免兩鎮節度使，只帶河東一鎮致仕；凡三上章，壬戌（二十七日），朝廷從之。轍有除彦博制，有《河東官吏軍民示喻敕書》。

庚戌云云，據《宋史·宰輔表》。壬子云云，據《續資治通鑒》卷八十一「元祐五年二月」紀事。

壬戌云云，據《長編》卷四百三十八。

《欒城集》卷三十三有《太師文彦博乞致仕不許不允詔二首》、《文彦博致仕再免兩鎮不許不允詔二首》、《文彦博三免兩鎮不許不允詔二首》、《文彦博免兩鎮許允詔二首》。

彦博乞以河東一鎮致仕，得允。

《集》卷三十三有《河東官吏軍民示喻敕書》。河東乃彦博之故鄉，故其勛封事宜示喻鄉里。

《集》卷三十四有《文彦博乞致仕不許不允批答二首》、《文彦博致仕免兩鎮不許不允批答二首》。

《龍川别志》卷下謂至和三年，仁宗不豫，皇嗣未建，宰相文、富、韓三公方議所立，參知王堯臣弟正臣，嘗爲宗室説書官，知英宗之賢，即言之。乃定議草奏書即欲上，而仁宗愈，即止，堯臣私收奏本。後二年，韓當國，乃定立英宗爲皇子。仁宗卒，英宗即位，賞定策之功，以韓爲首。以下云：「元豐末，堯臣子同老上書繳進元奏。時諸公惟文公、富公在，皆歸老於洛。會文公入助郊饗，神宗訪之，公具奏所以，神宗悦焉。故一時諸公，例皆被賞。而韓氏諸子惡分其功，辨之不已，文公之罷平章重事，由此故也。」

《長編》卷四百三十七元祐五年正月己丑紀事注文引陳天倪《潁濱語録》：「蘇轍云仁廟至和末，富公、潞公、王文忠公堯臣皆在朝。一日，仁廟服藥，而皇嗣未立，執政等憂之。時王文忠公嘗與富公、潞公等議請立英宗爲皇嗣事。未上，而仁廟已勿藥，遂絶口不敢道，中外無有知者。嘉祐間，魏公作相，英廟入爲皇嗣。及即位，則首尾皆魏公了之。至元豐初，文忠公之子同老言於朝，明其父至和之末與富、潞二公嘗議請立皇嗣事，議既定而未發，今遺稿則存，以二公爲證。時富公在南京，潞公留守北都。是年秋，大享明堂。神廟有詔，令二公入陪祠事。既畢，令登對，遂以同老事問潞公，公具道其事。問富公，云不知。神廟亦不能强之也。有詔令潞公留守西京，加太尉，寵遇甚厚。而鄭公之意，不欲於不分曉處受朝廷恩賞，終不肯言，亦退居洛，不復與潞公相見。時潞公作耆英會，置酒於富公之第。及會，當富公，但送羊酒而已，蓋鄙之也。然援立之功，歸之潞公，則前日魏公一番恩例，亦當奪去。時神考但兩平之。因言王旦（撰者按，『旦』疑爲『同老』之誤）指及潞公晚節，嘗爲惜之，曰：血氣既衰，戒之在得。」鄭公謂富弼。「血氣」云云，見《論語》。此以下，李燾云：「王同老事，見元豐三年閏九月。此時富弼致事久矣。弼致仕即居西京，未嘗在南京。是年明堂，文彦博自北京入覲，弼亦未嘗赴闕也。陳天倪所録差誤，又與《龍川别志》不合，恐不足據也。今姑存之。」

十八日，軾奏兩浙轉運使葉温叟分擘度牒不公。朝廷從請，杭得度牒由三十增至一百道。

奏見《蘇軾文集》卷三十（八六〇頁）。謂正月二十六日降兩浙路度牒三百道，杭州得三十道，潤州人户纔及杭十之一二，却得一百道，乞杭得一百五十道。得百道見《文集》卷三十《杭州乞度牒開西湖狀》。《軾墓誌銘》云：「復得賜度僧牒百易米以救饑者」當指此事。

《避暑録話》卷下：「叔祖度支諱温叟，與子瞻同年，議論每不相下。」以下云：「子瞻守杭州，公爲轉運使。浙西適大水災傷，子瞻鋭於賑濟，而告之者，或施予不能無濫，且以杭人樂其政，陰欲厚之。公每持之不下，即親行部，一皆閲實，更爲條畫上聞。朝廷主公議，會出度牒數百，付轉運司易米給民，杭州遂欲取其半。公曰：『使者與郡守職不同，公有志天下，何用私其州，而使吾不得行其職。』卒視他州災傷重輕分與之。子瞻怒甚，上章詆公甚力，廷議不以爲直，乃召公還，爲主客郎中。子瞻之志固美，雖傷於濫，不害爲仁，而公之守不苟其官，亦人所難，可見前輩居官，無不欲自行其志也。」

二十五日，軾爲孤山智果院題梁。道潛入居智果院。

《咸淳臨安志》卷七十九《上智果院》：「元祐五年，歲次庚午，二月辛卯朔，二十五日乙卯上梁。」蘇軾書。影印《浙江通志》卷二百二十六謂「智果寺在葛嶺上，石晉開運元年錢氏建」。《蘇軾文集》卷六十八《書參寥詩》謂道潛「始卜居西湖智果院」，作於本月二十七日。卷十九《參寥泉銘》所云智果精舍即智果院。

《參寥子詩集》卷六《余初入智果院》（題下原注：「蘇翰林率賓客相送者十六人，各賦詩一章」）：泰山屹天下，四海同仰止。我公命世英，突兀等於是。胸中廓秋漢，皎絶微雲滓。當年事危言，軒冕如脱屣。正貴知我希，寧慚不吾以。風雲果再符，六翮排空起。一昨厭承明，抗章求迤邐。餘杭古雄藩，比屋富生齒。立談政即成，興不負山水。雍容敦末契，訪我頑且鄙。大旆輝松門，禽猿亦驚喜。森森門下士，左右粲珠履。使君道德姿，圭角非所恃。軟語如春風，薰然著桃李。今朝真勝事，千載足遺美。安得筆如椽，磨崖爲公紀。」

二十六日，軾過金文寺，再觀李建中（西臺）詩，書其後。

據《紀年録》。《蘇軾詩集》卷二十八有《金門寺中見李西臺與二錢（原注：惟演、易）唱和四絶句，戲用其韻跋之》詩，當即《紀年録》所云書後，知金門寺即金文寺。《晚香堂蘇帖》所收《答監司》簡云及金文寺，在杭州。

同日，寒食，與王瑜（忠玉）、劉季孫（景文）、周燾（次元）等訪清順（怡然）、道潛及陳師錫。

《蘇軾詩集》卷三十二《次韻劉景文、周次元寒食同游西湖》云「共向北山尋二士」，謂清順、道潛。《參寥子詩集》卷六《寒食日，蘇翰林同王中玉提刑過訪，有詩示怡然並余，余次韻云》中云：「西湖破春冰，曉漲翻晴渌。相將二使軺，導從還屏逐。後先度巖壑，頡頏追鸞鵠。樂事殊未央，酒行宜局促。風流俄醉舞，坐客瞻頽玉。嵇、阮真達生，秦、唐謾歌鼓。斜陽絶湖去，兩槳凌波速。却尋元龍居，隱隱隔喬木。到門呼主人，展畫滿高屋。夕鼓來遠近，雨聲飄斷續。籃輿入城市，夾道鬧燈燭。盛事在餘杭，他年見圖録。」叙此日蘇軾暢游。元龍乃謂陳師錫。《詩集》緊次《次韻劉景文、周次元寒食同游西湖》爲《連日與王忠玉、張全翁游西湖，訪北山清順、道潛二詩僧，登垂雲亭，飲參寥泉，最後過唐州陳使君夜飲，忠玉有詩，次韻答之》。此陳使君即師錫。張全翁名璹。本日爲寒食，見《蘇軾文集》卷六十八《書參寥詩》。季孫原韻見《咸淳臨安志》卷三十三，《詩集》注文已引。

二十七日，軾訪道潛，書道潛所作寒食清明詩。

《蘇軾文集》卷六十八《書參寥詩》叙其事。《西湖夢尋》卷一《智果寺》：「東坡守杭，參寥卜居智果，有泉出石罅間。寒食之明日，東坡來訪參寥，汲泉煮茗，適符所夢。東坡四顧壇壝，謂參寥曰：『某生平未嘗至此，而眼界所視，皆若素所經歷者。自此上懺堂前，當有九十三級。』數之，果如其言。即謂參寥子曰：『某前身，寺中僧也，今日寺僧，皆吾法屬耳。吾死後，當舍身爲寺中伽藍。』參寥遂塑東坡像，供之伽藍之列，留偈壁間，有：『金剛開口笑鐘樓，樓笑金剛雨打頭。直待有鄰通一綫，兩重公案一時修。』」參熙寧七年「在杭嘗游西湖壽星寺」條。

甲子（二十九日），詔即玉津園宴餞太師文彦博，宰臣吕大防主之，三省樞密院暨侍從官赴。轍有送行詩。

甲子云云，據《長編》卷四百三十八并《續資治通鑒》卷八十一。轍詩乃《欒城集》卷十六《送文太師致仕還洛三首》。其三末云：「我欲試求三畝宅，從公它日賦歸歟。」自注：「先人昔游洛中，有卜築之意。不肖常欲成就先志，顧未暇耳。」欲居洛。

《詩話總龜》前集卷八引《王直方詩話》：「余最愛蘇黄門《送文潞公》云：『遍閲後生真有道，欲談前事恐無人。』蓋潞公官爵年德難爲形容，非此兩句，不能優游而自見。」《能改齋漫録》卷七：「文潞公嘗曰：『人但以彦博長年爲慶，獨不知閲世既久，内外親戚皆亡，一時交游凋零殆盡，所接皆邈然少年，無可論舊事者。』王立之喜蘇黄門送人歸洛詩云：『遍閲後生真有道，欲談前事恐無人。』殊不知蘇叙潞公語也。」

按，「遍閲」二句，在送行詩其一之中。

三十日，軾與王瑜、張璹、周燾來龍井，餽元净香茗，慶其八十，題名。時璹爲兩浙轉運判官。

題名見《佚文彙編》卷六(二五八二頁)。璹字全翁，安陸人。見《蘇軾詩集》卷三十二《連日與王忠玉張全翁游西湖》注文。璹代周燾任。《長編》卷三百八十二元祐元年七月戊辰：朝奉大夫張璹爲京東路轉運判官。《塵史》卷上《利疚》、卷中《治家》均及璹，稱「朝議」，璹當官朝議大夫。

三月二日，軾與王瑜、楊傑、張璹游龍華寺，過麥嶺，至天竺；復同游韜光：各有題名。

題名俱見《佚文彙編》卷六(二五八三頁)。《咸淳臨安志》卷二十八：「大麥嶺：《祥符志》云：在錢塘舊治西南，到縣一十五里，今與步司右軍寨相連，路通放馬場。舊多種麥，因以名。嶺之顛有觀音閣。」以下言「對山」有蘇軾等本日題名。《西湖游覽志》卷十《北山勝迹》叙北高峯山半，有韜光庵，謂庵乃蜀韜光禪師建，唐穆宗時，師出游至靈隱山巢溝塢，遂卓錫；謂庵内有金蓮池、烹茗井，壁間有趙抃、蘇軾題名。

壬申（初七日），以尚書左丞韓忠彦同知樞密院事，以翰林學士承旨蘇頌爲尚書左丞。忠彦、頌辭，轍草詔敕及批答不允。

三月云云，據《年表》及《宋史·宰輔表》。《年表》「左丞」作「右丞」，今從《宋史》。《欒城集》卷三十三有《韓忠彦免同知樞密院不允詔》、《蘇頌免尚書左丞不許不允詔二首》。卷三十四有《韓忠彦免同知樞密院不許不允批答二首》、《蘇頌免尚書左丞不許不允批答二首》。

轍草《賜知樞密院孫固乞致仕不許不允詔》。

《年表》繫此文於壬申之後，或爲壬申事。文乃《欒城集》卷三十三《孫固乞致仕不允詔》；云及「邊防」。文緊次《韓忠彦免同知樞密院不允詔》之前。《宋史·宰輔表》本年四月甲辰紀事：「右光禄大夫、知樞密院事孫固卒。」

八日，軾與楊傑訪劉季孫（景文），季孫出所藏歐陽修帖，爲跋。

跋見《蘇軾文集》卷六十九（二一九七頁）。《柯山集》卷十三《送劉季孫赴浙東》有「文史隨船三萬軸」之句，知季孫富藏書。參元祐四年九月十九日紀事。

《無爲集》卷六《和劉景文路分考成》：「新春書一考，舊學惜三餘。弗厭清溪淡，從教世味疏。

清時閑將帥，長日玩圖書。愛我錦溪月，約來相伴君。」此詩作於杭州。「長日」云云，乃劉季孫生活寫照，亦有助於了解蘇軾治杭時同僚生活之一側面。

己卯（十四日），以知亳州鄧温伯爲翰林學士承旨。温伯辭，轍草詔敕不允。

己卯云云，據《年表》。詔敕乃《欒城集》卷三十三《鄧温伯免翰林承旨不許不允詔二首》。

蘇軾與張敦禮（君予）多簡。敘思念弟轍，并云且在外爲安。

簡乃《蘇軾文集》卷五十五《與張君予》第三、四、五簡。

第三簡辭不爲張敦禮先塋作神道碑。

第四簡：「某守郡粗遣，去國稍久，矧懷家弟，老病豈不念歸。但聞以眷知之深，頗爲當路所忌，縱復歸覲，不免側目，憂患愈深，不若在外之安也。」眷知謂弟轍。

第五簡：「别紙亦喻，愛念之深，欲其歸闕。某之思念家弟，懷仰親友，豈無歸意，但在内實無絲毫補報，而爲郡粗可及民。又自顧衰老，豈能復與人計較長短是非，招怒取謗耶！若緘口隨衆，又非平生本意，計之熟矣，以此不如且在外也。子由想亦不久須出，則歸亦誰從。」簡云「俟到夏」，知作於二月或三月初。《蘇軾文集》與敦禮五簡，似按時間先後次第。

蘇軾與郭祥正（功父）簡，餽祥正筆、墨、新茶等。

簡乃《蘇軾文集》卷五十一《與郭功父》第三簡。

簡云：「兒子歸來，别無可爲土物，御筆一雙，賜墨一圭，新茶兩餅，皆得之大臣家真物也。」兒子當謂邁。既云「新茶」，此簡當作於三月間。

軾與程之邵（懿叔）簡，有欲乞宣城或宫觀之意。程之元來簡。

《蘇軾文集》卷五十七與之邵第五簡叙此；簡云「子由使虜亦還」，知作於春間。簡又云：「廣東近亦得書，甚安。」謂程之元也。參本年此以下「程之元遣使來杭」條紀事。

張天驥（聖途）、陳輔（輔之）來，軾與二人游萬松嶺惠明院，品新茶，題壁。

文見《蘇軾文集》卷七十一（二二六五頁）。《輿地紀勝》卷二《臨安府》謂萬松嶺去錢塘十里，夾道栽松；慧明院舊在沖晦處士徐復故廬之側，高深幽僻；復有文武材，不仕，寓居萬松嶺。《侯鯖録》卷四叙蘇軾與張、陳游萬松嶺惠明院事，同《文集》，不録。

與章衡（子平）簡，薦陳輔（輔之）爲學官；蘇軾嘗贊輔爲人。又薦柳豫於衡。

薦輔，據《蘇軾文集》卷五十五與衡第六簡。簡謂輔學行甚高，詩文皆過人，然孤介寡合。《禮部集》卷十六《東坡二帖》：「右大蘇公手筆，前一帖爲陳輔之之書也。……輔之，丹陽人，每歲上冢金陵，必至蔣山訪楊德逢所謂湖陰先生者，嘗不值，題詩於壁云：『北山松粉未飄花，白下風輕麥脚斜。身似舊年王、謝燕，一年一度到君家。』德逢稱於荆公，公有『尋常百姓』之戲，亦有詩贈輔云：『南郭先生比鶗鴂，年年過我未愆期。休論王、謝當時事，大抵烏衣似舊時。』正指此也。當公用事時，閉與不通，及退歸，復從之游。因坡公稱此，益知其爲人。」據「坡公稱此」云云，是蘇軾另有文，或即此處所云之「前一帖」，今其帖已佚。《文集》卷七十二有《陳輔之不娶》，叙輔事。輔自號南郭子，《京口耆舊傳》卷三有傳，並參《五總志》。輔有《陳輔之詩話》，收入《宋詩話輯佚》。餘詳建中靖國元年「陳輔來問疾」條。

《蘇軾文集》卷五十五《與章子平》第五簡：「本州於潛縣柳豫，極有文行，近丁憂貧甚，食口至衆，無所歸，可代曾君管秀學否？聞曾君不久服闋入京，如未有人，幸留此缺也。此人詞學甚富，而内行過人，誠可以表帥學者。」亦以學官薦之。《總案》誤章衡爲章援；並以此事入元祐四年，不妥。此當爲今年事。今以陳輔至杭事，附次於此。

設安樂坊，軾命醫官爲疫者治病，全活者甚衆。施聖散子方。

《軾墓誌銘》叙今年：「公又多作饘粥藥劑，遣吏挾醫，分坊治病，活者甚衆。公曰：『杭，水陸之會，因疫病死比他處常多。』乃裒羡緡得二千，復發私橐得黄金五十兩，以作病坊，稍畜錢糧以待之。至於今不廢。」《輿地紀勝》卷二《臨安府·官吏》引《蒼梧志》轉引《蘇氏家傳》，亦載此事。

《咸淳臨安志》卷四十謂杭州有管病坊。《墓誌銘》所云病坊當即管病坊。《咸淳臨安志》卷四十六謂本年饑疫，蘇軾「命醫官分治疾病」。管病坊當設於其時。

《宋會要輯稿》第一百六十册《食貨》六八之一三〇崇寧二年五月二十六日紀事：「兩浙轉運司言：蘇軾知杭州日，城中有病坊一所，名安樂，以僧主之。三年醫愈千人，與紫衣。乞自今管勾病坊僧三年滿所醫之數，賜紫衣及祠部牒各一道，從之。仍改爲安濟坊。」《清波别志》卷上亦有此記載。《宋會要輯稿》有脱文、誤文，今據《清波别志》補正。

《蘇軾文集》卷十《聖散子後序》：「去年春，杭之民病，得此藥全活者，不可勝數。所用皆中下品藥，略計每千錢即得千服，所濟已及千人。」此文作於元祐六年。其方，參《文集》卷十《聖散子序》。施聖散子方與設安樂坊當爲同時事。

晚春，軾賦《南歌子》。

《東坡先生全集》卷七十四有此詞，調下注：「晚春。」詞見《東坡樂府》卷下。

詞云「日薄花房綻」，又云「夜來微雨洗郊坰」，皆屬江南景象，知作於杭。詞云「使君」，知作於守杭時。詞云「正是一年春好近清明」，點明季候。詞爲巡視杭郊所作，若在明年此時，已將離任矣。

蘇軾以新茶送簽判程遵彦（之邵），遵彦以饋其母，有詩謝軾，軾次韻答之。

軾詩見《蘇軾詩集》卷三十二(一六八二頁)。

詩末云:「從此升堂是兄弟,一甌林下記相逢。」欲登堂拜其母,約他日林下共飲,記今日之事,蓋遵彦爲眉山人。

軾賦《南歌子》(日薄花房綻)。

詞見《東坡樂府》卷上,《東坡先生全集》卷七十四題作「晚春」。

或謂此詞作於元豐五年。以《蘇軾詩集》卷二十一有《寒食雨二首》。此詞有「夜來微雨洗郊坰」之句。《寒食雨》其一云:「今年又苦雨,兩月秋蕭瑟。」其二云:「春江欲入户,雨勢來不已。小屋如漁舟,濛濛水雲裹。」決非微雨,而爲連雨、久雨;以水勢論,亦爲中雨。此詞首云「日薄花房綻」,則此「微雨」乃偶降,而非連雨。據此,此詞仍以繫於此處爲是。

林希(子中)寄與王汾(彦祖)倡酬來,軾次韵。

次韵見《蘇軾詩集》卷三十二(一六八三頁)。詩云:「春盡西湖水映空。」乃三月間事。時希知潤州,見「施注」。

春末,軾戲送張天驥歸彭城。

《詩話總龜》前集卷三十六引《紀詩》:「徐州雲水山人張天驥,不遠千里,見朱定國於錢塘,愛其中風物,遂欲徙家居焉。春盡思歸,以詩戲之云:『羨公飄蕩一孤舟,來作錢塘十日游。水洗禪心都眼浄，山供詩筆總眉愁。雪中乘興真聊爾，春盡思歸都罷休。何事却尋朱處士，種魚萬尾橘千頭。』」。詩見《蘇軾詩集》卷三十二，題作《次韻送張山人歸彭城》；「何事」句，《詩集》作「何日五湖從范蠡」。

朱定國，字興仲，慶曆二年進士，廬江人。《無爲集》卷十三有墓誌銘，謂卒於元祐四年，年七十九。疑「四年」有誤。《詩話總龜》卷首引用書目，有朱定國《續歸田録》，已早佚。

軾題劉季孫(景文)所藏王獻之(子敬)帖。

《蘇軾詩集》卷三十二有《書劉景文左藏所藏王子敬帖》；《蘇軾文集》卷六十七《書韋蘇州詩》亦爲題帖作。

《寶晉英光集》卷八之中一則叙及劉季孫欲以己所藏《王子敬帖》易米黻《小研山》，未能易成。以下云：「季孫卒，其子以二十千賣，王防父知太原，得之。二三年間，以數種好玩於防處易，不成。季孫爲兩浙路分司，章惇要，不與。蘇軾、秦觀等有詩題其後。今皆除了。潤州見時猶在。軾、觀、惇等共題。《書》曰：『惟辟玉食。』夫至玩、玉食，非人主，則人臣孰堪之。乃是神物護持，並合歸上聖。」此文所云蘇軾題詩，即《書劉景文左藏所藏王子敬帖》。章惇題跋，《詩集》「施注」已引。

《真迹日録》卷一《米元章尺牘跋》：「坡老題米元章所藏右軍《思言》三帖云：『君家兩行十二

字，氣壓鄴侯三萬籤。』元章筆不盡如右軍，然亦奕奕神彩，不作强弩砍陣勢。數之，得字三十二。吾不知孟氏所藏書視鄴架如何，其賞愛之，當亦不下坡老也。『第方先生以受知先帝』一語，謂爲貽坡老者。則不然，元章蘇門後進中醍醐往還竿尺極綿篤，决不作世情鹽醯語。名諱一印章，亦畫蛇之足。聊爲拈出之，勿使强解事者作口實也。世貞題。《王弇州續稿》「君家」二句，乃蘇軾題詩中語。

曹輔寄壑源試焙新芽，軾次韻謝之。

詩見《蘇軾詩集》卷三十二（一六九六頁），云「清風吹破武林春」，在春季。輔時爲福建運判。《詩集》次此詩於《真覺院四月十八日》等詩之後，不當。

四月丙申（初一日），轍作《後苑粉壇祈雨祝文》。

文見《欒城集》卷三十四。云：「皇帝遣入内内侍省内東頭供奉官句當後苑譚扆等，請僧三七人，於後苑華景亭開啓粉壇祈雨道場。伏以自冬常暘，涉夏未雨。四方千里，二麥一空。」云云。

癸卯（初八日），轍作《奏告五星祈雨祝文》。

文見《欒城集》卷三十四。云嗣天子「謹遣左奉議郎、守尚書吏部員外郎趙岏敢昭告於東方歲星」。

十八日，軾晤富陽令馮君，得見元豐六年所贈段璵書。

據《蘇軾文集》卷七十《書名僧令休硯》。《咸淳臨安志》令富陽無馮姓者，湮没已久。

同日，軾與劉季孫往龍山真覺院賞枇杷，有詩。

詩見《蘇軾詩集》卷三十二（一六八七頁）。

《參寥子詩集》卷六《景文寵示四月十七日翰林公過龍山真覺院賞枇杷五言一章，景文已和之，復使余繼其後》：「脱略今山簡，能吟舊子春。偶因尋勝出，不爲采芳人。紅紫千葩盡，甘酸萬顆新。江雲浮翠壁，靄靄散魚鱗。」甘酸，謂盧橘。

軾詩詩題爲：「真覺院有洛花，花時不暇往，四月十八日，與劉景文同往賞枇杷。」

《咸淳臨安志》卷七十七《寺觀三·寺院·城外自慈雲嶺郊臺至嘉會門泥路龍山·真覺院》：「開寶八年建，舊名奉慶，大中祥符改今額。」以下引劉季孫（景文）次韻：「夏木有餘緑，山僧知勝春。日長尋卧榻，花落斷游人。紅旆來雖晚，清風到亦新。成林盧橘熟，翠羽雜金鱗。」「紅旆」謂蘇軾。知是處有盧橘，有鳥有魚，誠爲好去處。

二十一日，軾題張先（子野）詩集後。

文見《蘇軾文集》卷六十八（二二一四六頁）；贊其詩筆老妙，歌詞乃其餘技。

按：《嘉泰吴興志》謂先「有集一百卷，唯樂府傳於世」，《紹興續編到四庫缺書目》，有《張子野集》十二卷，《宋史·藝文志》載《張先詩》二十卷，《通志·藝文略》載先《湖州碧瀾堂詩》一卷：其詩集今不傳。

丁巳（二十二日），轍作《太皇太后以旱賜門下詔》、《皇帝以旱賜門下詔》。此略前有《爲旱乞罷五月朔朝會劄子》，朝廷從之。

丁巳云云，參見《年表》。

詔見《欒城集》卷三十三。前者云以旱故，「命有司降食避殿，罷五月朔朝」。又云：「吾亦自今月二十三日後減常膳，側身念咎。」後者云：「自今月二十三日後減常膳，不御前殿，及將來五月一日罷文德殿視朝。」

劄子見《集》卷四十二，云：「臣愚伏願陛下舉行祖宗故事，明詔有司，罷朔會，避正殿，損常膳，令百官吏民皆得上封事，指陳時政缺失。」朝廷從之，見本條此前所叙。此劄子題下原注：「元祐五年四月。」

辛酉（二十六日），轍有《除馮京司空彰德軍節度使再任知大名府制》，有《彰德軍官吏軍民示喻敕書》。

據《年表》。《年表》繫此二文於本年五月之末。《長編》卷四百四十四本月辛酉紀事：「保寧軍節度使、知大名府馮京改授彰德軍節度使，再任知大名府。」今從《長編》繫本月。

文見《欒城集》卷三十三。前者稱京爲「重臣」、「耆老」，有「勉盡白首之節，以寬北顧之憂」語。後者云：「朕以魏都要地，守難其人。馮京名臣。姑易其節。假爾鄴城之重，壯我留鑰之聲。矧旄鉞之得賢，抑吏民之增氣。已頒大號，想慰輿情。」本卷尚有《馮京免彰德軍節鉞不許不允詔二首》。

二十八日，興功開西湖。軾祭禱吴山水仙龍神。父老歡悦。賦《南歌子》抒懷。

《蘇軾文集》卷三十《杭州乞度牒開西湖狀》叙已得度牒一百道，易錢米約共一萬餘貫石。以下謂：「臣輒以此錢米募民開〔西〕湖，度可得十萬功。自今月二十八日興功，農民父老，縱觀太息，以謂二聖既捐利與民，活此一方，而又以其餘棄，興久廢無窮之利，使數千人得食其力以度此凶歲，蓋有泣下者。」

祭禱文，見《文集》卷六十二(一九二三頁)。

《文集》卷三十《奏户部拘收度牒狀》謂興功後，「吏民踴躍從事，農工父老，無不歡悦」。

《輿地紀勝》卷二《兩浙西路·臨安府·古迹》：「水仙王廟：在錢塘門外，即錢塘龍君廟也。」

《南歌子》見《東坡樂府》卷下。首云「古岸開青葑，新渠走碧流」；又云：「佳節連梅雨」，是作於興功之始。

二十九日，軾奏乞度牒開西湖狀。

狀見《蘇軾文集》卷二十(八六三頁),謂乞得度牒五十道,並乞「仍勑轉運、提刑司於前來所賜諸州度牒二百道内,契勘賑濟支用不盡者,更撥五十道價錢與臣」。

蘇軾題西湖壽星院此君軒。

詩見《蘇軾詩集》卷三十二(一六八八頁)。

詩首云:「卧聽謖謖碎龍鱗,俯看蒼蒼立玉身。」風吹竹葉,發出謖謖之聲,竹之葉似龍鱗,片片落下,故云碎。蒼蒼狀竹之色,玉立狀竹之直。二句突出竹之形象。末云:「一舸鴟夷江海去,尚餘君子六千人。」越王勾踐用范蠡計伐吴,中有君子六千人。范蠡江海去,君子六千留越。今以六千君子喻竹,妙極,蓋謂此竹飽經風雨,與衆不同也。

蘇軾游中峯杯泉,作詩。

詩見《蘇軾詩集》卷三十二(一六八九頁)。

詩首云「石眼杯泉舉世無」。《咸淳臨安志》卷七十九《寺觀五·寺院·自涌金門外至錢湖》:「壽星院,在葛嶺。天福八年建。有寒碧軒、此君軒、觀臺、杯泉。」杯泉之所以舉世無,乃以泉從石眼中出,源源不斷。次云「要知杯渡是凡夫」。由杯泉而思杯渡,水爲之緣。以木杯渡河,個别視之,實非尋常,而與杯泉相較,亦不過尋常事。末二句:「可憐狡獪維摩老,戲取江湖入鉢盂。」作者之意,杯泉之水,得非維摩老之狡獪作弄耶!讀之者可作此聯想。杯泉一普通題材，至此生出無限情趣。

蘇軾作詩贈善相程傑。

詩見《蘇軾詩集》卷三十二（一六八九頁）。

詩首云「心傳異學不謀身」，知程傑得所傳，不謀利，操持正。大抵此道與利相聯，即察被相者之一言一行，巧其言以悦其心。次句「自要清時閲搢紳」，謂傑欲以相術結識士大夫，自非庸俗之輩。第三、四句謂相術有驗，自有其道。第五、六句：「書中苦覓原非訣，醉裏微言却近真。」值得反覆吟味，實爲此詩主旨。相書中所言，原非真訣，以其無據，以相書中所言言人，自不能得人之實。作者於程傑之言，微持不信任態度，并以此箴之。斯乃蘇軾與流俗不同處。然程傑來往於搢紳之間，諳知世情，其言中理者自不少，然此非相術。末二句，作者似以善意戲程傑：「我似樂天君記取，華顛賞遍洛陽春。」意爲：不用細相余之面，余將賞遍杭州之春光。詩所言之洛陽爲杭州。蘇軾此時，功名利禄漠於中，故有此超然心態。

轍題李公麟（伯時）《陽關圖》。

詩見《欒城集》卷十六。《蘇軾詩集》卷三十有《書林次中所得李伯時歸去來陽關二圖後》，元祐三年作。

張舜民《畫墁集》卷一《京兆安汾叟赴辟臨洮幕府南舒李君自畫陽關圖并詩以送行浮休居士爲繼其後》：「古人送行贈以言，李君送行兼以畫。自寫陽關萬里情，奉送安西從辟者。澄心古紙白如銀，筆墨清輕意蕭灑。短亭離筵列歌舞，亭亭喧喧簇車馬。溪邊一叟静垂綸，橋畔俄逢兩負薪。掣臂蒼鷹隋獵犬，聳耳駐驢扶隻輪。長安陌上多豪俠，正值春風二三月。分明朝雨浥輕塵，客舍青青柳色新。主人舉杯苦勸客，道是西征無故人。殷勤一曲歌者闋，歌者背淚沾羅巾。酒闌童僕各辭親，結束韜縢意氣振。稚子牽衣老人哭，陌上行客皆酸辛。惟有溪邊釣魚叟，寂寞投竿如不聞。李君此畫何容易，畫出漁樵有深意。爲道世間離别人，若箇不因名與利。紅蓮幕府盡奇才，家近南山紫翠堆。烜赫朱門當巷陌，潺潺流水繞亭臺。當軒怪石人稀見，夾道長松手自栽。静鎖園林鶯對語，密穿堂户燕驚回。試問主翁在何所，近向安西幕府開。歌舞教成頭已白，功名未立老相催。西山東國不我與，造父王良安在哉。已卜貿田箕嶺下，更看築室潁水隈。憑君傳語王摩詰，畫箇陶潛歸去來。」《畫繼》卷三《李公麟傳》謂有《陽關圖》。《志雅堂雜抄》謂公麟《陽關圖》備盡别離悲泣之態。據此，《陽關圖》乃公麟代表作，故録張舜民詩，以助了解轍詩。

五月初一日，轍作《文德殿視朝手詔》二首。

據《年表》。本年四月丁巳紀事，有以旱「將來五月一日罷文德殿視朝」之語，當以雨降（然不足）之故。參下條紀事。轍此二文已佚。

同日，轍作《中太一宫祈雨青詞》。

青詞見《欒城集》卷三十四，云嗣天子「謹遣入内内侍省内東頭供奉官、句當三館秘閣臣李永言請道士三七人，於中太一宫真室殿開啓祈雨道場，謹上啓元始天尊、太上道君、太上老君混元上德皇帝」。以下有「常暘爲虐，夏已及中，精禱未孚，雨不逾尺」之語。

己巳（初五日），端午，轍有《端午帖子二十七首》。

詩見《欒城集》卷十六，計《皇帝閣六首》、《太皇太后閣六首》、《皇太后閣六首》、《皇太妃閣五首》、《夫人閣四首》。

端午日，杭州游人都上十三間樓，軾賦《南歌子》與民同樂。

詞見《東坡樂府》卷下，有「游人都上十三樓」之句。

《乾道臨安志》卷二：「十三間樓：去錢唐門二里許。蘇公軾治杭日，多治事於此。」《西塘集耆舊續聞》謂十三間樓在錢唐西湖北山。

《武林梵志》卷五《北山分脈》：「相嚴院：晉天福二年錢氏建。有十三間樓，樓上貯三世佛一尊。蘇子瞻治郡時，常判事於此。」知十三樓即十三間樓。

同日，軾申三省起請開西湖六條狀。轉運司勾當公事陸傅於開西湖持異議。

狀見《蘇軾文集》卷三十（八六六頁）。此六條，皆有關西湖管理事宜；包括閘門之啓閉、運河之河岸修補、西湖之水面、湖上之種菱人户、湖上新舊菱蕩之課利及管理人員與其職責之規定。並云此六條刻石置杭州知州及錢塘縣尉廳上，常切點檢。

《咸淳臨安志》卷三十五《山川十四·河·城内》謂茅山河、鹽橋運河、市河、清湖河，乃城中四河。以下云：「茅山河中廢已久，而鹽橋河、市河日納潮水，泥沙渾濁，居民規占河道，委草壤其間，久之乃爲平陸。官雖以時開浚，未幾填塞如故。元祐五年，守蘇公軾請於朝。」以下引蘇軾請開西湖六條狀全文。

《家世舊聞》卷上：「東坡先生守錢唐，六叔祖祠部公（原注：諱傅，字巖老）爲轉運司屬官，頗不合。紹聖中，章子厚作相，力薦以爲可任諫官御史。遂召對。哲廟語訖。公至殿上，立未定。上即疾言曰：『蘇軾！』公度章相必爲上言錢唐不合事，乃對曰：『臣任浙西轉運司勾當公事日，軾知杭州，葺公廨及築堤西湖，工役甚大，臣謂其費財動衆以營不急，勸止。軾遂怒語郡官曰：比舉一二事，與諸監司議，皆以爲然，而小囱輒呶呶不已。小囱蓋指臣也。然是時歲凶民饑，得食其力以免於死徙者頗衆，臣所争亦未得爲盡是，上默然。章相聞之亦不悦。以故仕卒不進。」

傅乃陸游祖父佃之弟，《寶慶會稽續志》卷六謂傅登熙寧六年進士。《寶慶會稽續志》卷一謂以儒術與顧臨及兄佃並重。《家世舊聞》謂傅平生喜作詩，日課一首，至老不廢；其《聞亂》有「寧知小兒輩，竟壞好家居」之句，蓋憂時之士。有《祠部集》，已久佚。先後兩知明州，官至祠部郎。卒年九十，約當紹興中。參拙撰《陸游家世叙録》，載《文史》第三十一輯。

初七日，顏復（長道）卒。

據《長編》卷四百四十二本月庚午（初六日）紀事：「中書舍人顏復爲天章閣待制、國子祭酒，翌日卒。」《蘇軾文集》卷六十九《題顏長道書》叙思念之意。

壬申（初八日），晁端彦爲江淮荆浙等路發運使。軾有賀啓。

五月云云，據《長編》卷四百四十二。啓見《蘇軾文集》卷四十七，題原作《賀彭發運》，誤。啓稱受啓者爲年兄；端彦與蘇軾同登嘉祐二年進士，合。啓稱受啓者爲吏部，端彦嘗官吏部，《蘇魏公文集》卷五有《六月六日訪晁美叔吏部》詩，合。軾官杭州，爲端彦屬下，故啓有「得與屬城之末」語。軾同時代有彭汝礪，未嘗爲發運，亦不與軾同年。或謂此啓乃賀彭汝礪者，誤。

乙亥（十一日），群臣詣閤門拜表，請御正殿，復常膳，轍有《不許不允批答》。自是四上表，乃從之。

據《年表》。《長編》卷四百四十二同;《長編》注云:「《舊録》云:自去年冬無雪,至是始雨。按《政目》,是月八日已得雨矣,今不取。《新本》因之。」《欒城集》卷三十四有《吕大防等乞御正殿復常膳不許不允批答二首》。據《宋史·宰輔表》,時吕大防以左僕射兼門下侍郎,爲群臣之首。以下有《第二表不許不允批答二首》、《第三表不許不允批答二首》、《第四表許允批答二首》。其第四表其一云:「頃者膏澤荐至,群言上聞。」於是從衆意膳羞復常。

十二日,軾録《壽星院寒碧軒》詩贈通悟師。

詩見《蘇軾詩集》卷三十二。《晚香堂蘇帖》:「僕在黄州,偶思壽星竹軒,作此詩。今録以遺通悟師。元祐五年五月十二日,東坡居士書。」以下有「醫俗」二字印章。然詩末「道人絶粒對寒碧,爲問鶴骨何緣肥」二句,明明係就通悟師而言,詩有戲通悟意,跋故隱約其詞,詩實爲此時作。蓋通悟即居寒碧軒。《咸淳臨安志》卷七十九引此文。

十六日,轍為李公麟(龍眠、伯時)所作東坡畫像作贊。

《永樂大典》卷八千八百四十五引《翟忠惠先生集·東坡遠遊并序》。其序云:「龍眠居士畫東坡先生,黄冠野服,據磯石横策而坐。子由聞而贊之。」轍贊不見於《欒城集》。《蜀中廣記》卷一百八:「蘇氏祠有碑刻李龍眠畫東坡水坻小像,山谷、潁濱各爲之贊。出《眉誌》。」此所云蘇軾像，當即《永樂大典》所云之像。《蜀道驛程記》：「眉州遥望蟆頤山，蒼然可愛。入城謁三蘇公祠，蘇氏紗縠行舊第也，在城西偏，三面環水。堂三楹，中祀文公，文忠、文定二公左右侍。」又云：「坡公石像，明洪武中重刻，李龍眠筆也，潁濱題贊。」何家治先生於《蘇東坡真贊——三蘇祠盤陀畫像碑》（《三蘇祠》二〇〇四年第四期）一文中，將三蘇博物館所藏明洪武二十九年（一三九六）刻石的《蘇東坡盤陀畫像碑》攝影發表。碑上有蘇轍贊詞：「樂哉子瞻，居水中坻。野衣黄冠，非世所羈。横策欲言，亦發我私。人曰吾兄，我曰我師。李伯時筆，子由詞。元祐五年五月十六日。」今次於此。山谷贊詞見元符三年「黄庭堅作《東坡先生真贊》」條。

二十五日，軾重書所和回先生詩贈沈偕，并跋。時與偕相遇。

跋見《蘇軾文集》卷六十八（二一四六頁），和詩見《蘇軾詩集》卷十二（五八八頁）。

秦觀除太學博士。二十六日，罷新除。爲校正秘書省書籍。時觀自蔡州奉召來京師。

罷新除據《宋會要輯稿》第九十九册《職官》六七之一五。校正云云據《宋史·秦觀傳》。

二十七日，軾奏户部拘收度牒狀。

狀見《蘇軾文集》卷三十（八七三頁），乞勿拘收前所賜兩浙、淮南度牒六百道。

壬辰（二十八日），軾得開西湖度牒五十道。

壬辰云云，據《長編》卷四百四十二，從蘇軾請。《佚文彙編》卷二《與王定國》第五簡亦叙及。《墓誌銘》云「得百僧度牒以募役者」，除此處五十道，另爲四月二十九日所云五十道。

同日，以轍爲龍圖閣直學士、御史中丞。有辭免劄子并謝表。

據《年表》。《欒城集》卷四十七《辭御史中丞劄子》云：「臣待罪禁林，行將一歲。兼權吏部，復又累月。」又云：「今月三日得閤門報，准告，除臣御史中丞、充龍圖閣學士。」此「三日」當爲本月三日。此處云「龍圖閣學士」，與《年表》不同；《長編》卷四百四十二同《年表》。三日或爲除命下達之日，至壬辰始定。《集》卷四十八有《謝除龍圖閣學士御史中丞表》。

轍上《乞舉御史劄子》。

劄子見《欒城集》卷四十三。首云：「竊見兩院御史見止三人，而兩人辭免未入。」員缺。末云：「臣今欲乞并詔本臺及兩制依放舊制，舉升朝官初任通判以上，或第二任知縣，從聖意選擇，補足見缺，仍依舊置監察裏行。」此劄子原無撰寫時日，《長編》卷四百四十二繫於壬辰日，今從。《長編》注云：「此章附見初除日。轍以五月二十八日除中丞日，孫升已爲侍御史。今年三月，賈易已爲殿中（侍御史）。去年五月廿二日，先罷察院楊畏，除張舜民殿院、楊康國察院，而舜民辭不受官，賈易亦請避嫌。轍所稱『兩院御史見止三人而兩人未入』者，謂易與舜民，其一人，蓋康國也。易既以六月八日罷，舜民以二十二日罷，康國遂改殿院，因詔轍及升同舉察院二人。」參元祐六年二月癸巳紀事。

轍上《論言事不當乞明行黜降劄子》。

劄子見《欒城集》卷四十三。云：「去年臺諫論回河不當，言既不從，而言者皆獲美遷。今年復論鄧温伯不可任翰林承旨，言既不效，而言者亦并進職。」不辨是非，朝廷負諱過便私之毁，臣下被苟簡懷禄之非。乞「言而不用則黜罷」。

《長編》繫此劄子於壬辰，并注云：「此章不得其時，附初拜中丞日。雖不必在此日，亦必先有此章，然後及他事也。」今從《長編》。

王覿爲江淮荆浙等路發運使，蘇軾有賀啓。

軾賀啓乃《蘇軾文集》卷四十七《賀王發運啓》。啓云：「乃眷東南，欲少蘇於疲瘵。」知此王發運爲江淮荆浙等路發運使。江、淮、浙屬東南。啓云：「慘舒六路之民。」此啓之上緊接之啓爲《賀晁發運啓》（「晁」原作「彭」，誤，今改。詳本年五月壬申紀事）。《賀晁發運啓》有「觀風六路」之語，而晁發運即爲江淮荆浙等路發運使。益知此王發運實爲江淮荆浙等路發運使。

《長編》卷四百六十六元祐六年九月辛亥紀事：「直龍圖閣、江淮荆浙等路發運使王覿爲刑部侍郎。」《宋史》卷三百四十四《王覿傳》：「加直龍圖、知蘇州。……徙江、淮發運使，入拜刑、户二侍郎。」查《吴郡志》卷十一，代王覿知蘇州者爲黄履，而履知蘇州，爲本年六月初四日，見本譜。知王覿爲江淮荆浙等路發運使爲六月初四日同時或略前事。今繫於五月底。其時，江淮荆浙等路發運使凡二員，詳元祐六年「江淮荆浙等路發運使晁端彦暨諸郡有賀啓」條。

林希（子中）數自潤州寄詩來，軾次韵。

《蘇軾詩集》卷三十二有《次韵林子中蒜山亭見寄》，時希知潤州。

《永樂大典》卷一萬四千三百八十三引《林文忠（按：應作「節」，見《宋史·林希傳》）詩·同賦》：「崔嵬直上大微通，一日登臨兩醉翁。雨過淮山横嫩緑，日銜滄海露殘紅。人間酩酊南華夢，物外飄揺禦寇風。好與岷峨金馬客，摛辭同侍未央宫。」此詩前乃《和子中見寄》，即以上所云之《次韵林子中蒜山亭見寄》。則「崔嵬」云云，乃希原唱。軾詩末云「歸掃岷峨一畝宫」，有欲歸之意。

《詩集》同上卷略後，尚有《次韵林子中見寄》，希原唱亦見《大典》同上卷：「吴郡梁鴻作部民，丹陽今復得莊賓。文章父子無雙譽（原注：世號三蘇），侍從朝廷第一人。勝事由來占牛斗，雅懷何必掃峨岷。蒜山耆舊渠知否？此地他年即有莘。」「雅懷」句乃緣「歸掃」句而發。

錢蒙仲來杭欲赴舉，軾次劉季孫贈韻贈之。

次韻見《蘇軾詩集》卷三十二(一六九二頁)。《蘇軾文集》卷五十《與錢穆父》第十五簡云及聞蒙仲「試得甚佳,旦夕馳賀」。欲赴舉謂應今年秋試。

程之邵(懿叔)赴夔州轉運判官任。六月三日,軾書詩送之,有簡。

詩見《蘇軾詩集》卷三十二(一六九八頁)。詩書於六月三日,見「施注」。《蘇軾文集》卷五十七與之邵第六簡云「移漕巴峽」,末有「知在江上,咫尺莫緣一見」,蓋之邵卸泗州任即取道大江以回蜀。先是之邵遣使奉簡來,乃答以此簡,詩及此簡,由來使攜回。

程之元(德孺)遣使來杭。時爲廣南東路提刑。

《佚文彙編》卷五《跋送表弟程懿叔赴夔州運判詩後》,作於六月三日。跋云:「時德孺在嶺外,適有使至杭。」《長編》卷四百四十六本年八月乙未,有廣東提刑程之元言事記載。跋云「德孺書中自言學佛有所悟入」,送之邵漕夔詩有「仲氏新得道,一漚目塵寰」之句,合。

六月丁酉(初四日),黄履知蘇州。履來啓,軾回啓爲賀。履到任,復來啓,有答。

《長編》卷四百四十三本年六月丁酉紀事:「知洪州天章閣待制黄履知蘇州。」

《蘇軾文集》卷四十七《回蘇州黄龍圖啓》:「伏審政成京口,詔徙吴都。眷惟疆境之鄰,首被風聲之美。亟蒙音誨,良慰望思。」

《宋史》卷三百二十八《黄履傳》:履字安中,邵武人。哲宗即位,徙爲翰林學士。以下云:

「以龍圖閣直學士知越州，坐舉御史不當，降天章閣待制。歷舒、洪、蘇、鄂、青州，江寧、應天、潁昌府。」履知越州，爲元祐元年四月，元祐二年四月，降授天章閣待制，移知舒州。見《嘉泰會稽志》卷二。《長編》卷四百一十元祐三年五月丁未紀事：朝請郎知舒州黄履知洪州。卷四百二十二元祐四年二月癸丑紀事：詔知洪州黄履知潤州；翼日，新除罷。與《宋史》一一合。據此，黄履未嘗到知潤州任。《文集》稱履爲龍圖，乃沿舊稱；云「政成京口」，疑有誤。答啓乃《文集》卷四十七《答新蘇州黄龍圖啓》，首云「伏審光膺詔函，移牧吴會」。

初九日，軾應詔論四事。

應詔狀見《蘇軾文集》卷三十一（八七五頁）。四事皆恤民急務。參本年九月二十七日紀事。

十六日，軾與弓允（明夫）簡。

簡見《佚文彙編》卷三（二四九三頁），云「適值艱難之歲，未敢別乞閑處」，知作於杭。

同日，轍上《論執政生事劄子》。

劄子見《欒城集》卷四十三。劄子謂：「近者執政進擬鄧温伯爲翰林學士承旨，除命一下，而中書舍人不肯撰詞，給事中封還詔書，御史全臺，兩省諫議，皆力言其不可。……今者謗議未息，又復進擬禮部侍郎陸佃、兵部侍郎趙彦若權本部尚書。中書舍人二人復相次封還陸佃之命。……上既不出於人主，下又不起於有司。皆由執政出意用人，致此紛争。」

據《年表》，陸、趙之除，爲本月辛丑（初八日）事。此劄子原未注寫撰時間，今據《長編》卷四百四十三；《長編》本日并云佃知潁州。

乙卯（二十二日），轍上《乞分别邪正劄子》。略後，復上《再論分别邪正劄子》、《三論分别邪正劄子》。

劄子見《欒城集》卷四十三。前者首云：「臣竊見元祐以來，朝廷改更弊事，屏逐群枉，上有忠厚之政，下無聚斂之怨。天下雖未大治，而經今五年，中外帖然，莫以爲非者。惟姦邪失職居外，日夜窺伺便利，規求復進，不免百端游説，動摇貴近。臣愚竊深憂之。若陛下不察其實，大臣惑其邪説，遂使忠邪雜進於朝，以示廣大無所不容之意，則冰炭同處，必至交争；薰蕕共器，久當遺臭。朝廷之患自此始矣。」《再論》首云：「臣今月二十二日延和殿進呈劄子，論君子小人不可并處朝廷。」前者原未注明撰寫時日，據後者，知上於本日。「論君子小人不可并處」乃前者主旨。

《後集》卷十三《潁濱遺老傳》下：「爲御史中丞。……自元祐初革新庶政，至是五年矣，一時人心已定。惟元豐舊黨分布中外，多起邪説，以摇撼在位。吕微仲與中書侍郎劉莘老二人尤畏之，皆持兩端爲自全計。遂建言欲引用其黨，以平舊怨，謂之調停。宣仁后疑不決，轍於延和面論其非，退復再以劄子論之。」「再以劄子」之「劄子」即《再論》、《三論》。《長編》引前者全文，并云：「時宰相吕大防、中書侍郎劉摯建言，欲引用元豐黨人，以平舊怨，謂之調停。太皇太后頗惑之，故轍言此。」

《再論》謂《周易》以君子在内小人在外，爲天地之常理。《再論》謂：「小人雖决不可任以腹心，至於牧守四方，奔走庶務，各隨所長，無所偏廢。寵禄恩賜，彼此如一，無迹可指，如此而已。若遂引而置之於内，是猶畏盗賊之欲得財而導之於寢室，知虎豹之欲食肉而開之以坰牧，天下無此理也。」又謂：「今者政令已孚，事勢大定，而議者惑於浮説，乃欲招而納之，與之共事，欲以此調停其黨。臣謂此人若返，豈肯徒然而已哉！必將戕害正人，漸復舊事，以快私忿。人臣被禍蓋不足言，而臣所惜者，祖宗朝廷也。」

《潁濱遺老傳》録《再論》全文，并謂：「奏入，宣仁后命宰執於簾前讀之，仍諭之，曰：『蘇轍疑吾君臣遂兼用邪正，其言極中理。』諸公相從和之。自此，參用邪正之説衰矣。」

《三論》主旨在：朝廷大臣「正己平心，無生事邀功之意」；「因弊修法，爲安民靖國之術。」

《三論》謂黄河北流，正得水性，不應導之使東，使河朔生靈財力俱困；西夏、青唐，外皆臣順，而熙河創築二堡，侵其膏腴，有養成邊隙之憂：此二事，所謂宜正己平心，無生事邀功之意者。

《三論》謂：「昔嘉祐以前，鄉差衙前，民間常有破産之患。熙寧以後，出賣坊場，以雇衙前，民間不復知有衙前之苦。及元祐之初，務於復舊，一例復差，官收坊場之錢，民出衙前之費，四方驚顧，衆議沸騰。尋知不可，旋又復雇。」又謂州縣官吏，利在起動人户，以差役爲便；而熙寧雇役之法，最便於中等户。差役、雇役二事，所謂宜因弊修法，爲安民靖國之術者。《三論》末謂：「伏乞宣喻執政，事有失當，改之勿疑；法或未完，修之無倦。」《潁濱遺老傳》全録《三論》，并謂：「大臣怙權耻過，終莫肯改。」

軾與王鞏（定國）簡，爲開西湖事，求爲言於劉摯（莘老）。

《佚文彙編》卷二與鞏第五簡云開西湖月餘，有必成之勢，簡約作於六月。簡云「一奏狀，一申三省，皆詳盡利害」，祈鞏見摯「痛致此意」。本年七月丁卯，給事中朱光庭論新除王鞏權判登聞鼓院不當，詔别與差遣；八月，與差太平觀。見《長編》卷四百四十五至六。鞏時在京師。

盛夏，劉季孫、錢蒙仲相陪蘇軾中和堂賞月，季孫作詩。

《咸淳臨安志》卷五十二《中和堂》引季孫《陪東坡中和堂賞月》：「中和堂上月，盛夏似高秋。天瀉銀河水，人披紫綺裘。氣飄聞赤壁，語勝踴黄樓。歸袂接夫子，適從何處游。」《蘇軾詩集》卷三十七詩題言在杭蒸熱，獨中和堂東南頰「三伏常蕭然」。《輿地紀勝》卷二《杭州》謂季孫同蒙仲陪軾賞月，並節引季孫上所引詩。

軾與劉季孫（景文）、袁轂（公濟）登介亭唱和。

《咸淳臨安志》卷二十二《山·城内諸山·鳳凰山》：「……其右，山巔石筍林立，最爲怪奇。舊傳錢武肅王鑿山見怪石，排列兩行，如從衛拱立趨向，因名排衙石，及刻詩石上。第二峯有白塔，塔西有小徑，青石崔嵬，夾道皆峭壁，中穿一衕，人可往來，名曰石衕。好事者多題名其間。熙寧中，郡守祖無擇對排衙石作介亭。天風泠然，有縹緲憑虚之意。山上有聖果院，側有梵天院。」

庫本《集注東坡先生詩》卷十三《次韻劉景文登介亭》注引劉季孫（景文）《登介亭》：「使君中和堂，六月無炎溽。隨呼衆賓集，一笑清風足。復爲曲水飲，石面湧寒淥。持杯襟袂涼，酒出金鯨腹。旌旗登鳳皇，羽翼在林麓。半空老崖斷，千載靈藥伏。松杉各雄枝，螭蜃傍奔逐。古韵豈塵世，遐瞻有天目。霸國荒故壇，墠社移新屋。霞標起山近，潮勢卷江速。物外得長涼，樽前尋往躅。有客告將行，遲留待珠玉。欣然點鼠鬚，萬象歸一幅。終篇燦燦動，滿座琅琅讀。此時天樂奏，到夜山鬼哭。和之慚豈敢，來者信難續。粉壁鑑相射，香媒塵不觸。醉歸掃雙堵，字字照巖谷。星辰衆所仰，富貴公豈欲。一言换凡骨，芝朮誰能服。」

《集注東坡先生詩》卷九引袁轂（公濟）《和劉景文登介亭》：「東南富山水，所病在卑溽。陰晴變朝暮，梅雨大田足。翰苑宴高堂，金罍浮蟻淥。詩泠四座耳，醉飽五經腹。亭午登介亭，縈紆俯山麓。行路愁暍死，是月丁初伏。乘高瞰羣峰，前後浪奔逐。三吴在指掌，百粤入雙目。

漢憂分朱轓，堯意注黄屋。下輿曾未幾，傳命甚郵速。霸遂伏下風，元白仰高躅。倡予而和汝，談笑唾珠玉。所恨繼者貧，囊箱無寸幅。劉侯世良將，文史三冬讀。坐嘯胡騎却，行歌燕旦哭。儒將久寂寥，斷弦今日續。所得最在詩，銛利鋒莫觸。唱酬黄卷上，如響答深谷。王侯富方丈，熊掌我所欲。獨餒不得飽，中心但誠服。」

《蘇軾詩集》卷三十二有《次韻劉景文登介亭》、《袁公濟和劉景文登介亭詩復次韻答之》。上條劉季孫詩云及六月，唱和爲六月事。《蘇軾詩集》此前已有《次韻袁公濟謝芎椒》，轂到任約爲春夏間事。

時袁轂來爲杭倅。嘗與轂祈雨山寺，作祝文賦詩。

《攻媿集》卷七十七《跋袁光禄轂與東坡同官事迹》謂轂：「元祐五年倅杭州，東坡爲郡守，相得歡甚。有迓新啓事，坡書《龍泉何氏留槎閣記》，介亭唱和詩，坡次韻二詩，一謝芎椒，一爲除夜。如『别乘一來，風月平分破』之詞，最爲膾炙，正爲公而作。則其賓主之間，風流可想而知也。抑嘗聞：坡一日謂公曰：『素知博洽，試徵韉事。』公一夕録數十百項，坡曰：『可謂博矣。』又從而增之。前輩之不倦於學如此。」轂乃《攻媿集》作者樓鑰高祖郁門人，在四明就學；其《與東坡公同官事迹》，乃轂五世孫櫄所録。《直齋書録解題》卷十四「韻類題選」條下亦云蘇軾爲袁轂作「風月平分」之詞。其詞，見《全宋詞》第三二四頁，調爲「點絳唇」。詳下條。

軾嘗賦《點絳唇》贈轂。

《點絳唇》首云：「閒倚胡牀，庾公樓外峯千朵（原注：一作『暝煙深處』）。」《世説新語·容止》：「庾太尉在武昌，秋夜氣佳景清，使吏殷浩、王胡之之徒登南樓理詠。音調始遒，聞函道中有屐聲甚厲，定是庾公。俄而率左右十許人步來，諸賢欲起避之。公徐曰：『諸君少住，老子於此處興復不淺！』因便據胡牀，與諸人詠謔，竟坐甚得任樂。」《晉書》卷七三《庾亮傳》亦載此事。《元豐九域志》載：庾亮樓在九江，亦稱庾公樓、庾樓。相傳爲晉時庾亮鎮江州所建。樓在江西九江，後濱大江，其磯石突出江干。所謂「庾太尉在武昌」之武昌，亦非今之武昌。晉時武昌郡之治所在黄州對岸，當今之湖北鄂縣，九江（晉稱柴桑）屬焉。以上之注，引自薛瑞生先生《東坡詞編年箋證》。薛先生以爲此詞作於九江。竊以爲以繫於杭州爲當。所云「庾公樓」，非實指。《世説新語》所云情景，與蘇軾守杭時甚合。

《甕牖閑評》卷五：「蘇東坡昔守臨安，余曾祖作倅。一日，同往一山寺祈雨，東坡云：『吾二人賦詩，以雨速來者爲勝，不然，罰一飯會。』於是東坡云：『一爐香對紫宫起，萬點雨隨青蓋歸。』余曾祖則曰：『白日青天沛然下，皂蓋青旗猶未歸。』東坡視之云：『我不如爾速。』於是罰一飯會。」祝文見《蘇軾文集》卷六十二（一九二一頁），首云「杭州之爲郡」。

《絜齋集》卷十六《先兄行狀》、卷十七《先公墓表》謂其曾祖袁轂倅杭時，與蘇軾志同道合，相得歡甚，流風遺韵，被於後昆。

袁轂登進士第後，熙寧十年知句容，見《景定建康志》卷二十七。嘗知邵武軍，見《寶慶四明志》卷八《袁轂傳》。

葉教授和劉季孫（景文）登介亭詩韻，蘇軾次其韵爲戲，并記龍井之游。

詩見《蘇軾詩集》卷三十二（一七〇五頁）。

詩首云「先生魯諸儒」，并非謂葉教授乃魯人，而謂葉涵濡於夫子之教深。次句「飲食清不漷」，言葉教授生活清苦。三、四句：「空腸出秀句，吟嚼五味足。」言葉教授善詩，吟嚼之外無他求。五至八句：「華堂鬧絲管，眸子漲春渌。先生疾走避，面冷毒在腹。」言葉教授不願與絲管繁華之場。九至十六句，言葉教授授經，不追逐功名。十七至二十句：「高亭石排衙，木杪挂飛屋。我來無時節，客亦不待速。」叙與葉教授游龍井。二十一至二十八句，叙游。中云：「泉扉夜不扃，雲袂本無幅。」上句謂泉日夜流，下句謂以雲作衣，登山之高處，入於雲中。二十九至三十二句，言不欲扣謁元净（辯才）法師，以「吾儕詩酒」污人也。益見蘇軾此游乃與葉教授同行。三十三至三十六句：「齋廚費晨炊，車騎滿山谷。願聞第一義，鉢飯非所欲。」快語、直語，惟胸無蒂芥者能言之，蘇軾之所以令人親切者在此，令人喜愛者在此，此無他，出之以至誠，他人不可及。末二句：「便投切雲冠，予幼好奇服。」引屈原「予欲好此奇服」句，似謂慕屈原之高節，終欲棄官從元净游。

葉教授，不詳其名、字，其時當爲杭州府學教授。

轍上《乞罷熙河修質孤勝如等寨劄子》。

劄子見《欒城集》卷四十三，未注寫撰時日，《長編》卷四百四十四繫六月之末。

劄子謂：「熙河近日創修質孤、勝如二堡，侵奪夏人御莊良田，又於蘭州以北過河二十里議築堡寨，以廣斥候。夏人因此猜貳，不受約束。」謂中國「失大信」，「曲在熙河」。乞明賜戒敕，若因界至生事，别致夏人失和，勞民蠹國，罪在不赦。

劄子有「聞朝廷欲遣孫路以點檢弓箭手爲名，因商量熙河界至」之語。《長編》録此劄子，并注：「八月二日，穆衍代孫路措置熙河、蘭州弓箭手田土。不知孫路以何時往，必在六月間。或因蘇轍言，遂不遣路。然據范育奏，則孫路亦往熙河，但未得其時。」

轍上《再論熙河邊事劄子》。

劄子見《欒城集》卷四十三，未注撰作時日，《長編》卷四百四十四繫六月之末，繫《乞罷熙河修質孤勝如等寨劄子》後，今從。

劄子謂：「臣近以熙河帥臣范育與其將吏种誼、种朴等妄興邊事，東侵夏國，西挑青唐，二難并起，釁故莫測，乞行責降，至今未蒙施行。臣已别具論奏。臣竊復思念熙河邊釁，本由誼、朴狂妄，覬幸功賞。今育雖已去，而誼、朴猶在。新除帥臣葉康直，又復人才凡下，以臣度之，必不免觀望朝廷，爲誼、朴所使。若不并行移降，則熙河之患猝未可知。」旨在再乞責降种誼、种朴，移降葉康直。原乞責降种誼、种朴劄子，《集》未見；「別具論奏」之劄子，亦未見。

《宋史》卷三百四十二《王巖叟傳》：「質孤、勝如二堡，漢趙充國留屯之所，自元祐講和，在蘭州界内，夏以爲形勝膏腴之地，力争之，二堡若失，則蘭州、熙河遂危。延帥欲以二堡與夏，蘇轍主其議。及熙河、延安二捷同報，轍奏曰：『近邊奏稍頻，西人意在得二堡。今盛夏猶如此，入秋可虞，不如早定議。』意在與之也。巖叟曰：『形勝之地，豈可輕棄，不知既與，還不更求否？』太皇太后曰：『然。』議遂止。」

轍上《薦吕陶吴安詩劄子》。

劄子見《欒城集》卷四十三，未注撰作時日。《長編》繫六月之末，繫《再論熙河邊事劄子》後，今從。

《劄子》謂：「臣今月二十四日，面奏司馬康久病，諫官闕人，乞早賜選擇除授。尋奉聖旨，只爲難得人。」故薦吕、吴。劄子謂：「前左司諫吕陶、右司諫吴安詩，昔任言責，知無不言。」又言「安詩以言王讜進用不當，讜連姻權勢，無由復進」，乞「還付舊職」。《長編》此劄子之末有注：「（元祐）四年七月二十四日，安詩論王讜，十月四日爲直集賢院兼侍講。五年六月四日，司馬康除左司諫。」

轍上《論雇河夫不便劄子》。

劄子見《欒城集》卷四十六，謂：「都水使者吴安持等因緣朝旨，造成弊政。令五百里以上不滿七百里，每夫日納錢二百五十文省；七百里至一千里以上，每夫日納錢三百文省。團頭倍之，甲頭火長之類，增三分之一。仍限一月，過限倍納。」又謂：「近因京東轉運使范鍔得替回，論其不便。安持等方略變法，罷團頭、火長倍出夫錢。工部知罰錢之苦，又乞立限至六月以前。雖苛虐比舊稍减，然訪之公議，終不爲穩便。」乃乞「特降指揮，應民間出雇夫錢，不論遠近，一例只出二百三十文省，所貴易爲出備，不至艱苦」。

此文不注所寫月日，《長編》繫六月之末，今從。《長編》全録此文，并注：「范鍔除金外在七月二日，今因以此奏附六月末，更須考詳。」金外謂金部員外郎。

轍上《論吏額不便二事劄子》。

劄子見《欒城集》卷四十四。原未注撰寫時日，《長編》繫於六月之末，并注：「轍疏不得其時，酌附六月末，更須考詳。」今從。

劄子謂：「自官制以來，六曹寺監吏額累經增添，人溢於事，實爲深弊。」轍謂去弊之法：「且據事實立成定額，俟將來吏人年滿轉出，或死亡事故，更不填補，及額而止。如此施行，不過十年，自當消盡。」此其一。劄子謂：「六曹寺監吏人，多係官制以前諸司名額，其請受多少，及遷轉出職，遲速高下，各各不同。及官制後來分隸逐司，一司之中兼有舊日諸司之吏。……若將舊日諸司之吏，納入今日逐司名額，則其請受、遷轉出職，參差不齊，理難均一。蓋將逐司數種體例并爲一法，其勢非薄即厚，非下即高，若不虧官，必至虧私。」此其二。按：據此劄，將逐司數種體例并爲一法，乃吏額房所定，轍謂如此則不便人情。轍謂：「今舊司吏人并權新額請受，許從多給，遷補出職，皆依舊司，并有見行條貫。」轍謂如此施行「可以不勞而定」。轍乞不用吏額房所定之法。

《長編》録此劄子全文，以下云：「始，中書門下後省准詔，同詳定六曹條例。元豐所定吏額，主者苟悦群吏，比舊額幾數倍。朝廷患之，命量事裁減，已再上再却。吏有白中孚者，告中書舍人蘇轍曰：『吏額不難定也。中孚昔嘗與其事，知弊所在。』轍曰：『其弊安在？』中孚曰：『昔流内銓，（今）侍郎左選也。事之最煩，莫過於此矣。昔銓吏止十數，而今左選吏致數十，事不如舊而用吏數倍者，昔無重法重禄，吏通賕賂，則不欲人多以分所入，故竭力辦事，勞而不辭。今行重法，給重禄，賕賂比舊爲少，則不忌人多，而幸於少事，此吏額多少之大情也。舊法，日生事以難易分七等，重者至一分，輕者至一釐以下，積若干分爲一人。今試抽取逐司兩月事，定其分數，若比舊不加多，則吏額多少之限，無所逃矣。』轍以中孚之言爲然，即與僚屬議，曰：『此群吏身計所係也。若以分數爲人數，必大有所損，將大致怨怒，雖朝廷亦將不能守。』乃具以白執政，請據實立額，俟吏之年滿轉出，或事故死亡者，不填補，及額而止。如此，不過十年，自當消盡。雖稍似稽緩，而見在吏知非身患，則各自安心，事乃爲便。執政以爲然，遂申尚書省，乞取諸州兩月生事，而吏人不知朝廷意，皆疑懼莫肯供。遂再申乞榜示諸司，使明知所立吏額，候他日見缺不補，非法行之日徑有減損。時元祐二年十一月也。後數月，諸司所供文字皆足，因裁損成書，以申三省。左僕射吕大防得其書大喜，欲此事必由己出，將別加詳定，而三省諸吏皆不能曉，無可委者。任永壽，本非三省吏也。爲人精悍而猾，嘗預元豐額吏事。適以事至三省，獨能言其曲折，大防悦之。即於尚書省創立吏額房，使永壽與吏數輩典之。凡奏上行下，皆大防自轉，不復經由兩省。一日，内降畫可二狀付中書。其一裁定宗室冗費，其一吏額也。省吏白中書侍郎劉摯（原注：三年四月六日，摯自左丞遷中侍，録黄誤。下當在此後（『下』前疑有脱文，撰者），不必此時也。四年十一月十七日，自中侍改門侍），請封送尚書省。摯曰：『當時文書録黄過門，今封送，何也？』對曰：『尚書省以吏額事，每奏入，必徑下本省已久，今誤至此。』摯曰：『中書不知其他，當如法令。』遂作録黄。永壽見録黄，愕然曰：『兩省初不與，乃有此耶！』即稟大防，乞兩省各選吏赴局，同領其事。

大防具以請摯。摯曰：『中書行録黄，法也，豈有意與吏爲道地。今乃使就都省分功，何耶？』他日，大防又持奏稿示摯，曰：『吏額事本欲謹密而速，故請徑下。』然未經立法，欲三省同奏，依致仕官文書法致仕。官法者，近制以臣僚疾病請致仕，多緣經歷迂滯，不及被受而亡，故立法。文書雖三省簽入，而直付都省。摯曰：『此非其類也，當聚議。』明日，大防復出奏稿謂摯曰：『勢不可不爾。』摯乃從之。吏額尋畢，永壽等推恩有差。議者皆指爲僥倖。永壽急於功利，不顧後省前已得旨，又嘗榜示諸司，更勸大防即以立額之日裁損吏員，仍以私所好惡，變易諸吏局次。凡近下吏人惡爲上名所壓者，即撥出上名於他司。凡閑慢司分欲入要地者，即自寺監撥入省曹。吏被排斥者，紛然詣御史臺訴不平。臺官因言吏額事在後省，成就已十八九，永壽等攘去；才數月，而都司擅擬優例，冒賞徇私，不可不懲。諫官繼以爲言，章數十上。永壽等既逐，而吏訴禄額事，終未能決。蘇轍時爲中丞，具言後省所詳定，皆人情所便，行之甚易，而吏額房所改，皆人情所不便，極難守，且大信不可失，宜速命有司，改從其易，以安群吏之志。大防知衆不伏，徐使都司再加詳定，大略如轍前議行之。」

《長編》此處自「始中書門下」至「不復經由兩省」，皆引自《龍川略志》卷五《議定吏額》條，然文字頗有異同。如《長編》所云「始中書門下後省准詔同詳定六曹條例」，《略志》作「予爲中書舍人與范子功劉貢父同詳定六曹條例子功領吏部」；「轍以中孚之言爲然即與僚屬議曰」，《略志》作「予曰汝言似得之矣即以告屬官皆不應獨李之儀曰是誠可爲即與之儀議曰」;「不復經由兩省」後,《略志》尚有如下文字:「法出,中外紛然。微仲既爲臺官所攻,稱疾在告;而永壽亦恣横,贓汙狼籍,下開封府推治。府官觀望,久不肯決,至宣仁后以爲言,乃以徒罪刺配。久之,微仲知衆不伏,徐使都司再加詳定,大率如予前議乃定。」

《長編》此處注文引《龍川略志·議定吏額》,并云:「轍所記吕大防稱疾在告,不知在何時。八月劉摯求出,大防相繼亦求出。然大防稱疾在告,必在摯求去前也。……任永壽坐受任中立贓決配,在六年五月二十八日。」又云:「從轍議必在六年五月後也。既不得其月日,且以轍議附五年六月末,并别叙吏額曲折於此。」

轍上《薦林豫劄子》。軾亦薦。

劄子見《欒城集》卷四十三,未注撰寫時日。今以此劄子前後所上劄子,皆次六月,亦附六月。《劄子》謂右通直郎林豫吏幹强敏,長於應變,所至可紀;若蒙朝廷拔擢試用,宜有可觀。軾亦有薦豫劄子,見《蘇軾文集》卷三十五,上於元祐七年十月。豫差知通利軍,見《長編》卷四百八十四元祐八年五月壬辰紀事。豫字順之,熙寧九年進士。見《莆陽比事》卷二、卷三及同治《仙遊縣志》傳。

錢勰(穆父)自越州寄茶與蘇軾,軾寄與轍。

《蘇軾文集》卷五十一《與錢穆父》第三簡：「惠茶既豐且精，除寄與子由外，不敢妄以飲客，如來教也。然細思之，子由既作臺官，亦不合與吃。薛能所謂『賴有詩情』爾。」轍時官御史中丞，御史中丞乃臺官，軾簡作於此時。

七月七日，軾和蘇堅《鵲橋仙》。

詞見《東坡樂府》卷下，云「與君各賦一篇詩，留織女鴛鴦機上」。

八日，朝廷令轍與孫升同舉諫官二員。轍上《再論舉臺官劄子》。

劄子見《欒城集》卷四十三。中云：「七月八日三省同奉聖旨，令蘇轍、孫升同别舉官二員聞奏者。」轍、升舉到監察御史二員後，尚書省劄子謂一員不曾實歷通判，不應條；一員與執政官有礙。轍乃上此劄子。此劄子不得作時，姑繫於本年奉旨之日。

劄子謂後來所用諫官如吴安詩、劉唐老、司馬康三人并非實歷通判之人；謂今來人才難得，獨拘苛法，必致缺官。乞特依近用諫官體例，於臣等前來所舉人中選擇除用。

壬申（初九日），太學博士孫諤等奏頒行《韻略條式》，從之。諤再詳定《禮部韻略》，蘇軾亦預其事。

壬申云云，據《長編》卷四百四十五。《長編》云：「太學博士孫諤等言：貢舉條制詩賦格式，有所未盡。如韻有一字一義而兩音者，若『廷』字、『防』字、『壽』字之類，不敢輒指一聲押用；字有合用而私相傳爲當避者，如『分寸尺丈引』之『引』、『杼柚其空』之『杼』之類；又有韻合收而《禮部韻》或不收者，如『傳説』之『説』及『皡』、『橫』字之類，并自合收用。從之。」

《附釋文互注禮部韻略》（即《禮部韻略》）附《韻略條式》：「元祐五年七月初十日酉時，准都省送下當月九日敕中書省尚書省送到禮部狀，准都省送下太學博士孫諤等狀，伏覩朝廷近頒貢舉法，經義之外，添詩賦一場。竊惟貢舉條制，詩賦格式，該載或有未盡者。（按：以下見《長編》所引，略）七月九日，三省同奉聖旨，依禮部所申，仍先次施行，奉勑如右，牒到奉行前批，七月十日巳時，付禮部施行。」

《郡齋讀書志》卷一下：「《禮部韻略》五卷，右皇朝丁度等撰，元祐中孫諤、蘇軾再加詳定。」

乙亥（十四日），轍上《三論熙河邊事劄子》。

劄子見《欒城集》卷四十三，未注撰作時日，今從《長編》卷四百四十五。劄子謂：「臣近論奏范育以措置邊事乖方，召還爲户部侍郎，賞罰倒置，乞行責降，仍乞罷种誼、种朴本路差遣，更擇熙河帥臣，使之懷柔異類，謹修邊備。雖蒙聖恩罷育户部，而使還領熙河，其於邊事，一皆如故。」又謂育等在本路必更妄起事端，宜速擇良帥，俾往綏靖一路。

十五日，軾上《奏浙西災傷第一狀》。

狀見《蘇軾文集》卷三十一，乞本路疾早相度來年，准備常平斛斗出糶救饑，乞寬減轉運司上供米斛一半，乞候秋熟六月中爲止，五穀不得收力勝錢。同上卷《申明户部符節略賑濟狀》謂八月四日依奏。按：力勝錢，乃商船税名。商船不論載貨與否，按所載重量收力勝錢，惟運糧船不收。神宗時，運糧船亦收，稱五穀力勝錢。

《泊宅編》卷十謂蘇軾尤急於荒政，守杭，「米斗八十，已預行措置」。

十六日，坤成節，軾上賀表。

坤成節乃太皇太后高氏生日，見《宋史·哲宗紀》。表見《蘇軾文集》卷二十三（六七八頁），有「同守大器」、「於兹六年」語。

丁亥（二十四日），兩浙轉運判官張璹（全翁）罷。

據《長編》卷四百四十五。《蘇軾文集》卷五十七《與程懿叔》第一簡謂「吏民甚惜其去」。

同日，轍上《四論熙河邊事劄子》。

劄子見《欒城集》卷四十四。《集》本卷《論所言不行劄子》云七月二十四日面奏熙河路范育、种誼等邊事。《長編》卷四百四十五據此附本劄子於本日，今從。劄子謂方今利在安靖，不利作爲；妄造事端，患終不弭。乞移降差遣范育、种誼、种朴三人。

二十五日，軾上《奏浙西災傷第二狀》。

狀見《蘇軾文集》卷三十一。狀陳本月二十一日至二十三日，連晝夜大風雨，二十四日稍止，至夜復大雨。乞檢會本月十五日奏，速賜施行。

楊同年自秀州攜章衡（子平）簡至，軾答衡。

答簡乃《蘇軾文集》卷五十五與衡第四簡，云「秋暑向衰」，作於秋初。楊同年，不詳。

軾作《安州老人食蜜歌》贈僧仲殊。

詩見《蘇軾詩集》卷三十二。

《詩集》題下「查注」引《吴郡志》謂仲殊爲蘇州承天寺僧；又引「施注」謂居錢塘，《宋詩紀事》卷九十一謂居吴山之寶月寺，其集名《寶月》，當即以此。據《詩集》卷三十三《破琴詩》序，元祐六年三月十九日，仲殊見蘇軾於蘇州吴江，則仲殊乃來往於蘇、杭之間。

錢勰（穆父）詠紫薇花，蘇軾次韵。

詩見《蘇軾詩集》卷三十二（一七〇八頁）。勰於越州詠此詩後，專使送至杭州，蘇軾乃次韻。詩篇唱酬交往，固士大夫生活之重要組成部分。

詩其一謂白居易當年所種之紫薇花，今仍盛開。於是云：「閲人此地知多少，物化無涯生有涯。」言紫薇花閲歷豐富，白居易其人雖已不在，但所種之紫薇花尚在，其詩篇尚在，其遺愛尚在，是謂之物化無涯。今世之人，習其詩文，沾其遺溉，是之謂生有涯。不經意之中，道出無涯與有涯之相對關係，有哲學意藴。

詩其二首二句似謂折得紫薇花并詩專使送至越州。云「字傾斜」，乃謂不違端楷，欲早達之也。末二句仍緊扣白居易，仍緊扣紫薇花，而又眼前事，十分親切。

友人張君赴嘉州，蘇軾作詩送其行。

詩見《蘇軾詩集》卷三十二（一七〇九頁）。此張君當爲嘉州守。嘉州爲天下勝概。故有「浮雲軒冕何足言，惟有江山難入手」之句，欲張君無負之。嘉州又李白舊游，舉白「峨眉山月半輪秋」之句，欲張君於「見月時登樓」。寫此詩時，蘇軾實已神馳嘉州。欲張君償其願。

蘇軾賦《絶句》。

詩見《蘇軾詩集》卷三十二。友人言及杭州風物，蘇軾乃作此以答之。即興云爾。詩贊杭州景物，春、秋各不同。當此之時，「千金買歌舞」，風流豪逸，歆羨者自大有人在。作者此詩，不僅在表明自身之「不羡」，其深意在於，欲當世之人（尤企盼於青年學子）不欲沉湎於歌舞之中，「一篇珠玉是生涯」，勉其努力作詩、習文。杭州春、秋之美好風光，正學子難得之資。

八月戊戌（初六日），馬瑊爲兩浙提刑。代王瑜。軾有賀啓。

八月云云，據《山谷外集詩注》卷十七《寄忠玉提刑》注引《實録》。《長編》卷四百四十六本月丙申：兩浙提刑王瑜爲刑部員外郎。瑊代瑜。《蘇軾文集》卷四十七有《賀提刑馬宣德啓》。瑊字中（一作忠）玉，廬州合肥人。祖亮，謚忠肅，《宋史》卷二百九十八有傳。熙寧九年，瑊爲永興、秦鳳等路提舉常平，旋爲江南西路轉運判官，元豐元年移荆湖北路。元符間爲湖北轉運副使，知陝州。見《長編》卷二百七十三、二百七十四、二百八十九、五百六。建中靖國元年知荆州，見《山谷詩集注》卷十五《次韵馬荆州》。《山谷全書·别集》卷十六與瑊第四書：「餘杭佳太守，想得極意湖山之間，時有佳句否？」乃叙此時事。卷八《跋馬中玉詩曲字》贊瑊翰墨頗有勁氣。

《淮海集》卷八《次韵馬忠玉喜王定國還自濱州》：「淮海相逢一解顔，紛紛歲月夢魂間。初驚漁艇迷花去，忽認星槎拂斗還。桂嶺暮登猿斷續，槐堂春到鳥綿蠻。鼇頭只在蓬山畔，行赴蟠桃熟後期。」王鞏（定國）家有三槐堂。

《宗伯集》卷七《次韵馬中玉春日偶成》：「京都久客憶歸頻，準擬江南看早春。多病餘生萬事已，起驚芳意一番新。東湖水滿魚應樂，南浦波明柳自勻。玉臉芙蕖容易得，要須叮囑養花人。」

庚子（初八日），轍上《論前後處置夏國乖方劄子》。

劄子見《欒城集》卷四十四。《集》本卷《論所言不行劄子》：「臣七月二十四日、今月八日，兩次面奏熙河路范育、种誼等違背大信，貪功生事，以速邊患，乞移降他路，更選帥臣俾之鎮守。臣方奏對間，蒙太皇太后再三宣諭，以臣言爲是。」《論前後處置夏國劄子》原未注撰作時日，《長編》卷四百四十六據《論所言不行劄子》繫本日，今從。劄子謂朝廷前後處置夏國乖方者有二：一爲方夏人猖狂寇鈔未已之時，朝廷務行姑息，恐失其心；一爲方夏人恭順朝貢以時之時，朝廷多方徼求，苟欲自利。

癸卯（十一日），轍上《乞差官權户部劄子》。

劄子見《欒城集》卷四十四，原未注撰作時日，今從《長編》卷四百四十六。劄子謂：「今權（户部）尚書梁燾方辭免不出，而兩侍郎皆新除未到，獨一韓宗道以刑部兼權。」乞正官未到之間，更差一二人暫權攝。

《長編》録此劄子全文，并注：「五月二十六日，梁燾權户書；六月四日，李之純户侍，自成都召至；二十八日，范育户侍，自熙州召，七月十二日罷；七月十二日，苗時中户侍，自陝西召。」又注：轍劄不得其時，附見八月十一日。按：《長編》轍劄前，録劉摯劄，摯言及梁燾。

轍上《三論舉臺官劄子》、《論堂除太寬劄子》。

二劄見《欒城集》卷四十四，不得作時，今以《集》中原次《乞差官權户部劄子》後，姑次此。前者謂上《再論舉臺官劄子》後，尚書省仍令依條別舉，即舉有通判資歷者。并謂諫官如吴安詩、劉唐老、司馬康未依條，舉臺官亦合依上例。後者謂堂除人待闕有及一年以上者，謂祖宗堂除舊例，見闕然後差除，因事然後超擢；乞：「謹守祖宗故事，凡堂除皆俟有闕方差，且將見今堂除人輪環充補，其新擢用者，皆須功譽顯著然後得差。」

十五日，軾奏乞商旅過外國狀。

狀見《蘇軾文集》卷三十一（八八八頁）。狀陳「高麗因緣猾商時來朝貢，搔擾中國」、「閩、浙商賈因往高麗，遂通契丹，歲久跡熟，必爲莫大之患」等情，乞照《慶曆編勅》、《嘉祐編勅》，嚴立約束，客旅不得往高麗、新羅。

十八日，軾觀潮，和蘇堅（伯固）《南歌子》二首。

和蘇堅云云，見《注坡詞》。《東坡樂府》此二詞在卷下；調下無「和蘇伯固二首」六字。《總案》謂此二詞之第一詞「海上乘槎侶」云云爲熙寧五年作，謂第二詞「苒苒中秋過」云云爲熙寧七年作，誤。

同日，户部尚書梁燾爲龍圖閣待制、知鄭州，給事中朱光庭爲集賢殿修撰、知同州，左諫議大夫劉安世爲集賢殿修撰、提舉崇福宫。轍言燾等不當出。

據《長編》卷四百四十七。《長編》謂：「御史中丞蘇轍、侍御史孫升言燾等不當出。轍一奏，升三奏。」注：「一奏、三奏，據王巖叟《繫年録》。」轍奏已佚。

丙辰（二十四日），轍言新除知荆州王光祖不當，詔以光祖爲太原府路總管。

據《年表》。《長編》卷四百四十七本日紀事：「客省使、嘉州刺史王光祖爲太原府路副總管。先除知邢州，以御史中丞蘇轍言，光祖昔知瀘州，用刑慘酷，買金虧價，不可以長民。故有是命。」與《年表》略有不同處。轍奏已佚。

同日，轍上《論渠陽蠻事劄子》。

劄子見《欒城集》卷四十四。《集》同上卷《再論渠陽邊事劄子》：「臣前月二十四日面進劄子，以唐義問處置渠陽蠻事前後乖方，致東南第七將王安入界陣亡。恐邊患滋長，乞速選差諳知用兵之人往代其任。」其前月云云劄子，即《論渠陽蠻事劄子》。

二十五日，軾奏《申明户部符節略賑濟狀》。

狀見《蘇軾文集》卷三十一，謂七月十五日奏得施行，然有節略，乞逐節降指揮施行。

己未（二十七日），轍上《乞令兩制共議納后禮劄子》。

劄子見《欒城集》卷四十四，原未注撰作時日，今從《長編》卷四百四十七。劄子謂：「臣伏見今月五日詔書節文，以皇帝尚虚中壼，令太常禮官參考古今典故，著爲成式。臣謹案通禮，納皇后最爲嘉禮之重。」乞仍令翰林學士以下共加詳議。

庚申（二十八日），轍上《論所言不行劄子》。

劄子見《欒城集》卷四十四，原未注撰作時日，今從《長編》卷四百四十七。劄子謂七月二十四、今月八日兩次面奏熙河路范育、种誼等貪功生事，乞移降他路，蒙太皇太后再三宣諭以爲是，「然至今多日，但見种朴一人移涇原路句當公事，至於育、誼等未見移動」。劄子謂陛下以臣言爲是而不用，以大臣爲非而必聽，是君權已移，上下倒置。

《長編》録此劄子全文，以下云：「初，太皇太后以轍累奏欲罷范育、种誼等，而大臣不以爲然。轍又面奏曰：『此輩皆大臣親舊，不忍壞其資任，雖其同列，亦不敢異議。陛下獨不見黄河事乎？當時德音宣諭，至深至切，然非大臣意，至今不了。人君與人臣事體不同，人臣雖明見是非，而力所不加，須至且止。人主於事不知則已，知而不得行，則事權去矣。臣今言此，蓋欲陛下收攬威柄，以正君臣之分而已。若專聽其所爲，不以漸制之，及其太甚，必加之罪，只如韓維專恣太甚，范純仁阿私太甚，皆不免逐去。事至如此，豈朝廷美事！故臣之意，蓋欲保全大臣，非欲害之也。』宣仁后極以爲然，而不能用。」自「面奏曰」以下文字，見《潁濱遺老傳》。

轍上《再論渠陽邊事劄子》。

劄子見《欒城集》卷四十四，原未注撰作時日，《長編》卷四百四十七繫八月庚申，今從。劄子謂彭孫前後委任，欺罔貪盜，不可付以湖北邊事。《長編》八月庚申有「詔河陽總管彭孫爲潁昌府總管」之記載；劄子首云「前月二十四日面進劄子」，《長編》改「前月二十四日」爲「近者」，而以劄子附本日。

本月，法雲法秀禪師卒。吕大防（微仲）作碑文，欲蘇軾書之，軾以爲當書。

本月云云，據《指月録》卷二十五。《邵氏聞見後録》卷十五：「吕微仲丞相作《法雲秀和尚碑》，丞相意欲得東坡書石，不敢自言，委甥王讜言之。東坡先索其稿諦觀之，則曰：『軾當書。』蓋微仲之文自佳也。」

《游宦紀聞》卷二：「東坡謁吕微仲，值其晝寢，久之方出，見便坐有昌陽盆豢緑毛龜，坡指曰：『此易得耳。唐莊宗時有進六目龜者，敬新磨獻其口號云：不要鬧，不要鬧。聽取龜兒口號。六隻眼兒睡一覺，抵别人三覺。』世南嘗疑坡寓言以諷吕，未暇尋閲質究，偶因見《嶺海雜記》，有載六目龜出欽州，只兩眼，餘四目乃斑紋金黄花，圓長中黑，與真目排比，端正不偏，仔細辨認，方知爲非真目也。」《貴耳集》卷上較簡略。附此。

本月，軾與曹輔（子方）、張大亨（嘉甫）等游西湖南山昭慶寺，題名。嘗於此寫竹。

題名見《佚文彙編》卷六（二五八三頁）；同游者尚有弓允（明夫）、明弼、康道。《二老堂雜誌》卷四《小昭慶鐘》：「臨安西湖南山昭慶寺，有鐘在樓上，東坡寫竹尚可辨，竹下題云：（略）」竹或爲此時寫。

軾答監司簡，陳述開浚西湖工程進展情況及有關事宜。

《晚香堂蘇帖》有殘簡，今以《答監司》爲題，録下：「昨蒙示諭，令録事目，輒具其略。一、西湖雖已開十七八，然須常得千人，功役乃可趁秋末了當，當乞指麾勿令官員别作占破。一、西湖剩錢三千貫，已送錢塘縣，委俞承務置田，乞更催督林通直及俞承務，俞甚可委仗。一、開湖事，既有課利，今後可以漸次開撩取畫，恐有人請射未開葑地作田，不可許。一、元奏乞令錢塘尉管句開湖事，此未允當。當已托蘇主簿專論其詳，欲到京别入一文字，專令知縣管。是今未若有人請射新開菱蕩，正爲此也。乞指麾勿令尉句管，但專令知縣管，便有人請射。一、部役非馬供備不可，同僚疾怯者衆及馭下嚴，必有謗，想深加照察也。昨來不依常制，奏得充□檢正，爲開湖已有成效，并新路，非此人不成。一、去年運司於諸州撥到及本州於諸邑剗到贓罰船舡葑，今開湖未了，諸州已來索，乞且占留，及新造百舟出債，亦請催打足數及常功修完，兼以備過年撩湖。一、鈐轄衙前閘，乞指麾常依元奏啓□（按：疑爲閉），兼閘止一亭子，不便，欲移而未果。請同蘇主簿移之爲佳。一、新開湖水入運河溝道及修諸井，乞專委一官，常切提舉覺察賣水人毁壞井筒及金文寺後小閘，亦乞指麾照管啓閉，免暴雨或浸民家。一、湖水入運河處，經涉猫兒橋河口，可略開淘。一、病坊田，乞早與粉壁畫圖及入石，免歲久欺弊，及與挂意監督收租一年，今成倫理，蒙知照之深，必不罪。造次。軾拜白。」據「可趁秋末了當」云云，此簡約作於八月。簡云所云蘇主簿爲蘇堅，所云俞承務、林通直、馬供備，不詳。

陳師錫（伯修）來簡，言官吏阻節訴災事，軾答之。

《蘇軾文集》卷五十三與師錫第二簡：「鹽官尉以阻節訴災，致邑民紛然喧訟，不得不問。然已州罰訖，奏知而已。」鹽官在杭州，在州東一百二十九里。

《文集》卷四十八《上吕僕射論浙西災傷書》：「八月之末，秀州數千人訴風災，吏以爲法有訴水旱而無訴風災，拒閉不納。老幼相騰踐死者十一人，方按其事。」鹽官尉阻節訴災，當爲同時事。

《蘇軾詩集》卷三十二詩題：「連日與王忠玉、張全翁游西湖，最後過唐州陳使君夜飲。」題下「誥案」謂陳使君乃師錫，是。查《宋史》卷三百四十六及《永樂大典》卷三千一百四十五《陳師錫傳》，皆未載師錫知唐州事，亦不詳此時在杭爲何官。

《輿地紀勝》卷二《兩浙西路·臨安府·官吏下·陳師錫》：「建陽人。以蘇軾薦，改官知臨安縣。」師錫此時或知臨安。

九月五日，軾題張俞（少愚）詩。

文見《蘇軾文集》卷六十八（二一六六頁）。

丁卯（初六日），考功郎中岑象求爲殿中侍御史。轍上《乞再舉臺官狀》。

丁卯云云，據《長編》卷四百四十八。此劄子見《欒城集》卷四十五，原未注撰作時日，今從《長編》。劄子首云：「臣等近准敕舉岑象求、趙屼充臺官，已蒙聖恩除象求殿中侍御史。」據《長編》，云「臣等」，乃轍與孫升。劄子謂：今日監察御史并闕四員，乞特出聖旨，下本臺及兩制分舉八員，陛下擇取四人用之。

象求字巖起，梓州人。《宋史翼》卷四十、《元祐黨人傳》卷三有傳。

《長編》全録此劄子，末注云：「十月十七日，徐君平、虞策爲察院，乃轍與承旨鄧温伯所舉，必因轍此章乞本臺及兩制分舉，故從之，但實録脱遺耳。九月初，監察御史并闕，二十二日乃除裴綸。綸，十月十二日罷。」

策字經臣，錢唐人。《宋史》卷三百五十五有傳。

轍上《乞改舉臺官法劄子》。

劄子見《欒城集》卷四十五，原未注撰作時日，《長編》繫九月丁卯，今從。

劄子謂：「自元祐三年六月八日聖旨指揮，殿中侍御史、監察御史并用升朝官通判資序實歷一年以上人。自是以來，雖時復令本臺及兩制舉官，而終無一人應格可用。何者？士自選人改官，經兩任知縣，一年通判，若稍有才名，多爲朝廷擢用。」乞「稍改近制，令臺官得舉升朝第二任知縣及通判以上各半」。

轍上《論用臺諫劄子》。

劄子見《欒城集》卷四十五，原未注撰作時日，《長編》繫九月丁卯，今從。劄子謂今天下之事，其是非可否既決於執政，「陛下欲於執政之外特有所聞者，又獨有臺諫數人而已」。劄子謂：「臣觀今日臺官三員，諫官二員，其間非執政私人，特出聖意所用者，又不過一二人。」乞公選正人。

《長編》録此劄子全文，并注：「臺官三員，侍御史孫升、殿中上官均、岑象求。諫官二員，左司諫楊康國、右司諫劉唐老。此九月初臺諫員數。九月末除裴綸察院，十月罷。」

七日，軾奏相度準備賑濟第一狀。

狀見《蘇軾文集》卷三十一（八九二頁）。狀乞「寬減轉運司今來上供額斛一半，仍依去年例，令折價錢，置場收買金銀紬絹上供，則朝廷無所耗失，而浙中米價稍平，常平收糴得足，來年不至大段減價出賣，耗折常平本錢」。並乞「特與截撥本路或發運司上供斛㪷三十萬石，令本路減價出售，或用補軍糧之缺」。

八日，轍上《論衙前及諸役人不便劄子》。

劄子見《欒城集》卷四十五。《集》卷四十六《再催行役法劄子》有「九月八日備論五事」之語，今據此繫此劄子於本日。按：「五」疑有誤，實爲二，詳以下所叙。然《年表》本日亦云「有《論役法五事劄子》」，疑另有一劄，已佚。

劄子其一論諸州今昔差雇衙前利害之實。劄子謂差衙前之弊害在私家，而雇衙前之害在官府；差法行於祖宗，雇法行於先帝，取其便於民者而用之，此三代變法之比也。其二謂差役之利，利在上等下等人户，而雇役之利利在中等，兼行差、雇，爲利實多，去、取唯當問人情之所便。

《集》卷四十六《催行役法劄子》首云：「臣昨於九月初論役法未便事，經今已是兩月，未見施行。」「初論」即《論衙前及諸役人不便劄子》。

九日，軾與錢勰（穆父）簡，敘官居之樂。與袁轂（公濟）、蘇堅（伯固）唱酬。

簡乃《佚文彙編》卷二與勰第二十二簡。《蘇軾詩集》卷三十二有《九日袁公濟有詩次其韻》、《次韻蘇伯固主簿重九》。《東坡樂府》卷下有《點絳唇》（不用悲秋）乃本年重九作，和去年蘇堅韻；當亦爲堅而作。又有《點絳唇》和蘇堅韻送錢公永，當亦爲此時作；云「秦山禹甸」，寫會稽事，云「風流公子」，公永或爲勰子。

十七日，軾奏相度準備賑濟第二狀，乞於豐熟州軍糴米五十萬石。朝廷從之。

狀見《蘇軾文集》卷三十一（八九四頁）。得請據《文集》卷三十二《再乞發運司應副浙西米狀》。

十八日，軾書朱象先畫後。

書後見《蘇軾文集》卷七十(二二一一頁)。

《永樂大典》卷一萬三千四百五十引《詩海繪章》劉季孫《贈朱象先處士十韵》:「前身應畫師,摩詰初相許。咫尺論萬里,宰也少陵與。朱翁趣豈凡,山水忘羈旅。晴窗布風雲,夏木回炎暑。坐來摧虎頭,興盡禿鷄矩。况其塵外懷,出門皆勝侶。一畫不輕付,俗子吾避汝。能令希世迹,千載得處所。斯人定何如,篋有東坡語。畫以適其意,能文不求舉。」「東坡語」當指蘇軾書後。味詩,象先當來杭。

象先,松陵人。《春渚紀聞》卷五《李朱畫得坡仙賞識》謂「其畫始規摹董北苑與然海而自出新意,筆力高簡潤澤而有生理,出許道寧、李遠輩之上」;又謂其畫經蘇軾品題後,不輕作,傳世不甚多,嘗寓嘉興,應郡守毛滂請,爲郡城月波樓作大屏,「真近世絶筆」。《式古堂書畫彙考·畫》卷四十三引《繪事備考》,著録象先《茅亭賞雪圖》。

軾致友人簡。

《秋澗先生大全文集》卷七十三《題東坡災傷卷後》:「東坡先生論事,如陸宣公;剛直不容於朝,似顔太師。今觀此帖云:『覽其災傷,肺肝如焚。』公憂國恤民之心,爲可見矣。然士無功名分者,雖毫髮細事,終不得一入手做,公之謂也。後又有云『有聞,不惜頻示』,及是,此老又待招人物議也。臨風展玩,重爲慨嘆。」此簡原文已佚。細味此題卷,此簡或是論浙西災傷。

姑次於此。

二十七日，軾乞檢會應詔所論四事行下狀。

狀見《蘇軾文集》卷三十一（八九六頁）。

狀重申所論四事：「其一曰，見欠市易籍納産業，聖恩并許給還，或貼納收贖，而有司妄出新意，創爲籍納、折納之法，使十有八九，不該給贖。其二曰，積欠鹽錢，聖恩已許只納産場鹽監官本價錢，其餘并與除放，而提舉鹽事司，執文害意，謂非貧乏不在此數。其三曰，登極大赦以前人户，以産當酒，見欠者亦合鹽當錢法，只納官本。其四曰，元豐四年，杭州揀下不堪上供和買絹五萬七千八百九十疋，并抑勒配賣與民，不住鞭笞催納，至今尚欠八千二百餘貫，合依今年四月九日聖旨除放。」以下「乞檢會前奏四事，早賜行下」。

三十日，軾訪元浄（辯才）。

據《蘇軾文集》卷六十九《跋舊與辯才書》。跋文謂相對終日，留書數紙。

同日，轍上《三論渠陽邊事劄子》。

劄子見《欒城集》卷四十五，原未注撰作時日，《長編》卷四百四十八繫本日，今從。

劄子謂：「臣近再論唐義問處置邊事乖方，致渠陽蠻寇賊殺將吏，乞早黜義問，以正邦憲，更選練事老將，付以疆埸。經今多日，不蒙施行。」乞速遣練事老將以紓邊鄙之患。「再論」即

《再論渠陽邊事劄子》，已繫八月。

軾上吕大防書，論浙西災傷。

《蘇軾文集》卷四十八《上吕僕射論浙西災傷書》。時吕大防爲左僕射。首云：「軾近上章，論浙西淫雨颶風之災。伏蒙聖旨，使與監司諸人議所以爲來歲之備者。謹已條上二事。」作於《奏浙西災傷》二狀之後，旨在「乞寬減斛米，截賜上供」。所云「條上二事」不詳，此「近上章」全文已佚。書以世俗忌諱言災爲憂，云：「八月之末，秀州數千人訴風災，吏以爲法有訴水旱而無訴風災，拒閉不納，老幼相騰踐死者十一人，方按其事。由此言之，吏不喜言災者，蓋十人而九，不可不察也。」《容齋隨筆·五筆》卷七《風災霜旱》引上文謂：「蘇公及此，可謂仁人之言。豈非昔人立法之初，如所謂風災所謂旱霜之類，非如水旱之田可以稽考，懼貪民乘時，或成冒濫，故不輕啓其端。今日之計，固難添創條式，但凡有災傷，出於水旱之外者，專委良守令推而行之，則實惠及民，可以救其流亡之禍，仁政之上也。」書既云「八月之末」，又云「方按其事」，知作於九月。

本月，轍上《乞罷修河司劄子》。

劄子見《欒城集》卷四十五，原未注撰作時日，《長編》繫本月，今從。

劄子謂大河北流，經今十年，已成河道。去歲八月宣德郎李偉獻言，欲閉塞北流，回復大河。

朝廷爲之置修河司，河北、京東西路公私爲之騷動，乃權罷修河，放散夫役，然修河司依前不罷，李偉仍提舉東流故道。又謂修河司若不罷，偉若不去，河水終不得順流，河朔生靈終不得安居，乞速罷修河司。

《集》同上卷《再乞責降李偉劄子》云「九月二十六日聖旨李偉權發遣北外監丞提舉東流」，則《乞罷修河司劄子》作於九月二十六日之後。

《宋史》卷九十二《河渠志》二節引《乞罷修河司劄子》。

本月，楊傑赴都任禮部員外郎，軾有送行詩，傑次韻。

《長編》卷四百四十五：本年七月乙酉，提點兩浙路刑獄楊傑爲禮部員外郎。

送行詩在《蘇軾詩集》卷三十二，詩題作《介亭餞楊傑次公》。

《無爲集》卷三《和酬子瞻内翰贈行長篇》：「雲濤擁開滄海門，鼓鼙萬疊鳴江村。仙翁引我峯頂望，耳目驚駭難窮源。黄金鑄鯨爲酒樽，桂漿透徹冰雪盆。吴歌楚舞屏不用，夾道青玉排雲根。經綸事業重家世，昔聞父子今季昆。九月煉就鼎灶温，刀圭足以齊乾坤。我行欲别湖山去，爲我索筆書長言。炤乘不假明月珠，自有光焰生軺軒。」

按：據楊詩「桂漿」、「九月」云云，其行在九月。楊傑行前，《詩集》卷三十二多詩及之。

《范太史集》卷二十二《乞改正先聖冠服劄子》，作於元祐六年十月後，十一月三十日前；文中有「禮部員外郎楊傑上言」之語。《宋史》卷四百四十三《楊傑傳》謂元祐中卒，年七十，則其卒約爲元祐七年或八年。

開浚西湖功竣（包括疏浚茅山、鹽橋二河及修六井、作長堤）。軾有謝吴山水仙王廟祝文。祝文見《蘇軾文集》卷六十二（一九二三頁）。興功祝文云（一九二二頁）「百日奏功」。《答監司》簡云「功役乃可趁秋末了當」，計竣工爲九月事。較原定百日略延長。

自興功至竣功，軾皆躬親之。得力於杭州父老及蘇堅、黄僎、劉季孫、許敦仁等人，亦得力於章衡（子平）之教、助，民獲其利。徐積盛贊蘇軾爲民。後守林希（子中）名西湖堤爲蘇公堤。

蘇軾熙寧間倅杭，訪問民間疾苦，已有修浚西湖之意。到杭守任後，即詢訪父老，講求修浚之策，聽取蘇堅建議，使知仁和縣事黄僎「相度可否，及率僚吏躬親驗視，一一皆如堅言」，然後興功。杭州父老農民百十五人詣蘇軾陳狀。軾接納父老建議，人力、財力得有所出。又聽取錢塘縣尉許敦仁建議，參考衆議，皆謂允當，然後訂出措施，申三省施行，以上叙述，皆見《蘇軾文集》卷三十《申三省起請開湖六條狀》。

《蘇軾文集》卷五十五與章衡第十簡：「公見勸開西湖，今已下手成倫理矣，想不惜見助。贓罰船子，告爲盡數剗刷，多多益佳，約用四百隻也。仍告差人駕來，本州諸般全然缺兵也。」第八簡：「近以湖心疊出一路，長八百八十丈，闊五丈，頗消散此物（按：謂葑），相次開。路西葑田想有餘可爲田者，當如教揭榜示之。」

《軾墓誌銘》：「杭本江海之地，水泉鹹苦，居民稀少。唐刺史李泌始引西湖水作六井，民足於水，故井邑日富，及白居易復浚西湖，放水入運河，自河入田，所溉至千頃。然湖水多葑，自唐及錢氏，歲輒開治，故湖水足用，近歲廢而不理，至是，湖中葑田積二十五萬餘丈，而水無幾矣。運河失湖水之利，則取給於江潮，潮渾濁多淤，河行闤闠中，三年一淘，爲市井大患，而六井亦幾廢。公始至，浚茅山、鹽橋二河。以茅山一路專受江潮，以鹽橋一路專受湖水，復造堰閘，以爲湖水宣洩之限，然後潮不入市，且以餘力復完六井，民稍獲其利矣。公間至湖上，周視良久，曰：今欲去葑田，葑田如雲，將安所置之？湖南北三十里，環湖往來，終日不達，若取葑田積之湖中，爲長堤以通南北，則葑田去而行者便矣。吴人種菱，春輒芟除，不遺寸草，葑田若去，募人種菱，收其利以備修湖，則湖當不復堙塞。乃取救荒之餘，得錢、糧以貫、石數者萬。復請於朝，得百僧度牒以募役者。堤成，植芙蓉、楊柳其上，望之如圖畫，杭人名之蘇公堤。」

《春渚紀聞》卷七《劉景文夢代晉文公》：「元祐五年，坡守錢塘，景文爲東南將領，佐公開治西湖，日由萬松嶺以至新堤。」

《北窗炙輠録》卷上：「築新堤時，坡日往視之。一日飢，令具食，食未至，遂於堤上取築堤人飯器，滿貯其陳倉米，一器盡之。大抵平生簡率類如此。」

《淳祐臨安志》卷十：「元祐五年，蘇公軾奏請開湖，仍令錢塘縣尉帶管勾開湖司公事。」此乃起請開湖狀六條之一。

徐積語，見《節孝集》卷三《贈子瞻》，參元祐七年「晤徐積」條。

《長編》卷四百九十七元符元年四月壬辰紀事引御史蔡蹈奏文謂「（林）希知杭州，承蘇軾之後」，題軾所築西湖堤曰蘇公堤，刊石於亭，揭于州人，無不知者。《輿地紀勝》卷二《臨安府》：「西湖，在州西，周回三十里。」以下云：「《皇朝郡縣志》云：『源出於武林泉。唐李泌引湖水入城中，爲六井，以便民汲。』白居易《記》云：『遇歲旱，可溉田千頃。』元祐間，蘇軾重開，因築堤其上，自孤山抵北山，夾道植柳。林希榜曰『蘇公堤』。其後禁蘇氏學，士大夫多趁時好，郡守吕惠卿奏毁之。」《武林舊事》卷五《蘇公堤》：「元祐中，東坡守杭日所築，起南迄北，横截湖面，夾道雜植花柳，中爲六橋、九亭。坡詩云：『六橋横截天漢上，北山始與南屏通。忽驚二十五萬丈，老葑席卷蒼烟空。』（按：見《蘇軾詩集》卷三十四《在潁州》詩）後守林希榜之曰『蘇公堤』。章子厚詩云：『天面長虹一鑑痕，直通南北兩山春。』」同上卷謂六橋爲映波、鎖瀾、望山、壓堤、東浦、跨虹。《萍洲可談》卷一謂「築大堤西湖上，呼爲蘇公堤，屬吏刻石榜名」。據此，則蘇公堤乃軾自名。出傳聞，不足信。《錢塘遺事》卷一：「東坡守杭日，築堤自大佛頭直至净慈寺前，非爲遊觀計也。過水之深者爲湖，而沮洳之地，畝以萬計，皆可爲田。」

與明州守王子淵簡。軾嘗致簡友人，借船開葑。王鯨投詩，贊開西湖。

《攻媿集》卷七十四《跋從子深所藏書畫·東坡》：「公以元祐五年在杭州，治西湖。《四明圖經》載太守七人，皆止書元祐年：韓宗道、李莘、李閌、王子淵、張脩、劉淑、吕温卿，不知所與何人？謂『視此民猶公民』，雖欲勿與，得乎？」「視此民猶公民」乃簡中語。此乃與王子淵簡，參元祐四年「新明州守」條，全簡已佚。

《秋澗先生大全文集》卷七十二《東坡開葑帖後語》：「此借舡一帖耳，令人讀之，聳然有趨事赴功之意，當時民説忘勞，概可知已，使公得坐廟堂，釐衆務，文致太平，爲不難已。」簡佚。

《八閩通志》卷七十二有王鯨傳。鯨字彦龍，長溪人。熙、豐間兩請鄉舉。與尚書黄裳等爲文字交。蘇軾開西湖，鯨投詩有曰「時鬬西湖作勝游，使君元是濟川舟」，軾大加稱賞。民國《霞浦縣志》卷三十一鯨傳謂遊鍾山，讀王安石碑，薄其爲人。

《太倉稊米集》卷二十一《蘇公堤》：「翰林一去幾經秋，猶有平堤繞碧流。誰向西州還度曲，此翁零落已山丘。」作於紹興十三年（一一四三）。附此。

推官吴承老有詩觀開西湖。道潛次韵。

《參寥子詩集》卷七《次韵吴承老推官觀開西湖》：「偉人謀議不求多，事定紛紛自唯阿。盡放黿魚還渌净，肯容蕭葦障前坡。一朝美事誰能紀，百尺蒼崖尚可磨。天上列星當亦喜，月明時下浴晴波。（自注：列星事出教中。）」

推官，當爲杭州推官，軾知杭時事。惜不得其名。偉人，蘇軾。吴推官之詩，蓋爲蘇軾開濬西湖時所作，其主旨在頌蘇軾之功，故次其事於本年。

此詩，見《蘇軾詩集》卷五十，題作《觀開西湖次吴左丞韵》，《七集·續集》誤題爲蘇軾詩。故《詩集》入「他集互見卷」。吴承老，餘不詳。

蘇軾與袁轂（公濟）飲西湖之上，轂作詩，軾和之。

軾詩見《蘇軾詩集》卷三十二（一七一一頁）。詩叙昨夜醉歸，今復來湖上，青山雲錦，一派風光。以下云：「須知老人興不淺，莫學公榮不共飲。與君歌鼓樂豐年，唤取千夫食陳廩。」蓋欲續昨日之醉，與民共樂豐年。此詩格調開朗。

蘇軾與劉季孫（景文）山堂聽筝，季孫作詩，軾次其韻三首。

軾詩見《蘇軾詩集》卷三十二（一七一二頁）。

其一由聽箏而憶韓愈二妾彈箏，似謂韓二妾之箏不入調，暗示今日彈箏者彈技不高，聽之未免乏味。然較之當日謝靈運臨刑前所留之鬚爲齊東昏侯與宫人鬭百草時取去因而失去差勝。季孫美髯，蘇軾蓋以謝靈運、東昏侯之事戲之。意謂季孫美髯故在，箏技雖不足賞，然其髯可以賞。

其二戲季孫作詩時，以近樺燭，鬚幾燎。

其三戲彈箏之麗姝，以箏挑季孫，而季孫不爲所動。運用《南史·褚彦回傳》彦回拒山陰公主故事，臻於至妙，以彦回亦多髯也。季孫生活中當無此經歷。

三詩皆戲季孫之髯，足見二人情好無間。季孫詩未見。

蘇軾賦詩，贈劉季孫（景文）。

詩見《蘇軾詩集》卷三十二（一七一三頁）。

詩云：「荷盡已無擎雨蓋，菊殘猶有傲霜枝。一年好景君須記，最是橙黄橘緑時。」詩寫初冬景物，乃名篇。初冬不同於春日之發生，夏日之豐縟，秋日之肅殺，仲冬、季冬之凋零，明净洗練，庶幾似之。其特徵爲橙黄橘緑。

此詩用以贈劉季孫，有其特殊意義。清人王文誥於《詩集》注文中謂季孫乃「忠臣之後，有兄六人皆亡，故贈此詩」，甚是。

方勺來杭應舉，得蘇軾薦送。

《泊宅編》卷一：「元祐中，東坡帥杭，予自江西來應舉。引試有日矣，忽同保進士訟予户貫不明，賴公照憐，得就送，因預薦送，遂獲游公門。」今年秋試。

《泊宅編》，方勺撰。勺字仁聲，金華人。寓湖州烏程泊宅村，號泊宅翁。徙西溪，名其居曰雲茅庵。《宋史翼》卷三十六有傳。《泊宅編》卷十謂元豐六年秋七月入學，年尚幼；卷九謂「紹興壬戌（一一四二）始游徑山」，年當已逾七十。勺尚撰有《青溪寇軌》，四庫全書著録。

顔幾以代人秋試得罪，蘇軾緩其獄。

《春渚紀聞》卷七《顔幾聖索酒友詩》：「錢唐顔幾字幾聖，俊偉不羈，性復嗜酒，無日不飲。東坡先生臨郡日，適當秋試，幾於場中潛代一豪子劉生者，遂魁送。舉子致訟，下幾吏，久不得飲，密以一詩付獄吏送外間酒友云：『龜不靈兮禍有胎，刀從林甫笑中來。憂惶囚繫二十日，辜負醺酣三百杯。病鶴雖甘低羽翼，罪龍尤欲望風雷。諸豪俱是知心友，誰遣尊罍向北開。』吏以呈坡，坡因緩其獄，至會赦得免。後數年，一日醉卧西湖寺中，起題壁間云：『白日尊中短，青山枕上高。』不數日而終。」今年秋試。

邁兄弟等在杭，嘗與道潛（參寥）游。

《參寥子詩集》卷八《重居夜坐懷蘇伯達昆仲》：「狂風吹林聲怒號，隔垣洶洶如秋濤。夜闌稍覺群動息，星斗挂簷霜月高。東鄰書生勤且勞，粲然文采真鳳毛。遥想下帷應未寢，短檠相對課《離騷》。」「東鄰書生」當指邁兄弟。據「霜月」句，知作於秋深。

秋，張耒（文潛）病，作詩呈蘇轍，轍次韵。耒病愈，作詩，轍復次韵。轍次子适（仲南）有詩卷，耒嘗題詩。耒、适有唱酬。

《張耒集》卷二十二《卧病月餘呈子由》其一：「蔀室悠悠昏復朝，强披《莊子》説《逍遥》。四禪未到風猶梗，九轉無功火不燒。學道若爲調鹿馬，是身不實似芭蕉。丹砂赤箭功何有，想聽清言意自消。」其二：「風葉鳴窗已復朝，唤回歸夢故山遥。酒壺暗淡浮塵集，藥鼎青熒敗葉燒。閉户獨依寒蟋蟀，移牀近就雨芭蕉。雪深更請安心術，長日如年未易消。」

《詩話總龜》前集卷八引《王直方詩話》：「張文潛病中作七言詩，蘇黄門和之云：『長空雁過疑來答，虚幌螢飛坐恐燒。』秦觀云：『文潛讀至此，不樂。』余曰：『何也？』觀云：『虚幌坐燒，近於死，病人所諱。』」

轍次韵乃《欒城集》卷十六《次韵張耒學士病中》，「長空」二句即在詩中。云及「長空」、「螢飛」，耒之病蓋爲秋季事。

《雞肋集》卷十六《次韵蘇中丞喜文潛病間》：「携筇過子約朝朝，况是門無百步遥。午卧檐曦茶可煮，夜談窗霰栗堪燒。范魚何用驚生釜，鄭鹿應知夢覆蕉。試作文殊問居士，從今一飯久如消。」

《集》卷十六《次韻張耒學士病中》後，尚有《次韻張君病起二首》，原韵不見耒集。

《張耒集》卷三十一《觀蘇仲南詩卷》：「蘇子詩如刃發硎，十章入耳韵泠泠。文章三昧無多子，只守君家舊典刑。」《讀仲南和詩》：「異時文席許論詩，三載江湖讀楚詞。自笑酸寒無好語，少年倉氏獨相知。」《謝仲南和詩》：「曾約西湖薄主人，只今湖色已知春。會須多載連車酒，絶勝寒倉滿目塵。」

《張耒集》卷三十二《和蘇适春雪八首》其一：「春城北斗轉招摇，寒御初還陣尚囂。一夜雪聲欺布被，定知貧舍故相撩。」其二：「寒陣須憑酒解圍，閑官幸可典朝衣。一杯泠落憑誰勸，却有飛花舞入帷。」其三：「白帝陰兵嚴羽衛，漢皇老傅振鬚眉。撒鹽飛絮渾粗俗，盡撥塵言賦好詩。」其四：「溪上泛舟成底事，庵前夜立意如何。争知萬頃青青麥，絶勝黄河一尺波。」其五：「不死松篁勞借問，未開桃李與催妝。已饒艷女纖腰舞，偏犯貧儒百結裳。」其七：「山中景物最幽奇，只欠夫君爲賦詩。長憶東風吹女几，瓊瑶交貫碧瑠璃。」其八：「寒窗凍坐成何事，趣唤紅妝遺暖寒。却把吟腸盛美酒，更令柔指撥清彈。」卷三十《和蘇仲南邵湖會飲三首》其一：「老病倦岑寂，燕游聊與俱。開樽當勝地，飛蓋渡平湖。落日晚明滅，烟林遠有無。歸來燈火夜，人影亂栖鳧。」其二：「交友不在眼，逢君懷抱開。主人容客醉，樽酒犯寒來。老境侵霜鬢，羈愁付酒杯。身閑不易得，相與且徘徊。」其三：「新亭當絶島，景物更清妍。耳熱風前酒，心澄水底天。觀魚方有得，薦味肯烹鮮。默坐吟春草，知君似惠連。」卷二十五《和蘇仲南柳湖會飲》：「北風閣雪不到地，寒日自同雲外天。愁人得酒百不問，滿引聊作諸公先。少休歌舞進棋局，更放旌旗移樓船。我欲吴歌恐驚座，戲揮如意扣船舷。」相知可謂深，倡酬可謂密。

《蘇适墓誌銘》：「少時，喜作論詩文章，詩詞至多，不自貴重，亦不樂爲章句之學。」适詩不傳之重要因素之一，當爲「不自貴重」。未此數詩，當作於元祐在朝時，今附次於此。

十月癸巳（初二日），詔罷都提舉修河司。轍上《再乞責降李偉劄子》。

十月云云，據《長編》卷四百四十九。劄子見《欒城集》卷四十五。劄子謂准十月二日聖旨，罷都提舉修河司；謂偉屢以姦言動摇朝廷，興起大役，乞速賜流竄。

四日，軾爲錢世雄跋蔡襄《夢中》詩真迹。

跋見《佚文彙編》卷六（二五七一頁）。

己亥，寶文閣待制知瀛州張頡知荆南。轍上《論張頡不可用劄子》。

己亥云云，據《長編》卷四百四十九。劄子見《欒城集》卷四十六。劄子謂朝廷欲以張頡代唐義問；義問之所以敗者，闇而自用，狠而失衆；今頡猜險闇愎，又甚於義問，不可付以邊事。

己亥（初八日），錢勰（穆父）自越州知瀛州。

據《長編》卷四百四十九。《蘇軾文集》卷五十一與勰第四簡叙此事。瀛治河間。

甲辰（十三日），轍上《乞定差管軍臣僚劄子》。

劄子見《欒城集》卷四十五，原未注撰作時日，今從《長編》卷四百四十九。

劄子謂管軍臣僚見缺三人，朝廷欲用王文郁、姚兕，而大臣進擬張利一、張守約，右丞許將既隨衆簽書進擬，而復奏論其不便，反覆之狀，殊非大臣之禮。劄子乞指揮以本朝故事，參近日聖旨，以邊功尤著，衆守推服者循守資格，速加除授。

《長編》全録此劄，并云：「其後卒用守約及文郁，而利一與兕不與焉。」注：「王文郁以熙河、蘭、岷副總管除沂州團練使、捧日天武四廂都指揮使，仍升副都總管。張守約以知涇州爲昌州刺史、龍神衛四廂都指揮使充鄜延副都總管。乃十二月二十四日甲寅事。今附此。」

十四日，軾賦《問淵明》詩。

詩見《蘇軾詩集》卷三十二。

十八日，軾奏進何去非《備論》狀，乞除館職。不報。時去非爲徐州州學教授。嘗邀去非至杭。

狀見《蘇軾文集》卷三十一（八九六頁）。《浦城遺書》卷首《何去非傳》：元祐四年，蘇軾力薦於朝，詔加承奉郎，博士如故。以下云：「歲餘，出爲徐州教授，蘇軾又上去非所著《備論》，乞除館職，不報。」以下叙秩滿知富陽，旋倅滄州，有善政；除司農寺丞，補外，改倅廬州；卒年七十三；有文集二十卷，《備論》四卷，《司馬法議義》三卷，《三略講義》三卷。今存《備論》二十六篇，較軾所稱者佚二篇。《四庫全書總目提要》稱去非文「雄快踔厲，風發泉湧，去蘇氏父子爲近」。《春渚紀聞》卷六《裕陵睠賢士》：「先生臨錢塘郡日，先君以武學博士出爲徐州學官，待次姑蘇。公遣舟邀取至郡，留款數日，約同劉景文泛舟西湖。酒酣，顧視湖山，意頗歡適，且語及先君，被遇裕陵之初，而嘆今日之除，似是左遷。久之，復謂景文曰：『如某今日餘生，亦皆裕陵之賜也。』」《文章快意》：「先生嘗謂劉景文與先子曰：『某平生無快意事，惟作文章，意之所到，則筆力曲折，無不盡意。』自謂世間樂事無踰此者。」《東牟集》卷十四《隱士何君墓誌》謂去非「嘗代侯公説項羽設辭，雜眉山書中，蘇公見之弗拒也」。今其文乃《文集》卷六十四《代侯公説項羽辭》。此何君，乃去非子薳，號富春樵隱，字子楚。《何君墓誌》云：「君少嗜學，盡得父書。又自以父子世名蘇氏，凡蘇公遺文刀筆題誌小辯雜説巧發弄語，無不收誦，縱横用之而不知。」謂紹興十五年卒，年六十九。

同日，以徐君平、虞策并除爲監察御史。從轍等薦也。

據《年表》。

《長編》卷四百四十九本月己酉紀事：「知大宗正丞事徐君平、荆湖南路轉運判官虞策并除爲監察御史。以御史中丞蘇轍、翰林學士承旨鄧温伯薦也。」注：「范祖禹《手記》：徐君平久從荆公學，當國時不隨；子由稱其文學似龔原。又，虞策，元祐五年十月，與兩省同舉御史，自荆湖運判除監察。《徽録》大觀元年三月有策傳。餘杭人。」轍薦疏不見。原字深之，時稱括蒼先生，遂昌人。《宋史》卷三百五十三有傳。《欒城集》卷二十八有《龔原國子監丞制》。

同日，轍言新除知順安軍王安世罪狀，詔罷爲京西南路都監；其違法事，令都水監依條施行。

據《年表》。

《長編》本日紀事：「轍又言新除順安軍王世安，前任都大提舉河埽，日差河清兵士掘井灌園，雖罷知軍，仍擢爲京西南路都監，乞追回新命，下所屬按治。詔世安罷京西南路都監，其違法事，依都水監依條施行，若不該責降，却與樞密院差遣。」與《年表》略有不同處。轍奏已佚。

轍上《乞裁損待高麗事件劄子》、《再乞禁止高麗下節出入劄子》。癸丑(二十二日)，朝廷裁損待高麗。其後盡從。

劄子見《欒城集》卷四十六。

《長編》卷四百四十九本月癸丑紀事：「詔自今同文館高麗人出外置到物并檢察有違礙者，即婉順留納，以雜支錢給還價直。若係時政論議及言邊機等文事，即問元買處關開封府。檢奉敕條，曉示進奉人到闕，關司録司曉示行人，情願將物入館交易，仍具姓名關本館照會，監門不得阻。節日聽十人番次出館游看買賣，仍各差親事官一人隨。願乘馬者，於諸司人馬内各借一匹，并牧馬兵士一人，至申時還，仍責隨馬人所往處狀。進奉使，乞差伎藝人教習，申取朝廷指揮。」「即問元買處關開封府」之「關」原脱去，據《乞裁損》劄子補；「日聽十人番次」之「十人」，《乞裁損》劄子作「二十人」，乃從《再乞禁止》劄子。餘皆見《乞裁損》劄子。并參《長編》卷四百五十二本年十二月乙未紀事。《長編》全録二劄子，後者之末注云：「據十二月乙未劉摯云，則轍言盡從也。」

二十一日，軾奏相度準備賑濟第三狀。

狀見《蘇軾文集》卷三十一（八九七頁），謂「多糴常平以備來年出糶平準市價」最切要。

二十四日，滕元發（達道）卒。軾有輓詞。

二十四日云云，據《蘇軾文集》卷十五元發墓銘。輓詞見《蘇軾詩集》卷三十二（一七一九頁）。《默記》卷中：「神宗初即位，慨然有取山後之志，滕章敏首被擢用，所以東坡詩云：『先帝知公早，虚懷第一人。』蓋欲委滕公以天下之事也。一日語及北邊事曰：『太宗自燕京城下軍潰，北虜追之，僅得脱，凡行在服御寶器，盡爲所奪，從人宫殯盡陷没，股上中兩箭，歲歲必發，其棄天下，竟以箭創發云。蓋北人乃不共戴天讎，反捐金繒數十萬以事之爲叔父，爲人子孫，當如是乎？』已而泣下久之。蓋已有取北虜大志。其後永樂、靈州之敗，故鬱鬱不樂者尤甚，愴聖志之不就也。章敏公爲先子言。」章敏，元發之謚。先子，王銍（性之）之父莘（樂道）。

《揮麈録·後録》卷六《滕元發因舍弟申與楊元素失眷》：「元豐中，先祖訪滕章敏公元發於池陽，時楊元素過郡，二公同年生，款留甚觀。一日，元素忽問公曰：『今弟賊漢在否？』先祖坐間甚訝其語，伺小間，因啓公，公曰：『熙寧初，甫與元素俱受主上東知非常，并居臺諫。偶同上殿，陳於上曰：「曾公亮久在相位，有妨賢路。」上曰：「然。卿等何故都未有文字來？」明日相約再對，草疏已畢，舍弟申見之，夜馳密以告曾。暨至榻前，未出奏牘，上怒曰：「豈非欲言某人耶！」其中事悉先來辯析文字，見留此，卿等爲朕耳目之官，不慎密乃爾。言遂不行，吾二人由此失眷，元素所以深恨之。東坡先生作滕公挽詩云：『先帝知公早，虛懷第一人。』謂受裕陵眷簡最先也。又云：『高平風烈在，威敏典刑存。』滕蓋范文正之外孫，而授兵法於孫元規。」《揮麈録》作者王明清，銍之子。

轍有《乞優恤滕元發家劄子》。

劄子見《欒城集》卷四十六，題下注謂「元祐五年十月」作。

劄子乞不許滕元發之弟申干預元發家事及奏薦恩澤。

《揮麈録·後録》卷六《滕元發因舍弟申與楊元素失眷》:「滕公奮身寒苦,兄弟三人,誓不異居,而有象傲之弟即申焉。恃其愛,無所不至。公一切置之。元祐中,公自高陽易鎮維揚,道卒,喪次國門。先祖自陳留來會哭,朝士皆集舟次,秦少游時在館中,少游辱公之知最早。弔畢,來見先祖於舟。因爲少游言其弟凌𨞺諸孤狀。少游不平,策馬而去。翌日,方欲解維,開封府遣人尋滕元發舟甚急。乃御史中丞蘇轍劄子言:『元發昔事先帝,早蒙知遇。有弟申,從來無行,今元發既死,或恐此凌暴諸孤,不得安居。緣元發出自孤貧,兄弟别無合分財産。欲乞特降指揮,在京及沿路至蘇州已來官司,不得申干預家事及奏薦恩澤,仍常覺察。』奉聖旨,令開封府備坐榜舟次詢之。乃少游昨日徑往見子由,爲言其事,所以然耳。昔人篤於風誼乃爾。今蘇黄門章疏中備載其劄子。」

按「元發昔事云云,即劄子中語。「不得申干預」,《欒城集》「得」作「許」。「仍常覺察」,《集》「常」後有「切」字。

又按據《揮麈録》所叙,北宋朝廷甚講工作效率。

二十六日,轍上《催行役法劄子》。

劄子見《欒城集》卷四十六。同上卷《再催行役法劄子》謂九月八日備論役法五事,乞賜施行,「又於十月二十六日乞檢會前奏,早賜指揮」,即《催行役法劄子》。

同日，軾與葉温叟(醇老)、張璹(全翁)、元之、侯臨(敦夫)同游南屏寺。寺僧謙出茗，白如玉雪，蔡瑫出墨，黑如漆，遂論茶墨。

據《蘇軾文集》卷七十《記温公論茶墨》。文謂：「墨欲其黑，茶欲其白，物轉顛倒，未知孰是？」同上卷《書茶墨相反》亦有「茶欲其白，常患其黑，墨則反是」之語。

臨，永嘉人。見《文集》卷六十九《題所書東海若後》。嘗知信州，見《文集》卷三十二《乞相度開石門河狀》。《范太史集》卷五十五《手記》有臨。

瑫，衢州人，乃製墨者。見《文集》卷七十《記王晉卿墨》。

《總案》謂元之乃周燾，或是。然未詳所據。

二十九日，憶爲密州時爲答張先(子野)而作之《過舊游》詩，有記。

記見《佚文彙編》卷五(二二五六五頁)。

道潛(參寥子)作詩懷蘇邁(伯達)兄弟。

《參寥子詩集》卷八《重居夜坐懷蘇伯達昆仲》：「狂風吹林聲怒號，隔垣洶洶如秋濤。夜闌稍覺群動息，星斗挂簷霜月高。東鄰書生勤且勞，粲然文采真鳳毛。遥想下帷應未寢，短檠相對課離騷。」此詩作於邁離杭前。

程遵彦(之邵)赴闕，軾送詩。

詩見《蘇軾詩集》卷三十二(一七一七頁),末云:「念君瑚璉質,當今臺閣宜。」元祐六年七月,蘇軾薦之,見該年紀事。

軾長子邁離杭,爲雄州防禦判官。追有詩寄之。

《軾墓誌銘》:「子三人,長曰邁,雄州防禦推官。」

《參寥子詩集》卷六《次韻蘇仲豫承務寄伯達推官》:「蘇子真英豪,氣貌嚴且重。幼無兒女姿,嗜好百不動。唯餘讀書事,乃與古人共。文章造深淳,詞力寬不縱。樂哉賢父兄,道義日相從。昨朝西湖外,目極孤鴻送。高帆去百里,山水乏吟弄。作詩投置郵,但述鴒原夢。」詩作於今年。追詩不見,既云西湖,則是自杭赴任也。邁赴任當爲本年事。

雄州,屬河北東路。

參元祐四年「長子邁酸棗尉滿替」、「長子邁至杭」條紀事,並參元祐六年「子邁赴河間令任」條紀事。邁離杭,約已及冬初。參本年以上「邁兄弟等在杭」條。

蘇軾寄題蘇州梅宣義之園亭。

詩見《蘇軾詩集》卷三十二(一七一八頁)。

梅宣義爲宣義郎,其名與字不詳。蘇軾於文登海上,得白石,以饋梅宣義之子灝(子明),使以奉其父,并有詩,見《詩集》卷三十一(一六五〇頁)。

詩首云「仙人子真後，還隱吴市門」。宣義似出仕，今歸隱，故云「還隱」。宣義乃仙人梅福（子真）之後。梅少學於長安。王莽時，梅棄妻子去九江。見《漢書》本傳。

其歸隱實有祖上影響，自是高出衆人一籌。以下叙梅宣義經營此五畝之園凡十年，實爲不易；其初栽橘，復蓄有桐孫以爲琴；有清池，有來自太湖湖中龜山之異石；主人樂於其中，自高潔不俗。其尤可貴者：「敲門無貴賤，遂性各琴樽。」則梅宣義之園亭，以今日之語言言之，乃免費開放之私人公園。其人自可敬。以下叙欲效梅宣義歸治園亭，奈君恩未報，不能離職守，乃實情。以下云：「愛子幸僚友，久要疑弟昆。」時灝爲杭州通判，此詩或應灝之請而作。末云：「明年過君西，飲我空瓶盆。」欲明年罷任回朝廷時拜訪，并囑不用有意鋪設接待，無酒亦無妨，出以一片至誠。未知明年往訪與否。

軾子迨、過解兩浙路，赴試春闈，道潛（參寥）有詩贈之。

《蘇軾文集》卷五十一《與錢穆父》第十五簡：「兩小兒本令閑看場屋，今日榜出皆捷。」

《參寥子詩集》卷六《送仲豫叔黨二承務赴試春闈》：「炯炯雙黄鵠，雍容振羽儀。風高辭澤國，歲暮及天池。文彩非凡近，周旋競陸離。明年翔集處，九萬是君期。」「風高」云云，當爲十月事。

《嵩山文集》卷二十《宋故通直郎眉山蘇叔黨墓誌銘》：元祐五年，過年十有九，以詩賦解兩浙路。《宋史·蘇過傳》同。《佚文彙編》卷四《與歐陽親家母》簡中，有「迨既忝薦赴省試」之語。

蘇迨赴禮部試，陳師道有送行詩。

《後山居士文集》卷二《送蘇迨》：「胸中歷歷着千年，筆下源源赴百川。真字飄揚知有種，清談絶倒古無傳。出塵悟解多爲路，隨世功名小着鞭。白首相逢恐無日，幾時筆札到林泉。」據「隨世」句，知此詩乃爲送迨赴禮部試而作，時約在本年之冬。詩首句言迨博聞，次句言迨才思敏捷。第三句言迨善書，淵源有自。第四句言迨善清談。時師道在潁州，爲潁州教授。據任淵注《後山先生詩》。迨離杭後，當經潁州赴京師。過當同行。

王巖叟（彦霖）知開封有善政，軾簡胡深父贊之。

《蘇軾文集》卷五十七與深父第四簡贊巖叟政「光前絶後，君復爲僚，可喜」。第五簡云王京兆，亦指巖叟。巖叟開封善政，詳《宋史》卷三百四十二傳。《宋史·宰輔表》謂元祐六年二月辛卯，巖叟自知開封除簽書樞密院事。與深父簡，當爲本年深父知秀州前事。

章衡罷知秀州任，胡深父來知。軾與深父簡，論優價廣糴之利。答深父啓。

《蘇軾文集》卷五十七與深父第二簡：「自浙西數郡，例被霪雨颶風之患，而秀之官吏，獨以爲無災，以故紛紛至此。想公下車倍加撫綏，不惜優價廣糴，以爲嗣歲之備。憲司移文，欲收糙米，此最良策。」以相度準備賑濟四狀考之，簡約作於本年十、十一月間。深父來秀約爲十月事。《長編》卷四百四十八謂本年九月乙酉，章衡罷秀州，合。《文集》卷四十七《答秀州胡朝奉啓》云「伏審初見吏民，首行條教」，知作於深父到任初。蓋深父以朝奉郎知秀。

本月，轍上《薦王鞏劄子》。

劄子見《欒城集》卷四十六，云及「前知揚州謝景温與鞏共事，嘗上章明辯其冤」。《長編》卷四百四十六本年八月甲辰録此劄子，并注：「謝景温元以元祐二年六月二十八日除知揚州，三年閏十二月二十五日權刑部。其薦鞏必在四年也。轍言不得其時。……先七月四日罷鼓院，送吏部。鞏緣轍薦，除宿州，六年六月八日以言章罷。轍薦鞏，當在五年十月。」

十一月一日，轍上劄子論執政大臣傾奪紛爭。

劄子見《長編》卷四百五十本年本月壬戌（初二日）紀事；注：「蘇轍劄子稱一日。」《長編》謂：「臣竊見近日管軍闕人，諸執政共議欲度越資級，用張守約、張利一。此二人者，才品俱下，其實不允公議。陛下一見知其不可，而右丞許將即於簾前自破本議，諸人退而進擬，雖涉專恣，而將陰入劄子，意懷傾奪。外議沸騰，以爲大臣相傾，頃所未有。……臣知其漸不可長，即行論奏。曾未幾日，後聞樞密副使韓忠彦，欲取中書舊斷官員犯罪公案事干邊防軍政者，樞密院取旨。諸執政俱無異論，各已簽書被旨行下，而中書侍郎傅堯俞徐自言，初不預議，爲衆所欺，求付有司推治，與忠彦更相論列。謹按祖宗故事，文武官斷獄，一出中書。若取歸密院，蓋本院官吏欲分奪中書重權，實爲侵官。然已經簽書，徐知不便，以見欺自解。若其他軍國機務有無得失，皆以此爲辭，豈不誤國！……執政大臣務爲傾奪紛争，無復禮義，何以朝夕相規。其餘諸人目睹其非，皆以事相牽制，不能糾正。」《集》未收。全文參見劉尚榮《蘇轍佚著輯考》奏議《劾中書諸臣狀》。

二日，轍與侍御史孫升同論許將。

《長編》卷四百五十本月甲戌（十四日）紀事：「是日，御史中丞蘇轍、侍御史孫升同奏：臣等今月二日面奏尚書右丞許將，近因進擬管軍臣僚，前後議論反覆，希合聖意，傾害同列。蓋其爲人見利忘義，難以久任執政，乞行降黜。」轍劄不見。升字君孚，高郵人。《宋史》卷三百四十七有傳。參本月丁卯紀事。

乙丑（五日），轍上劄子論維護朝廷綱紀。

劄子見《長編》本日紀事。云：「臣近面奏樞密副使韓忠彦改易祖宗舊法，取官員犯公案事干邊軍政者，樞密院取旨，諸執政各已簽書，被旨行下。而中書侍郎傅堯俞徐自言，初不預議，爲衆所欺，求付有司究治，與忠彦更相論列。臣竊謂大臣傾奪忿争，無復禮義，非朝廷之福。

乞明辨曲直，使知所畏。尋蒙陛下以臣言付三省，而堯俞、忠彦皆晏然不以爲畏。……方今二聖聽政帷幄之中，謙恭退托，委政於下，當此之時，大臣側躬畏法，避遠權勢，猶恐不及，今乃以貴故，輕易臣言。臣忝御史長官，朝廷忠憲所在，輕易臣，實有輕易朝廷之意，臣恐綱紀自此廢壞。伏乞再下臣章，使各以實對。」《欒城集》不見。全文參見劉尚榮《蘇轍佚著輯考》奏議《劾韓忠彦傅堯俞劄子》。

丁卯（初七日），轍上劄論許將。

《長編》本日紀事：「轍又言……臣今月二日，面奏尚書右丞許將近因進擬除管軍臣僚，與同僚初無異議，及至上前，窺伺聖意，賣衆自售，退而陰入劄子，情涉頗僻，乞降聖旨明辨曲直，使知所畏憚。將自知過惡彰露，上章待罪。臣博采公議，皆言將陰狡好利，出於天性，自居要近，此態不衰，久留在朝，所害必衆。况今二聖聽政幃幄，萬機决於大臣，若事干軍國要務，安危所係，而將每於共議，輒先符同，臨事觀變，徐施詭辨，以要大利，則腹心之地，自生機穽，其誰安意肆志，爲國謀事，衆人危懼，皆不自安。伏乞因其所請，早賜施行，以厭公論。」《欒城集》不見。全文參見劉尚榮《蘇轍佚著輯考》奏議《劾許將劄子》。

壬申（十二日），轍上劄論許將。

據《長編》卷四百五十。劄言：「臣近奏傅堯俞、韓忠彦、許將三人事，内堯俞、忠彦以職事忿爭，至相論列，失大臣之體。臣備位執法，理當詰問。今既杜門請罪，陛下矜而貸之，臣不敢更加彈奏。惟有許將先與同列共議進擬管軍臣僚，及至上前，窺見聖意，即背始議，以求希合，退爲除目。若將不同，亦當明言於衆，俟別日再上取旨。今乃陰入劄子以傾衆人，用情險詖，意不由公，而與堯俞、忠彦得同押入視事，公議驚怪，以爲罪既不倫，而例蒙恩貸，衆心不服。若使將每事先且雷同，及至簾前，伺候上意，徐乃異論，以爲忠直，則今後誰敢安意肆志爲國謀事？況今太皇太后陛下聽政幃幄，皇帝陛下恭默自養，當此之時，左右前後宜得忠厚正直之臣，托以心腹，寧使靖重椎魯有不及事之憂，不容陰邪險躁有相傾奪之害。……伏乞陛下爲社稷遠慮，除此佞人，以弭中外之患。」《欒城集》不見。全文并「貼黄」兩條，參見劉尚榮《蘇轍佚著輯考》奏議《又劾許將劄子》。

是日，侍御史孫升上三劄，論許將，見《長編》。

甲戌（十四日），轍與侍御史孫升同上劄論許將。

據《長編》卷四百五十。劄言：「臣等今月二日面奏尚書右丞許將……難以久任執政，乞行降黜。尋奉聖旨，未以臣等所言爲然。臣等竊以明君用人，順己者未必喜，逆己者未必怒，要在察其誠心所從來而已。今許將與同列商量進擬，皆無異言，及至簾前，因聖意宣諭，即時附會，意欲以此自竊守正之名，而陷同列於不忠，欺罔聖明，固結恩寵而已。……臣欲乞指揮宰臣以下，詳具於是何月日商量進擬管軍臣僚，當時何人以爲可用，何人以爲不可用，乃具可否之語。自後直至進呈之日，凡更幾次商量，并具有無可否之人。若許將於前商量之時無異論，但於簾前探測聖意，徐爲異同，則其反覆傾險，更無可疑，自當責降。若將從初實有異議，而宰臣以下不俟僉諧，直便進呈，則事屬專恣，亦合有罪。……臣等區區，志在爲國振紀綱，辨邪正。……乞出臣前後章疏，盡付三省施行。……臣等區區，志在爲國振紀綱，辨邪正。」《欒城集》不見。全文并「貼黄」一條，參見劉尚榮《蘇轍佚著輯考》奏議《劾許將第三劄子》。

己卯（十九日），轍上劄論許將。

據《長編》卷四百五十。劄言：「臣竊見中書右丞許將，賦性姦回，重利輕義。昔在先朝，所至不聞善狀。及知成都，貪恣不法，西南之人，所共嗤笑。還朝未幾，擢任執政，中外驚怪，不測所以。是時諫官范祖禹、吴安詩皆論將忝冒不可用之實。不幸祖禹、安詩繼罷言職，故令將叨竊重位，遂至今日。臣自備位執法，常欲爲陛下除此佞人，但以未有所因，言無從發。今因其商量差除管軍，先與同列共議，略無異言，及至上前，探測聖意，違背前説，上以希合聖意，下以擠排衆人，人之無良，一至如此。正是市井小人販賣之道，而置之廟堂之上，久而不去。使慣得此便，自謂得計，見利輒發，則其所賊害，漸不可知。故臣至此力言其惡而不知止也。且臣自今月二日面奏劄子，言傅堯俞、韓忠彦及將三人，將自知罪惡有狀，即宜先待罪，然端坐東府，不返私第，朝廷不遣一人略加存問，恩禮至薄，前後五日方略還居。及堯俞等倉卒就第，朝廷方一例遣使押下，將亦略無愧耻，隋衆視事。都人指笑，以爲口實，其貪利無耻，至於如此。今陛下但以曾經任使，雖有過惡，終欲蔽之，曾不念朝廷名器，皆祖宗所付畀，而以私一許將乎！伏乞檢會臣前後所上章，付外施行。」《欒城集》未見。全文參見劉尚榮《蘇轍佚著輯考》奏議《劾許將第四劄子》。

程之邵（懿叔）致蘇軾簡，軾覆簡。

軾簡乃《蘇軾文集》卷五十七《與程懿叔》第一簡。簡云「長至」，乃冬至，點季候。簡所云「江潮未應」，當指錢塘江潮。時之邵即在錢塘江上，蘇軾勸之邵候潮至再行。簡云：「問及兒子，感怍。」知之邵先來簡。

簡云「浙中人事簡静，頗得溪山之樂」。之邵自知泗州移夔州轉運判官任，「浙中」疑爲「泗上」之誤。兹次此簡於十一月中旬。

《與程懿叔》第二簡首云：「疊辱車騎。」知之邵拜訪蘇軾。簡云：「風色未穩，來日必未成行。」之邵仍在錢塘江上候潮。簡云「公詩清拔」。之邵於蘇軾爲表弟，似不應稱公，然軾嘗稱秦觀爲公，稱之邵爲公，未爲不可。

二十一日，軾奏相度準備賑濟第四狀。

狀見《蘇軾文集》卷三十一(八九九頁)。謂蘇、湖、杭、秀等州米價日長,須更添錢招買;并乞減常平米價,所貴饑民得賤米吃用。《長編》卷四百五十一本月末注:「軾奏浙西災傷,前後凡七章。」「軾坐此爲賈易等彈劾,賴范祖禹封駮乃已。事見六年七月二十八日、八月四日軾自辯劄子。」

《軾墓誌銘》:「是秋復大雨,太湖泛濫害稼。公度來歲必饑,復請於朝,乞免上供米半,又多乞度牒以糴常平米,并義倉所有,皆以備來歲出糶,朝廷多從之。由是吴越之民復免流散。」

丁亥(二十七日),轍與侍御史孫升、殿中侍御史岑象求、監察御史徐君平同上劄論許將。

據《長編》卷四百五十。劄云:「臣等近奏論尚書右丞許將因進擬管軍臣僚,議論反覆,意在傾奪。前後章疏除已蒙降付三省施行外,皆留中不出。凡臣轍所上四章,臣升所上三章,臣象求所上三章,臣君平所上一章,凡將平生貪猥之迹與今日背誕之情,略盡於此矣。而天聽未回,中外傾望,疑陛下有欲保全之意。臣等竊維二聖聽政,不出帷幄,今日事體與祖宗不同。祖宗親決萬機,廢置在己,雖使左右或有姦佞,亦未能妨害大政,然或不幸有之,按驗有實,即皆逐去。以今日太后仰成大臣、皇帝恭己淵默,將之險詖,情狀已露,而猶遲遲不決,此臣等所以憤悶而不能已也。今御史與諫官相繼上章,若非公議所向,勢不能爾。言已出口,義無中輟。若非許將罷去,或言者得罪,必不徒止也。惟陛下稍紆聖心,略賜鑒察,檢會前後奏請付外施行。」《欒城集》不見。全文參見劉尚榮《蘇轍佚著輯考》奏議《劾許將第五劄子》。

十二月辛卯（初一日），轍上劄子乞罷上官均。

《長編》卷四百五十二本月甲辰紀事注謂：「轍劄子稱十二月一日。」今從。

劄子謂：「今者臣與臺諫俱論尚書右丞許將進擬差除管軍，前後異議，希合聖旨，以陷同列。中外公議，皆以爲然。而均與將有鄉曲之好，素相結托；凡有所言，陰爲表裏。上疏救將，謂將小過不當斥逐。且均爲御史，職在擊姦，見姦不擊，反加營救。背公死黨，妄失本職，情尤深害。」乞罷均臺職。參本月甲辰紀事。

劄子見《長編》，《集》未收。其全文參見劉尚榮《蘇轍佚著輯考》奏議《劾上官均劄子》。

同日，許將罷。

據《長編》卷四百五十二。《長編》云：「中大夫守尚書右丞許將爲太中大夫、資政殿學士、知定州。御史中丞蘇轍等屢言將過失，而將亦累表陳乞外任。上批，可特除資政殿學士，轉一官知定州。所命詞，作『自請均勞逸』之意。」以下云：「先是十一月丙子，殿中侍御史上官均、監察御史徐君平進對。劉摯謂韓忠彦曰：『聞均及君平有章，皆爲許將聲冤，謂中司不當搖大臣。』忠彦曰：『將自言亦若此，然止稱均，不及君平。』摯曰：『前此聞楊康國、劉唐老爲傅堯俞辨訴臺諫官與大臣爲地，前未之有，殆出於近世，非公道也。黨與根株，其將奈何！』摯自謂於用言未嘗不懇懇於諸公，天實知之。既而吕大防亦爲摯言聲冤事，如摯所聞。又曰：『常疑人分别南北，似非理。今觀之，豈不可駭！』摯又曰：『君平，江南人，嘗從王安石學。蘇轍舉爲御史。昨聞均語於人，頗愠轍尋常多召君平及岑象求議事，彼不知君平異趣，故不疑爾。今日之對，必有異論。』蓋自鄧温伯來，梁燾等去，近又召彭汝礪，至今言路復有君平輩。摯每以告吕大防，而大防顧疑摯分别南北，此深可慮也。會秦觀準敕書御史臺碑，適自彼來，爲摯言，聞均等對以許將細故不可動。又言君平與轍無異意，雖與均同對，必不助其語。又言轍及孫升前對，諭語甚温，但頗然許將争利一事，云若非將言，幾誤此事也。及是逾半月矣。乃有内降付三首云：『許將近累上表，乞除外任，可資政殿轉官知定州。』翼日，以内降進呈。諭曰：『許將自昨來事，後言者章疏攻彈不已，今令補外，然别無事。』吕大防奏曰：『近時外補少遷官者，今將轉官拜職，又得帥府重地，聖恩優厚，臣子之幸。』又諭曰：『昨來韓樞密、傅侍郎事，過後便定奪，更無人言。獨有右丞被言文字甚多，不可不如此也。』摯私謂將所争利一事誠細故，未足以爲去留。但將自初入以來，人望不快，昨宣押之後，論者不肯止。上既以利一事爲將之是，故言者置其事，止以人物不可在政路爲説，是以天意顧公議不能主之也。人不素修，欲信於士大夫，其可得哉！將性敏惠，明見事理，而所趨甚異，喜圓機，薄節行，持言不必信、行不必果之論，好寧我負人、無人負我之事，此其大失也。措之於政事，豈非爲害，此人情所以欲去之爾。前日，陳衍至大防府第，必以此詢决之。然將忤物不一，孤立亦可憐。是日，范純禮過都堂，謂摯……將之去非是。摯與純禮雅善，故於摯無隱。然昔者議論不如是之私，今聽其言，不敢以爲當。傅堯俞多爲其所惑，皆類此也。」注：「此并用摯日記所載修入。可見當時議論各有黨，不可略也。」

蘇軾與胡深父簡，以故人周知録兄弟生活爲托。

簡乃《蘇軾文集》卷五十七《與胡深父》第三簡。

簡云：「某久與周知録兄弟游，其文行才氣，實有過人，不幸遭喪，生計索然，不能東歸九江。托迹治下，竊惟仁明必有以安之。」據此，周知録實爲九江人。云知録，或其人嘗爲知録，今已不詳其人。

簡云：「餘托柳令咨白。」知此與胡深父簡，乃由柳令攜至。咨白者，詳細陳述周知録兄弟之困境也。柳令，當即柳豫，參本年此前「軾與章衡簡」條。

是月，軾奏乞擢用劉季孫狀。

狀見《蘇軾文集》卷三十一（九〇〇頁），乞朝廷擢置之邊庭要害之地。

十二月一日，軾游小靈隱，聽林道人論琴棋。

據《蘇軾文集》卷七十一《書林道人論琴棋》，謂道人「極通玄理」。

壬辰(初二日),轍上《論西邊商量地界劄子》。

劄子見《欒城集》卷四十六,原未注撰作時日,今從《長編》卷四百五十二。

劄子云:「頃者,夏人既得歲賜,始議地界,朝旨許以見今州城堡寨依綏德城例,以二十里爲界,十里外量置堡鋪,其餘十里爲兩不耕地。約束既定,大臣中悔,又欲堡寨相照取直。議猶未定,而熙河將佐范育、种誼欲於見今城堡之外,更占質孤、勝如二堡。大臣僥倖拓土之功,不以育等爲非,從而助之。尋爲夏人所破,所殺兵民不敢以實聞。繼修城門,再被焚毀,其事至今未定。然夏人迫於内患,不敢堅抗朝命,許以照直爲界。其言猶未絶口,而大臣又悔,欲於堡鋪之外對留十里,通前共計三十里。此命既出,有識之士以爲失信太甚,非中原之體。若使邊臣稍知義理,必不忍自出反覆之言,以彰不信。」旨在地界商量中應重信。

初五日,轍上《乞責降上官均劄子》。

《長編》卷四百五十二本月甲辰紀事注謂此劄子轍「稱五日」作。劄子見《長編》、《欒城集》未收。

劄子謂:「昨者臺諫交章劾(許)將姦狀,獨均上言曲加營救,今將被逐,均自知情狀見露,數日以來,譸張失措,度其猖狂解説,無所不至。緣御史,人主耳目之官,不宜久留邪黨,污濁其間,浼瀆聖聽。」乞降黜外任。其全文參見劉尚榮《蘇轍佚著輯考》奏議《再劾上官均劄子》。

同日，轍與殿中侍御史岑象求同上劄子劾上官均。

《長編》卷四百五十二謂爲本日作。劄子見《長編》，《集》未收。劄子謂：「臣等頃言尚書右丞許將用心傾險，議論反覆，留之左右，恐害聖政。伏蒙陛下以臣等所言爲然，即令補外，中外稱快。而殿中侍御史上官均獨言不當罷將執政，指臣等所言爲非，曲加誣謗，無所不至。」乞明加責降。此劄全文并「貼黄」一條，參見劉尚榮《蘇轍佚著輯考》奏議《劾上官均第三劄子》。

《長編》全録此劄，末注：「此三劄并得之汪應辰。今轍《奏議》乃無之。」三劄謂此劄及《乞罷上官均劄子》、《乞責降上官均劄子》。

乙未（初五日），高麗國遣使入貢。沿途擾費十去六七，朝廷從蘇軾、蘇轍之請也。蘇軾令杭屬諸郡量事裁損，民受其利。

乙未云云，據《長編》卷四百五十二。《長編》叙高麗貢使至時，云：「兩浙、淮南州郡爲之騷然，每至州縣或鎮砦，皆豫差諸色行户，各以其物齎負，迎於界首，日隨之以待其所賣買，出境乃已。及鞍馬什物等，皆用鮮美者，被科之家，旋作繡畫，或求於四方，人多失業，至於逃遁，或有就死者。蓋朝旨嚴切，而引伴皆用中人，是以如此（按：此以上乃引劉摯《高麗國本末叙》）。自元豐八年使者回，到今復至，朝廷用知杭州蘇軾及御史中丞蘇轍之請，痛加裁省，及定其程限。自入界不兩月，到闕下，問引伴官向綍、趙希魯，言沿路擾費十去六七矣（原注：此據劉摯《日記》增入）。」蘇軾之請，見《文集》卷三十《論高麗進奉狀》，蘇轍之請，見《欒城集》卷四十六《乞裁損待高麗事件劄子》。

《軾墓誌銘》謂高麗貢使至：「公按舊例，使之所至吴越七州，實費二萬四千餘緡，而民間之費不在，乃令諸郡量事裁損。比至，民獲交易之利，而無侵撓之害。」

《蘇軾文集》卷四十六謝高麗大使、副使四啓，卷五十八《與引伴高麗練承議三首》，此時作。

蘇軾與錢勰（穆父）簡，言及高麗使人沿途費用裁減事。

簡乃《蘇軾文集》卷五十一《與錢穆父》第十六簡。

簡云：「示諭麗使裁減事，既不出船，何用借買許多什物。已令本州一一依倣裁定矣，幸甚，幸甚。條式指定事，即未敢擅減，知之。稍暇，别奉狀。」

簡中所云「麗使」之「麗」字前脱「高」字，或當時簡稱如是。據簡，錢勰亦十分關心高麗使人入貢沿途擾費事，并有自己主張與做法，與蘇軾交流、聯繫，蘇軾借鑒勰之做法，可行者則行之，暫時不宜行者則置之。

兹因高麗入貢事，次此簡於此。

軾答范祖禹（純夫）簡。時李陶（唐夫）爲赴清溪令在杭。陶赴任，有詩送之。

《蘇軾文集》卷五十答祖禹第四簡云「高麗復至，公私勞弊」，知作於此時。簡云「李唐夫一宅甚安」。陶乃大臨子，學於司馬光，賢而通經，見《全蜀藝文志》卷五十三《氏族譜》及《宋元學案》卷八。送陶詩，見《蘇軾詩集》卷三十二（一七一三頁），末云「肯向西湖留數月」。清溪屬睦州。

八日，軾應孤山僧惠勤弟子之請，作《六一泉銘》。

銘見《蘇軾文集》卷十九；寫作月日，據《紀年録》。《輿地紀勝》卷二《臨安府》：「六一井，在報恩院孤山之址，有泉汪然，甚白而甘，歐陽公嘗與僧惠勤游此，東坡因以爲泉。東坡爲作銘。」

十三日，軾與劉季孫、義伯、張天驥、周燾、蘇堅、錢蒙仲游七寶寺，題詩竹上。

詩見《蘇軾詩集》卷三十二（一七二二頁）；張天驥復來，不知爲何時事。《輿地紀勝》卷二《臨安府》謂七寶山在城中天慶觀後，有七寶院。又謂天慶觀在朝天門外，即唐之紫極宫。

甲辰（十四日），殿中侍御史上官均上劄子論轍，詔罷均知廣安軍。

《年表》本日紀事：「殿中侍御史上官均言：『右丞許將不當罷執政。中丞蘇轍、侍御史孫升等附會大臣意指，姦邪不忠。臣竊聞外議，以爲轍等合爲朋黨，動移聖意，以疑似不明細事，合請并力逐一執政，自此大臣人人不得安位矣。伏乞早賜施行，以協中外之望。』詔罷均知廣德軍。」

《長編》本日紀事：「傅堯俞、韓忠彦、許將等之求罷也，均言：『大臣之任，同國休戚，政令賞罰，所繫甚重，同異相濟，要歸至當。廟堂之上務當協諧以治天下，使天下之人泯然不知有異同之迹。若悻悻辨論，不顧事體，何以觀視百僚。堯俞等雖有辨論之失，然事皆緣公，無顯惡大過，望令就職，務爲協和，歸於至當。』詔諭堯俞等就職。轍與其僚及諫官互論堯俞等罪惡，不當在位，均以爲轍等陰承宰相吕大防風旨，遂奏疏，言：『進退大臣當使天下服陛下之明，而大臣得以安其位；進退不當，則累陛下之哲，而言者自此得爲朋黨，合謀并力，以傾摇大臣。天下之事，以是非爲主，所論若當，雖異不害其爲善；所論若非，雖同未免爲不善。堯俞所論條制，陛下既從其請而稍更改矣；許將所論張利一，陛下既允其奏而罷管軍矣：則二人異論，既以爲是，但不能協和，實無大過。而蘇轍等以爲許將當時與三省商量張利一，既已定議，既而背同列議，獨有論奏。臣以爲善則順之，惡則正之，豈有每事違命，遂非不改，然後爲忠耶！將舍同列之議，上奉聖旨，是皆將順其美，不當反以爲過惡也。若使不忠，雖與同列協和，是乃姦臣耳，非朝廷之利也。若陛下以堯俞、將異論，悉皆罷去，則執政數人自此以爲戒，每事曲相隨順，不敢可否，願陛下外采衆論，内揆聖心，審而後斷。』」《長編》本日又云：「將既罷右丞，知定州。均又言：『陛下前日敦諭許將就職，豈以爲無罪，知其心之無他也。今日罷免將，特迫持於二三大臣之言，牽於臺諫之論，則是陛下特出於不得已。吕大防堅强自任，不顧是非，每有差除，同列不敢爲異，唯許將時有異同，大防每懷私憾。今陛下又以將爲是，罷利一管軍，大防猶深憒疾。轍素與大防相善，希合其意，率同列盡力排許將，期於必勝。既得異論罷去，執政臺諫皆務依隨，是威福皆歸於大防，綱紀法令自此敗壞矣。』又言：『御史耳目之任，中丞風憲之長。轍當公是公非，別白善惡，乃愛憎任情，毁譽違衆，立黨怙勢，取必朝廷，强險偏邪，上惑聖聽。願出轍等章疏付外朝，如許將有罪，乞加謫命；如無罪，願正轍等妄言之咎，以破姦邪朋黨之弊，收□威權，肅正綱紀。』又言：『轍等合爲朋黨，動移聖意，以疑似不明細事，合謀并力逐一執政，自此人不得安位矣。』因乞解言職，於是責知廣德軍。」

《長編》本日又云：「劉摯叙其事（按：指罷許將）云：初，臺諫之擊許將也，均獨以爲不可用細故退大臣，乞明正是非。及將罷，均言益不已。於是蘇轍、孫升、岑象求等皆劾均，以爲朋姦。第一章言均三事：一謂范育不可罷，二留劉摯，三救許將。既而章繼不止，然其後章止論救將事，不及其他。均亦連章劾轍及升，不爲朝廷辨事之是非，補人主聰明，專以私意陰受大臣密論，結爲朋黨，表裏排陷，乞正其罪。會興龍節假，放兩曹，得以從容各罄所言以相詆。章皆下三省，均以目録前後章申都堂，至是進呈。宸意閑暇，兩無所向。吕大防禀測之，諭曰：『均難重任。』大防曰：『自來言官以事去，有三四等知州、知軍、通判，已甚得監當。』諭曰：『與合入差遣，不要虧他。』餘并無言，遂可廣德之擬。摯因出笏奏曰：『臣昨八月中請外任者，本以竊禄歲久，無補朝廷，心不自安，故乞一郡，殊不聞均奏留臣也。臣等進退，料必出於宸衷，豈由臣下議論，兼臺諫留執政，亦合避嫌疑，誠不知體。又，均，福建人，臣與之非故舊，亦非鄉里，止曾於臺中同官。昨均留臣，臣實不得而知，更望照察。』笑諭曰：『侍郎有何事要去，昨是太皇、官家留住侍郎，均亦不曾有文字。』吕大防曰：『劉摯昨求去，并無事，今爲蘇轍言上官均文字内，説及曾留劉摯，要奏知也。』摯謂均爲王氏學，有文采，性介潔，守道甚篤。元豐八年，摯在臺，愛其前爲御史治相州獄守節得罪，故復舉之。後以張舜民事罷，今年六月復爲殿中，至今三黜，皆於義無嫌。倘止論大臣去留，宜明辨是非，不可輕以人言進退以厲臣節、塞朋黨，如此則爲有補；不然，當指邪惡事狀，直言而去，爲是惜也。區區以留將爲言，故理不勝矣。大抵將之去，外論半是半非，雖各係其黨，蓋不無由來也。摯又嘗語大防，以將爲人有可取者，博記問，氣勁，見不平，必開口，不畏强禦，亦有所長。大防謂潛心懷二，立黨偏見，亦可惡者不少也。均孤立於黨間，可憐哉。」注：「此全録摯所記，不復增損，要可見當時議論不可略也。」

《宋史》卷三百五十五《上官均傳》謂字彦衡，爲殿中侍御史。以下云：「時傅堯俞爲中書侍郎，許將爲右丞，韓忠彦爲同知樞密院。三人者，論事多同異，俱求罷。均言：『大臣之任同國休戚，廟堂之上當務協諧，使中外之人，泯然不知有同異之迹。若悻悻然辨論，不顧事體，何以觀視百僚。堯俞等雖有辨論之失，然事皆緣公，無顯惡大過，望令就職。』詔從之。御史中丞蘇轍等尚以爲言，均上疏曰：『進退大臣當，則天下服陛下之明，而大臣得以安其位。進退不當，則累陛下之哲，而言者自此得以朋黨，合謀并力，以傾摇大臣。天下之事，以是非爲主。所論若當，雖異，不害其爲善；所論若非，雖同，未免爲不善。今堯俞等但不能協和，實無大過。蘇轍乃以許將當時已定義，既而背同列之議，獨上論奏。臣以爲善則順之，惡則正之，豈在每事唯命，遂非不改，然後爲忠邪？將舍同列之議，上奉聖旨，是能將順其美，不當反以爲過惡也。若使不忠，雖與同列協和，是乃姦臣爾，非朝廷之利也。』將罷，均又言：『吕大防堅强自任，每有差除，同列不敢異，唯許將時有異同。轍素與大防善，盡力排將，期於必勝。臣恐綱紀法令，自此敗壞矣。』因論：『御史，耳目之任；中丞，風憲之長。轍當公是公非，別白善惡，而不當妄言也。』遂乞罷，出知廣德軍，改提點河北東路刑獄。」

丁未（十七日），轍以龍圖閣直學士、朝散郎加龍圖閣學士。

據《長編》卷四百五十三。

元净（辯才）作亭風篁嶺上，名曰過溪，有詩。十九日，次韵。錢勰、道潛亦次韵。

《蘇軾詩集》未載次元净韵撰作時間。「十九日」云云，見《故宫周刊》第四年雙十號《宋四家真迹》。軾詩見《詩集》卷三十二（一七一四頁）。

《參寥子詩集》卷六《龍井辯才老師新亭初成，有詩呈府帥翰林公，俾余繼和，輒次元韵》：「遠公吾家傑，道妙非壺丘。德傾龍象侶，皃蓋江湖秋。平生經論學（按：「論」疑應作「綸」），不爲名相留。滔滔若懸瀑，下注萬丈湫。昔年謝講事，衆挽不轉頭。刳心老巖穴，百念本不浮。東南多望士，唯見此老優。翰林天下公，方外實輩流。旌旗虎溪路，竟日泉石游。衆生病未已，師意可忘憂。」

《咸淳臨安志》卷二十八《山川七·嶺·城内外·風篁嶺》：「在錢塘門外放馬場西，路通龍井。嶺最高峻，元豐中，僧辯才師滐治，脩篁怪石，風韻蕭爽，因名曰風篁。東坡嘗詣師，師送至嶺上。」

《詩集》卷三十二尚有《偶於龍井辯才處得歙硯甚奇作小詩》詩，末云：「時聽西風拉瑟聲。」約作於秋間。

《咸淳臨安志》卷七十八《寺觀四·寺院·龍井衍恩延慶院·題詠·辯才與東坡道潛錢勰唱和詩》元净（辯才）詩：「暇政去旌旆，杖策訪林丘。人惟尚求舊，况悲蒲柳秋。雲谷一臨照，聲光千載留。軒眉獅子峯，洗眼蒼龍湫。路穿亂石脚，亭蔽重岡頭。湖山一日盡，萬象掌中浮。煮茗款道論，奠爵致龍優。過溪雖犯戒，兹意亦風流。自惟日老病，當期安養游。願公歸廟堂，用慰天下憂。」

同上錢勰詩：「幻泡本空色，真夢迷黄丘。宦學類狂走，爾來三十秋。髮齒非他時，歲月不我留。古刹亂插石，蟄龍蟠靈湫。天人大導師，駐錫今白頭。安住善護念，晚節非沉浮。昔嘗謂出處，未用相劣優。權實分二乘，股肱均九流。今知攬攬者，安得逍遥游。從兹許禮足，尚可治幽憂。」

《咸淳臨安志》卷七十八《寺觀四·自南山净慈至龍井·龍井延恩衍慶院》：「在風篁嶺。乾祐二年居民凌霄募緣建造。舊額報國看經院，熙寧中改壽聖院，紹興三十一年改廣福院，淳祐六年改今額。有龍井。元豐二年，辯才大師元净自天竺退休兹山，始鼎新棟宇及游覽之所。有過溪亭（原注：又名二老）、德威亭、歸隱橋、方圓菴、寂室、照閣、趙清獻公閑堂（原注：在方圓菴東，清獻公既挂冠，而辯才法師亦退居此山，因以命名）、訥齋、潮音堂、滌心沼、獅子峯、薩埵石，山川勝概，一時呈露，而二蘇、趙、秦諸賢，皆與辯才爲方外交，名章大篇，照映泉石，龍井古刹，由是振顯，豈非以其人乎！」

壬子（二十二日），轍上《論韓氏族戚因緣僥冒劄子》。

據《長編》卷四百五十三，注：「此奏得之汪應辰，轍集中今無此奏。」劄子見《長編》，《欒城集》未收。

劄子謂：「傅堯俞任中書侍郎，堯俞與韓縝通昏，而素與范純仁親厚，遂擢其弟純禮自外任權刑部侍郎。曾未數月，復擢補給事中。純禮門蔭得官，初無學術，因緣僥倖，致身侍從，與堯俞陰爲表裏，惟務成就諸韓。」外議復言「謝景温、杜純、杜紘皆韓氏姻家，堯俞、純禮竊相擬議，欲相繼進此三人。」貼黄謂：謝景温在熙寧初諂事王安石，爲清議所鄙；純、紘乃無出身，粗俗之人。此劄全文并「貼黄」二條，并見劉尚榮《蘇轍佚著輯考》。

轍上《論邊防軍政斷案宜令三省樞密院同進呈劄子》。

劄子見《集》卷四十六。《長編》卷四百五十三附十二月末，并注：「轍此奏當是十一月或十二月，今附十二月末。」

劄子謂：「元豐五年，先帝改定官制，指揮凡斷獄公案，并自大理寺刑部申尚書省，上中書省取旨，自是斷獄輕重比例始得歸一。」劄子舉元豐七年十月八日、元祐四年六月十八日、今年七月十三日、十月四日及二十九日五項條貫，謂「不唯斷獄不歸一處，其間必有罪同斷異，令四方疑惑，失先帝元豐五年改法本意」。劄子乞依先帝改法之舊，應斷罪公案，并歸三省；其事干邊防軍政者，令樞密院同進呈取旨。

《長編》注并謂元祐六年二月十日從奏。參《長編》卷四百五十五二月乙亥(初十日)紀事。

《宋史》卷一百九十九《刑法志》一：「五年，詔命官犯罪，事干邊防軍政，文臣申尚書省，武臣申樞密院。中丞蘇轍言：『舊制，文臣、吏民斷罪公案歸中書，武臣、軍士歸樞密，而斷例輕重，悉不相知。元豐更定官制，斷獄公案并由大理、刑部申尚書省，然後上中書省取旨。自是斷獄輕重比例，始得歸一，天下稱明焉。今復分隸樞密，必有罪同斷異，失元豐本意，請并歸三省。其事干邊防軍政者，令樞密院同進取旨，則事體歸一，而兵政大臣各得其職。』六年，乃詔：『文武官有犯同按干邊防軍政者，刑部定斷，仍三省、樞密院同取旨。』」所引「中丞蘇轍言」，即節引前劄。

軾令轍咨稟歐陽親家母，就次子迨就親事。

《佚文彙編》卷四《與歐陽親家母》：「迨既忝薦赴省試，遂可就親。雖叔弼尚在疚，想可別令人主婚，已令子由咨稟。彼此欲及時了當，想蒙開許也。」

迨於今秋在杭州解試得薦，得薦後即赴京師省試。叔弼，歐陽修子，名棐，時丁太夫人憂。本譜前已及。又，迨省試落第。

轍上《論禁宮酒劄子》。

劄子見《欒城集》卷四十六。原未注撰作時日，《長編》繫十二月末，今從。

劄子謂今年十一月六日、十二月十八日敕，宗室外戚之家依嘉祐法，賣酒四瓶以上，從違制斷遣，刺配五百里外牢城；依熙寧法，許人告捕，一斗賞錢十貫至百貫止。許入沽販之家，取旨之法兼及本位尊長。劄子謂當去尊長取旨之法，仍不許捕捉之人入皇親社院。

除夕，獄空，軾賦詩。

詩見《蘇軾詩集》卷三十二(一七二二頁)。

本月,軾奏《乞子珪師號狀》。朝廷從請。

狀見《蘇軾文集》卷三十一,謂子珪熙寧中修浚西湖六井及沈公井、今年復浚沈公井有功。《咸淳臨安志》卷三十三引狀,末云:「從之,邦人遂以師號爲井名。」

本月,軾簡錢勰(穆父),詢歲前是否能會晤。

《佚文彙編》卷二與勰第十二簡叙其事,以勰將赴瀛州,必經杭。簡云「歲暮寒慄」。

蘇軾與錢勰(穆父)簡,叙畫工事。

軾簡乃《佚文彙編》卷二《與錢穆父》第二十七簡。

簡云:「此中近忽有一人,能畫山水,極可愛。本無人知,僕始擢之。」則此人乃畫工。云「極可愛」而不名,足見北宋時習畫有成就者甚多,呈現繁榮景象。簡又云:「今將一軸奉獻,如要六幅圖,但與一匹細畫絹,錢兩千省,便可也。」知此人以畫爲職業,益信爲畫工。蘇軾與勰之畫,當出自此畫工手筆。

此簡當亦作於本年,今次此。

吴味道赴京師省試,攜建陽小紗爲川資,假蘇軾名銜以避税。軾爲换真書。

《春渚紀聞》卷六《贋换真書》:「先生元祐間出帥錢塘,視事之初,都商税務押到匿税人南劍州鄉貢進士吴味道以二巨捲作公名銜，封至京師蘇侍郎宅，顯見僞妄。公即呼味道前，訊問其捲中果何物也？味道恐蹙而前，曰：『味道今秋忝冒鄉薦，鄉人集錢爲赴都之贐，以百千就置建陽小紗，得二百端。因計道路所經，場務盡行抽税，則至都下不存其半。心竊計之，當今負天下重名而愛獎士類，唯内翰與侍郎耳。縱有敗露，必能情貸。味道遂僞假先生臺銜，緘封而來。不探知先生已臨鎮此邦，罪實難逃，幸先生恕之。』公熟視，笑呼掌箋奏書史，令去舊封，换題細銜，附至東京竹竿巷蘇侍郎宅。并手書子由書一紙，付示謂味道曰：『先輩這回將上天去也，無妨來年高選，當却惠顧也。』味道悚謝再三。次年果登高第，還，具箋啓謝殷勤，其語亦多警策，公甚喜，爲延款數日而去。」

查各種刊本《福建通志》，元祐六年南劍登第無吴味道其人。本則紀事多處有誤，蘇軾以元祐四年知杭，而云秋試之年——元祐五年；蘇軾以明年三月離杭，而云「還具箋啓」。然《清波别志》卷上亦叙此事，較簡。足見當日實有其事，傳之既久，遂偶有訛。

郭祥正（功父）來晤軾。

《詩話總龜》前集卷四引《王直方詩話》：「秦少章嘗云：郭功父過杭州，出詩一軸示東坡，先自吟誦，聲振左右；既罷，謂坡曰：『祥正此詩幾分？』坡曰：『十分詩也。』祥正問之。坡曰：『七分來是讀，三分來是詩，豈不是十分也。』東坡又云：『郭祥正之徒但知有韻底是詩。』」「東坡又云」以下，《詩話總龜》無，據《類説》補。

按：祥正長於軾，得名較軾早，漠視利禄，豈能以詩求軾評題；二人篤於誼，軾豈能爲輕薄文人以隨意譏笑友人。此則紀事有失實處。然祥正往杭晤軾則可信。參拙撰《郭祥正略考》，見《文學遺産增刊》第十八輯。

胡偉、胡伋、胡伸兄弟游學杭州。蘇軾嘗晤胡伸。

康熙《徽州府志》卷十三《胡伸傳》：伸字彦時，婺源人。年十四，隨兄偉、伋游學杭州，月試數居首。蘇軾召與語，大悦之。後入太學，與汪藻齊名。人語曰：「胡伸、汪藻，江南二寶。」登紹聖四年進士第。授潁川教授。崇寧初，召爲太學正，數遷秘書丞、著作佐郎，與修《神宗日曆》及《禮書》。除右正言，遷辟雍司業。知無爲軍，有德政。所著有《尚書注》。與諸從倡和，有《胡氏棣華集》。

伋字彦思。與弟伸同年。伋、伸之父紹，登紹聖元年進士第。伋登第後爲深州通判，官至金部郎中。見康熙《徽州府志》卷十四《胡伋傳》。

藻，《宋史》卷四百四十五有傳，有《浮溪集》傳世。

軾與友人簡，托致明州守簡，請加禮育王寺大覺禪師懷璉。

《蘇軾文集》卷五十二《與趙德麟》第二簡叙此事，以懷璉「困於小人之言，幾不安其居」。時蘇軾「方與撰《宸奎閣記》，旦夕附去」。參以元祐六年正月初一日、初三日紀事，知爲本年事。蘇軾此時，尚未與趙令時（德麟）交往（無文字依據）。《聖宋名賢五百家播芳大全文粹》卷七十五謂此簡乃與毛滂（澤民）者，或是，以滂其時官於杭州所屬。又，參《文集》卷六十一《與寶覺禪老》第三簡校記一條。

是歲，捨祖母史氏所繡繙於金山，爲跋。

跋見《蘇軾文集》卷六十一（一八九九頁），謂父洵逝後二十四年作，乃今年。

是歲，嘗祭伍子胥廟，作祝文。

《蘇軾文集》卷六十二《祭英烈王祝文》云：「庚子之禱，海若伏降。完我岸閘，千夫奏功。」不詳庚子屬何月。文云「報楚爲孝，徇吴爲忠」，知英烈王乃伍子胥封號。

是歲，軾與張敦禮（君予）多簡。辭爲敦禮祖塋作神道碑。

《蘇軾文集》卷五十五與敦禮二、三、四、五各簡皆作於本年。第三簡辭撰神道碑。

王淮奇（慶源）卒。是歲，軾有疏慰其子。

《蘇軾文集》卷五十九《與王慶源子》：「某自去歲聞宣義叔丈傾逝，尋遞中奉慰疏。」以下云及「行役不定」，知作於下年。慰疏已佚。

答陳師仲（傳道）簡，軾贊其日作一詩。

簡乃《蘇軾文集》卷五十三答師仲第三簡。簡言及爲范鎮作墓銘事，並云「聞都下已開板，想即見之」，作於今年。

軾舉祖印悟禪師爲徑山第一代十方主持。

《徑山志》卷三：「祖印悟禪師，本州人，姓許氏。世宗儒業。師既冠，好與名流游，遂有厭塵意，於是出家。年二十二，師於湛，盡得道。及内翰蘇公軾知杭州，與師論及韓退之非佛，云：『退之於聖人之道，知好其名而未樂其實，至於理而不精，往往自叛其説。』師曰：『人有樂孟子之拒楊、墨而以斥佛、老爲己功，莊子所謂夏蟲不可語冰，斯人之謂乎？』由是蘇公深契之，舉師爲茲山第一代住持。」卷一謂舉祖印爲十方住持，乃本年事。又謂祖印「三月十日示寂」，然不知何年。

攜妓訪大通禪師，軾賦《南歌子》戲之，約爲本年事。

詞見《東坡樂府》卷下。

《苕溪漁隱叢話》前集卷五十七《戲詞》引《冷齋夜話》：「東坡鎮錢塘，無日不在西湖，嘗攜妓謁大通禪師。愠形於色，東坡作長短句令妓歌之曰（略）。時有僧仲殊，在蘇州聞而和之，曰：『解舞清平樂，如今説向誰。紅爐片雪上鉗鎚，打就金毛獅子、也堪疑。木女明開眼，泥人暗皺眉。蟠桃已是着花遲，不向春風一笑、待何時。』」

《全宋詞》第一册第三九九頁黄庭堅《南柯子》調下原注：「東坡過楚州，見净慈法師，作《南歌子》」。（其《南柯子》即步軾韻）與《冷齋夜話》所云略不同。《影宋本山谷琴趣外編》此詞調下原注：「次東坡攜妓見法通韻。」當從。法通當即大通。大通又稱善本，董姓，潁人。《五燈會元》卷十六有傳。又稱法涌，住净慈寺，見元祐六年「駙馬都尉張敦禮來聘」條紀事。

毛滂（澤民）約於是年罷法曹掾，賦《惜分飛》，蘇軾賞其詞。

《清波雜志》卷九：「『淚濕闌干花著露。愁到眉峯碧聚（注略）。此恨平分取。更無言語空相覷。斷雨殘雲無意緒。寂寞朝朝暮暮。今夜山深處。斷魂分付潮回去。』毛澤民元祐間罷杭州法曹，至富陽所作《贈别》也。因是受知東坡。」詞調《惜分飛》，《宋詞紀事》題爲「題富陽僧舍，作别語贈妓瓊芳」。《唐宋諸賢絶妙詞選》卷六選滂此詞，調下注云滂秩滿辭去。以下云：「是夕宴客，有妓歌此詞。坡問：『誰所作？』妓以毛法曹對。坡語坐客曰：『郡寮有詞人不及知，某之罪也。』翌日，折簡追還，留連數月，澤民因此得名。」

按：毛滂受知蘇軾甚早。「折簡追還」云云疑失實。

劉摯直宿寄詩蘇頌，轍次韻。次韻約爲本年作。

次韻乃《欒城集》卷十六《次韻門下劉侍郎直宿寄蘇左丞》。

《宋史·宰輔表》：元祐四年十一月癸未，劉摯自中大夫、守中書侍郎除門下侍郎，六年二月辛卯，加右僕射兼中書侍郎；本年三月壬申，蘇頌自翰林學士承旨、知制誥兼侍讀除右光禄大夫、尚書左丞。

《却掃編》：蘇頌（子容）留守南都，劉摯（莘老）時爲判官，頌器愛之。後同秉政，因祠事各居本省致齋，作《夜直中書省寄左丞子容公》詩：「膺門早歲預登龍，儉幕中間托下風。敢謂彈冠煩貢禹，每思移疾避胡公。論文青眼今猶在，報國丹心老更同。夜直沉迷坐東省，齋居清絶望南宫。」

轍詩云：「雷雨連年起卧龍，穆然臺閣有清風。」又云：「松竹經霜俱不改，鹽梅共鼎固非同。」盛贊頌、摯，并贊其和衷共事。

遣家兵祭嵩山，轍作祝文。

文見《欒城集》卷十九。文云：「轍昔緣吏役，自陳如洛，道出嵩少。……至於今日，十有八年。」爲本年，乃遣家兵以茶酒香燭及佛經疏祝告。

轍識德仲。

《欒城三集》卷三《贈德仲》：「我昔見子京邑時，鬢髮如漆無一絲。今年相見潁昌市，霜雪滿面知爲誰。」時相識已二十載。詩作於大觀四年，知相識爲本年事。參大觀四年紀事。

三蘇年譜卷四十四

元祐六年(一〇九一)辛未　蘇軾五十六歲　蘇轍五十三歲(上)

正月一日,懷璉(大覺禪師)卒。軾有祭文。蘇軾嘗以張方平所贈之鼎甗轉贈懷璉,并爲銘。

《蘇軾文集》卷六十一《與通長老》第七簡:「大覺正月一日遷化,必已聞之,同增悵悼。」祭文見《文集》卷六十三(一九六〇頁)。文云:「於穆仁祖,威神在天。山陵之成,二十九年。當時遺老,存者幾人。」今年距仁宗之卒爲二十九年。銘見《文集》卷十九(五五八頁)。銘首云「樂全先生遺我鼎甗,我復以餉大覺老禪」。又有「樂全東坡予之以義」語。約爲守杭時事。

初三日,軾書四明阿育王山廣利寺宸奎閣碑。

文見《蘇軾文集》卷十七(五〇一頁)。《文集》卷六十一《與大覺禪師》第三簡:「要作《宸奎閣碑》,謹已撰成。」同上《與通長老》第七簡:「大覺正月一日遷化。」以下云:「某却與作得《宸奎閣記》,此老亦及見之。」記文即碑文。碑文之撰成,在此之前不久。《金石續編》卷十六著録《阿育王寺宸奎閣碑》。題下注謂碑「高八尺，廣三尺五寸，十七行，行四十三字，正書，在浙江鄞縣」。碑末稱：「元祐六年正月癸亥，龍圖閣學士、左朝奉郎、知杭州軍州事兼管内勸農使、充兩浙西路兵馬鈐轄兼提舉本路兵馬巡檢公事、武功縣開國子、食邑六百户、輕車都尉、賜紫金魚袋臣蘇軾撰并書。」《潛研堂金石文跋尾續》卷四：「右《宸奎閣記》，東坡知杭州日所書，其結銜云：（略）。宸奎爲藏仁宗御書之所，此記雖非奉敕經進，而言必稱臣，昔賢之謹慎如此。鈐轄與巡檢皆掌兵之職，而各爲一司。《宋史·職官志》云：臨安府，舊爲杭州，領浙西兵馬鈐轄。不云兼本路兵馬巡檢，則失之大略矣。唐宋人結銜，勛官在封爵之上，此獨在爵邑之下，與它碑異。碑久失傳，明萬曆乙酉，温陵蔡學易知寧波府，訪范侍郎欽，得舊搨本雙鈎重刻，然范所藏，亦是元時翻本，予登天一閣，曾寓目焉。」

《東坡文談録》：「又『蜂蠆出於懷袖』，出《晉書》。鄒湛對晉文帝曰：『猛虎在山，荷戈而出，凡人能之。蜂蠆發於懷袖，勇夫爲之驚駭，出於意外者也。』」乃第二十二則。上則引「東坡《宸奎閣碑銘》」。按，《宸奎閣碑銘》無「蜂蠆出於懷袖」之語。今附於此。

軾嘗書《八師經》。

《西溪叢語》卷下：「嘗觀《八師經》，佛時在舍衛國祇樹給孤獨園，時有梵志，名曰邪旬，來詣佛所，欲質所疑，曰：『吾聞佛道，厥義宏深。巍巍堂堂，猶星中月。神智妙達，衆聖中王。願開盲瞑，釋其愚癡，所事何師？』天尊曰：『吾前世師，其名難數。吾今自然，神耀得道，非有師也。』始悟東坡《宸奎閣碑》銘云『巍巍仁聖，體合自然，神耀得道，非有師傳』之意。所謂八師者：不殺，不盜，不淫，不惡，口不飲酒，老，病，死。王瑩夫云：『坡公手寫《八師經》，頃嘗見之。』」《八師經》不知書於何時，兹因《宸奎閣碑》，附於此。

丁卯（初七日），轍上《論冬温無冰劄子》，陳刑政不修之狀。

劄子見《欒城集》卷四十六；原未注撰作時日，《長編》卷四百五十四據劉摯《日記》繫本日，今從。

劄子謂冬温無冰，乃政事過差，上干陰陽，因陳近日刑政不修之狀，凡有罪不誅者七，無功受賞者四。

劄子謂：陸佃爲禮部侍郎，所部有訟，而其兄子宇乃與訟者酒食交通，獄既具，而有司當宇無罪；石麟之爲開封府推官，與訴訟者私相往來，傳達言語，獄上而罷，更爲郎官；李偉建言乞回奪大河，朝廷信之，爲起大役，今黄河北流如故，今任偉如故；開封府推官王詔故入徒罪，仍得守郡，遷延不去；知祥符張亞之爲官户理索積年租課，至勘决不當償債之人，估賣欠人田産，及欠人見被枷錮，而田主毆擊至死，身死之後，監督其家不爲少止，而朝廷除亞之真州，欲令以去官免罪；孫述知長垣縣，决殺訴災無罪之人，罷任後縱其抵欺，指望恩赦；秀州倚郭嘉興縣人訴災，州縣昏虐，不時受理，臨以鞭扑，使民相驚，自相蹈藉，死者四十餘人，而知州章衡反擢大郡：此有罪而不誅者凡七事。

劄子謂：杜常在熙寧間諂事吕惠卿兄弟，注解惠卿所撰手實文字，分配五常，比之經典，及其所至謬妄，取笑四方，兼其人物凡猥，學術荒謬，而置之太常禮樂之地，命下之日，士人無不掩口竊笑；王子韶昔在三司條例司，諂事王安石，吕公著爲御史中丞舉爲臺官，公著以言新政罷去，子韶隱忍不言，先帝覺其姦妄，指其罪狀，但以善事權要子弟，多得美官，今又擢之秘書，指日循例當得侍從；張淳資才凡下，從第二任知縣擢爲開封司録，旋求寺監丞，即得將作，旋令權開封推官；丁恂罷少府簿，經年不得差遣，一爲韓維女婿，即擢將作監丞：此無功受賞者四事。

劄子謂宜指揮大臣，令已行者即加改正，未行者無蹱前失，勉强修飭，以答天變。

《長編》本日注：「陸宇無罪。」

《長編》本月十二日紀事：「先是臺諫官并言冬温乞修政事，因及差除。是日輔臣進呈，劉摯奏曰：『人才難於求備，性忠實而有才，此上等人也；雖無才而忠實，其次也；小人有才而可藉以集事者，又其次也。若乃懷二心有所觀望，背公立黨，此爲下矣，不可用也。今臣等用人，亦隨其所能而已，然亦須辨得此數等人才，則安排得方穩。』諭曰：『極是！極是！知人甚難。』摯又曰：『古之聖人如堯、舜，猶以此事爲難，臣等亦曉夕思念，務合人情以答天戒。』呂大防曰：『臣等不敢不恐懼修省。』」臺諫官指轍等。

同日，軾與錢勰、江公著（晦叔）、柳雍同訪龍井元净（辯才），題名。公著知吉州，有送行詩詞。勰赴瀛州，賦《臨江仙》送行。

題名見《佚文彙編》卷六（二五八四頁）。詩見《蘇軾詩集》卷三十三（一七四三頁）。送江詞乃《東坡樂府》卷上《漁家傲》（送客歸來燈火盡）。公著，治平四年進士。見《嚴州圖經》卷一。元祐元年六月間官京師。《蘇軾文集》卷二十七《議富弼配享狀》，列名者二十八人，公著居最後。通判陳州，《欒城集》卷二十九有制文。《清江三孔集·宗伯集》卷二及卷五、《道鄉集》卷十四、《演山先生文集》卷十四有詩及之。《詩集》卷四十五《次韻江晦叔兼呈器之》自注：「往在錢塘，嘗語晦叔，陸羽茶顛，君亦然。」知公著喜茶。《臨江仙》見《東坡樂府》卷上，首云「一别都門三改火」，勰自元祐三年十月離京師，至是首尾三載，末云「我亦是行人」，軾亦將離杭。同上有《西江月》，原注謂送勰，首云「莫嘆平齊落落」，《注坡詞》「齊」作「原」，是。瀛乃平原，詞亦爲此時作。

蘇軾聞錢自然道士與錢勰（穆父）飲酒，乃送酒二壺，并作詩。

詩見《蘇軾詩集》卷三十三（一七四五頁）。

詩云：「龍根爲脯玉爲漿，下界寒醅亦漫嘗。」以錢道士所食爲龍根，所飲爲玉酒。雖云戲語，亦尊重之意。以己所送酒爲「下界寒醅」，於謙遜之中見殷勤之意。

詩云：「金丹自足留衰鬢，苦淚何須點别腸。」上句似言其時服金丹，而此金丹或爲錢道士所贈。下句乃言錢勰將赴知瀛州新任；詩題猶言勰爲越守，蓋以勰尚未抵瀛之新任也。次此。

九日，軾繳進上年六月初九日應詔所論四事狀。

狀見《蘇軾文集》卷三十二（九〇三頁）。同上卷三十四元祐七年五月十六日所上《論積欠六事并乞檢會應詔所論四事一處行下狀》謂四事「經今五百餘日，依前未蒙施行」。

初十日，轍書五代王齊翰勘書圖後。

《文物》一九六〇年第十期載，云：「羽衣丈夫據牀剔耳，胸中蕭然，殊可喜也。定國方無事，可以爲此。但行將馳驅，不復爾耳。元祐六年正月初十日，子由記。」原件藏南京大學圖書館。

定國，王鞏字。本月十八日，鞏除知宿州。時除命雖未下，但内中已定。「行將馳驅」謂此。

《圖繪寶鑒》卷二：「王齊翰，金陵人。事南唐李後主，爲翰林待詔。畫道釋人物，多思致。好作山林丘壑，隱巖幽卜，無一點風埃氣。」

十五日，軾游伽藍院賦《浣溪沙》寄袁轂（公濟）；戲法穎沙彌。

詞見《東坡樂府》卷下，時轂已去通判任。《寶慶四明志》卷八《袁轂傳》謂轂倅杭後，移知處州，終朝奉大夫，贈光禄大夫，有文集七十卷。其集已佚。《直齋書録解題》卷十四著録轂所撰《韻類題選》一百卷，謂「以韻類事，纂集頗精」，已佚。

《蘇軾文集》卷七十二《法穎》叙戲法穎事；中云「予作樂於寺」，寺乃伽藍院。

十五日，軾賦《木蘭花令》（元宵似是歡游好）。

詞見《全宋詞》第三二七頁。

《東坡詞編年箋證》案：《蘇軾詩集》卷三二有《熙寧中，軾通守此郡。除夜，直都廳，囚繫皆滿，日暮不得返舍，因題一詩於壁，今二十年矣。衰病之餘，復忝郡寄，再經除夜，庭事蕭然，三圄皆空。蓋同僚之力，非拙朽所致。因和前篇，呈公濟、子侔二通守》詩，作於庚午除夕。案先生於熙寧四年辛亥年尾至杭州通判任，至庚午正二十年矣。此詞中有「何況公庭民訟少」之句，正與「三圄皆空」所記符契，則知詞應作於辛未正月十五。《詩集》卷三三有《次韻劉景文路分上元》詩，中有句曰：「華燈閱艱歲，冷月挂空府。三吴重時節，九陌自歌舞。……今宵掃雲陣，極目净天宇。嬉遊各忘歸，闐咽頃未睹。飛毬互明滅，激水相吞吐。」正可與詞中所寫杭州上元節景況而參觀耳。」今從其説。

同日，劉季孫（景文）作詩，軾次韵。

軾詩乃《蘇軾詩集》卷三十三《次韻劉景文路分上元》。

正月十五日，上元。季孫詩佚。

軾詩參上條「十五日軾賦《木蘭花令》」條。

十六日，轍上《論杜常邪諂無耻劄子》。

《長編》卷四百五十三元祐五年十二月戊申録此劄子，注云：「此亦得之汪應辰。轍劄子稱十六日，蓋明年正月十六日也。」此劄子未入《欒城集》。此劄全文參見劉尚榮《蘇轍佚著輯考》奏議，原附元祐五年十二月。

劄子謂「明君用人，必須先辨人才之精粗與官曹之清濁，若舉粗才俗吏而置之清華之地，則士心不服，取笑四方，不可不慎」；「杜常人材猥下，不學無術，加以邪諂好利，頑弊無耻」，乞追奪其太常卿之除，指揮檢會昨與屬官論列文字，早賜施行。

同日，轍上《論王子韶邪佞宜斥劄子》。

《長編》繫此劄子於《論杜常邪諂無耻劄子》之後，今從。

劄子謂用佞人，大則亂國，小則害政。熙寧之初，王子韶諂事王安石、吕惠卿。吕公著爲御史中丞，薦爲屬官，而子韶脂韋其間，陰助安石，爲同列所鄙，爲先帝降黜。當今士大夫凡言佞人，子韶爲首。頃屢進被劾，今擢爲秘書少監，甚可怪，乞屏黜。

《欒城集》未收此劄子。此劄全文參見劉尚榮《蘇轍佚著輯考》奏議中，原附元祐五年十二月。

戊寅（十八日），右承議郎王鞏除知宿州。

據《長編》卷四百五十四，以轍與謝景温之薦。《長編》注：「劉摯十八日戊寅事。」「摯」後略去「日記」二字。

同日，轍上劄子乞罷向宗良知邢州除命。不報。

據《長編》卷四百五十三元祐五年十二月甲寅（二十四日）注。甲寅紀事云：「是日，詔以向宗良知邢州。初，密院擬差高士敦，士敦益路鈐轄罷，合入此差遣，告命已至，進邸累日，而宗良二十二日入表陳乞此州，昨日降出，今進呈。太皇太后諭曰：『依宗良所乞。』即奏曰：『已差人多日。』又諭曰：『差下甚人？』奏以實諭曰：『爲太后曾言，且與宗良。』復表曰：『自來已差人，無陳乞衝替之例，欲與宗良別選一州與邢相若者。』諭曰：『涇。只論宗良却別尋一差與士敦，兼士敦不須忙也。』退依宣諭，以士敦知涇州。聖意深遠，刻己避嫌，多類此。宗良孱駭，不足當此任，宰執所以屢執不與者，恐其害民也。成就上德，始遂其請爾。（原注：此據劉摯《日記》增入）。已而御史中丞奏論，不報。」

劄子見《長編》，謂：「宗良托身戚里，不患不富貴，不患無差遣，所患者不知禮義廉耻，直情恣行，日蹈尤悔而不知耳。」

《欒城集》未收此劄子。劄子全文參見劉尚榮《蘇轍佚著輯考》奏議《論高士敦向宗良劄子》，原附元祐五年十二月二十九日。

同日，葉温叟（淳老）罷轉運副使。軾賦《浣溪沙》送之。繼任者乃王晳（微之）。

戊寅云云，據《長編》卷四百五十四；温叟爲主客郎中。詞見《東坡樂府》卷下，首云「陽羨、姑蘇已買田」，知温叟已買田姑蘇。王晳見本年「在京口與林希簡」條。

軾與王鞏簡，以人才稍出爲社稷之喜。宿州命旋罷。

簡見《佚文彙編》卷二，爲與鞏第七簡。

查《長編》卷四百三十三、四百四十五、四百四十六，鞏屢爲人所論。罷宿州命，見《蘇軾詩集》卷三十四《韓退之孟郊墓銘云以昌其詩》題下「施注」、《長編》卷四百五十九本年六月丙申紀事。

兹以王鞏知宿州，次軾簡於此。

十九日，轍上劄子乞降授中書舍人豐稷閑慢差遣。

《長編》卷四百五十四本月丙戌紀事注文謂：轍劄子稱十九日作。蓋正月十九日。

稷字相之，明州鄞人。《宋史》卷三百二十一有傳。

劄子見《長編》，謂「中書舍人者，號令之所自出，前後所任，必取學問通博，詞章雅正」，而「稷頃撰范純仁太原之詞，列四『無乃』，爲趙卨延安之告，不識聲律，李憲之叙延福，有『宜叨舊物』之言，湖北之賞戰功，有『蓋不得已』之語」，足以取笑多士，激怒勞臣。乞特降授閑慢差遣。《長編》此劄子末注：「劉摯云：子由言豐稷權掖制詞紕繆，列其數制，皆取笑於外，宜降黜。」此劄《欒城集》未收。其全文并原注參見劉尚榮《蘇轍佚著輯考》奏議《論中書舍人豐稷不宜掌誥劄子》。

二十一日，秦觀除秘書省正字。

據《長編》卷四百六十四本年八月癸巳注文。其後涉及蘇軾，參本年八月四日紀事。

二十三日，軾題李公麟（伯時）所畫《支遁養馬圖》。

據《紀年録》。蘇軾此文已佚。

《蘇軾詩集》卷二十五詩題：「雲師無著自金陵來，見余廣陵，且遺余《支遁鷹馬圖》，將歸，以詩送之，且還其畫。」可參。《侯鯖録》卷六有仲殊題李公麟《支遁相馬圖》詩，《秋澗先生大全文集》卷二十五有《題李伯時畫支遁觀馬圖》。

同日，轍上劄子論范純禮奏乞外補章中書省不應獨進熟狀。

劄子見《長編》，謂給事中范純禮近日奏乞外補，第一次章既下中書省吏房，獨進熟狀；緣舊例，從官出入，盡係三省商量，然後進呈取旨行下，中外驚怪。劄子問中書省因何獨進熟狀取旨，乞依理施行。

《長編》本月丙戌（二十六日）紀事：「給事中范純禮權刑部侍郎。」注：「轍劄子稱二十三日，不知何月。」今姑次本月。

此劄子《欒城集》未收。全文參見劉尚榮《蘇轍佚著輯考》奏議《論范純禮事中書省不應獨進熟狀劄子》。

二十四日，轍上劄子再論王子韶。

劄子見《長編》，原未注撰作時日，《長編》卷四百五十三十二月戊申注文謂爲本日作，今從。《欒城集》未收此劄子。其全文參見劉尚榮《蘇轍佚著輯考》奏議《再論王子韶劄子》，原附元祐五年十二月。

劄子謂：「臣進奏乞罷王子韶秘書少監，不蒙施行。臣竊謂朝廷用人，必不得已將舍短取長，要須心迹無邪，於事不害，然後爲可也。今子韶資性便僻，柔佞無耻，奉上媚下，衆爲指笑，依勢行私，賊害良善，皆有實狀。只緣邪諂善事貴權，故大臣不察，拔擢至此。然每有進用，必致人言。」再乞罷其新命。

丙戌（二十六日），熊本除知杭州，未行。同日，蘇軾除吏部尚書。

本除據《乾道臨安志》卷三。

軾除據《長編》卷四百五十四；《長編》云：「先是太皇太后兩諭執政，令除軾此官；時以軾弟轍初入臺，又杭方災傷，故徐徐至今。」《蘇軾文集》卷五十《與范純夫》第六簡：「聞天官之除，老病有加，那復堪此，即當力辭，乞閑郡爾。」乃此時事。

二十七日，轍上劄子乞追寢朱光庭給事中新除成命。

劄子見《長編》，謂光庭「智昏才短，心很膽薄，不學無術，妬賢害能」；又謂「其人物鄙下，實污流品，况給事中專掌封駁，國論所寄」；乞追寢成命，别付閑局。此劄子《欒城集》未收。其全文參見劉尚榮《蘇轍佚著輯考》奏議《劾朱光庭劄子》。

《長編》本月丙戌紀事注：「轍劄子得之汪應辰，劄子稱二十七日奏。」按：得之汪應辰之劄子，尚包括本月十九日、二十三日所上劄子。

本月，轍上《論黄河東流劄子》。

劄子見《欒城集》卷四十六，原未注撰作時日，《長編》卷四百五十四附本月末，今從。

劄子論回河之非。謂元豐中河决大吴，緣故道淤高，今乃欲回河，使行於此，理必不可。且見今北流深處，水行地中，實得水性，舍此不用，而欲引入故道，使水行空中，雖三尺童子，皆知其妄。

劄子論分水之非。謂分水名爲減水，其實暗作回河之計。劄子謂：「今歲春天共得（修河）一十萬人，而北流止得三萬，東流獨占七萬，蓋自來河北只管一河東西兩岸而已，今爲分水之故，添爲兩河，東西四岸。……耗蠹何可勝言。蓋都水官吏，專欲成就決不可行之故道，而疵病已行之北流。」劄子謂：「近因訪習知河事之人，頗得其實，采畫成圖，隨事簽貼，指掌可見，今隨劄子上進。」劄子乞罷分水指揮，廢東流一行官吏役兵，差撥付北流開河築堤役使。

賦《蝶戀花·同安生日放魚取金光明經救魚事》。

詞有「三箇明珠，膝上王文度」之句。王文度，名坦之，述之子。述愛坦之，雖長大，猶抱置膝上。見《晉書》卷七十五《王述傳》。

《東坡詞編年箋證》：「同安郡君既亡於元祐八年癸酉八月，則此詞最遲當作於癸酉正月間。又，詞中用王文度典，則軾之幼子過其時當已弱冠。王文誥《總案》卷一考：軾長子邁生於嘉祐四年己亥，次子迨生於熙寧三年庚戌，幼子過生於熙寧五年壬子。自壬子下推二十年則爲元祐六年辛未，時過年二十歲，迨年二十二歲，邁年三十三歲，是即爲『三箇明珠，膝上王文度』爲其母同安郡君舉壽觴之時也。統而言之，則應在辛未、壬申、癸酉三年間，暫編辛未。以其辛未二月二十八日東坡被旨赴闕，八月知潁，壬申二月知揚，八月又詔還朝，故壬申正月公在潁州，癸酉正月公在京，均與『江柳微黄』之景不侔，故編辛未爲宜。詞中既云『初破五』，當在正月六七日或逕是正月初五，同安郡君生日已略可知矣。」今從其説。

蘇軾賦《南鄉子》（冰雪透香肌），贈夫人王閏之。

詞見《東坡樂府》卷上。《東坡先生全集》題爲「有感」。詞末云：「曼倩風流緣底事，當時。愛被西真唤作兒。」《注坡詞》：「《漢武帝故事》：『西王母嘗見帝於承華殿，東方朔從青瑣竊窺之。王母笑指朔曰：「仙桃三熟，此兒已三偷之矣。」』曼倩，方朔字，西真，西王母。」

《東坡詞編年箋證》：與上詞合觀，臆此詞蓋爲公繼室王氏夫人閏之作。上詞云「當年江上生奇女」，此詞云「濯錦江頭新樣錦，非宜。故著尋常淡薄衣」。觀其用事用典，非王氏而何？猶可注意者，乃詞用姑射仙人與西王母典，云「姑射仙人不似伊」，「愛著尋常淡薄衣」，與王閏之好佛而淡薄於衣飾之性格極相類。西王母事，唐宋以來引以爲喻所愛之人或夫人者比比皆是，無庸贅筆繁引。或以爲末句難解，其實若不拘拘然死於句下，並不難索解。據《漢武内傳》云，東方朔本爲神而謫下界爲人，後復爲神，故西王母稱其爲「我鄰家小兒」，固其然也。然東方朔無論史與小説，均謂其滑稽多智，並未云其男女間事，而軾則云「曼倩風流緣底事」，是軾不死於典下而活用矣。况王氏爲青神人，青神與眉山正好爲鄰縣，非「我鄰家小兒」而何？且軾並未云「小兒」，衹曰「兒」。「兒」在唐五代迄宋有特殊含義，即自稱，或與「夫」合爲「兒夫」，爲「夫婿」意。《詩詞曲語辭匯釋》云：「男兒，夫婿之稱。」又云：「兒夫，夫婿之稱。」

「兒與兒家，皆自稱之辭，兒夫，猶云我的夫婿也。」軾與閏之情感甚篤，其《祭王君錫丈人文》云：「軾始婚媾，公之猶子（即姪女王弗）。允有令德，夭閼莫遂。惟公幼女（即閏之），嗣執罍篚。」《祭亡妻同安郡君文》云：「婦職既修，母儀甚敦。三子如一（長子爲王弗所生），愛出於天。」準此，蓋贈閏之無甚大謬矣。然具體時日無可考，暫繫於此，以待來哲焉。」今姑次此詞於《蝶戀花·同安生日放魚取金光明經救魚事》之後。

軾次韻楊蟠（公濟）梅花。時蟠繼袁轂爲杭州通判。

《蘇軾詩集》卷三十三有《次韻楊公濟奉議梅花十首》、《再和楊公濟梅花十絕》。

《宋史》卷四百四十二《楊蟠傳》：「蘇軾知杭州，蟠通判州事，與軾倡酬居多。」袁轂去任，參本年正月十五日紀事。

蟠元祐中，嘗繼毛漸知高郵軍事，人稱文章太守。見道光《高郵州志》卷八。蟠早有詩名，《歐陽文忠公集·居士集》卷十四有《讀楊蟠章安集》詩。《清江三孔集》之《宗伯集》卷六有《次韻和楊公濟見贈三首》，有「新編自富詩千首」之句。《演山先生文集》卷三《覽和靖章安西湖之什》云「和靖苦而豪，章安平而麗」。蟠有《西湖百詠》，郭祥正《青山集》卷二十五、卷二十六有和韻。

《姑溪居士前集》卷九《次韻東坡梅花十絕》其一：「誰人月下奏雲和，一夜繁枝向北多。長笛未須論舊恨，且留幽思待陰何。」

其二：「奸雄投老戀層臺，隋得分香散處開。枝上休論歌舞舊，尊中且泛緑於苔。」

其三：「弄蘂攀條日幾回，依稀長記雪中開。塵埃滿袂家山遠，底事多情拂眼來。」

其四：「軟火明窗酒一尊，餘杯未減日尤昏。誰人爲折東來閣，續得何郎日斷魂。」

其五：「黯黯危腸獨九迴，故園誰對此時開。撚來聊把倚孤枕，更擬慇懃入夢來。」

其六：「病餘憔悴拊空尊，子細思量意却昏。便覺陽和振枯槁，不須方士致幽魂。」

其七：「初見今年報信花，定從清淺綴横斜。無言對我應惆悵，不復當時處士家。」

其八：「玉作肌膚雪作衣，剪裁風月綴寒枝。上池可飲偶無路，空愧當年帶下醫。」

其九：「漏泄天工意不輕，傍春依臘獨分明。孤高不作繁紅伴，造化須知别有情。」

其十：「姑射山前舊卜家，天香真色倚風斜。不須簷蔔分高下，要是東皇第一花。」

謝關景仁送紅梅栽，軾賦詩。唐坰（林父）赴鄂州，送詩。

謝詩見《蘇軾詩集》卷三十三（一七三九頁）。景仁，已見元豐二年「過松江」條。題下「查注」引《苕溪漁隱叢話》轉引《夷堅志》謂「關景仁子開錢唐人」。按：此景仁乃另一人，「查注」誤。

送坰詩見《詩集》卷三十三（一七四一頁），乃和其父詢（彦猷）爲杭州日送客絶句韻。

仲殊雪中游西湖，賦詩，蘇軾次韻。仲殊旋往蘇州。

次韵詩見《蘇軾詩集》卷三十三(一七五〇頁)。仲殊往蘇,參本年三月十九日紀事。

蘇軾賦《减字木蘭花》(雲容皓白)詠雪。

詞見《東坡樂府》卷下。

《蘇軾詞編年校注》:「詞的上片所寫雪景『雲容皓白,破曉玉英紛似織。風力無端,欲學楊花更耐寒』,與《蘇軾詩集》卷三三《次韻仲殊雪中游西湖二首》其二『夜半幽夢覺,稍聞竹葦聲。……曲終天自明,玉樓已峥嶸。有懷二三子,落筆先飛霙』,及《次韻參寥詠雪》『朝來處處白氈鋪,樓閣山川盡一如』所寫的雪景,時間十分吻合。下片提到的『江梅』、『小樓』,也與以上引詩的地點景物一致。因西湖以多梅著稱,錢塘江畔,西湖之濱,孤山之上,多生長梅花,詠梅之作也多不勝舉。另《武林梵志》收録蘇軾《次韻仲殊雪中游西湖二首》的第二首,首二句是『寶雲樓閣鬧千門,林静初無一鳥喧』。『寶雲樓閣』即詞中所説的『小樓』,而仲殊、參寥還有曹輔(作者給曹也有和詩)即詩中所言的『二三子』。詞的下片所寫内容,也與這時作杭守的蘇軾的思想情緒相合拍」。《編年校注》編此詞於本年二月,今從。

軾簡錢勰(穆父),屬其過揚州時仲意米斂,求山硯一觀。

《佚文彙編》卷二與勰第十八簡叙其事。勰至瀛途中當過揚。

道潛(參寥)詠雪,蘇軾次其韵。

軾詩見《蘇軾詩集》卷三十三(一七五一頁)。

詩叙白雪覆蓋樓閣山川，以下云：「總是爛銀并白玉，不知奇貨有誰居。」爛銀白玉，人皆貴之，然爛銀、白玉，俯拾即是，遂亦不足貴矣。雖云雪，實乃生活中至理。

二月癸巳(初四日)，除軾翰林學士承旨。

據《長編》卷四百五十五。《長編》云：是日，翰林學士承旨鄧温伯爲端明殿學士、禮部尚書。并云：「除蘇軾吏部尚書。太皇太后諭執政，令兼承旨，對以承旨今有人。問爲誰，對以温伯，欲俟軾至，别降指揮。已而蘇轍除尚書右丞，故即命軾爲承旨，而温伯有是命。轍言：『臣幼與兄軾同受業先君，臣薄祜早孤，凡臣之宦學，皆兄所成就。今臣蒙恩與聞國政，而兄適亦召還，本除吏部尚書，復以臣故，改翰林承旨。臣之私意尤不遑安。况兄軾文學、政事皆出臣上，臣不敢遠慕古人舉不避親，只乞寢臣新命，得與兄軾同備從官，竭力圖報，亦未必無補也。』不聽。」轍奏文見《欒城集》卷四十七，文字略有不同。參下條。

《施譜》：「二月，改翰林學士承旨。初命先生以吏部尚書兼承旨，以潁濱執政親嫌，故有是命。」

同日，轍爲中大夫、守尚書右丞。轍有辭免劄子四首，辭免表二首。詔不許，有謝表二首。

左司諫兼權給事中楊康國不書讀詔，詔范祖禹書讀。

二月云云，據《長編》卷四百五十五。參見《年表》。

《欒城集》卷四十七有《辭尚書右丞劄子四首》、《免尚書右丞表二首》，其第二劄云：「臣兄適自外召還，爲吏部尚書，顧出臣下。復以臣故，移翰林承旨。臣之私意，實不遑安。況軾之爲人，文學政事，過臣遠甚，此自陛下所悉。臣不敢遠慕古人，内舉親戚，無所回避。只乞寢臣新命，若得與兄軾同爲從官，竭力圖報，亦未必無補也。」此則又見於《潁濱遺老傳下》，文字小有異。

《集》卷四十八有《謝除尚書右丞表二首》，卷五十有《除尚書右丞諸公免書》、《謝啓》。

《長編》癸巳紀事：「左司諫兼權給事中楊康國言：『中書省送到畫黄，蘇轍除尚書右丞。臣伏讀數四，爲陛下深思遠慮，且疑且懼，未測陛下選用執政之意，將欲垂衣拱手坐享安静乎？常欲煩瀆聖聰汩汩而不已乎？必欲安静，則不宜用轍，蓋與今執政相睽矣。臣愚以謂睽乖不共事，睚眦不同室，其勢然也。故自聖朝祖宗以來，官吏之有嫌隙不和者，率許相避，蓋其情終不可以强同而適足以敗事故也。且以近事言之，昨賈易懷州上謝表，言蘇轍持密命以告人，志在朋邪而害正；後易爲殿中侍御史，轍爲御史中丞，不可以同處臺中，朝廷遂罷易，出爲淮東提刑。如此之類甚衆，不可縷陳。近日中書侍郎傅堯俞、同知樞密院事韓忠彦，因理會職事，而轍彈奏堯俞等，以謂無禮無儀見欺自解，欲擅威權互相紛争，而又旁及吕大防、劉摯、蘇頌。當時士論不平，皆謂彈奏不當。致使堯俞等居席不安，紊煩天聽，乞解機務。幸賴陛下體察，宣押堯俞等依舊供職。彈墨未乾，據擢轍與堯俞等同參大政。且轍與易臺中尚不并處，況廟堂之上，動繫天下安危，豈可與堯俞等共事哉！有此未安，所繫甚大，所有貼黄，未敢行下，謹具封還。伏望陛下再三反覆思之，精賜裁處。貼黄：況轍天資狠戾，更事不久，自長憲臺，前後言事多不中理。若使同參大政，必致乖戾，紊煩聖聽，更望陛下深思，追寢新命，則天下幸甚。』(原注：《編類章疏》繫二月初三日)詔范祖禹書讀。」

《淵鑒類函》卷七十四有轍作《爲樊左丞讓官表》一文，云：「伏奉制除臣尚書左丞，寵命俯臨，慚顔自失。泛大鯨之海，但覺魂摇；戴巨鰲之山，未如恩重。臣聞尚書百揆，翊亮萬機。故天上尊北斗中樞，陛下有南宫左轄。晉升孔坦，諒直當時；漢拜楊喬，閑練故事。庶得百寮有憚於會府，諸侯取法於京師。臣實謏才，謬登清貫。握蘭起草，昔紊朝經；剖竹頒條，近貽人瘼。備歷中外，無聞聲庸。版圖再緝，貢賦未均於九州；銅印更操，威儀不檢於三署。次即補缺，豈易其人。聖主求才，宜難此受。竊謂旁求俊乂，側訪瑰奇。必使德合準繩，言成綱紀，興化致理，時無間言。況安上必在於薦賢，危身莫逾於曠職。倘蒙垂收紫涣，俯矜丹誠。愚臣保陳力之言，聖鑒有責誠之地。」

查《長編》及《宋史》，蘇轍未除尚書左丞，亦無樊姓爲尚書左丞，此文當有文字訛脱，姑附載於此，待進一步考察。

朝廷賜洵墳側精舍爲旌善廣福禪院。洵贈司徒，妻程氏追封蜀國太夫人。

《欒城第三集》卷十《墳院記》：「旌善廣福禪院者，先公文安府君贈司徒墳側精舍也。」以下云：母程氏追封蜀國太夫人。轍官至尚書右丞，與聞國政，以故事得於墳側建刹度僧，以薦先福。「墳之東南四里許，有故伽藍，陵阜相拱揖，松竹深茂，相傳唐中和中任氏兄弟所捨也。轍以請於朝，改賜今榜，時元祐六年也。」越十四年，「前執政以黜去者，皆奪墳上刹」，又二年復還。文作於政和二年。

轍嘗上二章論楊康國。

《長編》本月甲午（初五日）紀事：「内降……新除尚書右丞蘇轍論楊康國二章，付三省。……轍言楊康國指臣昨者不合彈傅堯俞、韓忠彦又旁及吕大防、劉摯、蘇頌，此是廟堂之仇。於法，官吏有嫌當避，臣之新命決不敢當，而康國昨嘗申救傅堯俞、韓忠彦，是結私恩，不可不治其姦邪。摯謂轍此章不作可也。」轍奏已佚。

《長編》本月辛丑（十二日）紀事：是日，轍押入隨班奏事。

康國，《宋史翼》卷六、《元祐黨人傳》卷三有傳。

初五日，蘇轍與王鞏（定國）簡。時鞏將赴知宿州新任。鞏宿州之命不久罷。

簡見《眉山蘇氏三世遺翰》，云：「轍頓首。昨日承訪，别計起居清安，來日果東否？張公書，煩爲達之。春寒，千萬跋涉自重。不宣。轍頓首知郡承議定國閣下。初五日。」簡云「春寒」，知此「初五日」爲二月。王鞏除知宿州，已見本年正月十八日紀事。簡云「知郡」，謂鞏知宿州也。簡云「果東否」，知鞏原定於二月初六日赴新任，宿州在汴京之東南。張公謂張方平，時居南都應天府（今河南商丘），鞏赴宿州任，必經南都。鞏爲方平女之婿。

鞏宿州之命不久罷，參本譜元祐五年十月紀事。鞏知宿州亦緣蘇轍之薦。

《眉山蘇氏三世遺翰》尚有蘇轍與王鞏五簡。第二簡云：「轍啓。昨蒙見訪，復辱枉教，併以爲荷。陰寒，起居安勝。别幅所喻，極知相念之深。愧刻，愧刻。趙君文字已收，幸悉之。不宣。轍頓首定國承議足下。」以下另行起：「昨本有少閑，事欲面議，偶忘之。因出見過，甚幸也。」

第三簡云：「轍啓。前月承訪，及辱惠教，多荷，多荷。新晴，意思俱紓，體中計佳安。怱怱奉謝，不一一。轍頓首定國使君弟。十九日。」又見《秦郵續帖》卷下。

第四簡云：「别紙示喻具悉。自辨固無害，上下欲固守此道，天下之幸也。」

第五簡云：「轍啓。晚來起居安勝，辱惠教，多荷，多荷。許見訪，甚幸。不宣。轍頓首定國使君足下。廿七日。」又見《秦郵續帖》卷下。

第六簡云：「轍頓首。累日不奉面，辱惠教，至荷，至荷。晴暖，起居佳安。轍頓首定國承議使君。五日。」

以上六簡，并參劉尚榮《蘇轍佚著輯考》。其後五簡，作時不詳，姑附於第一簡之後。劉論第四簡「内容與前簡（孔按，謂第三簡）似相接續，疑即前簡之附語」，甚是。第四簡所云「自辨」，以鞏嘗爲人所論。以上六簡，轍皆作於京師。

九日，軾與曹輔、劉季孫、侯臨會净住院。書柳宗元《東海若》，使僧刻之，爲跋。見輔之子崇之（唐老）。與輔等真覺院賞瑞香花，有詩及詞。

跋見《蘇軾文集》卷六十九（二一九八頁）。時輔自福建歸道錢塘，《蘇軾詩集》卷三十三有《次韻曹子方運判雪中同游西湖》、《次韻曹子方龍山真覺院瑞香花》。子方，輔字。詞乃《東坡樂府》卷上《西江月》（首句「怪此花枝怨泣」）。

《盧溪文集》卷四十七《故校書郎曹公行狀》：君諱崇之，字唐老，考諱輔。「唐老在髫齔時，見其父以文章從東坡、山谷游，名聲籍甚，亦感悟讀書。」崇之大觀三年進士，宣和七年卒，年四十四。

甲辰（十五日），朱光庭辭給事中新命，轍議欲如所請，詔不許。

《長編》本日紀事：光庭辭新命，轍與同列議，欲如所請。以下云：「簽書樞密院事王巖叟曰：『用忠實，所得多，又垂簾之初，光庭排邪助正，甚有力，豈可棄！』乃降詔不允。」

丁未（十八日），左司諫楊康國奏罷轍。

《長編》本日引康國奏：「臣僚累具彈奏尚書右丞蘇轍不可爲執政者其事有六，至今未蒙聽納。臣自惟遭遇陛下，不以臣不肖，擢臣置之諫垣者，度陛下必欲激臣懦衷，使之夙夜恐懼，日思所以圖報也。今豺狼當路，姦惡在朝，臣若持禄取容，畏憚緘默，不爲陛下言之，則是臣有負陛下任使矣，臣何面目復見陛下乎！此臣所以寧犯顔竭忠而死，不願箝口持禄而榮。萬一開悟聖聰，屏去姦惡，使朝廷清明，聽斷無惑，召來和氣，天下大安，豈獨愚臣惓惓之望，朝論上下，端人正士以朝廷爲憂者，莫不有此望也。轍有六事，而陛下不以爲過，此恐陛下以轍兄弟并有文學，所以眷奬之厚而用轍之堅也。果如此，則尤不可也。陛下豈不知王安石、章惇、吕惠卿、蔡確，亦有文學乎，而所爲如此。若謂轍兄弟無文學則非也，蹈道則未也，其學乃學爲儀、秦者也。其文率務馳騁，好作爲縱横捭闔，無安静理致，亦類其爲人也。比王安石則不及，當與章惇、蔡確、吕惠卿相上下。其所爲美麗浮侈、艷歌小詞，則并過之，雖轍亦不逮其兄矣。兄弟由此故，每得名於戚里中貴人之家。其學如此，安足爲陛下謀王體、斷國論，與共緝熙天下之事哉！王安石以文學進，而天下擾擾，此陛下之所知也。當時吕誨大奮忠義，屢疏安石，謂亂天下者，必此人也，又曰必無安静之理，皆果如其言，亦天下所共知也。陛下若悦蘇轍文學，而用之不疑，是猶又用一安石也。轍以文學自負，而剛很好勝，則與安石無異矣。安石進而韓琦、富弼、司馬光不能并處，相繼罷去，何哉？蓋趨向不同，而所見者異也。正人皆去，故安石得以援引同類，則吕惠卿、章惇、蔡確接迹居廊廟，故天下擾擾，此亦陛下之所知也。今陛下顧轍之厚而用轍之堅，臣恐宰執之間，自非貪榮苟禄有如韓琦、富弼、司馬光之人，不能與轍并處，有相繼而去者矣，又况復有睚眦者乎。則轍於私計，得行援引朋邪，又如安石之引惠卿、惇、確共處廟堂，則天下之事，又不可知也。此皆治亂所繫，非同尋常彈奏庶官違法害公之事而已。臣今所言，上可以繫朝廷安危，下可以繫生民休戚，此事甚大，不可不慮也。臣是以忘身捐命，不避禍患而爲陛下言之，惟望陛下深加省察，斷自宸衷，檢會臣前後章奏，降付三省，早賜罷轍，則天下幸甚。」

「不可爲執政者有六」云云，參本月丁巳紀事。

己酉（二十日），轍生日，朝廷遣中使降詔書，賜羊酒米麪。有《謝表》二首。

表見《欒城集》卷四十八。

丁巳（二十八日），轍乞外任，不許。

《長編》本日紀事：「是日，輔臣對於延和殿，同問兩宫聖安，候奏事已，密院退，蘇轍面奏云：『臣聞諫官論臣不已，昨日又聞備録奏狀申三省，臣望輕德薄，不可以任執政，臣欲乞一外任。』諭曰：『言官之言皆不當，切勿輕入文字。』并進呈徐君平狀，云言事無狀，乞賜黜逐。諭曰：『與一外任，并楊康國亦與外任。』轍再奏言，決不敢貪戀恩賜，取辱天下，今日更不入省，退留身論事。（劉）摯先與（吕）大防議同留及節議康國所備録事六狀，大要與初狀同意，謂轍剛很自任，曾論衆執政，不可使之共政，恐懷疑相傾。傅堯俞、韓忠彦辨理斷案事，堯俞不直，而轍劾二人，有二章，又因及摯輩。此蓋言者常事，遂以爲仇，非也。又言曾受張方平贈遺，今乃舉王鞏報其私恩。又言不合彈王覿、朱光庭，不合乞棄質孤、勝如二堡，欲表裏趙卨。又云轍他日必爲王安石之亂法度、引姦邪。又云决轍去留，不可謀於宰執。蓋其間恐有曾誤陛下謂轍可任者，有以嫌疑自處者，有懷利心不肯忤陛下用轍之意者，今須出於宸斷。大概如此。內論二堡及王、朱事，衆議以爲得之，他皆無理。方軾、轍困於流離，方平愛其才，有所資助，此天下之義也，豈可以爲貨取也。軾、轍之所取，非若方平者，亦不可受也，此論鄙哉！具以其事奏之，諭以爲然。摯又奏，果轍曾言及臣等，今便以爲仇，臣等雖淺陋，未至如此。以轍爲王安石，此則事不相類。又康國云恐衆執政畏避轍，强相引而去，天下之事又不可知，亦無此理。諭曰：『與一平平外任。』再奏曰：『康國之論雖過，而其心亦忠諒，願少寬容，只與一在京差遣，并徐君平亦待移動，皆罷言路也。』俞（按：疑應作『諭』）之因從容論議人物，願常以邪正爲心，辨察其心。」（原注：「此并據劉摯《日記》。」）

二十八日，軾乞椿管錢氏地利房錢修表忠觀及錢氏墳廟，上狀。

狀見《蘇軾文集》卷三十二（九〇四頁）。

同日，軾以翰林學士承旨知制誥召還，上辭免狀乞郡。不許。林希爲代，來啓，答之。

狀見《蘇軾文集》卷二十三（六七九頁），謂弟轍已除尚書右丞，應迴避。卷三十二《杭州召還乞郡狀》以爲弟兄之除，非大臣本意，黨人必大猜忌，故辭免乞郡。卷二十三《謝兼侍讀表》言「不許固辭」。

林希代，據《乾道臨安志》卷三。《文集》卷四十七《答杭州交代林待制啓》乃答希。

毛滂有賀蘇軾除翰林學士承旨啓。

《東堂集》卷五《賀蘇内翰啓》：「泥檢自天，脂車就日。愼選北門之舊，别居東閣之嚴。雅待重人，曲承密命。伏惟内翰承旨，道本自得，事無可爲。嘉祐之間，共識鳳凰景星之瑞；元豐之末，益知泰山北斗之尊。霜雪所餘，波濤既定。及見松筠之茂，已緘鮫鱷之饞。出入群經，熟沈浸於醲郁；徘徊清禁，遂黼藻於王言。陳義甚高，獨立不懼。頃得州於第一，由所請之再三。惟上之深念圖賢，如公之不忘致主。鴛鸞盛集，仍是銀臺之舊遊；山水餘妍，定入玉堂之清夢。固不爲賦詩以觀餘事，蓋且將問政而求讜言。爛爛日星，發光芒於筆下；温温布帛，散和氣於人間。乃所望於尊儒，實分權於宰相。中外僉允，今古獨難。某與世數奇，登門最後，思收能於鉛槧，薄借論於齒牙。參朮桂芝，願備疢痏之用；柘枸枳棘，固難生長其間。雖升斗足以活魚，非江湖莫之容瓠。惟公遠大，專我始終。上眷雖隆，柬之猶爲未用；羣生欲遂，安石得不同憂。蕲快輿情，當究大任。」

啓云：「頃得州於第一」，謂知杭，知此啓乃賀蘇軾者。啓稱軾「内翰承旨」。

蘇州通長老來簡，軾答之。

答簡乃《蘇軾文集》卷六十一與通第六簡，云及「召還禁林」。第八簡云「來浙中逾年」，作於第六簡前。

軾與錢勰（穆父）簡，以親情柳子立爲托。

簡乃《佚文彙編》卷二與勰第二十簡，謂子立「寓居屬部，或去相見，略望與進」，時勰知瀛州。第十九簡云「迫行」，行將離杭。參元祐三年「親家柳子良赴潞幕」條。

駙馬都尉張敦禮（君予）來聘净慈法涌大師主京師法雲寺，軾爲作疏。法涌行，有詩送行。

疏乃《蘇軾文集》卷六十二《請净慈法涌禪師入都疏》。卷六十一《與净慈明老》第四簡言法涌不欲往，敦禮請既堅，遂從。法涌原名善本，嗣圓照禪師宗本，韓絳奏號法涌大師。見《咸淳臨安志》卷七十《傳》。詩乃《蘇軾詩集》卷三十三《送小本禪師赴法雲》。小本即法涌，大本乃宗本。法涌入法雲，乃嗣法秀。

軾請楚明（明老）繼法涌之後主持净慈寺，楚明從之。

《蘇軾文集》卷六十一《與净慈明老》第一簡請楚明嗣法涌。第五簡云「某雖被旨去郡，猶能少留，及見陞堂聞第一義」。卷七十二《楚明》云以楚明嗣法涌，衆益千餘人。楚明原不欲主持净慈，净慈道者乃燃手爲請，燃至手腕，楚明即命駕從之。見《春渚紀聞》卷四《古道者披胸燃臂》。

三月辛酉（初二日），轍押入隨班。楊康國、劉唐老罷。

《長編》卷四百五十六本日紀事：「是日，尚書右丞蘇轍押入隨班。奏事已，轍留身久之。又遣中使閻安押入省。楊康國、劉唐老皆罷言職，爲尚書郎。」（原注謂「此據劉摯《日記》」）。康國爲左司諫，見《長編》本月紀事。

《長編》本月癸亥紀事謂康國除吏部員外郎，唐老除兵部員外郎，韓川封還：二人俱出守。原注：「出守在三月二十六日。八年五月，黄慶基言劉唐老疏蘇轍與趙卨交通，誣罔之迹當考。」

三日，軾與客快哉亭飲。四日，書石。五日，簡馬瑊（忠玉）。

《六硯齋三筆》卷二：「東坡書快哉亭石云：昨日與數客飲，至醉，今日病酒書以醉（按：原文如此）。軾。時元祐六年三月四日也。」又一手帖云：「昨日快哉亭，與數客飲，至醉才歸，辱簡不逮即答，爲愧。春生雪盡，計尊候起居佳勝。新詩甚清冽，病酒，不敢率意趁韻，幸少寬限否？因書見過，如何！如何！不一。軾再拜忠玉提刑執事。」《名迹録》卷五收此簡，「冽」作「刻」。

軾奏《乞相度開石門河狀》。蓋據侯臨建議，自浙江上流石門，并山而東，開鑿運河以達江。大旨在避浮山之險。蘇軾先後嘗與葉温叟（淳老）、張璹（全翁）、侯臨（敦夫）、張弼（秉道）實地考察。不報。

奏狀見《蘇軾文集》卷三十二（九〇六頁），云「與前轉運使葉温叟、轉運判官張璹躬往按視」；奏作於三月。《蘇軾詩集》卷三十三有《與葉淳老、侯敦夫、張秉道同相視新河，秉道有詩，次韻二首》。

《軾墓誌銘》：「浙江潮自海門東來，勢如雷霆，而浮山峙於江中，與漁浦諸山，犬牙相錯，洄伏激射，歲敗公私船不可勝計。公議自浙江上流地名石門，並山而東，鑿爲運河，引浙江及溪谷諸水二十餘里，以達於江，又並山爲岸，不能十里以達於龍山之大慈浦，自浦北折抵小嶺，鑿嶺六十五丈，以達於嶺東古河，浚古河數里，以達於龍山運河，以避浮山之險，人皆以爲便。奏聞，有惡公成功者。會公罷歸，使代者盡力排之，功以不成。」

《春渚紀聞》卷六《回江之利》：「先生元祐四年，以内相出典餘杭。時水官侯臨亦繼出守上饒，過郡，以嘗渡江敗舟於浮山，遂陰畫回江之利以獻，從公相視其宜。一自富陽新橋港至小嶺，開鑿以通閑林港，或費用不給，則置山不鑿，而令往來之舟般運度嶺，由餘杭女兒橋港至郡北關江漲橋以通運河。一自龍山閘而出，循江道過六和寺，由南蕩朱橋港開石門平田，至廟山然後復出江道，二十里至富陽。而公詩有『坐陳三策本人謀，唯留一諾待我畫』謂此。又云『石門之役萬金耳，首鼠不爲吾已隘』。又云『上饒使君更超逸，坐睨浮山如累塊』者。知所議出於侯也。時越尼身死，官籍其資，得錢二十萬緡。公乞於朝，又請度牒三百道佐用。得請，而公入爲翰林承旨，除林希子中爲代。有謏者言今鑿龍山姥嶺，正犯太守身，因寢其議，而遷用亡尼之資，遺患至今，往來者惜之。」此則紀事，《詩集》「查注」節引，兹全録。《詩集》「誥案」謂此則紀事有失實處。然按其實，尚可以備參考。如其中言及「請度牒三百道」、林希寢其議，他書所未載。此則紀事所引詩「坐陳」云云等，即在上所云《與葉淳老侯敦夫張秉道同相視新河》詩中。

《文集》卷六十八《題秧馬歌後》其一言及衢州進士梁琯回浙，使歸見弼，可備言秧馬製作及乘馭有關事宜。疑弼爲浙人，或官於浙。文作於紹聖二年四月。弼善製墨，見《春渚紀聞》卷八《寄寂堂墨如犀璧》。

《柯山集拾遺》卷三《題安州張全翁大夫溪圖》：「清溪縈洄流碧玉，散入緣岡萬竿竹。照春四合錦繡林，干雲直上風霜木。主人吾宗行圭璧，解組歸來鬢猶緑。只知林下酒盈樽，不憂門外車推轂。靈心内守消冰炭，洗眼旁觀看榮辱。造物乘除真有理，却將康健還無欲。（下略）」附此。

清道光《安陸縣志》卷二十七有張璹詩。

蘇軾饋僧仲殊椶筍，并作詩。

詩見《蘇軾詩集》卷三十三（一七五六頁）。

詩云：「夜叉剖癭欲分甘，籜龍藏頭敢言美。」不敢云美，實欲分甘，至意存焉。又云：「問君何事食木魚，烹不能鳴固其理。」僧忌殺生，故以木魚饋之。

軾作《書渾令公燕魚朝恩圖》詩。《東坡集》收詩止此。《東坡集》蘇軾在世時已行世。

詩見《蘇軾詩集》卷三十三，時行將離杭。《東坡集》收詩，上起《辛丑十一月十九日》，爲《詩集》卷三之第一篇。

《苕溪漁隱叢話·後集》卷二十八：苕溪漁隱曰「世傳《前集》，乃東坡手自編者。隨其出處，古律詩相間，謬誤絶少」。此《前集》，即《東坡集》。

《軾墓誌銘》謂蘇軾「有《東坡集》四十卷」。《直齋書録解題》卷十七著録蘇軾之詩文集凡七種，首爲《東坡集》四十卷，餘爲《後集》、《内制集》、《外制集》、《奏議》、《和陶集》、《應詔集》。並云《東坡集》等六種有杭、蜀本。同卷「《東坡別集》」條下謂「杭本當坡公無恙時已行於世」。今考其實，《後集》收詩止於建中靖國元年，《和陶集》止於元符三年，此二種杭本行世時，蘇軾已卒。蘇軾在世時行世之杭本，肯定有《東坡集》。

守杭，軾薦歐陽經，舉陳覺民應制科，贊僧若愚詩，贊徐璹所對句。

同治《連州志》卷七《歐陽經傳》：「州城人。家世業儒，經尤穎異。熙寧中，登進士第，輒乞歸，建一草堂，日讀書其中。初爲杭州幕官，以詩文見稱。蘇軾帥杭州，薦之曰：『材猷夙壯，忠孝兼全，學古入官，敏於從政。』官至朝散大夫知封州。」

《名賢氏族言行類稿》卷十一：「陳覺民，字達野，仙遊柘山人。登進士第。元祐間，東坡知杭州，舉應制科。歷知建州、泉州，福建運判、提刑，改廣東提刑，知廣州。所至有風力。」《輿地紀勝》卷一百二十九《建寧府》亦載之。《八閩通志》謂登熙寧九年第。《寶晉英光集》補遺《和陳建州覺民》附覺民詩二首，米黻贊爲絶唱。

《柯山集》卷十《送歐陽經赴蒲圻》：「異時堂飲洋川酒，幾喚扁舟度樊口。西山泉石多故人，送子南行一回首。蒲圻小縣聊讀書，當使里閭無呻吁。結束歸來接臺省，不應厭食武昌魚。」此詩作於黄州。知歐陽經亦爲官黄州，與張耒同游武昌西山。經赴蒲圻，據「無呻吁」云之，當爲蒲圻令。

《嘉泰吴興志》卷十八《事物雜志·德清縣》：「僧若愚，字谷老，姓馬。少於覺海寺出家。後從參寥、從龍井辯才傳教，俱有詩名。東坡見師詩，許之曰：『他日當能振辯才家風。』」以下云「有詩文一集，號《餘塵編》」。康熙《德清縣志》卷七《若愚傳》載其臨終偈：「本自無家可得歸，雲邊有路許誰知。櫓聲摇落溪山月，正是仙潭夢斷時。」

《春渚紀聞》卷七《徐氏父子俊偉》：「東坡帥杭日，與徐璹全父坐雙檜堂。公指二檜曰：二疏辭漢去。璹應聲云：大老入周來。公爲擊節久之。」《泊宅編》十卷本卷一、三卷本卷上亦有此記載，謂璹少年登科疏縱不事事，嘗寓婺州清漣寺。《春渚紀聞》謂璹子端崇，字崇之，少時俊偉，落筆千字。

守杭，胡哲嘗從軾飲西湖上。

《丹陽集》卷十四《江陰胡君墓誌銘》：「字明叔，常州江陰人。少爲諸生，力學問。嘗試於鄉。又嘗試於廣文館，不售，即謝去，隱居啓山之陽，泛觀典籍以求志。……常語人曰：『吾窮於世，老矣。然於古人，知慕醉吟先生；於今人，獲從東坡公樂飲於西湖之上，竊自幸也。』」卒宣和七年，年七十。

守杭，李廌嘗賦組詩送軾。

《濟南集》卷一《杭州使君蘇内相先生，某用先生舊詩「方丈仙人出渺茫，高情猶愛水雲鄉」爲韵作古詩十四首》其一：「至人本無我，與世初無方。彊從金鑾游，聊用示行藏。忠清秉全德，日月可争光。振衣千載上，臨世濯滄浪。」其二：「至人孰可測，跨世富英量。千齡遘治運，萬古真遐想。三臺接布武，萬乘拱函丈。辭榮明光殿，乞身青天上。」其三：「世人期公淺，云是真謫仙。願公老台鼎，白首冠貂蟬。爲之乃固有，弗爲愈知賢。清風不可挹，高高薄雲天。」其四：「紛紛競干禄，汩汩第謀身。先生獨任重，憂道仍憂民。精誠貫白日，孤忠横北辰。求之千載上，古亦鮮若人。」其五：「平生史鰌直，往歲展禽黜。青衫竄長沙，華鬢謁宣室。重光照八極，命世真賢出。奈何江湖去，獨爲蒼生卹。」其六：「道德富瀛海，百谷輸浩渺。雲夢吞什伯，坐映黄陂小。斯文再炳蔚，精義凌縹緲。典謨追灝噩，協氣充四表。」其七：「周公非汲汲，仲尼豈皇皇。吾道無若人，孰能相維綱。古今異倫軌，英風自相望。下民今喁喁，造物太茫茫。」其八：「造物雖茫茫，至人自嚣嚣。雖稽具瞻意，欲全千仞高。富貴一敝屣，功名兩鴻毛。獨知退爲樂，可憐夸者勞。」其九：「公去吾道辱，公來吾道榮。生民繫休戚，國勢隨重輕。先生如九鼎，坐折姦宄萌。天如欲平治，用舍若爲情。」其十：「先生如蓍龜，萬事可告猶。勳業輕黄屋，得賢方解憂。念昔彙征日，民瘼庶有瘳。莫賦《歸去來》，衮衣或能留。」其十一：「吴越控島夷，東南一都會。淫風舊倡靡，懦俗無慷慨。除弊在躬行，報政可立待。類非俗吏能，千齡樹遺愛。」其十二：「邇臣均勞逸，方面乃毗倚。細人怙權寵，補外習爲耻。餘杭股肱郡，湖山真信美。意雅如望之，肯効倪若水。」其十三：「小人雖嗜學，歲月空屢勤。同門盡鴛鸞，登瀛校書芸。嗟余老西河，索居久離群。從龍從上下，愧彼油油雲。」其十四：「四海李元禮，龍門多俊良。英英郭有道，一揖遂生光。畫鷁凌雲波，仙舟水雲鄉。此心徒皦皦，千里共蒼蒼。」

蘇軾題萬菊軒詩。

詩見《蘇軾詩集》卷四十八(二六二九頁)。詩云：「引泉北澗分清露，開逕南山破白雲。」欲引北澗水，欲開南山路。以下「此意欲爲知者道」之「此意」，乃上二句。《武林梵志》卷三《城外南山分脈(原注：由湧金、清波至十八澗)》：「報恩寺，唐貞元間建。在萬松嶺西。内有舞鳳軒、萬菊軒、浣雲池、銅井。」録「蘇子瞻《題萬菊軒詩》」，《詩集》之詩出此。

軾守杭，敬社稷壇之明神。

兹次軾此詩於守杭時。

《咸淳臨安志》卷十八《社稷》：「壇，舊在嘉會門内，今徙於城西一里小昭慶寺側。(下略)」以下引知仁和縣郭應酉撰《重建壇記》：「上涖祚之五年，制詔今户部侍郎潛公爲京兆尹，始謁羣望，又會中春，有事於社稷，禮成，顧謂寮吏曰：『吾聞元祐間，文忠蘇公守兹土，敬共其明神，工祝致告，有北墉荅陰之義，當時規置準古，概可想見，兹其處乎！』吏白壇舊在嘉會門内，邦志逸所徙歲月，意紹興駐蹕初也。（下略）」五年謂咸淳五年，潛公謂説友。嘉會門在錢塘縣南。見《咸淳臨安志》卷十九。

軾守杭，於六一泉之後，鑿巖築室，自名曰東坡菴。

《咸淳臨安志》卷二十三《山川二·城西諸山·孤山·東坡菴》：「東坡既名六一泉，又於泉之後鑿巖築室，自名曰東坡菴。今不存。」以下小字注云：「據傅牧《西湖古迹事實》。」按，傅牧，紹興間人。

蘇軾探梅風篁嶺，有詩。

《咸淳臨安志》卷二十八《山川七·嶺·城内外·風篁嶺》：「在錢塘門外。……坡公……《探梅》詩，有『問信風篁嶺下梅』。」全詩已佚。收入《蘇軾詩集》卷四十八《句》。

詩當爲守杭時作。

蘇軾作《此君軒》詩。

詩見《蘇軾詩集》卷四十七。

此詩當作於守杭時。

蘇軾題詩元浄（辯才）白雲堂壁。

詩見《蘇軾詩集》卷四十七（二五四九頁）。

此詩當爲守杭時作。

道潛（參寥）惠蘇軾楊梅，軾作詩。

詩見《蘇軾詩集》卷四十七（二五四七頁）。

《咸淳臨安志》卷三十《山川九·塢·城外·楊梅塢》：「《古迹事實》：在南山近瑞峯石塢内，有一老嫗姓金，其家楊梅甚盛，俗稱楊梅塢，所謂金婆楊梅是也。」軾此詩「莫共金家鬬甘苦」，出此。

詩有云「新居未换一根椽」。既未换，則不必惠贈，而道潛竟贈之。次句「只有楊梅不直錢」，以其不直錢而受之。亦戲之之意。

此詩當爲守杭時作。

守杭，蘇軾嘗醉題信夫方丈。

詩見《蘇軾詩集》卷四十七（二五五一頁）。

詩云：「願君且住三千歲，長與東坡作主人。」興致激越時所作。

守杭，蘇軾作《三尊牡丹》詩。

詩見《蘇軾詩集》卷四十七。

詩云：「風雨何年別，留真向此邦。」似是别杭時之作。

皎然禪師向吴憑説偈，蘇軾代答之。

軾答詩見《蘇軾詩集》卷四十八，題云：「皎然禪師《贈吴憑處士》詩云：『世人不知心是道，只言道在西方妙。還如瞽者望長安，長安在東向西笑。』東坡居士代答云。」世人云云乃偈。

詩首云「寒時便具熱時風」。四時運行，寒之極漸轉而爲熱，此亦道。

次云「飢漢那知食藥功」，乃答「還如瞽者望長安」。飢漢無飯可食，遑論食藥；瞽者不見物，何由知東西。

末云：「莫怪禪師向西笑，緣師身在長安東。」答偈語「向西笑」。

皎然偈與蘇軾詩，首見《侯鯖録》卷三。《侯鯖録》得自「東坡云」。「東坡云」有二意，一爲親自聆聽，因而記之，一爲出自蘇軾之文字。《侯鯖録》或屬前者。據此，皎然乃蘇軾之方外友。

皎然偈與蘇軾詩，《詩話總龜》前集卷二引《百斛文》（即《百斛明珠》）亦録之。《百斛文》所收皆蘇軾隨筆體文字，蘇軾卒後好事者爲之。

兹次此詩守杭時。

蘇軾在杭守期間，作《散净獄道場疏》。

疏見《蘇軾文集》卷六十二。

疏云：「民知榮辱，自消五福之疵；政格平和，遂弛萬人之獄。今者國家閑暇，囹圄空虚。雖仰荷於帝仁，亦陰資於神聽。」知此净獄道場，乃朝廷所爲，蘇軾應命作。杭「囹圄空虚」，乃軾在杭時事。

蘇軾答青州張祕校簡。

簡見《蘇軾文集》卷六十。

簡云：「承攜長箋下訪，不克迎奉，爲愧經宿。」簡似作於爲郡時。《蘇軾文集》編者謂爲「杭州還朝」作，今姑從之。簡云：「示諭，乃宰物者之事，非不肖所能致也。」蓋張秘校欲有所求於蘇軾也。足見蘇軾爲善之名遠揚，故秘校千里投之。

守杭，李友諒從軾游。

《蘇軾詩集》卷三十六《送襄陽從事李友諒歸錢塘》叙之。影印本《浙江通志》卷一百二十四：

李友諒，元豐二年進士，富陽人，秘書丞。

守杭，朱照僧、鍾守素、思聰（聞復）從游；軾與遵老有交往。

《蘇軾文集》卷七十二《朱照僧》、《鍾守素》叙二人從游。卷六十一《與聞復師》叙詩簡交往，云及「粗和得來詩」，和詩不見。同上《與遵老》第一、二簡，《七集·續集》謂爲答靈鷲長老者。《西湖游覽志》卷十謂靈鷲寺在北山合澗橋邊。

守杭，軾作《二魚説》以自警。

文見《蘇軾文集》卷六十四。文云「游吴得二事於海濱之人」，自廣義言，杭亦屬吴。文乃寓言，包涵深刻閲歷，作於守杭時。

守杭，軾嘗爲亡母程氏捨遺留簪珥，命工畫阿彌陀佛像，爲作頌。應圓照（元照）律師之勸也。

頌見《蘇軾文集》卷二十（五八五頁）。蓋以「錢唐圓照律師普勸道俗歸命西方世界極樂阿彌陀佛」也。

《咸淳臨安志》卷七十《人物》十一《方外·僧·元照》：「靈芝大智律師，字湛如，號安忍子，錢唐人，本姓唐。母竺氏，夢異僧托孕。幼居祥符寺東藏，窮清浄毗尼之學，參神悟大師處謙，傳天台教觀。謙拊其背曰：『毗尼之宗，幾顛覆矣。汝可以梁棟是道。』」卷七十九《寺觀五·靈芝崇福寺》：在湧金門外，律師元照重修。以下録軾頌全文。《嘉定赤城志》卷三十五亦有《傳》，謂「深明教律，四方宗之，少游天台」。「與蔣之奇、楊傑諸人爲方外交，劉燾作《行業記》」。《東堂集》卷十有《元照律師畫贊》。

《文集》卷七十二《圓照》稱圓照「志行苦卓，教法通洽，晝夜行道二十餘年」，作於紹聖二年。

軾於明慶寺書《觀音經碑》及題識大智（元照）禪師書《彌陀字碑》。

《咸淳臨安志》卷七十六《寺觀二·寺院·在城·明慶寺》：「在木子巷北。唐大中二年，僧景初建爲靈隱院。大中祥符五年，改今額。中興駐蹕，視東京大相國寺，凡朝廷禱雨、暘，賜宰執百僚建散聖節道場，咸在焉。……有蘇文忠公書《觀音經》碑及題識大智祖師書《彌陀字碑》。」

同上《仙林慈恩普濟教寺》：「在鹽橋北。……有蘇文忠公書《金剛經》石碑。」

因作頌事并次此。

《西湖游覽志》卷二十《北山分脈城内勝迹》亦言軾爲明慶寺書碑事。

明上人求作詩捷法於蘇軾，軾以二頌答之。其旨在平淡。

《竹坡老人詩話》卷二：「有明上人者，作詩甚艱，求捷法於東坡，作兩頌以與之。其一云：『字字覓奇險，節節累枝葉。咬嚼三十年，轉更無交涉。』其二云：『衝口出常言，法度法前軌。人言非妙處，妙處在於是。』乃知作詩到平淡處，要似非力所能。」此兩頌實乃詩，不過出之以淺易。蘇軾以爲「字字覓奇險」乃詩家大忌，明上人之所以以作詩爲艱，或在一味求奇險。此兩頌，收入《蘇軾佚文彙編》卷一。

《蘇軾文集》卷六十一有《與净慈明老五首》。此明老名楚明，本年春二月間，繼法涌之後主持净慈寺。見本譜。不知此明老是否爲明上人。姑次其事於此。

守杭，軾嘗嘲貪而無恥之縣官；嘗寫畫白團扇爲負綾絹錢者償所逋；嘗脱巾褫衣憩僧房；嘗作墨竹贈官妓並令求詩道潛（參寥）；常春日約客游西湖，於西湖了官事。

《侯鯖録》卷七：「東坡守杭州，時有縣官，貪而無恥，欲黜之。浼張父政解其事。公厲聲曰：『古之學者爲己，其斯人耶？』張問其故。『掌政名曰有司，掌教名曰儒臣，有司惟欲得之於己，儒官惟欲成就於人。』聞者笑倒。」

《春渚紀聞》卷六《寫畫白團扇》：「先生臨錢塘日，有陳訴負綾絹錢二萬不償者。公呼至，詢之。云：『某家以製扇爲業，適父死，而又自今春已來，連雨天寒，所製不售，非故負之也。』公熟視久之，曰：『姑取汝所製扇來，吾當爲汝發市也。』須臾扇至。公取白團夾絹二十扇，就判筆作行書草聖及枯木竹石，頃刻而盡，即以付之，曰：『出外速償所負也。』其人抱扇泣謝而出。始踰府門，而好事者争以千錢取一扇，所持立盡，後至而不得者，至懊恨不勝而去。遂盡償所逋，一郡稱嗟，至有泣下者。」涵芬樓本《説郛》卷二十九《桃源手聽·東坡書扇》亦叙此事，文甚簡略，不録。

《北窗炙輠録》卷上：「東坡性簡率，平生衣服飲食皆草草。至杭州時，常喜至祥符寺琴僧惟賢房間憩。至，則脱巾褫衣，露兩股榻上，令一虞候搔之，起視其岸巾，止用一麻繩約髮爾。」

《風月堂詩話》卷上：「坡在餘杭日，因會客，以彩牋作墨竹贈官妓，且令索詩於參寥，參寥援筆立就，其詩曰：『小鳳團牋已自奇，謫仙重掃歲寒枝。梢頭餘墨猶含潤，恰似梳風洗雨時。』」

《揮麈録·後録》卷六：「姚舜明庭輝知杭州，有老姥自言，故娼也，及事東坡先生，云：公春時，每遇休暇，必約客湖上，早食於山水佳處。飯畢，每客一舟，令隊長一人，各領數妓，任其所適，晡後鳴鑼以集之，復會望湖樓或竹閣之類，極歡而罷，至一二鼓，夜市猶未散，列燭以歸。城中士女雲集，夾道以觀千騎之還，實一時之勝事也。」

《梁溪漫志》卷四《東坡西湖了官事》：「東坡鎮餘杭，遇游西湖，多令旌旗導從出錢唐門。坡則自湧金門從一二老兵泛舟絶湖而來，飯于普安院，徜徉靈隱、天竺間，以吏牘自隨，至冷泉亭，則據案剖決，落筆如風雨，分争辨訟，談笑而辦。已，乃與僚吏劇飲，薄晚則乘馬以歸，夾道燈火，縱觀太守。有老僧，紹興末年九十餘，幼在院爲蒼頭，能言之。當是時，此老之豪氣逸韻，可以想見也。」

《北窗瑣語》：「靈隱寺僧了然，戀妓李秀奴，往來日久，衣鉢蕩盡，秀奴絶之，僧迷戀不已。一夕，了然乘醉而往，秀奴弗納。了然怒擊之，隨手而斃。事至郡，時蘇子瞻治郡，送獄推勘，見僧膚上刺云：『但願生同極樂國，免教今世苦相思。』子瞻判詞云：『這個秃奴，修行忒煞，靈山頂上空持戒，一從迷戀玉樓人，鶉衣百結渾無奈。毒手傷人，花容粉碎，空空色色今何在？臂間刺道空相思，這回還了相思債。』判訖即斬之。」兹附於此。

守杭，軾作文援引，必檢視。

《吹劍録全編·三録》：「東坡守錢塘日，每作文有所援引，雖爛熟事，亦令檢視。」

《春渚紀聞》卷六《著述詳考故實》：「秦少章言：公嘗言觀書之樂，夜常以三鼓爲率，雖大醉歸亦必披展至倦而寢。然自出詔獄之後，不復觀一字矣，某於錢塘從公學二年，未嘗見公特觀一書也。然每有賦詠及著撰所用故實，雖目前爛熟事，必令秦與叔黨諸人檢視而後出。」觀（少章）從蘇軾學，凡半年（見元祐五年紀事），此云二年，失實。

守杭，軾移林逋（和靖）神像配食水仙王。

《山谷詩集注》卷十五《劉邦直送早梅水仙花四首》其四自注：「錢塘有水仙王廟，林和靖祠堂近之。東坡先生以爲和靖清節映世，遂移神像配食水仙王。」

守杭，軾嘗與琴操諧謔。

《能改齋漫録》卷十六《杭妓琴操》：「杭之西湖，有一倅閑唱少游《滿庭芳》，偶然誤舉一韻，云：『畫角聲斷斜陽。』妓琴操在側，曰：『畫角聲斷譙門，非斜陽也。』倅因戲之，曰：『爾可改韻否？』琴即改作陽字韻，云：『山抹微雲，天連衰草，畫角聲斷斜陽。暫停征轡，聊共飲離觴。多少蓬萊舊侶，頻回首、煙靄茫茫。孤村裏，寒鴉萬點，流水遶低牆。魂傷。當此際，輕分羅帶，暗解香囊。漫贏得，青樓薄倖名狂。此去何時見也，襟袖上、空有餘香。傷心處，長城望斷，燈火已昏黄。』東坡聞而稱賞之。後因東坡在西湖，戲琴曰：『我作長老，爾試來問。』琴云：『何謂湖中景？』東坡答云：『秋水共長天一色，落霞與孤鶩齊飛。』又云：『何謂景中人？』東坡云：『裙拖六幅瀟湘水，鬢嚲巫山一段雲。』又云：『何謂人中意？』東坡云：『惜他楊學士，憋殺鮑參軍。』琴又云：『如此究竟如何？』東坡云：『門前冷落車馬稀，老大嫁作商人婦。』琴大悟，即削髮爲尼。」疑有傳聞因素。

友人以金五兩、銀一百五十兩爲賻，軾受而作友人之意捨之杭州病坊。

據《佚文彙編》卷二《與某宣德書》。書云以其金、銀施之病坊，「用助買田，以養天民之窮者。」又云：「此公家家法，故推而行之，以資公之福壽，某亦與榮焉。」《宋史》卷三百十四《范仲淹傳》云仲淹「置義莊里中，以贍族人」。《范文正公集》附録《建立義莊規矩》記其事，可參。此友人，或姓范，爲仲淹之裔。

軾贈道潛（參寥）卵硯，并爲銘。約爲守杭時事。

《蘇軾文集》卷十九《卵硯銘》有「與居士，同出入，更嶮夷，無燥濕」之語，是硯從蘇軾已久。又有「從參寥，老空寂」，是贈道潛也。參元豐七年「以銅劍易張近龍尾子石硯」條紀事。

軾前後在杭，嘗詠白雲峯所産白雲茶，嘗植海棠一株於壽聖寺，傳爲招賢寺尉遲恭井、梅泉書扁，傳建水明樓於西湖，偕朝雲游覽，傳養疾於虎跑泉，傳煮茶於下竺，傳題詩水月寺，傳建英游閣於錢唐縣尉司，傳留題煙霞洞，傳題字歲寒巖。

《淳祐臨安志》卷八《白雲峯》：「上天竺山後最高處，謂之白雲峰。於是寺僧建堂其下，謂之白雲堂，山中出茶，因謂之白雲茶。東坡居士有《和茶詩》云：白雲峰下兩槍新。謂此也。」詩全文不見。按，「白雲峰下兩槍新」，一見《林和靖先生詩集》卷三，爲《嘗茶次寄越僧靈皎》首句。究爲誰作，待考。姑并存之。

《二老堂雜誌》卷五《記西湖登覽》：壬午三月己亥，上風篁嶺，酌龍井，入壽聖寺，寺有海棠一株，蓋蘇公手植。

《武林梵志》卷五《北山分脈》：「招賢寺，在葛嶺上。唐德宗時，郡人吴元卿爲六宫内使，棄官學道結菴於此，後，吴越王改爲寺，宋高宗葬欽宗神主於此。寺後，尉遲恭井、梅泉，東坡書扁。」《西湖游覽志》卷十《北山勝迹》亦及此，「梅泉」作「蒙泉」。

《西湖夢尋》卷三《西湖中路·秦樓》：「秦樓初名水明樓，東坡建。常攜朝雲至此游覽。壁上有三詩，爲坡公手迹。」此三詩，乃《蘇軾詩集》卷七《六月二十七日望湖樓醉書五絶》之其一、其二、其五，題作《水明樓》。

《西村十記·虎跑泉》謂蘇軾守杭時「曾此養疾，所賦詩石刻猶在」。

同上《天竺寺》謂下竺多古迹，東坡煮茶亭在，無恙。

《水月寺》見《詩集》卷四十八，引自《武林梵志》，見注文。

《西湖遊覽志》卷八《北山勝迹》：「錢唐縣尉司：相傳爲王子高故居，宋隆（按：『隆』有誤）興間建。時宇内承平，兹邑特繁麗，仁宗常覽西湖圖，歎曰：『真仙尉也。』遂建真仙亭。蘇子瞻常率賓僚遊焉，建英遊閣。」

同上卷三《南山勝迹》：「煙霞洞，晉開運元年，有僧彌洪結庵洞口，遇神人指山後有勝迹，何不顯之？洪忽見洞内有羅漢六尊，顯像石壁，若鏤刻而成者，甚異之。未幾，洪卒。吴越王錢氏夢僧告曰：『吾有兄弟一十八人，今方有六，王可聚之。』夢覺，訪得烟霞洞有六羅漢，遂補刻一十二尊，以符所夢。洞後，宋有清修寺，今廢。惟象鼻石、佛手巖、石羅漢，東坡留題尚存。」此留題所作具體時間不詳，姑繫此。

嘉惠堂本《西湖遊覽志》卷一《孤山三堤勝迹》：「歲寒巖，在俞公祠後，石壁陡絶，蒼蘚剥蝕中，隱見篆書歲寒巖三大字。下疏：『郭令公歷中書二十四考，廣成子住空同萬八千年。』相傳爲蘇長公題。其上平夷四曠，可眺視全湖，即林和靖四照閣故基也。」

蘇軾賦《减字木蘭花》（天台舊路）别杭。

詞見《東坡樂府》卷下。

《蘇軾詞編年校注》編此詞於本年三月，并引曹樹銘《東坡樂府》：細玩此詞所用『劉郎』事，一則云『舊路』，再則云『來又去』，三則云『重得到』，必係元祐六年辛未三月初，在第二次杭州任内，奉召還京時，别筵席上所作。」今從。

詞有「應恨劉郎來又去」、「懷戀仙鄉重得到」之句。

别杭，杭人約蘇軾復來，甚德軾之政。

《蘇軾文集》卷六十三《祭龍井辯才文》：「我去杭時，白叟黄童。要我復來，已許於中。」

《軾墓誌銘》：「公二十年間，再莅此州，有德於其人，家有畫像，飲食必祝，又作生祠以報。」

軾别杭，馬瑊（忠玉）、劉季孫（景文）等西湖餞行。瑊賦《木蘭花令》及詩贈行，季孫亦賦詩贈行，皆有和。

《玉照新志》卷一：「東坡被召赴闕，中玉席間作詞，云：『來時吴會猶殘暑。去日武林春已暮。欲知遺愛感人深，灑淚多於江上雨。歡情未舉眉先聚。别酒多斟君莫訴。從今寧忍看西湖，擡眼盡成腸斷處。』」《東坡樂府》卷上有和。和詩見《蘇軾詩集》卷三十三（一七六〇、一七六一頁）。瑊、季孫詩已佚。

六日，在巽亭，軾作《八聲甘州》（有情風）別道潛。同日，別南北山諸道人，有詩。

詞見《東坡樂府》卷上、《東坡先生全集》卷七十五、《全宋詞》第一册第二九七頁。調下皆注：「寄參寥作。」《苕溪漁隱叢話》後集卷三十九謂「別參寥」，今從。《叢話》謂此詞「石刻後，東坡自題云：『元祐六年三月六日。』」

《注坡詞》此詞調下注：「時在巽亭。」《輿地紀勝》卷二《臨安府·景物上》：「巽亭：在舊治南園。郡守蔣堂建，以對江山之勝。」

詩見《蘇軾詩集》卷三十三（一七六一頁），詩題並云「下天竺惠净師以醜石贈行」。

九日，辭天竺，軾作詩。

《紀年録》：「九日，罷杭守，辭天竺，作詩。」

《王譜》：「在杭州任被召。按，先生作《別天竺觀音三絶》序云：以三月九日，被旨赴闕。」

按：《紀年録》所云之詩，當即《別天竺觀音三絶》。此詩已佚。

軾書《圓澤傳》贈山中僧人，當亦爲別時事。

傳見《蘇軾文集》卷十三，自注云出袁郊《甘澤謡》，以其天竺故事，故删改書贈之。參《冷齋夜話》卷十。

軾簡別元净（辯才）。

簡乃《蘇軾文集》卷六十一與元净第四簡，云「迫行」。

寒食日，軾罷杭守，過智果精舍，訪道潛（參寥）辭行，作《參寥泉銘》。道潛作詩。

銘見《蘇軾文集》卷十九，詩乃《參寥子詩集》卷七《别蘇翰林》，云「行披禁殿風，玉堂清夜夢」，此時作。是歲清明爲三月十四日。

癸酉（十四日），黄庭堅以著作佐郎爲起居舍人。旋不行。蘇轍於庭堅之除，有不悦之意。

癸酉云云，據《長編》卷四百五十六，蓋以《神宗皇帝實録》書成賞功也。命格不行，以中書舍人韓川繳還詞頭，見同上書本月丁亥紀事。

《邵氏聞見後録》卷二十一：「王彦霖《繫年録》：元祐六年三月，《神宗實録》成。著作郎黄庭堅除起居舍人，蘇子由不悦，曰：『庭堅除日，某爲尚書右丞，不預聞也。』已而後省封還詞頭，命格不行。子由之不悦，不平吕丞相之專乎？抑不樂庭堅也？庭堅字魯直，蓋出東坡門下，或云後自欲名家，類相失云。」吕丞相，大防。

《建炎以來繫年要録》卷六十二紹興三年三月辛未紀事注引朱勝非《閑居録》：「黄庭堅，豫章人。善詩律書法。蘇軾薦入館，仍兼史院，又薦修起居注。而蘇轍方秉政，以爲庭堅無行，不可。」

同日，殿中侍御史岑象求爲金部郎中，以避轍親嫌。

據《長編》本日紀事。

象求親嫌，未得其詳，待考。

軾自下塘起行。取道湖州至蘇州，以訪聞災情。

《東坡樂府》卷上《木蘭花令》云「明朝歸路下塘西」。《蘇軾文集》卷三十二《再乞發運司應副浙西米狀》，叙以訪災「故自下塘路由湖入蘇」。

至德清，軾與曹輔、劉季孫、鮑朝懋、鄭嘉會、蘇堅游半月泉，題名。

題名見《蘇軾詩集》卷四十八（二六五一頁）。原題本月十一日，文字有誤。朝懋時爲德清令，見康熙《德清縣志》卷五。

十九日，軾舟泊吴江，僧仲殊來見。先是夢仲殊彈琴賦詩，至是相晤，爲《書仲殊琴夢》以贈。

文見《蘇軾文集》卷七十一；《蘇軾詩集》卷三十三《破琴詩》小序亦及其事。

軾與曹輔（子方）、劉季孫（景文）、蘇堅（伯固）、張弼（秉道）過吴興，與州守張詢（仲謀）會。應詢之請，賦《定風波》（月滿苕溪照夜堂），即《後六客詞》。

《輿地紀勝》卷四《兩浙西路·安吉州·景物下·六客堂》云堂在郡圃中。元祐中，知州事張詢作《六客詩序》，以下引序：「僕守是邦，（蘇）子瞻與曹子方、劉景文、蘇伯固、張秉道來過，與僕爲六。」以下云蘇軾「爲後六客詩」。按：此處所云「詩」，乃「詞」之誤。蘇軾熙寧七年過吴興，與李常、張先、劉述、楊繪、陳舜俞爲會，詢稱前六客。先作《定風波》，即六客詞。參熙寧七年紀事。

《定風波》見《東坡樂府》卷上，自叙云：「仲謀請作《後六客詞》云。」《嘉泰吴興志》卷十八謂蘇詞刻於墨妙亭。

《嘉泰吴興志》卷十四謂張詢以左朝請郎於元祐六年二月七日到知湖州任。「施注」、《總案》謂《後六客詞》作於元祐四年，誤。

《山谷全書·外集》卷二十三《書張仲謀詩集後》叙少同在葉縣，相樂如弟兄；晚守施州；其詩「用意刻苦，故語清壯，持身豈弟，故聲和平，語多而知不琱爲工，事久而知世間無巧，以此自成一家」。

二十三日，軾再乞發運司應副浙西米狀；狀陳浙西數州目覩之災情，需即行賑濟。

狀見《蘇軾文集》卷三十二（九〇九頁）。狀陳去年九月十七日奉准奏撥一百萬貫糴米，以便平糶代賑，而發運司格旨不行。狀謂：「如發運司去年元不收糴，無可兑撥，即乞一面截留上供米充滿五十萬石數目，却令發運司將封樁一百萬貫錢候今年秋熟日收糴填還。」

軾至蘇州，晤知州黄履，有詩。

詩見《蘇軾詩集》卷三十三（一七六四頁）。

乙酉（二十六日），孫升權中書舍人。啓來，軾謝之。

乙酉據《長編》卷四百五十六。《蘇軾文集》卷四十六《謝孫舍人啓》首云「拜命中宸，代言西掖」；末云「不遺衰朽，過辱緘封」。

二十八日，軾遊常州净土院，觀牡丹，賦詩，復題華藏院薝蔔；與張弼（秉道）同游。

周必大《遊山録》卷一乾道丁亥（一一六七）五月癸卯紀事：過太平寺之彌陀院，老僧守稠云：「東坡元祐六年三月二十八日，過寺賦詩。」其碑近爲何提幹者取去。所賦詩，一爲《净土寺牡丹》，乃《蘇軾詩集》卷十一《遊太平寺净土院觀牡丹中有淡黄一朵特奇爲作小詩》，次熙寧七年；一爲《華藏院薝蔔》，乃《蘇軾詩集》卷二十五《常州太平寺法華院薝蔔亭醉題》，次元豐八年。應以《遊山録》爲據。《净土寺牡丹》，《外集》卷八題作《同狀元行老學士、秉道先輩遊太平寺净土院，觀牡丹，中有淡黄一朵特奇絶，爲作小詩》。

軾至潤州。晤交代林希（子中），賦《西江月》贈之；沈括迎見；别張弼（秉道），賦《臨江仙》。

《東坡先生全集》卷七十四《西江月》（調下原注：「蘇州交代林子中席上作。」）上闋：「昨夜扁舟京口，今朝馬首長安。舊官何物與新官，只有湖山公案。」注中「蘇」乃「杭」之誤。《嘉定鎮江志》卷二十一謂此詞乃蘇軾别錢勰（穆父）者，誤。《蘇軾詩集》卷三十三有《和林子中待制》、《次韻答黄安中兼簡林子中》。

括迎見元祐四年「過潤沈括迎見」條。

《臨江仙》見《東坡樂府》卷下，弼送行止於潤。

張弼參紹聖二年四月二十二日紀事。

軾留别蹇道士拱辰詩，或作於潤。

詩見《蘇軾詩集》卷三十三（一七六五頁），次《次韻答黄安中兼簡林子中》後，作於蘇州以後。詩云：「咫尺不往見，煩子通姓名。願持空手去，獨控横江鯨。」作於濱江州郡。《慶湖遺老詩集》卷一《贈道士蹇拱辰》，作於元祐五年十二月。據《唐宋詞人年譜·賀方回年譜》，時賀鑄在歷陽或由歷陽往金陵途中，或在金陵，大半在歷陽。歷陽、金陵離潤州甚近，蘇軾或與拱辰晤於潤州，詩或作於潤州。

訪了元（佛印）於金山，軾爲畫壁。

《節孝集》卷四《代玉師謝蘇子瞻》：「海上仙翁歸，童子言有客。身披一鶴氅，足曳雙鳧舄。控却大鵬頭，踏著巨鼇脊。面帶玉山氣，手畫龍泥壁。諸仙争進硯，一笑已投筆。其夜刮兩眼，燒却犀一尺。」云「歸」，或就蘇軾已别若干時日而言，杭瀕海，故云「海上」。《蘇軾文集》卷七十一《書浮玉買田》首云「浮玉老師元公」，謂了元。《蘇軾詩集》卷十一《常潤道中有懷錢塘寄述古五首》自注謂浮玉即金山。《節孝集》所云玉師即了元。《節孝集》詩中「龍泥」當爲「龍蛇」之誤。

是月，子迨、過應禮部試，落第。迨娶歐陽棐女。

迨、過未登第。遍考蘇軾兄弟著述及《斜川集》，皆無登第記載。

《佚文彙編》卷四《與歐陽親家母》叙完婚事。《寶真齋法書贊》卷十二簡後有趙令時跋：「叔弼丁太夫人憂，將自京師歸潁時帖也。至潁，仲豫方成親，余時入潁幕。後數月，先生來作守。已四十餘年，令人驚歎。」跋於紹興癸丑。據此，迨成親約爲禮部試後事，今次此。

春，李彭（商老）贈蘇軾次子迨（仲豫）詩。

《日涉園集》卷八《春夜奉懷蘇仲豫次陳無己韻贈仲豫》：「雲外頭陀是去年，已看汀草漲晴川。夢中未覺關河遠，枕底忽聞鐘鼓傳。但可馬曹聊拄頰，看渠鳳閣競加鞭。蓬窗想得司春甕，一夜糟牀酒注泉。」陳師道（無己）詩，已見元祐五年「蘇迨赴禮部試陳師道有送行詩」條紀事。李彭詩作於本年。「看渠」句所云爲迨應禮部試而作。

彭與迨以後有交往，茲誌其交往之迹，附次此。

《日涉園集》卷八有《仲豫買侍兒作小詩戲之》：「霜鶚横空河漢秋，聊隨雞鶩稻粱謀。却將屬國舊長劍，换得石城新莫愁。要遣短轅無復馭，定看遥集解恐憂。匡山醉客時相訪，莫下疏簾作障羞。」匡山醉客，作者李彭自謂。當作於蘇軾既逝之後。同上《贈蘇仲豫》：「平生照眼玉壺冰，解向朝陽續鳳鳴。黄鶴樓前重會面，白蓮社裏定交情。疏才我亦憐文舉，大雅君應笑正平。貰酒臨邛聊復爾，莫令狗監汙高明。」迨政和初爲武昌莞庫官，見本譜政和元年紀事。「黄鶴樓」云云謂此。白蓮社在廬山，時李彭在廬山。迨其時亦嘗往廬山。

李新登進士第。劉涇嘗薦新於蘇軾。

《跨鼇集》卷二十八《弔安康郡君》序：「元祐己巳……明年春，解褐衣，通籍士部。」

《郡齋讀書志》卷四下《李元應跨鼇集五十卷》：「右皇朝李新字元應，仙井人。早登進士第。劉涇嘗薦於蘇子瞻。命賦墨竹，口占一絶，立就。坐元符末上書，奪官，謫置遂州，流落終身。跨鼇，仙井山名也。」《跨鼇集》原本已佚，今傳本乃《永樂大典》輯本。

鮑慎由（欽止）登進士第。慎由嘗親炙蘇軾。

鮑慎由登第，見影印本《浙江通志》卷一百二十四。

《浮溪集》卷十七《鮑吏部集序》：「欽止少從王氏學，又嘗見眉山蘇公，故其文汪洋閎肆，粹然一本於經，而筆力豪放，自見於馳騁之間，深入墨客騷人之域，於二者可謂兼之。」

《能改齋漫録》卷七《褒公鄂公》：「杜子美《贈曹將軍霸》：『凌烟功臣少顔色，將軍下筆開生面。良相頭上進賢冠，猛將腰間大羽箭。褒公鄂公毛髮動，英姿颯爽來酣戰。』鄂公謂尉遲敬德，褒公謂段志玄也。故東坡《贈寫真何充》詩：『黄冠野服山家容，意欲置我山巖中。勛名將相今何限，往寫褒公與鄂公。』鮑慎由《謝傳神蔡景直》詩：『馳譽丹青有古風，筆端及我未宜蒙。雲臺麟閣遥相望，往寫褒公與鄂公。』用東坡語，尤爲無功。」

《贈寫真何充》見《蘇軾詩集》卷十二。舉此以見鮑慎由與蘇軾詩之淵源。

《宋史》卷四百四十三《鮑慎由傳》謂慎由爲處州龍泉人，「親炙蘇軾」。傳入文苑。

《直齋書録解題》卷十七著録慎由《夷白堂小集》二十卷、《别集》三卷。《宋史》本傳謂有文集五十卷，《藝文志》著録《鮑慎由文集》五十卷。均佚。《北湖集》卷一、《竹隱畸士集》卷四有詩及慎由。

劉棠（君美）登進士第；蘇軾贊其省試文，呼之爲劉窮。

《能改齋漫録》卷八《舜不窮其民論》：「元祐中，省試《舜不窮其民論》，劉棠君美首選。其警句云：『桀紂以淫虐窮，幽以貪殘窮，厲以監謗窮，戰國以侵伐窮，秦皇以督責窮，漢武以奢侈窮，晉以劉石窮，隋以巡幸窮，明皇以隱户剩田窮，德宗以間架税屋窮。』東坡見之，大加歎賞。以其不類時文，因以『劉窮』呼之。」《優古堂詩話》亦紀此事。

康熙《漳州府志》卷二十一《劉棠傳》，謂字君美，今從；又謂棠龍巖人，元祐五年魁開封府，次年登進士；歷諸王宫教授、樞密院編修官，爲利州路提舉學事，又爲兩浙常平提舉，歷官至朝請郎。《永樂大典》卷三千二百六十二引《清漳集》有棠同太守游東湖詩；太守，郭祥正也。祥正乃攝守，見《青山集》卷四《浪士歌》。

周行己登進士第。行己嘗以文伯稱蘇軾。

《浮沚集》卷八《寄魯直學士》：「當今文伯眉陽蘇，新詞的皪垂明珠。」又云：「野人鼓瑟不解竽，悠悠舉目誰與娱。幸有達者黄與蘇，誰復跼蹐如轅駒。」以蘇軾爲士人知己。

《直齋書録解題》卷十七著録行己《浮沚先生集》十六卷、《後集》三卷，並云行己字恭叔，永嘉人，十七入太學，有盛名，師事程頤，元祐六年進士，爲博士太學，以親老歸，教授其鄉，再入爲館職，復出作縣，鄉人稱周博士。其集久佚，今傳本乃《永樂大典》輯本。

轍與劉摯（莘老）、吕大防（微仲）論回河。

《龍川略志》卷七《議修河决》：「予爲中司日，最後言河上三事：其一，乞存東岸清豐口；其二，乞存西岸披灘水出去處；其三，乞除去西岸激水鋸牙。朝廷以付河北監司。及爲尚書右丞，河北監司從二事，惟鋸牙不可去。予於殿廬中謂微仲：『鋸牙終當如何？』微仲曰：『若無鋸牙，水則不東，水若不東，北流必有患。』予曰：『分水雖善，其如北京百萬生靈每歲夏秋常有决溺之憂何！且分水東入故道，見今故道雖中間通流，兩邊淤合者多矣，分水之利，亦自不復能久。』莘老曰：『今歲歲開撩，正爲此矣。』予曰：『淤却一丈，開得三尺，何益？於漲水過後，盡力修完北流堤防，令能勝任漲水，撤去鋸牙，免北京甚急之患，此實利也。』莘老曰：

『河北監司皆不知此言，爲之奈何！』予曰：『外官觀望故爾，何以言之。張邃明雖言鋸牙當存，而乞大修北京簽横堤，所費不訾，則準備鋸牙激水之患耳。』微仲曰：『河事至大，難以臆斷。』予曰：『彼此皆非目前見，則須以公議言之也。』及至上前，二相皆以分水爲便，某且奏上件語。太皇太后曰：『右丞只要更商量爾。』轍曰：『朝廷若欲慎重，乞候漲水過，見得故道轉更淤高，即并力修完北堤，然後撤去鋸牙，如此由且稍便。』既至都堂，二相令批聖旨，并依都水監所定。予謂堂吏，適已奏知，乞候漲水過，則别行相度。莘老大不悦，微仲知不直，意稍緩。明日改批『不得添展』而已。」二相謂大防、摯。大防，藍田人。《宋史》卷三百四十有傳。此段紀事，《長編》卷四百五十六附三月末，今從；《長編》文字略有不同處。《潁濱遺老傳》亦載此事，較略。

四月二日，軾自書《和柳子玉喜雪次韻仍呈述古》。

詩見《蘇軾詩集》卷十一。

《壯陶閣書畫録》卷三《宋蘇東坡自書和吟雪七古卷》末云：「《和柳子玉喜雪次韻仍呈述古》之作，元祐六年四月二日書。東坡居士蘇軾。」不知蘇軾爲何人書。

四日，軾與馬瑊（忠玉）簡，言來日渡江。

簡見《佚文彙編》卷三（二四八五頁）。

七日，轍與吕大防（微仲）、劉摯（莘老）、王巖叟（彦霖）、韓忠彦（師朴）等集都堂議事。微仲議欲寢舜卿之召，則一切俱不動矣，軍職亦未缺事。

《長編》卷四百五十七本月丁酉（初九日）紀事引劉摯《日記》：「四月七日，集都堂。微仲議欲寢舜卿之召，則一切俱不動矣，軍職亦未缺事。摯曰：『上或問以軍職不缺，則前日何故擬崇拯，如此，則是見有子奇之舉而寢，恐未安也。』微仲曰：『且如此耳。若不可，則以章楶帥渭，子奇帥慶。』師朴曰：『楶之除慶，人猶以爲不勝任，渭則可乎？』摯曰：『蔡京、蔣之奇皆可帥渭，謝二亦可。』微仲、彦霖、子由皆曰：『恐招言語。兼子奇皆不可以代三人。』摯曰：『然則竟如何？』微仲曰：『不得已則子奇徑帥渭耳。』摯曰：『其如公望何！』」《長編》丁酉紀事謂：「先是樞密院進擬雄州團練使王崇拯龍神衛四廂都虞候。……既得旨，……須再進呈及對。詔以崇拯在雄未久，今詔涇原經略使劉舜卿入領環衛，仍以知河陽范子奇代舜卿。」《日記》謂四月八日寢舜卿之召，子奇可候有缺取旨。

在京口，軾與林希（子中）簡，論災傷賑濟。王晳（微之）時爲轉運使。

簡見《佚文彙編》卷三（二四八四頁），云「京口米百二十文」，又云「四月天氣」，知在京口作。簡云「今歲流殍疾病，必須措置」，願希早聞朝廷，厚設儲備。簡云「欲到廣陵，更與正仲議之」。此正仲乃王存。《總案》謂正仲乃毛漸，誤。據《宋史》卷三百四十一《王存傳》，時存知揚州。簡所云微之乃晳，據《温國文正司馬公文集》卷九《齊山詩呈王學士》題下自注及李壁所注《王荆文公詩》卷十四《和甫如京微之置酒》題下注文。《蘇軾文集》卷三十八有《王皙可知衛州制》。元祐元年十一月，以中散大夫、集賢校理判登聞鼓院，仍赴館供職。見《長編》卷三百九十一。卒，《南陽集》卷十二有挽詞。據簡「願老兄與微之、中玉商議」之語，則皙已於此時繼葉温叟之後而就任轉運使。中玉即忠玉，乃馬瑊。朱熹贊此簡爲「仁人之言」，於孝宗淳熙壬寅（一一八二）刻於浙東常平司。見《晦庵朱先生文集》卷八十二《跋東坡與林子中帖·再跋》。《攻媿集》卷七十一《東坡與林子中論賑濟帖》即此簡。文謂「荒政無第一手」，在於蓄積，以蘇軾之論爲是。

陸佃《陶山集》卷一《依韻和王微之學士》首云：「坐籌國事尚才堪，屈指同年只二三。」據《寶慶會稽續志》，佃登熙寧三年進士等，知王皙（微之）亦於是年登第。

傳軾過潤時嘗與諸妓爲戲。

《誠齋詩話》：「東坡談笑善謔。過潤州，太守高會以饗之。飲散，諸妓歌魯直《茶》詞云：『惟有一杯春草，解留連佳客。』坡正色曰：『却留我喫草。』諸妓立東坡後，憑東坡胡牀者，大笑絶倒，胡牀遂折，東坡墮地。賓客一笑而散。見蜀人李珪説。」

此不知爲何時事。蘇軾此後至潤，爲建中靖國元年，時在病中，未必有謔興。姑繫其事於此。

夜到揚州，軾席上賦《臨江仙》。

詞見《東坡樂府》卷上，調下原注：「夜到揚州，席上作。」詞云「珠簾十里捲香風，花開花謝」，乃春夏季節。又云「輕舸渡江連夜到」、「語音猶自帶吴儂」，乃自江之南來。是作於本年。

揚人争望軾風采。

《雞肋集》卷十三《東坡先生移守廣陵以詩往迎先生以淮南旱書中教虎頭祈雨法始走諸祠即得甘澤因爲賀》：「去年使君道廣陵，吾州空市看雙旌。」詩作於元祐七年，時晁補之爲揚州通判。見元祐七年「晁補之聞蘇軾知揚州以詩相迎」條紀事。軾晤補之。

軾在揚州，上《辭免翰林學士承旨第二狀》，不許；或與王存論災傷。

狀見《蘇軾文集》卷二十三（六八〇頁）。

《佚文彙編》卷三《與林子中》：「今歲流殍疾病，必須措置，淮南蠶麥已無望，必拽動本路米價。欲到廣陵，更與正仲議之，更一削。」未知見與否。參以上「在京口與林希簡論災傷賑濟」條紀事。

軾至南都，謁張方平，方平囑代撰滕元發墓銘，諾。晤王鞏（定國），叙守杭時哲宗特賜茶。

《蘇軾文集》卷六十三《祭張文定公文》第三首：「十五年間，六過南都，而五見公。」此乃第五次。卷五十二與鞏第三十四簡：張公向令作《滕達道埋銘》，已諾之。元發卒於元祐五年十月。軾受方平托，爲此時事。

《隨手雜録》：「子瞻自杭召歸，過宋，語余曰：在杭時，一日中使至，既行，送之望湖樓上，遲遲不去。時與監司同席，已而曰：『某未行，監司莫可先歸？』諸人既去，密語子瞻曰：『某出京師辭官家，官家曰：「辭了娘娘了來。」某辭太后殿，復到官家處，引某至一櫃子旁，出此一角，密語曰：「賜與蘇軾，不得令人知。」』遂出所賜，乃茶一斤，封題皆御筆。子瞻具劄子附進稱謝。至宋，語余曰：且教子由伏事娘娘，我小使頭出來自家門打一解。哲宗眷遇如此。復爲大臣讒逐，至貶海島，命矣。」謝劄佚。

軾上《辭免翰林學士承旨第三狀》，乞揚、越、陳、蔡一郡。不許。

狀見《蘇軾文集》卷二十三；不許，見同卷《乞候坤成節上壽訖復遂前請狀》。

辛亥（二十三日），三省、樞密院同奏事，議哲宗選后事。轍與。

《長編》本日紀事：太皇太后以狄諮家似可，然女乃庶出。韓忠彦以《明德皇后傳》示吕大防，謂明德生母陳氏係庶出，大防以爲此例甚好，諮女可選。王巖叟以爲納后必以嫡女。轍密語巖叟曰：「上意方疑，却便尋故事成之，可乎？」「尋故事」謂大防也。巖叟曰：「此決不可從。」太皇太后亦以爲當别選。吕大防曰：「不知更選定幾家，乞宣示。」太皇太后曰：「只爲勘婚難。」巖叟曰：「當委曲求之，必有可者。」轍曰：「必求十全。」

癸丑（二十五日），户部員外郎楊畏爲殿中侍御史，從御史中丞趙君錫舉也。事涉轍。

《長編》本日紀事引邵伯温《辨誣舊録》：「楊畏嘗爲鄆州教授，考試南京，劉相（按：乃摯）時爲南京簽判，監試，見畏，愛之。又因吕相（按：乃大防）之婿王讜見吕相，吕相亦愛之，除工部員外郎。劉相既作蔡新州事，不自安，欲亦逐吕相及蘇門下，獨爲復辟事以防後患，平日知畏有知數，乃諭中丞趙君錫薦畏。臺官欲其爲用，乃下除監察御史。」

五月己未（初一日），三省、樞密院論西事，轍與。

《長編》卷四百五十八本日紀事：「三省、樞密院同進呈熙河、延安二捷報。蘇轍奏曰：『近日邊奏稍頻，西人意在得二堡，今盛夏猶如此，入秋可虞，不若早商量了當。』意欲與之。吕大防曰：『此不可。國家歲以二十五萬銀、絹賜與，在西夏當一百萬。豈可恣其侵侮，亦須恩威并行。』王巖叟曰：『形勢之地，豈可輕議棄與，不知既與保其後不更要否？』太皇太后曰：『夷狄無厭。』劉摯曰：『夷狄誠無厭。』巖叟曰：『不可一向示弱。』韓忠彦曰：『看道理如何耳。』遂退。意與轍同。獨巖叟以爲質孤、勝如兩堡，自元豐用兵有之，元祐講和畫界當在我地，而西人力争，蓋兼形勢膏腴之利，失之則蘭州、熙河遂危。故主范育議，謂不可棄。而趙卨意在與之。轍自執憲，主卨議，故進説如此。」

庚申（初二日），三省論吕惠卿量移。涉轍。

《長編》本日紀事：「是日，惠卿既除中散大夫、光禄卿、分司南京。權中書舍人孫升封還。朝議以爲惠卿量移未三年，無名而復，必不可行。巖叟以責堯俞，堯俞不能對，又以責蘇轍，謂大防曰：『惠卿事欲如何商量？』大防曰：『欲且依前降指揮。』刑部以謂量移後别理三期，大防、摯欲用檢舉後三年。堯俞曰：『候九月或可耳。』大防、摯不答。壬戌（初四日）進呈，皆持兩端，稟旨太皇太后，曰：『候及三年。』」

庚午（十二日），斷任永壽獄。事涉轍。

《長編》本日紀事：「是日，斷任永壽獄。劉摯叙其事云：永壽此獄遷延一年。永壽曉文法，於事精明，向在吏額房得罪，出省。繼有訟其私事者，制獄并開封兩處勘劾，經恩降外，有冒請食計錢絹八匹。以案問，得杖一百。刑部檢刺配例，既上都省刑房問難，謂不問從案問本寺，遂改不作按問，從徒一年。中書疑其前後不同，送刑部，刑部如前斷，復上中書。三省聚議，以永壽固無足恤者。但前日吏額事，朝廷選委使主裁之，今緣衆怨羣擠欲殺之意，如前日僞書之事，而朝廷遂重其罪，正快群仇之私耳，有害政體，爲面陳其詳，永壽從法寺元斷。又恐無以平衆情，則加以千里編管，餘皆未減經恩者，更不降特旨。衆議頗以爲酌中。永壽嘗招權作威福，所栽者皆百司吏史，故取怨如此。聞給事中留之一夕，明日遂行。後六日（原注：丙子，十八日），内降御史安鼎言刑賞，乞改正趙思復回授恩澤與其子及任永壽徒罪。批云宜依所奏，外封仍印急速等字勢。尋具奏二事，内有合面稟節目，今去垂簾日遠，俟二十二日進呈，謹先奏知。右丞蘇轍初不欲奏，便要别議。緣永壽十三日已決訖押行，難改正，須索面奏其詳。以簡白轍。乃簽書入，及垂簾日進呈。永壽改作徒刑，依律敕折杖法，小杖決餘罪十下。」

《龍川略志》卷五《議定吏額》：「元豐所定吏額，主者苟悦群吏，比舊額幾數倍，朝廷患之，命重加詳定，事已再上再却矣。……有任永壽者，本非三省吏也，嘗預元豐吏額事，以事至三省，能言其意。（左相吕）微仲悦之，即於尚書省立吏額房，使永壽與堂吏數人典之。小人無遠慮，而急於功利，即背前約以立額，日裁損吏員。復以私所好惡變易諸吏局次，凡近下吏惡爲上名所壓，即撥出上名於他司；凡閑慢司分欲入要地者，即自寺監撥入省曹。凡奏上行下，皆微仲專之，不復經由三省。法出，中外紛然。微仲既爲臺官所攻，稱疾在告；而永壽亦恣横，贓汙狼籍，下開封府推治。府官觀望，久不肯決，至宣仁后以爲言，乃以徒罪刺配。久之，微仲知衆不伏，徐使都司再加詳定，大率如予前議乃定。」微仲，大防字。

《長編》本月甲子（初六日）紀事：「始，都省吏任永壽等緣吏額事，即斥。永壽尋又坐贓，繫開封府觀望，獄久不決。言者皆咎大防，故大防求罷。後數日，太皇太后諭旨，開封永壽之獄乃決。原注：「五月十八日，永壽決杖刺配。此據蘇轍《龍川略（按：原作「别」，今不從）志》、《潁濱遺老傳》修入。」

辛未（十三日），荆湖北路轉運使李湜言，權管荆湖南路安撫鈐轄措置廢罷蒔竹上里戍兵等。事涉轍。

辛未云云，據《長編》本日紀事。

《龍川略志》卷六《李湜復議罷蒔竹》：「朝廷先使唐義問處置渠陽，兵將敗亡，僅乃廢之。後使謝麟廢蒔竹，麟以謂楊氏蟠據湖南、北，溪洞部族相連接，湖北先廢渠陽，湖南蠻知蒔竹必廢，謀之已久，今欲急行廢罷，難以成功，請稍遷延歲月，以俟其便。諸公疑其立異，即罷麟潭州，以李湜代之。湜至，議罷蒔竹，復如麟説，諸公相視而怒。時予初爲尚書右丞，謂諸公曰：『蒔竹之議，經帥臣二人矣，而所言如一。胡不姑用其言，若數月之間，其功不成，責之未晚也。』諸公色解，乃從其請。未幾，湜誘説蠻酋楊光潛，使親帥部族，裹送蒔竹兵民器械還漢。奏至，許之，仍以蒔竹見糧分賜蠻中饑人。凡蒔竹畜聚皆安然，而至不遺一矢，不殺一人。蓋麟之議本不爲過也。」《長編》本日紀事引此則。

十九日，在南都，軾上《杭州召還乞郡狀》。不許。

狀見《蘇軾文集》卷三十二，重申前屢次之請，乞早除一郡，或除一重難邊郡，「惟不願在禁近，使黨人猜疑，別加陰中」。《欒城後集》卷一《次韻子瞻感舊》：「爲我忝丞轄，置身願并涼。」自注：「子瞻每欲爲國守邊，顧不敢請耳。」可參。

不許，見《文集》卷二十三《乞候坤成節上壽訖復遂前請狀》。《文集》卷三十三《再乞郡劄子》所言「前在南京所奏乞留中一狀」，即本日所上狀。

李廌自杞放舟至南都相迎迓，未遇。

《濟南集》卷二《元祐六年夏自陽翟之睢陽迓翰林蘇公自杞放舟至宋》：「放舟杞國岸，汴渠正東注。湯湯舟下水，適與舟相遇。泛泛水上舟，與水共東去。舟水詎相離，曾不還故處。世人迷動静，順流疑若遡。不然逐流浪，汩没爲所誤。吾作放舟詩，明此流水住。老矣耄何爲，聊用持世故。」李廌元祐三年、六年應禮部試遭黜，心情正沉於迷惘之中，欲向蘇軾一訴。同上書卷三同上題詩：「發軔嵩麓背烟巖，解維水程仍二三。杞邦想見舊風烈，許邑自知誠子男。天地憂懷真過計，文獻不足良可慚。放舟適未覿君子，白頭終期老江潭。」君子謂蘇軾。

庚辰（二十二日），軾除兼侍讀。

據《長編》卷四百五十八。

范祖禹（夢得、純夫）來簡，軾答簡約造祖禹之門。

《蘇軾文集》卷五十六與祖禹第八簡：「違遠二年，瞻仰爲勞。辱書，承起居佳勝，慰喜可量。覿罷，當往造門，併道區區。」

二十六日，軾自杭州至京師。

《長編》卷四百五十八。

《蘇軾詩集》卷三十三《感舊詩·叙》：「元祐六年，予自杭州召還，寓居子由東府。數月復出領汝陰。」寓居轍東府見本譜下月紀事。

二十八日，太皇太后高氏宣諭，轍侍。

《長編》卷四百五十九六月壬辰（初四日）紀事引劉摯叙事（按：當爲《日録》）：「龍圖閣待制梁燾權禮部尚書。……前月二十八日，……（太皇太后）宣諭，先問：『鄧温伯行計如何？』蘇轍對曰：『臣昨日見之，云已上船，料不久行。』諭曰：『禮部可召燾爲尚書。』即承詔而退。」《長編》卷四百五十八五月丙子（二十二日）有「詔禮部尚書鄧温伯知蔡州，從所請也」紀事。

二十九日，軾赴閤門受翰林學士承旨告命。上《乞候坤成節上壽訖復遂前請狀》。

狀見《蘇軾文集》卷二十三。二十九日云云，即見狀中。「遂前請」者，蓋乞揚、越、陳、蔡一郡也。

僧慧汶館蘇軾於興國浴室東堂，軾有詩。與錢勰（穆父）簡，報此時事。

詩見《蘇軾詩集》卷三十三（一七六六頁）。詩題謂爲六月事。是回京師即住此也。

《佚文彙編》卷二與勰第十三簡：「某在杭，雖少勞而意思自得。此來極安逸，然多憂愧，想識此心也。只在興國浴室獨居，大暑中殊清也。」簡云及「邊上」，時勰在瀛州任。

軾與范純仁啓，純仁回啓。

《西臺集》卷九《代范忠宣回蘇内翰啓》：「近被制恩，寵還詞禁。人雖舊命，實乃惟新。某官志合道源，材高選首。老於文學，早從翰墨之游，志在功名，久屈藩方之任。比從節召，入覲宸嚴。高文大策，復階内相之榮；興化造民，行副上公之選。未遑修慶，先辱貽書。感頌之私，實倍常品。」蘇軾原啓已佚。

三蘇年譜卷四十五

元祐六年（下）

六月，轍三避兄請外。不許。

《長編》卷四百六十本年六月紀事：「是月，……蘇轍避兄請外，不許。……劉摯……謂當降詔。乃……不用，朝廷典章廢矣。」注：「此據劉摯六月十二日所記。」轍請外奏文當即《欒城後集》卷十六《兄除翰林承旨乞外任劄子四首》之前三首，其二中云：「今月十二日，面被德音，以臣與軾既非同官，不須回避。」即《長編》所謂「不許」也。「今月十二日」即劉摯所記之「六月十二日」也。轍奏當作於軾回朝之初，今繫本月。

六月一日，宣召軾再入學士院，賜對衣金帶馬，皆有謝表。同日，撰《祭劉氏文》。

謝表見《蘇軾文集》卷二十三（六八一頁）。謝再入學士院表作「六月十一日」。《總案》謂「公以五月二十九日受告命，不應遲至十一日宣召入院，且初四日兼侍讀事，在宣召入院之後」。今改「十一日」爲「一日」。

《紀年録》：「六月朔，祭劉氏文。」文不見。

四日，軾進謝兼侍讀表。上笏記。

文見《蘇軾文集》卷二十三（六八四、六八三頁）。

同日，殿廬，轍與吕大防、劉摯等議彭汝礪除禮部侍郎事。

《長編》卷四百五十九本日紀事引摯之敘事（按：當即《日録》）：辛卯（初三日），摯言，梁燾除禮部尚書，禮部彭汝礪侍郎恐相妨，蓋汝礪向緣燾彈劾而黜。……壬辰（初四日），……蘇轍曰：「彭自西掖責去未久，最先召，今又先進於同黜之人，恐有異。」大防曰：「當時爲甚？」巖叟曰：「朋附蔡確，得罪。」大防曰：「如此則别商量。」摯曰：「梁未便來，足可别議。」大防曰：「假如不避，亦自不妨。」摯稱：「汝礪修潔有行，義氣剛勁，喜古人風節。蔡確之敗，獨上書救之。其意非善確也，亦不欲朝廷有此一事爾。但不量確之潛於心而發見於外者，其詩如此，是豈可救哉！此汝礪見有所偏也。一陷於此議，而常爲公論所指笑，然其人亦豈廢不用哉！」

汝礪字器資，饒州鄱陽人。《宋史》卷三百四十六有傳。

丙申（初八日），户部侍郎、寶文閣待制范純粹知延安府。轍與此前都堂聚議。

據《長編》本日紀事。《長編》云：先是樞密院聞趙卨死，韓忠彦與王巖叟議所以代卨者，惟純粹可。及都堂聚議，吕大防亦以爲莫如純粹。劉摯曰：「前執政中宜有人。」衆不應。蘇轍曰：「舊聞曾欲用范堯夫。」大防曰：「嘗有言者。」終以純粹知。《長編》注文謂此乃據王巖叟《繫年録》。《長編》注文復引劉摯《日録》，謂轍欲以范純仁（堯夫）知延安府。

純粹字德孺，仲淹第四子。《宋史》卷三百十四有傳。

十三日，軾讀《史記·淳于髡傳》，撰文。

文乃《蘇軾文集》卷六十五《淳于髡一石亦醉》。

軾移寓轍東府。

據《蘇軾詩集》卷三十三《感舊詩》之叙：自是至赴潁，皆居此。

《總案》：「公初寓汶公東堂，意在求去，尚未定居也。及入院，子由方求去，必無請公遷居東府之理。蓋東府、西府八位，乃神宗創置以居執政者也。至是皆不能即去，公始與子由同居，乃六月望前後之事。」

李公麟（伯時、龍眠）效閩人之語，嘗戲之。

《桯史》卷二《賢己圖》：「元祐間，黄、秦諸君子在館，暇日觀畫，山谷出李龍眠所作《賢己圖》，博弈、樗蒱之儔咸列焉。博者六七人，方據一局投迸，盆中五皆玈，而一猶旋轉不已。一人俯盆疾呼，旁觀皆變色起立，纖濃態度，曲盡其妙，相與歎賞，以爲卓絶。適東坡從外來，睨之，曰：『李龍眠天下士，顧多效閩人語耶？』衆咸怪，請其故。東坡曰：『四海語音，言六皆合口，惟閩音則張口，今盆中皆六，一猶未定，法當呼六，而疾呼者乃張口，何也？』龍眠聞之，亦笑而服。」

黄、秦同館，蘇在朝，惟有本年自杭州回至京師後一短暫時間。本年六月十八日，黄母卒，黄旋離京師奔喪。故繫其事於此。

蘇軾賦《蘇幕遮·詠選仙圖》。

詞見《東坡樂府》卷上。

《蘇軾詞編年校注》引劉崇德《蘇詞編年考》：「詞中所詠選仙圖是一種投骰子賭博的游戲。」以下引岳珂《桯史》卷二《賢己圖》條，謂：「從這條筆記看，黄庭堅、秦觀和蘇軾欣賞的《賢己圖》，亦爲投骰子賭博場面，不知與選仙格是否一回事。而元祐文人已開始用詩畫反映這種風俗，却由此可知。蘇軾《選仙圖詞》年月别無可考，唯此事可作佐證。」劉説是。然劉氏謂《賢己圖》所叙事爲元祐二年事，因此，亦繫《蘇幕遮》於元祐二年，今不從。《賢己圖》所叙事，以繫於本年爲妥，見上條。今繫《詠選仙圖》於此。

趙翼《陔餘叢考》卷三十三《陞官圖》：「宋時有選仙圖，亦用骰子比色，先爲散仙，次爲上洞，以漸至蓬萊、大羅等仙。其比色之法，首重緋四，次六與三，最下者幺，凡有過者，謫作采樵思凡之人，遇勝色仍復位。王珪《宫詞》有云：『盡日窗間賭選仙，小娃争覓列盆錢。上等須占蓬萊島，一擲乘鸞出洞天。』」

十五日，軾答馬瑊（忠玉）簡。

《晚香堂蘇帖》：「軾啓。屢獲教字，眷與隆厚，感服不已。比日履兹伏暑，起居清勝。軾數日卧病，今日方稍痊。久稽來人，悚息！悚息！承旦夕東歸，愈遠，益深懷仰。尚冀珍嗇，即膺嚴召。乏力，不謹。軾再拜忠玉提刑奉議閤下。六月十五日。」見《佚文彙編》卷三，以文字略有脱誤，故全文録之。時瑊爲兩浙提刑，見本年此前紀事。

同日，軾序歐陽修《居士集》。

序見《蘇軾文集》卷十（三一五頁）。撰寫歲月據《居士集》，署「門人翰林學士承旨、左朝奉郎、知制誥兼侍讀蘇軾撰」。歐集篇末原注：「綿本作三年十二月。是時，（蘇軾）任翰林學士。」豈文成於三年十二月，此又復書耶！

《欒城遺言》謂軾作《居士集叙》，轍「極賞慨其文，咨嗟不已」。

《省齋文稿》卷十八《跋汪季路所藏東坡作王中父哀辭》（注文略）：「某幼於武臣張可久家，見東坡序《六一居士集》起草。至『作於其心，害於其政，發於其政，害於其事』四句，每句上下兩字用筆，與全篇濃淡不同，似初缺而後填者。蓋《孟子》又云『生於其心，害於其事，發於其事，害於其政』。一書而文意交錯疑混，故當審而用之耳。前輩言坡自帥杭後，爲文用事，先令門人檢閲。（下略）」按：《蘇軾文集》「作於其心」四句作「作於其心，害於其事，作於其事，害於其政」，蓋定稿時再次訂改。

十八日，朝廷命軾撰《上清儲祥宫碑》。

據《長編》卷四百六十本年六月丙午紀事引《御集》。

同日，轍論范育生事。

據《長編》卷四百六十本日紀事注文引王巖叟《繫年録》。

《潁濱遺老傳》卷下：「（元祐）六年六月，熙河奏：『夏人十萬騎壓通遠軍境上，挑掘所争崖巉，殺人，三日而退。乞因其退軍，未能復出，急移近裏堡寨於界上修築，乘利而往，不須復守誠信。』諸公會議都堂，轍謂微仲：『今欲議此事，當先定議，欲用兵耶？不用兵耶？』微仲曰：『如合用兵，亦不得不用。』轍曰：『凡欲用兵，先論理之曲直。我若不直，則兵決不當用。朝廷頃與夏人商量地界，欲用慶曆舊例，以漢蕃見今住坐處當中爲界。此理最爲簡直。夏人不從，朝廷遂不固執。蓋朝廷臨事常患先易後難，此所謂先易者也。既而許於非所賜城寨依綏州例以二十里爲界，十里爲堡鋪，十里爲草地（原注：非所賜城寨，指謂延州、塞門、義合、石州、吴堡、蘭州諸城寨，通遠軍定西城）。要約纔定，朝廷又要於兩寨界首相望，侵緊蕃地，一抹取直，夏人黽俛見從。要約未定，朝廷又要蕃界更留草地十里，通前三十里。夏人亦又見許。凡此所謂後難者也。今者又欲於定西城與隴諾堡相望，一抹取直，所侵蕃地，凡百數十里。隴諾，祖宗舊疆，豈所謂非所賜城寨耶？此則不直，致寇之大者也。今雖欲不顧曲直，一面用兵，不知二聖如何？』莘老曰：『持不用兵之説雖美，然事有須用兵者，亦不可固執。』轍曰：『相公必欲用兵，須道理十全，敵人横來相加，勢不得已，然後可耳。今吾不直如此，兵起之後，兵連禍結，三五年不得休，將奈何！』諸公乃許不從熙河之計。明日，面奏之。轍曰：『夏人引兵十萬，直壓熙河境上，不於他處作過，專於所争處殺人掘崖巉，此意可見，此非西人之罪，皆朝廷不直之故。』微仲曰：『朝廷指揮亦不致大段不直。』轍曰：『熙河帥臣輒敢生事，奏乞不守誠信，乘夏人抽兵之際，移築堡寨。臣以爲方今堡塞雖或可築，至秋深馬肥，夏人能復引大兵來争此否？』諸人皆言：『今已不許之矣。』轍曰：『臣欲詰責帥臣耳，若不加詰責，或再有陳乞。』諸人皆曰：『俟其再乞，詰責未晚。』宣仁后曰：『邊防忌生事，早與約束。』諸人乃聽。」

據《長編》，此「熙河奏」即范育之奏，《長編》引育奏全文，并引《潁濱遺老傳》以上文字。微仲，吕大防；莘老，劉摯。

《長編》「諸人乃聽」作「大防等乃聽」，「聽」下有如下文字：「退就都堂行約束，轍欲多爲詰責語。王巖叟曰：『當職官論列職事，有何惡意，强敵在境上，又沮之，教如何作。』乃止增『顯屬生事』一句。巖叟蓋主育議，故云耳。」「耳」後《長編》注云：「戒敕熙河，蘇轍《遺老傳》記此事甚詳，今從之。但無月日（撰者按：實爲有月無日），今取王巖叟《繫年録》，依所録月日附見。巖叟議論不復詳載，要亦不出轍所記，但載巖叟辨轍多爲詰責語一節。王巖叟《繫年》：六月十八日，子由出班，論范育欲移堡寨，以此生事，乞於今日文字中，添入約束指揮。簾中曰：『聞説邊上多是引惹。』余曰：『西賊無故十數萬人入寇邊，殺戮老小，安得不爲禦捍計，非生事也。今已不從。』子由又曰：『蓋因朝廷道理曲。』吕相曰：『朝廷道理不曲。且如今日報賀坤成人使延安過界，又却十數萬兵在境。』簾中曰：『外地不識好惡，貪取無厭，退就都堂添約束語。』子由欲爲責問語。余曰：『當職官論列職事，有何惡意，强敵在境上，又沮之，教如何作。』遂止增一句而已。（下略）」

按：以上所引《潁濱遺老傳》文字，《龍川略志》卷六《西夏請和議定地界》條亦載，二者重要不同處爲：前者「我若不直」，後者「不」前多「小有」二字；「遂不固執」作「亦便不報」；「臨事常患」作「從來失在」，「不知二聖如何」作「不知二聖肯未，從來大言斷送朝廷用兵，不過范育、姚雄狂生一二人耳，今西人壓境，姚雄引兵於榆木坌中，藏避不出，王文郁引三萬於通城軍，閉城三日，雖强弱衆寡不敵，然足見此輩非如古人能以少擊衆，可恃以制敵者也，而朝廷信其妄言，輕結邊釁，難矣」；「熙河之計」後有「然予欲詰其妄作，終不肯」十字；「邊防忌生事早與約束諸人乃聽」作「亦聞多緣引惹致寇，且與約束，轍曰領聖旨，於今來文字添入約束語行下，然諸人猶曲加保庇，但添顯屬生事一句而已」。

二十六日，軾上《撰上清儲祥宫碑奏請狀》。

文見《蘇軾文集》卷三十二，奏請頒示有關上清宫之歷史資料，降下碑文體例。

二十七日，軾書柳宗元《瓶賦》後。

文見《佚文彙編》卷五（二五四三頁）。《紀年録》謂作於下年二月十七日，不從。

是月，軾見柳子文（仲遠），求得其所藏宋迪所臨唐畫邢和璞、房次律前生圖，題《破琴詩》。

詩見《蘇軾詩集》卷三十三，詩叙本年三月十九日宿吴淞江夢僧仲殊挾破琴來過誦詩事。「詰案」以爲蓋有難言事，欲後人發明之。

本月，軾上疏乞秘書省校書入伏功課減半。朝廷從其請。時兼提舉黄本。

《宋會要輯稿》第七十册《職官》一八之一二本年六月紀事：「提舉黄本蘇軾言：秘書省官每日校書背面二十一紙，準入内。黄門黄洙傳聖旨，秘書省入伏，午時住修文字，末伏依舊。欲乞於所校功課減半，候過末伏日依舊。從之。」

錢唐僧思聰（聞復）歸孤山，軾送以序。蘇軾名思聰之集爲《水鏡集》。

序見《蘇軾文集》卷十(三二五頁),中有「秦少游取《楞嚴》文殊語,字之曰聞復」之語;思聰時年二十九。周必大《省齋文稿》卷十八《題蘇季真所藏東坡墨迹》:「元祐六年夏,坡公既作《聽聞復字序》」。」是墨迹題作如此。

《紀年録》:「四月到闕,二日,作《送聰師歸孤山叙》。」文字有明顯訛脱,未敢妄加揣測。今依周必大之文繫於此。

《詩話總龜》前集卷三十七引《王直方詩話》:「東坡號思聰詩爲《水鏡集》,又作序贈之,云:『聽能爲水鏡以一含萬,則書與詩當益奇,吾將觀焉,以爲聽得道深之候。』及聽來京師,種種不進,有人戲之云:『水鏡年來亦太昏。』」「聽能」云云,在送叙中。

吴郡陸廣秀才施《聖散子》方并藥於京師,軾作《聖散子後序》。

序見《蘇軾文集》卷十(三三二頁),有「去年春杭之民病」語,知作於今年,或爲夏季事。

王詵(晉卿)畫《邢和璞房次律悟前生圖》,蘇軾説偈,並題詩贈柳子文。

偈見《蘇軾詩集》卷四十八(二六二五頁)。贈詩乃《詩集》卷三十三《書破琴詩後》。《嵩山文集》卷十八《題破琴詩後》:「予有王晉卿淡碧絹畫《房琯悟前生圖》,寫此詩於其後,甲午年遭火矣。靖康丁未正月十三日,晁説之題。」可參。

賀鑄以李清臣、范百禄及蘇軾薦,改西頭供奉,入文資,爲承事郎。

《慶湖遺老詩集》附程俱撰鑄墓銘：「元祐七年，學士清臣、百禄、軾薦於朝，改承事郎。」《唐宋詞人年譜·賀方回年譜》本年紀事：「《詩集》（按：謂《慶湖遺老詩集》）五《易官後呈交舊》云：『當年筆漫投，説劍氣横秋。自負虎頭相，誰封龍頟侯。聊辭噲等伍，濫作詩家流。少待高常侍，功名晚歲收。』正謂易文階，而注云『辛未六月京師賦』，比墓誌早一年。」以下云「墓誌殆偶誤」。

《慶湖遺老詩集》卷四：本年六月至七年九月居京師。卷三《和杜仲觀青字詩》注謂元祐元年四月京師賦，自是至二年仲冬之官歷陽（卷三《東䚟舟居阻雪懷寄二三知舊》注），皆居京師。鑄與軾當有直接交往，惜不見文字。軾等薦文不見。

本月此後遣人入西界，殺十餘人。七月，復殺西人六七人，生擒九人。轍請戒敕邊臣，宣仁后以爲然。

《潁濱遺老傳》「諸人乃聽」句後，尚有以下文字叙本年稍後之事：「已而蘭州又以遠探爲名，深入西界，殺十餘人。轍曰：『邊臣貪功生事，不足以示威，徒足以敗壞疆議，理須戒敕。』不聽。既又以防護打草爲名，殺六七人，生擒九人。微仲知不便，欲送還生口。因奏其事。轍曰：『邊臣貪冒小勝，不顧大計，極害事。今送還九人甚善，可遂戒敕邊臣。』微仲不欲，曰：『近日延安將副李儀等深入陷没，已責降一行人，足以爲戒。』轍曰：『李儀深入，以敗事被責。

蘭州深入得功，若不戒敕，將謂朝廷責其敗事而喜其得功也。』宣仁后曰：『然。』乃加戒敕。」

參見本年八月癸丑紀事。

《龍川略志》卷六《西夏請和議定地界》亦有此記載。前者「已而」，後者作「六月」；「既」作「七月」；「防護打草」作「河灘打草遣兵防護」；「因奏其事」作「予力贊之乃具奏其事」；「乃加戒敕」句後有「乃行下」三字。前者無明確時間，今從後者繫入。

七月二日，軾撰《賜河東節度使太師開府儀同三司太原尹致仕文彦博温溪心馬詔》。

據《蘇軾文集》卷四十。《文集》題下原注：「元祐四年七月二日下院。」《總案》：「元祐六年六七月所行内制，本集遂譌作四年六七月。是時公出知杭州，豈有内制！考《東都事略》：文彦博以五年二月致仕，則此詔作『四年』，明係『六年』之譌。」

按：《總案》是。《宋史·宰輔表》元祐五年紀事：「二月庚戌，文彦博自太師、平章軍國重事以守太師、儀同三司、河中興元尹、護國軍山南西道節度使致仕。」可證。

查《文集》卷四十，内制制文原謂撰於元祐四年六七月之間者，除賜文彦博詔外，尚有《賜右正議大夫守尚書左僕射呂大防生日詔》等三詔，卷四十三有《撫問鄜延路臣寮口宣》等二十八詔，卷四十三有《皇帝達太皇太后回大遼皇帝賀坤成節書》一篇。此三十四文，皆作於本年六七月間，茲綜述於此，不一一分述。

同日，軾奏進單鍔《吴中水利書》狀。蓋以吴中多水患，狀自治本立言。不報。

狀見《蘇軾文集》卷三十二（九一五頁），并録進單鍔《吴中水利書》，請行之。《軾墓誌銘》：「公復言：三吴之水，瀦爲太湖，太湖之水，溢爲松江以入海，海日兩潮，潮濁而江清，潮水嘗欲淤塞江路，而江水清駛，隨輒滌去，海口常通，則吴中少水患。昔蘇州以東，公私船皆以篙行，無陸挽者，自慶曆以來，松江大築挽路，建長橋以扼塞江路，故今三吴多水，欲鑿挽路爲千橋以迅江勢。亦不果用，人皆恨之。」此處所引蘇軾語，皆見狀。

鍔字季隱，事迹詳《摛文堂集》卷十五墓銘。《吴郡志》卷十九謂蘇軾在翰苑奏其《吴中水利書》，「請行之，弗果」；除《吴中水利書》外，鍔尚有《荆溪集》、《陽羨風土記》，不傳。

明沈敕《荆溪外紀》卷七録單鍔《題張公洞》：「松菊投荒山水間，阿誰指點到仙鬟。洞門龍出雲猶濕，石室丹成火欲寒。百越樓臺摩詰畫，三吴烟水季鷹閑。陶然醉卧花間酒，細納餘香滿袖還。」家鄉山水，鍔所詠當多，惜存者僅此。

軾辭免撰趙瞻神道碑。

文見《蘇軾文集》卷三十三（九二九頁）。文謂七月上，未署日期，次《進單鍔吴中水利狀》後。

癸亥（初六日），軾上劄子乞郡，事涉蘇轍。

劄子見《蘇軾文集》卷三十三，謂：「臣與賈易本無嫌怨，只因臣素疾程頤之姦，形於言色，此臣剛褊之罪也。而賈易，頤之死黨，專欲與頤報怨，因頤教誘孔文仲，令以其私意論事，爲文仲所奏。頤既得罪，易亦坐去，而易乃於謝表中，誣臣弟轍漏泄密命，緣此再貶知廣德軍，故怨臣兄弟最深。……今(易)既擢貳風憲，……觀其意趣，不久必須言臣及弟轍。」以下言乞早降一郡。按，時賈易爲侍御史，見《長編》卷四百六十、四百六十一。

十二日，軾乞將上供封樁斛斗應副浙西諸郡接續糶米。從之。

劄子見《蘇軾文集》卷三十三(九三一頁)。本月二十八日所上《乞外補迴避賈易劄子》有在杭及替還并到闕所奏蒙「采納施行」之語，是從其請也。

封樁乃官庫之名，見《揮麈録·後録》卷一：神宗遵太祖遺意，聚積金帛成帑，後來所謂御前封樁庫者是也。

軾乞擢用程遵彥。

狀見《蘇軾文集》卷三十三(九三三頁)，謂七月上，次十二日所上劄子後。

二十二日，賜詔乞郡不允。先是軾四上章乞郡，至是不允詔下。

《范太史集》卷二十八《賜翰林學士承旨蘇軾乞郡不允詔(原注：元祐六年七月二十二日)》：「省所劄子，奏近者四次上章，乞除一郡，至今未蒙指揮，伏望早賜施行事，具悉。卿文學爲時宗工，名譽爲國重器。剛直之節，足以消沮羣邪；仁勇之謀，足以折衝萬里。召自藩守，入長禁塗。譬如猛虎之處山林，祥麟之在郊藪。豈惟獻納之益，實有榮懷之光。而書筵未開，坐席不煖，奏封屢上，引疾力辭，中外所觀，進退豈易。且用賢則如轉石，非朕所聞；玉音而有遐心，亦卿之戒。姑安厥位，深體至懷。所請宜不允。」本月六日所上乞郡章，當爲此四章之一，其他三章未見。

二十八日，軾乞外補迴避賈易，上劄子。

劄子見《蘇軾文集》卷三十三（九三四頁）；一爲法外刺配顔章、顔益一事，易「欲收拾砌累，以成臣罪」；一爲易扇摇臺官安鼎、楊畏論累次奏論浙西水災事，爲「回邪之人，眩惑朝廷，乞加考驗，治其尤者」。《文集》卷三十二《杭州召還乞郡狀》：「自出知杭州二年，粗免人言，中間法外刺配顔章、顔益二人，蓋攻積弊，事不獲已。陛下亦已赦臣，而言者不赦，論奏不已。其意豈爲顔章等哉？以此知黨人之意，未嘗一日不在傾臣，洗垢求瑕，止得此事。」

《上清儲祥宫碑》軾撰成。

文見《蘇軾文集》卷十七。文有「訖六年之秋」語，當成於秋初。《總案》繫此文於閏六月，誤，本年乃閏八月。《邵氏聞見後録》卷五：「東坡《書上清宫碑》云：『道家者流，本於黄帝、老子。其道以清净無爲爲宗，以虚明應物爲用，以慈儉不争爲行，合於《周易》何思何慮、《論語》仁者静壽之説，如是而已。』謝顯道親見程伊川誦此數語，以爲古今論仁，最有妙理也。」

《容齋隨筆》卷十五《孔氏野史》謂世傳孔平仲（毅甫）《野史》一卷，中謂：「蘇子瞻被命作《儲祥宫記》，大貂陳衍幹當宫事，得旨置酒與蘇高會，蘇陰使人發，御史董敦逸即有章疏，遂墮計中。」云云。洪邁謂此書決非平仲作，「其謬妄不待攻」。衍，見紹聖元年六月十八日紀事。

《鐵圍山叢談》卷二：「上清儲祥宫者，乃太宗出藩邸時藝祖所錫予而建也。中遭焚燬，神廟時召方士募人將成之，未就。及宣仁高后垂簾，乃損其服御而考落焉，因詔東坡公爲之記，而哲廟自爲書其額。」黨禍起，碑毁，蔡京更其辭。

應周尹（正孺）之請，軾爲元祐三年在朝諸人送其知梓州詩作跋。

跋見《蘇軾文集》卷六十七（二一一三頁）；時亦有意乞梓州，以梓人留尹，乃止。參元祐三年七月丙辰紀事。

蘇軾此後，與尹無文字交往記載。《范太史集》卷五十五《手記》有尹，謂已卒。其卒約在元祐末。《蘇軾文集》卷五十八《與孫正孺》第一簡：「爲公作得送行詩跋尾。」是「孫」爲「周」之誤。簡又云「履兹餘熱」，季候亦合。第二簡當作於此略後。

軾嘗薦龔夬，詔爲著作郎。約爲此時事。

光緒《邵武府志》卷十九夬傳謂夬登本年進士第，云：「考官翰林學士范祖禹奇之，嘗對蘇軾言：『夬文可以經世。』軾薦於上，詔爲著作郎。參知政事韓忠彦力言夬忠直可補彈糾之職，召爲殿中侍御史。即抗疏明元祐黨人之冤，上納之，爲徙黨人於内地。又劾蔡卞、章惇貪緣爲奸，在君側則蔽主德，在州郡則害蒼黎。蔡京銜之，謫監揚州酒税，後以其名入元祐黨籍。」

張大亨（嘉父）來訪軾於京師。嘗爲大亨論《春秋》，大亨有論《春秋》專著。

《蘇軾文集》卷五十三與大亨第一簡：「都下紛紛，不遂款奉，别後思念深矣。」以下叙「汝陰僻陋」，爲本年事。此乃第三次相晤。《欒城先生遺言》謂轍、軾治《春秋》，「元祐間，後進如張大亨嘉父亦攻此學，大亨以問坡，坡答書云（略）」。答書乃與大亨第七簡。

《直齋書録解題》卷三：「《春秋通訓》十六卷，《五禮例宗》十卷。直秘閣吴興張大亨嘉父撰。其自序言：少聞《春秋》於趙郡和仲先生。某初蓋嘗作《例宗》，論立例之大要矣。先生曰：『此書自有妙用，學者罕能領會，多求之繩約中。乃近法家者流，苛細繳繞，竟亦何用。惟丘明識其用，然不肯盡談，微見端兆，使學者自得之。』予從事斯語，十有餘年，始得其彷彿。《通訓》之作，所謂去例以求經，略微文而識大體者也。」以下謂「《例宗》考究未爲詳洽」。「此書」云云，即見第七簡。簡勉大亨「著成一家之言」，並謂爲學之道在「博觀而約取」。此簡作時待考，姑繫此。

大亨二書，《宋史藝文志》著録。其書，或成於徽宗時。

八月二日，軾跋王鞏(定國)《挑耳圖》。

文見《蘇軾文集》卷七十(二二一七頁)。

同日，侍御史賈易論蘇軾元豐八年五月一日揚州題詩意存不善，并論其他事，亦及轍。

據《長編》卷四百六十三。《長編》謂賈易言：尚書右丞蘇轍，厚貌深情，險於山川，詖言殄行，甚於蛇豕。以下云：「其兄軾，昔既立異以背先帝，尚蒙恩宥，全其首領，聊從竄斥，以厭衆心。軾不自省循，益加放傲，暨先帝厭代，軾則作詩自慶曰：『山寺歸來聞好語，野花啼鳥亦欣然。此生已覺都無事，今歲仍逢大有年。』書於揚州上方僧寺，自後播於四方。軾内不自安，則又增以别詩二首，换詩板於彼，復倒其行後之句，題以元豐八年五月一日，從而語諸人曰：『我托人置田，書報已成，故作此詩。』且置田極小事，何至『野花啼鳥亦欣然』哉！又先帝山陵未畢，人臣泣血，號慕正劇，軾以買田而欣踴如此，其義安在？謂此生無事，以年逢大有，亦有何説乎！是可謂痛心疾首而莫之堪忍者也。後於策題，又形譏毁，言者固常論之，及作吕大防左僕射麻制，尤更悖慢，其辭曰『民亦勞止，庶臻康靖之期』，識者聞之，爲之股慄。夫以熙寧、元豐之政，百官修職，庶事興起，其間不幸，興利之臣希冀功賞，不無掊刻，是乃治世之失，何至比於周厲王之時《民勞》、《板蕩》之詩刺其亂也。軾之爲人，趨向狹促，以沮議爲出衆，以自異爲不羣，趨近利，昧遠圖，效小信，傷大道，其學本於戰國縱横之術，真傾危之士也。

先朝行免役，則以差役爲良法，及陛下復行差役法，軾則以免役爲便民，至敢矯稱先帝之意，欲用免役羡錢盡買天下附郭良田以給役人，向使朝廷輕信而用之，則必召亂，賴言事者排其謬妄，聖明察見其傾邪，故斥其説而不用也。其在杭州，務以暴横立威，故決配税户顔章兄弟，皆無罪之人，今則漸蒙貸免矣。既而專爲姑息，以邀小人之譽，兼設欺弊，以竊忠藎之名。如累年災傷，不過一二分，軾則張大其言，以甚於熙寧七八年之患，彼年饑饉疾疫，人之死亡者十有五六，豈有更甚於此者。又嘗建言以興修水利者，皆爲虚妄無實，而自爲奏請浚治西湖，乞賜度牒賣錢雇役，聞亦不免科借居民什器畚插之類，虐使捍江廂卒，築爲長堤於湖中，以事游觀，於公私并無利害。監司畏其强，無敢觸其鋒者，况敢檢按其不法耶！今既召還，則盛引貪利小人相與倡言，聖眷隆厚，必求外補，非首相不可留也。原軾、轍之心，必欲兄弟專國，盡納蜀人，分據要路，復聚羣小，俾害忠良，不亦懷險詖覆邦家之漸乎！臣自被命以來，數使人以甘言誘臣者，或云軾深嘆美，恨相知之晚，或云今之除授，轍有力焉，而臣之樸愚，不喜詭隨，不知爲身謀，故漠然未嘗答也。」以下云：「伏望聖慈覽觀用人得失，所繫輕重，赫然發於睿斷，特行斥免，天下幸甚。」《長編》謂：「易以戊子朔奏疏，翌日，太皇太后封付吕大防、劉摯，且諭令未得遍示三省官。（原注：此據吕大防家所藏詔、札）」

《蘇軾文集》卷三十二《杭州召還乞郡狀》：「臣又素疾程頤之姦，未嘗假以色詞，故頤之黨人，無不側目。自朝廷廢黜大姦數人，而其餘黨猶在要近，陰爲之地，特未敢發爾。」

四日，上《辨賈易彈奏待罪劄子》。先是賈易、趙君錫論秦觀，事涉蘇軾，乃辨之。觀旋罷正字。

劄子見《蘇軾文集》卷三十三，言：「臣今月三日，見弟尚書右丞轍爲臣言，御史中丞趙君錫言，秦觀來見君錫，稱被賈易言觀私事，及臣令親情王遹往見君錫，言臺諫等互論兩浙災傷，及賈易言秦觀事。乞賜推究。」又云：「臣既備位從官，弟轍以臣是親兄，又忝論思之地，不免時時語及國事。臣不合輒與人言，至煩彈奏，見已家居待罪，乞賜重行朝典。」《長編》卷四百六十三有關紀事，可爲了解此劄子之參考，玆節録於下。《長編》本月戊子朔引劉摯紀事云：「初，除觀爲正字，用君錫之薦。既而賈易詆觀『不檢』之罪。同日，君錫亦有一章曰：臣前薦觀，以其有文學，今始知其薄於行，願寢前薦，罷觀新命，臣妄薦觀，罪不敢逃也。觀亦有狀辭免。今日君錫之疏曰：二十七日，觀來見臣，言賈御史之章云：『邪人在位，引其黨類』，此意是傾中丞也；今賈之遺行如觀者甚多，中丞何不急作一章論賈，則事可解。觀之傾險如此，乞下觀吏究治之。緣臣與賈易二十六日彈觀才一夕，而觀盡得疏中意，此必有告之者。朝廷之上，不密如此！觀訪臣既去，是日晚，有王遹來，蘇軾之親也。自言：『軾遣見臣有二事。其一則言，觀者，公之所薦也，今反如此。其一則兩浙災傷如此，而賈易、楊畏乃言傳者過當，欲令朝廷考虚實，朝廷從其奏。於是，給事、兩諫官論駁，以謂當聽其賑恤，不可先以核實之旨恐之。夫臺諫之言不同如此，中丞豈可不爲一言？』臣以爲觀與遹皆挾軾之威勢，逼臣言事，欲離間風憲，臣僚皆云奸惡，乞屬吏施行。夫君錫之薦觀也，非本知觀也，未拜中丞時，觀多與王鞏游飲，君錫在焉，緣此習熟。既爲中丞，鞏迫令薦之。觀，軾之客也。故凡不喜軾者，皆咎君錫。及易至，亦以君錫薦觀爲非。會觀有正字之除，易率先一章，君錫遂翻然首之，首觀可也，今日之章似乎太甚。君錫與軾極相友善，兼所傳言無他禱請，遽白之，朋友之道缺矣，不白之，於義未有害也。摯謂君錫深惜此舉，議者以君錫爲易所凌劫，至於如此云。」本月壬辰紀事引賈易章所云王遹事云：「臣近因秦觀除正字，言其刻薄無行，不可污辱文館。翌日，中丞趙君錫與臣言。」以下引君錫言：昨晚，有主簿王遹來相看，乃出蘇軾柬帖别紙云：「專令親情王遹去相見，希亮察。」可爲趙君錫章之補充。

《蘇軾文集》卷六十一《與參寥子》第七簡：「少游近致一場鬧，皆羣小忌其超拔也。」

觀罷正字，依舊校對黄本書籍，乃本月六日事，見《長編》卷四百四十六。《長編》言：「以御史賈易言觀過失及觀自請也。」

同日，執政吕大防、劉摯等論奏延和殿前，擬蘇軾、賈易兩罷。

據《長編》卷四百六十三。《長編》云：「是日，執政奏事罷，蘇轍獨進曰：『昨見趙君錫章，言臣兄軾交通言語事。晚聞臣兄云：實有此，然非有所干求，已居家待罪。臣兄所以知朝廷文字，實緣臣退朝多與兄，因語次，遂及朝政。臣非久，亦當引咎請外。』已而大防、摯留身，禀昨封易疏。（太皇太后）宣諭曰：『（易）排擊人太深，須與責降。』大防對曰：『易誠過當，然若遽責降，則恐言事臣僚不見因依，定須論列。今若早欲定疊，不若并蘇軾兩罷爲便。』可之。仍曰：『易勿太優。』摯因奏：『言事官須審聽人言語次第，易爲人所使，今兩罷甚平，且可以息事。容進入文字。』」

壬辰（初五日），蘇軾爲龍圖閣學士、知潁州，賈易知廬州。先是軾欲應張方平之約請南都，以曾肇（子開）之故，不請。

壬辰云云，據《長編》卷四百六十三。《長編》云：「先是一日，内降批付三省，軾累乞外任，可依所奏；易言事失當，可與外任也。是日，輔臣聚都堂，蘇轍道其兄軾意於吕大防、劉摯，聞昨既有旨與外任，而諸公欲以南京處之，固幸甚，然王鞏在彼，恐兩有未安，與之友善，必於公家有難爲，願得陳、潁之類，幸也。乃同入文字，以軾知潁州，易知廬州。」以下引蘇頌云：「承旨罷，當除端明殿學士。衆云今罷略有因依，不若平去省事也。乃復爲龍圖閣學士，既而軾熟狀書可。」

《長編》卷四百六十四本月癸卯紀事：易改知宣州，以除郡太優。

《蘇軾文集》卷五十二《與王定國》第二十五簡：「某已得潁州，極慰所欲，但不副張公之意。蓋旬日前得子開書，極來相禱，方安於彼，不欲移也。故不敢乞。」第二十六簡：「某甚欲得南都，而姪女子在子開家，亦有書來，云子開欲之，故不請。」第三十一簡：「某甚欲赴樂全之約，請南都，而子開有書切戒不可。又姪女亦有書云，舅姑方安於彼，不可奪也，故不欲請。」此姪女，乃弟轍第五女，適曾肇之子縱（元矩）。參《年表》、《中華文史論叢》一九八六年第二輯曾棗莊《三蘇姻親考》第四節。

同日，趙君錫上章言賈易無罪，并續論蘇軾所題詩爲無禮於神宗，乞以蔡確事爲例論罪。

據《長編》卷四百六十三。《長編》云「君錫繼上兩章，言賈易何罪」，又言：「臣昨論於先帝上仙之初作詩喜幸，乞正典刑；及易劾軾之罪，不可使之外補，事體至大，并未蒙施行。臣伏以前日蔡確之事，坐不言與救解，自宰臣以下罷黜者凡八人，是朝廷深責臣子之背公死黨，使天下明知無禮於君者，不可不急擊而必去之也。今易憤軾之負恩懷逆，首行彈劾，而言纔出口，反蒙貶逐，豈非與前行事大相違戾乎！蓋蔡確無禮於太皇，與軾無禮於先帝，其罪一也。豈可確則流竄遐荒，軾則一切不問。」末云「伏望二聖質以近事，早賜睿斷，以解釋天下之非議」。

癸巳（初六日），輔臣奏事延和殿，弟轍代奏揚州題詩事；太皇太后高氏謂蘇軾揚州題詩與蔡確事全別；輔臣欲令蘇軾具題詩因依，太皇太后以爲可。趙君錫罷御史中丞，復爲吏部侍郎。

據《長編》卷四百六十三本月壬辰紀事。《長編》云：「翌日，輔臣奏事延和殿，次至臺諫交章。」以下謂轍進言：「『(臣兄)乙丑年三月六日，在南京，聞裕陵遺制，成服後，蒙恩許居常州。既南去至揚州，五月一日在竹西寺寺門外道旁，見十數父老説話，内一人合掌加額曰：聞道好箇少年官家。臣兄見有此言，中心實喜，又無可語者，遂作二韻詩記之於寺壁，如此而已。今君錫等加誣，以爲大惡，兼日月相遠，其遺制豈是山寺歸來所聞之語。伏望聖慈體察。今日進呈君錫等文字，臣不敢與。』遂先下殿。既進稟，諭：『君錫莫須罷中丞？相公濊莫且要朝廷事寧帖？君錫少持守，兼所言軾事，怎生行得。此與蔡確事全别。兼確自以姦邪爲惡，昨恐官家奈何此人不得，久遠爲朝廷大患，故貶之，其作詩亦是小事。』劉摯曰：『君錫舊爲吏部侍郎，欲令還舊官，君錫却實是端人，但此事首尾思慮不至。』諭曰：『亦深知君錫好人，只被賈易所使，自家執守在甚處，還他舊官甚好。』吕大防曰：『軾詩亦須取軾一文狀。』諭曰：『莫不銷。』摯曰：『此事不可便已，朝廷須要作箇行遣，他日未免人指點，今可令軾分析因依。』可之。」又云：「退以君錫帶舊待制爲吏部。」

八日，奏元豐八年五月一日題詩揚州僧寺因依。太皇太后高氏謂趙君錫、賈易所奏蘇軾題詩事爲誣。題詩論争息。作《黠鼠賦》。

《蘇軾文集》卷三十三《辨題詩劄子》、《奏題詩狀》，皆述留題因依。《長編》卷四百六十四本月乙未（八日）紀事：「他日，樞密院奏事已，韓忠彦問：『趙君錫、賈易罷，不知因依，豈非言蘇軾否？』太皇太后曰：『是也。輒將題詩事誣軾，先帝三月上仙，軾五月題詩，猥云軾則有意，似此使人，何可當也。目前事不言，却尋許多時言，顯是收拾。初，賈易言相次趙君錫，被賈易使之，亦言。軾幸無事。乃似此生事。』忠彦曰：『君錫素無執持，臣從舊識之，大抵不能違人情耳。』」《軾墓誌銘》：「六年，召入爲翰林承旨，復待邇英，當軸者不樂，風御史攻公。公之自汝移常也，受命於宋，會神考晏駕，哭於宋，而南至揚州。常人爲公買田，書至，公喜作詩，有『聞好語』之句。言者妄謂公聞諱而喜，乞加深譴，然詩刻石有時日，朝廷知言者之妄，皆逐之。公懼，請外補，乃以龍圖閣學士守潁。」賦見《文集》卷一，《避暑録話》卷下謂蘇軾緣揚州題詩之謗，「不能無芥蔕於心而發於言」，於是作此賦。

九日，劉摯乞保全愛養蘇軾、趙君錫、賈易、鄭雍等人。

據《長編》卷四百六十三本月壬辰紀事。《長編》謂壬辰之「後四日」，即本日，謂劉摯言「蘇軾、趙君錫、賈易、鄭雍輩皆是善人端士，忠於朝廷，陛下擢用至此，他日得力可用之人，今來却自相攻殘，徒快小人之意，臣深惜之，此數人，望太皇、官家保全愛養，以待異日任使」，「太皇聞『自相攻殘』之語，笑曰：『只是爲他懣不肯省事。』」

十三日，論漱茶之益，軾作《漱茶説》。

文見《蘇軾文集》卷七十三，詳述個人漱茶之法。

辛丑（十四日），蘇轍乞補外，不許。

據《長編》卷四百六十四，云：「是日，右丞蘇轍乞補外劄子進呈訖，轍又面請，亦不許。」《年表》謂本月有《乞外任劄子》。此劄子當即《後集》卷十六《兄除翰林承旨乞外任劄子四首》之第四劄也，中云：「兄軾近已蒙恩，除知潁州。」下云自已供職半年，久妨賢路，乞「特除臣一郡，以安愚衷」。

十五日，軾與甥柳閎（展如）飲酒，論李白、韓愈詩。

《蘇軾文集》卷六十七《書韓李詩》叙之。

癸卯（十六日），楊畏、虞策、吕大防、劉摯上劄子，涉蘇轍。

據《長編》本日紀事。《長編》云：「前一日，御史楊畏、虞策上殿劄子各二道，皆付三省，二人所論之事并同，其一言：聞賈易有大疏，言蘇軾、蘇轍數十事，尋罷丞雜，外不知其説，乞降易疏公行之，其一乃是前日進對者，言易除郡太優。」除郡太優謂知廬州。以下言易改知宣州。據此，易疏并未降。《長編》本日又云吕大防、劉摯尋同入劄子，以下云：「（宇文）昌齡清修誠實，可副聖擇。然是川人，與蘇轍同鄉里，連姻親，昨日攻蘇氏兄弟甚急。自罷丞雜，及軾出外任，人情方似定叠，若忽以昌齡補臺端，必又紛紛上煩聖聽。」以下謂：「昌齡候别日商量差遣。」按，「可副聖擇」者，謂除昌齡侍御史也。

同日，知宣州、左朝奉郎、直龍圖閣朱服知廬州。服在廬州任中，爲蘇轍門人吴儔所論，降知壽州。

癸卯云云，據《長編》卷四百六十四。

《宋史》卷三百四十七《朱服傳》：累官至起居舍人。以下云：「以直龍圖閣知潤州，徙泉、婺、寧、廬、壽五州。廬人饑，守便宜賑護，全活十餘萬口。明年大疫，又課醫持善藥分拯之，賴以安者甚衆。」據《長編》，「寧」乃「宣」之誤。

《欒城集》卷三十七《乞罷蔡京知真定府狀》：「臣竊見前者臺官論朱服不孝事迹，服因此乞外官，宰相除服直龍圖閣知潤州。」以下云潤乃名郡，服因人言乃獲美命，蓋爲宰相用人之過。此狀作於元祐元年閏二月甲寅（二十六日），此宰相謂蔡確。

《萍洲可談》卷一：「先公在元祐背馳，與蘇轍尤不相好。公知廬州，轍門人吴儔爲州學教授，論公延鄉人方素於學舍講《三經義》，轍爲内應，公坐降知壽州。後在廣州，與東坡邂逅，各出詩文相示。既得罪，范致虚行責詞，云：『諂交軾、轍，密與唱和。媚附安、李，陰求進遷。』或以轍事語范，范曰：『吾固知之，但不欲偏枯却屬對。』范學於先公，或疑其背師，蓋國事也。范操行，非希指下石者。」安，安燾；李，李清臣。紹聖初主張「紹述」甚力。據此則所載，「諂交」蘇轍云云，乃不實之辭。

綜考《長編》、《宋史》，服降知壽州，約爲元祐七年、八年事，暫附於此。

吴儔，建安人，育孫。紹聖元年試中制科五等，累官承議郎。崇寧元年入黨籍。紹興五年贈直秘閣，官其家一人。《元祐黨人傳》卷六有傳。

乙巳（十八日），詔杭州管病坊僧人每三年醫較千人以上，特賜紫衣及度牒一道，從蘇軾請。

據《長編》卷四百六十四。

辛亥（二十四日），蔡確母明氏乞量移確一内地，章不出。蘇轍與其事。

《長編》本日紀事：「翰林學士范百禄等言：『責授英州别駕、新州安置蔡確母明氏狀乞元祐四年明堂赦文，及吕惠卿移宣州安置二年例，與量移確一内地。』」又云：「初，兩宫幸李端愿宅臨奠，既還，蔡確母明氏自氈車中呼太皇萬歲，臣妾有表，衛士取而去。是月丁酉（按：乃本月初十日）也。」又云：「是日（按，乃本日），三省進呈明氏馬前狀（按：當即氈車上所上之狀）。太皇太后宣諭曰：『蔡確不爲渠吟詩謗讟，只爲此人於社稷不利，若社稷之福，確當便死。此事公輩亦須與留意。』摯曰：『只爲見吕惠卿二年量移，便來攀。』蘇轍曰：『惠卿移時，未有刑部三年之法。』太皇太后曰：『更説甚法！』……」按，本日紀事謂：「按條，前任執政官罷執政官後，因事責降散官者，令刑部檢舉。又刑部令應檢兵人理期數，準法，散官及安置之類以三期。」當即刑部三年之法。章不出，見本日紀事。

癸丑（二十六日），三省樞密院奏事，蘇轍論及邊事。

《長編》本日紀事：「是日，三省樞密院奏事，蘇轍言：『蘭州近以遠探爲名，深入西界，殺十餘人，邊臣貪功生事，不足示威，徒敗乃事耳，乞行詰問或戒約。』王巖叟曰：『賊兵在境，若不遠探，何由得知。苟失機宜，豈不誤事！』吕大防曰：『今以李儀、許興無故入界，致陷没，更不推恩；遍告諸路，亦足以示戒約也。』樞密院先下復上。逢大防及劉摯，謂韓忠彦曰：『已得旨，令戒約。』巖叟復奏，因進曰：『戒約之事，更乞陛下體察，有未便處。』太皇太后曰：『適三省要戒約。』巖叟曰：『所見偏，所奏未盡理。自來朝廷常指揮令明遠斥候，又却不得差人深探，如此，乃是不會事。』又曰：『賊兵在境上，若失機宜，奈何！』太皇太后曰：『如此則難責彼也。』巖叟曰：『邊臣全賴朝廷主張。』忠彦曰：『若生事，亦不便。』既罷戒約，蘇轍他日又言：『蘭州近以防護打草爲名，殺西界六七人，生擒九人，已令送還九人，此甚善。邊臣冒昧小勝，不顧大計，極害事。可遂行戒約。』大防不欲，曰：『李儀、許興等深入陷没，已責一行人，足以爲戒約矣。』轍曰：『李儀等深入以敗事，被責。蘭州深入有功，若不戒約，將謂朝廷怒其敗事而喜其得功也。』太皇太后曰：『然。』乃行戒約。」（原注：「此段合蘇轍《遺老傳》、王巖叟《繫年録》編修，其月日今用巖叟所録，參考前後，皆無牴牾也。」）《潁濱遺老傳》有關文字，已見本年此前「本月（六月）此後遣人入西界，殺十餘人」條，與《長編》所引有不同處，可參。

軾知潁州告下，并賜對衣金帶馬，有謝表。

謝表分别見《蘇軾文集》卷二十三、二十四（六八六、六八九頁）。

朝廷以軾撰《上清儲祥宫碑》賜銀一千兩，上劄子辭免，不允。

《范太史集》卷二十八《賜新授龍圖閣學士知潁州蘇軾辭免賜銀不允詔》：「省所劄子，奏辭免撰及書《上清儲祥宫碑》賜銀一千兩不敢祇受事，具悉。作宫於東，降監在下。克成先帝之事，奉答皇天之休。宜得宗工，發揚鴻烈。非卿文翰，莫造精微。過魏徵之《九成》，兼世南之五絶。勒之金石，炳若日星。爰有匪頒，用昭眷奬。義所當授，禮無費辭。所請宜不允。」劄子已佚。

得潁，軾致簡王鞏（定國），叙到潁欲作之事，感歎親友之間動成陷穽。

《蘇軾文集》卷五十二與鞏第二十八簡叙到潁欲著書，少自表見於來世；迨、過有文章材性，欲督教之；從來頗識長年養生妙理，欲論述之。第二十九簡云「《硯銘》，到潁當寄上」，此簡當爲第二十八簡附簡。第二十六、二十七簡叙親友動成陷穽，後者并云「某所被謗，仁聖在上，不明而明，殊無分毫之損，但憐彼二子者，遂與舒亶、李定同傳爾」，謂賈易、趙君錫。

畢仲游來謁蘇軾。

《西臺集》卷十《上蘇内翰》第一簡云本歲起於罪罰之餘，適值知府龍圖内翰「將赴汝陰，僅得再請候門下，而荷眷逾厚，知獎更深」。

秦觀作《南歌子》贈朝雲，軾亦賦《南歌子》（雲鬢裁新緑）答之。

《詩話總龜》後集卷三十五引《藝苑雌黄》：「朝雲者，東坡侍妾也。嘗令就秦少游乞詞。少游作《南歌子》贈之云：『靄靄迷春態，溶溶媚曉光。不應容易下巫陽。只恐翰林前世、是襄王。暫爲清歌駐，還因暮雨忙。瞥然歸去斷人腸。空使蘭臺公子、賦《高唐》。』」《淮海居士長短句》「翰林」作「使者」，謂詞作於蘇軾出知潁州時。時觀官秘書省，故自稱蘭臺公子。軾詞見《全宋詞》第三二七頁，曾棗莊《蘇軾評傳》謂軾詞乃答觀詞，約作於同時。

晁端彦會賈易與蘇軾，賈、蘇相互嘲諷。

《過庭録》：「晁端彦美叔，一日會賈易及東坡。賈時臺諫，蓋嘗劾坡於朝。晁亦忘其事，遂同會。酒酣，坡言曰：『某昨日造朝，有一人乘酒卧東衢，略不相避，某頗怒之，因命左右曰：擒而綳之。酒者曰：『爾又不是臺諫，只有胡綳亂綳。』賈應聲曰：『誰教汝辯！』坡公終席不樂。美叔終身自悔拙於會客。」

端彦時爲江淮荆浙等路發運使，見元祐七年「江淮荆浙等路發運使晁端彦暨諸郡有賀啓」條，時當以事至京師。

軾在京師期間，題王詵（晉卿）畫詩九首。

《蘇軾詩集》卷三十三有《次韵子由書王晉卿畫山水一首而晉卿和二首》，弟轍原韵見《欒城集》卷十六，題作《題王詵都尉設色山卷後》。詵詩已佚。

《詩集》卷三十三有《次韵子由書王晉卿畫山水二首》、《又書王晉卿畫四首》。《欒城後集》卷一《次韻題畫卷四首》，乃次後者之韵。

《詩集》卷三十三尚有《題王晉卿畫後》。

駙馬都尉張敦禮（君予）請法雲寺法涌禪師善本作水陸道場，軾爲作《水陸法像贊》，或爲此時事。

文見《蘇軾文集》卷二十二。

軾嘗擬乞許。覬至許斬彭孫，以彭諂上欺下作惡也。

《蘇軾文集》卷七十二《彭孫諂李憲》叙孫惡，末云：「予時將乞許，覬至郡考其實，斬訖乃奏。

會除潁州而止。」時孫在許。孫字仲謀，連城人。《永樂大典》卷七千八百九十四引《臨汀志》有傳。傳云神宗末乞歸。據軾文，知哲宗時孫又出仕。

軾與張元明簡，請爲詮秘大師視疾。或爲此時事。

《蘇軾文集》卷五十六與元明第一簡：「有一詮秘大師者，與之久故。患痢後，腸滑，甚困，欲煩一往視療之，可否？」簡言詮秘居興國寺戒壇院，或作於自杭召還館於興國寺東堂時。與元明第二簡作於此後不久，簡所云「此人」，即詮秘。

元祐三年「與李之純簡薦引張君房」條，已言疑元明即君房，元明或新自蜀中來。

軾舉陳軒自代，或爲此時事。

《范太史集》卷五十五《手記》：「陳軒元輿。坡舉自代。」舉狀佚。

將赴潁，軾致簡趙令時（德麟）。

《蘇軾文集》卷五十二與令時第一簡首云「候吏來」，謂潁有專使至。以下云「特承書教」，知令時來簡。簡云「養痾便郡，得親宗彥，幸甚」。時令時爲簽書潁州節度判官廳公事（見本年閏八月紀事），故如是云。

蘇軾聽武道士彈賀若，作詩贈之。

詩見《蘇軾詩集》卷三十三（一七七五頁）。

詩云：「清風終日自開簾，涼月今宵肯挂簷。」自是彈琴最佳環境，或環境本佳，而琴聲奏起，清風、涼月亦爲之低回，琴、風、月渾爲一體而不可分，琴技之高可見。詩云：「琴裏若能知賀若，詩中定合愛陶潛。」既論琴，又論詩，琴、詩相通，琴詩一理。《賀若》之作者賀若，實爲高人；武道士能得賀若之神韻，亦高人。

《猗覺寮雜記》卷上：「琴曲有賀若，最古淡。東坡云：『琴裏若能知賀若，詩中定合愛陶潛。』以賀若比潛，必高人。或謂賀若弼也。考弼之爲人，殊不類潛，亦無狀小人。背烏丸軌之議，而軌見誅。争韓擒虎之功，至挺刃而出。不平楊素爲相，至有唯堪啖飲之誚。至於富極貴盛，家積珍玩不可計，妾曳羅綺數百。卒以私議大帳，爲煬帝所誅。余考之，蓋賀若夷也。夷善鼓琴，王涯居別墅，常使鼓琴娱賓，見《涯傳》。文瑩《湘山録》，載太宗愛宫調中十小調，乃賀若弼所撰。其聲音及用指之法，古今無以加，世亡其名。琴家只命曰賀若。文瑩不深考，遂以爲弼，而世因是傳以爲弼也。」以下謂軾序武道士彈琴云「賀若宣宗時人」，不知所據，據序則姓賀名若。

軾作《感舊詩》留别弟轍。弟轍上狀乞出，不許。乃續留爲尚書右丞。

詩見《蘇軾詩集》卷三十三，云「新秋入梧葉」。

《欒城後集》卷十六《兄除翰林承旨乞外任》第四狀，作於兄軾除潁後。續爲尚書右丞，見《蘇潁濱年表》、《宋史·宰輔表》。

轍詩見《欒城後集》卷一，末云：「早歲發歸念，老來未嘗忘。淵明不久仕，黔婁足爲康。家有二頃田，歲辦十口糧。教敕諸子弟，編排舊文章。辛勤養松竹，遲暮多風霜。常恐先著鞭，獨引社酒嘗。火急報君恩，會合心則降。」有相約歸老之意。

出京師，軾赴潁州。在京師凡三月，弟轍有詩叙之。

出京師約爲八月底、閏八月初事。《蘇軾詩集》卷三十七《東府雨中别子由》：「前年適汝陰，見汝鳴秋雨。」《欒城後集》卷一《次韻子瞻和淵明飲酒》其十五：「去年旅都城，三月不求宅。彼哉安知我，争掃習禮迹。三已竟無怨，心伏鷙鳥百。無私心如丹，經患髮先白。功名已不求，餘事復何惜。」

蘇軾賦《滿江紅》（清潁東流）懷弟轍。

詞見《東坡樂府》卷上。

《蘇軾詞編年校注》繫此詞於本月自京師赴潁州途中，謂此詞與《蘇軾詩集》卷三十三《感舊詩》所寫情事相吻，當爲同時之作；《感舊詩》寫於京師，爲留别之作，此詞則爲懷念之作。今從。

詞首云：「清潁東流，愁目斷，孤帆明滅。」《編年校注》以爲此乃想像弟轍念其赴潁之景，用

《詩·陟岵》、杜甫《月夜》手法。

閏八月甲子(初八日),執政會議都堂,吕大防、劉摯欲以李清臣爲吏部尚書,不行。事涉蘇轍。

據《長編》卷四百六十五。《長編》云:吕、劉之議奏可,然給事中范祖禹封還。以下云:「先是摯語大防曰:『若欲寧帖,須召夕拜諭之乃可。』大防曰:『俟明日。』摯曰:『俟明日則不及矣。』除命既下,姚勔又論其不當。巖叟謂蘇轍曰:『邦直如何?』轍曰:『給事中已再封駁,諫官亦有言,今更欲用蒲宗孟爲兵部尚書,那得安静。』巖叟曰:『子由宜力争。』轍曰:『彦霖盍相助?』巖叟許諾。及會議,巖叟謂大防曰:『一人議論未已,更可進一人否?』大防曰:『宗孟却無他事。』巖叟曰:『要之亦非公議所與。』轍曰:『且俟邦直命下,然後議此如何?』皆不應。轍欲於簾前敷陳。巖叟曰:『此所望也。』及簾前,大防奏請諸部久缺尚書,見在人皆資淺,未可用,又不可缺官,須至用前執政。』上有黽勉從之之意。轍遂言:『前日除李清臣,給、諫紛然争之未定,今又用宗孟,恐不便。』太皇太后曰:『奈缺官何!』轍曰:『尚書缺官已數年,何嘗缺事!今日用此二人,正與去年用鄧温伯無異。此三人者,非有大惡,但與王珪、蔡確輩并進,意思固與今日聖政不合。見今尚書共缺四人,若并用似此四人,使互進黨類,氣勢一合,非獨臣等奈何不得,亦恐朝廷難奈何矣。且朝廷只貴安静,如此用人,臺諫安得不言，臣恐自此鬧矣。』又言：『臣去年初作中丞，首論此事，聖意似以臣言爲然，今未及一年，備位於此，若遂不言，實恐陛下怪臣前後異同。』上曰：『然。』乃退。然大防、摯更欲清臣知揚州代王存，召存入爲吏部尚書。」按，據《長編》本月壬申紀事：王存入爲吏部尚書，李清臣自知永興軍知成德軍，謝景温以知成德軍知揚州。

十三日，軾過陳，見張詠曾孫祖；應祖之請，題詠書後。

文見《蘇軾文集》卷六十九（二一九九頁）。

詠，《宋史》卷二百九十三有傳。有《乖崖集》傳世。

十七日，軾舟行入潁州界。

據《蘇軾文集》卷七十三《醫者以意用藥》；憶二十年前見歐陽修於潁事。

二十二日，軾到潁州任，進謝上表。上謝執政啓。

表見《蘇軾文集》卷二十四（六九〇頁）。啓見卷四十六（一三三三頁）。《施譜》：「閏八月到任。」潁屬京西北路，縣四：汝陰、泰和、潁上、沈丘。

前任爲陸佃，有與佃簡。

《渭南文集》卷三十一《跋坡谷帖》：「先大父左轄，元祐中自小宗伯自請守潁，逾年移南陽。而蘇公自北扉得潁，與大父爲代。此當時往來書也。書三幅。前後二幅，藏叔父房。其一幅,則從伯父彦遠得之,亡兄次川又得於伯父,此是也。」簡佚。佃,《宋史》卷三百四十三有傳。元祐元年六月,蘇軾等議以富弼配享神宗,其中有佃。《蘇軾文集》卷三十三《奏論八丈溝不可開狀》謂佃亦以爲不可開。佃紹聖落職,軾念及之,見《文集》卷五十二《與張文潛》第二簡。

時京西路轉運副使爲劉昱(晦叔),弓允(明父)權府提刑。

《長編》卷四百五十七本年四月乙未:「户部郎中劉昱爲京西路轉運副使。」《蘇軾文集》卷四十七《與潁州運使劉昱啓》,《七集·後集》「潁州」作「京西」。《西臺集》卷十三《吏部郎中劉公墓誌銘》謂昱爲曹人,嘉祐中高第,官至吏部郎中。爲官五十六年,有循吏風。卒於政和四年,年八十一。《斜川集》卷三《劉晦叔挽詞》:「潁水欣承杖屨游。」

《蘇軾文集》卷五十九《與明父權府提刑》:「到官半歲,依庇德宇。」作於元祐七年春。

《姑溪居士後集》卷八《晚雨寄涇州劉晦叔》:「晚來又有數點雨,聲入鄉人拭淚中。漸喜濃雲初蔽日,只愁深夜却回風。閔憐焦槁非無意,祈禱精虔信有功。聞不茹葷幾兩月,使君憂樂與民同。」附此。

朱勃爲本路轉運判官,陳師道爲潁州州學教授,趙令畤爲簽書潁州公事,董華爲僚屬。

勃任職見《蘇軾文集》卷三十三《奏論八丈溝不可開狀》。字遜之,見《蘇軾詩集》卷三十四《贈朱遜之》注文。《彭城集》卷二十二有《太僕寺丞朱勃可權遣虢州制》。《范太史集》卷五十五《手記》謂本年閏八月二十七日與朱光庭同舉御史。本年九月二十七日，范祖禹薦；七年十月，改河東運副；八年三月，爲右正言；紹聖四年四月，以右司諫論事；閏四月，爲河北運副。見《長編》卷四百八十二元祐八年三月癸卯紀事及注文。洛陽人，敦儒父，又字彦素，見《省齋文稿》卷十八《跋汪季路藏張文潛與彦素帖》。師道任職見《蘇軾詩集》卷三十四《復次韻謝趙景貺陳履常見和兼簡歐陽叔弼兄弟》「施注」。《宋史》卷四百四十四《陳師道傳》：「官潁時，蘇軾知州事，待之絶席，欲參諸門弟子間，而師道賦詩有『嚮來一瓣香，敬爲曾南豐』之語，其自守如是。」詩見《後山集》卷一《觀兖文忠家六一堂圖書》。

令時任職見《文集》卷三十四《薦宗室令時狀》。《文集》卷十《趙德麟字説》謂守潁「始與越王之孫、華原公之子簽書令時遊」。華原名世曼，見《經進東坡文集事略》卷二《秋陽賦》注文。《長編》卷四百八十四元祐八年五月壬辰引黄慶基奏謂軾知潁與令時「往還甚密，每赴趙令時筵會，則坐於堂上，入於卧内，惟兩分而已，其家婦女，列侍左右」。以下云士論極不滿。此乃攻軾之詞，有渲染，然可見親近。《文集》卷五十二與令時第八簡：「遲暮相從，傾蓋如故。」卷六十《與人三首》其三：「出守幸獲相聚，每得見，翛然忘懷，爲益多矣。」此「人」乃令時，敘此時事。

《文集》卷五十一《與王定國》第二十一簡「本州職官董華，密人也，能道公政事，歎服不已。」作於潁。陸佃《陶山集》卷二《依韻和趙令畤三首》其二有「更住一年方五十」之句。據《宋宰輔編年録》卷十一，佃卒於崇寧元年（一一〇二），年六十一。佃四十九歲，當元祐五年（一〇九一），時佃知潁州，趙令畤即在佃幕中。佃詩此下爲《依韻和趙令畤》，首云：「争標才氣兩相高，不獨詩豪酒亦豪。」贊令畤。

謁孔子廟，軾作祝文。

《蘇軾文集》卷六十二有潁州《謁文宣王廟祝文》；又有《謁諸廟祝文》。

九月一日，祭歐陽修夫人薛氏，軾有文。

文見《蘇軾文集》卷六十三（一九五六頁）。

丁酉（十二日），特賜司馬槱（才仲）同進士出身，王當（子思）堂除簿尉。二人以蘇軾、蘇轍薦，應賢良方正能直言極諫科，故有是賜、除。

丁酉云云，據《長編》卷四百六十六；槱以河中府司理参軍、當以眉州眉山縣布衣應試，二人初考皆第五等，詳定從之，《范太史集》卷五十五《手記》謂槱「元祐五年八月舉賢良」，至是特賜。

《春渚紀聞》卷七《司馬才仲遇蘇小》謂槱乃蘇軾薦，「遂爲錢唐幕官」，不踰年而卒於杭。《嬾真子》謂櫄與弟棫皆豪傑士，咸未四十而卒。《雲巢編》卷一，《參寥子詩集》卷七、八、九有詩及櫄。《郡齋讀書志》卷四下著録櫄《夏陽集》二卷，已佚，並謂櫄乃光姪孫。《宋詩紀事》卷三十三有櫄詩。

《直齋書録解題》卷三謂當乃蘇軾薦應制科。《文獻通考》卷一百八十三謂蘇轍薦。前者著録當《春秋列國君臣傳》五十一卷，並謂當議論純正，文辭簡古。《蜀中廣記》卷四十六《人物記》有當傳，謂當幼好學，博覽古今，應試後調龍游縣尉，蔡京知成都，舉爲學官，不就，蔡入相，不復仕，子偁，著《東都事略》。卷九十一著録當《春秋列國諸臣傳》六十三卷，與《直齋》不同，與當傳所言五十卷亦不同；並謂此書效《史記》所作，凡一百三十四人，十萬餘言。卷九十四著録當《兵書》十卷。皆佚。《宋史》卷四百三十二《王當傳》：「元祐中，蘇轍以賢良方正薦，廷對慷慨，不避權貴，策入四等。」謂著有《春秋列國名臣傳》五十卷、《經旨》二卷，《史編》十二卷，《兵書》十二篇。

《沈氏三先生集·雲巢編》卷一《寄才仲》：「陶令在彭澤，放懷天壤間。横江三百里，往往向廬山。多尋簡寂醉，時訪遠公閑。不復顧吏迹，世人指爲頑。公子負文華，少年成青綸。風流不屑俗，爲邑得星灣。節節香爐峯，據案見蒼顔。何勞事舟楫，緩步可躋攀。形骸付物外，勿使人事關。巖壑高世人，有誰偕往還。新篇定盈軸，佳句不可删。南風儻垂寄，誠足慰衰星子宰。云「新篇」，知棫勤於詩作。附此。

孱。」此詩之前有《登澧陽》，之後有《澧州水》，知元豐中作於湘。「星灣」乃星子縣，時司馬棫爲星子宰。云「新篇」，知棫勤於詩作。附此。

《參寥子詩集》卷八《次韻才仲試院夢中書事見寄》：「夢入秋山知幾層，霜風吹骨正稜稜。蒼崖犖确難安足，自説從余授杖藤（自注：事見才仲叙中）。」其二：「朱甍碧瓦礙雲浮，共躡曾梯最上頭。一餉闌干變風雨，凛然毛髮便驚秋。」其三：「怪獸胡爲出巨津，昂然激水忽翻身。魚龍贔屭何妨事，莫作風波謾恐人。」其四：「一川脩竹映疏花，川上時聞響釣車。似到秦人種桃處，誰知夢斷却還家。」其五：「崖根烏蜜已先嘗，從此知君鬢不霜。應笑吾曹事枯槁，山中危坐獨休糧。」同上《次韻才仲山行》：「幕府文書一掃空，何妨行樂醉春風。想聞笑語千山外，正在烟雲萬疊中。　啅日鳥聲喧細碎，照溪花影静玲瓏。苦吟只恐凋肝腎，夫子還宜少黜聰。」

西湖徙魚，蘇軾作放魚詩，陳師道次韻。軾復次韻。

二詩見《蘇軾詩集》卷三十四（一七八七、一七八八頁）。

《後山集》卷三《次韻蘇公徙魚三首》其一：「窮秋積雨不破塊，霜落西湖露沙背。大魚泥蟠小魚樂，高丘覆杯水如帶。魚窮不作摇尾憐，公寧忍口不忍鱠。脩鱗失水玉參差，晚日摇光金破碎。咫尺波濤有生死，安知平陸無灘瀨。此身寧供刀几用，着意更須風雨外。是間相忘不爲小，濠上之意誰得會。枯魚雖泣悔可及，莫待西江與東海。」其二：「赤手取魚如拾塊，布網嗚舷攻腹背。豈知激濁與清流，恐懼駢頭牽翠帶。居士仁心到魚鳥，會有微生化餘鱠。寧容網目漏呑舟，誰能烹鮮作苛碎。我亦江湖釣竿手，誤逐輕車從下瀨。生當得意落鷗邊，何用封侯墮鳶外。不如此魚今得所，置身暗與神明會。徑須作記戒鯨鯢，防有任公釣東海。」其三：「詩成筆落驥歷塊，不用安西題紙背。小家厚斂四壁立，拆東補西裳作帶。堂下觳觫牛何罪，太山之陽人作鱠。同生異趣有如此，餅懸甖間終一碎。流水長者今公是，雨花散亂投金瀨。人言充庖須此輩，慈觀更須容度外。賜牆及肩人得視，公才槃槃一都會。有憐其窮與不朽，我亦牽聯書玉海。」

《後山詩注》卷三《次韻蘇公西湖徙魚三首》其三「有憐其窮與不朽，我亦牽聯書玉海」句下任淵注：「意謂好事者或以此詩附見東坡集中，是與之以不朽之名也。」

按，此附見陳師道詩之「東坡集」，早已不見。任淵之注，於考察蘇軾詩集版本與傳流，乃第一手資料，有重要意義。

蘇軾賦《減字木蘭花》（空牀響琢）。

《蘇軾詞編年校注》引曹樹銘《東坡詞》繫本年九月潁州，今從。

本譜熙寧七年十一月紀事引《蘇軾文集》卷五十五《與蔡景繁》第九簡叙攜家游海州朐山臨海石室，謂「時家有胡琴婢，就室中作《濩索》、《涼州》，凜然有冰車鐵馬之聲」。朱祖謀《東坡樂府》，龍榆生《東坡樂府箋》遂編此詞於本年。以本詞寫奏琴也。本詞末云：「月墮更闌，更請宫高奏獨彈。」曹樹銘云：此二句，與《蘇軾詩集·舟中聽大人彈琴》末二句「江空月出人響絶，夜闌更聽彈文王」之口吻相似，如對胡琴婢言，當不可能有此口吻；蘇軾在旅途中，縱在月下，似亦不可能偕胡琴婢及家人至石室彈琴，此詞「宫高」，似指琴高言，故所彈者琴，而非胡琴；此詞上片末句「驚起湖風入座寒」，指明彈琴之地有湖，有坐客，帶秋意，與《蘇軾詩集》之《九月十五日觀月聽琴西湖示坐客》相合（按：參本譜下條紀事）：據此編本月。

十五日，觀月聽琴西湖，軾賦詩示坐客。陳師道有和，復次韻。

十五日云云，見《蘇軾詩集》卷三十四（一七九〇頁）。次韻見同上卷同上頁。

《北湖集》卷一《無著以東坡西湖觀月聽琴詩示余，因次韻》：「白月在湖底，脱冠睇微雲。從來雍門恨，世上惟有君。往時東坡老，爲子持一樽。東坡只飯豆，未辨汁滓醺。獨愛三昧語，昵昵出斷紋。東坡拍手笑，俗耳曾不聞。延州亦窮相，坐睡徒昏昏。都梁固高徹，淮水元自渾。」

《北湖集》，吴則禮撰。則禮字子副，中復子。以父澤入仕。嘗以直秘閣知虢。晚居豫章，自號北湖居士。《直齋書録解題》卷十七著録《北湖集》十卷、《長短句》一卷。原本已佚，今傳者乃《永樂大典》輯本。

《後山集》卷二《次韻蘇公西湖觀月聽琴》：「清湖納明月，遠覽無留雲。人生亦何須，有酒與桐君。自醉寧問客，一樽復一樽。平生今不飲，意得同酣醺。清言冰玉質，壞衲山水紋。殫精有後悟，畜耳無前聞。潛魚避流光，歸鳥投重昏。信有千丈清，不如一尺渾。」

《鬱孤臺法帖》卷六《九月十五日觀月聽琴示坐客詩》後，尚有「潁州西湖月夜泛舟聽琴一首，東坡」十四字。按，此十四字，《蘇軾詩集》無。

軾次以上「九月十五日」韻，謝趙令時（景貺）、陳師道（履常）見和，兼簡歐陽棐（叔弼）、辯（季默）兄弟，作詩。師道次韻。

軾詩見《蘇軾詩集》卷三十四，題作《復次韻謝趙景貺陳履常見和兼簡歐陽叔弼兄弟》。

《後山集》卷一《再次韻蘇公示兩歐陽》：「公詩周魯後，曳曳垂天雲。府中顧長康，風味如麴君。非公無此客，請壽兩山樽。叔季大儒後，偏醒亦同醺。心與柏石堅，章成綺繡紋。多難獨不補，少戇今無聞。時無古今異，智有功名昏。可使百尺底，不作數斗渾。」

蘇軾與趙令時（景貺）、陳師道（履常）、歐陽棐（叔弼）、歐陽辯（季默）泛於潁水，賦詩。師道有次韻。

軾詩見《蘇軾詩集》卷三十四（一七九四頁）。作於到潁之初。

詩云：「畫船俯明鏡，笑問汝爲誰。忽然生鱗甲，亂我鬚與眉。化爲百東坡，頃刻復在兹。此豈水薄相，與我相娱嬉。」因物賦形，隋物之變，無不盡其意，是乃妙筆。

詩云：「趙陳兩歐陽，同參天人師。觀妙各有得，共賦泛潁詩。」

《後山集》卷一《次韻蘇公涉潁》：「衝風不成寒，脱木還自奇。坐看白日晚，起行清潁湄。三穴未爲得，一舟不作癡。路暗鳥遺音，江清魚弄姿。宇定怪物變，意行覺舟遲。公與兩公子，妙語含風漪。但怪笑談劇，莫知賓主誰。得句未肯吐，鬱鬱見睫眉。相從能幾何，行樂當及兹。生忍自作難，百憂間一嬉。時尋赤眼老，不探黄口兒。解公頭上巾，一洗七年緇。至潔而納汙，此水真吾師。須公曉二子，人自窮非詩。」

趙令畤及兩歐陽之詩不見。

二十七日，軾答范祖禹（純夫）簡，以與其叔百禄同侍邇英爲榮。

簡見《蘇軾文集》卷五十，爲答祖禹第五簡。簡有「比日履兹初冬」之語，今年閏八月，立冬在九月。簡稱祖禹爲給事侍講。

同日，上清儲祥宫成，降德音。軾有賀表，並撰告諸廟祝文。

同日云云，見《宋史·哲宗紀》：「壬子，宫成，減天下囚罪一等，徒以下釋之。」壬子乃二十七日。

賀表見《蘇軾文集》卷二十四(六九一頁),祝文見《佚文彙編》卷一(二四三五頁)。《文集》卷五十二《與趙德麟》第五簡敘及詢問令畤是否當作賀表,可參。

軾子邁赴河間令任,過京師,弟轍有送行詩。

《軾墓誌銘》:「邁,雄州防禦推官,知河間縣事。」《欒城後集》卷一《送姪邁赴河間令》:「老去那堪用,恩深未敢歸。誰能告民病,一一指吾非。爾去河間治,無嫌野老譏。仍將尺書報,勿復問從違。」《蘇軾文集》卷六十一《與參寥子》第七簡:「邁已赴河間。」作於潁。邁赴任,在軾守潁時。《總案》謂邁令河間,唯見《欒城集》,偶疏;次於赴潁前,亦誤。

與錢勰(穆父)簡,軾以子邁爲托。時勰知瀛州。

《蘇軾文集》卷五十一與勰第十三簡:「邁拙而愿,既備門下人,又旦夕左右,想蒙提誨如子姪,不在區區干禱也。」瀛州治河間。《長編》卷四百六十六:本年九月辛亥,勰爲江淮荆浙等路發運使。簡云「乍到潁」,知爲初到時作。

軾嘗書元净(辯才)次韵道潛(參寥)詩,爲跋。

跋見《蘇軾文集》卷六十八(二一四四頁)。

《風月堂詩話》卷上：「辯才大師，梵學精深，戒行圓潔，爲二浙歸重。當時無一語文章，一日，忽和參寥寄秦少游詩，其末云：『臺閣山林本無異，想應文墨未離禪。』東坡見之，題其後云（略）。」引文有「今年八十一歲」之語，《文集》無「今年」二字。今據引文繫入。

三十日，軾致書元净（辯才）。同日，元净卒。有祭文，托道潛（參寥）祭之。與道潛簡。

《蘇軾文集》卷六十九《跋舊與辯才書》謂元净始以元祐五年九月三十日入山。「明年是日在潁州作書與之，有『少留山中勿便歸安養』之語，而師實以是日化去」。書見《文集》卷六十一（一八五八頁），祭文見卷六十三（一九六一頁）。

《文集》卷六十一與道潛第六簡：「辯才遂化去，雖來去本無，而情鍾我輩，不免悽愴也。今有奠文一首，并銀二兩，托爲致茶果一奠之。」第七簡作於潁，以上「子邁赴河間令任」條已及，簡謝其餽新茗，並云：「紫衣脚色已付錢，今冬必得。已托王晉卿收附遞至智果也。」爲道潛請紫衣師號而言。

蘇轍作《龍井辯才法師塔碑》。

轍作塔碑，見《欒城後集》卷二十四，首引「揚州太守」兄軾之言，謂「予弟子由雖未嘗識師，而其知師不在吾後」，遂請轍作塔碑，轍應命而作。轍作此文，約爲元祐六年「十月庚午塔成」之後，及元祐七年四月蘇軾赴揚州太守任後不久。姑附於此。

九月，軾申省論八丈溝利害。先是奉旨令有關官員於潁州會議開八丈溝利害，以初到任難會議，乞見得的確後方舉行。從之。

狀凡二首，見《蘇軾文集》卷三十三。

《文集》卷三十三《奏論八丈溝不可開狀》：「臣先奉朝旨，令知陳州李承之、府界提刑羅適、都水監所差官及本路提刑、轉運司，至潁州與臣會議開八丈溝利害。臣以到任之初，未知利害之詳，難以會議，尋申尚書省乞指揮逐官未得前來，候到任見得的確利害，別具申省，方可指揮逐官前來會議。進呈，奉聖旨，依所乞。」此二狀之第二狀云及「李密學、羅朝散所欲會議利害」。密學當即承之，朝散當即適。然未云及乞指揮逐官未得前來云云，是另有一狀，已佚。今併繫於此。

據一九八四年新編《安徽省地圖册》，有南八丈河、北八丈河。南八丈河，在今安徽省太和縣北二十公里處，發源於今安徽省界首縣小黄鄉，流經界首縣光武鎮，在太和縣曹集鄉横穿唐河，東流至范集鄉，再東南流至宋集鄉吴寨，入茨河。唐河縱穿八丈河、洪河，流入谷河。北八丈河，發源於今河南省沈丘縣石槽，在界首縣棗林鄉郭寨入安徽省境，流經太和縣與拉欠溝會合，至趙莊，又會合皇姑河，東流至龍王廟入茨河。《大清一統志·潁州府·山川》：「谷河，在太和縣東北三十里，茨河之南，自卧龍岡分流，至縣東八里，仍入茨河。又八丈河，在縣北四十里，會聶家等湖之水，東入谷河。」又：「聶家湖，在太和縣西北，有上中下三湖，上湖流通八丈河，中湖、下湖通沙河。」以上皆安徽阜陽師範學院楊霖生先生所云。

軾與朱勃（遜之）會議，論八丈溝是否可開事，並與勃論菊。有詩贈勃。

與朱勃云云，見《蘇軾詩集》卷三十四《贈朱遜之》之引，乃九月事。《總案》入此事於十一月，誤。

《蘇軾文集》卷三十三《奏論八丈溝不可開狀》所云朝旨令有知陳州、府界提刑等官員參加之潁州會議，乃另一次會議。

軾送歐陽憲赴官韋城。

《蘇軾詩集》卷三十四有詩（一七九三頁）；卷四十七《美哉一首送韋城主簿歐陽君》，亦爲贈憲作。憲乃修孫、發子，見題下「施注」。

軾次韻趙令時（景貺）督歐陽棐（叔弼）、辯（季默）破陳酒戒；歐陽棐云陳師道（履常）不飲，故不作詩，勸師道飲，軾復作詩。師道次韵。

令時詩不見。

軾詩前者題爲《次韻趙景貺督兩歐陽詩破陳酒戒》。首云「歲月忽已秋」，點出季節。以下云：「祥琴雖未調，餘悲不敢留。矧此乃韻語，未入金石流。」時棐、辯在服中。棐、辯之母薛夫人卒於元祐四年八月，見《欒城集》薛墓銘。軾以爲詩乃韻語，非金石之聲，以此解其慮，勸其作詩。以下又言棐、辯有才，故有「君言不能詩，此語人信不」之句，益勸之。軾詩後者題爲《叔弼云履常不飲故不作詩勸履常飲》。《後山集》卷一《次韻蘇公勸酒與詩》：「五十三不同，煩公以詩訴。强酒古所辭，妙語神其吐。自念每累人，舉扇毋我汙。復使兩歐陽，縮手不分付。平生西方社，努力須自度。不憂龜九頭，肯畏語一誤。頓悟而漸修，從此辭世故。公看萬金産，寧能一朝具。兩生文章家，夙記鳴蟬賦。請公堅城壘，兵來後無數。」乃次後者韻。

劉季孫寄詩。軾次其韻。

《皇朝文鑑》卷二十五劉季孫《寄蘇内翰》：「倦壓鰲頭請左符，笑尋潁尾爲西湖。二三賢守去非遠，六一清風今不孤。四海共知霜鬢滿，重陽曾插菊花無。聚星堂上誰先到，欲傍金罇倒玉壺。」據「重陽」句，知作於重陽略後。次韻見《蘇軾詩集》卷三十四（一七九六頁）。《石林詩話》卷中謂蘇軾得季孫詩大喜；並謂「在潁州和季孫詩，所謂『一篇向人寫肝肺，四海知吾霜鬢斑』，蓋記此也」。「一篇」二句，見《詩集》卷三十四《次前韻送劉景文》。

軾臂痛謁告作三絶句，陳師道次韻。

蘇軾詩見《蘇軾詩集》卷三十四（一八〇〇頁）。《後山集》卷八次韻，其一：「静中有業官成集，醉裏無何老是鄉。文寳向來無一物，却須天女與拈香。」其二：「竭澤回波不作難，未應平地起風瀾。是身非有從何病，試下先生一著看。」其三：「紙帳薫爐作小春，貍奴白牯對忘言。更無人問維摩詰，始是東坡不二門。」云「小春」，約及十月。

軾賦詩挑歐陽棐（叔弼）、辯（季默）兄弟。時棐、辯閑居於潁。

《蘇軾詩集》卷三十四有《景貺履常屢有詩督叔弼季默倡和已許諾矣復以此句挑之》。《詩話總龜》前集卷一引《王直方詩話》：「東坡云：在潁時，陳無己、趙德麟輩適亦守官於彼，而歐陽叔弼與季默亦又居閑，日相唱和，而二歐頗不作詩，東坡以句挑之云：（略）」《詩集》卷三十四《復次韻謝趙景貺陳履常見和兼簡歐陽叔弼兄弟》題下「施注」：「東坡在潁半載，自《放魚》以後，凡五六十詩，蓋陳、趙、兩歐陽相與周旋，而劉景文季孫自高郵來，履常之兄傳道又至，故賦詠獨多。」

《後山集》卷六《次韻蘇公督兩歐陽詩》：「吟聲正可候蟲鳴，酒面猶須作老兵。豈有文章妨要務，孰知詩律自前生。向來懷璧真成罪，未必含光不屢驚。血指汗顔終縮手，此懷端復向誰傾。」

師道所次之韻，乃《景貺履常屢有詩……》之韵。

錢勰（穆父）寄詩與蘇軾，軾次韵。

軾詩見《蘇軾詩集》卷三十四（一八〇四頁）。

詩云：「豪傑雖無兩王繼，風流猶有二歐存。」兩王謂王向（子直）、王回（深父）兄弟，文學行義，卓然一時。二歐謂歐陽棐、歐陽辯兄弟。皆潁州之人望。蘇軾於此，頗有自得之意。詩末云：「清詩已入新歌舞，要使邦人識雅言。」緦之詩當以潁乃善地、州守得人爲賀，惜不傳。

軾贈月長老詩。

詩見《蘇軾詩集》卷三十四（一八〇二頁），中云：「後夜當獨來，不須主與賓。」約其來。《蘇軾文集》卷五十二《與趙德麟》第十三簡：「月老亦致意。熱甚，又多病，未暇作《法施堂銘》。」作於揚州。是蘇軾在潁日，月長老嘗求《法施堂銘》也。

軾與王鞏（定國）簡，叙編次張方平文集事。旋與鞏詩，勉以昌志。

簡乃《蘇軾文集》卷五十二與鞏第二十四簡，叙方平嘗屬蘇軾編次其文集，以方平急要，取去。簡乞鞏言於方平，「檢閱既了，仍以相付」，以到潁有少暇也。詩見《蘇軾詩集》卷三十四（一八〇四頁）。詩言昌身、昌詩不如昌氣，而昌氣又「不如昌其志」，以「志壹氣自隨」。以鞏時遭謗讒也。鞏時已罷宿州守。見本年正月十八日紀事。

歐陽恕赴華州監酒，軾有送行詩。

詩見《蘇軾詩集》卷三十四（一八〇六頁），時恕爲推官。詩云：「死爲長白主，名字書絳闕。」自注謂爲奕（仲純）事，則恕乃奕子。《欒城集》卷二十五《歐陽文忠公夫人薛氏墓誌銘》：孫男六人，恕，雄州防禦推官，監西京左藏庫。元祐四年作。

十月二日，軾書《滿庭芳》。

《石渠寶笈》卷七《宋蘇軾書滿庭芳一軸》：「素絹本。大楷書。款識云：調中吕《滿庭芳》，元祐六年十月二日，眉山蘇軾書。」

十四日，軾以病在告獨酌，招諸君子明日賞月，各賦詩。陳師道次韵。

詩見《蘇軾詩集》卷三十四（一八〇七、一八〇八頁），諸君子蓋謂趙令畤、陳師道、歐陽兄弟。

《後山集》卷二《次韵蘇公獨酌》：「雲月酒下明，風露衣上落。是中有何好，草草成獨酌。使君顧謂客，老子興不薄。飲以全吾真，醉則忘所樂。未解飲中趣，中之如狂藥。起舞屢跳踉，駡坐失酬酢。終然厭多事，超繁趨淡薄。功名無前期，山林有成約。身將歲華晚，意與天宇廓。醒醉各有適，短長聽鳧鶴。」

同上《次韵蘇公獨酌試藥玉滑盞》：「僊人棄餘糧，玉色已可欺。小試换骨方，價重十冰磁。灌以長白虹，渺若江海瀰。浮之端不惡，舉者亦何辭。但愧聞道晚，早從雁門師。律部無明文，可復時中之。汝陽佳少年，三斗出六奇。家有持杯手，兩好當一施。風吹酒面仄，月度杯心遲。百年容有命，一笑更須時。」

庚午（十五日），哲宗至國子監。軾有賀表。

庚午云云，據《宋史·哲宗紀》。表見《蘇軾文集》卷二十四（六九三頁），以初至也。

同日，哲宗朝獻景靈宮，幸國子監。蘇轍作《次韵門下吕相公車駕視學》詩。

同日云云，據《長編》卷四百六十七。

癸酉（十八日），御史中丞鄭雍、殿中侍御史楊畏對甚久，論劉摯及蘇轍。

《年表》誤庚午爲庚戌。詩見《欒城後集》卷一；吕相公謂大防。

據《長編》；原注：邵伯温云：「楊畏擊劉摯、蘇頌，皆爲蘇轍。」按，轍與摯實同被劾，摯逐而轍留，蓋摯别有與章惇交通事耳。伯温所云，恐不足信。紹聖元年六月五日，上官均章云云。伯温蓋本此，必當時有是説。

甲戌（十九日），以王鞏得罪，轍乞責降自劾，家居待罪。遣中使賜詔不允。

據《年表》。

《長編》卷四百六十七本日紀事：「劉摯、蘇轍以王鞏坐罪，摯與鞏爲姻家，轍薦鞏，皆自劾，乞正典刑。詔答不允。轍言：『臣昨以鄭雍、楊畏言臣薦王鞏不當，奏乞速正典刑，以弭群議。尋復見諫官虞策與臺官安鼎，亦論此事。内虞策所言，與鄭雍、楊畏不甚相遠。惟有安鼎謂臣欺罔詐謬，機械深巧，不速譴責，恐臣狹朋誕謾，日滋月横。信如鼎言，則臣死有餘責，有何面目尚在朝廷。今臣既以舉官不當，乞行朝典，不敢復與鼎辨别曲直。然鼎頃與趙君錫、賈易等同造飛語，誣罔臣兄軾以惡逆之罪，嘗與君錫等同上殿奏對。上賴聖鑒昭察，知其挾情虚妄，君錫與易即時降黜。鼎今在言路，是以盡力攻臣，無所不至。朝廷若不逐臣，鼎必不肯已。伏乞聖慈憫臣孤立無援，早賜責降，使鼎私意得伸，不復煩瀆聖聽，則臣生死幸甚。』貼黄稱：『臣本欲候二十二日奏事，面陳家居待罪之意，但以鼎攻臣甚急，若不早自引避，恐再以惡言見及，伏乞聖慈體察。』」此奏見於《欒城後集》卷十六《舉王鞏乞外任劄子五首》其二，文字小異不礙理也。

丁丑（二十二日），劉摯、蘇轍乞賜罷免。

《長編》本日紀事：「劉摯、蘇轍俱宣押入對，已押赴都堂，俱先出，待命於僧舍，乞賜罷免。」

二十五日，軾作《祈雨迎張龍公祝文》。

文見《蘇軾文集》卷六十二。《文集》卷六十八《書潁州禱雨詩》：「元祐六年十月，潁州久旱，聞潁上有張龍公神祠，極靈異，乃齋戒遣男迨與州學教授陳履常往禱之。迨亦頗信敬，沐浴齋居而往。」「敬」原作「道教」，今從蘇軾《禱雨帖》影印件。

二十六日，軾書遺迨與陳師道（履常）禱張龍公神祠事。

據《禱雨帖》。《書潁州禱雨詩》「沐浴齋居而往」後，云：「明日，當以龍骨至，天色少變。二十六日，會景貺、履常、二歐陽，作詩云：（略）」《禱雨帖》則爲：「明日，當以龍骨至。天色少變，庶幾得雨雪乎。廿六日，軾書。廿八日，與景貺、履常同訪二歐陽，作詩云：（略）」今從《禱雨帖》。

同日，太皇太后高氏謂蘇轍止坐薦王鞏。

《長編》本日紀事：太皇太后與吕大防言：「蘇轍止坐薦王鞏耳，無他事也。」

二十七日，軾迎張龍公之骨於西湖之行祠。

《蘇軾文集》卷十七《昭靈侯廟碑》謂龍公乃潁上人張路斯，昭靈侯乃龍公封號。又謂近歲得龍公之蜕骨，以本年秋旱甚，「乃迎致其骨於西湖之行祠與吏民禱焉」。此行祠乃張龍公之行祠，本祠在潁上。廟碑禱雨應後作。

「二十七日」，據「二十六日」所引《禱雨帖》。《禱雨帖》云「當以」，乃擬議。然據《昭靈侯廟碑》，知實按擬議施行。

二十八日，軾與趙令畤、陳師道同訪歐陽棐（叔弼）、辯（季默），作詩並論詩。

《禱雨帖》：「廿八日，與景貺、履常同訪二歐陽，作詩云：『後夜龍作雨，天明雪填渠。夢回聞剥啄，誰乎趙、陳、予？』景貺拊掌曰：『句法甚新，前人未有此法。』季默曰：『有之。長官請客吏請客，目曰「主簿、少府、我」。即此法也。』相與笑語。至三更歸時，星斗燦然，就枕未幾，雨已鳴簷矣。」

詩見《蘇軾詩集》卷三十四（一八一二頁）。「後夜」云云即詩中語。

同日，王巖叟言蘇轍乃腹心之人。

《長編》本日紀事：「是日，樞密院奏事已，王巖叟言：『臣昨有短見具陳，不知曾經聖覽否？臣之區區，不爲一劉摯、蘇轍，爲陛下惜腹心之人耳。腹心之人難得，去了一個没一個也。』」以下引太皇太后宣諭，謂劉摯潛通責人章惇。

《宋史》卷三百四十二《王巖叟傳》：「宰相劉摯、右丞蘇轍以人言求避位，巖叟曰：『元祐之初，排斥姦邪，緝熙聖治，摯與轍之功居多。願深察讒毁之意，重惜腹心之人，無輕其去就。』兩宫然之。」當爲此時事。

甲申（二十九日），王巖叟言蘇轍繫正人之望。

《長編》本日紀事：「甲申，巖叟又言：『……前日，陛下用摯作宰相，姦黨之氣自然消伏，今待罪累日，群邪相顧，已復增氣。蘇轍之進，與摯大約相類，皆正人之所繫望，而姦黨日所忌嫉者也，顧其去就，豈不重哉！今所犯者小而所繫者大，幸陛下於輕重之間更賜較量，則陛下所得者多矣。』」

本月，袁百之（必强）卒。蘇軾嘗贊其文。

《學易集》卷七《陳郡袁府君墓誌銘》謂本年十月癸未百之卒；十月無癸未，有誤文。墓銘謂百之開封雍丘人，年四十四。又謂：「嘗讀董生《仕不遇賦》，歎曰：『命在天，不遇其何憂；道在我，奚往而不可樂。又方以天下爲憂，安知遇之非憂；方自樂其樂，安知不遇之非樂。』乃作《樂不遇賦》，其辭類騷。眉山蘇公見之，笑曰：『不見此作久矣。』」《輿地紀勝》卷八十一《壽昌軍》有百之次蘇軾韻殘句。

本月，軾上狀論八丈溝不可開。朝廷從之。

狀見《蘇軾文集》卷三十三（九四〇頁）。

狀稱以爲可開者有胡宗愈、羅適、崔公度、李承之，以爲不可開者有曾肇、陸佃、朱勃。潁州北高南下，潁河行於南，八丈溝行於北，諸溝水遠者數百里，近者五七十里，皆自北瀉下，貫八丈溝而南，其間二水最大，一曰次河，一曰江陂。羅適之意爲：塞次河、江陂，勿令南流，開八丈溝，奪併二河而東。狀論不可開者三。一爲羅適等相度八丈溝時，只是經馬行過，所得之高下廣闊數字，往往爲「約」數，難爲憑信。而蘇軾乃差專人自蔡口至淮上，計會本州逐縣官吏，子細用水平打量，然後地面高下、溝身深淺，淮之漲水高低，溝之下口有無，可得而見，所得數字的實。二爲江陂、次河深闊高下丈尺，其勢必奪八丈溝水南入潁河，不令東流。蓋水之就下，兒童知之。羅適所云「萬折必東」，乃水有時而行於西南北，但卒歸於東耳，非謂不折而常東也。三爲羅適所計開八丈溝費用及使用人夫，不是實數，不足用。

《軾墓誌銘》：「先是開封諸縣多水患，吏不究本末，決其陂澤，注之惠民河，河不能勝，則陳亦多水，至是又將鑿鄧艾溝，與潁河並，且鑿黄堆，注之於淮，議者多欲從之。公適至，遣吏以水平準之，淮之漲水，高於新溝幾一丈，若鑿黄堆，淮水顧流浸州境，決不可爲。朝廷從之。」鄧艾溝即八丈溝。「鑿黄堆」云云，蘇軾現存奏狀中未及，當另有一奏狀，已佚。

軾覆鄧潤甫（温伯、聖求）簡，致思念之意。

簡乃《佚文彙編》卷三與潤甫第一簡，云「薄冷」，約作於本月。云「咫尺」，潁距京師近。第二簡叙官潁之樂。

軾游西湖，賦《木蘭花令》（霜餘已失長淮闊），次歐陽修韵懷修。陳師道亦賦。

蘇軾詞見《東坡樂府》卷上。據「霜餘」句，約作於初冬。

《後山集》卷二十四《木蘭花》（調下自注：同東坡用六一韵）首句：「湖平木落摇空闊。」

軾簡錢勰（穆父），以浙災嚴重，望多作擘畫，使糶場不絶。

簡乃《佚文彙編》卷二與勰第二十四簡。勰時爲江淮荆浙等路發運使，見本年此前「與錢勰簡以子邁爲托」條。

歐陽辯（季默）饋蘇軾以油烟墨二丸，各長寸許；明日饋以二十斤大魚；軾作詩。

軾詩見《蘇軾詩集》卷三十四（一八〇九、一八一〇頁）。

詩前者云：「墨堅人苦脆，未用歎不足。且當注蟲魚，莫草三千牘。」長寸許，誠小，今就小言之，誠戲之也。詩後者云：「我是騎鯨手，聊堪充鹿角。」鹿角，小魚之謂。二十斤誠可謂大魚，然以騎鯨手視之，則小之又小，亦戲之。此種戲之之法，移之他人，他人必不悦。施之歐陽辯則可，以親密無間也；不僅親密無間，亦情趣倍增。

應葉康直之請，軾爲作其先墳永慕亭詩。

詩見《蘇軾詩集》卷三十四（一八一一頁）。康直時知亳州，見《長編》卷四百六十八本年五月甲戌紀事。本年十二月丙寅，康直卒，見《長編》卷四百六十八。康直，《宋史》卷四百十六有傳，入循吏；謂年六十四。

趙令時（景貺）栽檜，作詩。蘇軾和之。

詩見《蘇軾詩集》卷三十四（一八一〇頁）。詩云：「初扶鶴立骨，未出龍纏筋。」似言初栽時單薄，有藤纏繞。繼云：「巢根白蟻亂，網葉秋蟲紛。乃知蔽芾初，甚要封殖勤。」欲檜之成長，須挖白蟻、除蟲，勤於看護。蘇軾於此有實踐經驗，故爲令時言之。末云：「他年皮三寸，狐鼠了不聞。」言如是檜方能茁壯，狐鼠不能爲害。

令時詩佚。

歐陽棐（叔弼）訪蘇軾，因讀《唐書·元載傳》，歎陶潛（淵明）絶識。軾作詩。

詩見《蘇軾詩集》卷三十四（一八一四頁）。

詩首云：「淵明求縣令，本緣食不足。束帶向督郵，小屈未爲辱。翻然賦歸去，豈不念窮獨。重以五斗米，折腰營口腹。」口腹既得，即無他求。歐陽棐所歎者在此，蘇軾所贊者亦在此。

詩繼云：「云何元相國，萬鍾不滿欲。胡椒銖兩多，安用八百斛。以此殺其身，何啻鵲抵玉。」《唐書》卷一百四十五《元載傳》：「字公輔，鳳翔岐山人。」謂代宗立，載進拜中書侍郎；大曆十二年三月賜自盡，妻王氏及子伯和、仲武并賜死；籍其家，胡椒至八百石，它物稱是。蘇軾謂元載之死，猶以鵲抵玉。抵者，擲也。以玉擲鵲，鵲得而玉碎。鵲得而玉碎，猶財得而人死也。孰得孰失，孰重孰輕，孰大孰小，元載不知也，當局者不知也，此其所以遭禍。陶潛知之、行之，此所以高也。

詩末云：「往者不可悔，吾其反自燭。」作者以爲，個人以往行事，於得失之際未能善處，以致數遭挫折。今亦當以陶潛自勵。此二句，不僅戒個人，亦以戒世人。其旨在戒貪，《豫章黄先生文集》卷三十《跋東坡詩》：「東坡在潁州時，因歐陽叔弼讀《元載傳》，歎淵明之智，遂作此詩。淵明隱約栗里、柴桑之間，或飯不足也。顔延年送錢二十萬，即日盡送酒家。與蓄積不知紀極，至藏胡椒八百斛者，相去遠近，豈直睢陽蘇合彈與蜣蜋糞丸比哉。建中靖國元年六月庚戌，伏追涼於護國院，與余洪範同來，修公出此卷，戲題。」修公，當爲護國院之僧。

《春渚紀聞》卷七《作文不憚屢改》：「薳嘗於（歐陽）文忠公諸孫望之處，得東坡先生數詩稿。」以下言其一即爲蘇軾此詩。可以想見當日蘇軾與歐陽棐兄弟往還之密。望之，或即棐之子。

軾與趙令畤、陳師道同過歐陽棐（叔弼）新治小齋，戲作詩。師道次韻。

詩見《蘇軾詩集》卷三十四。

詩「天明雪填渠」句下自注云：「時方禱雨龍祠，作此句。時星斗燦然，四更風雨大至，明日乃雪。」此「四更風雨」云云，乃十一月一日事，參下條。

令畤當亦有作，惜已佚。

《後山集》卷一《次韻蘇公題歐陽叔弼息齋》：「行者悲故里，居者愛吾廬。生須着錐地，何賴汗牛書。丈室八尺牀，稱子閉門居。百爲會有還，一足不待餘。紛紛幼老間，失得了懸虛。客在醉則眠，聽我勿問渠。論勝已絶倒，句妙方愁予。竹几無留塵，霜畦有餘蔬。相從十五年，不爲食有魚。時須一俛仰，君可貸籧篨。」

據師道詩，知棐所治之齋名息齋。

十一月一日，軾禱雨張龍公行祠，得小雪；與趙令畤、陳師道、歐陽棐、歐陽辯飲聚星堂，賦詩。

《蘇軾詩集》卷三十四《聚星堂雪·引》叙其事，謂步歐陽修守潁時聚星堂韵，各賦一篇。《詩集》但云「與客會飲」，客姓名詳《禱雨帖》。《禱雨帖》叙十月二十八日與趙令畤、陳師道、二歐陽會而作詩論詩并云十一月一日「朔旦日雪作」，以下云：「五人者復會於郡齋。既歎仰龍公之威德，復嘉詩語之不謬。季默欲書之，以爲異日一笑。是日，景貺出迨詩云：『吾儕歸卧髀肉裂，會有攜壺勞行役。』僕笑曰：『是兒也，好勇過我。』」郡齋即聚星堂。此處所引《禱雨帖》文字，亦見《蘇軾文集》卷六十八《書潁雨禱雨詩》，然略有異。參本年十月二十八日紀事。

二日，軾與歐陽棐（叔弼）、辯（季默）兄弟夜坐，話道人徐問真異事。

《蘇軾文集》卷七十二《徐問真從歐陽公游》叙其事。

五日，軾次韻陳師道（履常）張公龍潭，并書。

詩見《蘇軾詩集》卷三十四（一八二五頁）。五日書見「施注」，師道原作見「查注」。

壬辰（初八日），寶文閣直學士知揚州謝景温知壽州。涉轍。

據《長編》本日紀事。《長編》云：「景温坐薦前通判王鞏，及明其在官無過，故責之。」（原注：此據景温本傳。《舊傳》云：再知揚州，通判王鞏與宰相劉摯姻家，朋附蘇轍爲姦邪，還朝除知宿州。）

十日，軾作《送張龍公祝文》。

文見《蘇軾文集》卷六十二。送龍公乃送其蜕骨於潁上張龍公祠，即昭靈侯廟，見《文集》卷十七《昭靈侯廟碑》。

西湖戲作一絶，以得陳、趙、兩歐陽爲樂，陳師道次韵。

詩見《蘇軾詩集》卷三十四（一八一八頁）。

《後山集》卷八《次韵蘇公竹間亭絶句》：「竹裏高亭燈燭光，今年復得杜襄陽。倏看老蓋千年後，更想霜林百尺强（自注：是夕公畫枯木）。」歐陽辯（季默）赴京師，蘇軾作詩送之。時劉季孫（景文）自高郵經滁至潁。

詩見《蘇軾詩集》卷三十四（一八一八頁）。

詩云：「汝南相從三晦朔。」辯之赴京師爲十一月。詩云：「坐看士衡執别手，更遣夢得出奇句。」士衡謂辯兄棐，夢得謂劉季孫（景文）。知棐送行，季孫有送行詩。詩云：「郎君可是莞庫人，乃使騄驥隨蹇步。」辯嘗以宣德郎監澶州酒税，蘇軾有大才小用之歎，因而勉以「置之行矣無足道，賢愚豈在遇不遇」，仕在求行其道而已。辯以終母喪，赴京師指射差遣。「時劉季孫」云云，見本譜本年此後「劉季孫得薦知隰州」條。

柳戒之來，旋去。

《蘇軾詩集》卷三十四《次前韻送劉景文》「對影」句下自注：「郡中，日與歐陽叔弼，趙景貺、陳履常相從，而景文復至，不數日，柳戒之亦見過。賓客之盛，頃所未有。然不數日，叔弼、景文、戒之皆去矣。」詩中「爾來又見三黜柳」之句，亦謂戒之。

《雞肋集》卷二十有《同柳戒之夜過三學院》詩，云：「步月尋溪過佛齋，溪邊石蘚濕芒鞋。虚窗獨卧聽松竹，半夜一山風雨來。」可參。

庚子（十六日），監察御史安鼎罷知絳州。先是鼎與趙君錫、賈易攻蘇軾，至是去。

據《年表》。《年表》云：「先是鼎與趙君錫、賈易同造飛語，誣罔兄軾惡逆之罪。君錫、易既謫去，鼎猶在言路，復言王鞏事，攻轍甚急。宣仁察其誣，故斥黜之。」

《欒城後集》卷十六《舉王鞏乞外任劄子》第二首即奏安鼎誣兄軾事。

《范太史集》卷五十五《手記》有鼎之名。

王竦朝散赴闕，蘇軾作送行詩。

詩見《蘇軾詩集》卷三十四（一八二九頁）。

詩云伯父蘇涣擢王竦於「拱把中，云有驥騄姿」，可補涣事迹之遺。詩云：「胡爲三十載，尚作窮苦詞。」伯父涣薦竦，在仁宗至和、嘉祐間，已見本譜。然竦至今尚流落不偶。詩云：「怪我一年長，而作十年衰。同時幾人在，豈敢怨白髭。」知蘇軾長竦一歲，情好極相得。詩云：「竭來清潁上，淚濕中郎詩。」與竦相遇實偶然。竦一念及伯父涣，悲即從中來。末云：「願言指松柏，永與霜雪期。」以此互勉。

庚子（十六日），左朝請郎監察御史安鼎知絳州。涉轍。

據《長編》本日紀事。《長編》云：「鼎劾蘇轍不當，故出。」

《年表》本日紀事：「監察御史安鼎罷知絳州。先是鼎與趙君錫、賈易同造飛語，誣罔兄軾惡逆之罪。君錫、易既謫去，鼎猶在言路，復因王鞏事攻轍甚急。宣仁察其誣，故斥黜之。」

辛丑（十七日），中大夫守中書侍郎傅堯俞卒。轍有輓辭。

辛丑云云：據《長編》及《年表》。

挽辭乃《欒城後集》卷一《傅銀青輓詞二首》；《長編》謂朝廷贈堯俞銀青光禄大夫。輓辭有「澹泊平生事」、「官清貧似舊」之句。

《宋史》卷三百四十一《傅堯俞傳》謂卒年六十八。

《漢濱集》卷十五《跋傅欽之手帖并温公東坡往還簡》：「服膺傅獻簡公之高風，恨生之晚，不得與執鞭之役。一日，其孫守攜畫像手澤見過，并獲瞻公之儀以想其德，窺公之字畫以求其心。及觀温公、東坡之帖，又見公交遊之盛，所以切磨之益，則與升其堂、見其人、聞其論何異哉，兹非幸耶！」蘇軾與堯俞簡今不見。

十九日，軾記夢中論《左傳》。

文見《蘇軾文集》卷六十六（二〇七六頁）。

乙巳（二十一日），軾應滁州守王詔之請，書歐陽修《醉翁亭記》。此請由劉季孫轉致。詔刻之石。詔有詩來，次韻。詔或爲蘇軾刻像。

乙巳云云，見《佚文彙編》卷五《醉翁亭記書後跋》。《宋史》卷三百六十六《王詔傳》謂：崇寧中，由大理卿徙司農；御史論詔在滁日，請蘇軾書《醉翁亭碑》，罷主崇福宫。《清波雜志》卷五：崇寧四年，臣僚論詔知滁時，重刻軾所書《醉翁亭記》於石，「仍多取墨本爲之贐遺，費用公使錢，詔坐罪」。光緒《滁州志》卷四謂詔於本年以右朝奉大夫知滁。《泊宅編》卷上謂蘇軾所大書《醉翁亭記》，改「泉冽而酒香」作「泉香而酒冽」，「水落而石出」作「水清而石出」。

次詔韻詩，見《蘇軾詩集》卷三十四（一八三二頁）。「此請」云云，見題下「施注」，蓋季孫經高郵、滁而至潁。詩次《蠟梅一首》後，應提前至《小飲西湖》後。

《輿地紀勝》卷四十二《滁州·景物下》：「四賢堂：祠内翰王公、歐陽文忠公、張文定公、曾文昭公。盡畫於琅琊山寺中。後又刻東坡像，爲五賢。郡守張商英詩云：『文昭、文定與文忠，内翰元之共四公。政事風流俱第一，典刑人物更誰同。能詩只有東坡老，到處唯尋六一翁。欲遺滁陽招作客，五星同聚此堂中。』」王乃禹偁，歐陽乃修，張乃方平，曾乃肇。商英知滁，《宋史》商英傳失載。或爲繼詔之任者，爲元祐末事。若在紹聖，商英當不爲此詩。軾像或爲詔刻。又，商英之詩後四句，乃爲答軾次詔韻末四句：「我倦承明苦求出，到處遺踪尋六一。憑君試與問琅邪，許我來游莫難色。」疑軾次詔韻當日有刻石。

本月，胡戢卒。軾嘗爲戢所作「琬琰堂」書名。

本月云云，據《雞肋集》卷六十六《蘇門居士胡君墓誌銘》。銘稱：戢字叔文，共城人，不仕。好古博雅，善詩文，藏萬卷書，集古今石刻又千卷，盡陳諸左右，而榜其堂曰「琬琰」，「翰林學士眉山蘇先生爲書之，一時名士皆爲賦詩」。有文集、著述多種，不傳。

《雞肋集》卷九《胡戢秀才效歐陽公集古作琬琰圖》：「君不見，廬陵公往爲學士修書日，詔畀千金訪遺逸，遺文逸字往往出。故都易姓幾兵火，量鬵鼎腹細詰詘。道人岣嶁空有聞，丘陵詭正何足臧，公家安取千軸藏。仲尼猶及史之闕，有馬借人吾敢忘。題籤甲乙潁水陽，後來仙鬼事恍惚。共和十鼓記亡一，嶧山肉在無復骨。雲陽八體又瓜剖，至使漢童訛尉律。世儒胡君癖膏肓。傾家自構琬琰堂，摎羅近出補厥亡。荒林圮冢見未嘗，南觀禹穴計渺茫。閉門睥睨在一床，常恨平生好古家無力。騎馬蹊田觀斷刻，中郎二字煩走驛。率更三日勞野食，長年囊楮況易擲，兒作摹朱婦遮壁。願從胡君丐無有，十百數中聊取仂。胡君今逸民，盱眙不見十五春。坐令鉛槧老壯士，朝廷豈無憂國人。暴時豪氣今誰在，會面只謀千日醉。聽君汗浸馳古先，世事無何付蟬蛻。」

同上卷二十《和胡戩七首》其一：「達則經綸隱著書，昔人於此孰親疏。王通持底答楊素，汾曲先人有敝廬。」其二：「相逢樽酒未辭深，握手盱眙十載心。車馬凄凉人夜別，出門落月與横參。」其三：「聞説歸心已浩然，蘇門况有子雲廛。廣文不去慚官長，繫馬堂階要酒錢。」其四：「住近蘇門有白雲，閉關却埽道逾尊。相逢不語忽長嘯，今日豈無人姓孫。」其五：「時平未用入山深，歲晚何妨木秀林。聞説熊羆參後乘，可容牛下有哀吟。」其六：「千首清詩競夜長，真成蝴蝶爲春忙。莫教流落人間少，雷電它時下取將。」其七：「少時豪氣恨沉淪，繆意詩書可庇民。長笑壯年無一事，微吟只有故人親。」

《柯山集拾遺》卷二《寄題胡戩秀才琬琰堂》：「幽人築淇澳，不與世相聞。獨携千卷書，過於骨肉親。辛苦作室堂，插架如魚鱗。時時體不住，一遇千載人。山川兵火後，墟廟金石存。消磨餘紙墨，幻滅去無痕。功名但如此，知子道可尊。不遺世一毫，以全與其身。包醜傅黛膏，有態售笑顰。誰能雙蛾眉，閉户自貴珍。鄙人有夙尚，願與幽侶敦。他年抱健犢，聽嘯入蘇門。」附此。

本月，軾奏請指揮淮南轉運、提刑司行下逐州縣不得違條禁止興販斛斗過淮。

《蘇軾文集》卷三十三《奏淮南閉糴狀二首》即奏請此事。以今年災傷，光州固始縣朱皋鎮官吏違條禁止本州汝陰縣百姓收糴稻種，不令過淮；淮南官場糴米，違條立賞禁止米斛過淮。奏請意在使災傷農民，早行耕種。

小飲西湖，軾賦詩懷歐陽棐兄弟，贈趙令時（景貺）、陳師道（履常）。復作蠟梅贈令時。師道皆次韵。

詩見《蘇軾詩集》卷三十四（一八二七、一八二八頁）。蠟梅詩末云「君行適吴我適越」，時將有會稽之請，而令時將適吴。然詳考有關資料，令時未成行。參元祐七年「聞趙令時將繼晁補之爲揚倅」條。

《後山集》卷二《次韵蘇公竹間亭小飲》：「自昔有遺韵，小飲不盡觴。坐待竹間月，奈此雲影長。起行林下路，散策踰平崗。破眼一枝春，着意千葉黄。暄寒會有分，蜂蝶來無央。鳥語帶餘寒，竹風回妙香。緬想兩公子，作惡變清涼。誰憐塵沙底，疲馬踏朝陽。斯人班馬後，如圭復如璋。相逢了無得，佳處每難忘。」軾詩題爲：「小飲西湖，懷歐陽叔弼兄弟，贈趙景貺、陳履常。」

同上卷三《次韵蘇公蠟梅》：「化人巧作襄樣花，何年落子空王家。羽衣霓袖涴香蠟，從此人間識尤物。青瑣諸郎却未知，天公下取仙翁詩。烏丸雞距寫玉葉，却怪寒花未清絶。北風驅雪度關山，把燭看花夜不眠。明朝詩成公亦去，長使梅仙誦佳句。湖山信美更須人，已覺西湖屬此君。坐想明年吴與越，行酒賦詩聽擊鉢。」

軾詩原題爲：「蠟梅一首贈趙景貺。」

軾次韵致政張朝奉仍招晚飲。

此乃詩題，詩見《蘇軾詩集》卷三十四。首云「掃白非黄精，輕身豈胡麻。怪君仁而壽，未覺生有涯」。致政蓋爲服食者，年長於軾頗多。

軾賦唐《閻立本職貢圖》。嘗跋唐《廣濟大師行録碑》。

賦詩見《蘇軾詩集》卷三十四。閻立本，唐代畫家，《舊唐書》卷七十七、《新唐書》卷一百有傳。《金石文考略》卷十四《蘇文忠廣濟大師行録小楷書》：「唐《廣濟大師行録碑》，王渢撰。渢與禪師同時，蘇文忠書并跋。其字圓勁不必言，妙在運筆自然，若不知作小楷者，故爲小楷中所難也。」跋已早佚，不知作於何時，兹并繫於此。

渢字中德，歷東都留守，與修《文宗實録》。見《新唐書》卷五十八《藝文志》。

劉季孫（景文）得薦知隰州，自杭經高郵赴任，迂道來訪，蘇軾留十日，去。

《蘇軾詩集》卷三十四《喜劉景文至》「新堤舊井各無恙」云云，知季孫自杭來。其來，約爲十一月初事。同上《復次韻謝趙景貺陳履常見和兼簡歐陽叔弼兄弟》「施注」謂季孫經高郵來。同上《次前韻送劉景文》自注：「君一馬一僕，率然來訪。」并云「豈謂夫子駕復迂」，乃迂道。又云「清坐十日一事無」，留十日。參本月乙巳紀事。自季孫之來至去，共撰詩七首。隰州在河東路，治隰川縣。

《柯山集》卷十一《送劉季孫守隰州》：君家將軍本縫掖，叱咤西摧賀蘭石。一時成敗何足論，要使英名垂竹帛。到君奇骨尚虎頭，白鬚千騎守邊州。插架萬籤供記覽，探囊五字擅風流。大河之東士精勇，日飲不妨飛獵鞚。五更吹角建牙旗，萬馬合圍行酒甕。朝裘風勁黑貂暖，夜帷雪滿青氈重。樂哉閉口莫言兵，雖有頗牧誰能用。

歐陽棐（叔弼）、辯（季默）先後離潁，軾贈詩。

《蘇軾詩集》卷三十四《送歐陽季默赴闕》云「汝南相從三晦朔」，計辯去爲十一月事。同上尚有《以屏山贈歐陽叔弼》、《新渡寺席上次趙景貺陳履常韻送歐陽叔弼比來諸君唱和叔弼但袖手旁睨而已臨別忽出一篇頗有淵明風致坐皆驚歎》。

《長編》卷四百六十九元祐七年正月己酉：「右朝請郎歐陽棐爲禮部員外郎。」棐去京師。

爲趙令畤改字德麟，軾作《趙德麟字説》。

文見《蘇軾文集》卷十。令時原字景貺。

《文集》卷五十二與令時第七簡：「《字説》改多，寫了納去。」作於揚州。《字説》於揚州定稿。

《蘇軾詩集》卷三十四及令時詩甚多，以德麟爲字見於詩者，始《洞庭春色》。

安定郡王趙世準（君平）以黄柑釀酒，軾名之曰「洞庭春色」，其姪令時（德麟）得之以餉，爲作《洞庭春色賦》與《洞庭春色》詩。

賦見《蘇軾文集》卷一，詩見《蘇軾詩集》卷三十四。《詩集》卷三十四另有詩，題爲：「趙景貺以詩求東齋榜銘，昨日聞都下寄酒來，戲和其韻，求分一壺作潤筆也。」酒當即「洞庭春色」。

《文集》卷五十二與令時第十六簡：「甘釀佳貺，輒踐前言，作賦，可轉呈安定否？」簡作於「陰寒」時。安定即謂世準。世準，詳《洞庭春色》題下「施注」。

《後山集》卷二《和蘇公洞庭春色》：「洞庭千木奴，寸絲不挂手。來輸步兵厨，釀作青田酒。王家玉東西，未覺歲華走。方從羅浮山（自注：羅浮山有仙人種柑處），已作南陽壽。還將甕頭春，慰子雪入牖。我方縛禪律，一舉煩屢嗅。東坡酒中仙，醉墨粲星斗。詩成以屬我，千金須弊帚。何曾樽俎間，着客面黧黝。定須笑美人（自注：趙有躄者，平原君美人笑之），蘸甲不濡口。」

都曹路紃歸老丹陽，軾作詩送之。陳師道有詩。軾子過此後亦有詩。

《送路都曹》見《蘇軾詩集》卷三十四。

《後山集》卷二《送路紏歸老丹陽》：「身退不待年，意足不待餘。寧聞有餘論，但問我何如。才名四十年，盛氣蓋諸儒。獨無金水力，竟與鼃黽俱。晚爲府中掾，直前不趦趄。曾何媿俯仰，頗亦困囁嚅。有粟尚可餬，有酒尚可娱。一章脱章綬，用意不躊躇。富貴亦何有，惜君寧挽裾。人生一世間，僅得還其軀。謝公江海人，此計竟亦疏。千金一大錢，兩子雙明珠。妙語發幽光，東坡爲欷歔。不知兩疏去，能亦有此無。聊爲三徑資，從子並門居。」

《永樂大典》卷八百九十六引蘇過詩（原題《張侃拙軒集》，誤）《先公守汝陰，嘗以詩送都曹路君挂冠東歸，載乖崖公留其録語，今傳播世間三十年矣。過寓居潁昌，一日，有都曹公子季子文老者，來自京師，出其家所藏二帖，紙墨如新，因道存没之舊，感慨於懷，乃追繼先公詩韻，以遺文老，時方就試春官待報也》：「誰聞駿蔑言，執手爲改容。此道久寂寥，世態日方濃。昔翁守潁尾，軒裳心已慵。感懷督郵老，獨躡二疏蹤。脱屣太倉粟，歸謀田舍春。浮雲悟此理，何必禄萬鍾。已矣衡門下，哀哉馬鬣封。箕裘付諸子，介冑輕邊鋒。坐看一戰霸，此言天心從。翁詩墨猶新，我涕交頤胸。重尋筆硯銘，愧乏好語供。子非終窮者，時節會自逢。」

軾爲趙令畤作《秋陽賦》，諷其學問知世艱難。

賦見《蘇軾文集》卷一。《經進東坡文集事略》卷二此賦下引晁補之云：「或曰『越王孫』者，蓋趙令畤學於公，恭儉知寒士，有文義慷慨，而公猶曰『公子何自知秋陽』，此如吕后謂朱虚侯不知田耳。而公自謂少貧賤暴露，乃知秋陽以諷公子學問知世艱難之義也。」「宅於」二句注引王直方《詩文發源》：「『宅於不土之里，而詠無言之詩。』蓋爲時字也。坡云：『只教人別處偷使不得。』」

十二月乙卯（初一日），太子太保致仕張方平卒。方平彌留之際念軾、轍兄弟。

據《長編》卷四百六十八。《年表》同。《長編》云：「方平戒其子孫勿請謚，尚書右丞蘇轍爲請之，乃賜謚文定。」《蘇軾文集》卷十四方平墓銘謂二日卒。

《欒城後集》卷十六有《乞賜張宣徽謚劄子》。

《佚文彙編》卷二《與王定國》第二簡：「驚聞樂全先生薨背，悲慟不已。……聞屬纊之際，猶及某與舍弟，痛哉！」

軾得李宗易（簡夫）詩集於其孫公輔（德載），四日，書其後。

書後見《蘇軾文集》卷六十八（二一四八頁）。《欒城後集》卷二十一有《李簡夫少卿詩集引》，作於本年。宗易詩二十卷，已佚。《宋文鑑》卷二十三有宗易詩。

《柯山集》卷十六《次韵李德載見寄》「已欣台省登群俊，猶數湖湘卧病翁」聯下自注：「二蘇公來書及之。」書已佚。公輔乃張耒表弟，原名成甫。見《柯山集》卷四十《李德載字序》。嘗官宣城，見《濟南集》卷三。

《柯山集》卷十《贈李德載》：「男兒當讀五車書，輟業應須蓋棺日。人生事業要强學，譬彼欲耕須逮濕。李郎落落奇丈夫，美玉應須作圭璧。請將便腹包五車，汲汲講摩如故疾。」同上《贈李德載二首》其一：「我家外翁天下士，欲以文章付孫子。愛君丱角已食牛，屬書筆下無停字。願君飽讀大父書，學到莫憂名不似。重教我輩見風流，更以餘波變鄉里。」其二：「長翁波濤萬頃陂，少翁巉秀千尋麓。黄郎蕭蕭日下鶴，陳子峭峭霜中竹。秦文倩藻舒桃李，晁論峥嶸走金玉。六公文字滿人間，君欲高飛附鴻鵠。」

按：「我家外翁」謂李宗易。見《張耒集》附録《年譜》。宗易已見本譜。

又按：《張耒集》卷五十有《冀州州學記》，云及公輔，時公輔官於冀州。張耒詩所云長翁謂蘇軾，少翁謂轍，黄謂庭堅，陳謂師道，秦謂觀，晁謂補之。

八日，興龍節，軾上賀表。

表見《蘇軾文集》卷二十四(六九二頁)，云「臣備員内閣，出守近畿」。

同日，軾祭張方平。

祭文見《蘇軾文集》卷六十三(一九五二頁)。《墨莊漫録》卷五謂方平卒，蘇軾守潁，「於僧寺舉掛，參酌古今用唐人服座主緦麻三月，又别爲文往祭其柩，蓋感其知遇也」。

《清波雜志》卷五：「先人云：前輩聞知己訃音，必設位以哭。東坡詩：『白酒真到齊，紅裙已放鄭。』謂有香泉一壺，爲樂全先生服，不作樂。」

十一日，舉哀薦福禪院，軾録張方平元豐三年贈弟轍詩於院中。

據《蘇軾文集》卷六十八《題張安道詩後》。

十九日，生日，劉季孫（景文）寄古畫松鶴并詩爲壽。軾次韻。

次韻見《蘇軾詩集》卷三十四（一八三八頁）。季孫詩已佚。

甲戌（二十日），轍有《祭張方平文》。

據《年表》。文見《欒城後集》卷二十，題作《祭張宫保文》。

丁丑（二十三日），轍作《李簡夫少卿詩集序》。

據《年表》。文見《欒城後集》卷二十一，宋刻大字本篇末署曰「十二月二十三日」。

二十三日，立春，祭土牛，軾作祝文。

文見《蘇軾文集》卷六十三（一九二七頁）。

二十四日，張耒爲著作郎。

據《長編》卷四百八十四元祐八年五月壬辰注；《長編》是日引黄慶基奏狀，謂耒除乃蘇軾「力爲援引」，然其時軾在潁，慶基之言未必然。

二十五日，軾乞賜度牒糴斛斗準備賑濟淮浙流民。

狀謂：「欲乞特賜度牒一百道，委臣出賣，將錢兑買前件小麥、粟米、菉豆、豌豆四色，封樁斛斗，候有流民到州，逐旋支給賑濟。」狀見《蘇軾文集》卷三十三（九四七頁）。

連日大雪。軾簡召趙令畤至，議賑濟。散賜柴米。陳師道有詩，蘇軾及令畤次韻。

《侯鯖録》卷四：「元祐六年，汝陰久雪。一日，天未明，東坡簡召議事，曰：『某一夕不寐，念潁人之饑，欲出百餘千造餅救之。老妻謂某曰：「子昨過陳，見傅欽之言簽判在陳賑濟有功，何不問其賑濟之法？」某遂相召。』余笑謝曰：『已備之矣。今細民之困，不過食與火耳。義倉之積穀數千碩，可以支散，以救下民，作院有炭數萬稱，酒務有餘柴數十萬稱，依原價賣之，二事可濟下民。』坡曰：『吾事濟矣。』遂草放積欠賑濟奏，檄上臺寺。教授陳履常聞之，有詩：『掠地衝風敵萬人，蔽天密雪幾微塵。漫山塞壑疑無地，投隙穿帷巧致身。映積讀書今已老，閉門高卧不緣貧。遥知更上湖邊寺，一笑潛回萬物春。』坡次韻曰：（略）予次韻曰：『坎壈中年坐廢人，老來貂鼎視埃塵。鐵霜帶面惟憂國，機穽當前不爲身。發廩已康諸縣命，蠲逋一洗幾年貧。歸來又掃寬民奏，慚愧毫端爾許春。』」《王譜》節引此段文字；「東坡簡召」之「簡」原作「來」，今從《王譜》。此簡節文，《佚文彙編拾遺》收。

師道詩見《後山集》卷七，題作：「連日大雪，以疾作不出，聞蘇公與德麟同登女郎臺。」末句原注：「是日賜柴米。」

蘇軾次韻乃《蘇軾詩集》卷三十四《次韻陳履常雪中》。

道潛寄軾詩。

《參寥子詩集》卷七《梅花寄汝陰蘇太守》：「湖山摇落歲方悲，又見梅花破玉蕤。一樹輕明侵曉岸，數枝清瘦耿疏籬。良辰易失空回首，習氣難忘尚有詩。所向皆公題舊墨，肯辜魚鳥却來期。」

除夜，軾與孔平仲(毅甫)簡。

《蘇軾文集》卷五十七與平仲第四簡首云「到此得所賜書」，指在潁，又云「前日得舍弟書報」，知蘇軾作簡時不在京師。又云及「在京數月」，當指由杭回至京師。此簡作於本年。

鮮于侁(子駿)之子二人以詩文見寄，軾作詩爲謝。

詩見《蘇軾詩集》卷三十四(一八四〇頁)。作於歲末。

《淮海集》卷三十六《鮮于子駿行狀》謂侁五子：復，早卒；頡，偃師縣尉；羣，鳳州司法參軍；綽，承務郎；焯，未仕。並謂皆有學行，而頡尤自立，士大夫稱之。

綽字大受，官至太學博士，入黨籍，《元祐黨人傳》卷四有傳。撰有《傳信録》，已佚，《二程集》有徵引(參本書元祐元年九月「朝廷命程頤主司馬光喪事」條紀事)。參元祐四年四月十六日紀事。

趙令時（德麟）作雪中惜梅詩，并餉蘇軾柑酒，軾次韻。

軾詩見《蘇軾詩集》卷三十四（一八四一頁），令時詩佚。

詩其一云：「千花未分出梅餘，遣雪摧殘計已疏。卧聞點滴如秋雨，知是東風爲掃除。」雪壓梅，偏云爲其他花所使，以其他花欲代梅花點綴新春；然東風自鍾情於梅花，施展威力，消融積雪，梅花得以舒展。一首小詩，竟以如許新意表述之，自不可及。其二、其三稱是。

蘇軾賦《浣溪沙》（四面垂楊十里荷）。

詞見《東坡樂府》卷下。

薛瑞生《東坡詞編年箋證》編本年，云：「詞云『四面垂楊十里荷』，疑似作於潁州。」並引《蘇軾詩集》卷三十四《西湖秋涸》題下「查注」：「《名勝志》：潁州西二里有湖，袤十里，廣二里，翳然林木，爲一邦之勝。……秦少游亦有詩云：十里荷花菡萏初，我公所至有西湖。」按，「十里荷花」云云，乃秦觀（少游）之弟秦覯（少章）詩，乃蘇軾初得潁州時，覯所呈軾者，見本年以下「秦覯嘗呈蘇軾詩」條。

今姑從薛説。

李廌欲居潁從游，軾止之。

《濟南集》卷六《汝陰唱和集後序》：「先生在汝陰，友人陳師道履常爲郡吏。廌雖無位於朝廷，欲挈婦攜子，受廛爲氓，往從之游。先生止之曰：『吾將上書乞梓州，欲過家上冢而去，潁雖樂土，非能久留。』廌遂不果行。」

丹陽來人謂章惇（子厚）學書，蘇軾以爲一意摹臨，成就將不高。

《侯鯖録》卷八：「客有自丹陽來，過潁見東坡先生，説章子厚學書，日臨《蘭亭》一本。坡笑云：『從門入者非寶，章七終不高耳。』」《獨醒雜志》卷五「高耳」後尚云：「予嘗見子厚在三司北軒所寫《蘭亭》兩本，誠如坡公之言。」「從門入者非寶」，《獨醒雜志》作「工摹臨者非自得」，蘇軾强調獨創。

秦觀（少章）嘗呈軾詩。

《詩話總龜》前集卷二十七引《王直方詩話》：「杭州有西湖，而潁亦有西湖，皆爲遊賞之勝，而東坡連守二州。其初得潁也，有潁人在坐，云：『内翰但只消遊湖中，便可以了郡事。』蓋言其訟簡也。秦觀少章因作一絶以獻云：『十里荷花菡萏初，我公所至有西湖。欲將公事湖中了，見説官閑事已無。』後，東坡到潁，有《謝執政啓》，亦云：『入參兩禁，每玷北扉之榮；出典二邦，輒爲西湖之長。』」《清波雜志》卷十一：「番江寓客趙叔簡編修，宣和故家。家藏東坡親書曆數紙。蓋坡爲郡日，當直司日生公事，必著於曆，當晚勾消。唯其事無停滯，故居多暇日，可從詩酒之適。『欲將公事湖中了，見説官閑事亦無。』乃秦少章所投坡詩，蓋狀其實。」

以布幄爲亭，名曰擇勝，軾作銘。轍亦有作。

銘見《蘇軾文集》卷十九《五七七頁》。《欒城後集》卷五《潁州擇勝亭詩》叙云「以幄爲亭，欲往即設，不常其處」；詩云「我兄和仲，塞剛立柔，視民如傷，有急斯周，視身如傳，苟完不求」。《永樂大典》卷一萬一千六百十九引《壽親養老新書》：「觀雪菴，菴長九尺，闊八尺，高六尺，以輕木爲格，紙糊之，三面如枕，屏風上以一格覆之，面前施夾幔，中間可容小坐牀四具，不妨設火及飲具，隨處移行，背風展之。」謂較氊帳輕而門闊，不礙瞻眺，可作別用，即擇勝亭。

軾奏乞留黄河夫萬人修境内溝洫，詔許之。因並治西湖。

《蘇軾詩集》卷三十五《再次韻德麟新開西湖》「欲將」句下「類注」自注：「去歲潁州災傷，予奏乞罷黄河夫萬人開本州溝，從之。以餘力作三閘，通焦陂水，浚西湖。」「施注」自注：「予以潁人苦饑，奏乞留黄河夫萬人，修境内溝洫，詔許之。因以餘力浚治此湖。」奏早佚。

軾題歐陽修送張著作詩後；讀修纈芳亭詩，並戲論之；記潁州治事堂前二柏與薦福二檜。

《蘇軾文集》卷六十八有《題歐陽公送張著作詩後》，修集不見此詩。

《侯鯖録》卷一叙修閑居潁，一妓甚韻。後數年，修自揚移潁，其人不復見。視事之明日，飲同官西湖上，種黄楊樹子，有詩留纈芳亭云：「柳絮已將春去遠，海棠應恨我來遲。」後三十年，東坡作守，見詩笑曰：「杜牧之緑葉成陰之句耶！」修詩見《歐陽文忠公集》卷十一《初至潁州西湖(下略)》，皇祐元年作，距今四十二年，謂三十年，誤。

《文集》卷七十三有《記汝南檜柏》。

蒲廷淵赴河中，軾與簡，求致無核棗。

《蘇軾文集》卷六十有《與蒲廷淵一首》。《秋澗先生大全文集》卷九十五《玉堂嘉話》卷三：「觀東坡與蒲資政傳正書并覓柿霜無核棗四帖，後有張行簡、董師中、元遺山跋語。」據此，廷淵當即宗孟(傳正)。《宋史》卷三百二十九宗孟傳謂嘗知鄆、虢、河中、永興、大名。考《長編》，宗孟元祐二年十一月至四年一月知鄆，七年九月自永興知大名。其知河中，約爲本年事。

是歲，畫工韓若拙爲轍寫真。

《欒城後集》卷四詩題：「予昔在京師，畫工韓若拙爲予寫真，今十三年矣。」據《後集》編次，此詩作於崇寧五年(一一〇六)，據是推。

魯有開(元翰)約卒於今年，轍有輓詞。

《欒城後集》卷一有《魯元翰中大輓詞二首》，次《滕達道龍圖輓詞》後，《贈司空張公安道輓詞》前，滕卒於元祐五年十月二十四日，輓張之作作於下年，詳下年紀事。

《宋史》卷四百二十六《魯有開傳》謂有開官至中大夫。輓詞末有自注云：「子瞻兄始與元翰皆倅杭州。及自彭門還止都門，寓居范景仁東園。元翰時來相過，予始識之。其後南還，元翰出守洺州。及奉使契丹，元翰復守滑臺，皆接從容者久之。」輓詞其二首云：「十年初見范公園。」追記熙寧十年事，蓋交往已久矣。

三蘇年譜卷四十六

元祐七年（一〇九二）壬申　蘇軾五十七歲　蘇轍五十四歲

正月丁酉（十四日），哲宗幸凝祥池等地。三省樞密院奏事時盛贊之。

據《長編》卷四百六十九。《長編》云：「丁酉，幸凝祥池、中太一宫、上清儲祥宫、大相國寺，還，御宣德門，召從臣觀燈。他日，三省樞密院奏事邇英。吕大防曰：『元夕晴霽，游人甚樂。』上亦曰：『且得晴霽。』大防曰：『雖人主游幸，本是爲民。』韓忠彦曰：『爲民祈福爾。』蘇轍曰：『爲細民經紀。』」以下尚有吕大防、王巖叟之言，主旨在導哲宗愛民。轍所云「細民」，以今日通俗之語言之，乃小老百姓。

十五日，軾和陳師仲（傳道）雪中觀燈。時師仲來訪其弟師道於潁。

正月云云，據《紀年録》，然誤師仲爲師道。詩見《蘇軾詩集》卷三十四（一八四二頁）。

二十二日，軾題句信道集朝賢書夾頌《金剛經》。

文見《蘇軾文集》卷六十九（二一九九頁）。《宋代蜀文輯存》卷六十二有句友于《句氏盤溪記》，卷首小傳謂友于字信卿，新繁人，數試不售，晚主閬中簿。或爲信道兄弟輩。

《晚香堂蘇帖》有此文，「二十二日」作「二十三日」，末有「眉陽蘇軾」四字。

丁未（二十四日），軾除知鄆州。與王鞏（定國）、汪道濟簡，欲力辭。

丁未云云，據《長編》卷四百六十九。《施譜》：「正月，移知鄆州。」《蘇軾文集》卷五十二與鞏第二十三簡、卷五十九與道濟第二簡叙移鄆欲力辭。道濟，仕歷不詳。

劉弇《龍雲先生文集》卷七《次韻和汪道濟都講惜惜吟》（題下原注：錫製温體器也，汪强名爲惜惜）：「温柔鄉定虚言耳，鑪火功真長物哉。疑別有天春不老，知誰爲雨夜曾來。滿移妃子三湯夢，暗奪仙家一息胎。燕玉浪傳思暖老，箇中消歇幾沉煤。」附此。

二十八日，軾除知揚州。轍意欲軾入京乞見，軾以自潁入淮爲便。

二十八日云云，據《長編》卷四百六十九本月丁未（二十四日）紀事。

《蘇軾文集》卷五十《答范純夫》第三簡：「某移廣陵，甚幸。舍弟欲某一到都下乞見，而行路既稍迂，而老病務省事，且自潁入淮矣。」廣陵，揚州。

簡云「春暖」，點明季節。「舍弟」云云，知轍有簡與軾。

趙令時（景貺）賦《春思》詩，蘇軾次韵，并懷吴越山水。時作三閘、浚西湖之役已興。

軾詩見《蘇軾詩集》卷三十四（一八二五頁）。令時詩已佚。

詩云：「縈城理枯瀆，放閘起膠艇。願君營此樂，官事何時竟（自注：清河西湖三閘，督君成之）。」參本年以下「奏乞留黄河夫萬人修境内溝洫，詔許之，因并治西湖」條。據詩，此項工程包括：環繞潁州城，清理乾枯河牀（清理之法，或爲挖深）；修原有之閘，以儲水、放水，使之行船。此乃造福潁州人之大事。此工程之開工，當在上年之冬。

詩云：「西湖忽破碎，鳥落魚動鏡。」已屬春日景象。

本月，軾乞將合轉一官與李直方酬奬，以直方捕宿賊尹遇有功。不報。

奏狀見《蘇軾文集》卷三十三（九五〇頁）。《軾墓誌銘》：「郡有宿賊尹遇等數人，羣黨驚劫，殺變主及捕盜吏兵者非一，朝廷以名捕不獲，被殺者噤不敢言。公召汝陰尉李直方，謂之曰：『君能擒此，當力言於朝，乞行優賞；不獲，亦以不職奏免君矣。』直方退，緝知羣盜所在，分命弓手往捕其黨，而躬往捕遇。直方有母年九十，母子泣别而行。手戟刺而獲之，然小不應格，推賞不及。公爲言於朝，請以年勞，改朝散郎階，爲直方賞。朝廷不從。其後吏部以公當遷以符會考，公自謂已許直方，卒不報。」

畢仲游來簡與軾。

《西臺集》卷十《上蘇内翰》第一簡：「去歲起於罪罰之餘，入奉朝謁，適值知府龍圖内翰將赴汝陰，僅得再請候門下，而荷眷逾厚，知奬更深，殆非後進晚學所敢望於先生大人者也。自疇昔違奉，累更晦朔，不審即日臺候動止何似。某待罪河東，以托庇左右之故，苟免如昨，幸復需禄食而已。不及親養，追念摧感，涕慕何言，邈未知侍見之期。仰惟體上眷倚，精固生理，入輔天子，以稱中外之望。不宣。」

《西臺集》卷一有《河東提刑謝到任表》，《宋史》仲游本傳謂嘗官河東路提刑。簡中「待罪河東」當指是。簡中有「不及親養」之語；據本傳，仲游此前居母喪。此簡云「知府」，未及揚州，約作於本年之初。

二月初五日，軾薦趙令畤入館閣。不從。與范祖禹簡，報此事，盛稱令畤。

薦狀見《蘇軾文集》卷三十四（九五六頁）。《文集》謂此狀五月作，誤刊，今從《總案》。

《范太史集》卷五十五《手記》有令畤，云：「潁簽，子瞻字之曰德麟，作《字説》，并書來，盛稱之，云已薦館閣。」與祖禹簡已佚。《宋史》卷二百四十二《趙令畤傳》：「蘇軾爲守，愛其才，因薦於朝。宣仁太后曰：『宗室聰明者豈少哉，顧德行何如耳。』竟不許。」

十五日夜，軾與王夫人、趙令畤（德麟）小酌聚星堂，賦《減字木蘭花》。

詞見《東坡樂府》卷下；調下原注：「二月十五夜與趙德麟小酌聚星堂。」《注坡詞》有此詞，注云：「按趙德麟《侯鯖録》：元祐七年正月，東坡在汝陰，州堂前梅花大開，月色鮮霽。王夫人曰：『春月色勝如秋月色。秋月令人悽慘，春月令人和悦。何如召趙德麟輩來飲此花下？』先生大喜曰：『吾不知子亦能詩耶！此真詩家語耳。』遂召德麟飲。因作此詞。」此云「梅花大開」，詞云「半落梅花」。今從《東坡樂府》，定爲十五日夜事。今本《侯鯖録》此條，在卷四。

癸酉（二十日）轍生日，有《謝表》。

《欒城後集》卷十七有《元祐七年生日謝表二首》。

辛巳（二十八日），詔環慶等路經略司如遇事宜合要勾抽保甲守禦等。涉蘇轍。

據《長編》卷四百七十。《長編》云：「先是游師雄乞自蘭州李諸平，東抵通遠軍定西城，與通渭寨之間，建汝遮、納迷、結珠龍三寨及置護耕七堡，以固藩籬。」以下言王巖叟以建爲便；吕大防曰：「得彼和後不作得，亦不奈何。」蘇頌、蘇轍以大防之言爲然。

本月，軾遣趙令時（德麟）祭佛陀波利，作祝文，祈雨雪不作。雪霽，上乞光梵寺額狀。

祝文見《蘇軾文集》卷六十二（一九三二頁），云「盡二月晦」，作於二月。《文集》卷五十二與令時第六簡叙及令時奉蘇軾命祭佛陀波利；簡云「以酒二壺迎勞，唯加鞭」，作於返回途中。奏文見《文集》卷三十四（九五五頁），作於二月，乞賜佛陀波利真身塔院一勅額，以光梵爲額。

《後山集》卷十五《潁州祭佛陀波利文》云及蘇軾「請以大士之所居爲光梵寺」。

《雞肋編》卷上：「汝陰潁上縣與壽春、六安爲鄰，夾淮爲二鎮，號東西正陽。其西屬潁，鎮城之中有甎浮圖，下葬西域僧佛陀波利，其石刻載其與僧伽俱來，終於正陽。」

軾與王箴（元直）簡。

簡乃《蘇軾文集》卷五十三與箴第二簡，云「爲權倖所疾久矣，然捃摭無獲，徒勞掀攪」，知作於元祐六年賈易等屢論之後；云「旅宦」，知非在朝；云「春深」，點明季候，然未言及移揚，知約爲二月作。

除命下，軾以龍圖閣學士、左朝奉郎、知揚州軍州事充淮南東路兵馬鈐轄。晏知止來代。

繫銜見《蘇軾文集》卷六十二《祈雨僧伽塔祝文》。《宋史·地理志》：知揚州軍，并領淮南東路兵馬鈐轄。《後山詩注》目録引《實録》：二月辛酉，少府監晏知止除知潁州。知止乃殊子，《宋史》卷三百十一殊傳附及，官至朝請大夫。《後山詩注》卷四《離潁》：「叢竹防供爨，池魚已割鮮。」句下任淵注：「當是東坡去潁後，代者韓川，變其舊政，向也徙魚，今乃割鮮，行將及竹矣。後山所嘆，意蓋不止此也。東坡有請罷學士劄子曰：及蒙擢爲學士，便爲韓川等攻擊不已，以至羅織語言，謂之誹謗。」知晏知止未到任或雖到任而旋罷。

江淮荆浙等路發運使晁端彦暨諸郡有賀啓，軾答之。

《蘇軾文集》卷四十七《答晁發運及諸郡啓》云自「僻壤」至「名邦」，揚乃名邦，潁較之揚，固僻壤。啓云「同榜」，端彦與軾爲同年。《長編》卷四百四十二：元祐五年五月壬申，晁端彦爲江淮荆浙等路發運使，代路昌衡。

查《長編》卷四百六十六元祐六年九月辛亥紀事：「直龍圖閣江淮荆浙等路發運使王覿爲刑

部侍郎，龍圖閣待制知瀛州錢勰爲江淮荆浙等路發運使。」卷四百六十八同上年十一月壬寅紀事：龍圖閣待制江淮荆浙等路發運使錢勰爲工部侍郎，朝散大夫集賢殿修撰知徐州楊汲爲江淮荆浙等路發運使。似端彦早已離發運使任，題稱「發運」，不易解釋。今詳考《長編》卷四百四十四元祐五年六月辛酉紀事：「江淮等路發運使苗時中爲陝西都轉運使。」距路昌衡之調任僅一月左右。由此可知江淮荆浙發運使凡二員。其二員之中，或一爲正，一爲副，特史未詳耳。

軾與林希(子中)簡。

《蘇軾文集》卷五十五與希第一簡：「某被命維揚，差復相近，頗以爲喜。」約朝廷有命召希過揚時，爲作十日留。簡云及「乍暖」，點明季候。

潮州守王滌專使來求《韓文公廟碑》，軾答簡，時吳復古(子野)在潮。

簡乃《蘇軾文集》卷五十九與滌第一簡，云「寄示士民所投牒及韓公廟圖」，求蘇軾撰廟碑，又云「公意既爾，衆復過聽」，蓋求撰廟碑，乃潮民之意。以下云「迫行冗甚，未暇成之，願稍寬假，遞中附往」。簡云復古「誠有過人，公能禮之，甚善」。

嘉靖《廣東通志》卷九：元祐五年，王滌知潮州。乾隆《潮州府志》卷三十二謂滌字長源，萊州人，養士愛民，一師韓愈，嘗新愈廟。

錢勰（穆父）亦以《韓文公廟碑》相請，軾答以到揚州當下筆。

據《佚文彙編》卷二與勰第二十八簡。簡云「示諭欲令紀述新廟記」。廟以新稱，當爲舊廟重修；只稱新廟而不名，當爲著名之廟。參《蘇軾文集》卷五十九《與王滌》簡，知爲韓文公廟，蓋勰受他人之托而求蘇軾也。與勰簡亦云「迫行冗甚」。

《寶真齋法書贊》卷十二《蘇文忠與錢穆父書簡重本二帖》（題下原注：二本共四紙。并粉箋紙上行書，第一帖十一行，第二帖六行）：「右東坡先生與錢内翰穆父書簡重本二帖，真迹一卷。予嘗疑所藏顔魯公《朝迴帖》，與羣玉堂刻本文皆同，而字則有小大之别，意必有贋而未敢議也。後收先生帖，而此二帖者，亦復出焉。驗其紙素，皆一等粉箋，而筆力精到，又皆非先生不能作，尤以爲惑。後見韓季茂寺丞，同在外府，因論及帖事，爲予言先生以翰墨雄一世，每自貴重，雖尺簡片幅，亦不苟書，遇未愜意，輒更寫取妍，而後出以予人，期於傳世。凡今帖間有同者，便當視其紙長短色澤，若具出一時，字與之稱，切勿以爲贋而置疑，此予先君莊敏之所以致别也。（下略）」

劉季孫（景文）自隰來書，軾答簡盛贊其文章。

簡見《佚文彙編》卷二（二四五五頁），謂其文如風檣陣馬，迅霆激發，中復紆餘緻膩。

任大防（仲微）來，軾題大防父伋閲世堂詩；大防行，送至新渡寺，贈詩。

詩見《蘇軾詩集》卷三十四（一八四三及一八四四頁）。《欒城後集》卷一有《蔡州任氏閱世堂》詩，《柯山集》卷八有《任仲微閱世亭》詩。

末詩云：「志士抱奇策，常苦不得申。及其利害出，倏已亡其人。今古同此恨，愚智竟誰分。哀哉老任公，英魄久已淪。惟餘亭下柏，閱世盤深根。紛紛繁草木，幾變秋與春。朝菌與蟪蛄，盡死我獨存。任公不及見，見其賢子孫。請君利斯奇，仍復大其門。」

朱京（世昌）使蜀，軾有送行詩。

詩見《蘇軾詩集》卷三十四（一八四四頁），云「使者我友生，聽訟如家人」，知京官蜀中某路提刑。京，南豐人。《宋史》卷三百二十二有傳，歷官湖北、京西、江東轉運判官，故詩題以運判相稱。

蘇軾病中夜讀朱勃（遜之）博士詩，作詩。

軾詩見《蘇軾詩集》卷三十四（一八四五頁）。

詩首云「病眼亂燈火」，眼花。繼云「細書數塵沙」，小字書模糊不清，如粒粒塵沙。取眼前事物作喻，如此鮮明，不知如何想出。第三、四句：「君詩如秋露，净我空中花。」明净之秋日露水，可以拭目，可以清心。言勃詩清新。第五、六句：「古語多妙寄，可識不可誇。」可以意會，蓋有深沉閱歷寓其間。第七、八句：「巧笑在頩頰，哀音餘摻撾。」謂勃詩之内容，或歡愉，或悲哀，皆令人感動。以上八句，盡勃之詩。無過實之譽。以下言飲茶。

趙令畤嘗以蘇軾在潁州與陳師道等人唱酬，編爲《汝陰唱和集》。

《直齋書録解題》卷十五《汝陰唱和集》一卷：「元祐中，蘇軾子瞻守潁，與簽判趙令畤德麟、教授陳師道無己唱和，晁説之以道爲之序，李廌方叔後序，二序皆爲德麟作也。」集佚。

廌序參紹聖四年「是歲李廌爲《汝陰唱和集》作後序」條。説之序佚。

軾嘗爲趙令畤言鬼詩。嘗與令畤論詩、哦詩，論筆、茶、墨等。

《侯鯖録》卷二：「東坡嘗言鬼詩有佳者，誦一篇云：『流水涓涓芹吐芽，織烏西飛客還家。深村無人作寒食，殯宮空對棠梨花。』嘗不解『織烏』義，王性之少年博學，問之，乃云：織烏，日也，往來如梭之織。坡又舉云：『楊柳楊柳，嫋嫋隨風急。西樓美人春睡濃，繡簾斜卷千條入。』又誦一詩云：『湘中老人讀黄老（餘略）。』」「湘中」云云，《蘇軾文集》卷六十八《書鬼仙詩》已録。

《侯鯖録》卷一：「東坡云：『世之對偶，如「紅生」、「白熟」，「手文」、「脚色」二對，無復加也。』又云：『與我周旋寧作我，爲郎憔悴却羞郎。亦的矣。』予詩中有『青州從事』對『白水真人』，公極稱之，云：『二物皆不道破爲妙。』」

同上：「余嘗和劉景文詩云：『我識之無常縮舌，君能競病且低顔。』東坡笑曰：『吾嘗贈雷勝將軍詩曰：「太守無何唯日飲，將軍競病自詩鳴。」見吾子此對，覺吾用無何二字體慢矣。』」

同上卷四：「東坡云：『諸葛氏筆，譬如内庫法酒、北苑茶，他處縱有嘉者，殆難得其彷彿。』余續之曰：『上閤衙香，儀鸞司椽燭，京師婦人梳妝與脚，天下所不及。』公大笑。」

同上：「東坡與司馬温公論茶、墨。温公曰：『茶與墨政相反，茶欲白，墨欲黑；茶欲重，墨欲輕；茶欲新，墨欲陳。』予曰：『二物之質誠然，然亦有同者。』公曰：『謂何？』予曰：『奇茶、妙墨皆香，是其德同也；皆堅，是其性同也。譬如賢士君子，妍醜黔晳之不同，其德操韞藏，實無以異。』公笑以爲是。」《高齋漫録》亦叙此事。

同上卷六：「余嘗爲東坡先生言平生當官有三樂：凶歲檢災，每自請行放數得實，一樂也；聽訟爲人得真情，二樂也；公家有粟可賑饑民，三樂也。居家亦有三樂：閨門上下和平，内外一情，一樂也；室有餘財，可濟貧乏，二樂也；客至即飲，略其豐儉，終日欣然，三樂也。東坡笑以爲然。」

同上卷七：「東坡云：『白公晚年詩，極高妙。』余請其妙處，坡云『如「風生古木晴天雨，日照平沙夏夜霜」，此少時不到也。』」

同上：「晉人論三教異同曰『將無同』。曾問東坡，坡云：『古人以「將」爲初，是初無同，豈復有異耶？』後復以此旨觀古人用『初』字，意皆通於此義。」以上所叙，大半可肯定爲在潁時事，茲綜次於此。

軾嘗以所校閱之陶淵明集付趙令畤(德麟),或爲此時事。

《石林詩話》卷上:「前輩詩材,亦或預爲儲蓄,然非所當用,未嘗强出。余嘗從趙德麟假陶淵明集本,蓋子瞻所閱者,時有改定字,末手題兩聯云:『人言盧杞有奸邪,我覺魏公真嫵媚。』又:『槐花黄,舉子忙;促織鳴,懶婦驚。』不知偶書之耶,或將以爲用也?然子瞻詩後不見此語,則固無意於必用矣。」《詩話總龜》卷九引《王直方詩話》:「韓存中云:東坡嘗云『人言盧杞是姦邪,我見魏公但嫵媚』,好作一對,請諸人將去作一篇詩。」《冷齋夜話》卷一《的對》條引蘇軾語,謂「我見」乃唐太宗語,「人言」乃唐德宗語,爲的對。茲附此。存中名持正,見《曲洧舊聞》卷六。

軾與陳師道論畫論詞,或爲在潁時事。

《後山集》卷十九《談叢》:「蜀人句龍爽作《名畫記》,以范瓊、趙承祐爲福品,孫位爲遞品,謂瓊與承祐類吴生而設色過之,位雖工不中繩墨。蘇長公謂彩色非吴生所爲,二子規模吴生,故長於設色爾。孫位方不用矩,圓不用規,乃吴生之流也。余謂二子學吴生而能設色不得其本,故用意於末,其巧者乎!」

《艇齋詩話》:「東坡《大江東去》詞,其中云:『人道是三國周郎赤壁。』陳無己見之,言不必道三國，東坡改云『當日』，今印本兩出，不知東坡已改之矣。」

軾離潁，弓允（明父）送行；陳師道贈詩；趙令畤（德麟）餞飲，賦詩話別。

《蘇軾文集》卷五十九《與明父權府提刑》謝允送行。

《後山詩注》卷三《送蘇迨》：「胸中歷歷著千年，筆下源源赴百川。真字飄揚今有種，清談絶倒古無傳。出塵解悟多爲路，隨世功名小著鞭。白首相逢恐無日，幾時書札到林泉。」《日涉園集》卷八有次韻。

話別詩乃《蘇軾詩集》卷三十四《趙德麟餞飲湖上舟中對月》、《和趙德麟送陳傳道》。

《平園續稿》卷十一《東坡潁州詩》：「東坡以元祐六年秋到潁州，明年春，赴維揚，作此詩，題曰《西湖夜月泛舟》，今集序以《趙德麟餞飲湖上舟中對月》爲題是也。按：公在潁僅半年，集中自《放魚長韻》而下，凡六十餘詩。歷考坡所至歲月，惟潁爲少，而留詩反多，蓋陳傳道、履常，趙德麟，歐陽叔弼、季默適聚於潁，故臨別詩『五君從我遊，傾寫出怪珍』。又中間劉景文特來，送行詩云：『歐陽、趙、陳皆我友，豈謂夫子駕復迂。邇來又見三黜柳，共此煖熱餐氈蘇。』自注云：『郡中日與叔弼、景貺、履常相從，而景文復來，不數日，柳戒之亦見過。賓客之盛，頃所未有。』乃知攄發妙思，羅列於此，抑有由也。堂名聚星，古今相望，使有俗物敗人意，如坡所云，其能爾乎！」作於嘉泰癸亥。「五君」云云，在《和趙德麟送陳傳道》中。「歐陽」及自注云云，見《詩集》卷三十四《次前韻送劉景文》。

軾自潁起行，舟行經濠州。三月三日，與子迨、過游塗山、荆山，詩記所見。

經濠州，見以下「舟行至楚州」條。

詩見《蘇軾詩集》卷三十五（一八六五頁）。塗山屬濠州鍾離。《詩集》卷四十八《壽陽岸下》，或爲此時所作。壽陽即壽州，由潁至濠，可經壽州。壽州界首至濠州一百八十里。

四日，程頤除直祕閣，判西京國子監。轍言頤入朝未便。頤旋奉祠。

《二程集·伊川先生年譜》本年紀事引《王公繫年録》：「元祐七年三月四日，延和奏事，三省進呈，程頤服除，欲與館職判檢院。簾中以其不靖，令只與西監，遂除直秘閣，判西京國子監。初，頤在經筵，歸其門者甚盛；而蘇軾在翰林，亦多附之者，遂有洛黨、蜀黨之論。二黨道不同，互相非毁，頤竟爲蜀黨所擠。今又適軾弟轍執政，纔進稟，便云：但恐不肯靖。簾中入其説，故頤不復得召。」頤本年五月，改授管勾崇福宫。

《長編》卷四百七十一有記載。《長編》云：「是日，三省進呈程頤服闋，欲除館職，判登聞檢院，太皇太后不許，乃以爲直祕閣、判西京國子監。初，頤在經筵，歸其門者甚衆，而蘇軾在翰林，亦多附之者，遂有洛黨、蜀黨之論，二黨道不同，互相非毁，頤竟罷去。及進呈除目，蘇轍遽曰：『頤入朝，恐不肯静。』太皇太后納其言，故頤不得復召。」

晁補之聞蘇軾知揚州，以詩相迎，軾有和。時補之爲揚州通判。

《雞肋集》卷十三詩題：「東坡先生移守廣陵，以詩往迎，先生以淮南旱，書中教虎頭祈雨法，始走諸祠，即得甘澤，因爲賀。」和詩見《蘇軾詩集》卷三十五（一八六八頁）；補之詩，《詩集》題下「查注」已引。

《柯山集拾遺》卷十二《晁無咎墓誌銘》謂遷校書郎後，「以親老求補外，除祕閣校理、通判揚州」。《長編》卷四百五十三元祐五年十二月戊申：「校書郎晁補之通判揚州。」《蘇軾文集》卷五十二與趙令時（德麟）第八簡：「得無咎相切磨之。」以爲幸。

蘇軾淮上早發，作詩。

詩見《蘇軾詩集》卷三十五（一八七〇頁）。

詩首云：「淡月傾雲曉角哀，小風吹水碧鱗開。」淡月傾雲，扣早。早發，淡淡哀愁。春風已到淮南路，故吹水而碧鱗開。末云：「此生定向江湖老，默數淮中十往來。」似有淡淡哀愁寓其中。

十二日，軾抵泗州，祈雨僧伽塔，作祝文。與弓允（明父）簡，遣送人還府，致謝意。

文見《蘇軾文集》卷六十二（一九二六頁），簡見卷五十九（一八〇三頁）。

丁酉（十四日），王蘧除知無爲軍。事涉蘇轍。

據《長編》本日紀事。《長編》云：蘧原除知秀州，以臣僚言其人污下，又聞係右丞蘇轍婿王適之兄。

中澣，秦觀遊金明池，賦詩。蘇軾嘗箴之。

《宋六十名家詞·于湖詞·序》：「昔東坡見少游《上巳遊金明池》詩，有『簾幕千家錦繡垂』之句，曰：學士又入小石調矣。世人不察，便謂其詩似詞。不知坡之此言，蓋有深意。夫鏤玉雕瓊，裁花翦葉，唐末詞人非不美也，然粉澤之工，反累正氣。東坡慮其不幸而溺乎彼，故援而止之，惟恐不及。其後元祐諸公嬉弄樂府，寓以詩人句法，無一毫浮靡之氣，實自東坡發之也。」于湖，張孝祥。序乃孝宗乾道間湯衡撰。

《淮海集》卷九詩題：「西城宴集。元祐七年三月上巳，詔賜館閣官花酒，以中澣日游金明池瓊林苑，又會於國夫人園，會者二十有六人，二首。」其一次王敏中少監韻，云：「春溜泱泱初滿池，晨光欲轉萬年枝。樓臺四望烟雲合，簾幕千家錦繡垂。風過忽聞花外笑，日長時奏水中嬉。太平誰謂全無象，寓在羣仙把酒時。」其二次王欽臣（仲至）韻：「宜秋門外喜參尋，豪竹哀絲發妙音。金爵日邊棲壯麗，彩虹天際卧清深。已煩逸少書陳迹，更屬相如賦上林。猶恨真人足官府，不如魚鳥自飛沉。」《淮海居士長短句·補遺》有《金明池》詞，賦東京金明池。

軾舟行至楚州。自潁州行至此，沿途常屏去兵卒，訪問民間疾苦。晤楚守周豫，豫出舞鬟，賦《南歌子》二首贈之。作《淮陰侯廟碑》。嘗題字紫極宫。

《蘇軾文集》卷三十四《論積欠六事并乞檢會應詔所論四事一處行下狀》叙自潁移揚途中所見民間疾苦。詞見《東坡樂府》卷下，云「風和約柳春」，此時作。豫嘗以集賢校理爲太常博士，《王臨川集》卷五十一有制文。

碑見《文集》卷十七，云「我停單車，思人望古」，知作於過楚州（淮陰）時；又云「書軌新邦」，知作於此時，以楚州屬淮南東路也。《輿地紀勝》卷三十九《楚州》有《淮陰侯廟記》，謂爲蘇軾文，知碑即記；又云「紫極宫，在城西南隅，熙寧中楊傑爲之記」，「有李伯時畫馬，東坡有題字，陳後山有題詩」；又謂嘗有神仙來遊，題詩於壁云云。軾題字詩不詳，亦不見，姑次此。《後山集》卷三《猴馬》乃爲紫極宫作。

晤徐積（仲車），積贈詩，軾次韵積詩。

次韵見《蘇軾詩集》卷三十五（一八七一頁）。《節孝集》附録《蘇東坡帖》有此詩，題云：「昨日見仲車先生，耳疾雖未甚痊，而神氣已一，真得道者，輒次韻奉答。軾上。」《節孝集》卷三《贈子瞻》三首，其一：「翰林主人其姓蘇，左臂不任十上書。幾年乞得江與湖，吴中父老争歡呼。玉堂金户不肯居，肯來南郭尋樵夫。樵夫所識山與水，除此如何論奇偉。八月十五錢塘江，海門山下潮頭起。」其二：「翰林豈特文章工，赤心白日相貫通。先與吴人除二凶(原注：謂法外除二顔),次與吴田謀常豐。乃與徒役開西湖,狹者使廣塞者除。漑田不知幾萬夫,其田立變爲膏腴。世世可知無旱枯,吴人衣食常有餘。有餘之人善可趨,官司亦可省刑誅。無窮之利誰與俱?前有白傅後有蘇。翰林如此能成務,吴人叩額呼爲父。未知何處立生祠,定是吴山行坐處。翰林却過淮之東,無人不看眉陽公。玉堂氣貌將以恭,又到城南尋老農。仍使尊中酒不空,玉泉最好白醅醲。便將玉水傾喉嚨,須臾醉倒無憂翁。老翁雖醉不敢迂,記得杭州三事書。欲毗堯舜皋陶謨,事防阻隔有所拘。翰林此説若行諸,聖朝惠澤可大敷。譬如雷雨動天衢,曠然霈然而廓如。無分草木與蟲魚,一時奮振皆霑濡。滿堂飲酒盡歡娱,更無一人泣向隅。老農雖然無所逋,願同衆口齊歡呼。」其三:「昔者益州牧,意欲見杜微。不能以身往,使人輦致之。雖用爲諫議,待士禮已非。而況君房輩,端坐呼子陵。子陵胸中氣,直與青雲平。豈肯爲人屈,彼亦徒驕矜。孰如揚州牧,自處遜與恭。德不矜其盛,事不矜其功。南郭已三顧,迂身爲衰翁。以手書所問,視面歎厥容。移時能立語,避乘乃鞠躬。不知古之人,幾人能如公。」蘇軾所次之韻,乃積另一詩,今不見《節孝集》。此二詩,用明本校。

杭守林希(子中)作春日新堤書事詩寄蘇軾,軾次韵。

軾詩見《蘇軾詩集》卷三十五(一八七二頁)。希詩佚。

詩首云「東都寄食似浮雲，襆被真成一宿賓」，言去年居京師短暫。續云「收得玉堂揮翰手，却爲淮月弄舟人」，潁近淮，揚屬淮。續云「羡君湖上齋摇碧，笑我花時甑有塵」，希在西湖蕩月，而個人賞花無酒。末云「爲報年來殺風景，連江夢雨不知春」，言罷揚州花會，以其病民。似作詩時雨下。罷花會雖殺風景，然連江夢雨亦極好之詩境，詩人善於捕捉。

其時，蘇軾與林希之友情尚佳。

蘇軾離潁州赴揚州途中，與趙令時（德麟）簡。

簡乃《蘇軾文集》卷五十二《與趙德麟》第十簡。

簡云：「宦游無定，得友君子，又復别去，悵惘可量。」作於離潁時。又云：「到壽淮山，漸有佳思。」壽淮山爲赴揚州所經，此簡作於途中。

二十六日，軾到揚州任，有謝表及謝執政啓。前任爲李承之。

表見《蘇軾文集》卷二十四（六九五頁），啓見卷四十六（一三三三頁）。《紀年録》謂十六日到任，不從。淮南東路：縣一，江都；州十，揚、亳、宿、楚、海、泰、泗、滁、真、通；軍二，高郵、漣水。《長編》卷四百六十八謂樞密直學士、朝請大夫、知揚州李承之上年十二月戊辰卒。軾繼其任。

軾《韓文公廟碑》撰成，簡告王滌、蔡朝奉。

《蘇軾文集》卷五十九與潮守王滌第二簡謂碑撰成，「付來价」帶回潮州。卷五十七與蔡朝奉第二簡云碑撰成「付來人」。又云「足下書中云，王守六月替此」，與滌簡云及「若公已替」，知蔡朝奉乃替滌而爲潮州守者。與朝奉簡云「初到揚州」，點明作簡時間，碑見《文集》卷十七。

《朱子語類》卷一百三十九：「向嘗聞東坡作《韓文公廟碑》，一日思得頗久，不能得一起頭，起行數十遭，忽得兩句，云『匹夫而爲百世師，一言而爲天下法』，遂掃將去。」附此。

《文集》卷五十七與復古第七簡叙寄碑文。卷五十九與王滌第二簡：「若公已替，即告封此簡與吴道人勾當也。」道人乃復古。

《苕溪漁隱叢話》前集卷十六：「東坡云：退之《示兒》云：『主婦治北堂，膳服適戚疏。恩封高平君，子孫從朝裾。開門問誰來，無非卿大夫。不知官高卑，玉帶懸金魚。』又云：『凡此坐中人，十九持鈞樞。』所示皆利禄事也。至老杜則不然，《示宗武》云：『試吟青玉案，莫羨紫香囊。應須飽經術，已似愛文章。十五男兒志，三千弟子行。曾參與游、夏，達者得升堂。』所示皆聖賢事也。」此文，《佚文彙編拾遺》收，兹附此。

蘇軾寄《韓文公廟碑》碑文并簡與吴復古(子野)，并論傳《碑》莫若實。

簡乃《蘇軾文集》卷五十七《答吴子野》第七簡。

簡云：「《文公廟碑》，近已寄去。」又云：「先伯父與陳文惠公相知。……嘗見文惠公與伯父書云，嶺外瓦屋始於宋廣平，自爾延及支郡，而潮尤盛。……以文惠書考之，則文公前已有瓦屋矣。傳莫若實，故碑中不欲書此也。」時有謂潮之有瓦屋起於韓愈（文公），故蘇軾此處鄭重言之。伯父，蘇涣。陳文惠公乃陳堯佐。堯佐字希元。《宋史》卷二百八十四有傳。慶曆四年卒，年八十二。

《文集》卷五十九與王滁第二簡：「若公已替，即告封此簡與吴道人勾當也。」道人乃復古。知與復古簡乃由滁轉。

軾與鄧潤甫（温伯、聖求）簡，以得揚州爲樂。

簡乃《佚文彙編》卷三《與鄧聖求》第一簡。《宋史》潤甫傳謂哲宗立，進承旨，旋得罪遷亳，復以承旨召。《蘇魏公文集》卷十二有《鄧聖求承旨迭貽佳句（下略）》詩。知鄧承旨爲潤甫。

軾撰張方平墓誌銘，與方平子恕（厚之、忠甫）簡，謂誌文不可冗。

簡乃《佚文彙編》卷二與恕第一簡，云：「誌文路中已作得大半，到此百冗，未絶筆，計得十日半月乃成。」作於到揚之初。

曾旼罷揚州教授，過真州，與吕惠卿（吉甫）論蘇軾。

《隨手雜録》：「曾旼過泗州，謂余曰：『某罷揚州教授時，子瞻守揚，某往見吕吉甫真州。吉甫問曰：『軾何如人也？』旼曰：『聰明人也。』吉甫怒，厲聲曰：『堯聰明耶？舜聰明耶？大禹之聰明耶？』旼曰：『非三者之聰明，亦是聰明也。』曰：『所學如何？』旼曰：『學孟子。』愈怒，愕然而立曰：『是何言歟？』曰：『孟子以民爲重，社稷次之，此其所以知學孟子也。』吉甫默然久之。』」

旼字彦和，龍溪人。熙寧六年進士。熙寧七年五月，以吴縣尉爲提舉修撰經義所檢討。元豐間，以秀州軍事推官監潤州羅納倉，太守許遵令采諸家文集，始東漢，終南唐，凡五百餘篇，十卷，名曰《潤州類集》。《雞肋集》卷十六有詩及之。參《長編》卷二百五十三、《嘉定鎮江志》卷十六、《福建通志》卷三十三。

軾晤米黻(元章)。時黻將知雍丘。

《晚香堂蘇帖》：「元章一日從衆中問云：『人皆謂芾顛，請以質之子瞻。』老坡笑曰：『吾從衆。』」以下有「東坡」印章。《佚文彙編》未收。《侯鯖録》卷七：「東坡在維揚設，客十餘人，皆一時名士，米元章在焉。酒半，元章忽起立，云：『少事白吾丈，世人皆以芾爲顛，願質之。』坡曰：『吾從衆。』坐客皆笑。」《京口耆舊傳》卷二、《宋史》卷四百四十四黻傳皆言黻知雍丘，參本年此以下「米黻自雍丘來簡」條。

劉季孫自隰州寄詩來。

《瀛奎律髓》卷四十七劉季孫《題子瞻揚州借山寺》：「給事風流在，虚亭景趣閑。全臨故宮水，盡致別州山。峯勢晴相向，嵐光夜不還。無時供勝賞，歷歷白雲間。」《宋詩紀事》卷三十録此詩，詩題「寺」作「亭」。

軾罷揚州萬花會。與王鞏（定國）簡，言花會之害。

《蘇軾詩集》卷三十五《次韵林子中春日新堤書事見寄》自注、《蘇軾文集》卷七十二《以樂害民》均叙罷萬花會。《墨莊漫録》卷九：「揚州産芍藥，其妙者不減於姚黄、魏紫。蔡元長知維揚日，效洛陽，亦作萬花會。其後歲歲循習而爲，人頗病之。元祐七年，東坡來知揚州，正遇花時，吏白舊例，公判罷之，人皆鼓舞欣悦。作書報王定國云：『花會檢舊案，用花千萬朵，吏緣爲姦，乃揚州大害，已罷之矣，雖殺風景，免造業也。』公之爲政惠利於民，率皆類此，民到於今稱之。」

《東坡樂府》卷下《浣溪紗》：「芍藥櫻桃兩鬬新，名園高會送芳辰，洛陽初夏廣陵春。」《蘇軾詞編年校注》編此詞本年四月，謂蘇軾罷揚州萬花會，「但他不反對在芳辰花時到名園賞花雅集」。今從其説。

賦《江城子》（墨雲拖雨過西樓）。

詞見《全宋詞》第三二〇頁。

《東坡詞編年箋證》：「考公凡十過揚，一守揚；熙寧四年辛亥倅杭十一月一過揚；熙寧七年甲寅自杭移密十月二過揚；元豐二年己未自徐移湖四月三過揚；同年八月赴臺獄四過揚；元豐七年甲子自黄移汝奔波於江淮間十月五過揚；元豐八年乙丑赴常州貶所五月六過揚；同年六月告下知登州八月七過揚；元祐四年己巳守杭六月八過揚；元祐六年辛未自杭還朝四月九過揚；元祐九年甲戌南謫五月十過揚；元祐七年壬申自潁移揚三月十六日到揚州任。公凡十過揚，皆與詞中春景不侔，故知此詞當寫於壬申自潁移揚初到揚州任上時。」按，詞有「誰似我，醉揚州」之句，知作於揚州。

四月戊午（初六日），《長編》叙太皇太后高氏選孟家女爲哲宗皇后破勘婚之説事，涉蘇轍。

《長編》卷四百七十二云：吕大防曰：「奉聖諭，選納皇后，更不勘婚。」王巖叟曰：「如此則不勘婚出聖意，更安用大臣文字！須見議出於衆，乃合聖意。」蘇轍亦以爲然。遂於「選納皇后」字下，添入「今來衆説」四字，及添入臣等累嘗奏陰陽拘忌，亦宜簡略。後兩日，遂進呈納后不當勘婚，并孟家考察選召劄子。

曾布（子宣）來訪蘇軾，復簡蘇軾，軾答簡。

蘇軾答簡乃《蘇軾文集》卷五十《與曾子宣》第九簡。簡云：「昨日辱台旆臨顧，不及拜迎。」是曾布來訪也。云「台旆」，時布知太原。簡云「遽枉手教」，是布來簡也。簡云：「啓行有日，終當卜一邂逅。」謂布赴知太原任，擬擇日歡送之。其時約在本年三月或四月，今繫三月。

己未(初七日)，哲宗立皇后孟氏。軾上賀表。

四月己未云云，見《宋史·哲宗紀》。表見《蘇軾文集》卷二十四(六九七頁)。

甲子(十二日)，以蘇轍攝太尉，充册皇后告期使。

據《長編》：吕大防充奉迎使，蘇頌充發册使，王存充納吉使，梁燾充納采問名使，皆攝太尉。《宋史》卷二百四十三《哲宗昭慈聖獻孟皇后傳》謂皇叔祖同知大宗正事宗景攝宗正卿副之。

寄《醉翁操》并書與本覺法真禪師；二十四日，軾爲跋。郭祥正因是亦作《醉翁操》。

跋見《蘇軾文集》卷七十一(二二四九頁)。

《澠水燕談録》卷七：「(沈)遵之子爲比丘，號本覺真禪師，(東坡)居士書以語之。」遵，見元豐五年「爲崔閑作《醉翁操》」條紀事。

《至元嘉禾志》卷三十一有吴潛《醉翁操》，《全宋詞》謂吴潛乃郭祥正之誤，是。調下有題，云「效東坡」。有序：「予甥法真禪師以子瞻内相所作《醉翁操》見寄，予以爲未工也，倚其聲作之，寫呈法真，知可意否？謝山醉吟先生書。」詞云：「冷冷潺潺。寒泉。瀉雲間。如彈。醉翁洗心逃區寰。自期猿鶴俱閒。情未闌。日暮造深原。異芳誰與搴。忘還(原注：泛聲同)。瓊樓玉闕，歸去何年。遺風餘思，猶有猿吟鶴怨。花落溪邊。蕭然。鶯語林中清圓。

空山。春又殘。客懷文章仙。度曲響涓涓。清商回徵星斗寒。」祥正此詞，見《青山集》卷一。謝山醉吟，祥正自號。

《青山集》卷六《送外甥法真一師》：「仕禄不及養，勇往學金仙。棄家如脱屣，壞衣披稻田。見汝若見母，令我涕泗漣。我方齠齔時，巨嶽遭摧顛。汝母挈我往，西江赴臨川。愛育比其兒，衣食無頗偏。追隨二三載，思親我言還。是時汝未産，顧今三十年。汝壯我已老，死者歸重泉。悠悠記昨夢，幻妄真可憐。汝能逃世累，趣尚固已賢。京華勿久棲，還當擇深淵。返窮生死本，勿爲言句纏。拭我衣上淚，贈汝金石篇。」

同上《送甥沈濟秀才下第南歸》：「炎風吹黄塵，去興不可止。丈夫固有命，得失致悲喜。何當永相將，錫山酌泉水。」

據此，知法真俗名沈濟。《蘇軾詩集》卷四十七《題沈君琴》之沈君，疑即爲濟。

法真全稱「秀州本覺寺守一法真禪師」，乃青原下十二世，慧林宗本禪師法嗣。《五燈會元》卷十六有傳，稱法真乃沈氏子，與《青山集》合；傳稱法真乃江陰人。

同日書若逵所書二經後。

文見《蘇軾文集》卷六十九（二二〇七頁）。

《攻媿集》卷七十二《跋吴僧若逵所書觀經》：「太府卿蘇公伯昌謂爲明州長史，僧有獻少公

《維摩經》手澤，蓋爲老泉小祥書此。後以示蜀士，士曰：『蜀有長公書《圓覺經》，與此同時，字體亦相類。』以所攜石本示公，且許求墨蹟以來，後不知曾得之否？若逵二經，元祐諸名公爲之跋而增重。《觀經》儼然如新，不知《法華經》何在，安知他日不能復合耶！」少公乃蘇轍，長公乃蘇軾，老泉乃蘇洵。

二十五日，軾記轍論修身語。

《蘇軾文集》卷七十三《記子由言修身》：「子由言：『有一人死而復生，問冥官：「如何修身，可以免罪？」答曰：「子且置一卷曆，書日之所爲，暮夜必記之。但不可記者，是不可言不可作也。無事静坐，便覺一日似兩日，若能處置此生，常似今日，得至七十，便是百四十歲。人世間何藥可能有此奇效：既無反惡，又省藥錢。此方人人收得，但苦無好湯使，多嚥不下。」』元祐七年四月二十五日。」

賜衈刑詔書，軾上謝表。

表見《蘇軾文集》卷二十四（六九六頁），表有「麥秋已至」之語，約爲四月事。

張大亨（嘉父）來訪，軾有詩贈之。

《蘇軾詩集》卷三十五《送張嘉父長官》：「於今三會合，每進不少留。」此次相晤，實爲第四次，參元祐六年「張大亨來訪於京師」條；或以元祐六年「不遂款奉」而略去也。又云：「微官有簡大亨，以加意人命爲勉；時大亨爲縣官。

民社，妙割無雞牛。」大亨時爲縣官。《蘇軾文集》卷五十三與大亨第三簡：「君爲獄吏，人命至重，願深加意。」《雞肋集》卷十八《再和嘉父見貽》云「曾共廣陵花下醉」，可參。大亨此後與蘇軾無直接文字交往。據《蘇軾文集》卷五十三《與錢濟明》第九簡，建中靖國元年除《春秋》博士。《金石萃編》卷一百四十六有與米黻崇寧五年題名。《東萊詩集》卷一有《遊南山歸簡張嘉父博士》詩，作於大觀二年。《山陽藝文志》謂政和七年爲司勛員外郎，歷官直秘閣。《眉山先生文集》卷二十有《張嘉父生日》詩。《初寮集》卷三《戒壇院東坡枯木張嘉夫妙墨童子告以僧不在不可見作此示》：「雪裏壁間枯木枝，東坡戲作無聲詩。雪川謫仙亦豪放，酒闌爲吐雲烟詞。相傳秀色絶今古，正如四月出盆絲。老僧遮護不許見，敲門游客遭慢欺。我來擬看亦乘興，興盡却還君不嗤。」謫仙謂張大亨（嘉父、嘉夫）。據詩，知此畫有大亨題跋。附此以爲研究蘇軾與張大亨交往之助。

蘇軾與張大亨（嘉父）簡，論爲學。

簡乃《蘇軾文集》卷五十三《與張嘉父》第四簡。

簡云：「君年少氣盛，但願積學，不憂無人知。譬如農夫，是穮是蓘，雖有饑饉，必有豐年。敢以爲贈。」

按，「譬如農夫」四句，見《左傳·昭公元年》。穮，翻地；蓘，培土；皆爲耕作之事。後因以穮裦泛指辛勤勞作。此四句意爲，有辛勤勞作，一定能有豐收。以之贈年少氣盛如張大亨輩，極爲適宜。蓋豐收之取得，并非立竿見影。如天公不作美，雨雪不時，雖勤勞仍有時不免饑饉。然辛勤勞作可以減少自然災害，遇水順風調，辛勤勞作者較之一般勞作者自可獲得更多收成。爲學者需具有充足信心，長遠目標，不因一時挫折而失其鬭志。

蘇軾再與張大亨（嘉父）簡，論爲學。

簡乃《蘇軾文集》卷五十三《與張嘉父》第五簡。

簡云：「公文章自已得之於心，應之於手矣。譬之百貨，自有定價，豈小子區區所能貴賤哉。潛雖伏矣，亦孔之章。足下雖欲不聞於人，不可得。願自信不疑而已。」强調自信，而自信之基礎在積學。

簡所云「小子」，乃評頭論足之淺俗之輩。簡云「潛」「伏」與「章」，矛盾而又統一。此一時之「潛」「伏」，不爲人所知，爲另一時之「章」、「孔（甚）章」聲名噪於世創下基礎。三蘇未出蜀，可謂「潛」「伏」，一旦至京師，名聞天下，可謂「孔章」。關鍵在積學，蘇軾仍以是相勉。并附此。

蘇軾與張大亨（嘉父）簡，謂所作《西漢論》精確。

簡乃《蘇軾文集》卷五十三《與張嘉父》第六簡。

簡云：「借示賦、論諸文，遂得厭觀，殊發老思。《西漢》一首尤精確。文帝不誅七國，世未有知其説者，獨張安道嘗言之於神考，其疏，人亦莫之見也。今公所論，若合符節，非學識至到，不能及此。」文帝不誅七國而必待景帝誅之，其中必有一番新鮮見解，即所謂「識」。蘇軾借大亨之賦、論觀之，知大亨有才名。蘇軾借觀之，正藉此以延譽也。

蘇軾此簡，據「老思」、「神考」云云，知作於元祐時。

潁州西湖治成，趙令畤（德麟）寄詩來，軾次韻。

次韻詩見《蘇軾詩集》卷三十五（一八七六至一八七八頁），凡三首。蘇軾在潁，與令畤同治西湖，未成，改揚州。三月十六日，西湖成。

《蘇軾文集》卷五十二與令畤第九簡云及「惠示二首」，「今且次韻二首」。令畤詩已佚。

是月，三省樞密院同奏，册皇后，故事在京諸軍各有小特支。蘇轍以爲以不支爲主。

據《長編》。《長編》叙蘇轍謂吕大防曰：「要須以不支爲主，不得已方别商量，豈可便承當。前人不足，吾儕笑之，豈可却令人笑也！」大防默然。

蘇軾與劉奉世（仲馮）簡，叙近況。

簡乃《蘇軾文集》卷五十《與劉仲馮》第二簡。

簡云：「拜違朞歲。」知元祐六年蘇軾在京師時，與仲馮有交往。又云：「到揚數病在告，出輒困於迎送，猶幸歲得半熟，公私省力，可以少安。」云「迎送」，以揚州乃重鎮，淮南東路治所。云「半熟」，當指麥收。知此簡約作於四月間。

五月五日，小集石塔寺，軾作詩謝毛漸惠茶。晁補之有次韻。

詩見《蘇軾詩集》卷三十五（一八七九頁）。

《雞肋集》卷六《次韻蘇翰林五日揚州石塔寺烹茶》：「唐來木蘭寺，遺迹今未滅。僧鐘嘲飯後，語出饑客舌。今公食方丈，玉茗摅噫噎。當年卧江湖，不泣逐臣玦。中和似此茗，受水不易節。輕塵散羅麹，亂乳發甌雪。佳辰雜蘭艾，共弔楚纍潔。老謙三昧手，心得非口訣。誰知此間妙，我欲希超絶。持誇淮北士，湯餅供朝啜。」

《詩集》「誥案」謂「公自杭召還，毛正仲已在揚州」，誤。時知揚者乃王存（正仲），非毛漸（正仲）也。參元祐六年有關紀事。

十一日，軾跋舊與元净（辯才）書。

跋見《蘇軾文集》卷六十九（二一九九頁）。時元净弟子惟楚攜元祐五年爲元净所書數紙來，乃太息書此。

十六日，軾奏論積欠六事并乞檢會應詔所論四事一處行下狀。

狀見《蘇軾文集》卷三十四（九五七頁），謂：「臣自到任以來，日以檢察本州積欠爲事。内已有條貫除放，而官吏不肯奉行者，臣即指揮本州一面除放去訖。其於理合放而於條未有明文者，即且令本州權住催理，聽候指揮。其於理合放而於條有礙者，臣亦不敢住催。」狀所論積欠六事爲元祐五年五月十四日敕、元祐五年四月九日朝旨、熙寧編敕、元豐三年九月二十八日明堂赦書、元祐元年九月六日明堂赦書、元祐六年五月二十六日聖旨所言積欠之除放或催納事。應詔所論四事，見元祐六年正月九日紀事。狀乞差官三五人置局看詳，立限結絶。

同日，哲宗御文德殿發册及命使奉迎皇后。蘇轍有《立皇后制書劄子》。

同日云云，據《長編》卷四百七十三。《年表》：「五月戊戌，立皇后孟氏。」劄子見《欒城後集》卷十六。戊戌乃十六日。

轍與軾簡。

《蘇軾文集》卷五十二《與趙德麟》第四簡：「得舍弟書，奉太夫人久服藥，近已康復，伏惟歡慶。」以下有「到郡二月」之語。

郡謂揚州。軾到知揚州任爲本年三月，知此簡作於五月。太夫人謂令畤（德麟）之母；時令畤尚在潁州，其母亦在潁州就養。

二十四日，軾會晁補之（無咎）隨齋消暑，賦《減字木蘭花》（回風落葉）。

詞見《東坡樂府》卷下，調下自注云是日「會於無咎之隨齋，主人汲泉置大盆中，漬白芙蓉，坐客翛然，無復有病暑意」。

本月，劉季孫卒於隰州官所。

《蘇軾文集》卷三十五《乞賻贈劉季孫狀》及此。卷六十八《記劉景文詩》稱季孫「慷慨奇士，博學能詩，僕薦之，得隰州以歿，哀哉」。

本月，軾再奏論積欠六事、四事。

奏狀見《蘇軾文集》卷三十四（九七〇頁）。《文集》謂此狀本年六月十六日上。《長編》卷四百七十三本年五月紀事引軾此狀，注謂：「據蘇軾奏議，係六月十六日。按：六月一日已從軾言下詔，不應六月十六日又奏，此必印本『六月日』誤，今并附五月末。」今據《長編》繫入。狀續陳兩浙、淮東西路嚴重災情，並云：「臣敢昧死請内降手詔云：『訪聞淮浙積欠最多，累歲災傷，流殍相屬，今來淮南始獲一麥，浙西未保豐凶，應淮南東西、浙西諸般欠負，不問新舊，有無官本，并特與權住催理一年。』」自「訪聞」以下云云，即見六月一日詔語，見該日紀事。亦可證明此狀作於五月。

軾與趙令時（德麟）簡，言積欠爲害，并詢李直方推恩有耗否；論獄官上下欺罔。

《蘇軾文集》卷五十二與令畤第十一簡：「淮南夏頗熟，然積欠爲害，疾瘵殆未有安理。」第十二簡亦作於夏，簡詢及李直方事，贊直方難得；叙及文廣獄，謂「上下欺罔，不得不令人憤憤」。時令畤尚在潁任職。

軾作滕元發（達道）墓銘。先是張方平在世時令代作，至是作。方平亦嘗請代作孫公神道碑。

令代作云云，見元祐六年「至南都謁張方平」條引《蘇軾文集》卷五十二《與王定國》第三十四簡，簡云元發家「作行狀送至此」。簡云「致漕淮」，作於揚州。《文集》卷十五元發墓銘云「將以元祐七年八月二十二日」葬於蘇州長洲鄉，知此文作於到揚後不久。《紀年録》謂此文作於本年八月。

簡又云方平嘗請代作孫公神道碑，軾「不敢違」。考此孫公，當爲固。固，鄭州管城人，《宋史》卷三百四十一有傳；卒於元祐五年，年七十五，傳稱其淳德。未知作與否。

軾得二石，頗珍異，賦《雙石》詩。

詩見《蘇軾詩集》卷三十五。

《淮海集》卷六《和子瞻雙石》：「天鑱海濱石，鬱若緑毛龜。信爲小仇池，氣象宛然足。連巖下空洞，鼎張彭亨腹。雙峯照清漣，春眉鏡中蹙。疑經女媧鍊，或入金華牧。鑪熏充雲氣，研滴當川瀆。尤物足移人，不必珠與玉。道傍初無異，漢將疑虎伏。支機亦何據，但出君平卜。奇礓入華林，傾都自追逐。我願作陳那，令吼震山谷。一拳既在夢，二駒空所欲。大士捨寶陁，仙人遺句曲。惟詩落人間，如傳置郵速。」

乍熱，蘇軾與潁州友人簡。

簡乃《蘇軾文集》卷六十《與人三首》之第三首。

簡云「出守幸獲相聚」，又云「到揚」，知此簡乃與潁州友人，惜不詳其人。簡云在潁時，「每得見，翛然忘懷」，則甚相得。其人乃高雅之士，故以下云「清游」。

軾作《和陶飲酒二十首》，是爲和陶之始，并示弟轍與晁補之（無咎）。

詩見《蘇軾詩集》卷三十五（一八八一頁）；詩叙云在揚「終日歡不足而適有餘」，詩乃寫此種心情。《紀年録》謂作於七月。今仍從《詩集》編次。

《雞肋集》卷四《飲酒二十首同蘇翰林先生次韵追和陶淵明》其三：「陶公群於人，而無人之情。詩豈世外語，世語不可名。東坡憐此翁，同調但隔生。形光來户屨，真處人不驚。得酒自醒醉，放意無虧成。」其六：「高賢衆所懷，衆理應取是。如何濟衆事，難成復易毁。功成身無與，天運亦復爾。軒裳役群愚，兒曹眩文綺。」其十一：「蘇公士冠冕，復似郭有道。知士未達間，趣操保耆老。精鋼試九火，勞倦容不槁。爲州第飲酒，况此年歲好。藏鋒避世故，輕敵喪吾寶。時來用毫末，勛業自世表。」其十三：「齋居忽若遺，不識身與境。頗疑酣中似，奈爾輒復醒。東坡自云然，挈世一裘領。是事吾有師，安敢囊出穎。指窮火已傳，豈待得薪炳。」轍次韻其十五：「淮海老使君，受詔行當至。當官不避事，無事輒徑醉。平生自相許，兄先弟亦次。東南豈徒往，多難嫌暴貴。白首六卿中，嚼蠟那復味。」參本年八月紀事。

《蘇軾詩集》卷三十九《和陶歸園田居》其六：「昔我在廣陵，悵望柴桑陌。長吟《飲酒》詩，頗獲一笑適。」叙此時事。

秦觀（少章）自京師赴杭州仁和主簿任，途經揚州，出范祖禹（淳甫）送行詩，蘇軾爲和之。晁補之、朱長文亦有和。

《蘇軾詩集》卷三十五有《次韻范淳甫送秦少章》詩。

《范太史集》卷三《送秦主簿赴仁和》：「我思適吴越，懷古意如何。太伯振高風，仲雍揚清波。緒餘有季子，飢食玉山禾。山水發奇秀，古來英俊多。秦君淮海彦，文鋒雄太阿。早依蘇揚州，匠手爲礲磨。光芒侵星斗，氣象奔江河。青衫拾科第，試邑佐絃歌。春水生南國，扁舟浮緑蘿。方將剖蚌璞，焜燿隨與和。我病久廢詩，緬思眄庭柯。徬徨戀紫闥，歲月屢蹉跎。看君登朝廷，奏頌助猗那。爲我謝蘇公，先歸待江沱。」

《淮海集》卷四《送少章弟赴仁和主簿》：「我宗本江南，爲將門列戟。中葉徙淮海，不仕但潛德。先祖實起家，先君始縫掖。議郎爲名士，余亦忝詞客。風流以及汝，三通桂堂籍。汝弱不好弄，文章有新格。久從先生游，術業良未測。武林一都會，山水富南國。下有賢別駕，上有明方伯。干將入砥礪，腰褭就銜勒。勿矜孔鸞姿，不樂棲枳棘。吴中多高士，往往寄老釋。辯才雖物化，參寥猶夙昔。投閑數訪之，可得三友益。少來輕別離，老去重乖隔。念汝遠行役，惘惘意不懌。道山雖云佳，久寓有饑色。功名已絶意，政苦婚嫁迫。終從大人議，税駕邗溝測。追蹤漢兩疏，父子老阡陌。」「先生」謂蘇軾。

《雞肋集》卷七《次韵范翰林淳夫送秦主簿覯》：「高詞自班馬，短句亦陰何。輸寫無窮已，懷山赴壑波。深耕待銍艾，療飢乃嘉禾。機雲共一時，未信來者多。老病愧群豪，魚山臨東阿。蘇公門下客，事業皆不磨。孫寶暫主簿，靈槎會窮河。它年九功叙，當使睦者歌。業虡置牙羽，筦籥復森羅。鏞鐘欠一鐸，未害大樂和。却欲從浮海，珊瑚爛紅柯。龍門雖箭駛，此志未蹉跎。丹沙還黑髮，流景爾則那。仇池出一派，分江定有沱（原注：事見蘇詩）。」蘇詩云「吾將寄潛沱」，言願歸休蜀中。

《樂圃餘稿》卷一《少章過吴門，寵示淳夫、子瞻唱和，并惠山寄少游之什，俾余繼作，輒次三公韻以寄之》：「懷友對華月，身如匏繫何。遥聆金玉音，悵望江湖波。憂來誦三篇，調飢餉嘉禾。蘇、范天下賢，閲士歲月多。憐君似蘭芷，長育瑶山阿。良工得寶璧，韞櫝加琢磨。發爲驚人語，九曲傾洪河。蟠蜿寄短章，浩蕩寫長歌。一官得武陵，萬景盡包羅。又如彈響泉，餘韻清且和。籍湜師韓文，其則在伐柯。俯視枳棘間，翔鸞豈蹉跎。聖朝頌聲作，周雖與商那。二公且大用，豈得歸岷沱。」

《宋文選》卷二十九張耒《送秦少章赴臨安主簿序》，末云「元祐七年仲春十一日書」。覯過揚，當爲夏間事。

李公輔（德載）之宣城，王遹（子敏）之寧陵，秦覯（少章）之仁和，李廌有送行詩。詩涉軾。

《濟南集》卷二《送李德載公輔之宣城王子敏遹之寧陵秦少章之仁和》：「先生位管轄，四海在陶鈞。顧我門牆士，於焉情益親。睟言給鼎味，旨酒侑芳珍。粲粲春服成。暮春及佳辰。載詠先生道，興懷感昔人。三子果藝達，從政宜牧民。維舟萬里流，喜色照通津。廌也不速肖，農圃老此身。同門各騫翥，索居獨離羣。諸公廊廟器，行當策高勛。念此今日歡，無忘病且貧。結駟倘肯顧，促車清潁濱。」

詩中「先生」謂蘇軾。據詩，知李公輔、王遹、秦覯皆列蘇軾門牆。

參元祐六年「軾得李宗易詩集於其孫公輔」條。

蘇軾聞唐坰（林夫）當徙靈隱寺寓居，戲作《靈隱前》一首贈之。

詩見《蘇軾詩集》卷三十五（一八九四頁）。

詩叙靈隱寺形勝，叙靈隱、天竺兩澗之水相縈回於冷泉亭。以下云：「我在錢塘六百日，山中暫來不暖席。今君欲作靈隱居，葛衣草屨隨僧蔬。能與冷泉作主一百日，不用二十四考書中書。」謂自身亦欲爲冷泉之主，能爲冷泉主一百日，即可不作官，然唐坰未必能耐此寂寞，故云「戲」之。大抵熱衷仕途之人，偶興小林之興，不過一時新鮮。

蘇堅（伯固）遊蜀岡，賦詩，軾次其韵送李孝博（叔師、叔升）奉使嶺表。

軾詩見《蘇軾詩集》卷三十五（一八九四頁）。堅詩不見。孝博乃拜廣東提點刑獄，見徐積《節孝集》卷八《送李守孝博》；卷九有《送山陽太守李公》：孝博爲山陽守。《長編》卷二百九十一元豐元年八月己酉，有「詔永興軍秦鳳路提舉折納李孝博具析違法令民折納因依以聞」記載。卷二百九十四十一月丁亥，徙秦鳳等路提舉常平。卷四百七十六本年八月癸丑，有都水監南外丞李孝博言事記載，是孝博赴廣東任後旋即調回也。《輿地紀勝》卷九十五《英德府》有孝博次韻蔣之奇詩。

六月癸丑（初一日），詔淮南東西路、兩浙路諸般逋負，不問舊新、有無官本，并特與權住催理一年。從蘇軾之言也。

據《長編》卷四百七十四，以「訪聞淮、浙積欠最多，累歲災荒，人民流移相屬，今淮南始得一麥，浙東未保收成」也。《長編》注引蘇軾《揚州上呂相公（大防）論税務書》（《蘇軾文集》卷四十八）：「頃者所論積欠，蒙示諭已有定議，此殆一洗天下瘡痏也。」

辛酉（初九日），中大夫、守尚書右丞蘇轍爲太中大夫、守門下侍郎。有《辭門下侍郎劄子》、《免太中大夫門下侍郎表二首》、《謝太中大夫門下侍郎表二首》。

六月辛酉云云，據《長編》卷四百七十四。劄子及表見《欒城後集》卷十七。

洵贈太子太師，妻程氏追封成國太夫人爲此時事。

《軾墓誌銘》：「考諱洵，贈太子太師。妣程氏，追封成國太夫人。」蓋以弟轍官位，此爲最高。

陳師道代人作賀蘇轍啓。

《後山集》卷十五《代賀門下蘇侍郎啓》：「顯膺明制，登進東臺。賢能所居，位望加重。成命四達，衆言一同。竊以帝者不難於待任，而難於知人；君子不患乎富貴，而患乎所立。上之爲賢，而下不異；明之所善，而實與同。故邪正不亂，而用究其能；終始如一，而人不失望。不有君臣之合，孰明治亂之分。共惟某官行法於身，成言於德。名在三君之列，行爲百世之師。方其在布衣之中，已有經天下之志。對嘉祐之問，則刺切明主；議熙寧之政，則違迕權臣。人之所難，行而甚易；事之未效，識其當然。故身雖窮於江湖，而望已在於廊廟。遂膺大用，顯有丕功。人欲未充，恩言狎至。期年而化，已如漢相之言；三揖而升，遂正商衡之任。某繫官汝潁，阻拜門庭。實與斯民，不勝至願。」

據「繫官汝潁」句，師道所代之人，其時知潁州。則所代之人，實爲晏知止也。參本年此前二月紀事。

此文原脱數字，據一善本補。

庚午（十八日），程之元（德孺）罷廣南東路提刑爲主客郎中。還，贈軾以仇池石。

庚午云云，據《長編》卷四百七十四。《蘇軾詩集》卷三十六《僕所藏仇池石（下略）》叙贈石。

戊寅（二十六日），陳師錫（伯修）爲校書郎。軾有送其赴闕詩。

戊寅云云，據《長編》卷四百七十四。詩見《蘇軾詩集》卷三十五（一八七二頁）。

聞趙令時（德麟）將繼晁補之（無咎）爲揚倅，軾致令時簡。

《蘇軾文集》卷五十二與令時第三簡叙此，作於「畏暑」時，第八簡亦及此。《蘇軾詩集》卷三十四《復次韻謝趙景貺陳履常見和兼簡歐陽叔弼兄弟》「施注」謂令時由潁徙揚。按：此事未行。《文集》卷六十《與人三首》其一文字已見以上所云之第八簡，重出；其二、三兩簡，亦爲與令時者。

七月七日，軾與晁端彦（美叔）、晁補之至大明寺校塔院西廊井與下院蜀井水高下。

據《墨莊漫録》卷三；以塔院水爲勝，謂端彦爲發運使。

十六日，坤成節，軾上賀表。

表見《蘇軾文集》卷二十四(六九七頁),末云「出守淮海」。

太皇太后高氏本命歲,蘇軾上功德疏文。

文見《蘇軾文集》卷四十四。文云:「右伏以天人合契,輔成繼照之明;歲月襲祥,允協重坤之象。肇臨正旦,寅奉德音。」又云:「豈獨五音六律之旋,再臨此歲;將推三統九會之復,以卜其年。」

《宋史》卷二百四十二高氏傳謂高氏卒於元祐八年,年六十二。今年乃高氏本命年。并次此。

二十一日,讀《後漢書·朱暉(文季)傳》,軾書其後。

文見《蘇軾文集》卷六十五,題作《朱暉非張林均輸説》。

《王譜》本年紀事:「有《讀朱暉傳題文潛語後》。」按:「潛」爲「季」之誤。軾文未引張耒(文潛)之語,而引朱暉(文季)之語。又按:查《張耒集》,無有關文字。

癸卯(二十二日),除軾兵部尚書充鹵簿使。

據《長編》卷四百七十五,又據《宋會要輯稿》第二十四册《禮》二八之八四:吕大防爲大禮使,胡宗愈爲禮儀使,李之純爲儀仗使,韓宗道爲橋道頓遞使:以哲宗將親郊。

二十七日,軾奏論倉法劄子。

劄子見《蘇軾文集》卷三十四（九七二頁）。按：倉法全稱「諸倉乞取法」。神宗以前，倉吏類不支俸。熙寧三年，以京師諸軍糧倉吏人隨意尅扣軍糧，神宗命三司定約束十條，予倉吏俸，嚴厲處罰請托、勒索。其後，朝廷各司與監司、各州均仿之，吏人皆予厚俸，故倉法稱「重禄法」。見《宋史·食貨志》。此劄子謂哲宗即位後，「首寬此法」，即寬弛之，然尚未全罷，以「其間有要劇之司，胥吏仰重禄爲生者，朝廷不欲遽奪其請受，故且因循至今」。以下，劄子謂：「今者又令真、揚、楚、泗轉般倉斗子行倉法」，使已罷之法又行，致「綱運敗壞」。按：斗子乃下等役人之一種，掌倉庫出納用斗。蓋予斗子厚禄，乃欲斗子盡力於職事。如盡力於職事，收糧時不取錢，裝發時無斗面（所謂「斗面」，即「斛面」，乃用斗或斛量租糧與税糧時，以斗或斛内之糧食平面堆高，借以多收租糧或税糧。宋時不少地方，斗或斛面實際上成爲一石加納數升以至數斗之固定附加税，甚或有超過正税者），則「商賈通行，京師富庶」。如嚴行倉法，其違法收入，「不滿百錢入徒，滿十貫刺配沙門島」，則綱運兵梢生計不足，勢必偷盗，加甚欠折，遂影響綱運。劄子申明《元祐編敕》，乞轉運司不得違法收納糧綱税錢。參下條紀事。

同日，軾奏論漕運欠折嚴重，乞申明《元祐編敕》，廢罷近日倉部起請之倉法，仍取問官吏擅立隨船之法，罷沿路隋船檢税之法。朝廷從之。

《蘇軾文集》卷三十四《論綱梢欠折利害狀》謂嘉祐以前歲運六百萬石，欠折多者爲六七萬石;去年歲運四百五十餘萬石,而欠折至三十餘萬石。狀謂《元祐編敕》規定:不得勒令糧綱住岸點檢。而今金部規定隨船點檢,收納稅錢,緣此爲姦,邀難乞取,刻剥兵梢。兵梢不得私載貨物,致窮困骨立,專仰攘取官米,無復限量,拆賣船板,動使凈盡,事敗入獄,以命償官。《文集》卷三十五《乞歲運額斛以到京定殿最狀》:「欠折之本,出於綱梢貧困;貧困之由,起於違法收稅」。

《軾墓誌銘》:「發運司舊主東南漕法,聽操舟者私載物貨、征商,不得留難。故操舟者富厚,以官舟爲家,補其弊陋,而周船夫之乏困,故其所載,率無虞而速達。近歲不忍征商之小失,一切不許,故舟弊人困,多盜所載以濟饑寒,公私皆病。公奏乞復故,朝廷從之。」

《濟南先生師友談記》:「國朝法,綱船不許住滯一時,所過稅場,不得檢稅,兵梢口食,許於所運米中計口分斗升借之,至下卸日,折算於逐人之俸糧除之。蓋以舟不住,則漕運甚速,不檢則許私附商販,雖無明條許人,而有意於兼容,爲小人之啗利,有以役之也。借支口糧,雖明許之,然漕運既速,所食幾何,皆立法之深意也。自導洛司置官舟載客貨,沿途稅場既爲所併,而綱兵搭附遂止。邇來導洛司既廢,然所過稅場,有隨船檢稅之滯,小人無所啗利,日食官米甚多,於是盜糶之弊興焉。既食之,又盜之,而轉搬納入者動經旬月,不爲交量,往往鑿竇自沉，以滅其迹，有司治罪，鞭配日衆，大農歲計不充，雖令犯人逐月剋糧填納，豈可敷足。張文定爲三司使日，云歲虧六萬斛，今比年不啻五十餘萬斛矣，而其弊乃在於綱兵也。東坡爲揚州，嘗陳前弊於朝，請罷沿路隨船檢税，江淮之弊，往往除焉。然五十萬之缺，未能遽復。數年之後，可見其效。淮南楚、揚、泗數州，日刑綱吏，不啻百人。能救其弊，此刑自省，仁人之言，其利溥哉！」《長編》卷四百七十五本年七月紀事亦引此段記載。此處文字，已用《長編》校訂。

《長編》卷四百七十五本年七月紀事引《徽宗實録·蘇軾傳》：「軾知揚州，發運司主東南漕。先是漕挽聽其私載，往往視官舟爲家，以時修葺，故所載無虞。近歲嚴私載之禁，舟壞人貧，公私皆病，軾奏乞復故，從之。」

三十日，軾訪戒長老，留長老住石塔，長老留。有留疏。嘗爲戒長老作戒衣銘。

疏見《蘇軾文集》卷六十二（一九一一頁）。卷十九《石塔戒衣銘》作於揚。

《雞肋集》卷六十九《跋戒公疏後》：「元祐七年，翰林東坡先生守揚。七月，石塔禪師將還山，其徒詣府請留。公書其狀後，與之，曰：『傳語長老，三十日奉謁，議去住。』即以其日，從僚屬過師。出疏袖間，師去而復留。初，師欲去甚確，衆以爲非東坡故不留也。師留而公去，室中塵凝，師坐晏然，如公未去時也。補之不學道，不足以知師得道之淺深，而徒識其貌淵然而靖，不可澄撓，忘其初不爲東坡而去，亦忘其終爲東坡而留也。姑留而已矣。後九十八日，晁補之記。」

《冷齋夜話》卷七《東坡留戒公長老住石塔》：「東坡鎮維揚，幕下皆奇豪。一日，石塔長老遣侍者投牒，求解院。東坡問：『長老欲何往？』對曰：『歸西湖舊廬。』即令出，別候旨揮。東坡於是將僚佐同至石塔，令擊鼓，大衆聚觀，袖中出疏，使晁無咎讀之。其詞曰（按：即疏，略）。予謂戒公甚類杜子美黄四娘耳，東坡妙觀逸想，托之以爲此文，遂與百世俱傳也。」

晁端彦赴京師，軾有詩送行。

詩見《蘇軾詩集》卷三十五（一八九五頁）。詩云：「我如懷祖拙自謀，正作尚書已過優。」其赴京師，當以罷江淮荆浙發運使任。

《詩集》卷四十八《和晁美叔老兄》，《外集》卷九次守揚卷中，附次此。

蘇軾與端彦文字記載止此。紹聖二年七月十四日，端彦以秘書少監、左朝議大夫爲直秘閣、知峽州。見《宋會要輯稿》第一百二十册《選舉》三三之一九。乃以得罪章惇之故，見《曲洧舊聞》卷五。卒於紹聖二年，《雞肋集》卷六十有祭文。

晁補之之母楊太夫人以補之（無咎）生日，置酒留蘇軾。軾夜歸，書小詩壁上。

詩見《蘇軾詩集》卷三十五（一八九六頁）。詩題末云「書小詩賀上」，《外集》「賀」作「壁」，今從。詩末云：「敢問阿婆開後閣，井中車轄任浮沉。」謂其母盛情留客，并無賀之之意。

《豫章黄先生文集》卷二十三《晁君成墓誌銘》：「夫人楊氏，生一男，則補之。」

《後山集》卷六有《楊夫人輓詞》（原注：無咎之母）。中云「綘幔未經觀宋母」，知楊夫人知書。

蘇軾作《石塔寺》詩，譏唐相王播。

軾詩見《蘇軾詩集》卷三十五。

詩之引云：「世傳王播《飯後鐘》詩，蓋揚州石塔寺事也。相傳如此，戲作此詩。」注文謂播少隨僧粥食，僧頗厭；一日，播出，度未回而先飯，飯訖乃鳴鐘魚。播後貴，訪舊游，所題字皆紗罩之，因題詩：「上堂才了各西東，慚愧闍黎飯後鐘。二十年來塵撲面，而今始得碧紗籠。」

軾此詩末云：「齋厨養若人，無益祇貽患。乃知飯後鐘，闍黎蓋具眼。」深譏王播而贊僧人。蓋以嗟來之食，士人所耻。士人讀書明理，尤貴自立，即或偶有所乏，亦當明求之衆僧，衆僧通情達理，必有以諒之。今播既不自立，又不訴其請於衆僧，是自以爲隨衆僧粥食乃屬其本份，是僧之所以厭也。播以後居相位專務將迎，無所裨益，已肇端於此。世不乏此類人，蘇軾蓋於此諷之。

軾作王琦（文玉）輓詞。

詩見《蘇軾詩集》卷三十五（一八九八頁）。琦元豐七、八年知池州，參該二年紀事，卒時不詳。

詩題下「誥案」謂王幼安乃琦之子，誤。幼安名寧，乃陶之子。元祐二年七月辛未紀事已及寧。

與晁補之、法芝（曇秀）送客山光寺，法芝作詩，蘇軾有和。識法芝所藏龍尾硯。法芝游廬山，作詩送之。

《蘇軾文集》卷六十八《書曇秀詩》引法芝詩云：「扁舟乘興到山光，古寺臨流勝氣藏。慚愧南風知我意，吹將草木作天香。」和詩見《蘇軾詩集》卷三十五（一八九八頁），送詩見同上（一八九九頁）。

《文集》卷七十《書曇秀龍尾硯》：「曇秀畜龍尾石硯，僕所謂『澀不留筆，滑不拒墨』者也。」以下謂「予頃在廣陵，嘗從曇秀識此硯」。硯蓋蔣堂（希魯）舊物。

《蘇軾詩集》卷四十八有《和芝上人竹軒》詩。竹軒在廬山，見該卷校勘記第一百二十二條。竹軒當爲法芝在廬山住地，此詩或亦爲此時作。

《雞肋集》卷十六有《與曇秀師别垂二十年而後相會於金山作》詩，作於徽宗時。中有「何妨偶入東坡夢」之句，叙此時事。

《雞肋集》卷二十二《題曇秀鍾山雜詠二十首後》：「明珠出袖四百琲，座有烟霞草木香。斷取鍾山擎石掌，那知不下净名牀。」

揚州作新堂成，蘇軾作詩。

軾詩乃《蘇軾詩集》卷三十五《谷林堂》。詩云「秋風初」，點堂成之時。詩但云「深谷」、「高林」、「霜節已專車」之竹、「老槐」、「風花」、「山鴉」、「溪蟬」，一片空曠。詩云：「寄懷勞生外，得句幽夢餘。」勞生之人臨此幽境，自可略釋憂思，抒心中所欲言。意已盡於此，不需另費筆墨。

程筠（德林）赴真州，軾有送行詩。詩并贊筠之子祁。

詩見《蘇軾詩集》卷三十五（一八九九頁）。筠，已見元豐七年「應同年程筠請題其先墳」條。筠，《新安文獻志》卷八十附兄節傳。筠登第後，授縣令。時新法方行，筠條其不便，調知陳留。陳留近帝畿，筠均田賦，平徭役，不避權貴。擢户部郎中。知真州，蘇軾美之以詩，有「君爲赤縣有古風，政聲直入明光宫」之句。有《葆光集》。按：集已早佚。「君爲」二句，即在送行詩中。乾隆《浮梁縣志》卷八《程筠傳》謂嘗官御史，未一年，疏數十上，政府議出之，遂轉京東路按察使。節，參元符三年七月七日紀事。

軾與孔平仲（毅父）簡。

《蘇軾文集》卷五十七與平仲第三簡首云「到揚吏事清暇」。作於揚。繼以積欠爲憂。又云：

「此間去公咫尺耳。」據《宋史》卷三百四十四平仲傳，時平仲提點江浙鑄錢。

軾作文祭張方平。

《蘇軾文集》卷六十三《祭張文定公文》其二爲此文。文云：「今公永歸，我留淮海。寓辭千里，濡袂有漼」。《總案》謂此爲埋銘。

八月一日，軾乞罷轉般倉斗子倉法。

狀見《蘇軾文集》卷三十四（九八〇頁）。狀并乞揚州轉般倉斗子依舊存留四十人；以倉部令逐處斗子只存留一半。

五日，軾乞罷税務歲終賞格。從之。上呂大防書，論税務。

狀見《蘇軾文集》卷三十四（九八〇頁）。

狀引元豐敕及元豐賞格，謂賣鹽及税務監官、賣鹽務專副秤子税務專欄、酒務監官、酒務專匠年終課利增額，有賞格。狀謂「人人務爲刻虐，以希終歲之賞」；又謂「上件條貫於税務施行，尤爲害物」，乞先廢罷。

《長編》卷四百七十六本月丙辰紀事謂從之；原注：「元豐七年六月辛卯，初從京西漕司請，詔税務年終課利增額，依鹽、酒務賞格。軾此奏蓋得請，紹聖又改之。」

《文集》卷四十八有《揚州上呂相公論税務書》。相公乃大防。書云：「軾自入淮南界，聞二三年來，諸郡稅務刻急日甚，行路咨怨，商賈幾於不行。」又謂揚州「有條，許酒稅監官分請增剩賞錢。此元豐中一小人建議，羞污士風，莫此爲甚」。書約作於奏狀同時，次此。

同日，軾上狀乞歲運額斛以到京定殿最。

狀見《蘇軾文集》卷三十五（九八三頁），謂：「發運使歲課，當以到京之數爲額，不當以起發之數爲額也。」狀「乞立法，今後發運司歲運額斛，計到京欠折分釐，以定殿罰，則發運使自然竭力點檢」。即責以虧贏而爲之責罰。蓋由於綱運欠折嚴重之故。此狀，爲七月二十七日所上二狀之補充。

初六日，軾申明揚州公使錢。

狀見《蘇軾文集》卷三十五（九八五頁），謂揚州每年公使額錢五千貫，與真、泗等州一般，較楚州少七百貫，支使不足。又謂此五千貫中之一半係賣醋錢，而實際「每年只收到一千六七百貫至二千貫以來」，乞於「係省官醋務錢内撥二千五百貫元額錢」。

庚申（九日），張方平（文定）葬，轍有祭方平文并輓詞。

《蘇軾文集》卷十四《張文定公墓誌銘》：「（元祐）七年八月九日庚申，葬於宋城縣永安鄉仁孝里。」《年表》誤次於元祐八年。

《欒城後集》卷二十《再祭張宫保（方平）文》首云「元祐七年八月日」，末云「送葬不行」，知作於葬時。卷一有《贈司空張公安道挽詞三首》，其三云「霜天近生日」，方平生於九月二十二日，知亦作於葬時。

軾與趙令時（德麟）簡，謝惠奇茗，并致意太守。時黄庭堅寄書來，并惠雙井茶。

《蘇軾文集》卷五十二與令時第十三簡叙之。時令時仍在潁，太守，參本年此前「除命下」條。庭堅時在原籍服母喪，見《山谷全書》卷首《年譜》。蘇軾以雙井轉贈令時。

米黻（元章）自雍丘來簡與軾。

《蘇軾文集》卷五十八與黻第十二簡云「前在揚州領所惠書」，以未裁答爲歉。作於本年回京師後。據《宋史》黻傳，時黻知雍丘。參本年以下「馬正卿自雍丘來訪」條、元祐八年五月初十日紀事。

陳師道上軾書，以爲朝慎重爲言。

書乃《後山集》卷九《上蘇公書》，云：「近見趙承議，説得閣下書，欲復伸理前所舉刺文廣獄事，聞之未以爲然。」又云：「君子之於事，以位爲限，居位而不言則不可，去位而言則又不可。其言之者義也，其不言者亦義也。閣下前爲潁州，言之可也。今爲揚守而與潁事，其亦可乎？豈以昔嘗言之而不置耶，此取勝之道也。近歲士大夫類皆如此，以爲成言，而非閣下之所當爲也。苟不公言而私請之，又不如已也。天下之事行之不中理使人不平者，豈此一事，閣下豈能盡爭之耶！爭之豈能盡如人意耶！徒使呫呫者以爲多事耳。嘗謂士大夫視天下不平之事，不當懷不平之意，平居憤憤，切齒扼腕，誠非爲己，一旦當事而發之，如決江河，其可禦耶！必有過甚覆溺之憂。」末云「爲朝重慎」。書云「秋益高」，約作於八月。書中所云趙承議，乃令時，所云「得閣下書」，乃《蘇軾文集》卷五十二與令時第十二簡。參本年「與趙令時簡言積欠爲害」條紀事。

《文定集》卷十一《跋東坡書》：「『黄幡綽告明皇欲作白打使，此官真快人意哉！』此雖戲語，亦見蘇公忠憤之氣。陳無己與蘇公書云：『士於天下事，不當懷不平之意。』彼蓋有所見而云耳。」「士於」二句，即在師道書中。「黄幡綽」二句，已以《偶題》爲題，收入《佚文彙編》卷五。兹附此。

按：黄幡綽，乃伶人。《全唐詩》卷八百六十九：「安西牙將劉文樹，口辯善奏對，明皇每嘉之。文樹髭生頷下，貌類猴，上令黄幡綽嘲之。文樹切惡猿猴之號，乃密賂幡綽不言，幡綽許而進嘲：『可憐好個劉文樹，髭鬚共頦頤别住。文樹面孔不似猢猻，猢猻面孔强似文樹。』上知其遺賂，大笑。」

兵部尚書除命下，軾上辭免狀乞外郡，不許。

《蘇軾文集》卷三十七《任兵部尚書乞外郡劄子》：「臣向在揚州，蒙恩除臣今任。臣於本州及緣路附遞入文字辭免，准聖旨劄子指揮，爲已差充鹵簿使，大禮日迫，不許遷延。臣以此不敢堅辭。」辭免狀原文已佚。

癸酉(二十二日)，蘇軾以兵部尚書、龍圖閣學士除兼侍讀。

據《長編》卷四百七十六。

二十二日，《年表》謂故龍圖閣學士滕甫葬，轍有輓詞二首。

《蘇軾文集》卷十五《故龍圖閣學士滕公墓誌銘》謂甫「將以元祐七年八月二十二日癸酉」葬，《年表》當本此。《欒城後集》卷一有《滕達道(甫、元發)輓詞二首》，并未及甫之葬，疑另有輓詞二首，已佚。

轍作《次韻子瞻和淵明飲酒二十首》。

詩見《欒城後集》卷一。其十四云：「淮海老使君，受詔行當至。」知作於兄軾新除命發布之後。其十五首云：「去年旅都城，三月不求宅。」叙元祐六年軾官京師時事。

二十六日，軾跋李氏述先記。

文見《蘇軾文集》卷六十六(二〇八一頁)。文慨歎危亂之世，豪傑之士湮没而無傳者甚多。

在揚州，許安仁(仲山)從軾學詩。

《彦周詩話》：「季父仲山在揚州時，事東坡先生，聞其教人作詩曰：『熟讀《毛詩·國風》與《離騷》，曲折盡在是矣。』僕嘗以謂此語太高，後年齒益長，乃知東坡先生之善誘也。」同上書謂安仁乃《彦周詩話》作者許顗（彦周）之父同祖第，讀書精苦，作詩有源流，晚以特奏名得一官，政和間，曾和徽宗所撰宮詞三百首，以害經旨，報罷，調南劍州順昌縣尉，後卒於揚州。《八閩通志》卷三十八《許安仁傳》謂「少從蘇軾學詩，有聲稱」，又謂「政和間爲順昌尉，甚得士民之望」。安仁，安世從弟。

在揚州，軾撰文贊六合麻紙。

《蘇軾文集》卷七十《書六合麻紙》贊麻紙之所以好，乃由於蜀岡之水質佳。同卷《書布頭牋》，謂六合人亦作布頭牋，當亦爲揚州作。

蘇軾在揚州，與陸祕校簡。

簡見《蘇軾文集》卷五十八。

簡云：「潁州人回，曲蒙書示，感怍不已。」知陸祕校在潁州。所云「潁州人回」，乃云去潁州之人回，陸祕校因其便而致簡蘇軾也，蘇軾在潁州時與陸祕校有交往。

簡云：「竊惟才美過人，晚乃少達，勿致毁滅，以就顯揚之報，區區之禱也。」知此陸祕校有一段坎坷經歷，其年齡或在四十歲左右。「勿致毁滅」云者，乃警示陸祕校，似陸祕校在「少達」以後，舉止有失謙遜，長此以往，前途有葬送之虞。蘇軾之警示，可謂及時。

惜陸祕校不詳其仕履、名字。

晁補之薦從弟詠之於蘇軾，軾稱詠之爲奇才；嘗修摘星樓；補之嘗賦呈《八聲甘州》；嘗與補之論陶詩；補之嘗代作贈戴嗣良詩：皆在揚州事。

《宋史》卷四百四十四《晁詠之傳》謂詠之字之道。以下云：「蘇軾守揚州，補之倅州事，以其詩文獻軾，軾曰：『有才如此，獨不令我一識面耶？』乃具參軍禮入謁，軾下堂挽而上，顧坐客曰：『奇才也。』」詠之初字深道，見《豫章黄先生文集》卷二十《晁深道祝詞》。乃端彦之子，見《曲洧舊聞》卷六。登進士第，又中宏詞第一，元符三年上書，入邪上，廢斥三十年，以朝請郎奉祠崇福宫而終，年五十二。有《晁氏崇福集》三十五卷、《四六集》十五卷。不傳。見《郡齋讀書志》卷四下、《宋會要輯稿》第九十九册《職官》六八之一至二。

《曲洧舊聞》卷三：「晁之道名詠之，黄魯直字之叔予，資敏强記。覽《漢書》，五行俱下。對黄卷答客，笑語終日，若不經意，及掩卷論古人行事本末始終，如與之同時者。東坡作《温公神道碑》，來訪其從兄補之無咎於昭德第。坐未定，自言：『吾今日了此文，副本人未見也。』啜茶罷，東坡琅然舉其文一遍，其間有蜀音不分明者，無咎略審其字，時之道從照壁後已聽得矣。東坡去，無咎方欲舉示族人，而之道已高聲誦，無一字遺者。無咎初似不樂，久之，曰：『十二郎真吾家千里駒也。』」據此，蘇軾或已早聞晁之道之名，特未識面耳。

《輿地紀勝》卷三十七《揚州·景物下》：「摘星樓：在城西角，江淮南北，一目可盡。」詳紹聖二年正月十日紀事。事涉補之。

《晁氏琴趣外編》卷一《八聲甘州·揚州次韻和東坡錢塘作》：「謂東坡、未老賦歸休，天未遣公歸。向西湖兩處，秋波一種，飛靄澄輝。又擁竹西歌吹、僧老木蘭非。一笑千秋事，浮世危機。應倚平山欄檻，是醉翁飲處，江雨霏霏。送孤鴻相接，今古眼中稀。念平生、相從江海，任飄蓬、不遣此心違。登臨事，更何須惜，吹帽淋衣。」軾原調見《東坡樂府》卷上。

《雞肋集》卷三十三《題陶淵明詩後》：「詩以一字論工拙。如『身輕一鳥過』、『身輕一鳥下』，『過』與『下』、與『疾』、與『落』，每變而每不及，易較也。如魯直之言，猶碔砆之於美玉是已。然此猶在工拙精粗之間，其致思未白也。記在廣陵日，見東坡云：陶淵明意不在詩，詩以寄其意耳。『采菊東籬下，悠然望南山。』則既采菊，又望山，意盡於此，無餘蘊矣。非淵明意也。『采菊東籬下，悠然見南山』，則本自采菊，無意望山，適舉首而見之，故悠然忘情，趣閑而累遠。此未可於文字精粗間求之，以比碔砆、美玉，不類。崇寧三年十月晦日，晁補之題。」「東坡」云云論陶詩之意，《蘇軾文集》卷六十七《題淵明飲酒詩後》亦略及。

《雞肋集》卷十《贈戴嗣良歌，時罷洪府監兵，過廣陵，爲東坡公出所獲西夏刀劍，東坡公命作》：「三郎少日如乳虎，代父搏賊驚山東。硬弓長劍取官職，自説九戰皆先鋒。將軍拳勇饋不繼，痛惜靈武奇謀空。城頭擲揄下俛走，壯士志屈羞填胸。平生山西踏霜雪，洪府下濕號兒童。聞名未識二十載，初見長揖東坡公。鋭頭短後凛八尺，氣似飲井垂檐虹。只令不語當陣立，望見已是千夫雄。往年身奪五刀劍，名玉所擐犀札同。晨朝擕來一府看，竊指私語驚庭中。紅粧擁坐花照酒，青萍拔鞘堂生風。螺旋鋩鍔波起脊，白蛟雙挾三蒼龍。試人一縷立褫魄，戲客三招森動容。東坡喜爲出好礪，洮鴨緑石如堅銅。收藏入匣人意定，蛾眉稍進琉璃鍾。太平君子尚小毖，戒懼郲小毋芹蜂。舞干兩階庶可覩，跳空七劍今何庸。我爲蘇公起揚觶，雅歌緩帶聊堪同。從公請礪歸作硯，聞公嘗諫求邊功。」嗣良蓋爲一勇武之士，立功疆埸。

傳軾嘗求徐守信（神翁）字。

《家世舊聞》卷下：「先君言：（蔡京）崇寧初作相，即爲徽廟言：『泰州徐神翁，能知前來物。元祐中，蘇軾知揚州，遣人往來求神翁字，神翁大書曰：「泄慢墮地獄，禍及七祖翁。」神翁雖方外之士，而能嫉元祐人，所宜襃顯。』其言可笑如此。然上頗喜之。」以下叙徽宗召神翁至都下，以賓禮接之。《徐神公語録》謂徽宗崇寧二年，賜號虚静冲和先生。大觀二年卒，年七十六，賜大中大夫。《輿地紀勝》卷四十：「元符中，哲廟以嗣子未立，遣中使求字，翁書吉人以對。已而徽宗即位。『吉人』字，蓋析御諱也。」

傳軾嘗識破道士黠術。

《墨莊漫録》卷二：「東坡先生知揚州，一夕，夢在山林間，忽見一虎來噬，方驚怖，有一紫袍黄冠以袖障公，叱虎使去。明日，有道士投謁，曰：『昨夜不驚畏否？』公曰：『鼠子乃敢爾！本欲杖汝脊，吾豈不知子夜術也？』道士駭懼而退。」《賓退録》亦記載此事，文略同，不録。

軾賦《生查子》贈别蘇堅（伯固）。

詞見《東坡樂府》卷上；《蘇軾詩集》卷三十五亦收，題作《古别離送蘇伯固》，云「白盡老髭鬚，明日淮南去」。

徐州教授何去非（正通）簡來。軾離揚前覆簡，以留徐有益士子爲慰。

《蘇軾文集》卷五十三與去非第一簡：「鄉校淹留，然使徐之士子識文章瑰偉之氣，非小補也。」簡又云「又復西上」，乃指揚州赴召；「又」承去年杭州赴召而言。簡末云「乍冷」，則已約及八月底矣。

是月，轍有《祭文與可學士文》。

文見《欒城後集》卷二十。逸民，文同之子也。

《佚文彙編》卷四《與親家母》：「舍弟婦自聞逸民之喪，憂惱殊甚，恐久成疾。」

軾離揚州。至宜興，行臨溪道中，見邑令張堂。九月二日，作記贈堂。離宜興。

記見《蘇軾文集》卷七十一(二二六六頁)。記謂堂乃友人希元之子。蘇軾友人中,有張次山字希元。《鴻慶居士集》卷七有《張希元承事輓詞二首》,其一有「膝上郎君雪滿顛」之句,知此希元享高壽,當即次山。記中之希元「有異材」,「不幸早世」,與字次山者非一人。《丹淵集》卷四十《張夫人墓誌銘》:年二十,嫁始平先生希元;希元有才名,喜接士,賓客日滿門下;督子學,「以願成汝父之志勵之」,似希元早逝;或爲記中所云之希元。《雲麓漫鈔》卷一:「常州宜興縣張渚鎮臨溪,有山水之勝,乃過廣德大路。鎮有張氏名大年,臨澗爲圃號桃溪。嘗倅黄,藏書教子,一子登第,一恩科。」又謂岳飛嘗館於其家,建炎四年六月望日,嘗題於廳事之屏。

張渚鎮在宜興縣西南七十里,見《咸淳毗陵志》卷十五。據此,知蘇軾罷揚後,嘗至宜興。

丙戌(初六日),鄧潤甫知永興。蘇軾欲修啓爲賀。

丙戌云云,據《長編》卷四百七十七。

《雲莊集》卷四《書鄧器先所藏蘇帖後》:「元祐初,俊傑滿朝。鄧(按:原作「劉」,誤)安惠公入居永轄,而東坡先生將修啓爲賀,蓋二公玉堂對直之舊也。斯見一時人物之盛。器先聞斯帖有在,力致以歸,櫝而藏之,以永兩家之好,可爲故家之勸。」永轄即指永興。「元祐初」之「初」當爲「中」之誤。

《宋史》卷三百四十三《鄧潤甫傳》：「以龍圖閣學士知亳州。閱歲，復以承旨召。數月，除端明殿學士、禮部尚書。請郡，得知蔡州，移永興軍。」傳謂潤甫謚安惠，卒年六十八。《宋史·宰輔表》謂卒於紹聖元年。

都梁山途中，見杜輿（子師），應輿之請，軾授以種松法，戲贈二首。

詩見《蘇軾詩集》卷三十五（一九〇二頁）。

《蘇軾文集》卷七十三《種松法》一文可參。

《後山集》卷二十一《談叢》：「中州松子雖秕小不可食，然可種，惟不可近手，以杖擊蓬，使子墮地，用探錐刺地，深五寸許，以帚掃入之，無不生者。東坡居士種松法。」此所敘，不爲《種松法》一文所載，兹附於此。

《雞肋集》卷二十二《東坡公以種松法授都梁杜子師并爲作詩子師求余同賦》其一：「不學栽檟業種松，未慚履豨笑屠龍。許君盡得東坡術，已與先生一事同。」其二：「長錐散子巖巖遍，短竹扶條歲歲添。待得烹茶有松葉，不應更課木奴縑。」其三：「佩牛未敢邀君出，射虎何當許我從。要看堂堂冠劍叟，蒼然十萬甲夫中。」

經龜山，軾別龜山長老。

詳元祐八年「與龜山長老簡」條。

宿、泗途中，軾見張天驥（聖途），聞何去非（正通）動止，致簡去非；次天驥舊韻。

詩見《蘇軾詩集》卷三十五（一九〇三頁）。《蘇軾文集》卷五十三與去非第二簡敘見天驥。

過宿州。上狀，軾乞罷宿州修城。

《蘇軾文集》卷三十五《乞罷宿州修城狀》云「被召過所部宿州」，本月奏。

蘇軾行宿、泗之間，遇張天驥，乃次前《送張山人歸彭城》韻贈之。

詩見《蘇軾詩集》卷三十五（一九〇三頁）。前韻見《詩集》卷三十二。

詩云：「孤松早偃原非病。」張天驥似向蘇軾言及其園中之孤松早偃，言下似有惋惜之意，甚或有此松之偃乃不祥預示之意，軾爲言此亦正常現象，無足怪，以此寬慰之。詩云：「倦鳥雖還豈是休。」乃軾自謂。詩末云：「更欲河邊幾來往，衹今霜雪已蒙頭。」作者已習慣此種來往。

蘇軾途中晤傳羲秀才，傳示以劉季孫（景文）所贈詩，軾次韻。

詩見《蘇軾詩集》卷三十五（一九〇四頁）。

詩首云「幼眇文章宜和寡」，盛贊季孫之詩。繼云「峥嶸肝肺亦交難」，蓋謂季孫爲肝肺知交。第三四句「未能飛瓦彈清角，肯便投泥戲潑寒」，謂雖無特異才能爲朝廷分憂，然亦不肯投朝廷若干在位者之所好，以邀寵其人。此乃肝肺之言，爲季孫言之。此二句實乃「峥嶸」句注脚。第五六句「忽見秋風吹洛水，遥知霜葉滿長安」，感嘆韶光易逝，决非泛辭。末二句「詩成送與劉夫子，莫遣孫郎帳下看」，知此詩乃爲贈季孫而作。然其時季孫已卒，軾尚未聞。季孫卒，見本年此前紀事。

傅秀才，當居季孫幕下。

九日，軾至南都，與王鞏（定國）遇，有詩。

詩見《蘇軾詩集》卷三十五（一九〇四頁），同上尚有《九日次定國韻》。時鞏衝替，見《長編》卷四百六十七元祐六年十月辛酉紀事。

賦《減字木蘭花》（銀筝旋品）。

詞見《全宋詞》第三二二頁。

《東坡詞編年箋證》：「《詩集》卷三五有《在彭城日，與定國爲九日黄樓之會。今復以是日，相遇於宋。凡十五年，憂樂出處，有不可勝言者。而定國學道有得，百念冷灰，而顏益壯，顧予衰病，心形俱悴，感之作詩》。按，此詞似應同時作。是時公還朝，於壬申七年九月與王鞏相會於南都。」按此所云之詩，即見於《蘇軾詩集》一九〇四頁之詩，「在彭城日」云云爲詩題。

軾祭張方平，有文。《張文定公墓誌銘》撰成。上奏狀，乞過南郊大禮，仍除一郡。

文乃《蘇軾文集》卷六十三祭方平第三文，云「斂不拊棺，葬不執紼」，作於葬後；又云「以我此心，與此一觴，達於幽宮」，作於葬地。墓銘在《文集》卷十四，謂本年八月九日葬於南都宋城，其撰成在此略前。《文集》卷三十七《任兵部尚書乞外郡劄子》叙南京上奏狀，奏已佚。

壬辰（十二日），太皇太后高氏垂簾，三省進呈翰林學士顧臨等郊祀議。蘇轍請合祭。高氏宣諭合祭。

九月壬辰云云，據《年表》及《長編》卷四百七十七。

《年表》云：「太皇太后曰：『宜依仁宗、先帝故事。』吕大防、蘇頌與轍請合祭，唯范百禄議不同。甲午（十四日），再進呈。太皇太后宣諭曰：『皇帝即位以來，未嘗親祀天地，今且合祭，宜有名也。』令學士院降詔。」

《長編》云：「太皇太后曰：『宜依仁宗、先帝故事。』吕大防曰：『天地之祭，自漢以來分合不一。唐天寶後，惟天子親祠，乃合祭於南郊，其餘時祀，并依禮分祭。國朝以來，大率三歲一親郊，并祭天地宗廟，因行赦宥於天下，及賜諸軍賞給，遂以爲常，亦不可廢，雖欲歲歲親行於本壇，乃不可得。今來諸儒獻議，欲用禮官前説，南郊不設皇地祇位，惟祭昊天上帝，不爲無據，但於祖宗權宜之制，未見其可。』蘇頌曰：『適來蒙聖諭仁祖、先帝故事。臣伏見仁宗皇帝九郊皆合祭天地，先皇帝四郊，三并合祭，惟元豐六年用禮文所參議，止祀上帝，而北郊之祭，雖從所議修定儀注，然未見親行。今年南郊，乞準故事。』蘇轍曰：『議者持合祭、別祭二説，各有所據。欲望朝廷酌量事體輕重大小，斷自聖意。自熙寧十年，神宗皇帝親祀南郊，合祭天地，今十五年矣。皇帝即位，又已八年，未嘗親見地祇，乃朝廷缺典，不可不正。』范百禄曰：『祖宗皆遵故事，每遇南郊歲，并合祭天地。神宗皇帝聖學睿斷，必以爲圜丘無祭地之理，遂詔禮官考求先王典禮，至元豐六年，南郊止祀昊天上帝，配以太祖。記曰：其有廢之，莫可舉也。先帝所廢，稽古據經，未可輕改。』越二日，再進呈。」以下言太皇太后高氏宣諭合祭。

《長編》云云，《宋會要輯稿》禮三之五，第一册第四四二、四四三頁亦言之，所言較《長編》爲詳。《龍川略志》卷八《天子親祀天地當用合祭之禮》亦言之，文字較《宋會要輯稿》互爲詳略。疑轍當日撰《龍川略志》時，其在朝時個人奏稿及有關朝政記録資料，亦隨身攜帶。單純憑個人記憶，不可能達到如今之詳贍、翔實。

軾赴京師途中，兼侍讀除命下，辭。

《蘇軾文集》卷三十七《辭免兼侍讀劄子》云「出從吏役」，途中作。

軾將至京師，轍奉詔來迎，先寄以詩。到京師，復館於浴室東堂。

詩見《蘇軾詩集》卷三十六（一九一九頁），中云「黄門殿中奏事罷，詔許來迎先出省」。《欒城後集》卷一有次韻。《道山清話》：「劉貢父一日問蘇子瞻：『老身倦馬河堤永，踏盡黄榆緑槐影。

非閣下之詩乎？』子瞻曰：『然。』貢父曰：『是日影耶？月影耶？』子瞻曰：『竹影金瑣碎。又何嘗説日月也。』二公大笑。」「老身」二句，在軾寄轍詩中，時劉攽（貢父）已卒。此記載偶誤。然當時實有此傳聞，仍附此。《詩集》卷三十七《東府雨中别子由》：「去年秋雨時，我自廣陵歸。」寫此時事。卷三十六詩題：本年「九月自廣陵召還，復館於浴室東堂」。軾詩云「黄門殿中奏事罷，詔許來迎先出省」。轍詩末云兄軾「去歲此時初到潁」。

軾賦《漁家傲》（臨水縱横回晚鞚）。

詞見《全宋詞》第三二九頁。

《東坡詞編年箋證》：「『腰跨金魚』，必作於入翰林後。《宋史》卷一六二《職官志》：『元豐中，始命佩魚，自蒲宗孟始。』卷一〇六《輿服五》：『宋因唐制，三品以上服紫，五品以上服朱，七品以上服緑，九品以上服青。』服紫者佩金魚，服緋者佩銀魚。《宋史》卷三三八《蘇軾傳》載：東坡於元祐元年丙寅以七品服入侍延和，即賜銀緋，尋除中書舍人，復遷翰林學士知制誥。《文集》卷二三《謝中書舍人表二首》其二云：『授臣中書舍人，仍改賜章服者。』《謝賜對衣金帶馬表二首》其一云：『伏蒙聖慈，以臣入院，特賜衣一對，金腰帶一條，金鍍銀鞍轡馬一匹。』己巳出守杭州，復賜對衣金帶馬，然未嘗賜魚。元祐六年辛未六月還朝赴闕，再賜對衣金帶馬，《文集》卷二三《謝賜對衣金帶馬狀二首》其一云：『以臣入院，特賜衣一對，金腰帶一條，并魚帶金鍍銀鞍轡馬一匹者。』此爲第一次賜魚。元祐七年十二月自揚州還朝到端明殿學士兼侍讀學士守禮部尚書任，再賜魚。《文集》卷二四《謝恩賜對衣金帶馬狀二首》其二云：『蒙恩賜衣一對，金帶一條，并魚袋金鍍銀鞍轡馬一匹。』」甚是。然謂此詞作於元祐六年出守潁州時，似可商榷。此詞云「秋陰重」，點季候，然下句「西山雪淡雲凝凍」，乃入冬景象。而蘇軾到知潁州任，乃閏八月二十二日。此詞有「歸來轉覺情懷動」之句。蘇軾本年九月，自揚州回朝。竊意此詞乃離揚州之作，回朝亦可云「歸來」。詞以下有「梅笛烟中聞幾弄」之句，乃揚州景象。然「雪淡雲凝凍」之景象，仍不易解釋。姑次此。

蘇軾與葉進叔書。

書見《蘇軾文集》卷四十九。

書稱「進叔足下」，知進叔爲蘇軾之晚輩。書云「忘年」，知進叔與蘇軾年齡之差距約在二十五歲以上。此書作於元祐時期，其時進叔正值青年。

書云「南歸」。蘇軾元祐六年五月，自杭州回至京師，可云「南歸」。本年九月，自揚州回至京師，亦可云「南歸」。書云「到家秋氣已高」，知此「南歸」爲後者。書作於本年九月回京師後。書云：「僕聞有自知之明者，乃所以知人。有自達之聰者，乃所以達物。自知矣可以無疑矣，而徇人則疑於人。自達矣可以無蔽矣，而徇物則蔽於物。」何則？物理之有參差也。

進叔謂與蘇軾交，「不能把臂以示無間」，蓋由於二人情況，參差不同，進叔不明斯理，故蘇軾循循論之。

進叔，仕歷不詳。

到兵部尚書兼侍讀任，詔賜對衣金帶馬，軾均有謝上表。

表見《蘇軾文集》卷二十四(六九八、六九九頁)。

陳師道有賀啓。

《後山先生集》卷十五《賀兵部蘇尚書啓》：「入侍邇英，出司武部。成命一下，歡聲四來。竊惟八座之崇，以待二府之選。章帝之眷郅壽，豈惟詞藝之工；文宗之用贊皇，亦爲登進之漸。昔存故事，號爲美談。尚書侍讀以俎豆多聞，爲軍旅之事；以道德之老，備師傅之官。偃革修文，尚須伯益之贊；拜章歸道，益隆桓氏之風。遂挽洪鈞，以綏四海。周登魯衛，深爲政事之同；晉用崔温，或爲前後之繼。公望如此，私心與同；致慶以還，執事而候。」

兵部侍郎杜純謂蘇軾尚氣好辯，純壻晁補之答書釋之。軾嘗有答純啓。

《雞肋集》卷五十二《答外舅兵部杜侍郎啓》：「補之再拜。昨自蘇公以尚書召，適與左右兵部同事。意兩公平日未嘗相與處，往未必合，故嘗爲蘇公極言左右居家行己莅官及物之意。蘇公固不以補之言爲過。及辱賜書，道聯職甚親，遠聞欣喜不已。補之於蘇公爲門下士，無所復讚，然剛潔寡欲，奉己至儉菲，而以身任官責，嫉邪愛物，知無不爲，尤是不忽細務，其有所不得盡，視去官職如土芥，凡規模大較與左右近者，非一事也。來書猶怪其尚氣好辯，此非補之所能知。自非聖人，各有所長，亦有所短。然伯夷班聖人之列矣，而孟子尚以謂伯夷隘，君子不由。夫孟子所謂君子者，必若孔子無可無不可而後可也，不然，望望然去之，若將浼焉者，苟病其未和，則凡能慮禍忍詬摧剛爲柔熟視出胯下者，皆可以免夫此議矣。隘者見排，而不恭者并獲罪，見排且獲罪矣，而不害其并列於聖人，則孟子之心，蓋可見矣。西漢名臣，惟汲黯、鄭當時。汲黯好直諫，多大體，而性倨少禮，面折不能容人之過，士亦以此不附。而鄭當時性長者，常引丞史以爲賢於己，與官屬言惟恐傷之，山東翕然稱鄭莊。黯以倨得不附，而莊見譽長者，似莊勝也。然至於淮南有邪謀，數漢庭臣惟憚黯，而莊乃獲譏，趨和承意，不敢甚斥臧否，莊於此不反愧黯哉。雖然，汲黯爲直不爲忮，鄭當時爲和不爲諛，故良史同稱推賢，則汲黯、鄭當時，此其大體皆有所長，而亦皆有所短。故補之以謂自非孔子無可無不可未免於見議者，君子以同而異若是可也。方今老成言行，足以矜式後進者，非左右乎。俗異教離，黨同門，蠹道真，十室皆是。補之以謂衆賢和於朝，則幽遠趣向自一，而事無不可爲。不識左右以爲如何。復賜一言，幸甚！幸甚！」

補之寄望於純者甚殷，其要旨在「衆賢和於朝」。

杜純，字孝錫，濮州鄄城人。其長女適晁補之。事迹詳《雞肋集》卷六十二行狀、《宋史》卷三百三十傳。《蘇軾文集》卷四十七《答杜侍郎啓》中云「伏惟兵部侍郎」，知此侍郎即純。啓作於此略前。

軾與趙令畤（德麟）簡。

《蘇軾文集》卷五十二與令畤第十四簡：「某到此半月，無可樂者。過大禮，即重乞會稽爾。」第十五簡云「大禮日近」，作於此略後。前者云「公未即解去」，令畤猶在潁簽判任。

軾與吴安詩（傳正）爲方外之游。

《蘇軾文集》卷六十六《書松醪賦後》謂與安詩游乃在資善堂時。資善堂，乃宋代皇帝子孫讀書處。元豐八年，哲宗初開講筵，命講讀官員在資善堂講讀。《長編》卷四百七十八元祐七年十月辛酉紀事：「直集賢院兼侍講吴安詩爲天章閣侍講。」時蘇軾兼侍讀。二人爲方外之游爲此時事。又，《長編》同日注文謂安詩初兼侍講在元祐四年十月四日，時軾在杭。

十月辛酉（十二日），喬執中爲中書舍人。有啓與蘇軾，軾爲答。

《宋史》卷三百四十七《喬執中傳》謂進中書舍人，論邢恕不宜復官。十月辛酉云云，據《長編》卷四百七十八。

答啓見《蘇軾文集》卷四十七(一三六三頁)。啓稱執中爲「淮海之英」,史稱執中爲高郵人,合。

二十六日,晁補之爲著作佐郎。

據《長編》卷四百八十四元祐八年五月壬辰紀事注文:《長編》引黄慶基奏狀,謂補之之除,乃蘇軾「力爲援引」。

蘇軾與王欽臣(仲至、仲志)簡,商議乞賻贈劉季孫(景文)奏狀事。時軾妻王閏之病重。

簡乃《蘇軾佚文彙編》卷三《與王仲志》第二簡。簡云:「景文奏狀草子拜呈。如可用,即乞令人寫净示下,同簽發去。若有不穩便,一面改抹也。」《蘇軾文集》卷三十一有《乞擢用劉季孫狀》,作於元祐五年十一月;卷三十五有《乞賻贈劉季孫狀》,奏於本年十月。此簡云及「老妻病已革矣」,知所云之奏狀爲後者。簡首云「雨凉」,與簡作時十月相合。據「同簽」,知王欽臣時爲蘇軾同僚。《乞賻贈劉季孫狀》首云「臣等」,其中當有王欽臣。王閏之之病,其時已重,未知起於何時。

是月,軾乞擢用林豫。豫差知通利軍。

乞狀見《蘇軾文集》卷三十五(九八八頁)。豫差知見《長編》卷四百八十四元祐八年五月壬辰紀事。《欒城集》卷四十七有《薦林豫劄子》。

豫字順之，熙寧九年進士。歷知保德、廣信、邵武軍及邢、邵、鄜、冀七州，有善政。爲章惇所嫉，左遷雲騎尉。坐三蘇薦，入元祐黨籍。有《筆峰草録》十卷，佚。見《莆陽比事》卷二、卷三引墓誌及同治《仙遊縣志》卷三十四傳。

是月，軾上《乞賻贈劉季孫狀》。先是嘗與王欽臣（仲至、仲志）簡，商議有關賻贈奏狀事宜。至是上之。

狀見《蘇軾文集》卷三十五。

狀上於本月，簡約作於本年秋。

簡見《佚文彙編》卷三（二四九四頁）。

軾與晁端仁有交往。

晁説之《嵩山文集》卷十七《汝南主客文集序》，建炎二年爲其從叔端仁（堯民）作，云：「東坡爲兵部尚書，公丞太僕，以事謁省部，時天寒甚，東坡命酒手以觴公，公色動，若不自安，東坡歎曰何姬（按：原文如此）。」公謂端仁。《汝南主客集》已佚。端仁卒於崇寧元年七月，年六十八。見《雞肋集》卷六十七墓銘，銘謂端仁有文集十卷，此文集或即《汝南主客集》。

軾書《魚枕冠頌》、《李潭馬圖》贈晁説之。

據《嵩山文集》卷十八説之跋。跋作於宣和七年，謂軾書於三十三年前任兵部尚書時。

軾再薦趙令畤(德麟)。令畤旋來京師。

狀見《蘇軾文集》卷三十七(一〇四四頁),謂令畤其人「近已替罷,旦夕赴闕朝見」,乃任兵部尚書日作。令畤未赴揚倅。「替罷」乃指潁簽判。《蘇軾詩集》卷三十六詩題:「沐浴啓聖僧舍,與趙德麟邂逅。」

至京師後,與王鞏(定國)有倡酬。

《蘇軾詩集》卷三十六有《次韻定國見寄》及鞏來詩贊元豐八年建海神廟於文登之議因次韻(一九三八頁)。

軾嘗詢孫賁(公素)疾於趙令畤。嘗有詩贈賁。

《侯鯖録》卷一:「孫賁公素居京師,大病,予數往存撫之。又數日,見東坡,云:『聞曾見孫公素,病如何?』予曰:『大病方安。』坡云:『這漢病中瘦則瘦,儼然風雅。』後見公素道此語,公素應曰:『那娘意下恨則恨,無奈思量。』坡大奇之。」此當爲本年趙令畤至京師以後事,其具體時間不詳,兹次此。同上:「公素畏内,衆所共知。嘗求坡公書扇。坡題云:『披扇當年笑温嶠,握刀晚歲戰劉郎。不用戚戚如馮衍,但與時時説李陽。』公素昔爲程宣徽門賓,後娶程公之女,性極妬悍,故云。」詩見《詩集》卷四十五,編次不當,姑改繫於此。宣徽爲公闢,嘗知越州,見《嘉泰會稽志》。

《雞肋編》卷下：「蘇公嘗會孫賁公素，孫畏内殊甚，有官妓善商謎，蘇即云：『蒯通勸韓信反，韓信不肯反。』其人思久之，曰：『未知中否？然不敢道。』孫迫之使言，乃曰：『此怕負（婦）漢也。』蘇大喜，厚賞之。」此事與《侯鯖録》所言有相似處，姑次此。

南郊前，從駕景靈宫，軾賦詩。王欽臣（仲至）有和。

《蘇軾詩集》卷三十六《次韻蔣穎叔、錢穆父從駕景靈宫二首》其二：「玉殿齊班容小語，霜廷稽首泫微温。」自注：「適與穆父並拜庭中，地皆流濕，相與小語道之。」

《詩人玉屑》卷七引《藜藿野人詩話》，謂王欽臣有和，末云「誰知第七車中客，天遣歸來助慶禋」，蘇軾稱歎久之。《次韻蔣穎叔、錢穆父從駕景靈宫》注詳引。

蔣之奇（穎叔）時爲户部侍郎，錢勰（穆父）時權户部尚書。分别見《長編》卷四百七十四本年六月甲戌、丙寅紀事。王欽臣爲工部侍郎，見《長編》卷四百七十七本年九月戊子紀事。

軾以月石硯屏贈范百禄（子功），以涵星硯贈范祖禹（淳夫），有詩，祖禹有和。百禄時爲中書侍郎，祖禹時爲侍講。

詩見《蘇軾詩集》卷三十六（一九二四、一九二六頁）。百禄爲中書侍郎，見《宋史·宰輔表》。祖禹爲侍講，見《宋史》本傳。

《濟南先生師友談記》：「東坡先生謂某曰：『范淳夫講書，爲今經筵講官第一，言簡而當，無一冗字，無一長語，義理明白，而成文粲然，乃得講書三昧也。」乃此時事。

《游宦紀聞》卷九：「胡堂長伯量《記度常卿涵星硯》云：寶慶丙戌秋八月，渝州度史君正奉詔入京，過金陵，出其所藏坡仙涵星硯，而廬山胡泳記之曰：硯，端石，以石眼在池得名。形方，以今尺度之，可廣四寸，其長倍蓰，高寸有半，上廣下殺，其陰容掌，不啻面出。玉斗爲池，斗之半，微爲窪坎如半月，用以限墨。星在池者十有三，下皆乘以雲氣，大者四，其二近半月，其二倚南壁，而一復差大而高，外微緑，中黄，瞳如針眼而紺碧，衆星此爲獨勝。小者九，二倚東壁，二倚西壁，如參、商然；五者中立，一高二次而三低，如聚東井然。汲泉滿池，粲粲相輝，半月止墨，玄雲黝䨴而下。古人制作之精如此。星在陰者二，上列四字，曰『癸巳端巖』，下三字，曰『子容記』。子容蘇丞相頌，意其初得也。東壁之外，有墨書『子瞻』二字，下有三字，惟『泓』字髣髴，二不可辨。西壁外『子功』二字。史君云：硯陰七字，本亦未嘗刊，以借觀者衆，懼把玩之多，遂成泯没，故李氏刊之。按：坡詩有以《涵星硯贈范純夫侍講》、《風月石屏贈子功中書》，共二首。詩中模狀與此硯實合。以《年譜》考之，當在元祐八年癸酉。硯後歸李才元家，其孫家於成都之成都縣，史君以百五十緡購得之，外周以二髹匣，蓋陰各有朱字紀歲月及士人姓名。外者『乙亥（原校：案商刻作己亥）洋州造大方誌』，内者『辛未杭州後洋沈上牢』。坡仙元祐己巳，以龍圖閣直學士、左朝奉郎知杭州，至辛未二月九日，除翰林承旨。則内匣爲坡仙在杭作無疑，距作詩爲先三年耳。范、李後爲姻家，故硯歸李云。」度正，已見嘉祐七年三月初五日紀事。蘇軾二詩之作，據《詩集》編次，實爲本年事。

《范太史集》卷二《子瞻尚書惠涵星硯月石風林屏賦十二韻以謝》：「端溪千仞涵明星，虢山太古藏陰靈。蘇公贈我此二寶，使我坐卧瞻雲屏。我觀天地間，有物皆流形。或從青空入幽谷，中夜隕石翻階蓂。《齊諧》志怪不能狀，欲説但恐同優伶。公游浙江探禹穴，長嘯宇宙臨滄溟。手攀天河弄星月，醉落大筆還微醒。故分星月入我室，光照窗户風生庭。長林偃絶壁，晚色寒青冥。似聞洪濤卷萬木，直幹不折當風霆。玄雲欲落雪，夜久孤燈熒。報贈愧無青玉案，苦吟徒使神鬼聽。」

涵星硯出端州，月石風林屏出虢山，皆珍品。

蘇軾與堂兄不危（子安）簡。

簡乃《蘇軾文集》卷六十《與子安兄》第四簡。

簡云：「十九郎兄弟遠至。」十九郎當爲不危之子。此十九當以涣三子不欺、不疑、不危所生之子按長幼排列。

簡云：「弟久客倦游，情懷常不佳。日望歸掃墳墓，陪侍左右耳。」當作於元祐在朝時。《蘇軾文集》編者謂爲「揚州還朝」作，今姑從之。

范百禄（子功）幼孫夭逝。蘇軾與百禄簡，慰之。

軾簡乃《蘇軾文集》卷五十《與范子功》第三簡。簡云：「見舍弟説，知得雍信，幼孫夭逝，聞之怛然。」時蘇軾已自揚州還朝。雍不詳爲何人，或是百禄子姪輩。

《與范子功》第四簡首云「辱教」，知百禄有簡與蘇軾。蘇軾謝百禄所贈團茶及匣子香藥夾等。第五簡約百禄往啓聖，謂弟轍亦往。此二簡約作於本年。

《與范子功》第六簡首云：「廣嚴之會，謹如教，計必請陳四也。」陳四謂慥（季常），知其時慥亦來京師。

蘇軾有簡與范百禄（子功）、范祖禹（純父）。

二簡見《佚文彙編》卷二（二四二二頁），緊次。前者稱「子功侍郎」，後者稱「純父侍講」。二簡簡末皆云「廿五日」，作於同日。蘇軾於本年九月自揚州還京師，不知爲何月作。姑次於此。

二簡皆稱「辱教」，知此乃答簡。

十一月初四日，軾再論李直方潁州捕賊功效，乞推恩。

劄子見《蘇軾文集》卷三十五（九九〇頁）。劄子望朝廷檢會今年正月所奏《乞將合轉一官與李直方酬奬狀》，仍乞以合轉朝散郎一官與直方以推恩。

蘇軾憶江南，作詩五首，寄友人純如。

詩見《蘇軾詩集》卷三十六（一九二三頁）。

詩其一云「楚水」，謂黄州；因楚水而及蜀山。

詩其二云「湖目」、「木奴」、「蓴羹」，乃江南特産。

詩其三云「人在畫屏中住，客依明月邊游」，盛贊江南風景之美。云「未卜柴桑舊宅」，作者原有卜居九江之意。云「須乘五湖扁舟」，欲乘舟遍游江南。

詩其四云「治産猶嫌范蠡」，言不善治産。云「攜孥頗笑梁鴻」，與夫人王閏之一片深情。

詩其五云「老身將住僧居」，時尚未住入汶公浴室東堂。云「秋風直爲鱸魚」，直言之乃深愛之。

初七日，軾乞免五穀力勝税錢。

劄子見《蘇軾文集》卷三十五（九九〇頁），謂「近歲法令，始有五穀力勝税錢，使商賈不行，農末皆病」。又謂：「五穀無税，商賈必大通流，不載見錢，必有回貨。見錢回貨，自皆有税，所得未必减於力勝。而災傷之地，有無相通，易爲賑救，官私省費，其利不可勝計。」

癸巳（十三日），冬至，合祭天地於圜丘。蘇軾以鹵簿使劾奏貴戚車從争道，不避仗衛。據《長編》卷四百七十八。奏劄見《蘇軾文集》卷三十五（九九二頁）。參十四日紀事。

十四日，哲宗可蘇軾之奏，申斥有司，嚴整仗衛。

《軾墓誌銘》：「是歲，親祀南郊。爲鹵簿使，導駕入太廟。有貴戚以其車從争道，不避仗衛，公於車中劾奏之。明日，中使傳命申斥有司，嚴整仗衛。」《濟南先生師友談記》：「東坡不惟文章可以蓋代，而政事忠亮，風節凜凜，過人遠甚。元祐七年，上祀南郊，公以兵部尚書爲鹵簿使。上因太廟宿齋行禮畢，將至青城，儀衛甚肅。五使乘車至景靈宫東欞軽門外，忽有赭傘覆犢車并青蓋犢車百許兩衝突而來。東坡呼御營巡檢使立於車前，曰：『西來誰何敢爾亂行？』曰：『皇后并某國太夫人（原注：國婆婆，乃上之乳母）、國大長公主也。』東坡曰：『可以狀來。』比至青城，諭儀仗使、御史中丞李端伯之純曰：『中丞職當肅政，不可不聞。』李以中宫不敢言。坡曰：『某自奏之。』即於青城上疏皇帝曰：『臣備員五使，竊見二聖寅畏祇慎，昭事天地，敬奉宗祧，而内中犢車衝突鹵簿，公然亂行，恐累二聖所以明祀之意，謹彈劾以聞。』上欣然開納。舊例，明日法駕回，中宫當迎於朱雀門下，是時因疏，明日中宫亦不復出。」「臣備員」云云，全文已佚。

同日，郊祀禮成。軾上郊祀慶成詩與表。

詩見《蘇軾詩集》卷三十六（一九三〇頁）。表見《蘇軾文集》卷二十四（七〇〇頁），有「今月十四日郊祀禮成者」之句。

轍有《進郊祀慶成》詩并狀。以郊祀恩，特加護軍，進封開國伯，食實封二百户。有《乞免加恩表》二首，《謝加恩表》二首。

據《年表》。

《長編》卷四百七十八謂是日乃冬至；以太祖配；禮畢，群臣賀於端誠殿，還御宣德門，肆赦。

《欒城後集》卷一《郊祀慶成》首云：「盛禮彌三祀，初元正七年。祭兼天地報，儀自祖宗傳。」《後集》卷十七《進郊祀慶成詩狀》首云「右臣伏睹今月十四日親饗郊廟禮成肆赦者」。同上卷有《免南郊加恩表二首》、《謝南郊加恩表二首》；前二文之首皆云：「伏奉誥命，以郊祀禮畢，特加臣護軍，進封開國伯，食邑五百户，食實封二百户者。」爲辭免。後二文爲謝恩。

蘇軾與王欽臣（仲至、仲志）簡，贊欽臣所作《郊祀慶成》詩。

簡乃《佚文彙編》卷三《與王仲志三首》之第一首。

簡云：「《慶成》新句，諸儒殆難繼矣。拙句又謾呈，甚愧不工。」欽臣詩早佚，軾詩乃《蘇軾詩集》卷三十六《郊祀慶成詩》。

簡云：「伏承節後起居增勝。」節謂冬至。參本月癸巳紀事。

軾奏南郊親祀得民心。

《蘇軾文集》卷三十五《繳進免五穀力勝税錢議劄子》：「去歲扈從南郊，親見百姓父老，瞻望聖顔，歡呼鼓舞，或至感泣，或云不意今日復見仁宗皇帝。臣尋與范祖禹具奏其狀矣。」上於元祐八年。《范太史集》卷二十四有《進郊祀慶成詩狀》，又有《郊祀慶成詩》。二人合奏之狀未見。

南都以郊赦，罷酒榷復賣麴。

《龍川略志》卷二《議賣官麴與榷酒事》叙南都榷酒不便，末云今年「予適預議郊赦，乃罷酒榷而復賣麴，南都人大喜」。

癸卯（二十三日），朝廷置司看詳諸色人諸般欠負事宜。

據《長編》卷四百七十八。《長編》云：「三省言，檢會赦文，應官吏、軍民諸色人諸般欠負官錢，在元豐八年三月六日大赦以前者，五百貫以下并與除放，五百貫以上，奏裁差侍從官與户部同點檢催督，限一年畢。詔翰林學士顧臨、御史中丞李之純與户部長貳依赦施行，仍就本部置司。」本年五月十六日蘇軾奏議嘗乞置局看詳欠負事宜。

同日，軾乞越州，不允；除端明殿學士、禮部尚書兼翰林侍讀學士。

《蘇軾文集》卷二十七《任兵部尚書乞外郡劄子》，乃乞越州。新除據《長編》卷四百七十八。

軾再上劄子辭新除，不允。就新除，軾上謝表二首。

《蘇軾文集》卷三十七有《辭兩職并乞郡劄子》、《第二劄子》。後者謂或受兩職乞除一邊難重郡。謝表見《蘇軾文集》卷二十四（七〇〇頁）。《宋名臣奏議》收入第二表，題爲《上哲宗論王道六事》，其六事爲慈、儉、勤、慎、誠、明，規諫也。

陳師道寄軾詩，勸早休。

《後山集》卷六《寄侍讀蘇尚書》末云：「經國向來須老手，有懷何必到壺頭。遥知丹地開黄卷，解記清波没白鷗。」《韻語陽秋》卷十一謂蘇軾以侍讀爲禮部尚書，時正得志之秋，師道「經國」四句云云，是勸其早休也。

王詵（晉卿）欲得蘇軾所藏仇池石，蘇軾欲詵以所藏韓幹畫馬易之。詵及錢勰、王欽臣、蔣之奇皆有詩。

軾詩凡三首，見《蘇軾詩集》卷三十六（一九四〇、一九四五、一九四七頁）。勰等詩已佚。《雲莊集》卷一《賦趙有翼仇池石次沈正卿用蘇翰林韻（原注：有翼名師嚴，正卿名清臣）》叙此石靖康之變後爲趙有翼所藏，有云：「長公仙去後，胡馬遂南牧。尤物落何許，心知委溝瀆。何期超世賢，愛石不愛玉。夜半負之走，包裹隨竄伏。一朝返窗几，時清端可卜。」

蘇軾次蘇堅（伯固）韵。

詩見《蘇軾詩集》卷三十六。其題云：「余舊在錢塘，同蘇伯固開西湖，今方請越，戲謂伯固，可復來開鏡湖耶？伯固有詩，因次韵。」

詩云「會稽行復得岑成」，知其時得會稽有望。末云「鏡湖席捲八百里，坐嘯因君又得名」，蓋欲延蘇固入幕也。

軾次天字韻答岑象求（巖起），和趙叔盎（伯充）畫馬。

詩見《蘇軾詩集》卷三十六（一九四二、一九四四頁）。本年六月，象求爲户部郎中。見《長編》卷四百七十四。象求於建中靖國元年正月二十七日，以權尚書刑部侍郎爲覆按山陵使，見《宋會要輯稿》第二十九册《禮》三三之三六。嘗守榮，《馮安岳集》卷七有詩；卷十二多詩及之。《净德集》卷二有和詩。《全蜀藝文志》有《游定林院》詩。參建中靖國元年「章惇之子援修簡致候」條。

《畫繼》卷二謂叔盎善畫馬，嘗以其藝并詩投蘇軾，軾次韻云云。《參寥子詩集》卷十一有《同趙伯充防禦觀東坡所畫枯木》。餘見注文。

甲辰（二十四日），哲宗至景靈宮；乙巳（二十五日），至凝祥池。軾與錢勰（穆父）、蔣之奇（穎叔）扈從。有詩。

甲辰云云，見《長編》卷四百七十八。《蘇軾詩集》卷三十六《次韻蔣穎叔二首》，一爲《扈從景靈宮》，一爲《凝祥池》。前者云：「英姿連璧從多士，妙句鏘金和八鑾。」《佚文彙編》卷三《與曾子開》：「來日欲同錢穆父略到池上扈駕。」池乃指凝祥池。爲此時事。時肇（子開）爲刑部侍郎，見《長編》卷四百七十七本年九月戊子紀事。

與錢勰（穆父）、蔣之奇（穎叔）、王欽臣（仲至）唱和。人稱錢、蔣、王與蘇軾爲元祐四友。

《蘇軾詩集》卷三十六收自揚回朝後至赴定前唱和詩凡二十首。四友見《老學庵續筆記》（涵芬樓《説郛》卷四）。

《佚文彙編》卷二與勰第十四、二十三、二十五、二十六各簡皆叙此一時期與三人過從之迹。第二十三簡所云「通叔」疑爲「穎叔」之誤。

程之元（德孺）贈海中柏石，軾詩謝。訪姚安世，贈詩。

詩見《蘇軾詩集》卷三十六（一九四九頁），後者云「剥啄扣君容膝户」。同上卷《次丹元姚先生韻》亦爲安世作。《欒城後集》卷一有《次韻姚道人二首》。

十二月二十二日，軾三薦趙令時。

薦狀見《蘇軾文集》卷三十五（九九三頁），謂令時「今已得替在京」。

歲末，軾與錢勰（穆父）簡。

《蘇軾文集》卷五十一與勰第二十一簡云「除夜有婚會」，嘉節且一笑爲樂。

畢仲游復與軾來簡。

《西臺集》卷十《上蘇内翰》第二簡：「某去冬至晉郡，適當新秦被寇之後，雖非職事，而文書期會頗異於平日。尋值易帥多故，及被旨往河外體量，道路險惡，風雪寒苦之阨，前此未嘗歷也。近以詔使自京來，故且歸太原以待會議，中間欲治問起居之何如，既欲稍盡區區，而復忙擾如此，轉成稽緩，愧恐何勝。」

按：簡中所云「新秦被寇」，當指元祐六年四月「夏人寇熙河蘭岷、鄜延路」、八月「夏人寇懷遠砦」、九月「夏人寇麟、府二州」（均見《宋史》卷十七《哲宗紀》一）等情況。本簡作於元祐七年即本年。

又：《西臺集》卷十《上范堯夫相公》第二簡云：「某未離太原，傳聞中使齎詔至潁昌。」《宋史》卷二百一十三《宰輔表》三：元祐八年七月丙子朔，范純仁（堯夫）自觀文殿大學士知潁昌府加通議大夫、尚書右僕射兼中書侍郎。仲游時猶在太原。

《西臺集》卷十《上蘇内翰》第三簡：「向在京師，嘗蒙借重，舉以自代。辱門下之顧有年矣，今日禄食，未必不由平昔之許與，而又出力如此，區區感激，義當如何。惟謹職事，甘貧賤，庶幾不辱，以圖報於左右。伏惟臺慈幸察。」此簡或作於本年。

文彦博之子及（及甫）爲河陽守，作堂以侍其父，蘇軾應及之請，名堂爲德威，并作銘。

銘見《蘇軾文集》卷十九（五七二頁），有叙。《長編》卷四百六十八元祐六年十一月壬寅紀事：文及爲集賢殿修撰、知河陽。據此，及作堂侍父，約爲本年事。

《欒城遺言》謂軾《德威堂銘》，轍「極賞慨其文，咨嗟不已」。

蘇軾得王羲之《秋月帖》、《都下帖》，送示文及（及甫、周翰）。

《三希堂法帖》王羲之《秋月帖》：「七月一日，羲之白。忽然秋月，但有感歎。信反，得去月七日書，知足下故羸疾，問觸暑遠涉，憂卿不可言。吾故羸乏力不具。王羲之白。」

同上王羲之《都下帖》：「得都下九日書，見桓公當陽去月九日書，久當至洛，但運遲可憂耳。蔡公遂委篤，又加癖下日數十行，深可憂慮得仁（《御刻三希堂石渠寶笈法帖釋文》釋文者按：『謹案以下數字不可辨）。』」

宋文及跋：「是日，子瞻送示余，得之於光禄官舍。直龍圖閣河南文及題。」

明宋濂跋：「唐太宗、宋太宗酷好右軍書法。購得真迹，皆命近臣臨刻上石。上帖首有褚遂良題所謂拜觀者，蓋觀此真迹而題識之，非石本也。石本可得，真迹不易見故耳。真迹流落人間，而宋東坡得之，送至文潞公子及，必是神宗以前事。……洪武十九年四月望日，金華宋濂謹識。」唐褚遂良跋，今不見。宋濂謂蘇軾示文及乃神宗前事，今不從。

姑因文及爲河陽守事次此。

馬正卿（夢得）自雍丘來訪，軾贊米黻（元章）之政。致黻簡，亦贊之。

《蘇軾文集》卷五十八與黻第十二簡叙自揚還朝後，「夢得來談新政不容口，甚慰所望」。

軾嘗陳尹真事於朝廷。

《長編》卷四百八十四元祐八年五月壬辰引黄慶基奏謂蘇軾昨知潁州日：「失入丁真配罪，見係京西路提刑司，按發取勘干繫官吏。軾已移揚州，又入爲兵部尚書矣。乃敢蓦越申陳，致朝廷徇其所請，將監司按發公事指揮不得取勘，致令遷延該赦。考軾之意，特欲姑息小人，蓋庇舊吏，以沮壞法令而已。」《蘇軾文集》卷三十六《辨黄慶基彈劾劄子》謂「不是失入，却是提刑蔣之翰妄有按舉」，「丁真」作「尹真」。之翰，之奇兄，嘗守蘇，見《吴郡志》。元祐四年，提刑廣西，見《長編》卷四百二十二。細味《文集》，知尹真本無罪，軾爲陳於朝，得免冤抑。其代陳文字，已佚。

是歲，蘇轍議西事。

《龍川略志》卷六《西夏請和議定地界》：「（元祐）七年，西人竟大入河東。朝廷乃議絶歲賜，禁和市，使沿邊諸路爲淺攻之計，仍令熙河進築定遠城，西人不能争。未幾，復大入環慶。朝廷復議令熙河進築汝遮，衆議皆允，獨中書侍郎范子功立異議。詰之，無説。予度其意，趙卨昔在延安議疆事，欲以綏州二十里爲例，熙河指其不便，議久不決而卨死，子功與趙卨姻家，故爲此議。一日，宰相既入尚書省，予與子功、韓師朴、劉仲馮分廳行，且告之曰：『公才地界之議，欲依綏州，於延安則可，他路遠者，或至七八十里，概以二十里可乎？雖然此非特公才之失，朝廷亦自不審耳。方今共論國事，親舊得失，不宜置胸中也。』韓、劉撫掌稱善，子功悖然不可。會西人乞和，議遂不成。既而蘇子容以事罷相，子功以同省待罪，因遂其請，似以汝遮故也。」

《潁濱遺老傳》亦載此；二者相較，前者文字略勝，故録之。子功，百禄字；仲馮，奉世字；子容，頌字；公才，卨字。

《長編》卷四百七十九本年十二月丙子紀事録轍此段文字，以下有注，云：「此據蘇轍《龍川別志》及《潁濱遺老傳》。西人乞和，在明年正月十二日。今因附百禄兩奏，即見此，百禄罷在三月十四日。」以下叙蘇轍謂百禄實爲汝遮，當考。按：《長編》本日載范百禄邊事二劄。

慈化大師卒，道潛作輓詞。慈化乃軾之友。

《參寥子詩集》卷七《都僧正慈化大師輓詞》其一：「領袖吾家事，由來二十春。虛懷能應物，直氣肯隨人。逝水流方遠，臨池墨尚新。聲聞雙樹子，不見葉間身。（自注：育王山大覺禪師以羅漢木贈蘇翰林，蘇反以贈師。凡植二十年，葉間生青如比丘形，謂之羅漢木。師嘗指此語余曰：吾不復見此羅漢之生也。故及之。）」其二：「平生輕長物，身世等鴻毛。譽出東南早，人驚節義高。玩奇唯水石，結客盡英豪。來往元無迹，情鍾謾鬱陶。」其三：「伏枕時無幾，臨分若故常。寸心能炯炯，去路豈茫茫。車馬門猶盛，芝蘭室更香。獨餘庭下竹，冷韻起悲涼。」

參熙寧五年「明州育王寺懷璉禪師約於本歲以羅漢木贈蘇軾」條。

軾薦吕陶自代。陶除起居舍人，約爲本年事。

《長編》卷四百八十四元祐八年五月壬辰引黄慶基奏，謂軾與陶交結至厚，「昨者薦陶自代，遂除爲起居舍人」。薦狀佚。《宋史》卷三百四十六《吕陶傳》謂陶元祐間由朝廷出爲梓州、淮西、成都路轉運副使，入拜右司郎中、起居舍人，遷中書舍人。其遷中書舍人，爲元祐八年六月八日，見上引《長編》注文。

蘇軾與堂兄不危（子安）簡，叙及伯父蘇涣墓表撰作事與立墓表事。

簡乃《蘇軾文集》卷六十《與子安兄》第六簡。

簡云：「墓表，又於行狀外，尋訪得好事，皆參驗的實。」《與子安兄》第五簡言及「往蒙示先伯父事迹，但有感涕，專在卑懷。」時蘇轍所撰《伯父墓表》尚未成。故知此簡所云墓表，即伯父涣墓表。其所云行狀，亦當爲伯父涣行狀，行狀不知爲何人所作，已久佚。墓表文字以信爲先，蘇軾、蘇轍兄弟皆遵行之，其所撰此類文字，實爲當世與後世之規範。

簡云：「石上除字外，幸不用花草及欄界之類。才著欄界，便不古，花草尤俗狀也。」謂立墓表。其旨在樸素大方。

簡云：「告照管模刻仔細爲佳。」謂刻墓表。其墓表之字，當出自蘇軾之手。

此第六簡與第五簡，次作於元祐八年所作之簡前，今繫本年。